上海市高校教育高地建设项目

外语教学与文化⑧

Studies in Language and Culture

主编　冯　奇

上海大学出版社
·上海·

图书在版编目(CIP)数据

外语教学与文化. 8 / 冯奇主编. —上海: 上海大学出版社, 2012.4

ISBN 978-7-5671-0136-4

Ⅰ.①外… Ⅱ.①冯… Ⅲ.①外语教学—教学研究—文集 Ⅳ.①H09-53

中国版本图书馆 CIP 数据核字(2012)第 027425 号

责任编辑 傅玉芳
封面设计 施羲雯
技术编辑 金 鑫
章 斐

外语教学与文化⑧

主编 冯 奇

上海大学出版社出版发行

(上海市上大路 99 号 邮政编码 200444)

(http://www.shangdapress.com 发行热线 021-66135112)

出版人: 郭纯生

*

上海华业装潢印刷厂印刷 各地新华书店经销

开本 850×1168 1/32 印张 23 字数 656

2012 年 4 月第 1 版 2012 年 4 月第 1 次印刷

ISBN 978-7-5671-0136-4/H·261 定价: 58.00 元

《外语教学与文化》第八辑

编　委　会

前　言

秋风送爽，菊香满园，值此金秋时节，外国语学院于2011年10月14日至11月11日开展了为期一月的第三届学术节，本届学术节主题为“全球视阈下的外语教学与研究”，共收到全院师生提交的论文100余篇，经过各学术研究团队负责人推荐及编委们的匿名评审，遴选出70篇论文，刊印成本辑《外语教学与文化》。本次论文集评选的基本原则是：第一，积极参与学术节举办的各学术团队的老师和硕士生的论文优先入选；第二，为了呈现我院师生在外国语言文学等多个领域内的研究成果，编委们在语言学、外语教学、文学、翻译、跨文化交际、日本语言与文化等各研究领域内分别评选出优秀论文，并分为语言学篇、教学篇、文学与文化篇、翻译篇四个部分。由于篇幅有限，还有许多硕士生的众多优秀论文未及收录，是为憾！

另外，2011年4月16—17日，由中国翻译协会和上海大学外国语学院共同主办的“第四届全国应用翻译研讨会”在上海大学召开，为了呈现本次研讨会的成果，本辑论文集收录了部分优秀论文，特设第五部分——“研讨会优秀论文篇”。

本辑论文集不单是师生们实践工作及对其进行总结、反思的过程记录，更是他们教育教学智慧的结晶，必将为学院营造更加浓厚的教研氛围，鼓励更多老师积极地、深入地开展教育教学研究，让更多人养成总结与反思的习惯，更好地促进教师专业水平提升，真正推动学校内涵发展。

由于时间紧促，稿件的征集和审定过程中难免有疏漏之处，敬请读者给予指正。

编　者

2011年10月

目　　录

语言学篇

教学篇

文学与文化篇

翻译篇

研讨会优秀论文篇

语音学篇

数字化时代的词典意识

——大学生使用手机词典调查分析与研究

卜爱萍　梁小芳

摘　要：本文采用问卷调查法了解了133名非英语专业大学生手机词典的使用情况，并且通过对手机词典、好易通、名人等普通电子词典和在线词典三类电子词典的比较，分析了手机词典之得失，在此基础上，作者对如何充分合理地使用手机词典给出了可行性建议。

关键词：手机词典；调查；分析；建议

1　引言

词典在英语学习活动中扮演着不可或缺的角色。想要学好英语，有一本功能齐全、索词便捷、得心应手的词典是极其重要的。纸质词典因其背景知识丰富、用法信息齐全而被公认为是对学生英语学习帮助较大的词典。但是由于其携带不便、不易查找，越来越多的英语学习者选择了方便携带、查找快捷的电子词典。电子词典是一种将传统的印刷词典转成数码方式、进行快速查询的数字学习工具（沙金泰等，2009：122）。而如今随着日新月异的高科技发展，电子词典也逐渐演变出了在线词典和手机词典。尤其是手机词典，它作为一种新兴的学习工具，因其具有纸质词典、其他电子词典的绝大部分功能，而且凭借其无线网络之优势可以在线查词，再加上好译通、名人等普通电子词典价格不菲、用途单一，手机词典更加受到英语学习者的喜爱，尤其是当代大学生。手机词典逐渐充斥了当代大学生的学习生活并且改变了他们的学习方式。但是许多家长、教师对学生使用手机词典持担忧态度。原因有三点：一是他们认为手机词典收词不多，释义不详、发音不准、功能不全、屏幕不大等，对学生正确掌握英语词汇产生一定的负面影响；二是他们认为过度依赖手机词典会增加学生的惰性，并有可能减弱其理解、记忆、表达等能力；三是他们认为学生有时美其名曰在查词典，实际在做其他与学习无关的事，如发短信、看新闻、玩游戏等，导致学生思想不集中，家长、教师难以掌控，甚至闹出矛盾，引发冲突。从这三点来看，家长、教师的顾虑是值得思考的。然而，随着电子科技的高速发展以及商品厂家的激烈竞争，今天不少手机词典已经把较权威、较新版的词典一字不漏地加以收录，满足了学习者的基本要求。由此看来，手机词典的广泛普及已势在必行，不可小觑，而当务之急我们应该要做的是指导学生如何辨别手机词典的学术性、实用性、科学性以及如何更充分合理高效地使用手机词典。在这种情况下，对大学生使用手机词典的实际情况进行调查是十分必要的。它既可以帮助我们引导学生更好地使用手机词典，也可以为手机电子词典商品厂家提供一些建议。

2 调查步骤

此次调查对象是上海大学非英语专业二年级 133 名学生，共发出调查问卷 133 份，收回 133 份，其中 5 份因回答不完整而被视为无效，实际有效调查问卷为 128 份。本次问卷调查共有 15 道问题，均为单项或多项选择题(其中 7 道多选，8 道单选题)。主要涉及所用电子词典的类型、各类电子词典的优缺点、使用手机词典的原因以及老师或家长应如何指导学生合理利用手机词典。

3 分析结果

3.1 词典类型的比较

首先调查了大学生使用词典的基本情况(最常用的词典类型)，以及大学生对手机词典作用的认识情况。调查结果详见表 1。

表一　最常用的词典类型调查数据(%)

问　题	答　　案	人　数	百分比
最常用的词典	纸质词典	18	14.1
	手机词典	73	57.0
	好易通、名人等普通电子词典	16	12.5
	在线词典	21	16.4
手机词典的作用	很大	56	43.8
	一般	53	41.4
	很小	18	14.1
	没有作用	1	0.7

根据表1的数据，我们不难发现：

(1) 57%的同学最常用的词典是手机词典，16.4%的同学最常用的词典是在线词典，使用纸质词典的比例是14.1%，而普通电子词典的比例是12.5%。纸质词典因其不易查找、不便携带等原因正逐渐淡出大学生的使用范围；普通电子词典也因为手机词典和在线词典的出现亦不再是大学生的宠儿，而在线词典因其使用不便或者需要付费等原因，使用率也不是很高。手机词典则以绝对优势而居于首位，那么其作用到底如何呢？

(2) 从第二个问题可以看出43.8%的学生认为手机词典的作用很大，41.4%的学生认为其作用一般，14.1%的学生认为作用很小，只有一人认为手机词典没有作用。从使用手机词典的学生人数和学生对手机词典的态度来看，手机词典的广泛使用已成趋势是无可避免的，那么与其他种类的电子词典相比，它又有何优点与缺点？

3.2　**手机词典的利弊**

通过对三类电子词典之得失的比较，可以直接反映出手机词典的优势与不足。而且通过此项调查，可以得出学生对三类电子词典之利弊的认识是否全面，以便使他们在以后的学习过程中扬长避短地加以利用。调查结果详见表2和表3(多项选择题)。

表 2 认识各类电子词典优点的人数比例(%)

类型＼优点	功能齐全	快捷易懂	方便携带	价格合理
手机词典	13.3	66.4	92.9	79.4
在线词典	70.3	78.1	14.1	17.2
普通电子词典	57.0	60.9	61.7	10.2

表 3 认识各类电子词典缺点的人数比例(%)

类型＼缺点	繁琐	例证不多	释义不够详尽	不易查找	功能不全	不便携带	价格过高	词条少	易养成懒惰性格	容易受干扰
手机词典	3.9	74.2	77.3	10.2	49.2	0.7	0.7	51.6	31.3	25.8
在线词典	21.1	11.7	11.7	3.1	10.2	48.4	10.9	11.7	27.3	58.6
普通电子词典	21.1	16.4	30.5	3.1	15.6	11.7	49.2	17.2	32.0	22.7

分析表 2、表 3 的统计数据，可以看出调查对象对各类电子词典的优缺点认识还是比较客观的。

(1) 与手机词典、在线词典相比，普通电子词典功能比较齐全，可以为学生提供较为丰富完整的信息，如语音语调、单词释义、习惯用语、文化信息等。虽然如此，由表 1 可以看出，只有 12.5%的学生使用普通电子词典。其原因是什么呢？从表 3 可以看出，普通电子词典价格过高，令大多数学生望而生畏，退避三舍而选择了另外两种词典。

(2) 与手机词典、普通电子词典相比，在线词典最大的优点就是价格合理。学生只要将金山词霸、有道词典等下载到自己的电脑上便可以使用，而且大多数词典的下载是免费的。但是这些免费的词典也有自己的劣势，那就是功能不齐全、例证不够多、释义不详尽，而且有些功能需要付费才能使用。然而其最大的缺点还在于电脑体积较大、不易携带。另外，当学生使用在线词典时，一些自制力差的学生很容易放弃当前的学习而沉迷于电脑网络中，学习注意力易受干扰，导致学习效率的降低。

(3) 与在线词典、普通电子词典相比，手机词典因其与手机的

结合,最大的优势是可以随身携带。除此之外,对手机词典学生还有如下评价:

(1) 操作不繁。仅有3.9%的学生认为手机词典繁琐,其比例远低于在线词典和普通电子词典。大部分学生认为手机词典的使用要比在线词典和普通电子词典方便得多,其实学生这么认为主要是因为手机词典可"一键取词"。但由于释义简单且例证不全导致学生对词汇理解过于单一,只知其一,不知其二。这对培养学生良好的学习习惯和词汇的全面理解弊端多多,同时易使学生对手机词典产生很大的依赖性而促使其惰性的产生。这也直指了表3中手机词典例证不多、释义不够详尽百分比过高,大大超过其他两类词典的原因。

(2) 功能不全。有49.2%的学生认为功能不全是手机词典的一大缺点。大部分手机词典除了能够查生词,具有汉译英、英译汉功能外,缺少普通电子词典和在线词典具有的发音、自建词库、提供各类参考资料(如专四、专八词汇以及一些背景知识)等功能。而且由于手机电池续航能力问题,手机很容易电量不足。当学生遇到问题需要查询手机词典时,却无法正常使用,以致影响学习。

(3) 词条不详。手机词典毕竟不是专业的电子词典,释义和例证不够详尽,且手机的主要功能也不是词典。因此,从表3的数据来看,与其它两类电子词典相比,其词条较少,释义和例证也过于简单,不够精当。虽然现在市场上手机竞争激烈,其生产厂家也竭尽全力赋予手机以词典功能,但他们毕竟不是词典专业的,对于手机词典功能是否齐全却没有给予太多关注或知之甚少。这对学生语言能力的培养与知识结构的形成有着很大的副作用。

(4) 价格不高。表2的数据显示,认为手机词典价格合理的学生有79.4%。从表3来看,认为其价格过高的学生仅有0.7%(也就是一人)。综合看来,手机词典的价格定位基本上是合情合理的。但笔者还是希望学生在购买时注重价格的同时更要仔细了解手机词典的优缺点及其功能,挑选适合自己的专业和个性的、有助于提高自己的主观能动性的、能培养语言交际能力的学习工具。

3.3 手机词典的使用原因

调查学生使用手机词典的原因(多项选择题),可从中了解和发现学生在使用手机词典的过程中遇到的困惑和出现的问题。

由调查数据得知,91.4%的学生遇到生词马上查手机词典,如此高的频率是因为手机词典可信手拈来、取词快捷。然而这也会促使学生过分依赖手机词典,导致他们不能积极思考,不能根据词根、词缀来猜测词义,更不会主动去研究词的用法,从而养成不良的学习习惯。53.1%的学生在词义模糊和查询单词拼写时会使用手机词典,这种方法不符合长效记忆的规律,不利于词汇的循环应用。而仅有16.4%的学生会使用手机词典查找词组搭配,因为其提供的词组搭配不是很全面,而且例证较少,这会从某种程度上导致学生对词汇的语法、语用和文化信息理解的缺失,影响学生语言能力的综合发展。只有34.4%的学生使用手机词典查询语音语调,因为此项功能仅有一些价格较高的手机词典才能提供的,大部分手机词典都不具备这个功能。而有的手机即使有此功能,其发音也是由机器合成的,听起来比较生硬。10.2%的学生会使用手机词典来翻译句子,因为翻译是一种积极的言语活动,需要学生运用英语知识和既有的语言能力遣词造句,组成篇章(邓琳,2006:178)。这其中不仅牵涉到语义,还会涉及语法、语用、语音、语源等方面,而这些功能又是手机词典所无法完整提供的。所以,仅有极少数同学使用手机词典来翻译句子。同时,21.9%的学生无聊时会随便查看一下手机词典。一方面这可能让学生无意中学到一些新词汇、新用法。而另一方面,这也会分散学生的注意力,使他们不知不觉地把注意力转移到手机的其它功能上。此外,因其辐射性以及屏幕小会对眼睛产生伤害,长时间的使用手机会对身体健康也会造成威胁。总之,从上述情况看来,大部分学生对手机词典的优缺点认识似乎还是很明确的,但在实际教学过程中,笔者发现学生用词不当、词义不辨的情况时有发生,特别在写作和阅读上。

3.4 学生的指导需求

调查学生对手机词典的了解程度,从学生的角度来看手机词典的购买是否需要教师的指导,以及学生想通过何种方式对手机词典进行了解,这可以帮助教师、家长根据学生的需求而对他们进行必要的指导，从而提高他们对五花八门的手机词典的识别能力，根据实际情况更加灵活合理地选用适合自己的电子词典。

当今市场上，各种手机琳琅满目，其广告也是越来越具有吸引力，对手机所具有的词典功能的宣传难免会有一些言过其实，导致学生很难根据自己的实际需求对手机词典做出正确的选择。此外，由于学生可能对手机词典的特点和功能缺乏了解，在选择购买时很可能感到困惑而随波逐流。根据调查结果显示，29.7%的学生认为对自己的手机词典非常了解，44.6%的学生对手机词典有点了解，14.8%的学生不太了解，有10.9%的学生对手机词典不了解。综上所述，大部分的学生对手机词典还是有些了解的，但这也从一个侧面反映了部分学生对手机词典的使用及其重要性未能有理性的认识。此外，9.4%的学生认为很有必要指导他们如何购买手机词典，28.9%的学生则认为有些必要。而37.5%的学生认为没有必要，24.2%的学生则认为无所谓。由此看出，将近一半的学生还是需要指导的。其余的学生对手机词典的认识还不到位，部分学生态度不是特别认真，没有认识到选择正确的手机词典对英语学习的重要性，而这就更需要指导。对于指导方式的选择，笔者也做了调查。结果显示：仅有14.1%的学生想通过商家介绍来了解手机词典的性能与质量，这可能是由于学生觉得商家是以盈利为目的，其介绍可能会含有虚假成分。学生更愿意从网上发帖(32%)、学长舍友(26.6%)或者教师课堂上(27.3%)的指导来了解手机词典的性能。

4 建议

手机词典有其不可否认的优点，不须赘述。然而由于其功能的某些缺陷，如一些具体用法、详细例证、文化信息等需要上网才能查到，产生的上网费用也是学生不得不考虑的因素。此外，由于手机电池的限制性、辐射性和屏幕的局限性等方面的欠缺，给学生带来诸多不便甚至一些危害。笔者认为，手机词典的合理高效使用需要大家共同做好以下几个方面：

首先，作为生产商，需要进一步优化手机词典的功能，改进其质量，应从学生的实际需要出发，为消费者服务，而不能被金钱蒙蔽了双眼，随便从网上下载一些非官方词典来愚弄消费者导致误人子弟的严重后果。建议手机生产厂家在安装手机词典时,必须选择权威的、官方的、正版的、专业的电子词典并实事求是地告知消费者一切使用功能,且定价合理,为学生提供优质、安全、可靠的服务。

其次,作为家长、教师,应认识到手机词典的使用已在学生中广泛普及,自已不应该再阻止学生对手机词典的使用,正如个人电脑的使用一样,这种阻止是没有作用的。相反,有可能会激起学生的逆反心理,使之更不合理利用手机词典。英语词典使用能力是英语学习能力的一种具体体现,词典使用对学生的自学能力培养有着重要意义(孟臻、苏磊,2003: 408)。因此,家长、教师要明白"疏则通,堵则塞"之理,应从一些积极方面来引导学生更科学地使用手机词典,使学生辨清手机词典的优缺点,加强自控能力,知道如何正确使用手机词典和合理使用其它类型的词典,这才会加强学生的词典使用能力,提高学生的学习效率。

再者,作为学生,应积极地认识手机词典的利弊,在英语学习的过程中,要养成良好的学习习惯,尽量利用课前课后的时间查询所需资料,更理智地使用手机词典,更不要由于"一机在手"影响正常学习。建议学生在购买手机时,应问清楚其赋予手机词典的类型和功能,切不可盲目从众,随便选择,应根据个人的学习能力、实际需求乃至经济状况来挑选最佳的手机词典。

5 结语

在飞速发展的高科技时代,新生事物层出不穷,但任何事物的出现都不可能是完美无暇的,手机词典也概莫能外。我们应本着积极、科学、发展的态度对待手机词典的应用,使之能真正具备学术权威、功能齐全、方便快捷等特点,在学生的学习中起到事半功倍的作用。

参考文献

[1] 沙金泰, 曲凯, 王淑云. 你应该知道的科技常识(M). 吉林: 吉林人民出版社, 2009(7).
[2] 邓琳. 大学生使用纸质词典与电子词典情况的调查分析(J). 上海: 辞书研究,2006(1).

[3] 孟臻,苏磊. 上海大学非英语专业学生英语词典使用情况的调查//曾东京主编. 双语词典研究(M). 上海：上海外语教育出版社，2003.

作者简介： 卜爱萍,上海大学外国语学院副教授。研究方向：教学法,双语词典学。

梁小芳,上海大学外国语学院。研究方向：教学法,双语词典学。

对日本留学生汉语新词语习得状况的分析

常志斌　于　江　周　梅

摘　要：通过对日本留学生的毕业论文及他们在留学生汉语新词新语课的中期报告所做的调查，课题组发现：第一，汉语新词语是日本留学生在华学习汉语期间和汉语言文化交际过程中切实感受到、接触到的一种语言现实；第二，外来词，往往是日本留学生观察汉语和汉语新词语现象的一个切入点；第三，汉日词汇比较，是日本留学生观察汉语和汉语新词语现象的一个重要的学习视角与方法；第四，学习汉语新词语的基本知识和掌握对汉语新词语的辨析技能，有助于日本留学生加深理解汉语的学习与中国文化的了解。

关键词：日本留学生；汉语新词语；习得

1．缘起

中日文化交流，悠悠两千载，两国间的语言文字交流至今仍在延续着。在中日两国词汇交流中，有一些是本国的新词语。这些新词语在刚诞生不久便跨海传入了对方国。比如，近 30 年来，传入中国的日语词语有："秒杀""人气""完胜""物流""业态""不动产""过劳死""卡哇伊""量贩店""乌冬面""一级棒""艺能界""卡拉 OK""人间蒸发"等，这些词语已成为当代汉语中的新外来词在中国使用开来，其中如"卡拉 OK""秒杀"是日语中较新出现的词语，分别出现于 1985 年和 1994 年。"卡拉 OK"的原词"カラオケ"传入我国时曾汉译成多种词形，其中的译词"客乐我"又重归日本作为1990年新词被收录进《平成・新語×流行語小辞典》(稲垣吉彦，講談社，1999：70)。该辞典中还收录有源于汉语的"蛇頭(蛇头)""掘井人(掘井人)""和平演変(和平演变)"等。另一方面，根据近年的研究(常志斌：2007)，全球汉语热、中国国家综合实力的提高、中国汉语国际推广政策在全球范围的启动与强势推进、新闻事业等跨国媒体的规模发展等，使进入全民共同语不久的汉语新词语，继而在更广阔的语言接触的互动背景之下大量并且加速地迈入世界，汉语新词语正通过翻译性书籍等媒体进入日本，并且日本多视角地重视和研究汉语新词语的努力正在得到加强。

汉日新词语已经成为两国人民解读对方社会文化新近发展与变化的关键词。那么，日本人对汉语新词语的关注和认知有哪些具体的表现？对此，我们选择来华留学的日本青年进行了调查。

2 个案背景

自日本留学生永井秀树于2007年上海大学国际交流学院获得学士学位以来，至2010年8月，已有来自7个国家的33名留学生在该院毕业并获得汉语言专业学士学位。从这些外国留学生提交并经过答辩的毕业设计来看，其中，有在论文中不同程度或多或少地涉及到汉语新词语的，或是以近几年产生的汉语新词语作为课题研究对象的。从前期对留学生汉语新词语课建设的相关调查来看(常志斌：2007)，外国留学生对汉语新词语学习兴趣浓厚、学习态度明确，通过课堂教学可以使他们原有对汉语新词语的低辨识率的状况得到改善，有助于留学生扩大汉语词汇量、学习汉语言知识、了解当代中国社会和提高汉语言文化交际能力。

调查范围：一是自2005年2月至2010年8月期间，毕业于上海大学国际交流学院汉语言专业的日本留学生提交并通过答辩的涉及汉语新词语内容的毕业论文；二是日本留学生选修上海大学国际交流学院汉语言专业"汉语新词新语"课程时提交的作业(中期报告)。

我们认为,这一考察,将有助于帮助我们了解到一些有关日本留学生对汉语新词语的习得情况,也有助于我们对"汉语新词新语"等相关课程的建设提供有价值的参照依据。

3　日本留学生的毕业论文

自2005年2月至2010年8月期间,毕业于上海大学国际交流学院汉语言专业的外国留学生提交并通过答辩的毕业论文有33篇,其中有4篇涉及汉语新词语内容的毕业论文。

信息凡例:毕业生姓名,学号,国籍;毕业论文题目,答辩时间;指导教师。

(1) 高桥奈奈,04160002,日本;中日外来词的比较与研究,2008年6月;常峻。

(2) 川崎贵明,05160055,日本;改革开放以来的现代汉语新词语——以《2006年汉语新词语选目》与《2007年度报纸、广播电视、网络(新闻)新词语》为例,2009年3月;常志斌。

(3) 浅谷将太,05160011,日本;谈汉语中的日源外来词,2009年6月;于江。

(4) 哈里,08150007,土耳其;汉语和土耳其语外来词比较,2010年3月;曾艳。

我们选择其中日本留学生的毕业论文做一分析。

3.1　以汉语新词语为主要研究对象的毕业论文

这方面的论文有1篇:川崎贵明提交的题为《改革开放以来的现代汉语新词语——以〈2006年汉语新词语选目〉与〈2007年度报纸、广播电视、网络(新闻)新词语〉为例》,2009年3月答辩通过。

3.1.1　论文简介

川崎论文从新词语的词汇信息、社会信息这两个方面入手,考察了我国政府相关部门公布的2006年、2007年度的汉语新词语。词汇信息上,分两个年度来分析说明汉语新词语在词义使用领域(八个类型:政治类、经济类、科技类、文教类、社会类、医药类、工交类、体育类)以及音节、特殊文字、外来词、缩略语、词性、词缀和网络词等七个方面的基本特征,然后加以综合分析;社会信息上,集中对人物称谓、城市文化、信息时代等三个方面归纳了两个年度中产生新词语的社会背景及原因。

由政府部门公布年度新词语在我国始于 2007 年，对这方面的研究成果尚不多见。总体上，川崎论文偏重于分析新词语的词汇特征，而对其产生的社会背景的分析部分则显不足。但从国内的研究现状，特别是从来自外国人的研究来看，川崎能对此开题研究，是值得肯定的。

3.1.2　论文写作背景

川崎贵明在学习“汉语新词新语”课程时，就对汉语新词语现象表现出兴趣，平时注意对汉语新词语的观察、思考。在论文定题阶段，他能认真收集资料、分析文献，对文献的观点、引用与取舍能发表一些个人的见解。在对语料分类研究方面，对汉语新词语的相关特征具有了一些基本认识。在写作过程中，他结合最新公布的新语料及时修订写作计划，使论文的研究对象在时间跨度上从原来的 2006 年度增扩到 2007 年度，充实了研究内容，表现出较高的写作热情与较主动的研究姿态。

3.2　**部分涉及汉语新词语内容的毕业论文**

3.2.1　《中日外来词的比较与研究》，高桥奈奈，2008 年 6 月答辩通过。

(1) 论文简介

高桥论文主要以日源外来词为例，研究汉语中外来词的特点以及中日外来词意识的比较，通过分析介绍外来词的定义、日源外来词大量进入中国的背景及地位，进而探讨日源外来词的类型和造词法，并比较中日两国外来词意识，最后指出中日两国语言文化交流的悠久历史及意义。

论文中涉及汉语新词语的部分为：

第二章第二节：在分析日源外来词进入中国的时代背景中，介绍了 20 世纪 80 年代以来进入中国的日源外来词，如：放送、空港、人气、特卖、物语、新干线等。

第三章第一节：在从汉语中外来词的翻译方式为视角分析外来词的“汉化”形式中，列举了“扎啤”、“酒吧”、“网吧”等新词语。

第三章第二节：在论及汉语中“DVD 机”、“X 光”、“B 超”、“AA 制”等字母词增多的现象时认为，“现代社会国际间的交流日益频繁，各国语言之间相互吸收外来词也是个很普通很常见的语言现象。跟日本相同的是,中国年轻人对外来词的看法已经不太一样了。年轻人认为,使用外来词似乎是和使用流行语、新词语一样时髦的事,有一种很洋化的感觉。所以新产生的外来词逐渐呈现出一种字母化的倾向。"

第三章第四节:在分析外来词在日本的前景时提到,"中国人直到现在仍然使用很多'日制汉语词',从我这个日本人的角度来说是很值得高兴的事。但是与此相反的是,现在的日本由于片假名大量用于翻译外来语,反而不太使用日制汉语词了。现代日语中利用汉字音译欧美词汇的词往往被用片假名音译的词所代替。"

(2) 论文写作背景

高桥奈奈来中国后,"在汉语中接触到了很多外来词,(这些)外来词有点像时尚语的感觉。逛街的时候也经常看到广告里的外来词,人们使用外来词的时候给人的感觉也很时髦,但是实际上很多人并不知道这些外来词是从哪里来的。在汉语学习中,我了解到许多日源外来词,产生了浓厚的兴趣,希望通过日源外来词的研究,来更好地了解两国的文化交流历史,了解中日外来词意识的异同。"

3.2.2 《谈汉语中的日源外来词》,浅谷将太,2009 年 6 月答辩通过。

(1) 论文简介

浅谷论文首先概述日源外来词输入中国的两个主要时段(从十九世纪下半叶到 1937 年,20 世纪 70 年代中国实行改革开放以来)及输入形式方法,再以《汉语外来词词典》(上海辞书出版社,1984)中出现的 876 个日源外来词为主要研究对象,并按照语义及使用范围把这些日源汉字词归为九种类型(社会类型、政治类型、经济类型、科技类型、医药类型、工交类型、体育类型、文教类型、单位类型),最后分析了这些日源外来词给汉语所带来的影响。

论文中涉及汉语新词语的部分是:

第一章的二:在概述中国实行改革开放以来日源外来词输入的情况时介绍了一些该时期的新词语。"随着信息时代的到来,这个时期内国门打开,来自国外的各种事物层出不穷,作为表示这些事物概念的外来语也随之流行开来。这一时段的日源外来词的输入方式与前一时段有很大的不同，前一时段日源外来词多数是从日本直接输入，而这一时段多经由香港、台湾等地'中转'后的间接输入，如'人气、超、新人类、写真'等。看来，这样的发展还会持续很久。"

第三章的三：在分析日源外来词给汉语所带来的影响时，列举了"麦当劳"、"酷(cool)"、"秀(show)"等新词语，并指出"以'酷'为例，从汉字形状看不出 cool 的词义，所以中国吸收大部分意译的日源外来词比较容易，透过汉字大概能了解词义，汉字在中日各方面的交流中所起的作用非常巨大"。

(2) 论文写作背景

浅谷将太在绪论中对研究日源外来词的目的和意义有如下的说明："中国与日本历来有许多方面的交流，如文化，经济，艺术等。从文字的方面来看，首先是日本从中国输入了大量的汉字，因为当时日本没有自己的文字。如果没有这些汉字的话，现在的日语也不会存在。但在到了近现代，中国也开始直接借用日本汉字，所以现代汉语里拥有很多来自日本的外来词语，尤其是目前中国在常用的社会和人文科学方面的名词、术语当中占有相当的比例。对日源外来词进行分类研究，目的就是想要弄清楚这些日源外来词到底在哪些方面对汉语产生影响，因而具有一定的现实意义。"

4 日本留学生的中期报告

"汉语新词新语"课面向在上海大学学习的留学生，开设于2004年，几年来，选修该课的大部分来自国际交流学院汉语言专业，少部分来自本校美术、计算机、工商管理、经营管理等专业的本科留学生，至2010年11月，已有123名留学生选修该课程。从2005年起，任课教师教学中设计了中期报告这一课外作业环节，要求选修者观察总结身边的汉语新词语。因此，我们对日本留学生选修该课程时提交的作业(中期报告)进行了调查。调查范围为2007年4月、2008年4月两个年度的中期报告(提交率均为100%)。

据国家语言研究所相关调查的结果，1978年以来，我国每天诞生的语文性新词语约有3个。如此推算,迄今已逾4万个。但是出现在外国人学汉语规定范围(如大纲词)中的新词语却寥寥无几。按照布置的作业要求,对于母语不是汉语的日本人而言,完成报告是有难度的。作为外国人,汉语尚在习得过程中,更何况面对的是汉语新词语呢!留学生需要克服对非母语系统的新词语辨识上的种种困难。

日本留学生提交的报告内容和形式多种多样。久保大辅同学把调查范围锁定在与自己密切联系的实际生活中,列举了自己在日常学习和课余文化生活(逛街、看电视、上网、听音乐、饮食等)中遇见的新词语,并在作业中加附照片。田边阳菜同学查阅到了从1949年以来的六个时间阶段划分的资料,把新词语在不同年代中的分布推移制成统计图表。使用统计图表来进行说明的还有角武尚同学。川崎贵明同学选取温家宝总理于2007年4月12日在日本国会所作的题为《为了友谊与合作》的演讲作为调查对象,搜出文中的新词并对其逐一释义。川崎在作业中总结道:① 政治方面的新词语在一般人们的生活中并不常用,这是新词语的一个特征;② 经济类新闻报道中的新词语多于政治类新闻报道中的新词语;③ 从可查阅的资料中可知,这方面的研究可能是一门有发展潜力的学问;④ 政论文中,政治类的新词语量远多于经济、科技类的。诸福溪同学在作业中对2006年网络新词与不同媒体(列举有新闻、广告、电视)新词语的异同进行了举例说明与简析。在黑川佐保里同学对新词语来源背景的作业中介绍了中国文化与时代变化等的背景对新词语的产生和发展所具有的影响等。

尽管这些作业普遍存在着一些问题和不足,如分析粗浅,语言表述颇为稚嫩,有的词例与分析不相符合,或是误植误读等,但不难看出这是他们对汉语学习、汉语新词语习得过程中的常见问题,重要的是我们从中欣慰地发现日本留学生对汉语新词语的学习热情和习得特征。

5 分析

从上海大学日本留学生撰写的涉及汉语新词语的毕业论文中,我们可以发现:

（1）汉语新词语是日本留学生在华学习汉语期间和实际的语言文化交际过程中所感受到、接触到的一种语言现实。

从论文写作的深度与广度来看，留学生尤其是以汉语言为专业的留学生，对汉语中产生的一些新的词汇变化与发展，具备了一定的认知能力，也具有学习与研究汉语新词语的兴趣。而从论文中也能反映出他们对汉语新词语的兴趣与学习，并未止步于日常观察到的或是生活中使用到的一些新词语，而是试图将自己的汉语言的专业理论学习与汉语言的实际运用结合起来，努力从汉语词汇体系、词汇发展的历史与社会的背景、汉日的语言比较等多视角地去加以研究、梳理与认识。

（2）外来词，是日本留学生观察汉语和汉语新词语现象的一个切入点。

外来词是语言接触和文化接触的一种伴生现象与必然产生的结晶，而处于异文化、异语言环境中的留学生，对外来词和语种间的交流便自然十分敏感，加之长期受中日文化交流的影响，因此，汉日外来词往往是日本留学生学习汉语的一个关注点和兴趣点，而汉语新词语中的外来词现象自然也在他们的论文中占有较大的篇幅。

（3）汉语和日语的词汇比较，是日本留学生观察汉语、汉语新词语现象、重省本国日语特质的一个学习与研究的重要视角。

跨国学习与异乡生活的这种独特阅历和亲身体验，对在华的日本留学生而言，时时处处、自觉不自觉地以比较的视角去观察自己所感受到的汉语和中国文化，因此他们往往会选择语言比较的方法来完成自己的毕业论文。应该说，语言比较有其独特的学科理论与方法。据了解，国交学院尚未开设“对比语言学”此类课程，因此教师的指导作用显得尤为重要。

从日本留学生撰写的有关汉语新词语的作业中，我们发现：通过“汉语新词新语”的课堂学习，学习者在心理词库中为词语开始构建起辨识词语新旧的时间坐标等多种信息参照体，尽管这类构建是初步的、有限的，但比起之前判别汉语词语新旧时的模糊与零星，经过学习后，他们对词语的识别手段逐渐丰富，对词语的敏感度也有所提高。

课外调查是日本留学生获取汉语新词语第一手资料的有效

途径，他们从报刊、电视、广告、网络等媒体不断地发现、找到新词语，并学会借助词典去查考。在提交的课题报告中有的学生这样写道："从前我不知道哪些词语是汉语的新词新语，通过学习我有了一些了解。""新词的出现率最高的是在报刊、广播、广告牌等与人们生活很密切的报导里。""新词语好像到处都有：看电视或者看报纸的时候，跟中国朋友聊天时也可以知道，街道上面的广告也有。"

我们认为：① 日本留学生在短短几年的在华留学生活中逐渐学到了汉语新词语的基本知识，初步掌握了对汉语新词语的辨析技能，这些知识与技能对他们加深汉语的学习与中国文化的了解，是极为有益的；② 日本留学生在选修"汉语新词新语"课程之初所表现出的对汉语新词语的低辨识率状态，都有了不同程度的改善，而且在作业中或课堂上，对于汉语新词语的求知欲、相对持久的学习兴趣和学习主动性，在部分人身上有较明显的反映和体现；③ 推而广之，对留学生的汉语新词语学习给出有步骤、有针对性的教学安排，符合汉语学习者的现实需要，而相关的课堂传授（诸如课程、教材、课外辅导）对留学生更有效地了解与学习汉语新词语，所起的作用是非常大的；④ 关于对留学生进行汉语新词语的课堂教学的做法，教学实践与事实证明是行之有效的，是值得在今后的教育改革中得到重视与继续探索；作为一门新设的新兴科目，"汉语新词新语"课尚需在教学实践中积极探索，进一步完善，使其尽快成长为成熟的课程。

6 今后课题

我们通过毕业论文和作业两个环节，考察了在华日本留学生对汉语新词语的一些习得状况。但正如开篇处提到的，新词语的产生与它们在中日两国之间的传通，使这些新词语往往具有解读对方社会文化新近发展与变化的关键词的作用。新词语在语言接触和文化接触中是双向的，即在中国人学习日语、日本人学习汉语、提高第二语言水平的学习需求、语言文化交际需求和研究需求等方面备受重视，也受到翻译界和辞书界的重视。本文我们只是看到了日本青年学习汉语新词语的这一个侧面，而对于中国青年又是如何认知与习得日语新词语的另一个侧面，则是我们今后要进一步去调查研究清楚的问题。

参考文献

[1] 史有为. 外来词——异文化的使者[M]. 上海辞书出版社. 2004.
[2] 常志斌. 汉语国际传播背景下的汉语新词语东渐浅析[A]. 薛才德主编. 新世纪语言学的新探索[C]. 复旦大学出版社, 2007.
[3] 常志斌. 留学生汉语新词语课的建设问题初探[J]. 上海大学学报(社科版), 2007(3).
[4] 每天诞生三个新词语. 语言文字周报[N]. 2002-10-23.
[5] 稲垣吉彦. 平成·新語×流行語小辞典[Z]. 講談社, 1999.

本文选自2007年度上海大学社会科研项目结题报告《对外汉语教学的汉语新词语问题研究》(A10-0121-07-401)第六章"对留学生汉语新词语习得状况的分析"的部分研究成果,有增删。课题组成员还有毛忠明教授、杨昱华老师。

作者简介: 常志斌,上海大学外国语学院日语系讲师,博士。研究方向:汉日语言文化比较。

于江,上海大学国际交流学院副教授,硕士。研究方向:近代汉语语法。

周梅,上海大学国际交流学院讲师,硕士。研究方向:现代汉语方言。

顺应视阈下看奥巴马白宫讲话“Pledging Support for Haiti”

陈　旻

摘　要：本文从 Verschueren 提出的语言顺应理论入手，从交际语境的心理世界、社交世界和物理世界这三个要素的角度，研究和分析美国总统奥巴马在海地地震第二天发表的白宫电视讲话“Pledging Support for Haiti”中的具体语用策略。

关键词：语言顺应理论；交际语境；奥巴马；电视讲话

1　引言

演讲又叫讲演或演说，是指在公众场所，以有声语言为主要手段，针对某个具体问题，鲜明、完整地发表自己的见解和主张，阐明事理或抒发情感，进行宣传鼓动的一种语言交际活动。而然，如今的很多演讲往往只是一味的陈述，容易致使观众乏味或不耐烦。那么，在演讲时，如何得体地运用语用策略才能顾及到观众、场合、背景等多方面因素，成功地达到演讲的交际目的呢？本文试以 Verschueren 提出的语言顺应理论出发，并结合美国总统奥巴马在海地地震第二天发表的白宫电视讲话“Pledging Support for Haiti”，从语用的角度分析奥巴马的此次电视讲话，希望以此来进一步研究顺应论在演讲等语体中的应用。

2　语言顺应理论

语言顺应理论（Linguistic Adaptation Theory）是国际语用学

会(IPRA)秘书长 Jef. Verschueren 于 1999 年在他出版的《语用学新解》(*Understanding Pragmatics*)一书中提出的,该理论以一种全新的视角来考察语言的使用。Verschueren 认为,语言的使用归根到底是“一个不断选择语言的过程,不管这种选择是有意识的还是无意识的,也不管它是出于语言内部还是语言外部的原因”。人们使用语言是他们在不同的意识程度下不断做出语言选择的过程。这种选择发生在语言形式的所有层面上:语音层面、形态层面、词汇层面、语义层面和句法层面等。人们可以在语言使用过程中作出种种选择,因为语言具有以下三个特性:变异性(Variability)、协商性(Negotiability)、适应性(Adaptability)。变异性限定选择的可能范围;协商性即选择是根据具有高度灵活性的原则和策略做出的;适应性使人们得以从一系列范围不定的可能性中进行可协商的语言选择,以便逼近交际需要达到的满意位点。其中,变异性和协商性是基础,顺应性是核心。Verschueren 把语境分为交际语境和语言语境。交际语境包括交际双方及其心理世界、社交世界和物理世界等因素;语言语境即为我们通常所说的上下文。本文中,作者主要讨论的是奥巴马总统如何顺应交际语境中的各要素,从而达到交际目的的。

3 文献综述

近年来,国内外有许多学者研究顺应论在各领域的应用,如中外文学翻译的文化顺应、交际失误的原因、口译的研究、广告语的解释、课堂教学的启示等等,然而顺应论在演讲中的应用还鲜少有人研究。哈尔滨工程大学的王群在 2008 年硕士毕业论文《2004 年美国总统辩论的语用分析》中,试从语用的角度,如前提预设、言语行为理论、合作原则和礼貌原则等对 2004 年美国总统辩论进行分析,找出两位竞选候选人所采取的语用策略和达到的效果。长沙理工大学外国语学院的段静和夏日光于 2009 年 7 月在宜宾学院学报上发表的《布什演说语篇冗余的顺应性研究》中,应用顺应论着重对美国前总统布什的多篇演讲中的冗余现象做了分析评述。华南农业大学外国语学院的冯燕明于 2009 年 8 月在《语言文字》上发表的《浅析奥巴马就职演讲辞的语言特点和语用手段》中,运用顺应论、合作原则和礼貌原则将奥巴马就职演说辞中的交际性和实用性进行了分析。

4 语料分析

当地时间2010年1月12日16时53分(北京时间13日5时53分),世界上第一个独立的黑人国家——海地共和国发生了里氏7.3级的强烈地震,首都太子港及全国大部分地区受灾情况严重。次日早上,美国总统奥巴马在白宫就海地遭遇强震发表讲话,承诺美国将迅速积极反应,全力帮助海地救灾。在这样一个全世界都沉浸在悲痛中的时刻,奥巴马的电视讲话采用了怎样的语用策略,才能达到既表明美国政府的救援态度、又安抚广大民众悲伤心情的交际目的呢？本文主要从交际语境的要素对其进行具体分析。

4.1 对心理世界的顺应

心理世界包括交际者的个性、情感、观念、信仰、欲望、愿望、动机、意向等认知和情感方面的因素。言语交际就是心理与心理之间的交流,语言的选择受到交际双方心理世界的影响。说话人选择语言的过程正是顺应自己和听话人心理世界的过程。在奥巴马此次电视讲话中,对心理世界的顺应具体表现在以下三个方面:

4.1.1 顺应地震受难者、受难者家属及全体民众悲伤和同情的心情

海地,这个灾前已被称为西半球最贫穷的国家,经过强烈地震的袭击,雪上加霜,惨不忍睹。经世界卫生组织确认,截至2010年1月26日,海地地震进入第15天,已造成11.3万人丧生、19.6万人受伤,由此可见灾难的严重程度。在看到网络、电视、报纸等各大媒体上出现的海地民不聊生、一片狼藉的画面后,全世界都沉浸在震惊和悲痛之中。于是,奥巴马总统在发表电视讲话时,也对此给予了充分的考虑,用词、句式等都顺应了对地震受难者、受难者家属及全体民众悲伤和同情的心情。

(1) Indeed, for a country and a people who are no strangers to <u>hardship</u> and <u>suffering</u>, this <u>tragedy</u> seems especially <u>cruel</u> and <u>incomprehensible</u>.

hardship 和 suffering 足以说明海地在地震前已是落后国家,

人民已经饱受贫穷的折磨，而这次 7.3 级的地震无疑更是个巨大的悲剧（tragedy），既残忍（cruel）又令人难以理解（incomprehensible）。此外，奥巴马还用了 indeed 和 especially 加强语气，更加突显对地震给海地人民所带来苦难的同情之情的顺应。

(2) We are just now beginning to learn the extent of the devastation, but the reports and images that we've seen of collapsed hospitals, crumbled homes, and men and women carrying their injured neighbors through the streets are truly heart-wrenching.

奥巴马用了一系列过去分词作形容词 collapsed，crumbled 和 injured，活生生地再现了他称之为 devastation 的地震后一片废墟，百姓苦不堪言的景象，对民众悲伤与同情心理的顺应不言而喻，此时一个"heart-wrenching"适时地点出了人们的心情，而用副词"truly"加以修饰，强调程度之深。

(3) Our thoughts and prayers are also with the many Haitian-Americans around our country who do not yet know the fate of their families and loved ones back home.

our thoughts and prayers are with... 直接明了地表达出美国人民对受难者的同情、怜惜和祝福，也是对受难者和受难者家属悲惨遭遇的同情心理的顺应体现。

4.1.2 顺应全体民众渴望美国政府尽全力营救地震生还者的迫切心理

地震是当今世界上最难预测、破坏性最大的灾难之一，一旦发生，伤亡、经济损失都将十分惨重。在地震发生后，第一时间抢救生还者是当务之急、刻不容缓。任何一点点时间对于埋在地底下渴望生存下来的生命都是弥足珍贵的。因此，没有什么比迅速、全面的救援工作对那些挣扎在生死边缘线上的遇难同胞们来说更重要的了。美国政府也清楚地了解这一事实，所以在奥巴马总统的电视讲话中，我们也清晰地感觉到他对全体民众渴望美国政府尽全力营救地震生还者的迫切心理的顺应。

(1) I have directed my administration to respond with a swift, coordinated, and aggressive effort to save lives.

(2) The people of Haiti will have the full support of the United States in the urgent effort to rescue those trapped beneath the rubble, and to deliver the humanitarian relief — the food, water and medicine — that Haitians will need in the coming days.

奥巴马在电视讲话中多次承诺美国政府将会竭尽全力采取最快的行动帮助地震后的海地。a swift, coordinated and aggressive effort, full support 和 urgent effort 等都表明他在极力顺应美国民众渴望政府尽早营救地震后生还者的迫切心理。

4.1.3　顺应美国人民的宗教信仰

美国是一个信仰上帝的国家,大多数人信仰基督教和天主教,而且,宗教对美国人来说,极其重要。在他们的心目中上帝一直与他们同在,这一点我们也可以从奥巴马的讲话中得以验证。

(1) Our thoughts and prayers are also with the many Haitian-Americans around our country who do not yet know the fate of their families and loved ones back home.

(2) We will keep the victims and their families in our prayers.

(3) May God bless the people of Haiti and those working on their behalf.

"pray"、"May God bless..."等这样的词汇和句式是基督教等宗教中所特有的,带有明显的宗教色彩。奥巴马深知宗教对于美国人民的重要意义,因此每次演讲之中总会提及,这是顺应美国人民宗教信仰的具体表现,也是顺应全体美国民众心理世界的很好的体现。

4.2　**对社交世界的顺应**

社交世界包括"社交场合、社会环境、规范交际者言语行为的原则和准则。"交际者言语行为受到社会、文化等因素的制约。在奥巴马此次电视讲话中,对社交世界的顺应具体表现在以下几个方面:

4.2.1　顺应该电视讲话的主题

美国是当今世界第一超级大国,在经济、科技、贸易、政治等各个方面都名列世界前茅。几乎全球范围内的任何大事都少不了美国的参与。在发生如此的大悲剧之后，美国政府也是自然而然地在第一时间站出来，表明它的立场，承担起作为超级大国的责任。而奥巴马总统也顺应了这样一个电视讲话的场合，给出了美国政府当下将采取的具体措施，并强调了当前各方应该关注的重点问题，顺应了该电视讲话的主题。

4.2.1.1 给出美国政府对震后的海地将采取的具体救援措施

First, we're working quickly to account for U. S. embassy personnel and their families in Port-au-Prince, as well as the many American citizens who live and work in Haiti.

Second, we've mobilized resources to help rescue efforts.

Third, given the many different resources that are needed, we are taking steps to ensure that our government acts in a unified way.

奥巴马发表白宫讲话的最核心内容就是表明美国的立场，给出具体的美国政府制定的现阶段震后救援措施。序数词 first, second 和 third，清楚地罗列出美国政府将对震后的海地采取的行动，条理清晰，但语言却十分简洁，这是对电视讲话主题的顺应，同时也间接地顺应了广大民众悲伤及希望政府迅速采取救援行动的迫切心情。

4.2.1.2 强调加强国际间合作的重要性

(1) I have directed my teams to be as forward-leaning as possible in getting the help on the ground and coordinating with our international partners as well.

救援生还者的工作必须争分夺秒地进行，奥巴马总统深知这一点，因此命令美国救援组在抵达灾区后立刻展开救援工作，并要求其同国际救援人员进行合作，共同施行救援。

(2) In that effort, our government, especially USAID and the Departments of State and Defense, are working closely together with our partners in Haiti, the region, and around the world.

奥巴马在讲话中称："美国政府，尤其是美国国际开发署、国务院和国防部正与海地、加勒比地区以及全世界紧密合作，实施救援。"

(3) As we move resources into Haiti, we will be working closely with partners on the ground, including the many N. G. O.'s from Haiti and across Haiti, the United Nations Stabilization Mission, which appears to have suffered its own losses, and our partners in the region and around the world. This must truly be an international effort.

奥巴马表示,美国在向海地运送救灾人员和物资的过程中,将与地面人员紧密配合,包括海地的很多非政府组织,在此次地震中伤亡惨重的联合国海地稳定特派团以及美国在该地区和世界各地的合作机构等等。他声称这是一次真正的国际合作行动。

强调加强国际间合作是此次电视讲话的另一重要主题,这对震后的救援工作也尤为关键。奥巴马在电视讲话中多次强调要加强各方合作,除了美国政府各个部门之间,美国政府与联合国之间以及与一些非政府组织之间的合作也显得相当紧迫,不容忽视。此次地震是近十年来海地发生的最严重的一次地震,光靠一个国家,即使它是世界上最发达的美国也不能在最短的时间里拯救出全部的生还者。因此只有通过大家共同的努力,并抓紧每一分每一秒,才能尽可能多地救出生还者,并且医治和安顿已无家可归的伤者也需要各方齐心协力、共同的努力。奥巴马总统正是顺应这样的讲话主题,再三强调国际间合作对震后海地的重要性,承诺美国政府会尽全力与各方合作,展开震后营救工作,同时也是间接地对其他各国、各组织间通力合作,积极投身救援工作的呼吁。

4.2.2 顺应美国总统在公众场合的形象

美国如今是世界上综合国力最强的国家,无论从经济实力还是科技实力,在全球都是首屈一指的,而奥巴马作为美国总统,其影响力不仅在美国,在全世界都举足轻重。于是,奥巴马的公众形象也自然而然地受到各方的广泛关注。因此,他的良好又负责的总统形象在各大公众场合都必须恰如其分地得以体现,这已不仅仅是奥巴马的个人形象展示,而是代表了整个美国政府及全体美国人民。在此次电视讲话中,我们也不难看出奥巴马为顺应自己的总统身份和公众形象所作出的努力。

4.2.2.1 显示奥巴马作为美国总统的威信

(1) I have directed my administration to respond with a swift, coordinated, and aggressive effort to save lives.

(2) ..., I have directed my teams to be as forward-leaning as possible in getting the help on the ground and coordinating with our international partners as well.

(3) My national security team has led an interagency effort overnight. And to ensure that we coordinate our effort, going forward, I've designated the administrator of the U. S. Agency for International Development, Dr. Rajiv Shah, to be our government's unified disaster coordinator.

奥巴马多次用了 I've directed..., I've designated..., my national security team...等句式,明显地突出了他的总统身份,显示出他崇高的威信。奥巴马自己也深知他作为美国总统,所发言论在国际社会的重大影响力。因此,正是为了顺应他的这一独一无二的身份,才多次运用此类句式以使自己美国总统的权威性得以充分体现。

4.2.2.2 呼吁全体美国民众携手帮助震后的海地

Despite the fact that we are experiencing tough times here at home, I would encourage those Americans who want to support the urgent humanitarian efforts to go to whitehouse.gov where you can learn how to contribute.

"尽管美国国内的境况也很艰难,我仍要鼓励那些有意进行紧急人道主义援助的美国人民登陆白宫网站,了解如何捐赠。"在电视讲话临近尾声的时候,奥巴马这样说道。1 月 12 日的这场大灾难使得海地人民顷刻间痛失生命、至亲和家园,饱尝了肉体和精神上的双层痛苦。然而悲剧已经发生,时光不可能逆转,现在能做的只有集大家的力量,共同帮助海地早日走出地震的阴影。于是奥巴马顺应了他的美国总统的身份,顺应了这个面向公众的社交场合,呼吁全体美国人民共同行动,为海地人民重建祥和、安定的生活家园尽上自己的一份心意。

4.2.3 对物理世界的顺应

物理世界主要包括时间和空间的指示关系。就时间而言,包括时间指示、说话时间和指称。空间指示,即地点指示关系,包括绝对空间关系和参照空间关系。在奥巴马此次电视讲话中,对物理世界的顺应的具体表现如下:

在奥巴马的电视讲话中,多处可以看出对发生地震和发表讲话的时间和地点的顺应。

(1) This morning I want to extend to the people of Haiti the deep condolences and unwavering support of the American people following yesterday's terrible earthquake.

电视讲话一开始,奥巴马就简明扼要地将事件作了交代。this morning 顺应了奥巴马发表白宫电视讲话的时间——地震发生的第二天,海地当地时间 2010 年 1 月 13 日。Haiti 顺应了地震发生的地点——海地。American people 顺应了奥巴马发表电视讲话的地点——美国白宫。yesterday's terrible earthquake 顺应了地震发生的时间,海地当地时间 2010 年 1 月 12 日。这样一句不算长的句子既简练又完整地涵盖了发生地震和发表电视讲话的基本信息,清晰明了地顺应了两者的物理世界。

(2) Military overflights have assessed the damage, and by early afternoon our civilian disaster assistance team are beginning to arrive. Search-and-rescue teams from Florida, Virginia and California will arrive throughout today and tomorrow, and more rescue and medical equipment and emergency personnel are being prepared.

此句中的 Florida, Virginia 和 California 三个州名顺应了奥巴马电视讲话的发生地点——美国,而 early afternoon, today 和 tomorrow 都顺应了电视讲话的时间 2010 年 1 月 13 日的早上,突显了奥巴马承诺美国的救援力量将以最快的速度抵达海地。

5 结语

Verschueren 的语言顺应理论为语言的分析和使用提供了一个全新的视角,它从认知、社会、文化等各个方面全方位地剖析语言。在演讲这样一种面向公众的语言形式中,对观众心理、社交场合和物理背景等各方面的顺应都至关重要。本文以奥巴马总统在海地地震第二天所发表的"Pledging Support for Haiti"的白宫电视讲话为样本，对其进行了仔细的研究和分析，发现他通过对讲话内容、措辞和选用句式等各个方面的精心组织与修饰，给出美国政府对震后海地的具体救援措施的同时，还深切地表达了对受灾群众的同情之情，顺应了遇难者、遇难者家属及全体美国民众的心理世界，顺应了白宫电视讲话的社交世界，还顺应了发生地震和发表电视讲话的物理世界，成功且出色地达到了此次白宫电视讲话的交际目的。

参考文献

[1] Jean Stilwell Peccei. Pragmatics[M]. 北京：外语教学与研究出版社，2000.

[2] Jef Verschueren. Understanding Pragmatics[M]. 北京：外语教学与研究出版社，2000.

[3] 何兆熊. 新编语用学概要[M]. 上海：上海外语教育出版社，2000.

[4] 耶夫·维索尔伦(著). 钱冠连，霍永寿(译). 语用学诠释[M]. 北京：清华大学出版社，2003.

[5] 王群. 2004 年美国总统辩论的语用分析[D]. 哈尔滨工程大学，2008(6).

[6] 段静，夏日光. 布什演说语篇冗余的顺应性研究[J]. 宜宾学院学报，2009(7).

[7] 冯燕明. 浅析奥巴马就职演讲辞的语言特点和语用手段[J]. 语言文字，2009(8).

作者简介：陈旻，上海大学外国语学院硕士研究生。

从句法层面浅析语篇中蕴含的隐性说服力

韩亚婷

摘　要：自从20世纪90年代Martin提出评价理论以来，运用这一理论对各类语篇的分析不计其数，但大多数是抓住语篇中那些具有明显评价功能的词汇对语篇展开分析，即显性评价，而对隐性评价的关注却比较少，因此本文从句法层面着手，主要从时态、语态、修辞和语气这四个方面找出语篇中所蕴含的隐性说服力。

关键词：评价理论；显性；隐性；句法层面；时态；语态；修辞；语气

1　引言

评价理论是对Halliday系统功能语法中三大纯理功能之一的人际功能的扩展（李战子，2002）。Martin认为，Halliday在研究人际意义时，关注较多的是交际双方之间的意义交换（即信息交换或物品/服务交换），对交际者个人的评价意义很少关心（Martin，2008）。为了弥补这些不足，他从20世纪90年代开始，从词汇入手研究话语中交际者个人表达的评价意义，并由此在系统功能语言学的总体框架之下创建了评价理论，拓展和丰富了Halliday的人际功能（王振华，2001；张德禄，2004）。自从评价理论创立以来，已经有大量的论文、期刊等利用这一理论对某一具体的语篇从态度、介入和级差三个方面展开分析，从而帮助读者加深对语篇的理解。然而，这些分析研究大多数是集中于对语篇的显性评价（explicit appraisal），却忽视了评价理论中的另一重要方面隐性评价(implicit appraisal)的地位。其实,在具体语篇中,虽然有时我们看不到具体的用于表达作者情感、鉴赏或者是评判之类的词语,但是从具体语句中,我们却可以感受得到作者于话里话外所流露出的对某一人物或事件的情感、评判或鉴赏。本文将借助前人的研究,从句法层面,主要是时态、语态、修辞方法和虚拟语气这四个角度来探析语篇中所蕴含的隐性说服力。

2 评价理论

2.1 评价及评价理论

帕默认为,评价意义与情感意义相近,即有的词影响我们的情绪,因为它们蕴含有赞同或反对的意思(例如 lady vs bitch),在日常生活中我们说的大多数话都不是在陈述事实,而是在不断地对情境、人、他人的话等作评价(Palmer, 1989)。评价是人类的一种认识活动,它与认识世界"是什么"的认识活动不同,它是一种以把握世界的意义或价值为目的的认识活动,即它所要揭示的不是世界是什么,而是世界对于人意味着什么,世界对人有什么意义(冯平,1997)。

评价理论讨论的是语篇或说话人表达、协商、自然化特定主体间的关系以及意识形态的语言资源(胡壮麟,朱永生等,2005)。它是由悉尼学派的 Martin 等人于 20 世纪 90 年代在系统功能语法的基础上发展起来的,是对人际功能所进行的横向和纵向的延伸,它主要研究个人如何运用语言去对事物作出评价,关注作者如何就某个事件或命题作出判断、表明态度、采取立场并与读者协商。Appraisal is concerned with evaluation: the kinds of attitude that are negotiated in a text, the strength of the feelings involved and the ways in which values are sourced and readers are aligned (Martin & Rose, 2003). 评价理论把评价性资源依语义分为三个方面:态度(attitude)、介入(engagement)和分级(graduation)。态度包括情感—对人的情感的表达,判定—对人的性格和行为的评价,鉴别—对事物的价值的评价。介入用来衡量说话人/作者的声音和语篇中的各种命题和主张的关系;说话人或承认或忽略其言语所涉及和挑战的众多不同观点,并在如此多样性的观点中为他们自己的立场争得一个人际空间。介入包括表明语篇和作者的声音来源的语言资源，它关注的是言语进行人际或概念的协商的方式。分级又可以再分为力量(force)—说话人借此把人际印象、以及他们的言语的容量分级(提高或降低)，如 very, slightly, completely；和焦点(focus)—说话人借此把其语义类型的焦点变模糊或变清晰，如kind of woozy, pure folly 等等(胡壮麟，朱永生等，2005)。下面是对评价理论的一个理论框架：

- 评价功能(appraisal theory)
  - 态度(attitude)
    - 情感 (affect)
    - 评判 (judgment)
    - 鉴赏 (appreciation)
  - 介入(engagement)
    - 自言 (monogloss)
    - 借言 (heterogloss)
  - 分级(graduation)
    - 语势 (强势、弱势)(force)
    - 聚焦 (明显、模糊)(focus)

2.2 显性评价和隐性评价

顾名思义，显性评价是指语篇中含有那些具有明确的评价功能的词汇作为话语标记，例如动词 assert, beg, hate, like, regret 等；形容词 happy, pretty, ugly, repressive 等；名词 angel, cruelty, innocence 等；副词 seriously, well, perfectly 等等。这类词语很容易识别，它们具有明显的评价意义，但是它们并不是评价意义的唯一体现形式，因为评价意义也可以通过隐性的方式得以表达。所谓隐性方式，就是指通过使用那些貌似中性但隐含评价意义的成分和句式而不是那些明晰的话语标记来表达评价意义。隐性评价就是说话人不使用具有明确的评价功能的词语，却同样可以表达出自己的态度、观点、立场。

3 从句法层面看隐含的评价意义

下面我们就从句法层面来看一下隐性评价的表达，主要从时态、语态、修辞和语气四个方面展开。

3.1 时态

在传统语法中，时态被定义为动词的特殊形式，用来表达时间和动作的关系。然而，在英语中，时态的意义却不仅仅局限于此，它同时还具有表达说话者或笔者态度和情感的功能。也正是从这一层面我们说，时态也可以被视为表示评价的一种方式，例如：

(1) 过去式：

Woman: Do you love me?

Man: I loved you.

此例中，当女士问及男士是否爱她时，用的是一般现在时，说明她想知道说话的当前男士对她的态度，而男士的回答却运用了一般过去式，也就是说，过去爱过她，隐含意思是现在不再爱她了。

(2) 现在进行时。英语中的现在进行时有时可以隐含说话者的言外之意，例如气愤、抱怨、责备、赞扬、吃惊等，在隐含这种意思的时候，句子中往往会包含这样的词语：always, constantly, forever, etc.

Liming is always borrowing my dictionary and forgetting to return it.

此句除了陈述一个基本的事实之外，也表达了说话者对李明借了字典却总是忘记归还这一行为的抱怨和不满。又如：

Our government is constantly adjusting its policies to help citizens improve their living quality.

通过运用进行时，句中流露出笔者对政府不断采取积极措施关心民生这一举动的赞许之情。

此外，现在进行时的使用有时还能表达说话者的客气和礼貌。例如：

We are hoping you will look after the dog for us when we are out.

在这里，进行时的运用更加深了说话者表达请求的诚恳度。

3.2 语态

语态是描述句子中动词和参与此动作的主语之间关系的一个术语。当主语是动作的发起者时，称为主动语态；如果主语是动作的承受者，则称为被动语态。通过语态的选择使用，往往可以体现出说话人或笔者的情感和态度意义，这与他的强调重点放在哪里是有密切联系的。例如：

A man and a woman are conversing at a bar. The man's

friend is sitting next to him, on the other side of him from the woman. The man gets up to put a quarter in a jukebox. When he returns he finds that his friend has moved over and taken his former seat. He remains standing for several moments, obviously annoyed. Finally, the woman asks him why he doesn't sit down, indicating with a gesture the empty seat which his friend formerly occupied. He shakes his head and replies:

"________________".

The last sentence is left for the readers to fill in. Several answers could be supposed:

A. He has taken my place.

B. Joe has taken my place.

C. The place has been taken by Joe.

D. The place has been taken.

空白处到底选择 A—D 中的哪个选项更恰当呢,我们来分析一下。语篇中,在这位男士起身的空当,他在女士身旁的座位就被他的朋友 Joe 所占,男士回来看到当然是打心底里不高兴,但是作为朋友他又不能直接对 Joe 表现出不满,选项 A 和 B 将这位男士直接作为主语很具有挑衅的味道,显然是不合适的。选项 C 和 D 运用了被动语态,这样语气就委婉得多,两者进行比较,显然是没有提及朋友名字的 D 项更为恰当。这样运用被动语态,即表明了这位男士的立场态度,又没有使用冒犯人的话语,而且相信听者也都能从中获得其隐含的意义。

3.3 修辞

3.3.1 夸张

夸张即故意言过其实,在客观事实的基础上有目的地放大或缩小事物的形象特征,从而达到深刻、生动地揭示事物特征的目的,增强语言的感染力,给人以深刻的印象。夸张处于级差系统的边缘,是级差系统的极致情形。夸张修辞可以直接增强或减弱所在语篇的态度意义。例如:

白发三千丈,缘愁似个长。(李白《秋浦歌》)

"白发三千丈"中虽然没有明确表达态度意义的词汇,但是它却能够使受话者强烈地感受到说话者的情感,这种情感是由夸张间接引起的,夸张这种对语义表达的着意夸大或缩小,更容易引起读者的注意。在这句诗词中,很显然,三千丈的白发已经远远超出了人类经验可及的范围,是显著的夸大。但是如果不是"三千丈",而是"三尺长",就有可能是事实了,或者可能被当作事实。所以说,说话者隐性地表达了他的愁绪。又如:

空旷、沉寂、不痒不痛,无遮无拦,一眼可望穿八百里。(李登健《倾听原野》)

很显然,此处"八百里"运用了夸张的修辞格,是对空间范围的一种夸张,不仅描述了一幅收获之后田野开阔和平坦的画面,同时也引发了说话者对获得大丰收后的喜悦之情。这种夸张修辞的运用,往往可以将作者强烈的主观意义表达出来。

3.3.2　反问句式

反问,虽然从语言形式上看是疑问句,但其作用却不是提问,不需要回答。黄伯荣、廖东序(2007: 219)指出"反问是无疑而问,明知故问,它只问不答,把要表达的确定意思包含在问句里"。刘松江(1993: 47)认为,"反问句是具有相当浓厚的感情色彩的,说话人使用反问句实质上是对自己感情的宣泄。说话人对客体事物,及至主体作出判断,表明态度的同时,也要流露自己的情绪。是鄙视、厌恶,还是嘲笑、讽刺……凡属人所具有的各种情绪都可以在反问句中得到反映。说话人在这里流露的情绪才是他所要表明的深层的含义。"郭继懋(1997: 113)指出,"反问句之所以要加强语势来说明一个很明显的道理或事实,主要是为了表达隐含意义。"Martin & White (2005) 也认为反问句可以隐性地激发态度。反问句式能够体现情感,这是因为此类句式结合特定的语气能够表达强烈的感情色彩,如谴责、愤怒、怀疑、不满等。但是很多反问句中并没有显性的表达感情色彩的词语标志,然而,通常情况下结合语境是可以体会得出其中隐含的意义的。下面以一则律师辩护词为例(大兴安岭火灾中庄某"玩忽职守案"一审辩护词):

众所周知,图强是受害单位,来自漠河的那么猛烈的大火,自始至终没有得到起火方面的通报,这算不算失职?何以无人追究?而庄某则不同,他对友邻及时通报了火情,使之有备,这难道是玩忽职守者办得到的?图强受灾最重,图强领导人受到的待遇

又最不公平，这不讲法，连起码的公道都不讲了，我们怎敢赞同？（转引自张思之，2001：15－16）

这则摘选自律师张思之的辩护词，律师在批驳检方所指控的被告人“玩忽职守罪”，此段落中运用了三个反问句，第一个问句“这算不算失职？”，实际上通过上文的铺垫，此问句已不需作答，这种疑问的方式也已经极其肯定地说明了对起火这件事未及时通报的行为是失职的，同时隐性地表达出辩护人对指控的不满和质疑。第二个问句“这难道是玩忽职守者办得到的？”，此问句在明确否定被告人犯有玩忽职守罪的同时，隐性地表达出辩护人对检方的批评和责备。此问句中并没有显性的表达辩护人情感的词语，但是却通过反问句式让听众在情感上与辩护人产生共鸣。第三个问句“我们怎敢赞同？”其实通过“怎敢”这一表示修辞疑问的标志词语，含蓄地表明了辩护律师的观点和立场，虽然没有显性的情感词，却更强烈地体现出辩护律师的愤怒情感。这三个反问句的使用，让听众更容易接受辩护人的观点，同时让短短的一段辩护词语势增强，从而让辩护律师所表达的观点、情感、立场，含有不容辩驳的气势。

3.3.3 矛盾修辞法

矛盾修辞法，是将两个在意义上互相对立、互相矛盾的词汇以相互修饰的方法排列在一起，让读者或听众感到震撼，迫使人们在不合逻辑、荒谬的语言外表下进行新的思考。矛盾修辞法从表面看，它的语义构成是两个对立矛盾的成分，例如我们有 victorious defeat, cruel kindness, expressionless expression, sick health，虽然有些搭配中存在一些本身具有评价功能的词，但是在这种矛盾修辞构成中，它所体现的态度意义是正面的还是负面的还是正负参半的呢？到底其中蕴含怎样的隐性意义呢？例：

Napoleon had a clear path to Moscow, but the occupation of the city became an empty victory.

句子要表达的是拿破仑如愿以偿顺利进入莫斯科，但是对该城市的占领却成为一场毫无意义的胜利，empty 在这里的意思是“没有实际意义的”，表示负面鉴赏。用 empty 去修饰 victory 正是一个矛盾修辞的例子。它贴切地概括了拿破仑的尴尬处境：当时莫斯科已是一座空城；不久之后，一场大火又烧毁了全城的三分之二；士兵们饥寒交迫，毫无胜利之态可言。所以在这里，empty victory 的语义所体现的评价意义侧重于负面鉴赏。

通常情况下，矛盾修辞中往往会带有一些具有明确评价功能的词汇，但是其表达的具体意义却并不一定由这些词汇体现出来，通常，联系语境，我们可以推测出它所隐含的意义。在矛盾修辞法中，当我们揣测语句所隐含的具体意义时，语境起到了举足轻重的作用。在矛盾修辞法的理解中首先要结合对话语起着依托和限制作用的语境，从字面上的矛盾看逻辑上的统一，真正把握其在特定语境下的语用含义（黎芳，2009）。Martin & Rose 也指出，在分析一些边缘的评价表达时，语境是一个非常敏感的变体（Martin & Rose，2003）。在评价手段的识别方面，语境起着关键性的作用（李战子，2004）。例如：在李荫华的《大学英语综合教程》中有这样一个题目“The Glorious Messiness of English”这个题目看上去很不协调，名词中心词“messiness”是个贬义词，表示否定的鉴赏，而形容词“glorious”却表示积极的正面鉴赏，语义是矛盾对立的。但是我们再联系一下课文中的第一句话“The story of our English language is typically one of massive stealing from other languages.”这样我们就可以理解了，messiness 在这里指的是英语在其发展过程中，历经变迁，受不同语系的多种语言影响，形成了多种词汇并存、多种读音规则混合、语法中多有例外的状况，所以是有些杂乱无章的（messiness），但是作者用了一个具有积极鉴赏意义的词语 glorious（壮丽辉煌的）对其加以修饰，再结合一下全文，读者就应该可以明白了，原来是基于自由精神的博采众长、兼容并蓄才成就了英语作为国际通用语言的辉煌。英语的杂乱无章其实是多姿多彩、百花齐放的一道风景。因此我们可以断定，作者在这一看似矛盾不协调的题目中，隐含的其实是一种正面的鉴赏。

3.3.4 反复

反复即有意识地重复使用某些词语或句子，以达到突出某种感情、强调某个意思、加深读者印象的作用（《修辞》修订本，上海教育出版社，1978）。此处以我们的《中华人民共和国国歌》中的一小节歌词为例：

起来不愿做奴隶的人们！

……

起来！起来！起来！

我们万众一心，冒着敌人的炮火

前进！

冒着敌人的炮火前进！前进！前进！进！

歌词中运用反复之一修辞手法，将蕴含在全中华民族人民内心的呼喊声表达出来，前一处反复“起来！起来！起来！”突出强调“不愿做奴隶的人们，应该奋起斗争”；后两处反复是为了突出强调在斗争中中华民族要奋勇前进。

3.4　**虚拟语气**

我们知道，虚拟语气用来表达说话者的愿望、请求、意图、建议、惊奇、设想等不可能的事实的情况，以及在说话人看来实现可能性很小的情况。通过虚拟语气表达的是强烈的愿望、失落、遗憾、不满等情感意义和对事物作出的关于其评价的鉴赏意义，以及关于人的行为的判定意义。虚拟语气表达评价意义时，表达正面的评价意义时语义强烈，令读者和听者能体会对方的迫切的愿望。如：How I wish I were a bird. 它所表达的情感真挚、强烈、可信。But for your help, I would not have succeeded in my exam. 听话者可以感受到对方的发自内心的感激之情。表达否定的评价意义时语气委婉，如对别人行为的判定是通过言此而意彼表达出来，避免了使用祈使句来发号指示和命令时语气僵硬。如：If I were to do it, I would do it in a different way. 此句暗含着对对方行为的否定的评价，这种评价比较委婉，对向身份和地位比自己高的人，向与自己平级的人表示否定的评价时显示考虑了对方的面子和自尊心，易于对方接受。虚拟语气的使用还会使命令或请求显得客观，把命令这一态度的来源模糊化。下面再就虚拟语气所表达的情感、判定和鉴别的隐性评价分别举例：

3.4.1　虚拟语气表达隐性的情感意义

It's high time you were in bed.（该是睡觉的时候了。）

说话者表示对“you(你)”的提醒，有时还可以表示对“你”晚睡觉表示不满，但是这一否定的情感意义是间接表达出来的。

3.4.2　虚拟语气表达隐性的判定意义

If the roads weren't so icy, we could go much faster.（要是

路上没有那么多冰，我们可以走得快得多。）

句中“could”表示能力和可能性，读者得出的结论是走的不快不是因为能力而是因为客观原因，他们有能力走的更快。用这种虚拟语气表达对人的行为的判定可以使读者和听者更倾向于认可所做出的对人的能力上的评价，因为原因被当做唯一的条件得到了强调，结果句中的评价意义就显得更接近事实，不容置疑。再如：

I should be more careful if I were you.（如果我是你的话，我会更小心。）

其实在这里，说话者是在委婉地说“你不够小心”。

虚拟语气在表达鉴赏意义时，通常会用到 important, necessary, advisable, imperative, obligatory, vital, essential 等这些本身具有评价意义的词汇

3.4.3　虚拟语气中的介入资源

介入的方式分为主观和客观，主观的介入，语言使用者要直接承担责任，而客观的介入，说话者可以隐含自己的介入，把自己的观点打扮成客观的需求。语言使用者选用主观介入还是客观介入和他的地位、身份、性格、语言使用的场合等有关。为了更好地区分，这里主客观介入各举一例。

（1）主观：

My proposal is that the meeting be postponed till a later time.（我的提议是把会议推迟到以后再开。）

这样直接表明说话者的语气和态度。

（2）客观：

It is requested that he be told the truth as soon as possible.（要求尽早把真实情况告诉他。）

至于是谁要求并没有提及，说话者可以用这种句式表达自己的态度，而又避免负担直接的责任。

4　结束语

关于评价理论，自从 20 世纪 90 年代提出以来，既有肯定又有质疑，在曲折中发展着，也有相当多的学者运用这一理论对各类语篇展开过分析，不可否定这些分析确实有助于我们更好更深

入地理解语篇，可见评价理论确实有它的价值所在有着一席立足之地。但是它当然存在着局限性，例如在态度系统上的发展要远远先于其他两个方面，对隐性评价的分析运用也很不充分，远没有达到对显性评价的研究。本文只是很浅层地对评价理论的隐性说服力进行了挖掘，其分析还很不透彻不全面。但是一个理论存在的不足之处越多，那么它的发展前景也就越广阔，发展空间也就越宽泛，要对评价理论进行更加全面深入地理解、发展和运用，我们着实还有一段很长的路要走。

参考文献

[1] Martin, J. R. Questioning Linguistics [C]. Cambridge: Cambridge Scholars Publishing, 2008.

[2] Martin, J. R., D. Rose. Working with Discourse: Meaning Beyond the Clause [M]. London: Continuum, 2003.

[3] Pamlmer, F. R. The English Verb. New York: Longman World. 1989. 冯平。评价论 北京：东方出版社，1997.

[4] 郭继懋. 反问句的语义语用特点[J]. 中国语文，1997(2).

[5] 胡壮麟，朱永生，张德禄，李战子. 系统功能语言学概论（修订版）[M] 北京：北京大学出版社，2005.

[6] 黄伯荣，廖序东. 现代汉语（下册）[M]. 高等教育出版社，2007.

[7] 黎芳. 矛盾修辞法的语用含义及翻译[J]. 长沙铁道学院学报（社会科学版），2009(3).

[8] 刘松江. 反问句的交际作用[J]. 语言教学与研究. 1993(2).

[9] 李战子. 评价理论：在话语分析中的应用和问题[J]. 外语研究，2004(5).

[10] 李战子. 话语的人际意义研究[M]. 上海：上海外语教育出版社，2002.

[11] 李萌华等. 大学英语（全新版）综合教程(2)[M]. 上海外语教育出版社，2003.

[12] 张德禄. 系统功能语言学的新发展[J]. 当代语言学，2004(1).

[13] 张思之. 我的辩词与梦想[M]. 上海：学林出版社. 2001.

[14] 朱永生. 概念意义中的隐性评价[J]. 外语教学，2009(7).

作者简介：韩亚婷，上海大学外语学院硕士研究生。

成长事件及其变式

纪慧珍

摘　要：Levin 在其《English Verb Classes and Alternations》一书中已对成长事件及其变式进行过论述，但论述得不够全面具体，需要进一步地修正完善。本文将从成长事件的概念框架、事件的变式、语法结构以及语言系统的体现关系等方面对成长事件进行深入探讨和分析。

关键词：成长事件；变式；概念框架；体现关系

1　问题的提出

当今语言学理论研究非常关注语言系统的义形关系，许多理论模式用语义论元结构理论来表述小句的句义，并认为论元结构由动词语义映射而得(Levin，1985)。在动词映射理论的指导下，美国斯坦福大学教授 Levin 基于语料库的研究，将动词进行分类多个大类，并列出每类动词对应的变式(Levin，1993)。成长类动词(grow verbs)属于创造转变类动词(verbs of creation and transformation)中的一小类。Levin 对此类动词的特征与变式进行了分析，在一定程度上揭示了该类动词与其变式之间的对应关系。但她的分析还不够具体和详细，对此类事件的概念框架、各动词变式的差异以及相关的语言系统的体现关系并未进行探讨分析。

2　认知功能模式与成长事件的概念框架

2.1　认知功能模式

程琪龙(2006)提倡一种认知功能模式。该模式与神经认知语言学一样，认为语言系统以神经网络为物质载体，并有激活传递信号的能力，所以理论模式并不悖于神经操作的可行性。语言系统的操作过程（即语言过程）是概念内容和语言表达（即义形）之间的相互激活过程，并涉及人类与外部世界的互动。语言过程包括理解和产出过程，还延及感知运动的认知过程（程琪龙、乔玉巧，2010）。例如：我们看到一个人在关门，用英语可表述为：Mary close the door. 如果有人对我们说：Please close the door. 那么在理解该句的基础上，我们的大脑会通过一定的神经组织向肌肉传达一定的信号，进而发生一系列动作使“关门”这一动作完成。在这一过程中，无论从感知输入到语言表达的语言产出过程，还是从语言表达的输入到动作输出所涉及的理解过程，它们都经过一个相同的概念内容，即“把门关上”。这一概念内容就是储存在话语者大脑中的图式，这个图式自然也连通感知、运动和语言等神经认知系统。用图可表示为：

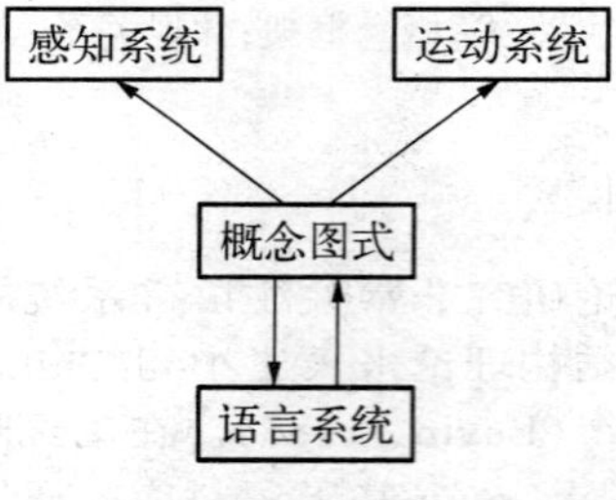

由此可以看出，所构建概念框架必须为连通感知运动系统和语言表达系统的连接部。它需涵盖两个部分：各变式共享的概括性概念内容和各变式特异性概念内容。前者用来表述所有变式和感知运动系统的连通，后者用来表述概念语义和词汇语法之间的体现。

2.2 成长事件的概念框架

程琪龙在其书中将基本概念结构分为三类：时空概念结构、动作概念结构和致使概念结构（程琪龙，1995b）。时空概念结构表示客体的存在形式，即客体在某个时间段以某种方式存在于物质空间中。动作概念结构表示动作事件。该结构可分为两类：及物的动作概念结构和不及物的动作概念结构。致使概念结构表示一种致使关系，即致使者使某实体倾向于变至某种结果(程琪龙，2006)。

物质实体的显性特征包括它的方向位置、领属关系和性质状态。人们一旦在大脑中连通了认知外部物质的经验中所留下的路径，就会将物质实体的处理方法转嫁给对心理、抽象实体的处理，并连通心里信息方位、领属、性状等专用路径，确立心理及抽象实体的内部连接网络，构成心理、抽象实体的概念结构。为了便于构建模式，我们将概念结构根据表达的特征，归入相应的概念域。它们分别为方位域、领属域、性状域和心理域。

性状域主要涉及实体的外形内质。广义的讲，实体既可以是物质世界的，也可以是心理世界的。因此，实体的性状可以是物理的、生理的、心理的，甚至可以是社会的。成长类动词包括grow，develop，evolve，hatch，mature，从语义上均表示实体内在或者是外在的一种变化，所以成长类动词属于性状域，需要运用性状概念框架来分析。

性状域的概念框架类型也包括时空关系的性状概念框架、动作性状概念框架和致使性状概念框架。它有静动之分。由于成长类动词在一般语境中表始客体的动态变化，而不表示实体实施的动作，因为它们不作为动词，所以它们所在概念过程也不含动作概念结构。可表示为动态性状概念结构：

客＋变＋[终状 | [〔原体〕＋终体]](程琪龙，2006)

例如：That acorn will grow into an oak tree. 它的概念结构为：客＋变＋终体。但是该框架无法分析下面一句话：They grow from weak to strong. 该句话即含有原状 weak，也含有终状 strong。因此它的概念结构应该为：客＋变＋原状＋终状。所以笔者认为动态概念结构应改为：

客＋变＋[[〔原状〕＋终状] | [〔原体〕＋终体]]

成长事件的动作性状概念结构所含的参与者应包括：动作者、动作对象。它的动作性状概念结构应为：

动作者＋动作＋动作对象

致使概念结构可形式表征为：

使者＋使＋对象＋倾向[客＋[终状 | 终体]]

综上所述，成长类事件的概念框架可表述为：

客＋变＋[[〔原状〕＋终状] | [〔原体〕＋终体]]
动作者＋动作＋动作对象
致使者＋致使＋客体＋倾向[客＋[终状 | 终体]]

成长事件概念框架含三个概念结构：动态性状概念结构、动作性状概念结构和致使性状概念结构。其中动作概念结构的动作者和致使结构的致使者重合为“使动者”，动作和致使重合为“使动”，动作对象和致使对象重合为“受事”。此事件概念框架表述了该事件各变式共享的、与感知运动连通的概念框架。认知操作过程中，所有的成长类小句都半激活事件框架的共享部分，并可连通感知系统，参与理解所感知的事件，也可连通运动系统，实施相关动作。

3 成长事件的变式

Levin 在她的《English Verb Classes and Alternations》一书中列出了成长事件的变式并对成长类动词进行了分析。他将成长类动词分为：

材料式：An oak tree will grow from that acorn.
产出式：That acorn will grow into an oak tree.
使役式：The gardener grew that acorn into an oak tree.
表始式：The gardener grew an oak tree from that acorn.

Levin 此类动词进行了如下评论：这类动词描述的是从一个实体到另一个实体的转变。无论是原体，还是终体均可作为动词的主语，而其他的成分则用介词短语来表示。因此，该类动词的变式与修建类动词(build verbs)的材料和产出变式的不及物形式相对应。当被用作及物动词时，它们的用法与修建类动词(build verbs)相似。

接下来，笔者拟参照 Levin 对修建类动词(build verbs)的变式分类来进一步讨论成长类动词被用作及物动词时的用法及变式。上述变式中的使役式和表始式是成长类动词被用作及物动词的两个变式。除此之外，在 Levin 的书中修建类动词还有以下变式：

（1）材料和产出变式。这两个变式在成长类动词中也存在，而且是以不及物的形式存在。虽然词性不同，上述四个变式已将成长类动词作及物动词时的材料和产出变式包含在内。例如：We hatched 12 chickens out of 20 eggs. “Hatch”在这句话里是及物动词，与修建类动词的材料变式很相似，但是它已经被包含于上述变式中的使役式。

（2）宾语不确定型变式(unspecified object alternation.)这类变式是在成长类动词作及物动词时也不能适用的变式。例如：我们可以说“We grow vegetables in the garden”. 但我们不能说“we grow”，因为这样说就与愿意不符。

（3）施益性变式。对于这类变式，成长类动词有部分动词是适用的，如：We grow flowers for the little. 但是，mature 一般不这样使用。

经过对比讨论可以看出，材料式、产出式、使役式和表始式是成长事件的基本变式。从语法结构来看，材料式和产出式有相同的语法结构：“名—动—名—介”。使役式和表始式有相同的语法结构：名—动—名—名—介。从语义角度看，材料式凸显原体，强调变化从何而来。产出式凸显终体，强调实体变至的结果。而使役式和表始式凸显的是两实体之间的转变关系。

4　形式表述与动词准入

每一个成熟的语言学理论都有一套理论表述形式。在笔者所构建的理论模式中，成长事件是由动态性状概念框架、动作性状概念框架和致使性状概念框架共同表述完成。与其他动词事件的概念框架不同的是成长类动词中的材料式和产出式只含有动态性状概念框架。Grow，hatch，develop，evolve 和 mature 均是这样的动词，因为它们所表示的变化是一种内在的、自然地变化，没有外部动作的作用。它们的动态性状概念过程为：

An oak tree will grow from that acorn.

客 oak tree ＋变 grow ＋原体 acorn

That acorn will grow into an oak tree.

客 acorn ＋变 grow ＋终体 oak tree

成长类动词的使役式和表始式即含有致使性状概念框架又含有使动性状概念框架。它们的概念过程为：

The gardener grew that acorn into an oak tree.

动者 gardener ＋动作 grew＋对象 acorn

致使者 gardener＋致使 grew＋客体 acorn＋终体 tree

在这一变式中动者与使者重合为使动者，动作与致使重合为使动，对象和客体重合为受事重合后的结构是使动者 gardener＋使 grew＋受事 acorn＋终体 tree，并体现为句法结构：名 gardener—动 grew—名 acorn—[into—名 tree]。

The gardener grew an oak tree from that acorn.

动者 gardener ＋动作 grew＋对象 oak tree

致使者 gardener＋致使 grew＋客体 oak tree＋原体 acorn

在这一变式中动者与使者重合为使动者，动作与致使重合为使动，对象和客体重合为受事重合后的结构是使动者 gardener＋使动 grew＋受事 acorn＋原体 tree，并体现为句法结构：名 gardener—动 grew—名 oak tree—[from—名 acorn]。

每个单词的语义是有差异的，那么由不同的动词组成的小句也就会有差异。因此，虽属于同类单词，成长类单词的变式也会随着单词的不同而有所变化。除了上述四种共同的变式之外，成长类的各动词还各有自己独特、不与其他成员共享的变式。

(1) grow, develop, evolve. Grow 是成长类动词中意义最多、用法最广的单词。Develop, evolve 与 grow 在用法上相似。除了上述共同的变式之外，它们还有变式：

The wind grew(develop) to a tempest.

客 wind ＋变 grow ＋终体 tempest ［概念过程］

名 wind —动 grow —[to —名 tempest］ ［语法结构］

Arguments grow(develop) out of misunderstanding.

客 arguments ＋变 grow ＋原体 misunderstanding. ［概念过程］

名 arguments —动 grow —[out of —名 misunderstanding]［语法结构］

They grow(develop) from weak to strong.

客 they＋变 grow＋原状 weak＋终状 strong ［概念过程］

名 they —动 grow —[from —形 weak] —[to —形 strong] [语法结构]

(2) Hatch. 与上面提到的三个成长类单词相比，hatch 不能用于"hatch... to..." 这样的变式，也不能用于"hatch from... to..."的变式。它可以用于"hatch out of" 这个变式。

A bird hatches out of an egg.

客 bird ＋变 hatch ＋原体 egg ［概念过程］

名 bird —动 hatch —[out of —名 egg] ［语法结构］

(3) mature. "mature"在成长类动词里是一个非常特殊的单词，从严格意义上讲，它并不能完全准入成长类的变式。正如 Levin 在《English Verb Classes and Alternations》所分析的那样，"mature"不能用于准入成长事件的使役式和表始式，例如：我们不能说"we mature her into a lovely grandmother."这并不表示"mature"不能用于使役结构，如：

She matured her novel.

动作者 she＋动作 marue＋动作对象 novel ［概念过程］

致使者 she＋致使 mature＋客体 novel ［语法结构］

在这一变式中动者与使者重合为使动者，动作与致使重合为使动，对象和客体重合为受事。重合后的结构是 使动者 she＋使动 mature＋受事 novel，并体现为句法结构：名 she—动 mature—名 novel。

5 结束语

本文根据程琪龙所提倡的认知功能模式，构建了分析成长事件的认知理论模式。对事件中单词的分析更加注重它们和感知运动系统的联系。就探索结果而言，这样的分析研究更好地发掘了事件中单词和变式的对应关系，由此也证明了认知功能中连通观的理论意义的存在。

本文所研究的成长类动词共五个动词，分别为 grow, develop, evolve, hatch 和 mature. 由于此类动词表示的是实体的变化，特别是自然的、没有外部强制的变化，属于性状域。所以在该事件的材料和产出变式中，它们没有动作性状概念结构，只有动态性状概念结构。而当此类动词用于使役式和表始式时，它们包含了动作性状概念结构和致使性状概念结构。动作性状概念结构和致使性状概念结构又可重合为使动性状概念结构。从语法上看，这些概念结构还与一定的语法结构连通。

成长事件的四个变式并不是每个单词都可准入。因为每个单词的语义和用法都不尽相同。在成长类动词中 mature 从严格意义上并不能准入致使式和表始式。Grow，evolve 和 develop 还有自己独特的变式。

综上所述，在认知功能模式的指导下，通过构建认知理论模式以及对成长事件的分析，我们讨论了动词及其变式之间的连通关系，发现了各种连通关系都和感知运动系统有密切联系。这对我们更精确地认识动词与句型之间的匹配规律具有重要意义。

参考文献

[1] 程琪龙. 概念框架与认知[M]. 上海：上海外语教育出版社，2006.
[2] 程琪龙，梅文胜. 使移事件及其小句[J]. 外语学刊，2008(3).
[3] 程琪龙，乔玉巧. 放置事件及其变式[J]. 浙江大学学报，2010(4).
[4] S. Pinker. Learnability and Cognition: The Acquisition of Argument Structure, Cambridge: MIT Press, 1989.
[5] B. Levin, English Verb Classes and Alternations[M]. Chicago: The University of Chicago Press, 1993.

作者简介：纪慧珍，上海大学外国语学院硕士研究生。

弱势群体
——农民工身份构建的态度分析

李　青

摘　要：本文以评价理论的态度系统为框架，以两位农民工的访谈为具体语料，从他们使用的态度评价词汇的不同和使用频率，分析他们利用话语构建的群体身份的共性以及这一群体内部的身份差异。

关键词：评价理论；态度评价；身份构建；群体身份；身份差异

1　引言

农民工是指从农村到城市务工的外地打工者。他们受教育程度低，多从事繁重的体力活，待遇低就业环境差，生活贫困劳累，居无定所，属典型的弱势群体。他们远离家乡、亲人，长期在城市务工就是为了尽可能地多赚钱，改善家人的生活。近年来，尽管媒体竞相报道农民工的事迹，但往往负面新闻居多，揭露他们生活的阴暗面，不能代表这一群体真实的声音。这一群体话语权缺失，不能引起社会对他们真正的关心和帮助，从而改善他们的生活状况。

本文以安徽省怀宁县两名农民工的访谈录音为语料，从词汇层面分析他们话语中态度评价资源的分布以及他们对事物的看法与身份构建的关联。研究这一特殊群体话语对身份构建的作用，对建立平等的话语权，构建和谐社会具有积极意义。我们对农民工采访录音的评价分析，可以探索这一群体话语的共性特征以及该群体成员身份的相同与差异，以及造成这些异同的深层原因。

2 理论框架

2.1 评价理论

评价理论是由悉尼学派Martin等人于20世纪90年代在系统功能语法的基础上发展起来的，Martin (2003)对评价理论的定义是："评价理论是关于评价的，即语篇中所协商的各种态度、所涉及到的情感强度以及表明价值和联盟读者的各种方式。它是关于态度、立场和协商的，带有主观色彩。"

王振华(2001)指出，评价理论是一项赋值语义的研究(semantics of evaluation)，即研究说(对)话者通过语言赋予语言对象的价值意义。

评价理论讨论的是语篇中与意识形态相关的表评价、态度和情绪等的语言，根据语义，评价资源可分成三个方面：态度(attitude)、介入(engagement)和级差(graduation)(唐青叶，2009)。本文只选取态度系统作深入分析。态度意义是评价系统的核心，是指心理受到影响后对人类行为(behavior)，文本/过程(text/ process)、现象(phenomena)做出的判断和鉴赏。该系统又分三个子系统：情感系统(affect)、判断系统(judgment)和鉴赏系统(appreciation)。情感系统为整个态度系统的中心，由它导出判断系统和鉴赏系统(王振华，2001)。三者都有正面和负面之分。

情感是指对人的情感的表达，又分为"品质"情感、"过程"情感和"评注"情感。"品质"情感指通过表性质的词汇或短语表达的情感。"过程"情感指运用小句过程来表达的情感，主要包括心理过程和行为过程。心理过程揭示情感的心理状态，行为过程揭示体现在行为上的情感。"评注"情感指语言使用者通过表性质的副词——情态状语(Modal Adjunct)所表达的感情。

判断是根据各种不同的标准来评价行为。它是根据一定的评价标准对被评价者做出的价值评价。它包括社会评价、道德评价、法律评价等。判断分为两个方面：社会尊严(social esteem)和社会约束(social sanction)。社会尊严对人的行为规范、能力及人物品质进行评判，正面令人羡慕，负面则受到批评。但被批评的行为不具法律意义。社会约束主要与行为是否正当、是否真实可靠有关。社会约束正面是表扬性的，能提高评价对象的社会尊严；负面含义则受到谴责，谴责性的行为危及法律。

鉴赏是指运用美学的价值观念对语篇、抽象事物或自然事物进行评价，分为反应（reaction）、构成（composition）和价值（valuation）。

2.2 身份构建

“身份”（identity）一般定义为自我和他人之间的关系。某人的社会身份是相对于其所属的群体而言的自我认同。在社会语言学研究中人们越来越关注社会身份问题。“社会身份”这一概念日益成为联系语言与社会结构的纽带（项蕴华，2009）。

Fairclough（1992）指出，语篇分析应与社会分析相结合，应该是多维的、多功能的、历史的和批评的。人际功能创造社会主体、社会身份及相互间的关系。评价理论是Martin对系统功能语法人际功能的拓展，从评价资源出发研究身份构建是可行的。

身份是在语言选择的过程中构建的，使用语言的异同反映了身份的差异。辨别一个人身份最普遍的方法是通过识别他的语言。因为人们可以用语言进行思维并建立某种社会关系。语言内在地融合在社会化的过程中，使用某一社会群体的语言，这一群体则是语言使用者重要的身份群体（Spolsky，2000）。通过对农民工群体语言的分析，可以研究他们对群体身份的自我认同。

语言不仅在个人和社会身份建构中起至关重要的作用，也是行使社会控制的一种有效方式。无论是个人，社会还是制度层面上的身份，都是在不断地与他人交流中构建和协商的。身份是多层面的，人们根据不同的情景，转换角色。语境有时要求所涉及的人物身份的冲突性转变。实现这种转变的方式之一就是通过语言（孙丽霞，2007）。农民工群体内部也有因身份的转变而产生的语言差异。研究他们的身份构建应考虑特殊的语境和个体所处的群体地位不同。正如一千个读者一千个哈姆雷特，我们对农民工身份的解读不是千篇一律的，更不是单一的和固定不变的。而应当是多角度的，既看到他们的群体认同又看到个体差异，以及造成这种差异的原因。

实践的社区理论认为,实践活动应该是社会语言学研究的核心问题,应该着重研究社会中被边缘化的弱势群体以及该群体内部成员之间的差异和冲突,研究他们是如何建构或拒绝其现有身份的(项蕴华,2009)。因此,探讨态度评价词汇的使用与身份构建的关系,应考虑两个方面:第一,评价词汇的使用反映出的群体共性语言特征。这区别了某一群体与其他群体。第二,不同成员评价词汇使用的差异反映了怎样的群体内部语言差异。拉波夫(1972)指出,一个群体的核心成员享有最多的语言相似性。成员在该群体中所处的位置在相当程度上由其使用的语言来衡量。即使是同一群体,但因不同成员在其中身份地位不同也造成语言使用的差异。

采访以两位农民工自述为主,同时对谈话进行引导,让他们多回顾务工经历,从事工作的性质,对老板和共事的其他工人的评价,对国家政策、农村新变化和子女教育就业问题的看法。而这种看法源自于他们特定的社会身份,必然与他们所经历的事,所处的社会阶层和人们对他们的认识有关联。语言与身份息息相关,是研究身份构建的重要标志。

3 个案分析

本文采访的两位农民工分别是刘先生,55 岁,从 25 岁起跑全国各地做小商品生意,90 年代开始在城里做粉刷工;李先生,50 岁,自 1995 年起在北京给老板打家具,现已成为小包工头,有五六位同乡工人跟他后面打家具。两人均有一个女儿在读书。录音时间,刘先生为 1 小时,李先生为 50 分钟,录音转换成文本材料,刘先生的访谈材料为 2 875 字,李先生的访谈材料为 2 349 字。

3.1 态度系统各子系统分布统计与分析

两位农民工的话语中包含的评价资源的态度系统各子系统的分布如表 1 所示。这些数字非常直观地表现了他们话语中态度评价词汇的使用情况。我们可以对比态度系统的三个子系统,刘先生使用的鉴赏词最多(65 处)、判断(35 处)次之、情感最少,而李先生判断最多(64 处)、鉴赏(13 处)次之、情感最少。这两位农民工是同乡,从事的职业相近,又都是与村里人结伴打工,是什么造成了他们使用不同态度评价词的数量差异呢。我们可以从他们的身份中得到启示。下面我们分别从态度评价的三大子系统来分析两位农民工身份的群体相似性和个体差异性。

表1 农民工访谈话语中态度系统的分布统计

态度 / 人物	情感		判断		鉴赏	
	正面	负面	正面	负面	正面	负面
刘先生 (情感 16,判断 35,鉴赏 65)	6	10	23	12	35	30
李先生 (情感 8,判断 64,鉴赏 13)	0	8	26	38	5	8
比例	25%	75%	49%	51%	51%	48%

3.2 情感子系统

情感是对行为、文本/过程或现象的感情反应(Martin,2008。)包括“品质”情感、“过程”情感和“评注”情感。

首先言语社区内部的某种同一性构成了与其他群体之间的差异,并区别于其他群体(项蕴华,2009)。我们看到两位农民工的相同点是他们使用的词汇中,情感词都是最少的。因为打工者没有过多的机会表达自己的情感,甚至没有抒发情感的权利,跟老板后面做事,表露太多的情感会惹是非,他们只好将情感隐藏。这反映了他们不愿意表露情感或者不懂得如何用言语恰当地表达情感,作为社会的下层,他们的辛酸苦辣是鲜有人知的,也没有人关心。而两位农民工很少使用的情感词中负面的就占了总数的75%,表明这一群体对子女读书,就业环境更多持的是负面情绪,暗含着他们的不满与无奈。

(1) 农村现在也有**想**读书的,但是念不进去的孩子,不像城里孩子,就**不想**念。**情愿**外出打工。**不想**读书的,都是那些脑子读不进去书的孩子们,就**想**外出打工。打工挣钱**快**,读书还要**花本钱**,**花**多少年的**心血**。(刘先生)

这里的“想”、“不想”和“情愿”均属于“过程”情感中的“心理过程”。根据Martin(2008)对过程情感的分类,这三个词属于过程情感的欲望型(desirable)。当过程属欲望型时,它又是非现实型(irrealis)。非现实型的情感是由外物引起的欲望,这三个词汇表示"非/倾向",属于上义层。Martin(2003)指出,评价资源在话语中的分布和使用,是对说话者意识形态的一种反映。

作为农民工父亲身份的刘先生,将农村孩子与城里孩子作了比较,有条件的城里孩子即使不想读书,父母也会强制他们待在学校。而农村里孩子读不好书就得打工。这一看法是他的身份和意识形态的一种反映。"想,情愿打工"的情感倾向是基于打工能挣钱改善生活的欲望。"打工挣钱快,读书还要花本钱,花多少年的心血"是刘先生对打工与读书的评价,也是农民工群体的共识,认为读书不如打工钱来的快。对于生活贫困的农民工来说,自身接受教育较少,尽管也知道文化知识的重要,但暂时经济上的困难使很多农民工不得不让子女过早辍学打工。这是基于他们身份无可奈何的情感反映。

(2) 小孩不念书,走我们这条路就**太难**了。**辛苦**。(李先生)

"难"和"辛苦"两个形容词,属于品质情感,表达了农民工对自己工作性质的评价,符合实际。两个负面的形容词是艰辛的打工者身份的写照,是真实情感的流露。这里李先生告诫子女要好好读书,不要重蹈他们的覆辙,踏上艰辛的打工路。

(3) 我们普通打工的都好找工作,真不好找工作的还就是普通大学的毕业生,我家孩子也面临毕业,她找工作,我替她**愁**着。我替她**头疼**。(李)

"愁"和"头疼"描述的是两个心理过程,属情感系统,这两个过程表现了尽管与艰辛的打工相比,读书是好的,但读好不容易。农民工父亲一方面期盼子女通过读书改变身份,赢得社会地位高的工作,另一方面他们也认识到当前形势下,大学生就业难,对于农民工的儿女,通过读书改变命运越来越难。在读书上花了血本也不定有回报,如果子女成绩不好,不如出去打工。

这三个例子共同反映了农民工群体对教育的共识,读好书是好,比打工强,读书走出农村,改变命运,比务工要轻松。但是在他们那样的家庭,自己常年在外打工,没有时间过问子女读书。他们的子女读好书改变身份又希望渺茫。

3.3 判断子系统

判断是根据一系列制度化的规范及伦理道德的标准对人们

的社会行为做出肯定或否定的评判，分为社会尊严和社会约束。由表1我们可以看出刘先生的鉴赏词要多于判断，李先生判断词多于鉴赏。上文我们探讨了他们情感词较少，这是群体的共性特征。另外，我们还需讨论群体内部的差异。

刘先生的身份是底层工人级别的，群体身份较低，录音中他的语言特征是不够肯定，语速慢，语气词较多，词汇贫乏简单，重复率高。判断是对人的行为、品质的界定，鉴赏是对事物价值的评价。刘先生没有过多的言语权，不敢对别人的行为作出大胆的评价。而鉴赏只涉及事物，不涉及人，刘先生能放开评价，而不会因为对自己身份的顾及而有所隐藏。他的话语所涉及到的判断比鉴赏要少，判断中很少有对他人的评价，多是对自己的行为和能力的评价，以及雇主对自己评价。他对打工者身份持积极态度，认为通过勤奋劳动能得到雇主和当地人民的认可，正面词居多。李先生也属于务工族，他既是跟老板打工的工人，又是带工人打家具的小包工头，身份具有两重性。他经常和老板谈判，又会分配工人干活，所以他说话语速快而流利，词汇丰富，语气坚决。因为他有一小部分的权力，所以他敢于对他人行为做出判断。不同类别的评价词汇的使用与不同人的身份是相对应的。

(1) 我年轻的时候**胆大**，根据年龄的增长，现在胆子**虚**了。人越年轻的时候，胆子越**大**，创业性越**强**。随着年龄的增长，创业的时候，他**胆**子就**小**一点。年轻时**无所谓**，啥事不管，能赚就赚点，不能赚就**少**赚点。只要不赔本，挣多少都是**幸运的**。

这里"胆大"、"创业型强"是刘先生对自己创业能力的判断，他年轻时在全国各地做小生意，年龄大了之后才到城市做装修工。年轻时，他东奔西跑，居无定所，却仍对自己的创业者身份持积极认可的态度。认为只要赚到钱，多少都无所谓，都是幸运的。尽管他是弱势群体，但他并没有因此而悲观，自暴自弃。

(2) 你们安徽人**不错**，脑子**好**(聪明)，**有**创业**想法**，**有本事**。

(3) 这个工作(粉刷)自己心里有本账，只要你(老板)挑不出来毛病，老板会给你工资，搞得**清清楚楚的**。不管干什么行业，只要你干得**好**，老板都**高兴**，就能够给你**应有的**报酬。

(4) 安徽人在外打工很**有名**，搞手工业、搞装修都比其他地方人干得**好**。低了工资，他(安徽人)还**不**干，低工资的都是本地人。

低工资的话，宁可在家里嬉，在家待着，他都**不愿意**干。

以上几例的评价词都属于判断子系统中社会尊严，正面为主，例(2)是本地人对安徽务工人员的评价，例(3)是老板对认真工作的工人的评价，例(4)是刘先生对安徽务工人员的习惯和品行的判断。从雇主对刘先生这样的农民工本领的判断，证实了他们的身份是受到认可的。而他们对自己的身份是持有自尊心的，工资低了，宁可不做。尽管他们的身份低于老板，但刘先生这样的务工者能够正视自己，不屈服于权势。同时刘先生诚实努力地工作，大部分情况下，还是能得到老板的认同，他是凭借自己的手艺赢得老板和本地人对自己外来务工者身份的尊重的。通过“人不错，脑子好，有本事，干得好，不愿意干”等词汇，刘先生构建了能干的外来务工者群体身份，树立了自己正面的形象。

而李先生的判断词有 64 个，占的比例最大，涉及对老板、对女儿行为和性格的判断以及对自己的评价。他接触的人多，见识广，经验丰富，处在农民工群体的中层。他对老板，对社会有不满，又无力改变现状，于是词汇表达里多负面。与刘先生不同，他在谈话中构建了自己较卑微的打工者身份，按老板旨意干活，不敢表露情绪，甚至要求女儿性格不能太直接，与上级处事要见风使舵。

Martin(2003) 指出，评价理论所关心的是说话人利用其话语介入语篇之中使语义随说话人的立场而变化。李先生一直在强调要降低身份，看老板意思走，其实是在博取听者的同情，让听话者加入他一方。他以往的经历中有因与老板关系没处好而吃亏的经历，于是他同老板的周旋中多了份察言观色，反映了他农民工身份中更世故的一面。

(5) 现在人，不管是谁，都**有脾气**，你都要**跟**老板的**旨意**走。老板往哪方面想，你也**跟着**往哪方面**想**。你跟别人混饭吃就得这样。你要**违反**他的意思做，他宁愿生意**不做**，也**不跟**你**装糊涂**。

(6) 我家小孩**性格**特别**刚强**，她那性格只适合当老板，当工人这种性格**不改不行**。

王振华(2001)指出，“所作所为”就是对参与者的评价。例(5)、例(6)中的“有脾气”“旨意”“跟着…走”“跟着…想”等名词和行为动词属于李先生对跟老板相处行为的评判，表明他认为应当采取的行为规范，可见在与老板干活过程中，他是打工者的身份，必须要揣摩老板的意思，因为他处于劣势。而他对女儿性格刚强的评价其实是负面的，“不得不改”反映了他希望女儿跟他一样，降低身份，按老板的命令来行事。

（7）但是我**不做违法的**事，你老板做违法的事，要么**不敢**明目张胆地讲老板，要么我就得走人。老板既然做那事，他心里都**有谱的**，与你们手下人**没多大关系**。

（8）童工有什么**名堂**？只要你**乐意**，我**乐意**，他又**不告**你，有么事呢？**没有这么回事**。厂上15，16岁的不在那做，**正常的**。

（9）按道理**应该签**劳务合同，小厂老板**不**跟你**签**合同，就**凭嘴讲**讲，这讲也**需要工夫**。**直截了当地**跟他**讲**，**没的客气**。

这三个例子中“违法的”“签/不签合同”都是属于判断中的社会约束，负面的含义是谴责性的，有法律含义。而李先生对老板不签合同，使用童工，他采取的回应是“不敢讲”“没关系”“没名堂”“正常的”“乐意”。这表明他虽然说不做违法的事，但是由于他打工者的身份，地位低下，话语没有分量，只能是不危及自己的利益就不敢说。“凭嘴讲”“直截了当地”“没的客气”表明涉及自己的切身利益时，他还是会据理力争，反映了他处于群体中层，身份的两面性。

3.4　鉴赏子系统

鉴赏是对产品、过程和现象的评价，是对一些现象是否有价值进行的评估，分为反应（reaction）、构成（composition）和价值（valuation）（Martin，2008）。从表1可以看出刘先生使用了65处鉴赏词，李先生13处，其中正负面基本持平。表明他们对社会问题的看法有褒有贬，是他们真实想法的表露。鉴赏是对事物价值的评价，不涉及人，所以粉刷工身份的刘先生敢于表明自己对社会改革、农村变化，国家政策等问题的看法，仍然是积极方面居多。而李先生则有不满的倾向。

（1）今年起农村普及养老保险，这个政策还是**不错的**。再说这个农村医保，确实搞得**好**，多年就实施了，属于三农，对农业投资**确实很好**。

（2）我家门前的水泥路都是国家拨款修的，修的**老好的**。国家对三农**确实不错**，大家也确实感到**受益**了。那个路修了**肯定**是有**受益的**。对三农,国家投资不少,政策在起作用。

以上例(1)、(2)中"不错的,确实很好,确实不错,肯定受益的"等评价词汇的使用,我们可以看出刘先生肯定了国家政策对三农的倾斜。他作为一个地地道道的朴实的农村打工者身份,不带有任何阶级特征,没有任何权势,从他自然的口头语言总结的"大家"对国家政策的评价中,可以看出这些政策确实有助于改善农村人的生活。通过对国家政策的积极肯定性的评价,刘先生显露出作为弱势群体,受到国家关注的喜悦。

(3) 老百姓在参议,国家对三农**确实不错**,就是这个腐败**不好**。国家补的农业税补贴,全部是乡村**两级**,**卡着**,有时**不能到位**。

例(3)中"两级,卡着,不能到位"等词反映了国家对农业的补助资金,不能完全到位的事实。刘先生仅用了"不好"这个语气并不强烈的词对这种腐败现象做了评价。弱势身份的他,尽管对国家的腐败现象不满,却不敢肆意评论。而且他觉得受益于国家政策,对于政策落实存在的部分问题,他也能接受。

(4) 那些好的单位,出差一天报 100 块钱,**像平民百姓的**单位,**出苦力的**单位,一般最多一天就报 30 块钱,**应该的**。

李先生对老板出差一天住宿带吃饭才报销 30 块的现象做了评价。"平民百姓的""出苦力的"两形容词是他对工作的性质的鉴定,情态词"应该的",表面上肯定实则暗含不应该的声音,其实是反讽和自嘲,表达不满。从这里可以看出两位农民工在面对不公平待遇时,都选择忍受,因为处于劣势,他们没办法扭转整个社会的现状。如李先生所言,他们对自己身份的判定就是"出苦力的老百姓"。

(5) 根据自己的**层次**不一样,打比方你是**高层次**的人,住到**低层次**的旅社,你就住不下去。像是**降低**了**档次**一样。实际上我想是那么回事。

"高层次,低层次"貌似是对旅馆级别的鉴别,但实际上李先生将自己划为"低层次"人群的范畴,他认为自己作为打工者,身份卑微,住"低层次"的旅社也是"应该的",符合自己的身份。而且想开了,就是那么回事,可见弱势群体成员对自己身份的群体认同。他认为我就是弱势,也没有人来关心,改变他们的现状,也无法改变。于是他们开始降低期望，逐渐习惯于接受。

4 结语

本文从评价理论的态度子系统分析了两位农民工的话语，统计了他们对国家政策、子女教育、自身就业等问题看法的态度评价词汇的分布和使用频率。他们使用的词汇是与他们的群体身份相符合的，在对事物的评价中，他们构建了自己的身份。两位农民工认同自己的弱势身份，同时这种身份决定了他们不敢公然地评价老板和国家政策，即使存在不满，他们语言表达上倾向于含蓄或间接，隐藏情感。对于教育，这一群体希望子女能够通过读好书，找到社会地位高的工作，不那么辛苦，但农民工家庭经济条件的限制，让他们的子女无法享受好的教育资源，安心学习，常常迫于现实而半途而废。于是身份的转变受到重重阻力被打断。同时，同一身份群体内部，因为所处位置不同，具有身份差异，这种差异也反应到语言使用上。刘先生群体身份较低，他不敢对他人行为做出判断，于是他的态度评价词汇里对事物的鉴赏居多。而李先生处于群体的中层，既认同自己的弱势的身份，又渴望获取听者的同情，他敢于评论老板，同事，因为他有这个与老板不合的经历，即使丢了工作也能找到其他的。而且他擅长降低自身，博取同情，这也是他与老板的斡旋中得到的教训。身份的不同决定了态度评价词汇使用的不同。另外，我可以看出两位农民工对社会问题也有正面的态度，不完全是负面的。而媒体经常揭露的是他们生活的阴暗面，显然不对。我们应当更多地从真实的语言中，去看待他们如何构建自己身份的，从而关心帮助这一弱势群体、促进社会和谐。

参考文献

[1] Bernard Spolsky. Sociolinguistics [M]. London: Oxford University Press, 1998.
[2] Fairclough, N. Discourse and Social Change [M]. Cambridge/ Oxford: Polity Press, 1992.
[3] Labov, William. The Linguistic Consequences of Being a Lame in Language in the Inner City [M]. Philadelphia: University of Philadelphia

Press. 1972

[4] Martin, J. R. & Rose, David. Working with Discourse: Meaning Beyond the Clause [M]. London & New York: Continuum, 2003.

[5] Martin, J. R. & P. White. The Language of Evaluation: Appraisal in English [M]. New York: Palgrave Macmillan Ltd, 2008.

[6] Sun Lixia. An Introduction to Sociolinguistics [M]. Harbin: Harbin Engineering University Press, 2007.

[7] 胡壮麟，朱永生，张德禄，李战子. 系统功能语言学概论[M]. 北京：北京大学出版社，2005.

[8] 唐青叶. 语篇语言学 [M]. 上海：上海大学出版社，2009.

[9] 王振华. 评价系统及其运作——系统功能语言学的新发展[J]. 外国语，2001(6).

[10] 王振华，路洋. "介入系统"嬗变[J]. 外语学刊，2010(3).

[11] 项蕴华. 身份建构研究综述[J]. 社会科学研究，2009(5).

[12] 项蕴华. 长春市下岗女工身份构建的个案分析[J]. 北华大学学报，2008(2).

作者简介：李青，上海大学外国语学院硕士研究生。研究方向：话语分析。

关于日语中两种“自发态”的研究
——从构成“自发态”的动词分类看“自发“句

廖瑞平

概　要：现代日语中自发态最为典型的形式就是采用动词未然形加上“れる、られる”的形式，但是对于它的研究还不能算是非常充分。这是因为构成自发态的动词可以分为两大类型。除了是大家比较熟悉的“思い出す、偲ぶ、案じる”等表示“感情、心情”动词外，还有一种就是表示“思考、判断”的“想像する、判断する、期待する”等。由此构成的两种自发态的句子其区别就在于：① 句中隐含的主体是特定的还是不特定的多数② 从句子的时、体来看，第一类型的动词无论采用何种时、体都是自发态；第二类型的动词在主体可以特定的时候构成自发态，不特定的时候，根据句中的时、体形式的不同，可能出现“自发”、“可能”和“被动”等多种歧义。

关键词：被动态；感情、心情动词；思考、判断动词；主体；时、体

1　引言

任何一门语言中，和名词相关的重要语法概念是人称、数、格，与此相对应的是，和动词相关的重要语法概念是时、体，态，日语也不能例外。但是作为名词相关的人称、数、格概念非常淡薄的日语，其用言（包括动词、形容词和形容动词）体和态的概念非常重要。特别是其它语言没有的态比如能动态和自发态，更是第二语言习得过程中的重点和难点之一。由上海外语教育出版社

出版的《新编日语》第2册中，关于“自发态”的表述是：

助动词“れる、られる”接在动词未然形后……还能表示动作不由自主产生……可作动词自发态的动词大多是和情感相关的动词(周平、陈小芬，1994：208)。该书中举出了“思い出されます、感じられます、考えられます”等几个自发态的句子。在教学现场，教师一方面根据教科书上解说中提及的“和情感有关的动词”这一项，列举出“感じる、思う、悔やむ、笑う、考える”等动词后，学生也能造出下列非常符合学生第二外语习得阶段水平的句子。

(1) この写真を見ると、楽しい子供時代が思い出されます。

(2) そんなことを聞いて、誰でもそう思われるでしょう。

(3) 毎日こんな暑い日が続いているから、夏が来たように感じられる。

(4) 子供が勉強しないで、ゲームばかりしているのを見て、心が痛まれる。

但是，随着学生第二语言习得阶段的发展，报刊阅读等课程中不可避免地会碰到这样的例句。

(5) 小沢判決に疑問を持たぬ6大マスゴミは、幼稚園化したという事であり、新しい報道機関の出現が待たれます。
(http://www.asyura2.com/11/lunchbreak50/msg/757.html)

(6) ブラジルW杯アジア3次予選を突破するためには、不調にあえぐ香川の早期復活が望まれる。
(http://www.nikkansports.com/soccer/japan/news/p-sc-tp2-20111008-846595.html)

教师解释例句(5)、(6)中的“れる、られる”的用法与初级阶段的例句(1)～(4)一样都表示“自发”时，学生往往无所适从，觉得难以理解。此外，还有表示助动词“れる、られる”表示“自发”与表示“可能”、“被动”用法的界定。遗憾的是对于学生的前一困惑，在国内普遍使用的日语教材中基本上都没有提及，至于“自发”与表示“可能”、“被动”用法的界定，大部分教师只能凭着感性的认识来加以说明，无法进行系统的理性的归纳。本论文在吸取先行研究的基础上，尝试把能够表“自发”的动词分为第一类如

"思い出す、偲ぶ、案じる"等表示"感情、心情"动词和第二类如"想像する、判断する、期待する"等表示"思考、判断"的动词，并结合时、体概念具体分析"自发"与"可能"以及"被动"用法的判别方法。

2 先行研究

《日本文法大辞典》(松村明，1971：301)中，关于"自发"的解释如下：动词相的一种，也称作"自发可能"，包括动词加上所谓的自发助动词以及部分的可能动词如"泣ける，笑える"等。

"自发"表达形式多种多样，比较典型的形式是动词"未然形＋れる、られる"的形式。一般说来，前文例句中(1)～(4)是比较典型的"自发"表达形式，亦即笔者称为第一类型的"自发"表达形式。正如前文中提到的那样，例句(5)、(6)也是常见的"自发"表达形式，但是把这种用法也视为"自发"表达的并不多见，就笔者所见，主要有寺村(1982)、森山(1988)和植田(1998)。在植田(1998)的基础上，结合森山(1988)的把常见的表"自发"的动词整理如下：

第一类動詞……表示感情、心情的动词：

偲ぶ・悔む・思いやる・案じる・感じる・惜しむ・思い出す・思う1・(心中で)待つ1、★嘆く、★急ぐ、★期待する、★懐かしむ、★悩む、★迷う、★心配する、★憚る

第二类動詞……表示思考、判断的动词：

望む・考える・想像する・判断する・推定する・(心中の判断としての)見る・思う2・(心中で)待つ2、★知る、★説明する、★認める、★願う

加★号的动词为笔者另加，主要是考虑教学上的方便，为节约篇幅，在以下的论述中不展开详细的论述。

3 两种类型的"自发"句中主体的差异

由这两种类型的动词构成的"自发"句，其相同点是：两种类型的"自发"句的主体都是人，前者句子主体可以特定为"我"或者包含"我"在内的"我们"，而后者则分为"特定"和"非特定"两种情况。例如：

(7) 母から来た手紙を読むと、母のことがいろいろ思われます。(植田)

(8) 故郷のことが懐かしく思い出される。(森山)

(9) 彼の死が惜しまれる。(森山)

(10) 母のことが心配されてならない。(日本文法大辞典)

一般说来,"自发"动作的主体不出现在句中。由第一类动词构成的"自发句"偶尔也有出现动作主体的情况,但不出现的情况占多数。不出现主体时,几乎每个句子都可以把"我"或者"我们"补充进去,成为"主体に(は)+对象が+V(ら)れる"的完整构句形式。这类"自发"句,都是表示心情、感情的句子,动作主体自然都是"我"或者包含"我"在内的"我们",所以这类句子大多数不出现主体。

另一方面,第二类型句子的动作主体往往是不特定的多数。例如:

(11) 一日も早い景気の回復が待たれる。(植田)

(12) この写真からでも、彼女が美人であることは十分想像される。(日本文法大辞典)

(13) これを見ても、彼がいかに勤勉であったかが知られる。(同上)

上述(11)(12)(13)的句子中隐藏的主体,与其特定为"我"或者包含"我"在内的"我们",还不如说是"很多人""大家","我"只不过是埋没在芸芸众生的"小我"而已。

当然,也可以看到这样的例句。

(14) 理性的に考えれば考えるほど,私にはそう思われてきた。(植田)

综上所述,第一类型的句子中动作主体是特定的"我"或者"我们",第二类型的句子主体较为复杂,即可以是不特定的"多数人",也可以是特定的"我"或者是"我们"。

4 "自发"与"可能"和"被动"的界定

关于"自发"与"可能"和"被动"的界定,一直是困扰日语学习者的一大难题。植田(1998)中有如下比较完整的总结。

根据"动词未然形+(ら)れる"后能否后接下列形式之一进

行判断。

テイル……○被动　×自发　×可能
テクル……×受身　⊙自发　×可能
否定形……○受身　×自发　○可能

4.1　第一类动词未然形＋“(ら)れる”句(ル形)的判别

一般说来,五段动词的可能态有“动词未然形＋れる”或者是采用约音以后形成的“可能动词”的形式表示“可能”的情形,但是在实际应用中后者占绝大多数。例如:

(15) この写真を見ると、昔のことが思い出されます。(自发)

(16) この写真を見ると、昔のことが思い出せます。(可能)

很显然,(15)是“自发”句,而需要表达“可能”时采用(16)的表达形式更为自然。类似这样区别的动词还有:

イ　思う→思える　待つ→待てる　思いだす→思い出せる　思いやる→思いやれる

但是还有部分表示心情、情感的五段动词却并不是这样,并不能通过约音成为“可能动词”的,例如:

ロ　惜しむ→?惜しめる　悔む→?悔める　偲ぶ→?偲べる

加?号的地方是理论上该有的“可能动词”的形态,但在实际语言应用中几乎找不到一个这样的用例的。所以这类五段动词构成的动词可能态的形态和自发态的形态上是能够非常容易区分的。

一段动词一般不具备可能动词的形式(食べれる、寝れる等口语化的表达语法研究中一般视为“ら脱落”现象,不视为典型的可能动词)。在第一类动词中,“案じる”属于ロ型动词,即没有可能动词的例子,另外一个动词“感じる”的“感じられる”很难理解为“可能”的意义,而一般采用“～を感じることができる”的可能表达形式。

所以,第一类动词“自发”句从动词的意义和语法形式的制约角度出发,一般不会和“可能”句的混淆。

接下来我们看看第一类动词“自发”句是否能解释为“被动”句呢?

能够解释为"被动"句的句子，必须满足"主体に(から・によって)＋事项が＋V(ら)れる"这样一个"直接被动"的构句形式。还是以例句(15)为例，把前述这类句子中隐含的"私"或者是"私たち"这样的主体代入看看句子是否成立。

→○　この写真を見ると、私(には)昔のことが思い出されます。

→×　この写真を見ると、昔のことが私に(から、によって)思い出されます。

很显然，这样的操作并不成立，由此可以看出第一类动词构成的句子中的"(ら)れる"只能解释为"自发"，而"被动"则往往采用"(ら)れている"的形式。所以这类动词表示"自发"的形式与表示"被动"的形式可谓是泾渭分明，是不太会混淆的。

4.2　第二类"动词未然形＋(ら)れる"句(ル形)的判别

和第一类动词句一样，五段动词时一般也采用可能动词的形式。例如：

(17) 2011年9月22日…… au版iPhoneにインパクトは望めない。

(www.anlyznews.com/2011/09/auiphone.html)

サ变动词表达"可能"时，由于多采用"词干＋ことができる"的形式，例句(18)一般也只能解释为"自发"。

(18) 2011年8月29日……(2)9月15日からの東京ゲームショーでの「モンスターハンター」シリーズなど主力タイトルの新作発表が期待される。

(blog.esuteru.com/archives/4639361.html)

那么，这类サ变动词词干＋される的形式能否解释为"被动"呢？同样采用前文提到的"主体に(から・によって)＋事项が＋V(ら)れる"这样一个"直接被动"的构句形式，补足主语"私"或者"私たち"，可以得知：这样的操作是无效的，因此很难断定为"被动"句。

一段动词由于没有可能动词，所以出现了"自发"态与"可能"、"被动"形态一样的问题。事实上，大家经常提及这几个难以界定的困惑问题就出在"見る""考える""認める"等少数几个动词上。

(19) 次のような理由が考えられる。(杉本)

(20) 景気は秋頃から回復に向かうと見られる。(杉本)

第二类动词中"考える"多以"～が/と考えられる"的形式出现,"見る"在这里表示"视为,判断"的意思,多以"～と見られる"的形式出现,其现在形到底标示"可能"还是表示"自发",其形态上非常难以区分,还是只能从意义方面的分析入手才能真正把握它的用法。

这类动词和第一类动词一样,也是采用"直接被动"形式,由于动作主体是不特定的多数人,也可能解释为"被动"。但是"被动"多采用"～ている"的形式,采用ル形时,即便补足主体,还是显得不太自然。如

(21) (人々＊に/? から/? によって)一日も早い景気の回復が待たれる。(自发)

(人々に/から/によって)一日も早い景気の回復が待たれている。(被动)

(22) (人々＊に/＊から/? によって)次のような理由が考えられる。(自发)

(人々に/から/によって)次のような理由が考えられている。(被动)

综上所述,"动词未然形＋(ら)れる"中其ル形的意义解释可以归纳为:

第一类动词句……ル形都表示"自发"。

第二类动词句……五段动词和サ变动词构成的,其ル形表"自发";一段动词构成的,其ル形存在"自发","可能"和"被动"等多种解释。

5 结论和今后的课题

本论文把能构成"自发"态的动词分为:如"偲ぶ・悔む・思いやる・案じる・感じる・惜しむ・思い出す"等表示感情、心情的第一类动词和如"望む・考える・想像する・判断する・推定する"等表示思考、判断的第二类动词;第一类动词构成的"自发"句中,隐含着"我"或者"我们"这样的主语,一般不在句中出现,采用"主体に(は)＋対象が＋V(ら)れる"的句式。第二类动

词构成的“自发”句中动作主语情况相对比较复杂，分为多种情况；第一类动词构成的“未然形＋(ら)れる”形态中，其ル形都表示“自发”，但第二类动词构成的“未然形＋(ら)れる”的形态中，五段动词和サ变动词时，其ル形表“自发”，一段动词构成的，其ル形存在“自发”，“可能”和“被动”等多种解释的可能性，需结合其他共起的要素来进行判定。本文只论述了“动词未然形＋(ら)れる”这一典型的“自发”态形式进行了论述、归纳，对于其他诸如“見える”“泣ける”等所谓的“自发动词”和“コップが割れる”等“自发性动词”的各种语法特性和构句特征有待今后的进一步研究。

参考文献

[1] 森山卓郎. 日本語動詞述語文の研究. 明治書院, 1988.
[2] 植田瑞子. 自発表現の一考察(日本語教育 96 号). 日本語教育学会, 1998.
[3] 寺村秀夫. 日本語のシソタクスと意味Ⅰ. くろしお出版, 1982.
[4] 山岡政紀. 可能動詞の語彙と文法的特徵. 日本語日本文学(第 13 号), 創価大学, 2003.
[5] 周平, 陈小芬. 新编日语(第 2 册). 上海外语教育出版社, 1994.
[6] 松村明. 日本文法大辞典. 明治書院, 1971.

作者简介：廖瑞平，上海大学外国语学院日语系教师。

“雷”的认知发展研究

刘冉冉

摘　要：“雷”作为新兴的网络流行词，受到了众多网友的普遍关注。本文拟从认知语言学的角度以其中最为流行的口头语“雷”为例，探讨“雷”这个网络新词的认知发展历程。本文通过研究得出以下结论：第一，考察“雷”的词义演变，发现其本义和网络新义的认知原型有别；第二，结合突显原则，探讨“雷”的词类地位的变化，发现在语用中这个词不断向形容词和动词发生功能上的转移；第三，研究与“雷”有关的搭配，发现网络中的“雷”感情色彩意义发生了变化，趋向于中性词；第四，总结了“雷”风靡的认知动因，指出这些网络新词既是一种语言现象，又是一种文化现象，反映了网民们追新求异、崇尚个性的意识。

关键字：认知原型；突显原则；词类；网络新词“雷”的搭配；认知动因

1　引言

网络流行语言是一种新兴的媒体语言，是语言与社会共同变化的产物，也是语言发展演变的体现。雷——2008 年最风行的口头语，这个词作为当年最流行的网络词语之一，不仅受到媒体和网友们的青睐，也吸引了许多语言学家的关注。在最近几年中，这些网络流行语言的相关研究呈现方兴未艾的发展趋势，关于“雷”网络新词的语言学研究主要表现在：曲丽玮（2009）在《小心被“雷”》一文中分析了“雷”的网络现代用法，得出它的广泛使用是社会多元化的产物，是语言变化的体现。刘佳（2010）的《说

"雷"》通过分析了"雷"的网络新义，指出产生这种演变的社会和心理原因。

综观现有的网络流行语言的研究，笔者发现有些研究仅从词汇学和语义学的角度出发，主要描述了这些词语的形式和意义；有些研究结合了社会语言学的相关内容，分析了这些词语产生的社会原因和文化意义。国内还没有学者结合认知语言学的相关理论，来分析和探究网络流行语"雷"。针对这方面研究的不足，笔者拟从认知的角度，以百度网站，新浪网站和北京大学汉语语言学研究中心语料库中的"雷"相关语料为例，沿着"雷"网络流行词的认知发展思路来探求以下问题：① 词义的认知原型对比；② 其词类地位的认知发展变化；③ 与该词有关的构式分析；④ "雷"的风靡于网络的认知动因。

2 "雷"的语义演变

2.1 "雷"的本义和认知原型

语义的演变是所有语言共有的一种语言现象，语义演变的原因和形式也是纷繁复杂的。原型理论作为认知语言学中的重要理论，对语言演变现象具有一定的解释力，在语言演变过程中也发挥着重要的作用。本文首先以原型理论为基础，试图通过对比"雷"的本义和网络新义，指出本义和网络用法的"雷"的认知原型有别，并得出其认知原型的演变受到社会文化因素的影响。

原型是指作为范畴核心的图示化的心理表征，是范畴化的的认知参照点(束定芳，2001：63)。原型是解释人类思维范畴化过程的一个重要概念，最初的"原型"由 Rosch 等学者定义为"某一范畴的的范例"。原型现有的确认方法有两种(Croft&Cruse，2004：81－82)，一是列出某一范畴成员所具有的属性，成员拥有的属性越多越具有典型性；二是先确定某范畴的原型，其他成员按其相似性与其进行对照，相似程度越高越典型。结合这两种方法，我们可以试图去探究"雷"这个网络流行语的认知原型。

在《古代汉语词典》(2003)中，"雷"包括五个义项：① 闪电时发出的响声，打雷。② 通"罍"，盛酒器。③ 通"礧"，攻击别人的石块。④ 通"擂"，击，追。⑤ 姓。

在现代汉语里，"雷"基本保留了其古代汉语中的义项，但外延发生了变化。据《现代汉语大词典》(2000),"雷"的现代汉语义项有四种,分别是:① 云层放电时发出的响声。丁玲《水》:"巨雷响着雷电的吼声,凶猛的冲了来。"② 大声的呵斥。老舍《女店员》:"现在我回家一说考上了女售货员,去站柜台,要不挨一通雷才怪。"③ 军事上用的爆炸武器。如:地雷,水雷。④ 姓。由此我们我们看出,现代汉语中"雷"的三个义项都是沿用了古代汉语的用法,而第二个义项"大声的呵斥"是"雷"的外延意义发生的扩展。

根据 Pustejovsky(1995)的特征结构(Qualia Structure)理论,我们可以把古代汉语和现代汉语中"雷"的原型特征大致概括为:

雷:[巨响,响声]+[一类爆炸性的武器]+[大声的呵斥]+[姓]

按认知范畴论的说法,原型范畴的选择使用是无意识的,并表现出一种自主性。对原型范畴的各种研究表明,原型范畴是人们的心理相关等级。大脑的经验范畴与自然界的范畴最接近、最匹配,人们才更容易感知和记忆。所以[云层放电时发出的响声]义是人们对打雷这一自然现象的语言表征,是人们认识世界的基本层面,所以这个义项成为"雷"的原型。根据《古代汉语词典》和《现代汉语大词典》中"雷"的义项分析,"雷"的第一个义项都是解释为一种自然现象,由云层放电时发出的响声。[巨响,响声]义成为"雷"的基本义项,作为"闪电时发出的响声"是"雷"的原始功能。所以我们得出,"雷"的原型代表即是"响声",一种普遍的自然现象。

2.2 "雷"的网络新义和认知原型

中国语言学家陈原(1983)说:"凡是社会生活中出现了新的东西,不论是新制度,新体制,新措施,新思潮,新物质,新观念,新工具,新动作,总之,这新的东西千方百计要在语言中表现出来,不表现出来,那就不能在社会生活中起到交际作用。""雷",作为2008年最风行的口头禅,是近几年来网络流行的新兴词语,已被越来越多的人所接受和广泛的使用,并衍生出了新的网络意义。"雷"的网络新义是在网络文化的大背景下孕育产生的一种特殊的语言变体。笔者将通过对网络收集的大量语料的分析,总结出"雷"的网络新义的几中用法,并得出其与古义不同的认知原型。

当今盛行的“雷”，据网络考证到目前为止，它的源头可以归纳为三种：一是日本动漫，动漫人物被雷电劈或电波打到“受到强烈的电波冲击”，这种画面用来表现动漫人物碰到出乎意料、异于常理的情况时作出的反应。在动漫文化长期熏陶下的成长的年轻人看到惊讶的事物时便发出“被雷到”之类的语言，之后进而简化为“雷”。二是由浙江东北部方言词“雷到”缩略而来，是指听到别人的话很诧异、很惊讶并表示难以理解，与当代流行词“晕倒”，“无语”很类似。三是来源于闽南方言，属于音译的闽南语，在闽南语中“雷”表示“搓”、“擦”、“揉”的意思。关于“雷”的新用法的三种来源，我们通过考察大量的例句，得出第一种最具有说服力。“雷”的流行用法就是指在没有准备，始料未及的情况下，碰到难以接受的行为、话语或事件时产生的感受，比较吃惊甚至于震撼，像是被雷电击中或是踩到地雷一般。简言之，“雷”就是产生的一种“令人吃惊”的感受。

我们现在以网络中“雷”的相关语料为例，分析流行语“雷”的网络新义。

(1) 我当时就被雷了一下，我当时就对邀请我的人说：这不相当于研讨民间“八大傻工程”吗？（腾讯评论，2010/11/10）

(2) 看一次雷一次，台湾电视剧雷人台词。（猫扑，2009/10/17）

(3) 雷着雷着就习惯了。（当代生活报，2009/7/7）

从语法的角度看，以上例句的“雷”出现在了动词的位置，既可以带宾语，又可以带补语；既能够和动态助词“了”、“着”、“过”等连用，又能够用于“把”字句和“被”字句。从语义的角度分析，网络流行语“雷”作为动词可以解释为“令人吃惊，令人惊讶，使震惊”。

(4) 赵薇这避雷针头，还真给人一种能避雷的感觉，但同时也觉得有点雷。（千龙网，2010/11/8）

(5) 有网友认为，“车博”太雷人，也有人觉得挺稀罕。（中国日报，2010/11/2）

从以上例句我们可以看到“雷”在这里用作了形容词，“雷”可以受不同程度副词“有点儿，很，更，非常，最”等修饰，它本身还可以用来修饰“人”等名词，正是反映了“雷”作为形容词的典型特征。“雷”的形容词词义表示“令人吃惊的，令人震惊的”。

"雷"的网络用法既可以作动词,也可以用作形容词;我们结合这些网络语料,把"雷"的网络认知原型大致概括为:雷[惊讶,使震惊]+[令人吃惊的]。按照 Croft&Cruse(2004: 81)的观点,"一个范畴的原型会随着现实的变化而变化"。如果自然现象"打雷"被看做古今词典中"雷"的原型代表,那么日本漫画中被电波冲击"被雷到"就成了网络流行语"雷"的认知原型代表。

"雷"的语义演变过程概括如下:雷[云层放电时发出的声响]→[军事上用的爆炸性的武器]→[大声的呵斥]→[出人意料,令人吃惊的]。我们发现"雷"的本义和网络新义的认知原型是不同的。"雷"的认知原型的改变主要反映了社会文化和人们社会心理的变化,是社会变迁的产物。

3 "雷"的词类地位变化

词类是根据词的语法功能分出来的类。汉语词类是一种原型范畴,是人们根据词与词之间在分布上的家族相似性而聚集成类的。赵元任在《汉语口语语法》(1968)中较为全面地根据语法功能给汉语的词类作出了系统的划分。笔者拟以赵元任的词类划分为依据,结合网络中"雷"的语料,分析并探讨了"雷"的词类变化和这种词类地位变化的认知机制。

以下语料库调查表明,本义"雷"主要用作名词,如(1);少数用作形容词,形容声响巨大,例如"雷抃"、"雷叹",见(2);用作动词的情况几乎没有。而网络流行语"雷"则是更多地充当了形容词,如(3)、(4),还常用作动词,如(5)(6),用作名词的情况很少见,如(7)。

(1)《易·说卦》:雷以动之,风以散之,雨以润之。

(2) 马融《长笛赋》:"失容坠席,搏拊雷抃。"

(3) 超雷人的创意广告你能看的懂吗?(慧聪广告网,2010/11/12)

(4) 价格很雷人,诺基亚 5233 行货跌至 999 元。(新华网,2010/11/3)

(5) 网友纷纷为之折服:"雷得外焦里嫩!简阳的宣传语太霸气了!"(郑州晚报,2010/11/11)

(6) 汽车后贴"告诉你一个秘密,我喝酒了"雷倒交警。(郑州晚报,2010/11/12)

(7) 偶像剧进入90后年代,流星雨有人叫好有人叫雷。(西部网,2009/8/11)

根据"雷"的词类的使用频率,我们可以把本义和网络新义"雷"的词类使用频率概括如下:

本义"雷":名词>形容词

网络新义"雷":形容词≥动词>名词

从《古代汉语词典》和《现代汉语大词典》提供的语料来看,本义"雷"的认知原型释解为云层放电时的响声,是一种自然现象。刘顺(2005)列出了一个名词空间性强弱的等级序列:

空间性	强　　　　　　　　　　　　　　　　　　　　弱
等级序列	个体名词/专有名词>群量名词>物质名词>事件名词/抽象名词>无量名词

由此我们可以得出,本义"雷"的,作为专有名词,其空间性很强,不太容易发生词类功能的游移。从句法功能看,"雷"的词性特征突出,遵循了名词稳定性的优势序列:高生命度名词>低生命度名词;具体名词>抽象名词;有指名词>无指名词(张泊江,1994),所以本义"雷"在语料库中的名词性用例最多。但是我们也不能忽略"雷"的形容词用法,这里的形容词是非谓形容词,是名词活用的结果,用来形容声音巨响,使用的频率较低。根据张伯江(1994)建立的汉语词类连续统,如下所示:

名词→非谓形容词→形容词→不及物动词→及物动词
空间性最强　　　　　　　　　　　　时间性最强

名词和非谓形容词在连续统中的相邻距离最近,最容易发生词类功能的游移,反映了词类功能游移的一般规律。

网络流行语"雷"在词类上发生了很大改变,多用作形容词和动词。认知语义学家认为,在我们不同的心理映射下,同样的客观事物在我们的头脑中会形成不同的意象图式,这在某种程度上决定了我们如何运用现有的语言符号来反映客观现象(张勇，2009：39)。由于"雷"在网络使用中突显了事物的属性，把人们的焦点转移到形容某事某人给人产生的吃惊的感觉上，所以"雷"的名词空间性逐渐丧失，属性义逐渐强化。再者，从网络本源分析，"雷"最初解释为"被雷到"，雷"也就因此获得了动词的用法。对比本义"雷"和网络新词"雷"，如果说前者强调自然现象这一实体突显的话，后者则是强调的属性/特征的突显，表现出人们对同一个词的词类范畴的不同识解方式。

网络上起先常用的是"雷"的动词意义，后来"雷"的形容词意义和用法也产生了。下面我们分析一下流行词语"雷"由动词向形容词词类游移的现象。从认知角度上，这种词类游移源域是动词，目标域是形容词，突显了动态向状态的投影，即对动词对应动作所持续状态的连续扫描所进行的整体投影，从大脑中则可感知为对形容词对应的属性状态的持续，突显了一定状态量度的层级变化，简言之就是突显了动词的性状意义。例如：

(1) 给力！纽约街头超雷人实拍。(新浪博客，2010/11/12)

(2) 今日，小威在自己的微博上贴出了一张在健身房的照片，黑色的蕾丝丝袜配上桃红色的运动鞋，简直雷死人。(搜狐网，2010/11/12)

这里的"雷人"和"雷死人"都作为形容词，被程度副词"超"和"简直"修饰，让人会有新鲜的异感，渐渐的其形容词用法成为了网络的主流。

通过从认知和语法的角度来分析"雷"的词类地位的转移和词类功能的游移现象，我们发现了名词到形容词功能的游移和形容词到动词的功能游移的证据，也表明了人们对"雷"的认知新趋势。

4 与网络新词"雷"相关的搭配

我们将根据从网络中收集的语料，得出与"雷"有关的常用搭配主要包括："雷☆"、"☆雷人"和"雷人☆"。

4.1 "雷☆"

语料调查表明，"雷☆"或为动词短语，或为名词短语。当其为动词性短语时，其意义为"使惊讶，令人震惊"。作为一个典型的单及物性短语，动词“雷”具备可一般动词的句法功能：雷＋结果补语，如“雷倒”、“雷翻”、“雷晕”；雷＋宾语，如“雷一下”；雷＋动态助词，如“雷过”、“雷了”；此外还可以通过标记词“被”、“把”，构成一个新的构式“被雷☆”和“把☆雷”。有关例句如下：

（1）北影女生因“看星星”夜不归宿，雷翻网友。（烟台大众网，2009/3/1）

（2）李宇春成最美？玩笑开大了，雷一次还不够？天啊，这是冬雷滚滚吗？（粉丝网论坛，2008/12/22）

（3）当她身着超性感的透明塑料超短裙接受奖杯，并以飞吻感谢观众时，在座嘉宾都被视频中的她再度“雷”了一把。（青年报，2010/11/09）

（4）这回我真是被雷着了！我看这药店老板肯定是脑残，还不如直接送钱好了。（金羊网，2009/6/22）

“雷☆”作为名词性短语时，“雷”就充当属性定语的非谓形容词。这里有个例外，当“雷＋人”是动宾结构时，整个结构是一个形容词。只有当“雷☆”是偏正结构时，我们才称其为名词性的短语，如“雷人雷事”、“雷女子”、“雷言雷语”。这个结构的意义是“让人觉得雷的☆”，表示令人吃惊的人或事情。

4.2 “☆雷人”和“雷人☆”

从语料统计分析，我们发现“雷人”出现的频率最高，这与“雷”主要充当形容词的功能分布一致。“雷人”是对“雷”常规语义的偏离和创新。作为形容词搭配，“☆雷人”中的☆多为程度副词，如“很，起，最，够”，“雷人☆”中的☆常为较为雷人的“表演，往事，造型，照片，嗜好”等等。例如：

（1）连日来，有网友以《周口惊现最“雷人”路墩》为题，在一些论坛转发一组照片，披露在太康县与扶沟县交界处设置的路墩，车从这里过如同“考驾照”。（大河报，2010/10/31）

（2）古灵精怪的主持人谢娜，在刚出道时很胖，网友最近就挖出了谢娜的雷人往事，一段段从未曝光的照片把谢娜自己都“雷翻倒地”。（春城晚报，2010/11/12 日）

（3）美容大王大 S 一看就是天生的美人胚子脸，但是却有着十分雷人的嗜好，就是收集恐怖照片。（杭州网，2010/11/12）

通过分析“雷”的语料和相关搭配，我们发现随着网络、报刊中“雷”的广泛使用,“雷”的词汇色彩意义在不断的泛化,它由最初的贬义色彩逐渐淡化成一个中性色彩的词语,从中折射了使用者追求创新的群体意识。

5 结语

笔者结合认知语言学中的原型理论和注意突显原则,从“雷”的认知原型对比,词类地位的变化和词类功能的游移,和与其相关的常用搭配这三方面探讨了”雷”网络流行语的发展和使用。本文讨论的本义“雷”和网络词语“雷”的认知原型是有别的,所以其认知的发展轨迹也不尽相同。“雷”的词类地位发生了变化,网络新词“雷”大多以动词和形容词出现,其名词的地位在削弱。“雷”的有关短语表明这个词的色彩意义有贬义趋向于中性词语。

“雷”作为新兴的网络语言,它的广泛使用有其深刻的认知动因。王德春(1995)强调:“人的语言能力和言语能力受到心理因素和社会因素的影响,人际言语交际在特定的社会心理环境中进行,话语的生成和理解,话语信息的传递都是依赖于社会心理环境。”“雷”作为特定社会时期的产物,在网络报刊中泛滥使用,无疑在一定程度上反映了相关群体的认知心理和社会心理状态。人们的认知是人对客观世界感知与经验的结果。“被雷到”的感觉正是人们受到社会外界各种令人吃惊的事情影响所产生的反映。它是人们在个人经验中体会到的一种震惊之意,进而用“雷”形象的表述出来。语言上的这种新鲜表达折射出当今时代的人们要求与众不同、求新求异的个人心理。人们的这种追新求异,崇尚个性的意识通过大众的言语模仿心理,实现了网络语言的社会化,进而像“雷”这样的流行语言风靡于网络和报刊杂志,如许多网络新词“囧”、“槑”、“给力”等。

这些网络新词既是一种语言现象,又是一种文化现象。它们的流行也从一个侧面反映了社会语言环境和文化的开放,人们的心态是自由的,人们的思想是不受束缚的,因而人类语言在不断得到创新和发展。

参考文献

[1] Croft, W. &Cruse, D. A. Cognitive Linguistics[M]. Cambridge: CUP,

2004: 81 - 82.

[2] Pustejovsky, J. The Generative Lexicon[M]. Cambridge: The MIT Press, 1995.

[3] 陈原. 社会语言学[M]. 学林出版社, 1983: 206.

[4]《古代汉语词典》编写组. 古代汉语词典[K]. 北京: 商务印书馆, 2003: 946.

[5] 刘佳. 说"雷"——兼谈某些词语的使用心理[J]. 修辞学习, 2009(2).

[6] 刘顺. 现代汉语语法的多维研究[M]. 北京: 社会科学文献出版社, 2005.

[7] 曲丽玮. 小心被"雷"[J]. 语文建设, 2008(7).

[8] 阮智富, 郭忠新. 现代汉语大词典[K]. 上海: 上海辞书出版社, 2000.

[9] 束定芳, 认知语言学概论[M]. 上海: 上海外语教育出版社, 2001: 63.

[10] 王德春, 孙汝建, 姚远. 社会心理语言学. [M]. 上海: 上海外语教育出版社. 1995: 2.

[11] 赵元任, 吕叔湘. 汉语口语语法[M]. 北京: 商务印书馆, 1968.

[12] 张伯江. 词类活用的功能解释[J]. 中国语文, 1994(5).

[13] 张勇. 现代汉语名、形、动词活用情况考察[C]. 中国优秀硕士学位论文全文数据库, 2009: 39.

作者简介: 刘冉冉, 上海大学外国语学院硕士研究生。

俄语原因意义的表示

刘新清

摘　要：原因意义的词是用于表示做事的原因，为什么而做。俄语表达具有原因意义时要使用不相同的词，因为事情原因是不同的。俄语各不相同的词能表示各种不同的事情原因。这是俄语语言和汉语语言表示原因意义不同之处。俄语中使用不同的原因词能把句子意义正确表达出来。

关键词：原因；表示；不同；正确

俄语表示原因意义的方法有用原因连接词连接句子表示因果关系，Потому что, так как 这两词既可用于口语又可用于书面语中。其他一些表示原因的连接词多用于书面语中。如：благодаря тому что, из-за того что, ототго что, поскольку, в результате того что 等。译成汉语都表示"因为"意义。用于回答 Почему? От чего? вслетствие чего? 问题。

1　用 потому что, Так как，连接句子表示因果关系复合句

用 потому что 连接从句只能放在主句之后，用 Так как 连接从句可以放在主句前或后，如：

(1) В городе, который был недалеко, он не мог учиться потому что он был сыном крестьянина.
他不能在不远的城里学习，因为他是农民的儿子。

(2) Так как, наши бойцы работали без перерыва, они очень устали.
因为我们的战士不停工作，所以他们很累。

2 用无连接词复合句来表示

在无连接词复合句中用后句来表示前句的原因等意义，当后句指出前句原因时分句常用冒号。如：

（3）Мы уехали последним автобусом: дело задержало меня.

我们是坐最后一班汽车走的，因为事情把我们耽误了。

（4）Староста сказал всё ясо: нам ничего добавить.

班长全部讲清楚了，我们没有补充的。

3 用具有表示原因的原因前置词表示

表示原因常用的原因前置词有 от, с, из, из-за, благодаря, за, по 等。

名词和以上前置词连用可以表示行为或者状态的原因，所有可以作原因前置词不是在任何情况下可以随便搭配的，在使用搭配中各前置词按要求用在不同的要求中。具体如下：

原因前置词 из，要求第二格。

前置词 из 一般用在表示产生自觉的内心原因与表示情感的词连用，说明心里原因，从心里发出的。如：

Из любопытства. 由于好奇心

Из венжливости. 由于处于礼貌

Из гордости. 由于骄傲

（5）Мальчик заглянул в комнату из любопытства, откуда слышались звуки музыка。

出于好奇小孩看了看传来音乐声的房间。

原因前置词 от，要求第二格，

前置词 от 一般用于表示一种不由自主的、自发的行为，状态的原因或由于客观原因外界自然等不受主观支配，与之搭配的词较广。如：

Дрожать	от	холода	冷得发抖
Смеяться	от	радости	高兴得笑
Кричать	от	боли	痛得大叫
Плакать	от	горя.	伤心得哭

Раскраснеться от волнения. 激动得脸通红

От дождя. 由于下雨

От ветра. 由于刮风

От мороза 由于严寒

(6) Девушуа засмеялась от радости.
姑娘高兴得笑起来。

(7) Он дрожал от холода. 他冷得发抖。

(8) От радостного волнения она не могла произвести ни слова。
由于激动她一句话也说不出来。

以上三句用了原因前置词 от 表示一种不由自主的、自发的行为。

原因前置词 с，要求第二格。

前置词 с 一般多和用于表示情感的词连用，同 от 的意义完全相同，但 от 用得较广，с 主要用于口语当中用于不多的几个词搭配，而且和 с 搭配的词大多都可用 от 来搭配。与 с 连用的有些阳性名词变单数第二格时它的词尾较特殊是 у，与 от 连用时单数第二格为 а。

С радости ……… от радости 高兴得

С горя ……… от горя 由于痛苦

С голоду ……… от голода 由于饥饿

С страху ……… от страха 由于恐惧

С испугу ……… от испуга 由于惊吓

(9) Его отец умер с голоду (от города)
他的父亲死于饥饿。

原因前置词 из-за，要求第二格。

前置词 из-за，一般用在表示对事物起阻碍作用，并带来不好的或不利的后果。如：

(10) Мальчик опаздал на урок из-за дождя.
小男孩由于下雨而上课迟到。

(11) Этот студент сделал ошибку из-за невнимания.
这个学生由于不仔细而出错。

(12) Старик не мог работать из-за болезнию

老人由于疾病而不能工作。

以上三句用了 из-за 表示不好结果的原因。

原因前置词 за，要求第四格。

前置词 за，一般用在表示引起某种赞同或不赞同的评价态度的原因，比如说同意、喜欢、尊敬、奖励、惩罚的原因等，表示该行为发生的原因。

(13) Его уважали за обширные знания,
他由于知识广泛而受到人们尊敬。

(14) Мы благодарим вас за помощь.
我们感谢你们的帮助。

(15) Их осуждали за опоздание.
由于迟到他们受到批评。

(16) Бойцов наградили за заслуги,
战士们因有功而受到奖励。

以上四句用了 за 表示得到某种该得到的结果。

原因前置词 за，要求第五格。

前置词 за，表示起消极因素作用的客观原因，一般用于公文语体，而且和它搭配词很有限。

За недостатком (чего) 由于……不足；

За молодостью лет 由于……年轻的原因

原因前置词 благодаря，要求第三格。

前置词 благодаря，同 из-за 相反，用在表示合乎愿望产生好的结果方面。如：

(17) Благодаря тесному сплочению все мы победили наводнение.
由于我们大家紧密团结战胜了洪水。

(18) Благодаря своему усердию она поступила в институт.
由于自己的努力她考上了大学。

以上句子用了原因前置词 благодаря，表示得到好的结果。

原因前置词 по，要求第三格。

前置词 по 用在表示事物本身内部的原因而产生消极的结果，它一般与抽象名词连用，范围比较狭窄：

Он сделал ошибки по невнимательности.

他因粗心而犯错误。

По полезни этого рабочего освободили от работы.

因病这工人被解除工作。

по 和 из-за 的区别在于 из-за，表示外部的原因而产生消极的结果，但两词有时可以替换，如：

Нина проиустил занатия по болезни.

Нина проиустил занатия из-за болезни.

尼娜因病缺课。

参考文献

[1] 陈国亭，田文清. 大学俄语词汇语法精解[M]. 哈尔滨工业大学出版社，1999.
[2] 黑龙江大学词典编辑室编. 大俄汉词典[M]. 商务印书馆，1985.
[3] 黄颖. 新编俄语语法[M]. 外语教学与研究出版社，2008.

作者简介：刘清新，上海大学外国语学院讲师。

认知情态的词汇策略比较研究：以生物科学语篇为例

王红梅　董桂荣

摘　要：本文讨论认知情态与模糊限制语和确定表达语的紧密关系。认知情态不仅仅是表达说话者的不确定或不自信的一种手段，也是表达礼貌的一种方式，使交际双方留有商讨余地。本文比较报刊与学术刊物中关于生物科学这一题材的语篇，旨在探讨在这两种不同的体裁当中，根据不同的交际目的，认知情态的使用有何差异，是否有突出的表达方式，以及使用原因。

关键词：认知情态；词汇策略；比较

认知情态作为人们表达观点，表明态度的语言资源，一直以来都是语言学家研究的热点，也是二语习得者的学习难点所在。原因在于日常交流并不是简单的陈述就能完成，人们需要根据交际目的，采用不同的策略来表达命题。否则不能有效进行交流，甚至引起误解。本文对比两种体裁的文本中认知情态的差别与共性，以期为认知情态的理论研究及教学提供参考。

1　何为认知情态

认知情态（epistemic modality）是说话者对于可能性的假设、评价，在多数情况下，表明说话者对于所表达命题的信心或缺乏信心（Coates, 1987: 12）。Holmes（1982）指出认知情态表达确定性的程度（degrees of certainty）。大多观点都认为其表达言者对命题的真实性的确定性、承诺或信心的程度。

既然认知情态是一种程度的表达，那么这种程度是否可以加以分类呢？Holmes（1982）将表达确定性的表达手段分为certain，probable，possible三种类别，对于所表达命题的确信程度，依次逐渐变弱。Halliday也采用了类似的方法将情态的值（value）分为三级，high，media，low（Halliday，2000，P358）。但是，将情态表达手段严格地归类为三个级别是不现实的做法。情态各值之间没有明确的界限，语境等因素更增加了对情态的值的判断的不确定因素。因此将其表述为一种连续体（continnum），比较恰当地表达了情态各级之间的关系。

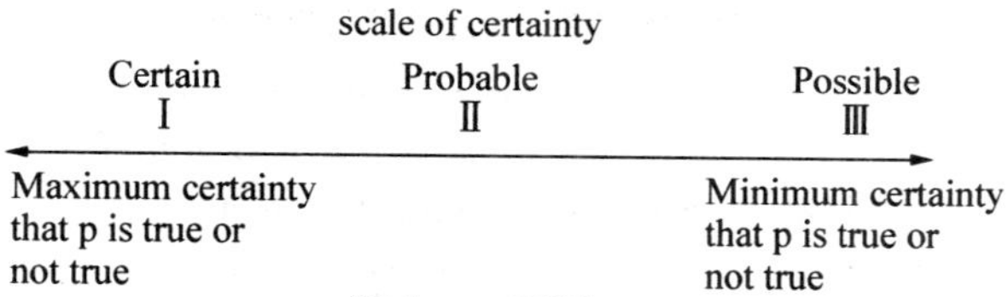

(Holmes, 1982)

2　认知情态表达方式的范围

Halliday认为情态指的是“是”与“否”之间的意义，也就是肯定极与否定极之间的地带。在命题（proposition）当中，人们使用陈述句或疑问句来交换“信息”（information），那么就存在两种表达情态的方式：概率（probability，如possibly /probably / certainly）与频率（usuality，如sometimes、usually、always）。狭义上的情态指的就是这些不同值的概率和频率（胡壮麟，2008）。Halliday所言的“概率”就是前面所提到的认知情态。非限定性频率（indefinite frequency）的表达方式使言者不必做出绝对的论断，也表达一种可能性，因此也常常被认为具有表达可能性的作用。本文将重点关注表达概率和非限定性频率的表达方式，并将它们都归于认知情态表达方式。

3　认知情态的表达策略

人们使用语言不仅仅是简单地陈述或表达客观事实，而且表达自己的态度、观点。因此，人们利用各种不同的语言手段来修饰所要表达的信息：表达自己对言语内容的态度，反映言者知晓听者与自己之间的关系。Holmes(1982, 1984)认为有两种常用策略可以用于修饰作用，即模糊限制语(boosting/attenuating)和确定表达语(hedging/emphasizing)。

3.1 Hedging 和 Boosting

对于 hedging 的讨论源自于 Lakoff (1972: 195)的观点："to make things fuzzier or less fuzzy"。Brown 和 Levinson 有类似观点："a particle, word or phrase that modifies the degree of membership of a predicate or a noun phrase in a set; it says of that membership that it is partial or true only in certain respects, or that it is more true and complete than perhaps might be expected" (1987, 145)。二者都认为 hedging 同时具有加强(intensifiers)和减弱(detensifiers)的作用，例如：

detensifiers: You are *a bit of* fool; You are a *kind of* beauty; His feet were *sort of* blue. *I think* that I may be pregnant but not sure.

intensifiers: You have done*rather* badly in the test; You are *such* a fool; She looked *surprisingly* well; There is *strong* evidence of her guilt.

以 Holmes(1984), Hyland(1998), Skelton(1997)为代表的语言学者认为 hedge 仅仅是指 detensifiers。正如 Skelton 所言，hedges 的概念最适用于减少责任或减少对于命题真值的确定性。本文采纳此观点，将 hedging 和 boosting 所指分开。

Holmes(1984)认为 boosting 和 hedging 是表达言外之力的两种基本策略(Two basic strategies for modifying the illocutionary force of speech acts)，并用具体实例来说明：

Boosting:

Positively affective speech act, e. g. *Really* you are *amazingly* pretty.

Negatively affective speech act, e. g. *My God* you are *such* a fool.

Attenuating:

Positively affective speech act, eg. You are*kind of* pretty *in a way*.

Negatively affective speech act, e. g. You are*a bit of* a fool *you know*.

3.2 本文研究立场

Hedging 的表达方式也是表达认知情态的方式。作为表达修饰言外之力的 hedging 和 boosting 也是表达认知情态的两种策略。这两种策略可以以韵律，句法，词汇等方式来实现，本文重点讨论认知情态的词汇实现方式，主要是副词，形容词，名词和动词。

4 语料研究

4.1 语料

作为实验性研究，本文选择生物科学领域关于干细胞的三篇学术论文和三篇大众科学文章进行比较。所选择的学术刊物分别为 *experimental cell research*, *biology of the cell*, *stem cell research*。而大众科学文章是从网络中选择了 *Scientific American* 杂志中的三篇文章。目的在于探讨这两种文体中认知情态表达的异同，以及对情态研究和二语教学的启示。本文主要选择四种词类的认知情态表达方式，例如：

实动词(full verbs): indicate, suggest, believe, think, appear, look, hypothesize, demonstrate, etc.

副词(adv): approximately, likely, relatively, etc.

形容词(adj): potential, possible, likely, etc.

名词(n): demonstration, evidence, potential, etc.

比较的结果如表 1、表 2 所示。

表 1

Hedge	adv	v	n	a	total
P	10(2.85)	**20(5.71)**	11(3.14)	5(1.43)	**46(13.13)**
A	21(1.41)	**80(5.39)**	21(1.41)	43(2.89)	**165(11.24)**

表 2

Booster	adv	v	n	a	total
P	15(4.28)	10(2.85)	0	2	27(7.71)
A	10	**83(5.57)**	7	8	108(7.26)

注:表中列出 hedge 与 booster 的数目,括号中的数字表示每 1 000 字的出现频率。

首先,两种文体更多地使用 hedges。出乎意料的是在网络新闻杂志中,hedges 的使用同样很普遍,甚至高于其在学术文章中的使用。Cloitre 和 Shinn 认为大众报刊杂志没有专业知识的要求,不像论文那样受到认知限制(epistemological constraints)。而 Myers(1989)也认为新闻杂志"... upgrading the significance of claims in order to emphasise the uniqueness, rarity or originality"。我们的语料显示,在新闻杂志文本当中,并非如此。其中除了动词之外,表示 hedge 和 booster 的副词在大众报刊杂志的出现频率比学术论文要高得多。

其次,作为 hedges 的动词在两种文本中的出现频率分别都是最高的(5.71 vs 5.39),这也从一方面说明两种文体的作者在表明观点时,都大量使用了 hedges。而在学术论文中,表 hedging 的动词和表 boosting 的动词出现频率相当。具体动词的使用情况如表 3 所示。

表 3

writer-oriented full verbs of popular writing and academic writing

	Popular	Academic
Hedge	9/19(47.37%)	72/80(90%)
Booster	7/10(70%)	63/83(75.9%)
Total	16/29(55.17%)	135/163(82.82%)

根据 Hyland 的分类,以作者为导向的动词(writer-oriented)(Hyland,1998)被用来减少作者在文本中出现的身影(diminish the author's presence in the text),常见的例子如下:

Taken together, *these data* indicate that...

It was assumed that...

另一方面,以读者为导向的动词(reader-oriented),表明这是个人意见,允许读者选择更有说服力的解释。(signals that this is a personal opinion, allowing the reader to choose the more persuasive explanation)例如:

Based on the results obtained, *we hypothesise that* the IGD motif is essential for the motogenic effect of MSF's bioactive modules.

Our early experiments using purchased and proteolytically generated N-terminus (denoted here as Hep 1) domain indicated that this region did not stimulate fibroblast migration...

表格中显示学术文体中以作者为导向的动词的比例大于其在新闻杂志中的比例(82.82% vs 55.17%)。鉴于学术文体阅读的对象与报刊杂志有很大不同,这一点并不难理解。学术文体的读者常常具有相关的知识背景,或本身就是从事相关研究的学者。因此作者在阐明自己的观点时,出于礼貌原则(Brown, P. & Levinson, S. 1987),或出于保护(protection, face-saving)自己免于受到批评等原因,不得不考虑读者群体的立场,倾向于使用弱化自我存在的语言手段。例如:

This result indicates that CD44, not only may serve as an astrocyte precursor marker, but also may play a role in the differentiation of astrocytes.

It appears that stability of the N-terminus of fibronectin is reduced when less than 100 kDa in size.

NG2+ cells in the mature CNS do not express antigens specific to mature oligodendrocytes, astrocytes, microglia, or neurons, *suggesting that* they are a glial progenitor cell population.

Other classes of glial precursors likely exist however, and the existence of the MNOP *has been hypothesized* based on expression of Olig2 and knock-out data.

另一方面,以读者为导向的动词在报刊新闻中的比例(44.83%)也远大于其在学术文体中的比例(17.18%)。原因之一是新闻报刊杂志面对的读者广泛，虽不乏部分专业人士，但更多的是有兴趣的大众群体，他们大多没有深厚地专业背景。因此，作者更加倾向于使用以读者为导向的词汇手段，以拉近二者交流的距离。另一个可能原因是新闻报刊杂志中大量使用了直接引语（direct quotation）。如下例：

"*I believe* we have a mandate from the public to improve the current model," Klein declares.

"*What our findings* show is that the problems with iPS cells don't just involve one or two or a few abnormal iPS cells escaping into the body and forming tumors, but that the whole population of cells is screwed up," Lanza says.

作为直接称述自己的观点的表达方式，直接引语使用第一人称的现象很多。我们的语料中，新闻报刊杂志中以读者为导向的动词有近一半出自直接引语。而在学术文体语料中，直接引语非常少，更没有一例以读者为导向的动词出现在直接引语当中。

5 结论

本文使用小型语料进行了实验性研究，旨在比较两种文体中，认知情态的词汇表达手段的使用情况。结果显示，作为表达认知情态的手段之一的 hedges 不仅是学术文体常用策略，也是报刊杂志常用策略，其出现频率甚至比前者略高。由于所面对读者群的差别，学术文体一度被认为理所当然应使用更多的 hedges。我们的语料显示，面向大众群体的报刊杂志，虽然主体读者并不具有专业背景，却仍然使用大量 hedges。具体原因将是笔者进一步研究的重点所在。另外，表示认知意义的动词的出现频率在两种文体中都是最高的，而且作为 hedges 和 boosters 的动词在学术文体中出现频率相当（booster 5.57，hedge 5.39）。如何教授学生在一定的语境中使用恰当的动词来 hedge 和 boost 是教学应注意的问题。另一方面，以文体为基础进行写作教学能够考虑读者与作者的关系，兼顾文体的写作特点，也是写作教学不能忽略的部分。

参考文献

[1] Brown, P. & Levinson, S. 1987 Politeness: Some Universals in Language. Cambridge: CUP.

[2] Cloitre, Michel, and Terry Shinn. "Expository Practice: Social, Cognitive and Epistemological Linkage." In Expository Science: Forms and Functions of Popularisation, ed. Terry Shinn and Richard Whitley, 31 - 60. Dordrecht, Boston, and Lancaster: D. Reidel Publishing Company, 1985.

[3] Coates, J. Epistemic modality and spoken discourse[J]. Transactions of the philological society, 1987(85): 100 - 131.

[4] Halliday, M. A. K. An Introduction to Functional Grammar [M]. Beijing: Foreign Language and Research Press, 2000.

[5] Holmes, Janet. Expressing Doubt and Certainty in English[J]. RELC Journal, 1982, 13: 9.

[6] Holmes, Janet. Modifying Illocutionary Force [J]. Journal of Pragmatics, 1984, 8: 345 - 365.

[7] Hyland, Ken. Hedging in Scientific Research Articles[M]. Amsterdam and Philadelphia, PA: John Benjamins Publishing Company, 1998.

[8] Lakoff, G. Hedges: A Study in Meaning Criteria and the Logic of Fuzzy Concepts[J]. Chicago Linguistic Society Papers, 1972, 8: 183 - 228.

[9] Myers, Greg. "The Pragmatics of Politeness in Scientific Articles." Applied Linguistics, 1985, 10: 1 - 35.

[10] Skelton, John. "How to Tell the truth in The British Medical Journal: Patterns of Judgement in the 19th and 20th Centuries." In Hedging and Discourse: Approaches to the Analysis of a Pragmatic Phenomenon in Academic Texts, ed. Raija Markkanen and Hartmut Schroder, 115 - 133. Berlin and New York: Walter de Gruyter, 1997.

作者简介： 王红梅，硕士，上海大学外国语学院大学英语部讲师。研究方向：认知语义学，系统功能语言学。

董桂荣，硕士，安徽建筑工业学院英语系讲师。研究方向：应用语言学，认知语言学。

请求言语行为的中日对比研究

王苏嬿

摘　要:本文对日常生活中常见请求言语行为,从定型表现和敬语使用状况两方面进行基于问卷调查的跨文化对比分析,考察日本人和中国日语专业的大学生在请求言语行为上的异同点,探讨形成这种差异的深层文化原因,并提出教师在指导过程中的注意点。

关键词:请求言语行为;定型表现;敬语;跨文化交际

1　引言

语言和文化是密不可分的。语言是文化的载体,同时语言又受到文化的影响,反映一个民族的文化特征,语言不仅仅是交际的重要手段,人们的语言表现形式更要受文化背景、价值观念、社会规范等的制约和影响。换言之,文化背景决定了语言的表达方式。因此,学习外语,也应理解该门语言所包含的文化韵味。不懂得语言中包含着的文化因素,就不可能掌握好这门语言,正确认识语言中所包含的文化因素,是成功的交际所不可缺少的必要条件。本文对日常生活中常见的请求言语行为,进行基于问卷调查的跨文化对比分析,分不同对象、不同场面考察日本人和中国日语专业的大学生在请求言语行为上的异同点,探讨形成这种差异的深层文化原因。

2　请求言语行为方略及分类

"请求"是日常生活中频繁进行的行为。请求表达方式是说

话人要求听话人为自己做某事时所采取的语言表达方式。为了把"请求"从与其相似的言语行为"命令""指示""劝诱"等区分开来,本文采用蒲谷・川口・坂本(1998)等的关于请求言语行为的定义,"自分の利益になることを相手が行動し、決定権を相手が持つ表現である"。即请求行为取得的价值对说话人有益,且行为的决定权在于听话人。

在请求的过程中,听话人由于这个请求而承担起某种负担。听话人的负担也取决于说话人和听话人之间的社会地位的高低距离和亲疏程度,以及请求事项的难易程度。因此,说话人考虑到对听话人造成负担的同时就会选择合适的请求语言表达方式以最大限度地减轻听话人的压力。虽然"请求"言语行为普遍存在,但在不同文化背景下生活的说母语的日本人和学习日语的中国学生使用的请求表达方式却有着很大的差异。

对请求言语行为的表达方式进行分类时,大体上分为定型表现和附加表现两种,就本次调查中出现的言语表现,把日语定型表现再分成:祈使句、陈述句、愿望句、肯定疑问句、否定疑问句和条件句。附加表现又分成:① 前置型;② 理由提供;③ 保证限定;④ 道歉;⑤ 感谢等五种。本文因篇幅关系,只对请求言语行为的定型表现和请求者的敬语使用状况进行对比分析。

日语的请求言语行为的定型表达方式是以补助动词「~てくれる」「~てもらう」「~てくださる」「~ていただく」为基本句型,这些补助动词的活用形构成了一系列的日语的请求表达方式,参照岡本(1989)的归纳,把日语定型表现分成以下几种:

(1) 窓開けて
(2) 窓開けてくれよ
(3) 窓開けてくれる?
(4) 窓開けてくれないかなあ?
(5) 窓開けてもらえない?
(6) 窓開けてほしいんだけど
(7) 窓を開けてください
(8) 窓を開けてくれませんか?
(9) 窓を開けてもらえませんか?
(10) 窓を開けてくださいますか?

(11) 窓を開けていただけないでしょうか?

(12) 窓を開けていただきたいんですが。

上面这些表达方式中,(1)～(6)不使用敬语;(7)～(12)使用敬语。从句型分类来看,(1)(2)(7)是祈使句,(3)(8)(10)是肯定疑问句,(4)(5)(9)(11)是否定疑问句,(6)(12)是愿望句。

综合岡本的分类,本文的"请求"定型表現,做以下分类:

祈使句:

V て

V てくれ

V てください

陈述句:

V よう(N を)頼みます

V よう(N を)お願いします

愿望句:

V てほしい

V てもらいたい

V ていただきたい

V てもらいたいんですが

V ていただきたいんですが

肯定疑问句:

V てくれるか

V てもらえるか

V てくれますか

V てもらえますか

V てくださいますか

V ていただけますか

否定疑问句:

V てくれないか

V てもらえないか

V てくれませんか

V てもらえませんか

V てくださいませんか

V ていただけませんか

V ていただけないでしょうか
条件句:
V ていただければありがたいです。

3 调查概要与分析

为了探讨日本人和学习日语中国学生在具体场合会采取的言语行为,选择方略的异同点,本文以日本人和中国大学生为对象进行了调查。调查对象为上海大学日语专业二年级学生;日本キンペックスインタータショナル株式会社职员。调查时间从2007年6月至2007年8月。被调查者的人数、年龄、性别见表1。

表1 调查对象的属性及地区情况

国	人数	性别		年龄
中国	40	男11名	女29名	19—36*
日本	30	男12名	女18名	21—44

* 其中1人为旁听生,女,年龄36岁。

调查问卷中根据上下("上下"以社会地位为依据),亲疏("亲疏"以「ウチ」、「ソト」,「ヨソ」为依据)等变量人际关系设定了若干场景进行了问卷调查,具体分析时分为老师、朋友、后辈,陌生人进行对比,请被调查者写出当他遇到这场合时是如何请求的。

(1) レポートを書くために、「異文化コミュニケーション」という本が必要です。でも、その本を持っているのはあなたの担任の先生である田中先生だけです。田中先生に本を借りる時、どう言いますか。(本貸し)(目上)

(2) 食事が終わった後、一緒に食べていた親しい友達小林さんが食器を洗いに行きました。指に怪我をしているので、あなたが自分の食器も洗ってもらいたい時、どう言いますか。(食器洗いA)(同・親)

(3) 食事が終わった後、一緒に食べていた親しくない友達小林さんがを食器洗いに行きました。指に怪我をしているので、あなたが自分の食器も洗ってもらいたい時、

どう言いますか。(食器洗いB)(同・疎)

(4) 持っている部カメラが壊れて、修理に出したので、旅行のため、後輩の佐藤さんにカメラを借りたい時、どう言いますか。(カメラ貸し)(後輩)

(5) ＊＊町へ行こうとしましたが、道順を忘れてしまいました。通りがかりの人(中学生)に道を尋ねる時、どう言いますか。(道尋ね)(ヨソ)

3.1 **定型表現的分析**

中日两国的调查结果如下：

表 2 调查结果一览表(日)(%)

場　面	命令句	陈述句	願望句	肯定疑问句	否定疑问句	条件形	其他	非敬語形	敬語形
1本貸し	13.3	0	20	20	43.3	3.3	0	0	100
2食器A	26.7	13.4	0	33.4	26.7	0	0	93.3	6.7
3食器B	10	16.7	3.3	36.7	33.4	0	0	46.7	53.3
4カメラ	26.7	0	10	30	33.4	0	0	76.7	23.3
5道尋ね	20	0	0	20	26.7	0	33.3	13.3	86.7

表 3 调查结果一览表(中)(%)

場　面	命令句	陈述句	愿望句	肯定疑问句	否定疑问句	条件形	其他	非敬語形	敬語形
1本貸し	0	0	23.3	6.7	70	0	0	36.4	63.6
2食器A	10.3	28.2	2.6	2.6	56.4	0	0	87.2	12.8
3食器B	0	10.3	5.1	2.6	82.1	0	0	74.4	25.6
4カメラ	8.5	0	21.3	0	70.2	0	0	95.7	4.3
5道尋ね	13.3	0	6.7	13.3	23.3	0	43.3	100	0

从表2、表3可以看出，日本人向比自己地位高的老师借书时，虽然也使用「～てください」这样的敬语形式的句型，但是其使用频度很低，一般多使用愿望句、肯定疑问句、否定疑问句，多为「～ていただく」的疑问句的变化形式，特别是否定疑问句的形

式，例如「～ていただけますか」、「～ていただけませんか」「～ていただけませんでしょうか」。达到了70%，另外，还出现了「～ていただければありがたいのです」这样的条件句，这个句型委婉，体现了请求者对被请求者的礼貌，使被请求者的面子尽量不受到损害。

中国大学生在实施请求行为时，也都应用否定疑问句的定型表现，多为「～ていただけませんか」、「～てくださいませんか」等句型。但是在此次调查中没有看到日本人所使用的「～ていただければありがたいのです」这样的条件句。

在洗餐具的场景，日本人极少使用愿望句，请求好朋友洗餐具的时候，多使用肯定疑问句，为33.4%，另外祈使句和否定疑问句的使用率也不低，两者都是26.7%。请求普通朋友洗餐具的时候，祈使句的使用率仅为10%，另有使用诸如「私のもお願い」「ついでに私のもお願いします」这样的定型表现。对好朋友的使用率为13.4%，对普通朋友的使用率为では16.7%。中国大学生在这个场景中使用率最高的定型表现是否定疑问句，好朋友为56.4%。

向后辈借照相机的场景，出现了「～て」的定型表现，中、日分别为8.5%和26.7%。否定疑问句的「～てくれないか」、「～てもらえないか」的非敬语型定型表现使用率也不低。中、日分别为70.2和33.4%。

在向中学生问路的场景，在此次调查中，中、日双方都使用了定型表现以外的语言表达方式，例如，「＊＊町へ行来たいですが、道順を忘れてしまいました」等。否定疑问句的使用率也达到25%左右。

总体来说，在实施请求行为时，中日双方最大的区别在于，日本人根据请求者与被请求者的社会地位的高低，亲疏关系的不同，使用的定型表现形式多样，有祈使句、愿望句、肯定疑问句、否定疑问句；中国大学生使用的定型表现则集中在否定疑问句。

3.2 敬语的使用状况

本次问卷对在实施请求行为时被调查者是否使用敬语作了调查。从被调查者的敬语使用情况来看，在借书的场景中，日本人对老师全部使用了敬语，使用率为100%。但是，中国大学生的非敬语使用率达到了36.4%。在本次调查中，场景2和场景3的请求事项难易程度相同，敬语的使用率取决于说话人和听话人之间的亲疏程度，对好朋友几乎不使用敬语，非敬语使用率达到93.3%，对普通朋友非敬语使用率为46.7%，敬语使用率为53.3%。在问路的场景中，日本人的敬语使用率也非常高。达到了86.7%，这就说明日本人向陌生人问路时，即使是年轻的学生也普遍使用非常有礼貌的询问方式。从场景2、3、5可以知道，日本人敬语的使用率取决于说话人和听话人之间的亲疏程度，把亲疏关系，即「ウチ」和「ソト」的关系作为使用敬语的基准。

本次调查中，中日双方敬语使用情况差异最大的是场景3和场景5，在场景3中，中国学生对普通朋友的敬语使用率只有25.7%，和日方比较，相差27.7%。场景5中，中国学生对被请求者的非敬语使用率为100%，而日方对被请求者的非敬语使用率只有13.3%。从中可以知道，中国学生把说话人和听话人之间的社会地位的高低作为是否使用敬语的标准。

在日语所表现出的众多文化特征中，对其影响最大是"内外有别"意识，即日语交际中的"内亲外敬"的原则。他决定和规范了日本人的思维、心理、语言方式及行为模式。自古以来，日本人就具有明确的"内外有别"的意识，他们以自己为中心在周围划圈，区别"内"、"外"，即作为日本文化特征之一的"「ウチ」と「ソト」"意识。在日本文化中，对"内"与对"外"，即对待自己人、内集团与对待外人、外集团的态度、语言是不同的，表现为"内亲外敬"。而这种日语中最重要的文化特征"内外有别"意识，在本次调查中也似乎得到了印证，向陌生人问路时，即使是年轻的学生也普遍使用非常有礼貌的询问方式。请求朋友替自己洗餐具时对亲近的好朋友几乎不使用敬语，而对普通朋友的敬语使用率则达到了53.3%。反观中国学生在相同场景中所用的表达方式，可以很清楚地感觉到看到当母语和所学习的语言之间，影响谈话方略的"上下"、"亲疏"关系的因素的优先顺序不同的时候，母语对外语学习的影响，感觉到不同文化背景的人的说话方式的巨大差别。

4 结语

中国学习者在实施请求言语行为之时，往往受到母语的影响。例如，在本次调查中，当大学生在向中学生问路时，大多使用了非敬语型的表达方式，在中国社会中，由于“身份制度”等社会因素的影响，地位较高者向地位较低者，或者年长者对年轻者请求做某事是名正言顺的；地位低者满足地位高者的要求也是合情合理的。但这并不符合日本人的语言习惯，行为规范，从中可以看到，外语学习者学习目标语言国家的文化的重要性。因此，在指导以汉语为母语的中国学生时，要注意以下两点：

(1) 在进行“请求”言语行为的教学过程中，不能仅仅停留在语言形式的解释说明这一层面，要从“请求方略”出发把握请求言语行为，使学生认识到，在对“上下关系”、“亲疏关系”敏感度不同的中日文化之间，要把重点放在哪一种关系上才能达到更好的交际效果。要让学生明白，因对象不同而选择的定型表现和附加表现在中日之间是有不同之处的。

(2) 根据本次调查结果，鉴于中国学习者在实施请求言语行动时，使用的定型表现比较单一，集中在否定疑问句。在指导学生进行请求言语行为的练习时，教师应根据请求者与被请求者之间的社会地位的高低距离和亲疏程度，以及请求事项的难易程度，充分准备各种不同场景练习素材，展示给学习者，让学习者通过多种形式的反复训练，掌握根据不同情况实施请求言语行为的能力。

参考文献

[1] 蒲谷宏・川口義一・坂本恵. 敬語表現. 大修舘書店，1998.
[2] 古田暁. 異文化コミュニケーション・キーワード. 有斐閣，1995.
[3] 古田暁監修，石井敏，岡部朗一，久米昭元. 異文化コミュニケーション. 有斐閣，1996.
[4] 直塚玲子. 欧米人が沈黙するとき一異文化間のコミュニケーション一. 大修館書店，1981.
[5] 鈴木孝夫. ことばと文化. 岩波書店，1973.
[6] 岡本真一郎. 依頼表現の使い分けの規定因. 愛知学院大学文学部紀要，

1989(18).
[7] 金昌男. 日本語母語話者における依頼表現の使用実態について. 千葉大学ユーラシア言語文化論集,2000(8).
[8] 頼美麗. 依頼における「お詫び・謝罪型」表現に関する考察. 早稲田大学日本語教育研究,2005(6).
[9] 上野田鶴子. 命令と依頼「講座日本語の表現 3　話し言葉の表現」. 築摩書房,1983.
[10] 劉敏. 依頼表現「請＋V」と「…Vてください」をめぐって—アンケート調査の分析—. 東海大学紀要. 留学生教育センター,1990.
[11] 山口和代. 日本語習得における人間関係の認知と文化的要因に関する考察—中国人および台湾人留学生を対象として—. 言語文化論集(第 6 号). 名古屋大学言語文化部・国際言語文化研究科/名古屋大学,2002.
[12] 贾玉新. 跨文化交际学. 上海外语教育出版社,1997.

作者简介: 王苏嬿,上海大学外国语学院讲师。

《我有一个梦想》的实词习语特征分析

肖福寿　彭鸯　郁菊芬

摘　要：本文从实词习语的角度，深入探讨了马丁·路德·金举世闻名的演说"I Have a Dream"中呈现的"时间或时间段"习语、"情景和事件"习语、"性质和状态"习语以及"地点和位置"习语。研究与分析这些习语，不仅可以帮助我们感受到英语语言的巨大魅力，而且可以加深了解"I Have a Dream"中蕴涵的深厚思想和文化意义。

关键词：习语；实词习语；习语特征

1　前言

习语是英语语言中一种颇为特别的语言现象，其结构固定，意义整体化，内容丰富多彩、生动形象，可谓语言的精髓。能否正确使用英语习语，是衡量英文水平的重要标志。

习语的研究，也叫习语学，其起步要比词汇的研究晚很多。人们普遍认为，习语的研究始于 20 世纪 20 年代，其创始人是 Smith。他的代表作之一 *Words and Prefabs*（1925），细致地研究了习语的来源、结构以及分类。到了 20 世纪 30 至 50 年代，结构语言学发展起来。在这一阶段，基于结构语言学上的词汇、语义和句法理论则被用来解释习语的深层结构和语义意义。其中的代表人物之一 Hocket 认为，语境在识别和解释习语时极为重要性，习语是单一、固定和不可替换的，而没有语境就很难确定一个表达式是习语还是词的自由搭配。到了20世纪60年代，Chomsky的生成语法占据了主导地位，习语研究发展很缓慢，但始终没有停止，众多语言学家用生成语法的理论来分析习语的深层结构，特别是习语的转换能力。其中的代表人物之一B. Fraser提出了Frozenness Hierarchy理论，认为习语是相对固定的，而大多数习语有转换的可能和潜力。自20世纪80年代以来，习语研究迎来了一个新的繁荣的时代，很多学者从众多视角对习语进行了广泛研究，尤其是认知语义学和心理语言学的视角。其中的代表人物之一心理语言学家R. W. Gibbs否定了"字面意思→习语意义"的研究方法，创造了完全相反的"习语意义→字面意思"的方法；认知语义学家Kovecses and Szabo则用认知语义学这一新的理论研究了习语的意义、系统、概念、动因和认知机制。

尽管不少学者对习语特征进行了广泛研究，取得了一些令人鼓舞的成就，但目前尚未有学者对马丁·洛德·金最有名的演讲"*I Have a Dream*"中的习语特征进行过系统研究。本文认为，这篇演说之所以成为经典中的经典，与其中使用的大量习语有直接的关系。正因为大量习语的准确使用，这篇演说才变得语言优美、意味深长、修辞丰富，在美国历史上产生了巨大的影响力，对美国民权运动起了极大的促进作用。因此可见，研究"*I Have a Dream*"的习语特征，有助于揭示语言的本质，具有极大的语言学价值，同时也有助于英语作为第二语言的习得，具有极大的现实意义。

2　习语的定义和分类

2.1　习语的定义

翻开词典，我们会发现不同字典对习语(idiom)的定义不尽相同。根据New Oxford Dictionary of English(1998)，习语是"A group of words established by usage as having a meaning not deducible from those of the individual words"，这里突出的是习语的词组结构和意义的不可演绎性；根据Longman Dictionary of Applied Linguistics (1985)，习语是"an expression which functions as a single unit and whose meaning cannot be worked out from its separate parts”,这里强调的是习语功能的单一性和意义的不可推理性;根据 Webster’s Third New World International Dictionary (1976),习语是“an expression established in the usage of a language that is peculiar to itself either in the grammatical construction or in having a meaning that cannot be derived as a whole from the conjoined meanings of its elements”,这里强调的是习语语义的统一性、语法的特殊性和意义的不可推理性;根据 Webster’s New World College Dictionary(1996),习语是“A phrase, construction, or expression that is recognized as a unit in the usage of a given language and either differs from the usual syntactic patterns or has a meaning that differs from the literal meaning of its parts taken together”,这里强调的是习语的整体性,结构的特殊性,以及意义不等于字面意义的相加。

其实,习语的界定极为困难,颇具挑战性。原因之一,习语所涵盖的范围太广泛,没有一个定义可以很全面地表达出来;另一个根本原因,语言学家对习语的理解和视角不尽相同。在 Cowie (1975)看来,习语是“A combination of two or more words which functions as a unit of meaning”,其强调的是习语语义功能的统一性;在 Weinreinch(1969)看来,习语是“A phraseological unit involving at least two polysemous constituents, and in which there is a reciprocal contextual selection of subsenses”,其强调的是习语包含的多个语义的组成部分以及可选择的底层意义;在 Ammer(1997)看来,习语是“A set of phrase of two or more words that means something different from the literal meaning of the individual words”,其强调的是习语意义不同于各组成词的字面意义;在 Schweigert & Moates(1988)看来,习语是“Common expression used in colloquial speech with accepted, figurative meanings that differ from their present-day literal meanings”,其强调的是习语的公认的、不同于现时字面意义的比喻义;在 Britt and Beatrice Warren(2000)看来,习语是“a combination of at least two words favored by native speakers in preference to an alternative combination which could have been equivalent had there been no conventionalization"，其强调的是习语的意义组合；在 Nattinger & DeCarrico(1993)看来，习语是"chunks of language of varying length, conventionalized structures that occur more frequently and have more idiomatically determined meaning than language that is put together each time"，其强调的是习语作为语块的习定意义。

虽然不同字典、不同学者对习语有不同的定义和侧重，但是他们都有几个相同之处。这些相同之处就是判断习语的标准。通过深入分析，我们不妨将以下几点作为判断习语的标准：① 习语必须是几个词的组合；② 习语组合必须有约定俗成的特征，是作为一个整体被人们所熟记；③ 习语中的一个词的选择一定会影响另一个词的选择；④ 习语的组成词不能随意更换，即使用同义词替换也往往使习语意义丧失；⑤ 习语的意义是一个整体，必须把习语作为一个整体来学习，不能把习语的单个词的意义相加；⑥ 习语意义与字面可能截然不同，如"face the music"。

2.2 习语的分类

习语有很多分类法。根据其来源，习语可分成来自农业的习语、来自动物的习语、来自人体各个部位的习语；根据其结构，习语可分成句子习语或短语习语，有名词、动词、介词、形容词、副词等开始的习语。

一般来说，习语的分类大致可以根据两个方面：结构方面与语义方面。按照内部结构，习语可分为名词习语、动词习语、形容词习语、副词习语、介词习语等；根据语义，习语分为概念习语、人际习语和关系习语(Chitra Fernando,1996)。在20世纪80年代，Strassler 首先把语义学和社会语言学的理论运用到习语的研究中，认为研究习语，应该考虑各种社会因素，比如社会地位、年龄、教育程度和职业能。可以说，他是开始这方面研究的鼻祖。

根据 Britt Erman and Beatrice Warren(2000)，习语分为四个类型：实词习语、语法习语、语义习语和缩略语。

2.2.1 实词习语

Eritt Erman and Beatrice Warren(2000)认为，习语是一些语义单位，可以指向实体、性质、状态、事件和不同的情境。

词汇语义有两种分类方法：概念分类法和句法结构分类。

根据概念分类法，习语可以表达：① 性质或状态，如“out of date”，“be of help”，“different from sth”；② 地点和位置，如“here and there”，“to the right”，“in industry”；③ 抽象或具体的实体，如“sketch pad”，“modern furniture”，“permanent job”；④ 时间点或时间段，如“at the time”，“in the end”，“in the eighteenth century”。

根据句法结构分类法，习语包含：① 名词习语，如“rules of sth”，“great days of the past”，“a waste of time”；② 形容词习语，如“ignorant of sth”，“able to do sth”，“all right”；③ 副词习语，如“once again”，“straight away”，“so far”；④ 动词习语，如“regard sb as sth”，“be in touch with”，“battle on”；⑤ 介词习语，如“for some reason”，“to the naked eye”，“in touch with sth/sb”；⑥ 从句结构，如“that does not matter”，“it is now + unit of time + since”，“where have you been?”。

2.2.2 语法习语

Britt Erman and Beatrice Warren(2000)认为，语法习语是语言内部的结构，而不是表达语言与客观世界之间关系的单位词。

根据他们的分类，语法习语有以下九种功能：① 限定词，如“sort of”，“kind of,” “the same”，“the next”；② 数量词，如“a bit of”，“one of”，“a little bit of”，“most of”，“a lot of”；③ 代词，如“each other”，“anyone else”，“no one”，“things like that”，“that which”；④ 引导语，如“there is...”，“this is...”，“that is...”；⑤ 时态构成词，如“be going to”，“have been”；⑥ 体态，如“begin to”，“be about to”，“tend to”；⑦ 情态，如“may be”，“might be”，“can be”，“have to”，“seem to”；⑧ 连接词，如“as well as”，“and so”，“as yet”，“as if”，“on the one hand”；⑨ 加强词，如“very much”，“much less”，“more or less”，“not in the slightest”，“if anything”。

2.2.3 语义习语

Britt Erman and Beatrice Warren(2000)认为，语义习语在句子中发挥着作用，但并不直接参与到话语的命题内容之中。

与实词习语不同的是，语义习语是在句子的句法结构之外的部分。大多数的语义习语都出现在口语中，标点符号、分段或者其他的书写格式有时候可以暗示语义习语的出现。它们的分类如下：① 文本监控(TEXT MONITOR)，如"and then"，"well you know"，"I mean"；② 社交监控(SOCIAL MONITOR)，如"wouldn't it"，"I see"，"what is the word"，"yes, I think so"，"do sit down"；③ 元语篇监控(METALINGUISTIC MONITOR)，如"and everything"，"sort of"，"I should think"，"I must say, my dear"。

2.2.4 缩略语

Britt Erman and Beatrice Warren(2000)认为，缩略语可以分为以下几类：① Pronouns + am/ is/ are/ have/ shall/ will, eg. I'm, it's, they've, you've; ② Auxiliaries + not eg. don't, isn't, hasn't; ③ Auxiliary + auxiliary eg. Would've, should've; ④ Let + us let's.

缩略语的两个词经常一起出现，而且其中一个词出现了，另一个词也会出现，所以它们是作为一个整体为人们所记住。在书面语中，缩略语拼成两个单词，我们把那些没有缩略的缩略语也当做习语的一种。

本文借鉴了Britt Erman and Beatrice Warren(2000)的研究方法，将"*I have a dream*"中的实词习语分为五个类型：时间或时间段习语、情景和事件习语、性质和状态习语、地点和位置习语、从句结构习语，旨在揭示这五种不同习语对于整个语篇结构的影响，从而挖掘英语习语中蕴含的深厚和丰富的文化底蕴。

3 时间或时间段习语

有些习语表达的是时间或时间，如"once in a while"，"long long ago"，"in the sixteenth century"。

在"I Have a Dream"这篇演说中，马丁·路德·金谈到了过去，也谈到了现状，更谈到了未来。

3.1 "N + ago"的习语，表示过去

演讲一开始，马丁·路德·金就从一百年前林肯签署解放黑奴宣言讲起，自然而然地过渡到黑人生活的现状。

在谈论过去的时候，他使用了"N + ago"的习语。比如，在"Five score years ago, a great American, in whose symbolic shadow we stand today, signed the Emancipation Proclamation"(一百年前,一位伟大的美国人签署了解放黑奴宣言,今天我们就是在他的雕像前集会)中使用的"five score years ago"(一百年前)。

3.2 "N + later"的习语,表示现状

在谈论现状的时候,他使用了"N + later"的习语,如"one hundred years later"(一百年后的今天)。

纵观全文,马丁·路德·金使用了"one hundred years later"共四次。

四次"one hundred years later"的使用,表达了黑人的四种现状,即:

(1)"But one hundred years later, the Negro still is not free"(然而一百年后的今天,黑人还没有得到自由);

(2)"One hundred years later, the life of the Negro is still sadly crippled by the manacles of segregation and the chains of discrimination"(一百年后的今天,在种族隔离的镣铐和种族歧视的枷锁下,黑人的生活备受压榨);

(3)"One hundred years later, the Negro lives on a lonely island of poverty in the midst of a vast ocean of material prosperity"(一百年后的今天,黑人仍生活在物质充裕的海洋中一个贫困的孤岛上);

(4)"One hundred years later, the Negro is still languished in the corners of American society and finds himself an exile in his own land"(一百年后的今天,黑人仍然萎缩在美国社会的角落里,并且意识到自己是故土家园中的流亡者)。

最后,他把现状用了两个字来概括,即"shameful condition"(骇人听闻的状况)。

3.3 "one day"的习语,表示将来

在谈论将来以及他的梦想的时候,马丁·路德·金使用了"one day"(将来某一天)这一习语。

在整篇演说中,"one day"这一习语前后使用的次数多达八次,表达了演说者的六大梦想,即:

梦想之一:实现"人人生而平等"。他说,"I have a dream

that one day this nation will rise up and live out the true meaning of its creed:"We hold these truths to be self-evident, that all men are created equal."(我梦想有一天,这个国家会站立起来,真正实现其信条的真谛:"我们认为这些真理是不言而喻的;人人生而平等。")

梦想之二:真正废除奴隶制。他说,"I have a dream that one day on the red hills of Georgia, the sons of former slaves and the sons of former slave owners will be able to sit down together at the table of brotherhood."(我梦想有一天,在佐治亚的红山上,昔日奴隶的儿子将能够和昔日奴隶主的儿子坐在一起,共叙兄弟情谊。)

梦想之三:实现自由与正义。他说,"I have a dream that one day even the state of Mississippi, a state sweltering with the heat of injustice, sweltering with the heat of oppression, will be transformed into an oasis of freedom and justice."(我梦想有一天,甚至连密西西比州这个正义匿迹、压迫成风、如同沙漠般的地方,也将变成自由和正义的绿洲。)

梦想之四:消除黑人歧视。他说,"I have a dream that my four little children will one day live in a nation where they will not be judged by the color of their skin but by the content of their character."(我梦想有一天,我的四个孩子将在一个不是以他们的肤色,而是以他们的品格优劣来评判他们的国度里生活。)

梦想之五:实现阿拉巴马州的种族平等。他说,"I have a dream that one day, down in Alabama, with its vicious racists, with its governor having his lips dripping with the words of "interposition" and "nullification" — one day right there in Alabama little black boys and black girls will be able to join hands with little white boys and white girls as sisters and brothers."(我梦想有一天,阿拉巴马州能够有所转变,尽管该州州长现在仍然满口异议,反对联邦法令,但有着一日,那里的黑人男孩和女孩将能够与白人男孩和女孩情同骨肉,携手并进。)

梦想之六:出现人间奇迹。他说,"I have a dream that one day every valley shall be exalted, and every hill and mountain shall be made low, the rough places will be made plain, and the crooked places will be made straight; "and the glory of the Lord shall be revealed and all flesh shall see it together."(我梦想有一天,深谷弥合,高山夷平,歧路化坦途,曲径成通衢,上帝的光华再现,普天下生灵共谒。)

最后,马丁·路德·金用一个"one day"概括了他的所有梦想,表达了期望看见未来美好、和谐场景的强烈愿望和意愿,那就是"实现自由"。他说,"With this faith, we will be able to work together, to pray together, to struggle together, to go to jail together, to stand up for freedom together, knowing that we will be free one day"(有了这个信念,我们将能一起工作,一起祈祷,一起斗争,一起坐牢,一起维护自由;因为我们知道,终有一天,我们是会自由的。)

4 情景和事件习语

在马丁·路德·金的演说中,他不仅谈到这次集会的目的,还提醒自己的黑人同胞,一定要注意斗争的方式和策略,主张用和平的方式争取正当的权利,用包容、忍耐和博爱来对抗仇恨。他采用了以下几类情景和事件习语:

4.1 "动词 + 名词"这一习语

在谈到这次集会的目的时,马丁·路德·金使用了"cash a check"(兑现一张支票)这一习语。他说:"In a sense we've come to our nation's capital to cash a check"(从某种意义上说,我们来到国家的首都是为了兑现一张支票)。他还用了"sign a promissory note"(签署了一张期票)这一习语,说:"When the architects of our republic wrote the magnificent words of the Constitution and the Declaration of Independence, they were signing a promissory note to which every American was to fall heir"(我们共和国的缔造者在拟写宪法和独立宣言的辉煌篇章时,就签署了一张每一个美国人都能继承的期票)。他还使用了"honor an obligation"(承兑债务)这一习语,说:"Instead of honoring this sacred obligation, America has given the Negro people a bad check, a check which has come back marked "insufficient funds."(美国没有承兑这笔

神圣的债务，而是开始给黑人一张空头支票——一张盖著“资金不足”的印戳被退回的支票。）

4.2 “形容词 + 名词”这一习语

在谈到形势的迫切性时，马丁·路德·金使用了“fierce urgency”（万分紧急）这一习语。他说：“We have also come to this hallowed spot to remind America of the fierce urgency of Now.”（我们来到这块圣地还为了提醒美国：现在正是万分紧急的时刻。）另外，他还使用了“tranquilizing drug”（镇静剂）这一习语。他说：“This is no time to engage in the luxury of cooling off or to take the tranquilizing drug of gradualism.”（现在不是从容不迫悠然行事或服用渐进主义镇静剂的时候。）

在谈到未来的向往时，马丁·路德·金使用了“sunlit path”（阳关大道）和“racial justice”（种族平等）。他说：“Now is the time to rise from the dark and desolate valley of segregation to the sunlit path of racial justice.”（现在是走出幽暗荒凉的种族隔离深谷，踏上种族平等的阳关大道的时候。）

4.3 “动词 + 介词/副词”这一习语

在演说中，马丁·路德·金使用了“动词 + 介词/副词”这一习语来提醒广大黑人同胞斗争的方式。当他提醒广大黑人同胞时候，他用了“leads into”（通向），他说：“But there is something that I must say to my people, who stand on the warm threshold which leads into the palace of justice.”（但是，对于站在通向正义之宫艰险门槛上的人们，有一些话我必须要说。）

在谈到斗争的策略时，马丁·路德·金用了“degenerate into”（堕落为），他说：“We must not allow our creative protest to degenerate into physical violence”（我们不能容许我们富有创造性的抗议沦为暴力行动）。另外，他还用了“rise to”（升华到），他说：“we must rise to the majestic heights of meeting physical force with soul force”（我们应该不断升华到用灵魂力量对付肉体力量的崇高境界）。

再拿“go + 介词或副词”习语来说。在谈到他参加这次集会的心情时，马丁·路德·金用了“go down”（为后世所纪念）这一习语，说：“I am happy to join with you today in what will go down in history as the greatest demonstration for freedom in the history of our nation."(今天,我高兴地同大家一起,参加这次将成为我国历史上为了争取自由而举行的最伟大的示威集会。)在呼吁广大黑人行动起来时,他用了"go back"(回到),他说:"Go back to Mississippi, go back to Alabama, go back to South Carolina, go back to Georgia, go back to Louisiana, go back to the slums and ghettos of our northern cities, knowing that somehow this situation can and will be changed"(回到密西西比去吧;回到亚拉巴马去吧;回到南卡罗来纳去吧;回到佐治亚去吧;回到路易斯安那去吧;回到我们北方城市中的贫民窟和黑人居住区去吧。要知道,这种情况能够而且将会改变。)在谈到将来的行动时,他用了"go to"(前往),他说:"With this faith, we will be able to work together, to pray together, to struggle together, to go to jail together, to stand up for freedom together, knowing that we will be free one day."(有了这个信念,我们就能一同工作,一同祈祷,一同斗争,一同入狱,一同维护自由,因为我们知道,我们终有一天会获得自由。)

4.4 "*名词* + and + *名词*"*这一习语*

在谈到斗争的策略时,马丁·路德·金用了"bitterness and hatred"(仇恨辛酸)这一习语,他说:"Let us not seek to satisfy our thirst for freedom by drinking from the cup of bitterness and hatred."(我们切不要吞饮仇恨辛酸的苦酒,来解除对于自由的饮渴。)另外,他还用了"dignity and discipline"(得体严明)这一习语,他说:"We must forever conduct our struggle on the high plane of dignity and discipline."(我们应该永远得体地、纪律严明地进行斗争。)

再如,在谈到参加这次集会的有些人时,马丁·路德·金用了"trials and tribulations"(艰难困苦)这一习语,说:"I am not unmindful that some of you have come here out of great trials and tribulations"(我并非没有注意到你们有些人历尽艰难困苦来到这里。)

4.5 "*名词* + of + *名词*"*这一习语*

在谈到时代的迫切性时,马丁·路德·金用了"the urgency

of the moment"(这一时刻的紧迫性)这一习语,他说:"It would be fatal for the nation to overlook the urgency of the moment."(忽视这一时刻的紧迫性,对于国家将会是致命的。)他还用了"summer of discontent"(哀怨的酷暑)和"autumn of freedom and equality"(自由平等的秋日),他说:"This sweltering summer of the Negro's legitimate discontent will not pass until there is an invigorating autumn of freedom and equality."(自由平等的朗朗秋日不到来,黑人顺情合理哀怨的酷暑就不会过去。)他还用了"The whirlwinds of revolt"(反抗的旋风)、"the foundations of our nation"(国家的基石)和"the bright day of justice"(光辉灿烂的正义之日),他说:"The whirlwinds of revolt will continue to shake the foundations of our nation until the bright day of justice emerges."(反抗的旋风将继续震撼我们国家的基石,直至光辉灿烂的正义之日来临。)

以上这些习语描述了具体的动作、事件或者情境,使得整篇演说的表达更加多样,更生动形象,更感人肺腑。

5 性质和状态习语

演说的最后一部分是全篇的高潮。马丁·路德·金连用六个"I have a dream that…",以诗一样的酣畅淋漓的语言,表达了他自己对自由和平等的渴望,抒发了他作为一个黑人内心最热烈的梦想。他采用的主要手段之一,就是使用了"to be able to"这一性质和状态习语。

5.1 "to be able to"习语用作表达梦想

在表达他的梦想时,马丁·路德·金用了"to be able to"这一性质和状态习语共两次。

第一次是表达他的佐治亚之梦,他说:"I have a dream that one day on the red hills of Georgia, the sons of former slaves and the sons of former slave owners will be able to sit down together at the table of brotherhood."(我梦想有一天,在佐治亚州的红色山岗上,昔日奴隶的儿子能够同昔日奴隶主的儿子同席而坐,亲如手足。)

第一次是表达他的阿拉巴马之梦时,他说:"I have a dream

that one day, down in Alabama, with its vicious racists, with its governor having his lips dripping with the words of "interposition" and "nullification" — one day right there in Alabama little black boys and black girls will be able to join hands with little white boys and white girls as sisters and brothers."(我梦想有一天,阿拉巴马州会有所改变——尽管该州州长现在仍滔滔不绝地说什么要对联邦法令提出异议和拒绝执行——在那里,黑人儿童能够和白人儿童兄弟姐妹般地携手并行。)

5.2 "to be able to"习语用作表达信念和力量

在谈到这种信念的力量时,马丁·路德·金连续用了三次"to be able to",他说:"With this faith, we will be able to hew out of the mountain of despair a stone of hope. With this faith, we will be able to transform the jangling discords of our nation into a beautiful symphony of brotherhood. With this faith, we will be able to work together, to pray together, to struggle together, to go to jail together, to stand up for freedom together, knowing that we will be free one day."(有了这个信念,我们就能从绝望之山开采出希望之石。有了这个信念,我们就能把这个国家的嘈杂刺耳的争吵声,变为充满手足之情的悦耳交响曲。有了这个信念,我们就能一同工作,一同祈祷,一同斗争,一同入狱,一同维护自由,因为我们知道,我们终有一天会获得自由。)

5.3 "to be able to"习语用作表达前景

在谈到未来的前景时,马丁·路德·金说:"And this will be the day — this will be the day when all of God's children will be able to sing with new meaning."(到了这一天,上帝的所有孩子都能以新的含义高唱这首歌。)他还说:"And when this happens, when we allow freedom ring, when we let it ring from every village and every hamlet, from every state and every city, we will be able to speed up that day when *all* of God's children, black men and white men, Jews and Gentiles, Protestants and Catholics, will be able to join hands and sing in the words of the old Negro spiritual."(当我们让自由之声轰响,当我们让自由之声响彻每一个大村小庄,每一个州府城镇,我们就能加速这一天的到来。那时,上帝的所有孩子,黑人和白人,犹太教徒和非犹太教徒,耶稣教徒和天主教徒,将能携手同唱那首古老的黑人灵歌。)

"be able to"这一习语的重复,大大增强了演说的影响力和感染力,表达了演说者实现理想的信心。

6 "地点和位置"习语

演说的主要目的之一在于论述演说的主题。要做到这一点,一定会涉及地点和位置习语的使用。

6.1 "in + 名词"

在阐述黑人的过去时,马丁·路德·金使用的是"in the flames of withering injustice"(非正义残焰中),他说:"This momentous decree came as a great beacon light of hope to millions of Negro slaves who had been seared in the flames of withering injustice."(这项重要法令的颁布,对于千百万灼烤于非正义残焰中的黑奴,犹如带来希望之光的硕大灯塔。)

在论述黑人的现状时,马丁·路德·金使用的是"in the midst of a vast ocean of material prosperity"(在物质繁荣的翰海中),他说:"One hundred years later, the Negro lives on a lonely island of poverty in the midst of a vast ocean of material prosperity."(100年后,黑人依然生活在物质繁荣翰海的贫困孤岛上。)他还使用了"in the corners of American society"(在美国社会中间)和"in one's own land"(在自己的国土家园中),他说:"One hundred years later, the Negro is still languished in the corners of American society and finds himself an exile in his own land."(100年后,黑人依然在美国社会中间向隅而泣,依然感到自己在国土家园中流离漂泊。)

在论述黑人的行动目标之一时,马丁·路德·金使用的是"in Mississippi"(在密西西比)和"in New York"(在纽约),他说:"We cannot be satisfied as long as a Negro in Mississippi cannot vote and a Negro in New York believes he has nothing for which to vote."(只要密西西比州的黑人不能参加选举,纽约州的黑人认为他们与选举毫不相干,我们就决不会满意。)

在论述行动的迫切性时,马丁·路德·金使用的是"in America"(在美国),他说:"And there will be neither rest nor tranquility in America until the Negro is granted his citizenship rights."(在黑人得到公民权之前,美国既不会安宁,也不会平静。)

6.2 "from + 名词"

在谈到自由之时,马丁·路德·金使用的是多个"from + 名词"习语的并列结构,表达了对自由的最强烈的渴求。

首先,他用了"From every mountainside"(来自每个山冈),说:"From every mountainside, let freedom ring."(让自由之声,响彻每一座山冈)。接着他列举了一些具体的山名,如"from the prodigious hilltops of New Hampshire"(新罕布什尔州的巍峨高峰)、"from the mighty mountains of New York"(纽约州的崇山峻岭)、"from the heightening Alleghenies of Pennsylvania"(宾夕法尼亚州的阿勒格尼高峰)、"from the snowcapped Rockies of Colorado"(科罗拉多州冰雪皑皑的洛基山)、"from the curvaceous peaks of California"(加利福尼亚州的婀娜群峰)、"Stone Mountain of Georgia"(佐治亚州的石山)、"from Lookout Mountain of Tennessee"(田纳西州的望山)、"from every hill and every molehill of Mississippi"(密西西比州的一座座山峰,一个个土丘)。

最后,他谈到"from every village and every hamlet"(每一个大村小庄)和"from every state and every city"(每一个州府城镇),他说:"When we let freedom ring, when we let it ring from every village and every hamlet, from every state and every city, we will be able to speed up that day when all of God's children, black men and white men, Jews and Gentiles, Protestants and Catholics, will be able to join hands and sing in the words of the old Negro spiritual"(当我们让自由之声轰响,当我们让自由之声响彻每一个大村小庄,每一个州府城镇,我们就能加速这一天的到来。那时,上帝的所有孩子,黑人和白人,犹太教徒和非犹太教

徒，耶稣教徒和天主教徒，将能携手同唱那首古老的黑人灵歌。）

正是使用了“from ＋ 名词”这一习语，马丁·路德·金将自己对自由的向往表达得淋漓尽致。

7 结束语

在“I Have a Dream”这篇演说中，马丁·路德·金使用了大量的实词习语，主要表现在“时间或时间段”习语、“情景和事件”习语、“性质和状态”习语、以及“地点和位置”习语。正是这些习语，构成了整篇演说的血肉。了解与分析这些习语，不仅可以帮助我们感受到英语语言的巨大魅力，而且可以加深我们对“*I Have a Dream*”中蕴涵的深厚思想和文化意义的感悟。

References

[1] Babcock, P., et al. Webster's Third New International Dictionar y[M]. Cambridge: Riverside Press, 1976.

[2] Cowie, A. P., et al. Oxford Dictionary of Current Idiomatic English [M]. Oxford: Oxford University Press, 1983.

[3] Erman, B., & Warren, B. The idiom principle and the open choice principle [J]. Text, 2000: 20, 29 - 62.

[4] Nattinger, J. R., & DeCarrico, J. S. Lexical Phrases and Language Teaching [M]. Oxford: Oxford University Press, 1992.

[5] Neufeldt, V., et al. Webster's New World Dictionary of American English [M]. New York: Hungry Minds Press, 1976.

[6] Pearsall, J., et al. New Oxford Dictionary of English [M]. Oxford: Oxford University Press, 1998.

[7] Richards, J., & Platt, J. Longman Dictionary of Applied Linguistics [M]. New York: Longman Publishing Group, 1985.

[8] Schweigert, W. A., & Moates, D. R. Familiar Idiom Comprehension [J]. Journal of Psycholinguistic Research, 1988: 17, 281 - 296.

[9] 张德禄，刘汝山. 语篇连贯与衔接理论的发展及应用[M]. 上海：上海外语教育出版社，2003.

作者简介：肖福寿，上海大学外国语学院教授，博士。研究方向：英语语言与应用语言学。

彭鸯，上海大学外国语学院硕士生。研究方向：应用语言学。

郁菊芬，上海大学外国语学院讲师，硕士，研究方向：应用语言学。

西方修辞学视角下的广告语言三修辞诉诸

徐霞丹

摘　要：广告是一种劝说活动，而广告语言是实现其劝说目的的最重要手段。亚里士多德修辞理论的三种诉诸方式可以阐释广告的劝说目的。广告人必须借助人格诉诸、情感诉诸和理性诉诸来实现其劝说目的。

关键词：广告语言；西方修辞学；人格诉诸；情感诉诸；理性诉诸

1　引言

广告是一种劝说活动，而广告语言是实现其劝说目的的最重要手段。国内外学者从语用学、语义学、社会语言学等角度对广告语言进行了广泛深入的研究，而从西方修辞学视角对广告语言中的劝说手段的研究却很少见。本文试从西方修辞学中的三种诉诸方式入手，对广告语言中的劝服进行阐释。

2　修辞的定义及起源

2.1　修辞的定义

什么是修辞？从古至今，不同的学者对修辞的含义有着不一样的见解，争论至今不休。对修辞的定义，具有代表性的有以下几种：柏拉图认为："修辞是讨好听众的美辞，是一种工具而不是艺术，而诉诸情感打动听众的技巧是有害无益的。""修辞学似乎完全不是艺术的追求，而是一种精明的、勇敢的精神。""修辞术关心的是舆论、信念和个人意见。”而首次把修辞学系统化的亚里士多德，把修辞学定义为：“一种能在任何一个问题上找出可能的说服方式的功能。”“发现不管在什么情况下都可行的劝说手段的技能。”修辞学研究的是人类通过策略地使用象征手段影响彼此思想行为的所有方式方法的学科。西方古典修辞学认为，修辞学是一种艺术，一种劝说方式的艺术，它最重要的手段是修辞式推论和例证。20 世纪 80—90 年代西方修辞学对于修辞的定义较有代表性的是：修辞是情感和思想固有的力量，它通过包括语言在内的象征传递给他人以影响他人的决策和行为。当今西方修辞学对修辞学有了更新的认识，认为人类的社会生活依赖于人们运用象征彼此转达意义的能力。

2.2 修辞的起源

修辞学被认为是人类历史上最古老的学科之一，甚至可以说修辞学的思想与人类语言是同时发展起来的。系统性的修辞学研究始于公元前 5 世纪的古希腊。由于雅典民主政府的兴起，普通公民享有了参与政府公共事务和在公众场合发表言论、表达观点的权利。通过这样一个平台，公民聚集起来，针对某一问题发表自己的看法并听取别人的意见，其他民众同时可以发出反对的声音。实践证明，在一个团体中，能言善辩者往往能俘获大多数人的心，受到大多数人的认可。这些能言善辩者往往知晓说话的技巧，能够巧妙地猜测听众的想法。当他们所表达的观点（说到未必能做到的观点）在最大程度上与听众所想达成一致时，就能赢得赞同。在雅典民主政治中，民众的决策需要政治领袖的建议和领导，政治领袖的建议和领导需要民众决策的认可和制约。演说使雅典政治领袖的领导权和民众的决策权长期处于一种相互制约和平衡的状态。因而，修辞作为劝说的一门艺术渐渐进入了公众的视野。

3 理论背景

亚里士多德认为，劝说有三种诉诸形式，它们是人品诉诸（ethos）、情感诉诸（pathos）和理性诉诸（logos）。

人品诉诸是修辞者的道德品质、人格威信，它是说服活动中的第一个基本方式。就广告劝说而言，修辞者必须使听众认为修辞者的话语具有可信度。亚里士多德称人品诉诸是“最有效的说服手段”，所以修辞者必须具备聪慧、美德、善意等能够使听众觉得可信的品质，因为“人格对于说服几乎可以说是起支配作用的因素”(刘亚猛，2004)。

情感诉诸是说服活动中的第二个基本方式。情感诉诸是指通过对听众心理的了解来诉诸他们的情感，用言辞去打动听众，即通常所说的“动之以情”。它是通过调动听众情感以产生说服的效力，或者说是一种“情绪论证”(pathetic proofs)，主要依靠使听众处于某种心情而产生。演说者通过带有倾向性或暗示性的语句向听众施加某种信仰和情感来激起他们的共鸣，并最终促使他们产生行动。有效的演说中演说者必须研究和分析听众的心理，适时地煽情(胡曙中，2004)。

理性诉诸是说服活动中的另一个基本方式。理性诉诸是指言语本身所包括的事据与或然式推理证明，即“逻辑论证”(logical proofs)，因此，理性诉诸既是对理性推论的研究，又是对言语逻辑的研究。亚里斯多德认为人的理性是人的思想能力中最共同、最普通的，并提出了通过理性诉诸的方法来达到有效的说服的目的的观点(胡曙中，2004)。

4 广告语言中的三种修辞诉诸

“信息性在广告语言中体现为招徕顾客、以宣传推销商品为目的，这是广告的主题。而广告语言的艺术性则表现为积极地调动顾客的思维，有效地传达广告主题并让顾客投以信任，产生购买欲望。同时，作为广告语言，还应该给人以生活知识、思想教育以及美感享受，使顾客在不知不觉之中很愉快地接受。”(陈培爱，1998)广告语言中的修辞恰好能在很大程度上实现上述广告传播的目的。

4.1 演说者的个人品格被亚里士多德称为“最有效的说服手段”

亚里士多德认为，当演说(在听众中)产生对演说者的信任感时，说服通过人格得到实现。一般的说，不管讨论的话题是什么，公道的人(跟其他演说者比起来)总是更迅速地赢得我们更大的信任。如果关于所讨论的话题尚无确切知识，因而仍然有存疑的空间时，(这样的演说者)更将赢得我们完全的信任。(对演说者的信任)必须源于演说，而不是源于演说之前业已存在的有关演说者人格的看法。有些修辞手册的作者在讨论修辞艺术的认为，演说者为人的公允平实对于演说的说服力没有什么影响。事实正相反。人格对于说服几乎可以说是起支配作用的因素。(Kennedy，1991)然而说到如何确立起正面的人格品质或人格威信，西方修辞认为，除了诉诸"情"与"理"之外，修辞者尤其要通过确立自已在智力、道义、专业等方面相对于受众的"优势"而享用的信用和权威来达到说服的目的。这三者是缺一不可的。"修辞者除了设法使受众成员进入最有利于说服工作获得成功的感情状态以及向他们'摆事实，讲道理'之外，还必须展示出一种能赢得他们尊重和信赖，对他们具有感召力的人格，并利用这一人格所具有的威信来影响他们的决定"(刘亚猛，2004)。正因为个人的品格、威信在修辞行为中具有重要作用，广告修辞者常常会付诸此说服策略。

广告代言人的良好人格和较高的威信能够鼓励受众反应，增强广告效果。从味精、食用油等食品到冰箱、彩电等家居电器，甚至是大型企业都急不可耐地寻找自已满意的"名人"来代言产品或企业形象。随着现代市场竞争的加剧，名人代言广告的趋势也愈演愈烈，企业产品特别是同类产品竞争激烈，为了突出企业个性，让消费者在大量同类型产品中迅速识别自身产品，大多数企业都选择了名人代言，期望利用名人战术在市场份额中分得一杯羹，以便迅速占领市场。在现在的商品推广中，几乎60%以上都是由名人代言。名人广告的作用在于能将名人的人格魅力权威转移到广告的产品上。这是因为影视明星、社会名流常常是社会公众关注的人物，他们常常具有榜样的作用。受众会觉得他们有亲和力、值得信赖，也就更具有话语权威。这样，名人所具有的人格威信在一定程度上赋予了广告权威性，增加了其说服性。还有一个原因，那就是受众一般对于新产品信息知之甚少，也就是存在"不确定性"知识，这样的话，他们的判断更有可能依赖于他们觉得信得过的修辞者，相信他们的意见。这是基于西方古典修辞的思想基础或然性，对于不确定的知识容许有不同的看法，就看哪种观点更具有说服力量。名人广告中，受众出于对自已所喜爱的名人的信任，对其推荐的产品也会产生同样的移情效应。结果，广告的宣传色彩减少了，受众的防范心理也冲淡了，使其在不知不觉中被感染和被说服。如李玟的洗发水广告、李连杰的服装广告、周杰伦的食品广告以及郭晶晶、刘翔等的广告都是利用名人的知名度，通过名人良好的形象和信誉来相应提高产品在受众心目中的地位，以期提高产品销售量。

4.2　情感付诸与受众的关系更加密切

亚里士多德曾详细描述了为了达到说服在具体的修辞情境中文本所能激起的受众的情感状态：气愤、冷静、友善、敌意、害怕、信心、羞耻、无耻、善良、无情、同情、义愤、妒忌和好胜。他认为，人们“在忧愁或愉快、友爱或憎恨的时候所下的判断是不相同的”。这是因为人类并不完全是理智的，他们经常会受到情绪的左右。因此，修辞者可运用一些修辞技巧让受众处于能达到他目的最为有利的“合适的心境之中”。通过树立值得信赖的人格品质就可以激发受众友善的情绪，为以后的劝说做准备。不同的受众有不同的心理特征，它跟受众的性别、年龄、学识、性格、兴趣及所处的环境等等也都有关系。广告修辞者在修辞发明的过程中较能够控制的只有像性别、年龄少数几个因素。但是不管怎样，正如美国广告界泰斗奥格威所言“在广告活动中，消费者是我们的上帝，而消费者心理则是上帝中的上帝”。把握住受众的心理机制“对于提高话语信息的交际效率是十分重要的。如果忽视了交际对象的群体心理或者对他们的心理认知不全面，就可能会影响话语的交际效果”（陈汝东，2001）。因此了解和满足受众的社会文化心理在广告交际行为中是很重要的。它能在受众或消费者中激发产生一种愉悦认同感，从而也对产品产生喜爱之情。

耐克通过以 just do it 为主题的系列广告和篮球明星乔丹的明星效应，迅速成为体育用品的第一品牌，而这句广告语正符合青少年一代的心态，要做就做，只要与众不同，只要行动起来。

百事公司的广告语是“渴望无限，年轻一代的选择”，这两句富有活力的广告语很快赢得了年轻人的认可。年轻人对所有事物都有所追求，于是百事可乐提出了“渴望无限”的广告语。百事提倡年轻人做出“新一代的选择”，那就是喝百事可乐。让消费者重新考虑他们对“老”可乐的忠诚，并把它与“新”可乐相比较。倡导年轻人积极进取的生活态度，寓意是对年轻人来说，机会和理想有着无限多的空间，他们可以尽情地遐想和追求。

4.3 理性诉诸是通过逻辑推理和言语表达。

亚里士多德说过："有的演说富于例证，有的演说富于修辞式推论……依靠例子的演说的说服力并不差，但依靠修辞式推论的演说更能受到高声喝彩。"（胡曙中，1999）修辞三段论(enthymeme)是亚里士多德提出的一种演绎论证法，是一种不完整的三段论。修辞三段论被用在演讲艺术中主要是为了劝说听众，演说者只给出大前提，听众在猜测小前提的基础上推断出结论，通过让听众去猜测演说者不直接表明的或故意省略的内容来激发起他们的参与意识。亚里士多德列举的一个经典的修辞三段论的例子是：人终有一死（大前提）；苏格拉底也会死（结论）。而小前提"苏格拉底是人"被省略掉了，但是听众可以猜测出来并补充上。使用这种修辞三段论进行逻辑推理，可以使听众不知不觉地融入演讲的推理中，与演说者产生共鸣，从而更加信任演说者，因此结论也就更具有说服力(胡曙中，1999)。

修辞三段论属于非形式逻辑，它以人类普遍的价值判断为依据，推出的是"或然式的证明"。它通常由一个前提和一个结论，有时也由两个前提组成。但很多情况下前提或结论省略了。为了达到修辞目的，通常是劝说受众接受修辞者的观点，共同的信念、价值或态度是很重要的。

为了取得更好的说服效果，广告修辞者通常也会尽量找出与受众的共同点，以此为出发点开始说服过程。如果受众能够无意识地与修辞者达到某些价值观上的"认同"，这非常有利于劝说。而修辞三段论通过省略部分条件或结论使得劝说可能更加隐蔽、更加巧妙、更富有威力。亚里士多德说过："说话者必需把手法掩盖起来，使其话语显得自然而不矫揉造作；话要说得自然才有说服力，矫揉造作只会适得其反。"在一些广告中我们可以看到修辞三段论的权力运作。

普通话——人类沟通的桥梁；普通话——人类智慧的结晶（普通话推广广告）。

(1) 大前提：普通话是人类沟通的桥梁

小前提：你会讲普通话（省略）

结论：你拥有了人类沟通的桥梁(省略)

(2) 大前提：普通话是人类智慧的结晶

小前提：你会讲普通话(省略)

结论：你拥有了人类智慧的结晶(省略)

普通话的推广就像润滑剂一样，推广越普遍沟通越畅通；反之就会产生摩擦，出现交流障碍。受众通过推论，就会得出结论好好学习普通话，有利于沟通，还会增长智慧，何乐而不为呢？修辞者的劝说目的也就达到了。

5 结语

总之，西方修辞学理论对广告语言中的劝说手段具有较强的解释力，从而可以为广告语的创作提供理论上的指导；亚里士多德的三种诉求手段在很多情况下都是共同起作用的，文章把它们分开论述只是出于方便分析的考虑。不能简单地说这三种劝说技巧孰优孰劣，毕竟广告是一种非常复杂的劝说活动，产品特性、消费者心理等很多因素都会影响到劝说手段的选择。修辞学，心理学和语言学等领域的研究成果都可以被用来指导广告文本的创作。

参考文献

[1] George A. Kennedy, trans., Aristotle on Rhetoric: A Theory of Civic Discourse. New York: Oxford UniversityPress, 1991.

[2] 亚里士多德，罗念生译. 修辞学[M]. 北京：生活·读书·新知三联书店，1991.

[3] 刘亚猛. 追求象征的力量[M]. 北京：生活·读书·新知三联书店，2004.

[4] 胡曙中. 美国新修辞学研究[M]. 上海：上海外语教育出版社，1999.

[5] 胡曙中. 现代英语修辞学[M]. 上海：上海外语教育出版社，2004.

[6] 温科学，中西比较修辞论-全球化视野下的思考[M]. 中国社会科学出版社，2009

[7] 陈汝东. 认知修辞学[M]. 广州：广东教育出版社，2001.

[8] 陈培爱，如何成为杰出的广告文案撰稿人(第2版)[M]，厦门：厦门大学出版社，1998

[9] 邓志勇. 修辞三段论及其修辞运作模式[J]. 外国语言文学,2003(1)
[10] 王盈秋,德国功能翻译理论与中文商务广告标语修辞英译[J]. 沈阳师范大学学报,2011(3)
[11] http://wenku.baidu.com/view/95cf7d8b84868762caaed5bf.html
[12] http://wenku.baidu.com/view/28751c3b87c24028915fc3f7.html?from=related&

作者简介：徐霞丹,上海大学外国语学院硕士研究生。

从范畴和隐喻视角浅析语义三角

张珂铭　谢之君

摘　要：传统语义三角中“符号”、“概念”、“所指”之间的关系是我们理解语言和客观世界的重要框架，对以后不同的语言理论和语言研究都有深远的意义。然而，语义三角一直存在一些悬而未决的问题，即它没有说明在概念层面里表现的具体内容，我们从认知语言学中范畴概念和隐喻的角度分析语义三角，对其进行新的认识，使它承载更多的内涵，随着人类社会和语言的发展，传统语义三角仍能保持其持久的解释力。

关键词：语义三角；范畴；隐喻

1　引言

语义三角受到语言学家的普遍关注，同时也引起了不少争论。厄尔曼(Ullman，1962)认为语义三角“对语义研究来说，提供的信息太少同时又太多”。他认为，这样的语义三角本身的非语言特征显然涉及很多语言外的特征或事件，当新的知识产生时，词的意义就会发生相应变化而其客观世界的所指却保持不变。此外，观念是属于人的心灵，本身就是个难以捉摸的抽象体，又何来界定意义。语义三角一直存在一些悬而未决的问题，即它没有说明在概念层面里表现的具体内容，是否在包括核心概念的同时也包括其他边缘概念等等，因此，我们可以从隐喻研究中范畴概念的视角，重新审视语义三角，以增强传统语义三角的解释力。

2 传统语义三角

2.1 语义三角的哲学背景

追溯传统语义三角的雏形，早在希腊化时代，斯多葛学派(the Stoics)，一个有极大影响力的思想派别，曾将符号关系分为三个项，即“记号”、“对象”和“被意指的事物”。例如，“狄昂”这个名字是“记号”，狄昂本人是“对象”，而“被意指的事物”则是我们用以把握一个共存实在的概念(Benivensite, 2004: 110 - 122)。在近代西方哲学中，“观念”，“概念”和“绝对理念”等理论在19世纪占据统治地位，其代表人物笛卡尔(Descartes)首先提出知识是可靠的，感觉会欺骗我们，是不可靠的。此外，康德提出的“必然的理性概念”和黑格尔的“绝对理念”也都从很大程度上推进了这股哲学思潮的发展。在这样的哲学背景下，用“观念”、“概念”、“理念”等来解释意义的观点便发展起来，Locke (洛克，1632 - 1704)被视为这种观点的主要倡导者，他(1690)曾指出：文字并不是本身就具有意义的，而在于它们所表示的观念(王寅，2001: 35)。

在观念论的历史背景下，1923年，由C. K. Ogden和I. A. Richards出版的《意义的意义》(*The Meaning of Meaning*)一书中，提出了著名的语义三角(Semantic Triangle /Semiotic Triangle /Triangle of Significance)。语义三角中的三个顶点分别代表symbol (表意符号)/sign (符号), concept (概念)/thought (思想), referent (所指物)/thing (事物)，三者之间的关系如图1所示，并总结为以下几点：

(1) symbol (表意符号) 与 concept(概念)之间是直接的关系，也是因果关系，用实线连接。当我们用符号表达时，符号会在听者头脑中形成一个概念化或是推理的过程。concept (概念)是抽象的，只有通过symbol (表意符号) 才能表达出来。换句话说，表意符号是概念的载体。

(2) concept(概念)和referent (所指物)之间基本上也是直接的联系。concept(概念)是在客观事物的基础上概括而成的，也就说，如果没有客观世界这个物质基础，人的脑中也不会构成概念。因此，两者之间用实线连接，概念可以反映客观事物。

(3) symbol(表意符号) 与 referent(所指物) 之间没有直接

的、必然的联系，因为他们之间存在概念的问题，所以用虚线表示底边语言“符号”和“实体”之间的间接关系，如图 1 所示，symbol（表意符号）可以代表 referent（所指物）。

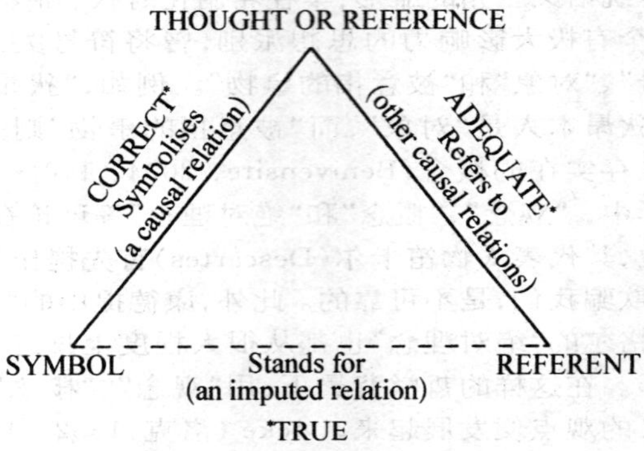

图 1　奥格登和理查兹的“语义三角”示意图

从传统语义三角理论来看，symbol（表意符号）要通过 concept（概念）才能与 referent（所指物）产生联系，所谓意义就是 symbol（一种表意符号）与 referent（表意符号所代表的事物）之间的联系。如单词“牡丹”和我们头脑中一个的意念相联系，即和牡丹花大致的模样相联系，符号“牡丹”是通过在头脑中的概念指称事物“牡丹”的，概念就是有关词语的意义。

2.2　语义三角的理论综述

除了 Ogden 和 Richards 提出的语义三角以外，还有 Peirce 的符号三重性理论和 Frege（1979）提出的语义三角理论。Peirce 生前虽描述了符号的三角关系，但未正式出版任何有关符号学的著作，因此，“符号三角”很有可能是后人根据 Peirce 的符号定义，并在“语义三角”的启发下创立的。依照 Peirce 给符号下的定义，符号，或者说代表项，是在某种程度上向人们代表某一样东西。他认为，构成一个有效符号的基本成分应该包括：代表项（representament）、指涉对象（object）和解释（interpretant），三者合一构成了不可分割的符号化过程（翟丽霞，2005：1）。而 Frege 进一步指出，指号、它的含义和它的指称之间正常联系是这样的：某个指号相对应的是特定的含义，与特定的含义相对应的是特定的指称，而与一个指称对象相对应的可能不是只有一个指号。他举例说："启明星"和"长庚星"指同一颗行星，但"启明星"和"长庚星"的意义不同，在大多数场合不能互相替换。Frege 的结论是："启明星"和"长庚星"指称相同而意义不同（陈嘉映，2003：91）。

我国许多当代学者也曾从不同角度对语义三角进行探究，并做出不同程度上的修改和润色，以增加传统语义三角的解释力。如翟丽霞（2005：1－4）等从哲学层面解读"符号三角"和"语义三角"，王铭玉（2005：1－7）经对"符号三角"和"语义三角"的比较研究中，从语言学角度归纳出两者的相同之处。彭利元等（2009：51－54）结合中国古典哲学中的象、意、言，就像与意、言与意、象与言之间的关系进行了深入阐述，认为"语义三角"示意图应该颠倒过来才更为合理。以及近些年来，随着认知语言学的发展，不少学者从认知视角对"语义三角"进行新的解读，如张殿恩（2007：51－53）用 Fauconnier 的"认知空间域"（Mental Space）和"整合理论"（Blending Theory），尝试拓展传统"语义三角"的解释力，从而对"语义三角"的三方进行了更为合理的阐释。

2.3 不同三角理论的对比

从奥格登和理查兹的传统语义三角到 Peirce 的符号三重性理论，再到 Frege 的语义三角理论，虽对三者之间的关系做了详细的阐释，但在"概念"的具体层面却没有解读。奥格登和理查兹（1923）指出人们用符号来记录，交际和组织内容，但涉及到他们所指的对象，所组织和所记录的内容，我们就不得不区分思想和物体。我们用符号所指，所记录和所交际的内容，都是我们的思想。在传统语义三角中，笔者认为其所强调的重点在于将"概念"引出的重要性，"概念"可以作为"符号"和"所指物"的重要桥梁，可以作为理解意义的重要依托。

在 Peirce 的符号三重性理论中，"解释项"属于所有精神的、意识的存在方式及活动所确定的东西，如思维的认识、规律性、秩序、表达和交往等（王铭玉，2004：117）。虽然和语义三角中的"概念"表达方式不同，但都强调的是在符号刺激和符号所指物之间并不是直接的过程，而是中间存在解释的过程，并且语言使用者对这个解释的过程会做出相应的反应。因此,如果没有人的意识活动,符号就失去了意指的功能,同样也失去的意义。符号三角中的"解释项"是广义符号系统的一个范畴,而"语义三角"主要以狭义的符号系统为研究核心,再现词语的语义,这点从两者对"概念""解释项"的表述中就可以看出。Frege 的语义三角理论同样在"指号"、"含义"和"指称"之间的关系上做了详细阐述,"含义"指"指号"所具有的特有含义,强调的是社会约定俗成的性质,被一个社团所认同的认知模式。

笔者认为,无论"符号三角"或"语义三角",这些看似不同的三角理论的相似点在于,坚持语言符号意指活动中的三项关系,反对语言符号意指活动的两项关系,把人脑中的"概念"引入语言和现实世界之间当作重要的媒介,这样语言形式就可以通过概念与客观外界的所指对象发生联系,语义就可以理解为语言表象符号和客观外界的所指对象之间的关系,从而解释了许多指称论所不能解决的语言现象。这三个三角理论中,从整体上都对语言、思维和世界三者之间的重要关系作了解读,构成一个帮助我们认识语言和世界的科学框架。然而,随着社会发展,新词语新含义的产生,在传统语义三角中"概念"中未能有详尽的描述。

3 范畴和隐喻

范畴是认知语言学中一个重要的概念。人类的认知始于范畴化的过程,范畴化的结果就形成了范畴,继而形成了概念,概念系统是根据范畴组织起来的(蒋向勇、邵娟萍,2007：1)。传统范畴观源自古希腊哲学家亚里士多德对事物本质属性和偶然特征的理解。亚里士多德认为本质是决定某物之所以为某物的东西,偶然特征只是事物的补充说明,不起决定事物的作用。假如一个实体具备了某一范畴成员的所有的充分必要特征,它就是该范畴的成员,反之,则不是该范畴的成员。因此不存在部分属于部分不属于某一范畴的情形。

奥地利哲学家维特根坦斯坦对亚里士多德经典范畴理论做出批判,他所提出的"家族相似性"是原型理论的基础,"我们看出,我们称之为'词句'和'语言'的那种东西,并没有我们所想象的那种形式上的统一性,而是一个由彼此或多或少关联的结构组成的家族。"(Wittgenstein,1953: 31)。受维特根斯坦"家族相似性"的启发,罗施(Rosch)提出原型(proto type) 概念,认为原型就是一个范畴中最典型的、最具代表性的成员(Rosch 1973: 135)。随后罗施(Rosch,1975)等人提出新的范畴化理论,即原型理论。在同一范畴中,其成员不是具有相同的地位,即它代表该范畴的程度是不一样的,有中心的、典型的成员和边缘的、非典型的成员之分,其中心的、典型的成员即范畴的原型(prototype)。在范畴化过程中,人们所依据的是成员之间的家族相似性而非一套作为衡量标准的充分必要条件。

隐喻的研究源远流长,一直以来受到修辞学家、语言学家和哲学家的关注。传统隐喻研究主要限于把隐喻当成一种普通的修辞手段,20 世纪 70 年代以后,欧美,尤其是美国学者对隐喻研究达到高潮,隐喻研究经历了从修辞到认知方式的过程。Lakoff 和 Johnson 对隐喻的定义是:隐喻的实质就是通过另一类事物来理解和经历某一类事物。(Lakoff&Johnson,1980: 5)。也就是说,隐喻是从一个概念域向另一个概念域映射的结果。被说明的领域称作目标领域(target domain) (Lakoff & Johnson,1980),说明的领域称作源领域(source domain)。

人们通常是把较熟悉的、具体的范畴域映射到不太熟悉的范畴域。Ungerer&Schmid 指出隐喻和转喻是我们对抽象范畴进行概念化的有力的认知工具。人们通过源范畴(source category)来认识并概念化目标范畴(target category),隐喻不仅是根据对具体事物的认知模式来认识和构造对其他事物的认知模式,而且是将整个认知模式的结构、内部关系转移,这种转移被称为源模式向目标模式结构的映射(mapping of the structure of a source model onto a target model),该映射是经验和理解的结果(赵艳芳,1999: 105)。隐喻认知模式进一步验证了:隐喻是一种重要的认知机制:人类依据心理空间的相似性,由一个概念域联想激活另一个概念域的思维现象,其本质是以较熟悉的、具体的经验或概念来理解和经历另一较陌生抽象的概念(Lakoff & Johnson,1980;Fauconnier, 1997; Ungerer & Schmid, 2001; 胡壮麟,2004)。Lakoff(1980)指出:"隐喻深入到我们的日常生活,不仅在语言中,而且在思维和行动中。我们是用日常概念化系统的语言来思考和行动的，这种日常概念化系统实质上是隐喻化了的。"而不同概念域之间的联系是客观事物在人的认知领域里的相似性。认知词汇语义学认为正是这种从具体到抽象的隐喻映射，使词汇延伸出了不同的义项（Lakoff，1987；Geeraerts，1998；王寅，2007）。

然而相似性并不能穷尽所有隐喻的语言现象，当某种语言现象获得了社会成员的普遍认同，就成了约定俗成的语言用法，被大多数人所使用。因此，在解释隐喻机制时，单单以家族相似性并不能解释所有的隐喻现象，语言的社会性质和社会成员的认知模式同样要考虑在内。

4　从范畴概念和隐喻视角分析"语义三角"

随着社会的发展和各种新鲜事物的产生，对于不断涌现出的新的概念、新的范畴，原有的一定的语言符号如何表达？认知语言学家们通过隐喻的创造性试图解决原来没有做出解释的语言现象。因此，隐喻不仅是多义产生的主要理据，也可以用作丰富和解释语义三角中"概念"这一语义范畴的主要途径。

4.1　范畴、隐喻与"语义三角"的结合

在语义三角中，顶点代表项的表达有"概念""含义""解释项"等等，不同的表达方式中所强调的内容有所不同。但从认知语言学的角度，人类的认知概念结构主要是来自于人的感知，活动，个体和社会的经验，语言符号记载的是经验现实，它承认客观世界的现实性及其对语言形成的本源作用，但更强调人类认知的参与作用，认为语言不能直接反映客观世界，而是有人对客观世界的认知介于其间（蒋向勇、邵娟萍，2007：1）。而人类的认知始于范畴化的过程，我们就可以把"概念""含义""解释项"等作为一个语义范畴来理解。

由于范畴是概念形成的基础，语言不仅通过概念将世界上的万物分为无数不同的范畴。并且词语大多都会随着社会的发展衍生多个不同的义项，范畴的边界不是清晰、明确的，而是模糊的。因此"概念"是一个开放的语义范畴，随着社会的发展，新概念和词语可以源源不断地添加到这个范畴中。根据原型理论，范畴中有中心、典型成员和边缘、非典型成员之分，在语义范畴中，

也就是有核心范畴和边缘范畴之分。

认知语言学家通过分析大量的日常用语，指出隐喻是日常语言中随处可见的现象，是无处不在的。如概念隐喻“Ideas are food.”，在很多表达中都可以找到它的身影，以下两个句子为例：

(1) I cannot digest his idea.（我理解不了他的意思。）

(2) That argument smells fishy, let me stew over that argument for a while.（那个说法听起来不可靠，让我再好好考虑考虑。）

隐喻作为一种认知方式，通常是由较熟悉的、具体的范畴到抽象、陌生的范畴映射，许多语言现象都可以从原范畴到目标范畴的映射中来解释。同时。结合“概念”这个开放的语义范畴，隐喻也可以用来解释不断添加到语义范畴中的新概念和新的义项。

4.2 以“blood”为例的具体分析

以英语中的 blood 为例，“blood”的基本义是“red liquid flowing through the bodies of humans and animals, which we can see if we cut the body.”（人或动物体内循环系流动的红色液体），即血液，“blood”表示的血液是人的最基本的生理概念，可以和其他生理性的特征结合在一起，如 blood pressure(血压)等等。

从隐喻的视角，当“blood”映射到其他不同的目标域当中时，就会产生更多的“blood”的含义。这种映射并不是随意产生的，而是植根于我们的身体经验，一个隐喻映射一旦建立起来，为大多数语言使用者所接受，就会反过来将自身的结构强加于真实生活当中，从而以各种各样的方式被实现(蓝纯，2005：112)。“Blood”可以映射到其他有相似性的目标域中，本文仅举几个主要的映射例子。

如图 2 所示，当 blood 映射到关系域时，可以表示为社会成员之间的“伤害、杀害”。因为在这些行为过程中往往出现流血，所以“blood”与“杀伤、杀害”就因具有这个相似性而联系在了一起，用来表示流血事件。在英语中，“blood”映射到此层面的表达，如：blood-guilt(杀人罪)、blood feud（血仇)、bloodbath(大屠杀)等等。例句如下：

The war degenerated into a bloodbath of tribal killings.（这场战争逐渐恶化成种族大屠杀。）

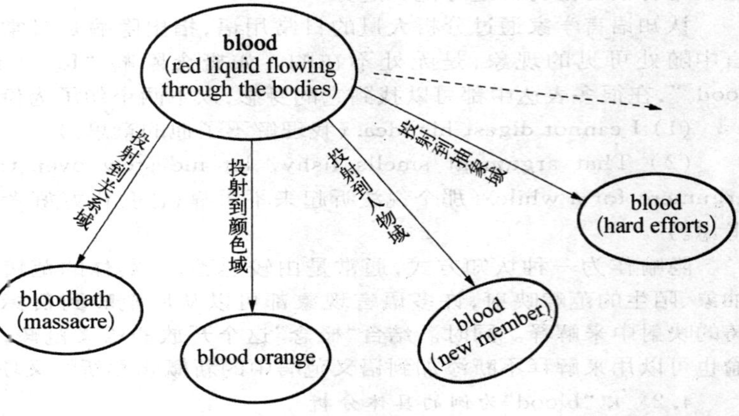

图 2 "blood"隐喻投射图

当"blood"从事物域投射到颜色域时，就有了"红色"的含义。因为血液的特点之一是一般为红色，人们自然会把对血的这一属性的认知投射到表示颜色的具体域中。所以从事物域投射到颜色域的基础就是颜色相似性。英语中表达这个隐喻投射的例子有，如 blood-red（血红色的），blood orange（呈深红色的橙子）等等。

当"blood"映射到人物域时，含义为"新成员"。从事物域投射到人物域的基础是功能相似性。血液是维持生命所必需的源泉，为身体提供能量，如果缺失了血液，人体机能则不能正常维持。而新的成员可以给一个组织带来新的力量，新的行为和做事的态度，会从某种程度上壮大原有的队伍。

在柯林斯高级英语词典中对"blood"这一含义这样解释：New blood, fresh blood, or young blood refer to people who are brought into an organization to improve it by thinking of new ideas or new ways of doing things。例句如下：

(1) There's been a major reshuffle of the cabinet to bring in new blood...（伴随着新成员的加入，内阁经历了重大改组。）

(2) We need an injection of new blood with new ideas.（我们需要有新观念的新人。）

此外，"blood"还有"辛苦的劳动"的含义。当一个人为一件工作或事物非常卖力，付出艰辛努力时，就好像在付出自己的血汗一样。英语中有此种含义的例子如下：

(3) I had to sweat blood for an M. A.（为了硕士学位我付出了极大的努力）

(4) suck sb's blood 表示"剥削别人的劳动"。

4.3 **传统语义三角的新解读**

从传统语义三角来看，当听者听到"blood"这个词，就会在头脑中形成对"blood"的概念，这时就会有人提出当在不同的语境中"blood"在头脑中的概念是不同的，那如何用各种各样的概念来定义"blood"呢，此外"blood"除了指称意义"血液"之外的含义在概念层次中具体是什么样的呢？概念本身确实是难以捉摸，不容易给出定义的。可是如果我们把"概念"理解为语义范畴，一个开放的语义范畴，而除了指称意义之外，在家庭相似性的基础上通过隐喻可以解释的不同的含义就同处于这个语义范畴之内。

从上面所举的例子中我们不难看出，如果我们按传统语义三角的理论来解释 blood orange 的话，我们在听到这个词时，人脑中的概念可能为"血液"，而"血液"这一概念如何联想到红色的橙子，语义三角中的"概念"在具体层面的内容并没有做出解答，或者说语义三角是从语言的共时角度来说，而随着语言的发展，许多人们创造出的新概念，或词语发展的新含义在传统语义三角中没有很好的解释。因此将语义三角中的"概念"作为语义范畴来理解，并将隐喻的投射添加到概念这个语义范畴中，由事物项投射到颜色项，意思为"血红色"，而后为大多数语言使用者所使用，添加到"blood"语义范畴当中，"blood""血红色"的含义仍然可以通过语义三角的框架来解释，在人们接受认同"blood""血红色"的含义后，在不同的语境中，"blood"这个语音刺激在头脑中形成了"血红色"的概念，继而指称相应的客观事物。同理，在作为"新成员"的含义中，当我们听到"We need an injection of new blood with new ideas"这个句子时，用传统语义三角中的"概念"仍旧不能做出很好的解释，如果按照指称意义"血液"来理解的话，"血液”又怎么有“新思想”呢？然而通过隐喻从事物域到人物域的映射，通过隐喻丰富后的语义范畴就可以很好地理解这句话的意思。由于人们认知机制的复杂性，很难说在“blood”这个语音刺激大脑做出反应后所形成的概念是先从源范畴再到目标范畴，还是直接就呈现出目标范畴，但是通过把语义三角中“概念”用范畴概念来解释，并通过隐喻丰富这个语义范畴，就可以增强语义三角的解释力了。

从语义范畴和隐喻的视角理解语义三角中的“概念”对语义三角整体的把握也是有一定的帮助。从语义三角左边语言符号和概念的关系来说，随着社会和科技的发展，人们可能会创造出新的词语或赋予一个语言符号新的概念，而很多这种一词多义的现象都是由隐喻所产生的，因此，通过隐喻丰富语义范畴之后，语言符号产生的新概念就可以不断添加进语义范畴当中。以“blood”的“新成员”含义为例，symbol（表意符号）“blood”到referent（所指物）“new member”之间如果用传统的语义三角来解释，则concept的部分不能给予好的解答，“blood”在头脑中的概念有“新成员”的含义是如何出现的？可从丰富后的语义范畴就可以看出，通过语音刺激在人脑中形成的“blood”的概念作为一个语义范畴来说，里面包含许多不断添加进来的义项，通过隐喻到其他领域的映射可以解释一部分所产生的义项，然后真实世界中的客体和概念之间相互作用，经过一个抽象化的过程，“概念”继而可以反映客观事物。

5 结语

通过隐喻这种认知方式人们可以从不同的角度认识客观世界，由已知到未知，从有限到无限等等，对不同事物建立种种不同的联系，解释更多的语言现象并提供认识客观世界中的新视角。随着社会科技的发展，人类认知能力也在不断发展，人类借助隐喻化过程可以不断创造语言并不断丰富其内涵。而人类的认知始于范畴化的过程，这个过程的结果形成了范畴，继而形成了概念，根据范畴就可以把概念系统有效地组织起来了。语义三角中“符号”、“概念”、“所指”之间的关系是我们理解语言和客观世界的重要框架，对以后不同的语言理论和语言研究都有深远的意义。我们从范畴和隐喻角度分析语义三角并不是试图推翻语义三角，相反，是通过范畴和隐喻视角，对其进行新的认识，使它承载更多的内涵，即使是随着人类社会和语言的发展，传统语义三角也能保持其持久的解释力。

参考文献

[1] Beniveniste, E. Problems in General Linguistics [M]. Florida: University of Miami Press, 1971.
[2] Lakoff, G. &Johnson, M. Metaphors We Live by [M]. Chicago: Chicago University Press, 1980.
[3] Lakoff, G. Women, Fire and Dangerous Things: What Categories Reveal about the Mind [M]. Chicago: The University of Chicago Press, 1987.
[4] Ogden, C. K. & Richards, I. A. The Meaning of Meaning [M]. London: Routledge, 1923.
[5] Rosch E. Human Categorization [A]. In Warren (ed), Stuidies in Cross-Cultural Psychology: 1 [C]. N. Y: Academic Press, 1977.
[6] Ungerer, F. & H. J. Schmid. An Introduction to Cognitive Linguistics [M]. 北京：外语教学与研究出版社，2009.
[7] Wittgenstein, L. Philosophical Investigation [M]. Oxford: Basil Blackwell, 1953.
[8] 陈嘉映. 语言哲学[M]. 北京：北京大学出版社，2003.
[9] 贺灿文. 人体词“血”和“blood”的隐喻对比研究[J]. 西安外国语大学学报，2011(3): 14-17
[10] 蓝纯. 认知语言学与隐喻研究[M]. 北京：外语教学与研究出版社，2005.
[11] 蒋向勇，邵娟萍. 语义范畴的原型理论诠释[J]. 江西社会科学，2002(6): 216-219
[12] 彭利元，肖跃田. 经典“语义三角”辨正[J]. 外语学刊，2009(4): 51-54
[13] 翟丽霞，朱鸿雁，纪学征. 从哲学层面解读“符号三角”和“语义三角”[J]. 西安外国语大学学报，2008(12): 1-4
[14] 王铭玉. 对皮尔斯符号思想的语言学阐释[J]. 解放军外语学院学报，1998(11): 1-7

[15] 王寅. 语义理论与语言教学[M]. 上海：上海外语教育出版社，2001.
[16] 谢之君. 隐喻认知功能探索[M]. 上海：复旦大学出版社，2007.
[17] 谢之君. 图示隐喻与语义互补模式——评 Persson 的隐喻语义观[J]. 外国语，2002(2)：30－35
[18] 袁胡飞，彭利元. 新"语义三角"下的隐喻解读[J]. 内蒙古农业大学学报(社会科学版)，2010(6)：386－388
[19] 赵艳芳. 认知语言学概论[M]. 上海：上海外语教育出版社，1999.
[20] 张殿恩. 认知视角下"语义三角"的探究[J]. 唐山师范学院学报，2007(11)：51－53
[21] 邹智勇. 语义范畴的认知语言学诠释[J]. 外语学刊，2000(3)：41－46

作者简介： 张珂铭，上海大学外国语学院硕士研究生。
谢之君，上海大学外国语学院教授。

“悲哀”情感隐喻的认知解读

张琰彬

摘　要：隐喻被认为是可以构建和表达新概念的一种思维认知方式。本文对“悲哀”情感的概念隐喻进行认知解读，得出情感隐喻实际上是一种认知过程，是借助于有形的实体、身体经验等形成概念和范畴来表达抽象复杂的情感概念，旨在帮助语言学习者了解“悲哀”情感隐喻的实质，从而加强对隐喻的全面理解和恰当使用。

关键词：“悲哀”情感；认知机制；隐喻

1　引言

隐喻这种语言现象并非是语言的异常表现，而是一种人类的认知现象。认知语义学认为，它是人类思维所固有的用来认识世界和归纳客观事物的媒介。由此看出隐喻在人类构建思维框架和语义扩展中有极其重要的作用。

隐喻研究的历史悠久。传统上，隐喻被认为是一系列的文字命题或一种特殊的语言修辞手段。但实际上，我们日常的思维语言活动都离不开隐喻，它参与了人类的复杂的认知过程，公元前4世纪的亚里士多德认为：“隐喻是用一个事物的名称来指称另一事物。”可见那时隐喻与日常思维和语言是脱离的，仅仅局限在文学领域。直到20世纪30年代Richards *The Philosophy of Rhetoric* 一书的出版才标志着隐喻由修辞领域走向语义领域的重大进步。但是直到20世纪70年代，西方的隐喻研究才有了转折性的发展。1980年，Lakoff和Johnson合著的 *Metaphors We*

Live By 将隐喻研究从传统的修辞格引向了认知研究。国内的学者迅速对这股“隐喻狂热”进行了引进和介绍，如王寅(2005)、胡壮麟(2004)、束定芳(2000)、谢之君(2007)等。有从深层次语法方面分层阐释隐喻的，如《认知语言学探索》(王寅著)；有比较英汉隐喻使用差异的，如《认知隐喻学》(胡壮麟著)，有从中西方名著中探询隐喻内涵的，等等。这些专著和文章对于人们认识隐喻都具有积极意义。

“人类的思维过程在很大程度上都是隐喻性的，因为我们赖以思维和行动的普遍概念本质上是隐喻性的。”(Lakoff & Johnson, 1999)现代隐喻理论认为隐喻是人类认知在语言中的具体体现，反映了人类抽象的思维特点，带有文化差异性。

情感是整个人类世界最普遍、最普通的人生体验，认知语义学认为，用来谈论情感的语言可以成为探索情感概念结构和内容的一个重要工具(Kovecses,1990)。语言中有关情感隐喻的表达很多，英汉两种语言存在着一些相同的情感隐喻概念，也不排除一些完全不同的情感隐喻使用，这些隐喻反映出了强烈的民族性和丰富的文化蕴涵。本文旨在以人类基本情感悲哀为例，从认知角度比较英语和汉语在表达时使用的相同或不同的情感隐喻。

2 隐喻研究的哲学基础

因为隐喻现象反映了在大脑中进行的认知过程，所以我们有必要对认知做一简述。研究认知的学科——认知语言学涉及面广，边缘于许多学科，如心理学，逻辑学，神经科学。认知语言学研究的主要内容有五个方面，体验和认知，意义中心，认知方式，统一解释和知识结构(王寅, 2005: 9)。体验和认知是隐喻理论的主要理据。隐喻是一种语言表达方式，既然语言是人们通过感觉器官在对世界体验的基础上经过认知加工逐步形成，是主客观互动的结果，那么提出隐喻是具有体验性这一特征也就顺理成章了。接下来我们分析隐喻的哲学基础——即体验哲学的三个基本原则：心智的体验性、认知的无意识性、思维的隐喻性(Lakoff & Johnson, 1999)。

在这三项基本原则中，核心观点是“体验性”。我们知道，身体部位和空间概念是我们形成其它若干抽象概念的基础和来源，也是人类原始思维的出发点。在此之上,我们逐步形成了个性差异明显的中心概念,再凭借大脑中的意象图示结构而获得的一个内在的空间逻辑,然后根据这个逻辑结构来进行语言表达。这在英汉两种语言中都有十分丰富的类似表达方法,如用身体部位来表达:山头(head of hill)、山腰、山脚(foot of hill)、塔顶、塔身等,本来"山"——这个固定的无生命的物体不具有头、腰等这些生物才具有的特征,但是我们通过对爬山的体验和对山形成的概念图式从而进行由人到山的映射形成了类似的表达,人类正是在这种经验和行为中逐步形成了自己的范畴知识、概念框架、认知结构,从而更好地认识和适应世界。说到认知的无意识性,它是指我们心智中的所思所想都没有直接的知觉。第三个原则,我们的思维是隐喻性的(王寅,2005: 21),这是体验哲学坚持的一个重要原则。

在人类思维方式的建构中,我们不可避免要依赖形象思维,因为人类已经习惯于用具象的事物来表达抽象的概念,而隐喻又恰好是用具体的、可视可触、可嗅可闻的形象性强的词语作喻体,来表示相对应的另一抽象概念这一本体,这种解释就预示着隐喻与人们的身体经验密不可分,而且语言中的隐喻所占比例很高,可能超过三分之二,这也能得出"隐喻具有体验性"这样的结论了。Lakoff 一直强调隐喻的这一性质,他在 *Metaphors We Live By* 再版后记中强调指出:Conceptual metaphors are grounded in everyday experience.(概念隐喻植根于日常经验中)(Lakoff & Johnson, 1999: 543)。

3 悲哀情感隐喻的认知分析

前面我们从认知角度谈了隐喻的哲学基础,可以看出隐喻性表达作为认知的具体语言实现,在信息传递和交流中发挥了非常重要的作用,它可以实现将抽象物体或表达具体化、生动化。所以人类抽象的情感体验也可以借助语言的隐喻表达的更为生动和形象化。

"悲哀"这种情感是人类重要的生命体验,无论什么民族,无论什么人种,无论说什么样的语言,人人都会有情绪低落的时候,都需要表达和交流,所以隐喻在其中起了很重要的桥梁作用。下面我们从认知角度来详细解读悲哀情感。

3.1　以空间方位的"下"来隐喻悲哀

情感体验因人而异。因其抽象且难以捉摸,所以我们必须借助一些独立于我们抽象思维之外的比如身体的特征等来描写情感,这就形成了一些固定或常用的概念隐喻。比如我们用空间方位的"下"来隐喻悲哀,这是因为我们都知道直立的姿势往往是伴随着正面的积极向上的情绪,反之可以得出非直立的姿势与负面情绪相伴而生,所以英语和汉语中常有产生了"悲哀是向下"这个概念隐喻。如:

(1) 她心里难受,像掉进了万丈深渊。

(2) 比赛的失利让他萎靡不振。

除了上面一些例句,用空间方位的下来隐喻悲哀在汉语的四字成语中也很常见,例如"垂头丧气"等。同理,Lakoff(1980)指出,在英语中,有许多是用方位词表达的概念隐喻。这些源于我们现实生活中的经验。当我们悲伤或情感低落时,往往表现为垂头丧气,耷拉着脑袋,下面是以这个概念隐喻为基础的汉语表达。

(3) Recently he was low-spirited.

(4) Don't let yourself sink into despair.

(5) He sank into a severe depression.

这些隐喻性语言表达方式都是以人的身体经验为基础。Lakoff(1980)把隐喻分成 Structural Metaphor(结构性隐喻概念)、Orientational Metaphor(方位性隐喻概念)、Entity & Substance Metaphor/Ontological Metaphor(实体性隐喻概念)。其中空间隐喻最为普遍,如前所述,"悲哀向下"就是典型的方位隐喻。在表达悲哀这两种抽象的概念时,英语和汉语都会倾向于用方位隐喻,这是因为人从一出生起就生活在这个三维立体,有上下左右方位之分的空间里,人的认知和概念构建也从周围的环境认识开始,然后原来用于描述空间方位的词语在人类语言的发展过程中被用来隐喻抽象的悲哀的感情。

由于人类在情感体验中有一些相同的心理状态和生理体验,加之人类在空间概念的发展过程认知的共性,英汉两种语言共享一些悲哀情感概念隐喻认知模式。

3.2　以低温来隐喻悲哀

一般情况下,人是通过建立在身体体验基础上的隐喻来表达抽象情感的。人类通过感知低温来隐喻悲哀就是其中一个明显的例子。皮肤相较其他感官来说,对温度的体验更为直接具体。冷是指人的感觉器官对温度的直接体验,温暖的感觉使人感到舒适,反之,寒冷则使人难受。人类对于低温的敏感体验来获得诸如保暖等知识和身体反应,是人对世界概念化、范畴化认识的重要部分。所以在这个语言进化的过程中,人类思维逐渐形成悲伤难过则温度降低的思维模式,由于人们对于冷的体验感触很丰富,很普遍,因此语言表达中常常出现有关温度的隐喻。即人们常常用温度概念来表达情感:寒冷表悲伤。英语和汉语用低温来隐喻悲哀的例子如下。

(1) After a few seconds I turned on the light and felt the chill to the heart.

(2) The unpleasant news cast a chill over the whole family.

(3) 她心灰意冷,觉得前途渺茫。

(4) 女儿离家出走,让她彻底心寒了。

这种经验性质的悲哀情感体验在认识世界过程中逐渐形成一种生理效应模式,最终构成抽象的情感概念隐喻。

3.3 以阴天来隐喻悲哀

虽然英汉两民族生活的环境不同,但人们对于天气阴晴都有相同的体验,大家发现天气好坏也会影响人们的心情,反过来,心情不好的时候感受到的天气和周围环境也会灰暗无光。另外,人的心情也像天气一样,有晴有阴,时而晴空万里、碧空如洗;时而阴霾密布、小雨淅淅;甚至狂风大作、雷霆万钧。正如汉语中有“天有不测风云”所说的一样,人的心情和天气一样,也不是一成不变的。所以汉英语中有很多用天气阴沉变化来隐喻悲哀的表达。如:

(1) 将阴霾滤去,让美丽的心情长存。

(2) 清澈的心窗蒙上了一层雾霭,于是我们看不见晴朗的星空。

(3) His mood storm has been cooled after a severe blow.

(4) A cloud of gloom hung over the meeting.

这些例子都可以说明人们习惯借助熟悉、日常、具体的事物去理解和表达陌生、抽象的事物,从而产生了由一个概念域到另外一个概念域的映射(赵艳芳,2000)。天气与人的生活、出行等密切相关,天气的阴沉直接或间接影响人们的生活和心情。天气和心情的密切相关性是人类对于天气体验性的直接结果,从而也产生了很多与阴天有关的情感隐喻。

3.4 用容器模式来隐喻悲哀

前面在"以空间方位的下来隐喻悲哀"里提到实体隐喻,它指人们将抽象模糊的感情、思想、心情、状态等看不到、摸不到的东西看做具体有形的实体。实体隐喻中最典型的是容器隐喻(container metaphor)。它的基础隐喻是"人体是容器"(body is a container)。如果把人体独立于其它实体外,也是一个实体,一个有着包裹的外表和内在实物的实体,只是人有思想和情感变化,而这种情感变化往往会引起一系列的生理反应,当人们有悲哀的心情体验时,血液流速、内在压强、心跳等等都是不同的,当人的情感过分强烈时,就会出现容器满溢出来甚至迸发。因此英汉表达中都有悲伤是容器中的液体(sadness is fluid in a container)。关于这个概念隐喻的表达如下:

(1) She immersed herself in the agony of lost her child.

(2) He is drowning in the rimless solitude.

(3) 她一肚子委屈,眼泪只能往肚子里咽。

(4) 他也只有剩下满腹的幽怨含恨而终。

从上例子可以看出,"悲哀"这种感情就像容器中的液体一样有"浓"有"淡";有"深"有"浅";时而"波澜不惊",时而"汹涌澎湃"。

3.5 用生理反应和行为变来隐喻悲哀

中西方隐喻都表现出了共同身体经验。而有些隐喻是基于人类的身体结构和生理特征逐渐形成的(邓炎昌,2001)。虽然悲伤这种情感产生于内心,但细细想来,就会发现这种情感体验都会伴随一定的外部表现:悲伤时往往伴随着泪流满面、脸色苍白的外显行为。我们都喜欢用一些动作,如用"愁眉苦脸、眉头紧锁、默默流泪"等表示悲伤。英语中用生理或行为变化表示悲伤的有 pull a long face; eyebrows knit in a frown; a rain of tears; eat one's heart out。

汉语中用生理或行为变化表示悲伤情绪的成语更为丰富多样化,如泪如雨下、愁眉苦脸、老泪纵横、垂头丧气、涕泗横流、捶胸顿足、愁肠百结、柔肠寸断、心急如焚等。

3.6　以光线的昏暗来隐喻悲哀

认知语言学认为，人类对自然光亮度的共同感受使得英汉两种语言均以暗淡、灰黑色来表达悲伤情感，这源于我们的生活体验。因为昏暗的光象征着凶兆或不好的事情，让人感觉没有希望，心情自然不好。所以有"悲伤是昏暗"(sadness is dark)的这个概念隐喻认知模式。当人们悲伤、精神不振时，通常脸色无光发暗。以"昏暗来表示悲伤"的概念隐喻的表达有

(1) Although in a dark mood, you have no choice but to move on.

(2) Life seems grey and meaningless for him without father's love.

(3) 她表情呆滞，双眼浑浊，无神无助的表情让我心里堵得慌。

(4) 她的若即若离让他黯然神伤。

从以上例子来看，英汉"悲哀"情感隐喻都是建立在相同的身体体验的基础上的，从而进一步证实概念隐喻的普遍性。由于人类赖以生存的外部条件(譬如对光线昏暗的感知)具有相似性；需要重申的是，人类社会发展及进化过程中出现了许多共性，因而概念隐喻具有相似性。

4　结论

悲哀虽然是一种较为消极的情感体验，但它也是人类最普遍的人生体验，也是思维方式的直接体现，所以探索表达悲哀情感隐喻背后的认知特点也颇为必要。但由于悲哀情感较抽象，人们常以概念隐喻为认知机制，来理解悲哀的感情。

语言是文化的载体和媒介，语言和文化是一个互为依存、密不可分的整体。世界上没有哪一种语言能离开特定的文化。文化扎根于人们的认知结构中，反映人类的认知经验。而隐喻在本质上是一种人类普遍的认知现象，而不仅仅是一种语言现象。因此，不同语言的概念隐喻必然有许多共性；同时，由于不同的民族所处的地理环境不同以及各自的文化历史背景、宗教信仰、价值观念的不同，认知的过程一定有所差异。

由于文化影响下的认知深深存在于人的大脑，人们使用的许多隐喻说法实际上已经成为常规隐喻或死隐喻了，即人们已经察觉不出来这是隐喻，或者说隐喻已经完全融入了我们的生活。

综上所述，隐喻不仅是一种语言修辞现象，更是一种认知方式，人类通过思维中的隐喻概念、以语言的形式来认知世界，从而生成隐喻。本文对英汉语中悲哀的概念隐喻做了较为系统的对比解读，表明了英汉悲哀情感隐喻的共性主要来源于人类共同的生理特性和情感体验，同时也指出情感实质上蕴含着复杂的民族差异性，虽然对悲哀情感隐喻个性讨论篇幅较小，但从整体上来说英汉语所代表的两个民族存在不同的概念隐喻，并指出这是由于受不同的民族文化传统、风俗习惯、历史渊源等的影响。从认知角度来解读英汉悲哀情感隐喻让我们认识到，我们在学习语言的过程中，要自觉培养对隐喻的理解能力，不断尝试运用恰当的隐喻表达，从而提高语言的理解和运用能力。

参考文献

[1] Kovecses, Zoltan. Metaphors of Anger, Pride, and Love: A Lexical Approach to the Structure of Concepts [M] Amsterdam/ Philadelphia: John Benjamins Publishing Company, 1990.
[2] Lakoff, G. &M. Johnson. Metaphors We Live By [M]. Chicago: University of Chicago Press, 1980.
[3] Richards, I. A. The Philosophy of Rhetoric. NewYork: Oxford University Press, 1936.
[4] 王寅. 认知语言学探索[M]. 重庆：重庆出版社，2005.
[5] 胡状麟. 认知隐喻学[M]. 北京：北京大学出版社，2004.
[6] 束定芳. 隐喻学研究[M]. 上海：上海外语教育出版社，2000.
[7] 谢之君. 隐喻认知功能探索[M]. 上海：复旦大学出版社，2007.
[8] 温科学. 中西比较修辞论[M]. 北京：中国社会科学出版社，2009.
[9] 赵艳芳. 认知语言学概论[M]. 上海：上海外语教育出版社，2000.
[10] 蓝纯. 认知语言学与隐喻研究[M]. 北京：外语教学与研究出版社，2005.
[11] 邓炎昌，刘润清. 语言与文化[M]. 北京：外语教学与研究出版社，2001.
[12] 贾玉新. 跨文化交际学[M]. 上海：上海外语教育出版社，1997.

[13] 唐良玉.英汉表示情感的颜色词的隐喻认知[J].河北理工大学学报(社会科学版),2010(6):161-162.
[14] 何向妮.英汉隐喻思维跨文化视角[J].河北理工大学学报(社会科学版),2010(6):135-137.
[15] 向友青.英汉悲伤的认知原型研究[J].红河学院学报,2010(5):72-75.

作者简介:张琰彬,上海大学外国语学院。

回应与间接言语行为

张　颖

摘　要：根据交际的动态回应本质，以定义解析和类别划分为主线，本文在言语行为的性质及语力判断方面提出和经典间接言语行为理论不同的观点，从话语回应角度讨论间接言语行为，指出衡量言语行为是否成功的标准在于它是否引发了行为者的预期回应，行为的性质和类型判断依赖于它在交际中的角色扮演。

关键词：回应；间接言语行为；语力；言后取效

1　引言

根据言语行为理论，话语或言语行为 X 包括两层意义：句义和语力。句义约定俗成，相对独立于语境；语力出现在以言行事过程，是 X 的新意义。在间接言语行为理论中，Searle 提出，要析取关于语力显示项的一般构成规则，首先要确定圆满完成一个施事行为的充分和必要条件。他归纳了关于施事行为的九个充分必要条件、四条一般构成规则和十二项性质划分层面。不同的是，在讨论间接类言语行为时，Searle(1979：30－57)仅拟订了听者如何理解间接言语行为的十个假想步骤，并未提及任何与间接言语行为相关的构成规则或实施条件。对此 Searle 解释道：言语行为的间接性质和语力构成都是既定的预设，无需规则和条件限制；研究中值得讨论的只是说者如何成功实现间接语力，或听者如何顺利理解言者的间接用意。

但 Searle 对间接言语行为性质和类型的考虑忽视了交际动态性和言后取效。动态交际不等同于静态假设，既然言语行为参与了交际，它的间接性质就难以预先设定，因为它的行为特征和听者取效动态可变，性质为间接或直接、语力为A或B，这些行为要素的判断都要参照它在不同交际情况中的具体言后效果。文献回顾发现，目前为止多数学者仍倾向于将间接言语行为的性质固定化、将对它的研究抽象化，重在思辨行为中的说者，鲜有探讨交流中的动量，忽视了语言使用的动态社会性。但既然语用学致力研究交际中的话语意义，评价话语的性质和作用就要立足会话现实；既然交际中出言为了引发回应、取效行为伴随施事行为，行为的性质就应由它在交流中的角色功用即其言后取效决定，行为的语力显示项因而是不确定的。

2 回应与交际

2.1 连贯回应交际

长久以来，交际双方在话语分析中一直被隔离以明确界线：发出话语的是“言者”，接受并处理话语的是“听者”，会话过程也被相应截断成“发言”和“听取”两部分。根据语码和推理两种模式，Sperber & Wilson 总结出“明示—推理”交际新模式(the ostensive-inferential model)：“交际者发出刺激并将它明示给交际双方，通过刺激手段将一组假设明示或更加明示给听众。”在交际角色的认定方面，关联理论较传统观点有所进步、看到了交际的整体性：“推理和明示是同一个过程，只是从明示中的交际者和推理中的受众两个角度被考察”(1995)。但它的自相矛盾导致了不足之处：既然明示和推理是同一过程，交际者扮演的就应该是同一角色，从两个角度考察仍然是对他们的分割，因为所谓“明示交际者”和“受众”实质上只是“言者”和“听者”变化了的表达而已。

正由于明示和推理过程的同一，交际者的地位因此并不固定，即“言者”和“听者”的角色在交际处于互换临界状态，话语接受者方也有机会转为话语发出者。听者不仅仅是受众，他更在话轮中积极运用信息、在对所接收的话语作有声或无言的回应。基于行为主义的“刺激—回应”(stimulus—response)论点，语言学家Bloomfield(1933)认为语言的使用是刺激和回应更替的过程，进而将言语行为内容概括成刺激和回应组成的关系链：S—r...s—

R,其中 s 就是“语言”,即替代回应(substitute reaction)。以 Jack 和 Jill 的故事为例。促动于苹果产生的视觉刺激和饥饿引发的身体刺激(S),Jill 产生想吃苹果的心理回应(r)并用语言向 Jack 表达这一想法(s);Jack 接收到 s 并作出够取苹果给 Jill 的行为(R)。虽然意在阐述语言运用的替代回应性质,Bloomfield 提出的 S—r...s—R 关系链却启发了我们对交际者的定位:交际者本质上是回应者,他们在交际过程中处理不同的刺激信息并产生供下一个话轮应答者处理的刺激性回应;交际中没有“言者”和“听者”或“明示交际者”和“受众”,只有“回应者 A”(Respondent 1/R1)和“回应者 B”(Respondent 2/R2)

因此,交际始于回应,回应构成交际,回应正是对交际双方行为本质的描述。会话的进行以一个最基本的刺激—回应轮为标志,“言者”和“回应者”角色的确定要以会话的开展与否为划分标准;回应者只存在于正式起步的交际过程,但发出言语或非言语行为的人未必在交际;回应者的判断标准不是人们对会话的发起而是其会话对象给予他们的回应。某人意图并启动交流时,他只是“言者”(Speaker 1/S1)而不是“应者”(Respondent 1/R1),对 S1 作出回应的人则成为 R2;R2 的出现表示交际在真正意义上的开始,而 S1 在此时方转换角色为 R1。

2.2 成功行为衡量

言语行为用于交际,无论目的动力如何,其最根本出发点是为了获得成功交际。但怎样的交际才是成功的? Strawson (1971)重审意义内涵,认为意图不应该是单个的而应该包含三个支项,即:言者 S 通过 x 意谓某事时:

(1) 想引发听者 A 的某个回应;

(2) 想让 A 识别 S 的意图(a);

(3) 想让 A 对 S 的意图(a)的识别至少作为 A 回应的部分原因。

如果这三种意图都得以实现,Strawson 认为 S 的交际就是成功的。Sperber & Wilson(1995)却一概驳斥 Grice 和 Strawson 的意图论,尤其否定 Strawson 观点中的第一个意图支项。关联理论认为,交际是明示—推理过程,言者向听者明示他想要明示基本信息的意图,该意图包括两类:

信息意图(informative intention,简称 II):向听者明示或更加明示一组假设。

交际意图(communicative intention,简称 CI):向听者和交际者互明,交际者有该项信息意图。[2]58-61

对于关联理论,会话中的意图只包含信息意图(II)和交际意图(CI)两方面。一旦言者 S 的交际意图实现(他的交际意图得以互明),即使 S 没有引导 A 作出 S 期望的回应,他都是成功的交际者。例如,Mary 告诉 Peter,"圣诞夜我嗓子疼"。虽然 Peter 可能不相信她的话,即 Mary 没有获得预想的回应效果,但只要 Mary 让 Peter 意识到她想让他相信自己话的目的,她就实现了交际意图,她的交际就是成功的。

但在本文看来,Sperber & Wilson 忘记了交际者的出发点:交换信息并实现特定目标。交际中,人们一定希望获得并确实会获得对方的回应,否则他们就不是在交际。Mary 的目标意图是让 Peter 相信她陈述的真实性。但如果 Peter 不相信,即 Mary 没有实现预期的交际目的,她的交际何谈成功?另外,无论 Peter 是否意识到 Mary 的明示意图,除非 Peter 作出外显的明示回应,Mary 都无法获知自己话语产生了怎样的效果,例如让 Peter 意识到她想让他相信自己。

为证明交际可以脱离语言,Sperber & Wilson(1995)例举了两个非言语交际行为。例一中,Mary 回到家,Peter 打开门,Mary 停在门口并作出嗅气味的动作;Peter 觉得她是想向他明示屋里有某种气味,于是模仿她闻了闻,果然也有所发现。例二中,Mary 和 Peter 住进海滩旁的宾馆,Mary 打开俯瞰海面的窗户,惬意地呼吸空气;发现 Mary 的惬意,Peter 认为她想让他注意海风带来的美好感受,于是也去深呼吸,感到空气清新,并回想起了他们曾经度过的愉快假日。

然而,根据交际的循环回应性质,上述两个例子并称不上是交际。明示一推理模式认为,交际由明示和推理构成。也可以说,没有交际就没有明示或推理。但重新分析这两个非言语行为的完成性和成功度,我们就会发现该论断的弱点。在门口嗅气味时,Mary 可能并没有意图去引起 Peter 回应,那么这时她的动作就可能不属于明示性质,因为她没有打算和 Peter 交际;Peter 对

Mary 的效仿也不一定就是刻意的回应，而可能仅仅出于好奇或其他原因。Peter 的在场和 Mary 获得 Peter 的回应都可以是巧合，只不过 Sperber & Wilson 脱离话语实际的假设让 Mary 在明示、Peter 在推理。

所以，交际回应的实现与否要结合话语事实，要从意图方面结合回应行为来衡量。评价一个人的交际是否成功，其标准应该是他在目标意图中的期望和所获得的回应之间的关系：得到和期望或目标意图相关的回应时，他的交际是成功的；否则就是失败的。

3　回应与性质

3.1　行为性质与取效

以上分析了交际的回应性质和行为的成功标准，这是对会话过程的再思考，也是讨论间接言语行为的必要前提。“间接言语行为是言者通过完成一种以言行事行为间接完成的另一种以言行事行为”(Searle, 1975)。Thomas(1995)对间接言语行为有着类似的定义：“明示的意义和含义不匹配时，就出现了间接性。”[6]可见，间接言语的发出者被认为同时实施两类言外行为：首要言外行为(primary illocutionary act)和次要言外行为(secondary illocutionary act)。其中，前者体现说话人的真实意图，后者是说话人为实现此意图而采取的途径；前者是句子的字面意义，后者则不局限于此。Searle 进而指出，要理解“间接言语行为”概念，首先要理解句子的“字面语力”(literal force)，再从中推导出“间接语力”，即句子间接表达的“施事语力”(illocutionary force)。因此，间接言语行为理论要面对的问题，就是解释说话人如何通过“字面语力(literal force)”表达间接的“施事语力(illocutionary force)”，或整理听话人如何从说话人的字面用意推断出间接言外之力的过程。以指令性间接言语行为为例，Searle(1979: 44)将其中关于“要求”的合适条件简化为：

预备条件：H 有能力实施 A；

真诚条件：S 希望 H 实施 A；

命题内容条件：S 陈述了 H 的将来行为；

必要条件：这可以看作 S 要 H 实施 A 的企图。

Searle 重视说话者意图、强调合适条件中的必要条件，认为：只要说话者意欲实施某种行为，其所言就可以用来实施该行为。也就是说，言者主观断定自己在实施什么行为，这个行为就是什么性质的。例如，间接指令中，有些言语行为表面上是疑问句、陈述句，但实际所起的作用却是祈使句；"祈使"成为首要言外行为的原因在于，说话人的初始目的就是要把这句话用作祈使句。

对取效行为的轻视恰恰正是言语行为理论难以用于会话研究的原因之一(顾曰国，1994)。由于"语言是人类用来交际的任意性的声音符号系统"(何兆熊，1999)，对言语行为中主次语力的评判不能脱离整体交际过程和具体语境。既然一个言语行为涵盖说话行为(locutionary act)、施事行为(illocutionary act)和取效行为(perlocutionary act)三方面，取效行为就是一个完整言语行为所不可或缺的部分，言语的语力判断不应该是空泛的。"只有当人们的言行引起某种反应时，我们才可以判断这是一种交际行为"(约翰·甘柏兹，2001)。回应是会话的组成链接，交际在回应的衔接中进行。不考虑言后取效，对一个言语行为的分析就不完整；对于三位一体的话语，得不到回应就不能称作真正意义上的言语行为。一个言语行为的语力是什么，性质是间接还是非间接、常规还是非常规，都要根据听者对它的行为反馈、结合它扮演的会话角色，要以它引起的客观回应或言后取效为参考。

3.2　行为性质与意图

Searle(1969)认为，语言使用中存在"可述原则"(the principle of expressibility)，即："对于任何可做的言语行为，总有一个可说的语言要素，其意义足以确定，在适当的语境里说出该话语就是在做这一特定的言语行为。"虽然后来 Forguson(1973)、Warnock(1981)、Ricanati(1982)等人曾提出，某些自然语言里的语力并没有对应显示项，Searle(1969)认为，人们总可以根据需要创造出对应的语力显示项。换个角度说，在言语行为理论中，言语在被述时，其行为的性质已经确定，即言语实施者已经选择了语力显示项和语力的对应关系；一旦语境条件得到满足，出言和施行之间潜在的对应关系就会实现。

作者却认为，强调言者主观性不代表意图和言语行为性质可以等同，出什么样的言并不能保证在做什么样的行，间接言语行为的传统定义方式也就值得商榷。Searle 研究言语行为的核心前提是，言语行为由构成规则衍生。他的论点是，只要找出这些构成规则，就能明确言语行为的性质。然而，分析下面的一则对话可以看出，言语的间接性质和语力显示项的对应关系其实是模糊的。

(1) Student X: Let's go to the movies tonight.

(2) Student Y: I have to study for an exam.

按照 Searle 的观点，在这个对话语境中，Y 合理地构成了对 X 所提建议的否决。他假设了 X 对这个否决行为的 10 个推理步骤，并据此断定(2)的性质是间接言语行为：表面上陈述要复习功课的事实(字面行为/次要行为)，本质上间接拒绝 X 的邀请(施事行为/首要行为)。

但是，一个言语行为的字面语力和施事语力未必可以这样明确区分，也未必互不相融，X 主观推导出的语力因此不一定符合甚至有可能悖于会话事实。另外，一个言语行为的并列语力可以为多重，行为内部的"首要"和"次要"成分因此也未必泾渭分明，上例中，如果语境不符合 Searle 的设想，Y 的回答就不是对 X 的拒绝，而可能包含商量、抱怨、疑问等其他语力。各种语力能够在一句话中平行存在，至于之间是否有"首要"和"次要"之分，取决权不在说者而在听者，它们的地位由听者在回应中选择和体现。因此，要判断例中的语境性质、Y 的言语意义和真实意图，不能只凭主观推测，需结合语用价值和交际依据，借鉴下一话轮中 X 的回应即(2)的实际言后取效。

4 回应与类型

4.1 回应与常规间接言语行为

言语行为理论将间接言语行为归为常规和非常规两大类，其中以常规间接方式进行的指令行为尤被关注，对其六种常见形式的总结包括 H 实施 A 的能力、S 希望 H 实施 A、H 实施 A、H 实施 A 的意愿、实施 A 的理由，以及某两种形式相嵌构成句子(Searle, 1975)。据于此，英语本族使用者遇到指令句时，会根据句法形式和语言常识，从句子的"字面语力"习惯性地推导出它的"间接语力"。例如，依据"Can you + V"形式，听话人会判断由句子的字面语力为“提问”，并可以习惯性地推导出间接语力为“请求”。

然而，这样绝对化的论点无法涵盖谈话性质和参与者的多样性，因为会话参与者的背景知识、理解能力和所处的语境不是整齐划一的。日常对话中，面对指令句式，听者可能不仅仅在进行简单的习惯性推导，也可能不把句式意义仅仅当作跳板而不是施事行为。即使听者确实如此推导，他们的实际回应也可以由于不同交际目的或性格因素而偏离言者预期。事实上，说话者自身的预期同样无法主观臆断，因为言者在间接指令中的着力点，或Searle所认定的“施事行为”，也许正是被Searle归作次要的“字面意义”，因为间接指令中的施事行为可能是语气词之后的行为动词，可能只是对语气的强调，也可能是两者的重合。以“You ought to be more polite to your mother.”为例。我们假设这样的会话者和语境：父亲和孩子；父亲曾教育过孩子要尊重母亲，但孩子仍然对母亲表现出无礼，于是父亲对他说出了这句话。如果此时父亲在强调和上次一样的内容（“be more polite to your mother”），Searle关于常规性间接行为的讨论就是适用的。但如果父亲在强调“ought to”，他的话语性质则为直接，因为此时的施事行为与字面意义达成一致。

交际“是要在听话人身上获取意欲得到的效果”（Grundy，1995）。因此，说话者的言语行为只有在对会话施加影响时才有意义，分析言语行为的语力显示必须考虑言语的取效行为。对于文中父子对话的情景，要从会话角度客观判断行为发出者（父亲）的角色，无论这个角色是他的本意还是孩子的额外赋予，都不能滞于主观推测父亲心理，而要去分析听者（孩子）的客观回应。回应作为变量影响言者话语在交际中的性质和作用，但听者的反馈同样也是不确定的。下面分析几种可能的孩子回应情况：

(1) Why should I?

(2) No, I won't. / Yes, I will.

(3) (silence)

(1)可以同时处理父亲话语中的两个部分（“ought to”和“be more polite to your mother”），也可以只针对单个部分（“ought to”或“be more polite to your mother”）。如果被回应的是前者，

即父亲的字面句义，此时父亲的表述性质是直接的，语力为“训诫”。反之则不然。

从语法角度，(2)省略了“be more polite to your mother”，表现出对父亲话语的常规推断，回应其中的间接指令，并明示对指令的拒绝/接受。此时，父亲的言语性质在交际过程中是间接的，语力为“指令”。

在(3)中，孩子究竟用沉默表达什么，抗议、反感、内疚、羞愧或其他，猜测无法提供给我们确切的答案。只有结合听者在沉默中的副语言或更多的背景知识，我们才可能从推理中找到解释。也正因为此，对言者行为语力的划分从来都无法是主观随意的。

4.2　回应与非常规间接言语行为

至于 Searle 定义的非常规间接言语行为，在没有听者回应可以观照的情况下，行为的性质和语力同样难以判断。假设不同语境，以下分别从 X 和 Y 的角度分析 3.2 中的 movie 事件。

语境 A：(1) Student X：Let's go to the movies tonight.
(2) Student Y：I have to study for an exam.
(3a) Student X：OK, Mary may be free.

语境 B：(1) Student X：Let's go to the movies tonight.
(2) Student Y：I have to study for an exam.
(3b) Student X：Don't worry. You can do it this weekend.

对于 X，从(3a)判断，X 认为 Y 对(1)的否决是间接的、首要的并予以合作，提供了 Y 在(2)中期望获取的言后效果。此时，(2)是成功间接言语行为。(3b)中，X 选择认为 Y 想去看电影但又苦于要复习功课、在两者之间徘徊不定而和自己商量对策。此时，无论 Y 是否在间接拒绝 X，(3b)中 Y 的行为性质和角色已被确定，即 X 不倾向于把(2)视作陈述为辅、否决为主的间接言语行为。

再从 Y 的角度看。Searle 认为 Y 在陈述的掩护下拒绝 X，于是判定 Y 在实施间接言语行为。然而，对于真实的 Y，(2)可以不是陈述中的推辞，而是在陈述中的咨询，是想和 X 讨论如何寻求电影和考试之间的平衡。这种情况下，如果 X 回答(3a)，就是将 Y 的“商量”或“求助”意图误认为“拒绝”，从而把(2)的性质定义为间接;如果 X 回答(3b),则是认可了(2)的“非拒绝”性质,实现了 Y 本意想得到的言后效果,此时 Y 的言语行为不是间接的。

5 结语

交际中的话语内容不单从一方输往另一方,更在共同情景或语境里交换于会话者之间。评价一个人的交际是否成功,其标准应该是他在目标意图中的期望和所取得回应之间的关系:得到和期望或目标意图相关的回应时,他的交际是成功的,否则就是失败的。交际回应的实现与否要结合话语事实,要从意图方面结合回应行为来衡量。以经典间接言语行为理论为例,如果预先拟定一个言语行为的间接性质和类型,就会因缺乏会话依据而偏于主观武断。一个言语行为由言内、言外、言后三部分构成,会话中的出言服务于回应,得不到回应的言语行为不是真正的会话行为。一个言语行为中,语力可以多重,语力的地位可以并列,首要还是次要、直接还是间接,不一定可以被绝对划分。而对于被界定的间接言语行为,判断其间接类型和施事语力,也要置它们于交际过程,从它们对会话所实施的影响即交际价值出发,以可衡量的听者回应为参照。因此,言语行为的类型评判不应该是空泛主观的,而应该全面考虑它在会话中引发的客观回应或听者取效。

参考文献

[1] Searle, J. R. Expression and meaning: Studies in the theory of speech acts[M]. Cambridge: Cambridge University Press, 1979.
[2] Sperber, D. & Wilson, D.. Relevance: Communication and cognition [M]. Oxford: Basil Blackwell, 1995.
[3] Bloomfield, L. Language[M]. Holt, Rinehart & Winston, Inc. , 1933.
[4] Strawson, P. Logico-linguistic papers[M]. London: Methuen, 1971.
[5] Searle, J. R. Indirect speech acts[J], in P. Cole & J. Morgan (eds.), Syntax and Semantics (Vol. 3). 1975.
[6] Thomas, J. Meaning in interaction: An introduction to Pragmatics[M]. London and New York: Longman, 1995.
[7] 顾曰国. John Searle 的言语行为理论:评判与借鉴[J]. 国外语言学, 1994(3).

[8] 何兆熊，梅德明．现代语言学[M]．上海：上海外语教育出版社，1999．

[9] 约翰·甘柏兹．会话策略(徐大明、高海洋译)[M]．北京：社会科学文献出版社，2001．

[10] Searle, J. R. Speech acts: An essay in the philosophy of language[M]. Cambridge: Cambridge University Press, 1969.

[11] Forguson, L. W. Locutionary and illocutionary acts, in L. Berlin et al. (eds.), Essay on J. L. Austin[C]. Oxford: Ciarendon Press, 1973.

[12] Warnock, G. J. Aquestion about illocutions[J]. Philosophia, 1981, 10 (3-4).

[13] Recanati, F. Meaning and force[M]. Cambridge: Cambridge University Press, 1987.

[14] Grundy, P. Doing Pragmatics[M]. London: Edward Arnold, 1995.

作者简介：张颖，博士，上海大学外国语学院讲师。

日语“授受关系”词中的恩惠方向探析

赵莹波

摘　要：人们在日常的交往中，经常会互相帮助或在交谈中涉及第三方甚至第四方。日语中的“授受关系词”等表现形式可以解决这种涉及多方利益关系的问题。而这种涉及多方利益关系的表现中含有恩惠的流动方向。

关键词：授受关系；恩惠方向

日本人将如何表达涉及到第三方甚至第四方这种现象呢？日语中的“传闻”、“使役态”和“授受关系词”等表现形式可以解决这种涉及多方利益关系的问题，而这种涉及多方利益关系的表现中含有恩惠的流动方向。下面笔者仅就“授受关系”的表现，通过曲线图形的形式来研究探讨这种带有方向性的““てあげる”（“てさし上げる”“てやる”）、“てもらう”（“ていただく”）、“てくれる”（“てくださる”）”授受关系。

1　“离心型”的授受关系：为别人作某事

表现授受关系的“てあげる”意为：同辈之间为别人作某事；“てやる”表示：上级为下级或长辈为晚辈做某事；“てさし上げる”则为：下级为上级或晚辈为长辈做某事。其恩惠的流向可用下面的曲线来表达：

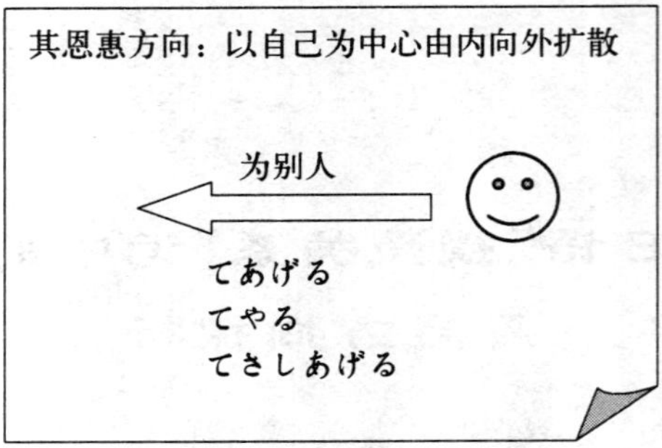

也就是说，这种授受关系的恩惠流向是以说话人为中心，由内而外地流出。即：说话人——听话人或者受惠方。例如：

☞ 若者は、牛といっしょに暮らし始めました。そして、毎日とても丁寧に牛の世話をしてやりました。(年轻人和老牛一起生活。而且每天非常仔细地照顾着牛。)

《标准日本语》中级上册第6课第90页

☞ 神様は、そんな織姫の姿を見ると、かわいそうになります。そこで、年に1回、7月7日だけ、二人が会うことを許してやりました。(神仙看到织女这个样子，感到很可怜。因此，允许他们两人每年一次在7月7日这天相会。)

《标准日本语》中级上册第6课第92页

☞ 田中さんは本田さんにチャハンを作ってあげました。(田中先生为本田先生做蛋炒饭。)

《新编日语》第二册第七课第154页

☞ 全部見終わったら、ご褒美であげる。如果全部看完了，就奖赏你。

电影《踊る大捜查1》

以上可以看出其“照顾”、“会面”、“做饭”和“奖赏”的恩惠流向都是有动作的主体由内而外做放射形的流出，里面也包含着第三者之间的恩惠流动。其恩惠流向的模式是一种“离心放射直线型的授受关系”。

2 “向心型”的授受关系：别人为自己做某事

授受关系词中的“てくれる”表示：同辈之间别人为自己做某事；“てくださる”意为：上级给下级或长辈给晚辈做某事。其恩惠的流向曲线如下：

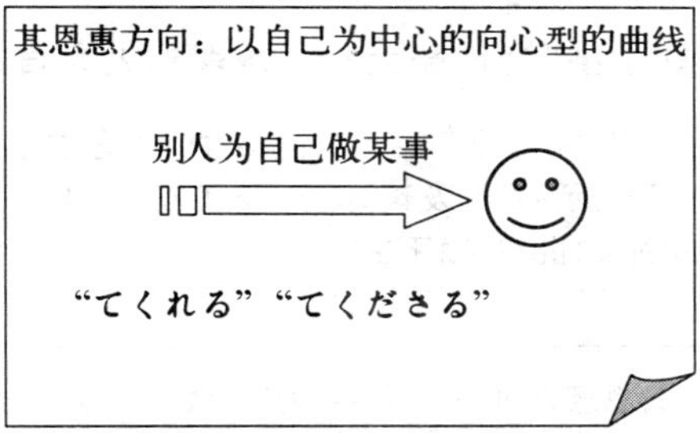

也就是说，这种授受关系的恩惠流向是以说话人为中心，由外向内流入。即：施惠方——听话人或者受惠方。例如：

☞ まさか　直ちゃんとペアになるなんて　神様は私を応援(おうえん)してくれてると思った。(我和小直编为一组，莫非这是神在帮助我吧。)

日剧《初恋》

☞ 友達がいろいろ手伝ってくれたので、ほんとうに助かりました。(朋友帮了我很多忙，真是解决了我的大问题了。)

《新编日语》第二册第七课第 149 页

☞ これは先生が買ってくださったのです。(这是老师给我买的。)

《新编日语》第二册第七课第 159 页

☞ (夏澄)：今…あっ　今　駅前のコンビニ　着いた。

(朋子)：マーガリンも買ってきてくれる？

(夏澄)：わかった。

(“啊，现在我在车站的超市。”“给我买些奶酪吧。”“知道了。”)

日剧《初恋》

☞だって　つまらないんだもん　だれもちやほやしてくれないし。(但是很没劲的嘛,谁都不宠着我呀。)

电影《ナースのお仕事》

以上例子表明这种利益的流向大多是为说话人或者和说话人关系密切的人,其恩惠流向模式是一种“向心型的直线授受关系”。

3 “向心U字型”的授受关系:请求别人为自己做某事

授受关系词“てもらう”表示:同辈之间请求别人为自己做某事;“ていただく”表示:下级请求上级或晚辈请求长辈为自己做某事。其恩惠的流向曲线如下:

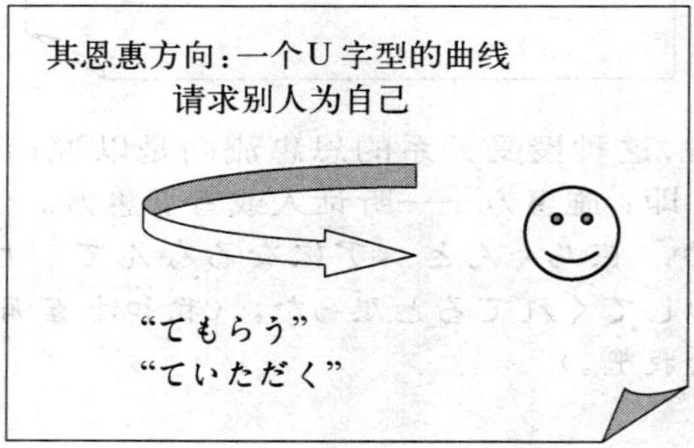

这种授受关系的恩惠流向也是以说话人为中心,由内发出邀请,恩惠从外流入。即:施惠方——听话人或者受惠方。其实这种表现形式也可以说是一种委婉的使役态。例如:

☞“青木さんには何をしてもらいましたか。”“青木さんには歌ったり踊ったりしてもらいました。”(想请青木做什么?想请他为我们唱歌跳舞。)

《新编日语》第二册第七课第154页

如改为使役态可变成:

☞“青木さんには何をさせましたか。”“青木さんには歌ったり踊ったりさせました。”(想让青木做什么?想让他为我们唱歌跳舞。)

虽然意思没变但是这样一改，语气恭敬的态度就差了很远。再如：

☞“パーティーが終わってから誰に先生を送ってもらいましたか。”“江沢さんに送ってもらいました。”（晚会结束后请谁送的老师？是请江泽去送的。）

《新编日语》第二册第七课第154页

如果此句改成使役态可为：

☞“パーティーが終わってから誰に先生を送らせましたか。“江沢さんに送らせました。”（晚会结束后让谁送的老师？让江泽去送的。）

这样一改同样也失去了原有的恭敬的态度。还有：

☞ 先生にもう一度説明していただきました。（老师请您在解释一遍好吗？）

《新编日语》第二册第七课第158页

☞ 留学生别科の蔡先生先生にも来ていただきました。（我们也请来了留学生别科的蔡老师。）

《新编日'语》第二册第七课第154页

☞ ちょっとお願いがあるんですが、お暇な時に、日本語を教えていただけませんか。（对不起，想求您一件事，不知能否在闲暇时间教我日语？）

《新编日语》第二册第七课第174页

☞ 初めのころは一人でできなかったので、友達に何回もつれて行ってもらったのですが、今では一人で行けるようになりました。（刚开始的时候一个人无法做到，所以就请朋友带我去了好几次，现在已经可以一个人能去了。）

《新编日语》第二册第七课第175页

☞ 道に迷っているうちに、夜になってしまいました。申し訳ありませんが、今晩ここに泊めていただけないでしょうか。（对不起，我迷路了，天又黑了，能不能让我借宿呢？）

《标准日本语》中级下册第24课第56页

☞ 申し訳ございませんが、真尋は会社に出ておりますので、後ほど　そちらの方に連絡して頂けますでしょうか？（对不起，真寻取公司了，等她回来后，再叫她和你联系吧。）

日剧《甜蜜的季节》

☞ 彼女の目を見ると嘘がつけないんです。本当のことを言わなくちゃいけないって　そんな気持ちになるんです。だから　彼女が好きだという気持ちにも　どうしても　嘘がつけませんでした。僕の責任です。　別れてもらえないでしょうか？

（看见她的眼睛，使我无法说谎，使我不得不说出我的真心真心话。所以我喜欢她的心情 无论如何，也无法对自己说谎。都怪我。你可以和她分手吗？）

日剧《甜蜜的季节》

☞ おい　いずみ

今　この瞬間から他人よ！

なれなれしく名前で呼ばないでちょうだい！

（喂！阿泉。从现在开始我们谁也不认识谁，请不要亲昵地叫我。）

另外，要注意的要点还有："ていただきたい"和"てほしい"，"ていただきたい"的表现形式也可以缩约成"てほしい"。即："希望别人为自己做某事"。

☞ お兄さんのこともお父さんのこともお前には知ってほしくなかったんだ。（不想让你知道哥哥和爸爸的事情。）

日剧《甜蜜的季节》

☞ ついてきてほしい所があるんだけど。（我希望，你跟我一起到一个地方。）

日剧《甜蜜的季节》

☞ あの、これ…　よかったらみなさんでどうぞ。

ああ、猿渡さん、確かケーキ屋さんにお勤めでしたよね。

ええ、ぜひみなさんで一度食べてもらいたくて

じゃ　せっかくですから　みんな　頂いたわよ，ありあとうございます。

（这个请大家收下。

阿，对了想起了，你是在蛋糕店工作吧。

恩，希望大家一定尝一尝。

好吧，既然是您的心意，诸位，我收下了。谢谢。）

电影《ナースのお仕事》

☞ご伝言お願いしますが、明日の午後三時に水沢さんとお会いする約束があったのですが、失礼かもしれませんけど、水沢さんのご都合がよければ午後五時にずらしていただきたいのです。（劳您转告一下：原定明天下午三年时与水泽先生见面。很抱歉，如果水泽先生方便的话，请改在下午五点。）

电影《ナースのお仕事》

综上所述，授受关系词“てもらう”和“ていただく”是一种委婉的使役态，表示请求别人为自己做某事。其恩惠的流向曲线虽然也是一种由外而内向心型的，但是一种先由说话人发出邀请的“向心U字型曲线的授受关系”。

4 “离心小S”型的授受关系：

那么如果授受关系的“てもらう”“ていただく”和使役态的“させる”两者合在一起用的话，其恩惠(动作移动)的方向又该会如何呢？这两者合一成为：“させてもらう”“させていただく”，其意思为：请求别人允许自己做某事。其动作是流动方向是一“S”形，如图所示：

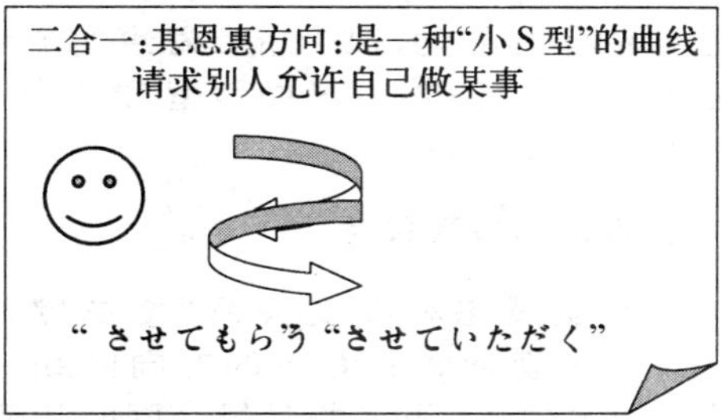

这种授受关系的动作流向是以说话人为中心，由内而外流入。但不是“由内而外直线流出”而是经过“说话人发出请求——然后再实施恩惠”等曲折委婉的过程的流出。例如：

☞ では、明日電話をさせていただきます。（那么，请允许我明天给您打电话。）

《新编日语》第二册第十四课第326页

☞ じゃ、お先に失礼させていただきます。（请允许我先告辞了。）

《新编日语》第二册第十四课第326页

☞ まだ熱がありますから、今日も休ませていただきます。（还发烧，所以请允许我今天再休息一天。）

《新编日语》第二册第十四课第326页

☞ "先日の投書欄で、Aさんの意見を読み、ひとこと言わさせていただきたいと思って、ペンを取りました。（前几天我读了读者来信栏目里A先生的意见后，也写了封信，请允许我谈谈自己的意见。）

☞ とにかく風邪ぎみだし　早退させてもらいますから。（无论如何，今天由于有些感冒，请让我先回去吧。）

日剧《甜蜜的季节》

☞ 以上をもちまして、本日の宴会をお開きとさせていただきます。どうもありがとうございました。（今天的宴会到此结束，谢谢各位。）

这种"授受关系"的"てもらう""ていただく"和"使役态"的"させる"的组合其实就是委婉的请求，请求别人允许自己做某事，句中主要包含动作的移动，很少带有恩惠的流动。但这种方向的流动则呈现出一种"离心小S曲线型"的模式，即这是一种"离心小S曲线型的授受关系"。

5 "对冲型"直线的授受关系

带有方向性的使役态和授受关系"てあげる"、"てもらう"、"てくれる"的表现形式各有各的方向曲线。不过在生活中讲话时会涉及更多的人，更多的时候会同时用到两种授受关系的表现甚至三种形式的表现。如：当"てあげる"（"てさし上げる""てやる"）和"てくれる"（"てくださる"）这两种的表现形式结合在一起的时候，将会产生什么效果呢？可译为："请你让他……吧"。即：求对方（听话方）为第三者做某事。如图所示：

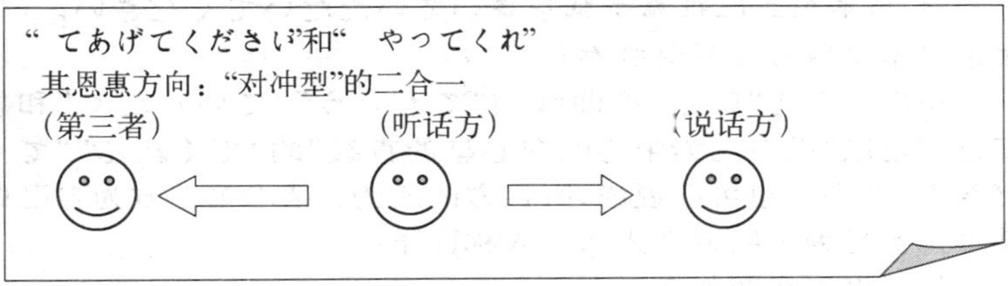

例如：

☞ すいません、とにかくそんなに危険な人じゃありませんから手錠はずしてあげてください。おい、外してやれ。（对不起，不管怎么说，她总不是那样危险的人物吧，请你放了他吧。喂，放了他。）

电影《ナースのお仕事》

☞ 幸せにしてやってくれ。（让她幸福吧。）

日剧《甜蜜的季节》

☞ “藤野さんに中国語を教えてあげてください。”（请你去教藤野汉语吧。）

这两种表现形式结合在一起，就好像产生一种合力，当“てあげる”这种其恩惠方向是以“以自己为中心向外扩散”的力量产生后，又有了一种“てくれる”这种其恩惠方向是以“以自己为中心的向心型的曲线”的力量又接踵而至。两股力量“正负”抵消，合力为零。

不过，这种授受关系里出现的两个恩惠方向也可以看成都是由第二方发出的，即听话人一边为第三者做了某事，一方面又给了说话人面子。这是一种“对冲型的直线授受关系”。

6 “抛物线”型的授受关系

当“てもらう”和“ていただく”这两种的表现形式结合在一起的时候，将会产生什么效果呢？这两股不同方向的力量将会产生什么样的合力呢？例如：

☞ 藤野さんに日本語を教えてもらってください。(请你让藤野教你日语吧。或:你去让藤野叫你日语吧。)

☞ 川本先生に推薦手紙を書いていただいてください。(你去请川本老师为你写封推荐信吧。)

恩惠方向为“U字”型曲线的“てもらう”“ていただく”和恩惠方向是以“以自己为中心的向心型的直线”的“てくれる”“てくだきる”合力。也可以说成,听话方的所为:请求第三方为自己做某事其实是为了给说话人第一人称面子。

其恩惠流线图如下:

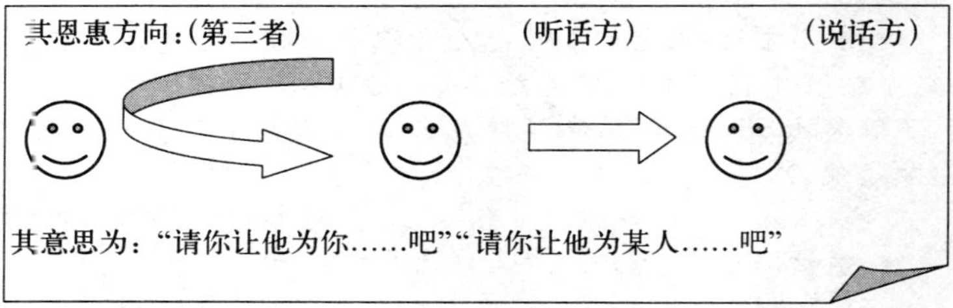

这是一种“抛物型的授受关系”。

而授受关系最复杂的表现则是集“てあげる”、“てもらう”、“てくれる”的表现“为一身的形式:

☞“この写真さんがうまいんですが、写真を撮ってもらってやってくださいませんか?”(这家照相馆技术很棒,能否麻烦你们去这家照相馆照相呢?)

金田一春彦的《日本語の特質》,上外《日语》第五册第174页

这个句子充分体现了日语中的人际关系的恩惠的流向,曲折委婉.利益攸关方甚多,复杂多变。

总之,在日语的授受关系的表达中,由于涉及到人和利益甚多,“说话人”、“听话人”、“第三方”和“第四方”以及恩惠的流向,是一个复杂的体系。本文所描述的“恩惠流向曲线”仅仅只是对授受关系的理解,在具体的社会实践中还有遇到更加复杂的人际关系的变化,所以一定要一举一反三,才能达到彻底理解。

参考文献

森田良行. 基础日本语. 角川书店，昭和五十三年.

作者简介： 赵莹波，上海大学外国语学院。

创造事件及其小句

周　燕

摘　要：本文以创造小句为研究对象，通过建立创造事件概念框架，探索了创造事件的共享性概念内容和特异性概念内容。并论证了创造事件概念框架在认知连通和小句生成、理解、问答以及语义推理等认知操作中的可行性。

关键词：创造事件；小句；概念框架；认知连通；认知操作

1　引言

在动词映射论的指导下，美国斯坦福大学教授 Levin 基于语料库的研究，编写了《English Verbs Classes and Alternations》一书。该书将动词归入 49 大类，并列出了每类动词相对应的变式。本文以第 26.1 类动词——build(创造)类动词，为研究对象，从认知的角度出发，通过分析创造事件各变式之间的差异，探索创造事件的动词语义和小句变式之间的连通关系。同时，注意概念语义系统和感知运动系统之间的连通可行性和操作可行性。

2　创造事件概念框架

Levin(1993)虽然在映射论的基础上对动词和变式之间的关系进行了系统的描述和解释，但由于映射论本身存在一定理论缺陷，所以还不能很全面的解释动词和变式之间的对应关系。另外，Goldberg 的融合原则(1995)又难以合理表述错配小句的义形关系。因此，本文采取认知功能的模式，旨在表述和解释语言系统及其基本特征，语言系统的生理特征主要表现在大脑神经网络的连接方式和操作原则(程琪龙,2006：40－67),神经网络具有传递信号的功能,因而,认知功能模式具有神经网络连通和操作的可行性。语言系统的操作过程(即语言过程)是概念内容和语言表达(即义形)之间的相互激活的过程,并涉及人类与外部世界的互动。语言过程包括理解过程和输出过程,并有可能延及感知运动的认知过程(程琪龙、乔玉巧,2010：12)。请看下例：

Robins build nests.

They had a house built for them.

在理解该句的基础上,我们的大脑会感知并输出一系列动作。不管是哪一个例句,它们在感知输入到语言表达的产出,从语言输入到动作感知认识理解的过程,它们都表达相同的概念内容,即：某动作者创造了某物,并有相同(或基本相同)的感知运动。用图示可以表述为：

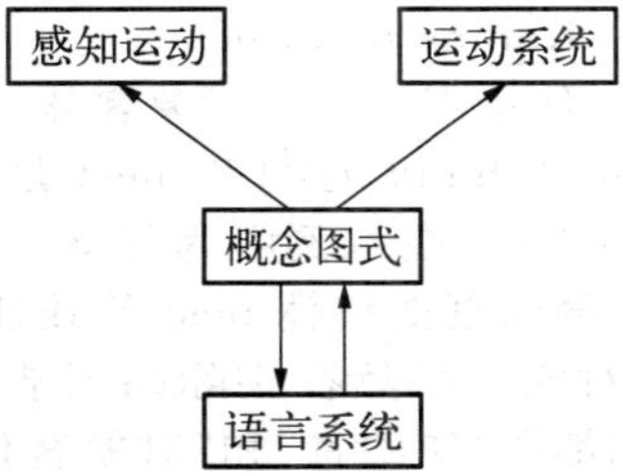

概念框架作为概念系统中一个具有一定激活连通权值的关系网络,由基本概念语义结构组合而成。概念语义结构即表达概念语义的概念结构。小句可以激活的概念结构由概念过程、先设条件和推导结果三个部分构成。其中概念过程可以称之为整个概念结构的核心部分,具有较强的概括性和经济性。根据概念单位的三种基本关系(时空存在关系、动作关系和致使关系),可以有三种基本的概念结构：时空概念结构、动作概念结构和致使概念结构。这三种基本的概念结构可以独立出现,也可以组合或重复出现。连通简单小句和感知运动系统的概念语义单位,在语言系统模式中叫做事件 (event)(程琪龙、梅文胜,2008：82)。物质域的创造(creation)事件主要表述"某一实体控制某动作,并通过该动作创造另一实体”。

本文所建构的创造事件框架为连通感知运动系统和语言表达系统的连接部，它涵盖两个部分：各变式共享的概括性概念内容和各变式特异性的概念内容。前者用来表述所有变式和感知运动系统的连通，后者用来表述概念语义和词汇语法之间的体现。下面将分别对各变式共享的概括性概念内容和特异性的概念内容加以探讨。

2.1 创造事件各变式共享的概括性概念内容

小句的语符关系，就是小句概念内容和表达形式之间的体现关系，本文讨论的概念框架主要属小句，主要表述小句表达的情状(包括事件和状态)概念内容(程琪龙，2006：24－92)。在创造事件过程中会有“人”和“创造物”，分别表述为概念过程中的“使动者”和“对象客体”。这两个参与者在物质上表现为连通感知运动系统和语言表达系统。例如：

Robins build nests.
使动者　　对象客体

其中 Robin 是动作 build 的动者，nest 是使者 Robin 控制动作 build 创造出来的客体，在本例中为终体。同时 Robin 也是使 build 这一使动行为得以创造终体 nest 的致使者，同时 nest 也成为了致使者致使的对象。虽然在实际的创造事件小句的具体形式多种多样，但他们都含“使动者”和“对象客体”两个参与者。用概念框架可以表述为：

动作者 ＋ 创造动作 ＋ 客体	← 动作概念结构
致使者 ＋ 致使 ＋ [对象＋变化]	← 致使概念结构

创造事件概念框架过程含动作概念结构和致使概念结构。其中动作概念结构的动作者和致使概念结构的致使者重合为“使动者”，创造动作和致使重合为“使动”，客体和[对象＋变化]重合为对象客体。该创造概念框架表述了创造事件所有变式共享的概括性概念内容。

2.2 创造事件各变式的特异性概念内容

创造事件概念框架可体现为不同的词汇语法结构，进而表现为不同的变式。本文研究范围限于常见的使动者为主语的英语句式。此创造事件英语小句可以有以下变式(程琪龙在其文章《事件框架的语义连贯和连通——切刻小句的实例分析》中论证到量变事件不创造实体,所以在本文中终量式不予以考虑):

终体式: Robins build nests.

终属式: They had a house built for them.

原位式: I blew bubbles in drinks.

终位式: They carved their initials on the desk.

终状式: John cut the stick shorter.

上述变式都享有基本相同的语法结构:"名——动——名(——介|副|形)",但它们的概念语义却迥异。下面将对各变式的特异性概念语义进行分析。

创造事件框架的参与者包括使动者和对象客体,创造的过程是将对象创造为客体的过程。上述终体式中只出现了创造出来的终体,并为出现原体,但在实际情况下原体和终体同时出现的创造小句是存在的。如:

John made a cabinet from scrap timber.

John made the scrap timber into a cabinet.

在上述变式中,它们的使动者和对象客体以及创造过程均相同,但它们凸显的成分却不尽相同。前句凸显的是原体,在语法结构上体现为表示"终"的介词 into。后句凸显的是终体,在语法结构上体现为表示原的介词"from"。另外,上述两式在所表达的内容有三个相同的谓元:实施,客事和终体。事实上,后两个谓元只是语法语义相同而已,它们的语法位置并非完全重合,原体式中客事的位置与终体式中终体的位置重合,原体式中终体的位置与终体式中客事的位置重合。从概念语义的角度出发,两个变式的概念内容完全相同;且形体的变化过程都遵循抽象的原终图示(Source-Path-Goal Schema)。在形式表述中,如果我们将此两个小句的概念内容放在单个概念框架中表述则即经济又合理。以上概括性创造事件概念框架可以修整为:

使者$_{\text{John}}$+使+对象$_{\text{scrap timber}}$+$_{\text{倾向}}$[[客+原体]$_{\text{scrap timber}}$+终体$_{\text{cabinet}}$]
动者$_{\text{John}}$+动$_{\text{made}}$+终体$_{\text{cabinet}}$

创造事件除了可以凸显对象客体以外，还可以凸显终属客体。凸显的对象客体的领属变化则由客体的“终属”来表达。当对象客体被创造以后，作为终属的标志实体和终体之间的关系可以发生不同的变化。例如：

They had a house built <u>for them</u>.

此终属在创造事件中是显突的，当终体“house”被创造以后，终属可延伸至少两种语义：①“them”接受“they”创造的“house”（称为“已知终属”）；②“them”是否接受“they”创造的“house”未知（称为“未知终属”）。这些延伸而得的多种隐性语义在不同的母语者的语感选择是不统一的。

基于上述讨论，创造事件的概念内容涉及终体的领属变化，甚至进一步细化延伸出终体改变终属的概念内容。因此概括性共享创造事件可以进一步修整为：

使者$_{They}$＋ 使 ＋ 对象 ＋$_{倾向}$[[客 ＋原体] ＋ 终体$_{house}$＋ 终属$_{them}$]
动者$_{They}$＋ 动$_{build}$＋ 终体$_{house}$
使者$_{They}$＋ 使 ＋ $_{倾向}$[终体$_{house}$＋终属$_{(已知|未知)}$]

细化延伸后的创造事件概念框架含两个致使结构，其中后一个致使结构是可选概念结构。不同预感表述为终体的不同终属。细化延伸后的创造事件概念框架既可以表述终体式的概念内容，又可以合理表述终属式的概念内容。

另外，在创造事件中，还有可能凸显终体的方位，体现为原位式和终位式。由于原位式和终位式的语法结构同终属式及原体和终体同时出现的创造小句变式的语法结构相同，即都为：名——动——名——介，由此，我们可以将概括性共享创造事件再次修整为：

使者 ＋ 使 ＋ 倾向[[客 ＋ 原体] ＋ 终体 ＋ [终属 | 原位 | 终位]]
动者 ＋ 动 ＋ 终体
使者 ＋ 使 ＋ [终体 ＋ 终属(已知 | 未知)]

在上述原位式和终位式小句中，原位和终位分别体现为“in drinks”和“on the desk”。

终状式与上述变式不同。首先在语法结构上,终状式体现为:名—动—名—形,即对象客体被创造之后的性状在语法上不再体现为介词短语,而是体现为表示性状的形容词。

综上所述,创造事件可以组构识解为五个变式:终体式、终属式、原位式、终位式和终状式。它们是:

终体式:Robins build nests.
John made a cabinet from scrap timber.
终属式:They had a house built for them.
I am baking a birthday cake for Alex.
原位式:I blew bubbles in drinks.
终位式:They carved their initials on the desk.
终状式:John cut the stick shorter.

3 创造事件概念框架的认知连通可行性

事件属于情状的一部分;情状的认知连通可行性既表现为小句的概念语义和语言表达的相互激活,又表现为它和其他认知系统(如感知系统、运动系统、情感系统等)的激活(程琪龙,2005:13)。下文将具体说明创造事件概念框架在认知连通方面的可行性:

John made a cabinet.
John made a cabinet from scrap timber.
John made the scrap timber into a cabinet.

从运动系统的角度出发,创造情状必须涉及"创造者(动者)、创造动作(动)、创造的客体(终体)和创造的对象(原体)"。在创造事件中,这些动作参与者构成动作概念框架。此外,结合操作系统来看,不同的小句激活的概念范围的内容也不同。Langacker(1999)曾说过,概念语义可以构造(construe)概念内容(conceptual content)在范围或精度方面的不同构式(construal),这些构式激活不同的语法结构。第一句激活了动作者、动作和终体;第二句和第三句则激活了动作者、动作、原体和终体四个参与者,但原体和终体出现的语法位置却不相同。后两句与第一句的不同还表现在它们除了激活动作结构以外还激活了致使概念结构,用概念框架表示为:

过程	使者$_{John}$＋使＋对象$_{scrap\ timber}$＋$_{倾向}$[[客＋原体]$_{scrap\ timber}$＋终体$_{cabinet}$] 动者$_{John}$＋动$_{made}$＋终体$_{cabinet}$

4 创造事件概念框架的认知操作可行性

语言是动态的，它涉及操作、发展、基因和演化四大过程（程琪龙，2001；余丽娜，2008），其中操作过程是最基本的。过程本身预设系统，语言的认知操作（即生成和理解）是语言系统和概念系统的激活延伸，它涉及外部世界相关信息和内部系统信息的相互作用的过程。所谓的系统操作主要是系统中相应路径激活延伸的过程，是概念到表达的生成过程以及表达到概念的理解过程。如此概念系统可以用来解释语言操作中的语言提问、回答、推理等。本文中的推理只涉及语义，不涉及语用。

4.1 生成和理解

以下小句的语法结构和语义结构都不同，但是他们却有相关的概念语义，共享同一个“carve”概念框架：

Martha carved a toy out of a piece of wood for the baby.

Martha carved the baby a toy.

Martha carved a piece of wood for the baby.

Martha carved the piece of wood into a toy.

根据概念的可分解整体性，任何一个参与者概念语义的输入都会使整个框架处于半激活的状态。而词项输入激活相应的参与者等，并通过激活的参与者，延伸激活相应的语法位置及其具体词项。以上四句连接同一个概念框架，都是“carve”概念框架。但是，不同小句操作时，概念框架的输入不同，框架激活的成分也不同。

句1	Martha carved a toy out of a piece of wood for the baby.
过程	使者$_{Martha}$＋使＋对象$_{a\ piece\ of\ wood}$＋$_{倾向}$[[客＋原体]$_{a\ piece\ of\ wood}$＋终体$_{a\ toy}$＋终属$_{baby}$] 动者$_{Martha}$＋动$_{carve}$＋客体$_{a\ piece\ of\ wood}$
句2	Martha carved the baby a toy
过程	使者$_{Martha}$＋使＋对象＋$_{倾向}$[[客＋原体]＋终体$_{a\ toy}$＋终属$_{baby}$] 动者$_{Martha}$＋动$_{carve}$＋客体

续　表

句 3	Martha carved a piece of wood for the baby.
过程	使者$_{Martha}$＋使＋对象$_{a\ piece\ of\ wood}$＋$_{倾向}$[[客＋原体]$_{a\ piece\ of\ wood}$＋终体＋终属$_{baby}$] 动者$_{Martha}$＋动$_{carve}$＋客体$_{a\ piece\ of\ wood}$
句 4	Martha carved the piece of wood into a toy.
过程	使者$_{Martha}$＋使＋对象$_{a\ piece\ of\ wood}$＋$_{倾向}$[[客＋原体]$_{a\ piece\ of\ wood}$＋终体$_{a\ toy}$＋终属] 动者$_{Martha}$＋动$_{carve}$＋客体$_{a\ piece\ of\ wood}$

句 1 中所有的参与者、谓词都被激活(激活成分用黑体标注)。其中,使动者和动者重合为使动者,使动和动作重合为使动,对象、客体和[客＋原体]重合为对象客体(重合部分用下划线标注)。而其后面三个例句中都只有部分参与者被激活。

概念框架和语法结构之间构成体现关系,进而形成语法组合式,用公式表述为:

过程	使者$_{Martha}$＋使＋对象$_{a\ piece\ of\ wood}$＋$_{倾向}$[[客＋原体]$_{a\ piece\ of\ wood}$＋终体$_{a\ toy}$＋终属$_{baby}$] 动者$_{Martha}$＋动$_{carve}$＋客体$_{a\ piece\ of\ wood}$
体现	使者＼动者＝名 1 使动＼动作＝动 1 对象客体＼原体＝名 3 终体＝名 2 终属＝名 4
语法	名$_1$—动$_1$—名$_2$—[out of—名$_3$]—[for—名$_4$]　[1] 名$_1$—动$_1$—名$_4$—名$_2$　[2] 名$_1$—动$_1$—名$_3$—[for—名$_4$]　[3] 名$_1$—动$_1$—名$_3$—[into—名$_4$]　[4]

由此可见,“carve”情状概念框架和相关小句的语法组合式及两者之间的体现关系可以组成如上的语符子系统。在子系统的具体操作过程中,体现关系在生成和理解两个方面激活的方向却是相反的。生成是由概念语义到语法组合,而理解操作则是从语

法组合到概念语义。

以句 2 生成为例。它激活的概念成分是：使者、动者、使动、动作、终体和终属。其中使者和使动重合为使动者，使动和动作重合为使动。根据体现关系，使动者激活名$_1$，使动激活动$_1$，终体激活名$_4$，终属激活名$_2$。因此输出的语法结构是：

名$_1$—动$_1$—名$_4$—名$_2$

理解是倒向的操作，其输入是语法结构的各个成分，。诶一公式的体现操作从右到左。以句 3 的理解操作为例。名$_1$的输入激活了使动者，动$_1$的输入激活了对象客体名$_3$，经过动$_1$的的操作则激活终体名$_4$。

4.2　问答信息提取

合理的概念框架表征不仅应该可以为语言操作提供必要的信息，而且应该可以为语义推理提供信息。对于创造事件概念框架是否具有这种问答提取信息的操作可行性，笔者提倡用构成概念框架三个部分的概念过程、先设条件和推导结果来解释，其中先设条件又被称之为预设。仍以 4.1 部分的第一小句为例，该小句月概念框架的三个组成部分可以表述为：

例	Martha carved a toy out of a piece of wood for the baby.
预设	[[客＋原体]$_{\text{a piece of wood}}$＋变]＋否
过程	使者$_{\text{Martha}}$＋使＋对象$_{\text{a piece of wood}}$＋$_{\text{倾向}}$[[客＋原体]$_{\text{a piece of wood}}$＋终体$_{\text{a toy}}$＋终属$_{\text{baby}}$] 动者$_{\text{Martha}}$＋动$_{\text{carve}}$＋客体$_{\text{a piece of wood}}$
推寻	[客＋原体]$_{\text{a piece of wood}}$＋变； 终体$_{\text{a toy}}$＋终属$_{\text{baby}}$

没有词项输入的参与者及概念框架的先设和后续都处于半激活状态，可以作为提问的对象（余丽娜，2008：9）。上述小句的所有参与者都被激活，当某些参与者未被激活时我们便可以提出问题了。如当使动者未被激活时，我们就可以问："Who carved the pieces of wood?" 这是因为该小句所表达的概念内容为提问提供了信息，即小句告诉我们：动作 carve 必须有一个动作者。

受话者之所以能够提出这样的问题,是因为它的情状概念内容中有如此的提问机制。概念框架则为我们提供了提问机制的形式表征,它就是操作中的半激活参与者(程琪龙,2005:14)。

在受话者听到上述小句后,也许会问:"What happened tc the piece of wood?"根据上面的概念框架可以推导出:"[客+原体]$_{\text{a piece of wood}}$+ 变;终体$_{\text{a toy}}$+ 终属$_{\text{baby}}$"这一信息。

5 结语

认知功能模式从概念语义出发,重视体现关系,突出系统的可操作性。在语义、语法描述中显示出相当强的认知操作性、概括性和经济性。

创造事件作为一种理论模式,能以合理形式表述创造事件经验知识。本文所研究的创造事件概念框架合理的表述了创造事件各变式的词汇语法结构,并探索了创造动词和变式之间的语义关系,讨论了创造事件的共享概念框架和特异性概念内容。并在此基础上论证了创造小句的认知连通和生成、理解以及问答信息等认知操作的可行性。

参考文献

[1] Levin, Beth. English Verb Classes and Alternations[M]. Chicago: University of Chicago Press, 1993.
[2] Goldberg. A Construction Grammar Approach to Argument Structure [M]. Chicago: The University of Chicago Press, 1995.
[3] 程琪龙. 概念框架和认知[M]. 上海: 上海外语教育出版社, 2006.
[4] 程琪龙. 事件框架的语义连贯和连通——切刻小句的实例分析[J]. 外国语, 2009(3): 10-19.
[5] 程琪龙,乔玉巧. 放置事件及其变式[J]. 浙江大学学报(人文社会科学版), 2010(4): 1-13
[6] 程琪龙,梅文胜. 使移事件及其小句[J]. 外语学刊, 2008(3): 82-88
[7] 程琪龙. 谓元·语义结构·概念框架[J]. 外国语, 2005(5): 10-16.
[8] Langacker, Ronald W. Grammar and Conceptualization[M]. Berlin: Mouton de Gruyter, 1999.
[9] Lamb, S. Pathways of the Brain: The Neurocognitive Basis of Language

[M]. Amsterdam: John Benjamins, 1999.
[10] 程琪龙. 认知语言学概论：语言的神经认知基础[M]. 北京：外语教学与研究出版社，2001.
[11] 余丽娜. 使成小句的概念框架[J]. 西安外国语大学学报，2008 (1)：5－9.

本文获上海大学第五届研究生创新基金项目(编号：SHUCX112071)资助。

作者简介：周燕，上海大学外国语学院硕士研究生。主要研究方向：英语语言测试和英语教学法。

教学篇

杂病编

日本外语教育政策制定及实施分析

蔡春红　孟　臻

摘　要: 日本与中国同属东亚文化圈,两国同样把英语当做第一外语来教学。日本外语教育政策制定的完备机制保证了其政策制定的科学性、民主性和合理性。本文利用最新的资料及实地考察收获来探讨日本外语教育政策的演变发展、日本外语教育政策形成机制和日本外语教育政策实施成效得失及启示等事项。日本与中国在外语教育方面都存在着类似的问题,研究日本外语教育政策的制定及实施有助于推动我国当前的外语教育改革。

关键词: 日本外语教育政策;机制;程序;效果

日本是我们的近邻,又是世界上最发达的国家之一。日本在亚洲率先进入了发达国家的行列靠的就是“教育立国”。除了“二战”战败、罪有应得外,在日本近代史和现代史上没有中国那么多的内忧外患,因此日本的外语教育政策一直比较稳定,没有大起大落。日本的外语教育对国家发展有着至关重要的意义。考察日本的外语教育政策制定及实施对我国的外语教育政策制定和实施有着重要的借鉴意义。

1　日本外语教育政策的演变发展

日本的外语教育历史十分悠久。在古代,日本人在同中国人的交往中就尝到了学习外语的甜头,现代日语中 1945 个常用汉字就是古代日本认真学习外语(汉语)的鲜明成果。进入近代,日本又把目光投向了西方国家。1808 年，英国军舰“费通号(Phaeton)”挂荷兰国旗进入日本长崎港，当时，长崎的地方官员松平康英为此引咎剖腹自杀，从此，英国军舰多次进入长崎。1809 年，德川幕府为了防护国防，下达了向荷兰人学习英语的命令，此后，各地纷纷兴办私塾学习英文。1840 年，涉川敬直翻译出版了日本第一本英语语法书《英语鉴》。1848 年美国人 Ronald Macdonald 来到日本成了第一个在日本教英语的外籍教师。1863 年 4 月，福泽谕吉在庆应学塾开办了明治维新后第一个英语补习班。庆应学塾是早期英语学习热得突出代表。庆应学塾后更名为“东京外国语学校”，该校在 1877 年又发展成了东京大学。1868 年明治维新以来一百多年，日本的外语教育以西方语言，特别是英语为主。自明治维新起，英语教育在日本拉开了序幕，并初步发展起来。

明治维新开始后，为了尽快达到富国强兵的目的，日本给自己设定了一个目标，那就是追赶欧美这些先进的工业化国家，学习他们的科技、文化和教育的各种制度来实现资本主义工业化，在短期内把日本建设成为一个拥有雄厚经济实力的现代化国家，达到“富国强兵”、巩固国防之目的。在这一时期，日本教育改革的指导思想是“和魂洋才”，即“东洋精神，西洋艺术”，或者说是日本精神与西方科技能力相结合。在教育政策上，日本政府采取了“教育先行”、“教育立国”的发展战略。1890 年，日本颁布了《教育救语》。《教育救语》刚一颁布，日本政府就号召通过掌握英语，吸收西方科学技术和文化思想，进而消除日本的后进性，使日本尽快与西方国家对等，人们认为为国家学习英语，是一条出人头地之路。在随后的 1919 年到 1931 年间，日本政府以法令的形式规定了其外语教育政策：英语、法语、德语、汉语和马来语作为外语确定为中学课程，但是均作为选修课。

在政府的大力鼓动下，日本全国引发了学习英语的热潮。然而好景不长，进入“二战”时期，与英美开战后，英语一度被认为是“敌人的语言”，在政府愚民政策的煽动指导下，日本人又开始拒绝学习英语，英语教育陷入了绝境。我们可以看出，在这个时期，日本英语教育也遭受到了挫折。

日本在第二次世界大战战败以后，外语教育回归正常，英语又成了外语教育的最大语种，被中学列为选修科目。到了 1960 年，外语课在初中还是选修课，但是在高中就成了必修课。进入 70 年代，日本高中为了应对教育课程多样化的需求，又将英语等外语课改成了选修课，英语课也缩减为每周三课时。

到了 80 年代，随着国际化进程的加快，英语教育的重要性又被提到议事日程。1987 年由文部省牵头实施了“日本教学交流计划”(Japan Exchange and Teaching Program)，引入本族人英语教师以改善英语教学环境和方法。有越来越多的学校开设了英语课，而日本中学生几乎都选修英语。在大学，英语课从大一到大三都有。在日本，大学英语教学没有全国性的统一考试，考察采用的是学分制，只要英语学分修满就算及格。与中国相比，日本学生英语学习压力不大。

全球经济一体化发展的今天，英语作为一门国际交际语言的重要性突显。为了提高日本下一代在 21 世纪的竞争力和生存能力，日本教育部门更加重视英语教育改革。为了使改革确有成效，2001 年 1 月在文部省授意指导下，有关各方共同成立了“推进英语教学改革恳谈会”。该恳谈会成立以后，广泛听取各方意见，全面讨论、研究了有关英语教育改革的多项问题。并于 2002 年形成了《培养“能用英语的日本人”的战略构想》报告。为了实现这一战略构想，日本于 2003 年 3 月又制定了《培养“能使用英语的日本人”行动计划》(山田雄一郎，2005：29)。这些措施都是针对了日本人的英语学习弱项，既听说能力的培养和国际理解能力的培养。自 2002 年起，日本中学重新将英语选修课程改为了必修课，而且增加了每周的课时。

此外，日本教育部门在考虑提高国民的英语能力，改善英语教育，增强国民与世界的交流能力的同时，也看到了很多日本人国语能力的欠缺，即用国语表达自己意见的能力还不强。有鉴于此，在其“战略构想”中，也提出了增强国语能力的计划。

2 日本外语教育政策形成机制

日本在“二战”前教育政策实行的是中央集权制，即由中央教育行政机关的文部省发号施令，统辖全国的教育机构。战后在美国占领军的指导监督下，日本走上了民主道路，确立了三权分立的国家体制。该体制的特点是实行议会制得政党政治，即政党的政策提案需要在议会获得通过才能成为可以实施的国家政策、法规和法律。在中央一级，日本实行的是三权分立、议会制的政党政治，而在地方一级则实行的是地方自治。地方自治由地方政府、议会等地方公共团体在不违背国家法律法规的基础上，自己制定地方的政策，管理地方事务。

日本国家层面教育政策方案的提出主要有两个途径。一是内阁提案，即政府提案。如由文部省提出政策方案，经内阁审议后向国会提交，众参两院审议后通过后上奏天皇，经天皇裁决后正式公布生效。1986年文部省提出的各科目中小学《学习指导要领》（相当于我国的课程要求），经内阁和众参两院审议通过后，于1989年公布生效。二是议员提案。议员提案又分众议员提案和参议员提案两种。众议员提案需要20名以上的议员共同提出，参议员提案只需要10人以上共同提出。提出教育议案的议员大都是教育领域的专家，他们都属于某个政党内国会议员组成的专业委员会，在日语中这样的专业委员会称"部会"，如自民党内专门研究和掌管文教事物专委会称"文化教育部会"。

日本的地方自治在行政体制上分两级，都道府县（等同于我国的省级）和市町村（等同于我国的县级）。日本教育法律有两个特点：一是教育行政独立于一般行政，二是教育要保持政治上的中立。制定本地区教育政策时，各都道府县会在上级中央教育法律、法规和政策的框架内，确定自己的教育目的、方针及相关政策，确定预算、学校设置、教员和校长的录用等。而市町村的教育行政机构则是负责最基层的教育事务，如中小学和其它公共教育设施的设置和管理。市町村的教育委员会与都道府县教育委员会的地位是平等的，而非上下级关系，他们各自对自己的服务对象负责（吴遵民 2006：390）。但是都道府县教育委员会有权对市町村教育委员会设置的学校运行、管理等基本事项作出必要的规定，对市町村教育行政机构给与必要的指导和帮助。

在这样的政治体制下，"二战"以来，日本的国家和地方均权化及教育行政从一般行政中独立出来的教育管理体制逐渐成熟和完善。在均权化制度下，日本教育行政既加强了国家教育行政部门的统一领导，又充分发挥了地方教育部门的积极性。国家级和地方级的教育行政工作分工明确，各施其责。国家教育行政负责制定教育总方针及政策、各种教育规定、全国教育发展规划、教育课程的标准和完成全国各级教育统计等。地方教育机构要遵循既定的全国性目标和标准，根据地方的特定情况和实际需要，拟定具体计划并付诸实施。两级均权化管理适合日本国情，"符合日本的民族习性，保证了日本教育事业能够健康顺利地发展，而且对于日本人的民族亲和力的民族认同感也起到很大作用(吴遵民 2006：379)。

综上所述，日本是一个民主化程度高、教育政策制定体制完善的国家。赖秀龙(2009：68)认为日本教育政策制定的特征主要体现在三个方面：

一是教育政策的制定是各种不同政治力量相互斗争、妥协的过程。在日本，对教育政策制定具有影响力的群体很多，他们各自代表了不同的利益，尤其是参、众两院中不同的党派议员更是代表着不同的利益群体。政策的角力胜败往往取决于政党在议会中的席位数。

二是相关专家和咨询机构在教育政策制定中发挥了关键作用。在日本，无论是执政党还是在野党，都在自己党内设有教育政策委员会。其委员多是国会议员，精通教育，通过他们在国会唇枪舌剑的辩论使民众对教育提案的优劣更为明了。另外，教育审议会制度也有利于教育政策的公正合理。审议会成员来自社会各界，大都熟悉教育，并能代表不同的社会群体的利益，他们在教育决策中发挥着重要的作用。如前面提到的"推进英语教学改革恳谈会"的参与者就代表了各方利益。

第三是各种社会团体在教育政策制定中发挥了积极的推动作用。各种社会团体，如教育界的"日本教师工会"、"日本教职员组合"和财经界的团体"日本经济团体联合会"、"日本经济发展委员会"等及新闻界的一些团体，虽然不是政府机构，不直接参与教育决策，但是他们可以利用媒体来表达自己的诉求，对国会施加影响。以上三个特征为日本外语教育政策制定的科学化、民主化提供了强有力的保证。

3 日本外语教育政策实施成效得失及启示

从日本外语教育政策的演变发展和其外语教育政策形成机

制可以看出日本外语教育政策的特点：首先是外语教育制定的民主化为科学化、合理化奠定了扎实基础，一项外语教育政策的出台都要经过反复酝酿，几经激辩，充分反映各方意见，平衡各方利益；第二，除了短暂的特殊时期，日本的外语教育政策比较平稳；第三，日本的外语教育政策具有灵活性，在总体方针不变的情况下，局部的微调不断；第四，日本外语教育的语种选定一直以英语为主；第五，日本朝野内外近期重视外语教育，有强化政策的趋向。

日本外语教育政策制定和实施务实，但并不缺乏对外语教育先进理念、方法和手段的追求。如20世纪70年代国际流行的交际法、90年代提倡的"国际理解"和利用信息技术开展教学等都曾写入当时的外语教学指导要领(文部省1992,2003)。日本的外语教育政策虽然一直比较平稳，但成效似乎不大，学生英语学习步履蹒跚。日本学生美国英语"托福"考试成绩一直排在中国和韩国以后。外语教育成效不大与日本外语教育的特点也有关系。

首先，外语教育成效不大与应试教育有关。日本是讲究学历的国家。为升学而学习是日本教育的痼疾。日本英语教育一直以来都围绕着考试竞争进行着"应试教学。由于考试中没有听力和口语考试，教师和学生为了在考试中能取得高分，都非常重视英语的语法教学和阅读写作能力培养，忽视英语语音、口语和听力的训练。虽然今年来，日本教育部门开始重视英语教育中学生交际能力的培养，提出了"培养能使用英语的日本人"的目标，制定了战略构想和行动计划，采取了一些针对性措施。但要改变日本人英语交际能力差的现状，还需要长期的努力。

此外，母语发音的特殊性也限制了日本人的英语学习，特别是说英语。日语发音系统中元音寥寥，很多英语辅音在日语中根本没有，这就影响了日本人的英语发音。为了英语学习速成，很多日本学习者直接把英语转换成片假名，由于片假名的读音和英语不完全相同，就在日语中形成了大量的和英语发音有点像的片假名单词。这些导致了讲英语的外国人很难听明白日本人讲的英语(大岛春美,2010)。我们因工作需要，在与日本教育界的同行用英语交往时也发现了同样的现象。

从事日本基础教育的本国英语教师的教学方法存在问题。

日本的英语教师虽然多为英语专业本科毕业生，但是由于受到了传统讲语法、重翻译英语教学方法的影响，他们在走上教育岗位后，又将自己熟悉的那套教学方法搬到了英语课堂。引进的本族人英语教师也是杯水车薪，不能解决日本英语教学的全部问题。而且根据日本的教育法，没有取得日本国内教师检定考试合格证的外籍教员是不能单独在正规学校里从事教学工作的。在日本，外籍教师的英语教学多以合作教学(team teaching)的方式进行，即由一名外籍教师和一名日本英语教师共同授课，外籍教师起到了语言信息提供者(Informant)的作用，而日本教师起中介翻译作用。这种教学模式有利于初级、年幼学习者，但对中高级学习者不利，因为随着学习者水平的提高，中介翻译就失去了作用。单一的教学模式也限制了外籍教师的工作热情和积极发挥。

虽然日本人的英语整体水平不高，但并没有影响国民学习英语的意识和热情，社会上的各种英语学习班比比皆是，英语教育的研究探讨也从未停止过。在英语整体水平一时难以提高的状况下，日本非常注重培养英语精英，既培养真正对英语感兴趣的人，并把他们打造成具有世界水准的专业翻译人才。有了这样一支高度精干、专业的翻译队伍，日本人就可以在第一时间内知晓世界政治、金融、科技等的最新动态，这就在某种程度上弥补了全体国民英语水平整体差的缺陷。由于这个原因，日本教育界也常有反对全民学英语的声音出现。

在我国的外语教育史上，曾因政治因素多次导致外语教育政策失误，如解放初期的全民学俄语和文化大革命中的外语教育中止等，严重阻碍了外语教育事业的有序发展。究其原因就是当时缺乏必要的外语教育政策法制，以致出现了“一言堂”、“拍脑袋”的随意决策。同时还缺乏必要的外语教育决策程序。日本外语教育政策制定的经验给我们启示是，一是要完善相关法规和政策，依法决策。二是要建立健全合理的外语教育决策程序。要明确决策者的地位和作用问题，正确处理好决策者与专家学者、各研究和咨询机构及社会大众的关系。决策者应该严格把握决策程序，确保外语教育政策制定既有深厚的专业品质，又有广泛的群众基础。

4 结语

本文讨论了日本外语教育政策的演变发展、日本外语教育政策形成机制和日本外语教育政策实施成效得失及启示等事项。日本教育法规健全,外语教育政策制定机制成熟,特别是他们的外语教育决策程序完备。这就保证了外语教育政策制定和实施的科学性、民主性和合理性,使得日本外语教育政策的实施运行平稳有序。尽管日本外语教育发展有许多不如意的地方,但是他们在外语教育政策的制定和实施方面的确有许多地方值得中国学习。

参考文献

[1] 山田雄一郎. 日本の英语教育[M]. 岩波新书,2005.
[2] 吴遵民主编. 基础教育决策论——中国基础教育政策制定与决策的改革研究[M]. 上海: 华东师范大学出版社,2006.
[3] 赖秀龙. 日本基础教育政策的制定: 机制、特征与启示[J]. 天津师范大学学报(基础教育版),2009(4).
[4] 日本文部省. 中学英语学习指导书,2003.
[5] 大桥春美. 日本中小学的英语教育现状以其启示[J]. 外国中小学教育,2010(1).

基金项目: 上海市教育科学研究项目《中日韩外语教育政策对比研究》(B10010067),2011 年教育部规划基金项目《转型期我国外语教育政策发展研究》(11YJA880074)。

作者简介: 蔡春红,上海大学外国语学院。
孟臻,上海大学外国语学院副教授。

对大学英语教学改革中进行移动第二课堂教学可行性的思考

陈　莎　范金萍　邵庆华

摘　要： 移动学习(m-learning)是继数字化学习(e-learning)之后出现的又一新型学习模式，是教育技术和教学领域的又一个新热点。本文回顾了移动学习研究的发展与现状，评估了微博的教育价值，对建立一个以移动设备为载体、以微博为平台的大学英语移动第二课堂教学模式的可行性进行了探讨，为在中国的大学英语教育中大规模的开展移动学习做出了自己的思考。

关键词： 移动学习；微博；第二课堂教学

1　移动学习研究的发展与现状

随着移动计算技术和无线通信技术的发展，人类社会进入了一个技术赋能(technology-enabled)的移动时代，移动学习(mobile-learning)不可避免地成为当前的研究热点。移动学习将终身学习的理念从技术上进行了充分展现，使学习者得以在生活、工作、消遣之余，于开放的状态中体验移动计算技术带来的随时随地学习的全新感受。西方的研究者普遍认为未来的教育系统将注定是基于移动设备的一种体系。

尽管移动学习概念的提出已经有十多年，但不同的学者对移动学习仍然存在不同的认识。归纳起来，大致可以分为以下三类：第一，以技术为中心的视角。该视角主要关注设备的移动性或者说强调移动技术，认为移动学习是使用 PDA、手机等移动设备进行的学习。第二,与 e-learning 关系的视角。该视角认为 e-learning 是最具包容性的概念,移动学习只是其子集或者说是其谱系上的一个点。第三,以学习者为中心的视角。这个视角认为移动学习是学习者不在固定的、预先确定的地点发生的学习,或者说学习者利用移动技术提供的学习机会发生的学习。

综合上述不同观点,从人本主义和建构主义的角度出发,笔者认为移动学习是指学习者利用智能手机、掌上电脑、平板电脑、电子词典、MP3、MP4 等移动电子设备以及无线通信网络,积极主动获取教育资源和教育服务,通过与他人进行交流与协作,在任何时间、任何地点进行社会化、情景化、多样化和个性化的学习。移动学习具有四个明显的特征:第一,移动学习充分的利用设备的便携性和无线连接功能;第二,移动学习给学习者更多的控制权和个性化;第三,移动学习所提供的内容和活动通常具有随情境变化的特征;第四,移动学习往往是一个获取信息,处理信息,并创造新的内容的整合活动。

自 20 世纪 90 年代以来,国外机构和学者在移动学习领域开展了大量的理论研究。当前,国外进行移动学习研究的代表性理论包括以下五种:第一,非正式学习。非正式学习是一种隐含式的学习,源于直接的互动活动及来自他人的丰富的暗示信息,包括信息和内容在内的一切事物,以及非正式的人与人交流,在任何地方向任何对象学习。它强调学习的泛在性,认为人际通信交流的本质就是学习。移动学习根据非正式学习的特点为学习者提供协作交流的环境,并鼓励他们参与讨论,达到获得知识的目的;第二,情境学习。它强调外部学习环境对学习的重要意义,认为只有当学习被镶嵌在运用该知识的情境中时,有意义学习才会发生。在教学中要提供真实或逼真的情境与活动,以反映知识在真实生活中的应用方式,为理解和经验的互动创造机会。移动学习在设计的时候可以为学习者提供真实情境的学习环境,让学习者将学习和现实生活结合起来;第三,境脉学习。境脉学习理论认为学习者自身原有的记忆、经验、动机和反应构成了一个完整的内部世界,学习者在处理新的信息或知识时,与其内部世界发生意义,这便是学习。移动学习丰富了学习者的学习环境,便于学习者更好地进行意义建构,获取知识;第四,活动学习。这是指实践活动中的学习,即以问题为中心组成学习团队,在外部专家与团队成员之间的互相帮助下,通过主动学习、不断质疑、分享经验,使问题得到解决。在此过程中,学习者能否随时随地方便地获取需要的知识和信息是活动学习能否成功的一个关键因素,因此,移动学习可以为活动学习提供技术支持;第五,经验学习。经验学习是通过各种真实情境的经验活动,使学习者在亲身经历的学习与探究活动中获得情绪感受,将其融入自身的经验之中进行概念化,再应用于新的实践,从而影响学习者的行为、情感、态度和价值观。移动学习的出现能更好地精经验学习理论应用于实践,使学习者在抽象思考与实践活动中方便、及时地获取所需的知识与信息,将极大地调动学习者的学习积极性,提高学习效果。

与此相比,中国国内对于移动学习的研究始于 2000 年。特别是教育部高教司于 2001 年 12 月做出了关于"移动教育"的理论与实践研究项目的立项通知后,移动学习在国内得到了广泛的关注。然而,直到最近,国内关于移动学习的研究还主要集中在以下三个方面:第一,理论研究,主要是探讨教育理论、学习理论在移动学习中的应用;第二,技术的可行性研究,主要是如何把通信技术、互联网技术以及计算机技术等相关技术引入到移动学习中;第三,终端软件的研发。而令人遗憾的是,对于移动学习的学习内容、课程资源设计与开发、教学方法和策略等实际应用方面的研究还乏善可陈,移动学习实施模式还较为单一,缺乏多元化,特别是对于如何开发出现有技术条件允许的、符合中国大学教育实际的移动学习和教学模式的应用研究还十分缺乏,成功应用的教学模式与案例更是几乎一片空白。

2 微博的教育应用现状

笔者认为,移动学习的技术可行性研究与终端开发固然重要,但如何利用好现有的技术资源和平台进行移动学习更符合中国的国情,更为迫在眉睫额。而微型博客(以下简称"微博")以其无可比拟的优势脱颖而出,成为了 WEB2.0 时代标志性的社交工具,具有巨大的教育价值。

微博将即时通讯和微博服务结合,它允许用户将自己的最新动态、想法以信息的形式发送给手机和个性化网站群,而不仅仅是发送给个人。每条信息的长度在140字以内,支持图片、音频、视频、超级链接等多媒体内容。用户除了可以随时随地更新自己的状态以外,还可以与其他用户进行互动。它打破了传统意义上传播者和受众的界限,颠覆了以传者以中心的传统线性传播模式,是新型的自媒体平台,与传统的社交网络和实时交流工具相比,兼具开放性、公共性和距离感的双重特性,在中国的年轻人中具有巨大的人气和影响力。

除此以外,微博也具有巨大的教育应用潜力。首先,在这个信息瞬息万变的时代,媒介传播速度之快导致了信息泛滥,阅读碎片化,学生信息处理的方式也发生了相应的变化。微博由于字数的限制,在上面发布的信息简明、浓缩,更容易为学生驾驭,可以提高信息传递和学习的效率。其次,微博具有多模态的特征,支持图片、音频、视频以及超级链接等多种格式的英语学习材料。这必将刺激学生多种感官的功能反应以及肢体参与,更符合《时代周刊》成为"the multitasking generation"("M世代",即"多任务处理一代"的新一代学生的学习风格,帮助他们更好融入到学习活动中。再次,与网络教学平台、实时聊天工具、博客、社交网站等交流工具相比,微博既有交互性有保持着人际交流的距离感,通过微博,师生可以找到最适合的沟通方式,既可以体现人文关怀又不至于出现双方逆反的信息表达方式。此外,通过微博学生可以及时表达思想和抒发观点,切合建构主义的教学理念。建构主义认为教学过程主要是学生主动学习和建构的过程,即教学过程是教师与学生互动、学生与文本互动、学生与学生互动的过程。在这种互动过程中。教师可以将微博的讨论和互动引导到课堂的合作和探究之中,让这种随机生成的教学方式可以最大程度地切合学生的认知方式,使得整个课堂教学过度自然,伸缩有度。最后,微博在教学中还可以对学生的情感进行补足,师生通过微博的互动,可以建立起平等互信的关系。

3 建立移动第二课堂学习的可行性

综合现有的移动学习研究成果和微博的巨大教育应用潜力,我们认为在中国大学英语教学中打造一个以移动设备为主要载体、微博为主要平台、符合学生英语学习特点和需求的、高度互动和社会化的大学英语移动第二课堂教学模式，可以拓展学生的课堂学习，提高他们英语学习的兴趣以及英语的实际应用能力，培养他们的批判性和创造性思维，帮助他们树立终身学习的观念，实现“时时能学、处处可学”的个性化、体验式、互动式英语学习。

通过这个模式的建立，我们相信可以取得以下的预期效果：

首先，移动第二课堂可以辅助课堂教学。

(1) 帮助学生巩固课堂学习成果，帮助教师掌握学生学习进度。利用微博的即时性以及开放性和私密性兼具的特征，将课堂教学的重点、难点和疑点在移动第二课堂进行互动讨论，对具有普遍性的问题进行公开解答，并利用微博的私信平台对有针对性的问题进行个别辅导。移动第二课堂的互动还可以帮助教师洞悉学生的课堂学习情况，从而及时调整教学内容与进度，做到课堂教学更有针对性。

(2) 增进师生互动和感情。移动第二课堂作为一个非正式的教学平台，为师生对话提供一个平等对话和互动的平台，使师生关系走出了严肃的课堂，在互动中建立相互理解和信任，是师生关系更为融洽，促进课堂教学活动的顺利展开。

其次，更为重要的是，移动第二课堂可以在课堂教学之外实现以下预期：

(1) 搭建一个英语学习资源共享的平台，培养学生的信息素养(information literacy)。与传统的课堂英语学习和网络学习材料不同，微博平台支持图片、音频、视频以及超级链接等多种格式的英语学习材料，这些资料简洁、短小、形式多样、实用性强，与传统的学习材料形成了有机互补，方便学习者在微博随时随地进行分享。但为了有效地实现信息共享，学习者必须具备信息素养，也就是“能认识到何时需要信息，并有效地搜索、评估和使用所需信息”的能力。移动第二课堂学习需要学生阅读大量的信息，选择适合的材料进行编辑和分享，通过这些真实的任务，培养和提高他们的信息素养。

(2) 全面提升学生的英语技能，提高实际英语应用能力。如上所述，由于微博平台中分享的语言学习材料更符合新一代学生的信息处理方式和学习风格，教师可以在移动第二课堂中开辟不同的栏目和小组，对这些资源归类整理，方便学生随时随地利用起碎片时间，在自由、互动的环境中、对真实的语言材料进行学习，从而提高信息传递效率，提升他们的听力、阅读与写作能力。而课堂教学中对移动第二课堂中这些材料的陈述和讨论，也可以提高学生的口语水平。

（3）发展学生的批判性和创造性思维技巧。社会性学习认为只有当个体积极参与到社会活动中，有意义的学习才能发生，而移动第二课堂刚好提供了这样一个绝佳的平台。教师可以通过微博强大的信息分享与互动功能，在对微博平台上的信息进行整理的基础上，帮助学生参与真实的社会和校园热点问题的讨论之中，通过交流、协作、辩论等形式，培养学生解决实际问题、批判性和创造性思维的能力。

（4）激发学习动机，提高学习组织和管理技能，提高学生自主学习和终身学习的能力。在传统的大学英语课堂教学和网络教学中，学习者对于“学什么、怎么学”始终处于被动地位，缺乏真正的自主性和自我管理能力。移动设备最大的教育价值是将英语学习与生活融合在一起，需要学习者自我建构学习目标、控制学习过程，最大限度地发挥了他们的积极性、创造力和主动性，提高学习组织技能。

此外，教师可以在适当的阶段将对移动第二课堂的整理、综述、评价等管理任务逐步分配给学生，全面提高他们的学习管理技能，做好自主学习和终身学习的准备。

当然，要建立这样一个移动第二课堂学习的平台需要克服以下几个方面的潜在困难：

（1）移动学习资源的建设的困难。与传统的教材开发不同，以移动设备为载体、以微博为平台的移动第二课堂教学模式对学习资源提出了特殊的要求。移动学习这种“碎片式“的学习经验要求学习材料具有简洁、短小和形式多样的特征，因此移动学习资源开发是一个需要解决的课题。

（2）学生学习目标感知性和信息素养的不足必然会影响移动第二课堂学习的效果，需要教师长期坚持不懈对学生进行相关能力的培养。学习者在“移动”中利用“零碎”的时间进行学习，注意力高度分散，容易遭受外界的干扰和影响，不容易坚持对学习目标的感知性。我们需要重点培养学生设定自己目标的目标感知性以及能从浩瀚的信息海洋中高效获取和合理利用相关信息的信息素养，这是移动第二课堂教学面临的又一个难题。只有通过对学生进行有系统的相关培训，才能在真正发挥他们的积极主动性的同时，坚固教学效果，实现教学目标。

（3）移动第二课堂教学平台的管理存在难度。由于移动学习具有“非固定”、注意力“高度分散”、零碎、小容量的特点，所以移动学习内容也相应的具有“松散的、分布式”特点，如何在保证课堂教学质量的前提下，对移动学习进行高效的管理，这是每一个进行移动第二课堂教学的教师必然面对的难题。课题组希望通过具体的实践摸索出一个科学的管理模式，减轻教师维护和管理移动第二课堂压力，并保证最好的教学效果。

（4）如何对移动第二课堂教学实际效果进行检验也是一个需要进行大量实证研究的难点。如何对移动学习的效果进行科学的评估和检测也是一个摆在我们面前的全新的课题，移动学习以何种方式、在多大程度上对课堂教学起到了辅助主用，提升了学生的英语技能和实际应用能力，需要课题组进行严格的对照试验，对试验结果进行严格的分析，这都是对项目效果进行定量分析不可或缺的要求。

国内对于移动学习的研究才刚刚起步，不论是理论研究或是教学实践的不足都说明移动学习有着广阔的发展空间。移动学习的发展需要有机结合教学法、教学内容、信息技术、学习活动和相关评估工具。随着技术的进步，研究的深入，实践的推广，我们相信移动学习的发展前景无限。

参考文献

[1] 顾小清，顾凤佳. 微型学习策略：设计移动学习. 中国电化教育，2008(3).
[2] 方海光，王红云，黄荣怀. 移动学习的系统环境路线图——国内外移动学习研究与应用案例研究专栏综述篇. 现代教育技术，2011(1).
[3] 林书兵，徐晓东. 微博客及其教育应用探析. 电化教育研究，2010(3).
[4] 刘建设，李青，刘金梅. 移动学习研究现状综述. 电化教育研究，2007(7).
[5] 倪小鹏，张静然. 移动学习的发展和趋势：访移动学习专家凡特霍夫垮博士. 中国电化教育，2009(7).

[6] 王敏娟. Toni Barone, Scott Simpson, Victor Leister. 移动学习的案例研究及内容分析：以 mGage 项目为例. 现代教育技术,2011(8).
[7] 余胜泉. 从知识传递到认知建构、再到情境认知——三代移动学习的发展与展望. 中国电化教育,2007(6).
[8] 张婷婷. 基于微博的英语教学策略研究—以新浪微博为例. 现代教育技术,2011(6).

作者简介： 陈莎，硕士，上海大学外国语学院讲师。
范金萍，硕士，上海大学外国语学院讲师。
邵庆华，硕士，上海大学外国语学院讲师。

网络媒体环境下自主学习和合作学习模式的整合应用

——以《新视野大学英语》教学为例

陈秀猛

摘　要：自主学习强调学习者自我负责管理语言学习过程；合作学习注重语言学习过程中的群组合作及多向交流。在大学英语教学中二者相互补充、相互促进共同推动着学习者综合能力的不断提高。本文以《新视野大学英语》教学为例，探讨这两种模式在大学英语教学活动中的应用。

关键词：自主学习；合作学习；大学英语教学

为适应我国高等教育发展的新形势，深化教学改革，提高教学质量，满足新时期国家和社会对人才培养的需要，2007 年教育部颁布了《大学英语课程教学要求》作为高等学校组织非英语专业本科生英语教学的主要依据。

《课程要求》指出："各高等学校应充分利用现代信息技术，采用基于计算机和课堂的英语教学模式，改进以教师讲授为主的单一教学模式。新的教学模式应以现代信息技术，特别是网络技术为支撑，使英语的教与学可以在一定程度上不受时间和地点的限制，朝着个性化和自主学习的方向发展。新的教学模式应体现英语教学实用性、知识性和趣味性相结合的原则，有利于调动教师和学生两个方面的积极性，尤其要体现学生在教学过程中的主体地位和教师在教学过程中的主导作用。在充分利用现代信息技术的同时，要合理继承传统教学模式中的优秀部分，发挥传统课堂教学的优势。”

上海大学也开展了基于网络的大学英语教学改革，并于2007年成为试点院校之一。本文以自己教授的《新视野大学英语》为例，探讨自主学习和合作学习如何相互整合，在网络媒体环境下“充分利用现代信息技术”，既使得“英语的教与学可以在一定程度上不受时间和地点的限制，朝着个性化和自主学习的方向发展”，又能够“调动教师和学生两个方面的积极性，尤其是要体现学生在教学过程中的主体地位和教师在教学过程中的主导作用”。

1 自主学习和合作学习整合的理论基础

1.1 自主学习理论

Holec最早将自主学习引入外语学习。他认为，自主学习是学习者自我负责管理语言学习的能力，就是能够自己决定学习目标，确定学习内容和进度，选择学习方法和技巧，监控习得过程及自我评估学习效果(Holec 1981)。David Little's(1991)认为，“自主”是一种能力，从本质上说是学习者对于学习过程和学习内容的一种心理关系过程，即一种超越、批判性的思考、决策以及独立行动的能力。而Dickinson (1987)认为，自主学习“既是一种学习态度，又是一种独立学习的能力”。Littlewood (1996)把自主学习看作是“学习者独立做出选择的愿望和能力”。

国内学者束定芳(2004)认为自主学习包括：① 态度：学习者自愿采取一种积极的态度对待自己的学习，即对自己的学习负责并积极的投身于学习；② 能力：学习者应该培养这种能力和学习策略，以便独立完成自己的学习任务；③ 环境：学习者应该被给予大量的机会去锻炼自己负责自己学习的能力。

尽管国内外学者对自主学习的定义不尽相同，但他们的共同点在于：学生是学习的主体，学习是由学生自己去做的。学生必须自主地对自己的学习负责，如确定学习目标、选择学习方法和评估学习进程等等。自主学习就是要改变传统教学中学生的客体性、受动性和依赖性，进而激励学生的主体性、能动性和独立性。

1.2 合作学习理论

合作学习于20世纪70年代初兴于美国，是由著名教育家

David Knoots 首先倡导实施的一种以同组异质小组为单位，以小组成员合作性活动为主的一种教学策略。合作学习理论的基本内涵为：① 形成和改变学习者的学习态度，增进其合作学习技能；② 创立紧密结合与整合学习为一体的学习方式；③ 发展批判性思维、推理和解决问题的能力。

国内研究者王坦认为，合作学习是一种以学生为中心、以小组活动为基本教学模式，系统地利用教学动态因素之间的互动来促进学习的教学理论和策略体系，确切地说，它是指在传统的课堂教学中，借助异质小组的基本形式，通过小组同伴的沟通与交流，以小组目标达成为标准，以小组总体成绩为评价、奖励依据的教学策略。课堂合作学习鼓励同伴以相互交流、彼此接纳、取长补短的方式进行学习，视同伴为一种学习资源。

合作学习是一种双边和多边活动，既有教师和学生之间的互动，也有学生与学生之间的互动。这就使得教学过程不仅是一个认知的过程，同时还是一个交往与审美的过程。因此，学生的交际需要也得到了最大程度上的满足。合作学习对于学生的认知发展和动机的激发都有着积极的影响，对学生的智力和非智力因素都产生了明显的促进作用。

将上述两种理论对比我们可以看出，自主学习强调学习者的主体地位和能动性，而合作学习注重的是师生间、学生间的良好互动和多向交流，两者各有侧重。将其在教学过程中整合在一起则可以相互补充、相互促进。

2　自主学习和合作学习整合的必要性

英语的学习包括语言知识与语言技能两大部分。语音、词汇、语法是语言学习的知识基础，这些内容可以通过教师的直接传授来进行掌握。语言的技能通常指听、说、读、写四个方面，这些技能都需要通过专项的练习来获取。因此，仅仅依靠教师在课堂上的讲解是远远不够的，大量的自主学习是英语学习成功的必要保障。而合作学习对语言输入、输出和语境都起着积极的、重要的影响。大量实践也证明，“合作学习法的目标、原则和方法与交际能力的培养的目标是一致的，这决定了在外语学习，特别是外语交际能力学习上应用合作学习策略的可行性”。

此外,网络媒体环境下的大学英语教学提供了丰富多彩的信息。信息丰富的多媒体课件的运用就使得课堂教学呈现出大容量、高密度、快节奏的特点。教师在教学中希望能够将听、说、读、写、译等综合训练集中体现于每一堂课中。对教师授课内容的理解、消化、巩固等各个环节主要靠学生课后独立完成。因此,培养和提高自主学习能力,是大学生必须具备的本领。

然而由于时间和精力有限,在独立面对繁杂的学习任务时,学习者往往会感觉难以应付,对于自控力较差的学生来说,还极易放松对自己的要求,从而造成学业上的松懈。这就需要与他人之间进行合作,一方面相互协作,降低难度,共同达成学习目标;另一方面相互监督,激励后进,共同进步。

3 自主学习和合作学习模式在《新视野大学英语》教学中的应用

3.1 学生在网络平台自主学习

我所教授的网络多媒体模式以《新视野大学英语》教程以主修教材,拥有自己的教学网站,通过校园局域网向学生提供网络教学平台。学生们拥有固定的网络自主学习教室。网络课堂时学生一人一机能够方便地进入《新视野大学英语》学习系统。

网络学习系统包括了读写教程和视听说教程两个方面。读写教程中的课文都配备了"预习、课文录音、单词、背景知识、课文讲解、结构分析、练习"等模块。视听说部分则涵盖了基于短对话、长对话、篇章等在内的"选择题、判断题、填空题和简答题"等多种体型的练习以及基本的人机对话。此外网站还有"师生讨论 BBS、电子邮件、测试中心、写作训练、工具资源"等实用功能。

在网络平台学习时学生们自己决定学习目标,确定学习内容和进度,选择学习方法和技巧,并通过网站的反馈信息自我评估学习效果。

网络平台的存在使英语的教与学可以在一定程度上不受时间和地点的限制,朝着个性化和自主学习的方向发展,学生们除了每周 2 课时的网络自主学习时间外,还可以在有网络连接的地方自由无限次地进行学习。

3.2 多媒体课堂面授时的合作学习

多媒体课堂面授每周 2 课时。多媒体教室配备有电脑、投影,电脑可与校园网和 Internet 连接。教师可以通过多媒体课件采用文字、图片、声音、影像等方式进行立体的语言教学。由于网络课堂时学生已经自主完成了对课文及相关练习的学习,课堂面授时教师基本不再对课文及语言点进行详细的讲解分析,而是从篇章结构层面入手,围绕课文主题和学生一起探讨文章的逻辑结构、各部分的联系、文章主题的反映、作者创作的时代背景和目的及其相关的现实意义、文章所采用的写作技巧等等。此外,网络课堂未能很好完成的口语交际活动也在面授课堂中完成。

该部分主要由建立合作小组、明确成员任务及多向交流学习构成。按照上海大学每学期 10 周学制,我将班里的 50 名学生按一组 5 人分为 10 组。每周面授时两组学生参与到课堂展示中来展现自己的语言应用能力,接受大家的评判。

其中一组学生来做基于课文的 presentation 的五个部分: Background Information; Vocabulary& Phrases& Sentence Patterns; Structure of the Text (Main Idea and Paragraphs); Structure of the Text (Writing Techniques); My Understanding of the Author's Purpose。小组成员可自由商议各自所完成的部分。每个部分均需提供一份文稿给老师,Word 文档或 PPT 均可,以便于对大家的表现作出公平、公正、合理的评判。

除 Presentation 外还有另一组同学做 Performance。该部分原则上题材不限,时间上可灵活掌握但至少 10 分钟。关键在于大家要学会彼此合作、相互学习、统一思想并将自己的完美创意展现在大家面前。

此外,每堂课还有结合文章或结合重大社会热点问题所设计的课堂讨论。讨论前会有相应的文字、图片或视频信息的输入。教师会请某个小组代表即席进行发言并做点评,然后提供给学生自己经过思考过的观点供学生参考,必要时以 PPT 形式展示。

这些教学活动有机结合和合理安排不仅调动了教师和学生两个方面的积极性,而且体现学生在教学过程中的主体地位和教师在教学过程中的主导作用,使得教和学两方面彼此促进、相得益彰。

4 自主学习和合作学习模式整合应用的启示

4.1 课时分配

如何分配自主学习和合作学习各自所需的课时？是要求学生在机房集中进行自主学习还是放在课后由学生自行完成？是某个模式为主还是两者并重？比如，笔者目前的班级采用的是机房和多媒体教室，自主和合作学习并重的方式。而新入学的一年级班级却取消了机房自主学习，改为学生课余自行完成，课堂面授则分为读写和听说两块。

4.2 学生自主性和合作能力的培养

学生的自主性和合作能力亟待提高，有的同学或小组表现很优异，积极性、参与度很高，而有些同学却是在旁边看热闹。这就需要老师及时发现，积极鼓励，使他们能够真正的参与到有效的学习之中。

4.3 教师角色的转换

学生成为学习的主体和活动的主要参与者绝不意味着教师作用的淡化。相反，教师的地位更加突出和重要，教师自身的策划、组织、协调、领导、监督和评判能力也都面临着更大的考验。教师能否进行有效的任务选择、目标设定和结果评定，直接影响到每次合作学习活动的成功与否以及学生自主学习的实际效果和效率。其次，在合作学习和自主学习活动中，教师还应该从权威者转型为参与者，把一定的话语权转交给学生，和他们诚恳对话，建立民主平等的师生关系，营造轻松和谐的学习氛围，从而达到最佳的学习效果。最后，新的教学模式还要求教师从知识的传授者转型为学习者只有成为学者型教师，才能保证教师具有足够的知识储备和及时发现问题解决问题的能力。教师勤于学习，善于钻研的精神也会为学生树立一个良好的榜样，从而更好地推动合作学习和自主学习的顺利进行。

参考文献

[1] Holec, H. Autonomy and Foreign Language Learning [M]. Oxford: Pergamon Press, 1981.

[2] Dickinson L. Autonomy and Motivation: A literature review [J].

System, 1995, 23/2: 165 - 174.

[3] Littlewood W. "Autonomy": An anatomy and a framework [J] system, 1996, 24. (4): 427 - 435.

[4] 教育部.高教厅[2007]3号.《大学英语课程教学要求》[Z].2007 - 07 - 10.

[5] 陈坚林. 关于"中心"的辨析——兼谈"基于计算机和课堂英语多媒体教学模式"中的"学生中心论" [J]. 外语电化教学, 2005(5): 3 - 8.

[6] 王笃勤. 大学英语自主能力的培养 [J]. 外语界,2002(5): 17 - 23.

[7] 杜兰兰. 合作学习和自主学习在大学英语教学中的比较研究[J]. 湖北经济学院学报,2011(5): 130 - 132.

[8] 阳兰梅. 合作学习理论在《新视野大学英语》中的应用研究[J]. 琼州学院学报,2011(6): 145 - 146.

[9] 刘延秀,孔宪辉. 计算机辅助自主学习+课堂的模式探索与学习者研究[J]. 外语界,2008(1): 64 - 71.

[10] 杨瑞芝. 合作学习与大学英语教学改革 [J]. 外语研究, 2006(3): 134 - 135.

作者简介:陈秀猛,硕士,上海大学外国语学院讲师。

双语教育中的东西文化观

董霄云

摘　要：在双语教育的过程中，我们不仅要学习外语，而且需要了解西方的文化。究竟以怎样的视界和心态看待他族的语言及文化？排斥、接纳还是全盘吸收？不仅如此，我们的内心可能会滋生出一系列问题，诸如，语言有优劣之分吗？究竟是西方语言还是东方语言更具优势？事实上，东西方语言优劣之争历来有之。

关键词：双语教育；文化

1　东西方语言文化之争

1.1　西方语言优越论

西方语言优越论最忠实的捍卫者是19世纪的欧洲，特别是德国的民族主义者。即便一些世界公认的伟大思想家，也深受民族主义的影响。例如，20世纪德国哲学家海德格尔在《形而上学导论》中曾说，德语乃是一切语言中最有效力并且最富有精神性的。黑格尔更是在《大逻辑》序言中断言："一种语言，假如它具有丰富的逻辑词汇，即对思维规定本身有专门的词汇，那就是它的优点；中国语言的成就，据说还简直没有，或很少达到这种地步。"（高一虹，2000：134）

维德尼（Widney）在比较英语和他统称为"蒙古语言"的所有东亚语言（尤指汉语）时说，英语"覆盖面更广、更深刻、更丰富、更适合表达一个成熟的民族各种细微的思想。在民族进化中，语言和思维应步伐一致。如果不一致，如果语言落后于思维，它就会成为心理发展的障碍。蒙古语便是这样。这些语言对于蒙古人头脑的作用就像裹足布对于他们脚的作用一样"(Widney, 1907: 324)。

1.2 捍卫东方语言文化

对于西方语言优越论,也有中国的学者予以反击。与西方学者赤裸裸的横加指责不同,中国学者对于母语的捍卫也相对含蓄。例如,周汝昌先生就曾用"毛笔"为隐喻,对西方语言优越论者进行了反讽:

"有人说,西方欧美之民,人家不用毛笔,也不曾造出'毛锥柔翰',人家的科技却领先——毛笔又算'老几'?

问题恰在于此。

西方文化艺术,其所以不与中国相同——表现不出生动的气韵、遒媚的点画、高深的境界、正是由于不懂毛笔,不会使用毛笔,不理解毛笔的性能功用之奇妙。

没有毛笔,不仅仅是中国艺术不会是'这个样子'的,就连整个中国文化的精神面貌,也要大大不同。……

在真正的中国文化人看来,毛笔不是什么'工具'——我很讨厌这个口吻轻薄、识见肤浅的名词。毛笔不是锥子、刀子……它能'通灵',具有灵性。否则,它如何那么擅长表现使用者个人的千变万化的不同气味、气质、性情、意志、精神世界、生活态度……

……笔(不是西方的短毛、齐头的'小刷子'或'钢钉子'),是中国文豪艺匠的心和气,是血肉相连的生理的一个'组成部分'。……这一点需要文化的消化与悟知。

没有毛笔(名称、概念、理解、使用实践)的异文化,当然无法承认中国又'五大'发明创造。因为,'四大'皆是形而下的科技文化,所以西方能晓能用能估价。至于毛笔,已是涉入于形而上的物情事理了,因而异文化对它就十分陌生而无法认识评估了。"(周汝昌,1991: 475-476)

事实上,只要存在差异,就会有争论。东西方语言之争的背后隐藏着更深的民族文化主义之争。

2 东西方语言文化的碰撞及交融

东西方语言文化的优劣之争可能还在继续,但我们也应当看到在中西民族交往的历史中，两种文化之间不断地碰撞及交融。

2.1　西方视野下的“儒学思想”

作为中华文化主体形态之一的儒学思想很早便与西方作家、思想家结下了“不解之缘”。从17世纪后期到19世纪，儒学思想曾一度在西方一些国家成为某种精神力量，在政治文化史上和中外文化传递与交流中担当过重要角色。这一个时期，一些大作家、思想巨子，从17世纪笛卡尔开始，到18世纪的莱布尼茨、沃尔夫、魁奈、伏尔泰、狄德罗、爱尔维修、霍尔巴赫，到18世纪末至19世纪前期的歌德、席勒、列夫·托尔斯泰、爱默生和梭罗等，都不约而同地对中国的儒学思想倾注过热情并从中吸取精神的养料(钱林森,2002)。

外国作家钟情于中国哲学精神的探询，不是去追寻古老中国已经淡逝的文明传统，而是对中国文化的更新和利用。他们热衷中国精神的追求，其内驱力就在于自身的需要，或民族的需要。例如，孟德斯鸠关注中国思想，着眼点立于他自己的政治构想；伏尔泰崇尚儒家学说，是要和天主教教义相对抗；莱布尼兹吸收中国文化，是为了实现在西方建立一个充满道德之善的和谐的世界秩序。这种政治实用的企图是显而易见的，其目的都是为推动本民族的发展。

不管西方人以何种方式切入中国文化，从何种角度来接纳中国哲学精神，他们无一例外地把中国文化、中国精神视为与自身文明相异、魅力无穷的“他者”，都乐于把这个陌生相异的“他者”看做构建母族文化不可或缺的精神参照，看做是返观自身、回归自己的一面镜子。他们热心于中国文化的采撷，热心于“他者”的寻觅，正出于这种认识自我、建构自我的深沉追求。

2.2　双语教育——与他者的对话

对于西方文豪而言，寻觅“他者”的语言、思想、文化，也许正是另一种方式的寻找自我，与自身文明对话的一种方式。我国的双语教育也可由此得到借鉴。在学习西方语言文化的同时，有助于我们返观自身，自省自审，从而更好地认识自己，有利于我们民族文化人格的建构，推进和完善母族文化现代转型。我们不妨重温16世纪人文主义思想家蒙田的精神。在他看来，无论是认识自我，还是认识他人都是一种“对话”，认识自我就是与自我对话，认识他人就是与他者对话。这种“对话”之所以能够进行，是因为“你中有我，我中有你”，两者存在着共性；这种“对话”需要进行，是因为“我不同于你，你不同于我”，两者有着相异性，彼此都被对方“相异”的魅力所吸引。

3 小结——双语教育、双语文化、双语人

3.1 多元文化观

对于东西方文化之争，我们有必要重温一下著名的人类学家沃尔夫对于异族语言文化的立场。沃尔夫曾在西方文明优越论占主导地位的背景下，试图不带偏见地观察和解读那些所谓落后的原始语言——霍皮语，并且最终得出结论：语言和文化并没有“先进”和“落后”之分。他也曾经谈论过汉语的独特性：“我们还没有充分意识到，如果我们没有能力进入和理解其他国家兄弟的认知和情感，全世界兄弟团结合作的理想就不会实现。西方人已经通过美学和文学，对东方人的情感有了一些了解，但这还远不足以在思想之鸿沟上架起桥梁。真正东方形式的科学思想以及对自然的分析，气逻辑思维基础究竟是怎样的类型，我们仍知之甚微。这就需要对当地语言的逻辑进行语言学研究，而且必须意识到，它们的逻辑与我们自已的思维习惯有着同等的科学效力。”(李平，2004)

费诺罗撒是美国著名的东方学家和诗人。他在其论文《论中国书写文字》中认为：“现代语言特别诗表音文字已经越来越背离“隐喻”这一语言的根本性质，它已离所指称事物的本质渐行渐远。而中国文字则是诗性的语言。它的结构像形，最接近自然；不少部首，都是动作或行动过程的速描，象形字一旦连贯起来便成就了一系列活动的组图(李平，2004)。

然而，我们也应该清醒地认识到，沃尔夫以及费诺罗撒等人“语言文化面前人人平等”的声音在西方话语霸权的面前只是细如蝇忙。如何捍卫汉语的传统和文化，是我们代代学子应该深思和实践的。我国的双语教育在学习英语及其文化的同时，对自已的母语和文化都应该有更新、更深刻的认识。

3.2 歌德的启示

自然界的物种多样性是整个地球生态平衡的前提。同样，语

言及文化表现形式的多样性也是人类社会和谐生长和发展的前提。但是,我们也应该认识到每一种民族文化在与外来文化接触时都会出现冲突甚至对立的状况。例如,欧洲18至19世纪的思想家洪堡特就曾说过:“每一种语言都包含着一种独特的世界观。人从自身中创造出语言,而在创造语言的同时,他也把自己束缚在语言中;每一种语言都在它所隶属的民族周围设下一道樊篱……”(姚小平,1995)

我们的双语教育就是为了拆散这道藩篱而作的努力。丢掉“狭隘民族主义”的有色镜片,就会拥有更清晰的视界。对于西方的语言文化,我们首先要创造一个友好和平等的对话空间,然后“移情”和“对等”,最后才是“消化”、“吸收”和“利用”。

人类各民族的语言结构、思维和文化有许多相同或相通的地方。这些相同或相通之处,将我们归结为“人类”。但是,中西方民族之间也的确存在着语言、思维和文化的差异。差异需要认识和超越。实际上,当我们的双语教育不断地记录、描述、辨析中西方语言文化的相同及差异时,我们同时也在超越不同语言文化造成的藩篱。这种文化意识的超越需要我们双语教师的有意识、自觉的实践。正如北京外国语大学教授刘润清所说:“教师有了跨文化的意识,才能提高学生的跨文化意识。我们不仅向学生传授西方文化,而且引导他们去深入了解中国文化。两种文化相遇,只有区别,没有优劣;尽量去理解、容忍、接纳对方,而不是排斥、敌视、污蔑对方。容忍另一种文化不是低三下四,而是豁达、通脱、有教养的结果;放弃母语文化也不是什么弃暗投明,而是肤浅、狭隘、无知的表现。世界上缺少的正是“双语人”和‘双文化人’、‘多语人’和‘多文化人’。我们这些‘双语人’也许比外国人更外国人,比中国人更中国人。这是因为我们同时具有两种文化的智慧和眼光。我们看外国文化,比一个单语的本族人理解更深;我们看中国文化,比一位不懂外语的同胞看得更透。”(董霄云,2006)

参考文献

[1] 高一虹. 语言文化的差异的认识与超越. 北京:外语教学与研究出版社,2000.

[2] Widney, J. P. Race Life of the Aryan Peoples. N. Y, Funk and Wagnalls, 1907, pp. 324.
[3] 周汝昌.笔墨是宝.文汇报//申小龙.中国句型文化.长春：东北师范大学出版社,1991.
[4] 钱林森.外国作家与中国文化：交往与相互启迪.中华读书报,2002-10-26.
[5] 李平.西方人眼中的东方文学艺术.上海：上海教育出版社,2004.
[6] 姚小平.洪堡特——人文研究和语言研究.北京：外语教学与研究出版社,1995.
[7] 董霄云.汉英语言文化之差异：中国双语教育面临的挑战.全球教育展望,2006(4).

作者简介：董霄云,博士,上海大学外国语学院副教授。

形成性评估对英语学习动机的监控与强化
——以英语专业英语演讲课为例

龚 萍

摘 要:评估作为一种反馈方式和外部诱因势必从情感方面对学生的学习动机产生激励或抑制作用。以学习为目的、注重学习过程的形成性评估将学习的主客体纳入考查范围,不仅能有效监控课堂教学,还能促进教学目标的实现,对学习动机无疑也会产生一定影响。在简要回顾近十年来形成性评估在国内大学英语教学中的最新研究成果的基础上,本文以建构主义学习理论为指导,将形成性评估的研究拓展至英语专业,以英语演讲课程为例,探讨形成性评估与学习动机之间的动态关系。

关键词:形成性评估;学习动机;英语演讲课

1 引言

评估是教学环节中至关重要的组成部分,对学生学习与教师教学产生不容忽视的影响。合理的评估方法不仅能调动学生学习的积极性、自主性,强化其学习动机,而且能指导教师灵活调整教学内容和手段,提高课堂教学质量,真正达到教学相长,师生共赢的效果。以学习为目的、注重学习过程的形成性评估(formative assessment)弥补了终结性评估(summative assessment)的无法评价教学过程的不足,能使教师及时有效地获得反馈信息，促进教学目标的实现（王华、富长洪，2006）。

目前我国大学课堂教学评估大多采取平时成绩与期末考试成绩按一定比例折算，最终得出总评成绩的方式来评定学生在一定时间内某课程的学习效果，这种评估方式表面上看将学生的平时表现与总结性测评（即期末考试）结合在一起，但在实施过程中，教师往往只能掌握学生在有限课堂时间内的具体表现，而无法对学生的学习动机、学习策略和学习效果进行动态监控；另一方面，由于平时成绩比例所占权重往往不高（大多不超过30%，具体比例因各学校的规定或各课程的性质有所不同），对学生的激励作用微乎其微。因此，这种按比例分配的测评方式并未从根本上改变其终结性评估的实质，对教学过程的动态关注不足，至多只是终结性评估量的让步而非质的突破，不能称作真正意义上的形成性评估。

除了有效的评估体系之外，学习动机在很大程度上影响学习者学习效果和教师教学目标的实现。现代教育心理学认为，“学习动机是指激励并维持学生朝向某一目的的学习行为的动力倾向。学习动机与学生的学习兴趣、学习需要、个人价值观、态度、志向水平、外来鼓励、学习后果（如学位、待遇及社会地位等）以及客观现实环境的要求（如考试、竞赛和升学）等诸多因素紧密相联”（陈琦、刘儒德，2010）。由此可见，学习动机是影响学习的情感因素，与原有知识一起构成了影响学习的两个重要一般因素。研究表明，“学习结果的及时反馈（feedback，包括作业的正误、成绩的好坏以及应用所学知识的成效）能有效激发学生的学习动机和学习积极性”（陈琦、刘儒德，2010）。评估作为一种反馈方式和外部诱因势必从情感方面对学生的学习动机产生激励或抑制等效果。“社会建构主义者强调课堂评估的动态性，着重评估教师、学习者和学习任务三者之间的相互作用过程”（彭金定，2004），而形成性评估正是这种将上述学习的主客体纳入考查范围的动态评估方式。周娉娣、秦秀白（2005）也指出，“基于以人为本、以建构主义理论为基础的形成性评估强调对学生的学习过程进行评估，提供反馈信息，并对学生的情感、态度和策略等方面的发展做出评估”，这种“渐进性的、为学生提供适当反馈的形成性评估可以对教学产生强有力的、正面影响”（王华、富长洪，2006）。本文主要关注形成性评估在英语演讲课堂中对学习动机的监控与强化作用。

2　国内大学英语形成性评估研究综述

近30年来，国内外学者对课堂教学动态评估已经进行了较为深入的研究和探索，并取得广泛共识，认为形成性评估具有动态性、及时性、全面性、提高元认知策略、促进"以学生为中心"的课堂教学活动与增强学习动机和改善学习效果等诸多优势。本节仅对近十年以来国内大学英语教学中有关形成性评估的研究进行补充性的简要综述。此类研究大致分为四类：理论探讨型（侯祥瑞、孟坤、刘成志，2007；杨天地，2010；吴慧华、赵芳，2007）；实证研究型（周娉娣、秦秀白，2005；王京华、马建桂，2006；王京华、李丽娟、吴晓燕、孟改华，2006；陈舜孟，2007）；基于理论探讨的经验总结型或应用型研究（彭金定，2004；迟欣，2005；李子杰，2007）以及文献综述型（郭茜、杨志强，2003；王华、富长洪，2006）。侯祥瑞等（2007）对比分析了终结性评估与形成性评估，指出实施形成性评估要求大学英语教师必须具备意识观念和能力素质两方面的基本素养。杨天地（2010）详细介绍了以人文心理学等为理论基础的形成性评估的概念及优越性，阐述了形成性评估的实施方法及其在使用过程中应注意的具体问题，对实践具有较强的指导意义。吴慧华、赵芳（2007）分析了以往教学评估的弊端，提出形成性评估在外语教学中的必然性、重要性以及实施策略与方法。

周娉娣、秦秀白（2005）以为期两年的试验研究为依据，从定性和定量数据分析中发现形成性评估在大学英语网络教学中对学习者学习态度、学习情感以及教学产生的后效作用，具有激发学生语言学习动机和学习兴趣，使对学生学习过程的全面、自主性监控成为可能，培养学习者的自主学习和合作学习能力及交际能力等诸多优势。王京华、马建桂（2006）通过准实验方式验证了形成性评估在英语阅读教学中的应用价值，指出形成性评估手段促进学生对自己的认知活动的自我意识与调控，掌握并强化元认知策略。王京华等（2006）以建构主义理论、图式理论和多元智能理论等为基础，对非英语专业大学生进行了为期两年的形成性评估和终结性评估教学对比实验研究,考察形成性评估对大学生英语学习策略的影响,其实验结果表明:形成性评估有利于培养学生对自我学习进行监控和评估,进而促进学生自主学习能力和学习策略的提高。陈舜孟(2007)以人文心理学、情感过滤学说等为理论基础,通过实验手段分析对比了形成性评估和终结性评估教学的不同效果,发现前者比后者更能影响学习者积极的情感,从而提高其学习英语的能力与水平。

彭金定在(2004)根据以色列心理学 R. Feuerstein 的“教会人们学会怎样学习比学具体的知识更重要”的理论和社会建构主义理论强调课堂评估的动态性,着重评估教师、学习者和学习任务三者之间的相互作用,借鉴“认知地图”和“学习增进工具”等重要概念阐述了在大学英语教学中采取形成性评估和终结性评估相结合的动态评估形式的必要性、可行性,并在此基础上提出了以计划—观察—反思—分析—新决策为内容的五段式英语课堂教学动态评估,着重介绍了体态示意、绘制语义图、双语归纳法、k-w-l 反思认知图等易于操作的评估策略及其在实践中的有效性,对英语课堂教学具有重要的理论和实践意义。迟欣(2005)根据罗森塔尔效应中教师的情感付出对学生的学习动机、策略和情感等诸多因素的影响,分析论证了形成性评估与皮革马利翁效应之间的相互关系,并提出利用皮革马利翁效应实施形成性评估的基本方法,指导从积极的心理期待到教学目标的实现。李子杰(2007)从建构主义学习理论出发,界定了形成性评估的含义与目的及其基本原则(导向性、发展性、有效性和可行性),分析了形成性评估的优点(评估主体多元化、评估方式灵活、促使学用结合、改善学生学习态度),并探讨了形成性评估在大学英语教学中应用的必要性及具体使用策略。

郭茜、杨志强(2003)回顾述评了国内外有关形成性评估概念、价值和使用等方面的文献,并结合大学英语教学与测试中存在的问题与发展的趋势,初步探讨了形成性评估对大学英语教学与测试发展的启示。王华、富长洪(2006)在《形成性评估在外语教学中的应用研究综述》一文中综述了国外有关外语教学中形成性评估在理论发展与研究方法等方面的应用研究,对比分析了形成性评估与终结性评估的差异,总结国内形成性评估应用现状,指出目前国内形成性评估研究在实施方法上缺少明确、系统的阐述以及局限于大学英语教学而很少涉及英语专业教学等问题。

以上研究一致认为：① 形成性评估可以激发学生的语言学习动机和学习兴趣；② 对学生学习过程的全面、自主性监控成为可能，督促了教学任务的有效实施；③ 培养学习者的自主学习能力，促进学习策略的形成；④ 增强合作与参与意识，培养合作学习和与人交往的能力。这四大类研究均以形成性评估在英语教学中的作用或应用为切入点，关注形成性评估的心理学理据与教学效果，尽管个别研究提出了如何在微观教学环节进行形成性评估的操作方法或步骤，但很少有学者研究形成性评估与学习动机之间的关系，本研究旨在以建构主义学习理论为指导，以形成性评估在英语演讲课程教学过程中的应用为例，探讨形成性评估与学习动机之间的动态关系。

3　形成性评估对英语学习动机的监控与强化——以英语专业英语演讲课为例

建构主义理论认为，“知识是在主客体相互作用的活动之中建构起来的”，体现在具体教学实践中则涉及到教师、学习者和学习过程这三个不可或缺的要素，建构主义者强调“知识的动态性，强调学生的经验世界的丰富性和差异性，强调学习的主动建构性，社会互动性和情境性。学生是自己的知识的建构者，教学需要创设理想的学习环境，促进学生的自主建构活动”。以程序性知识为主、陈述性知识为辅的英语演讲课程实际上更需要教师在教学过程中创造符合课程性质与内容的学习环境，充分利用有利于调动学习者学习主动性和首创性的各种活动，对其学习动机和学习策略进行有效监控，最终确保学习者熟练应用英语演讲技巧等程序性知识，掌握相关元认知策略，成为长于分析、善于思辨、勇于表达自我的独立思考者和交际者。在这一过程中，形成性评估主要涉及到教学目标、监控手段、反思与分析等元认知策略培养等方面。

3.1　教学目标：根据教学大纲选定教材和制定教学计划与目标、通过问卷调查调整教学内容与教学手段

英语演讲是我国许多大专院校英语专业的必修课，而演讲又

是需要经过系统训练才能掌握的一种技能，主要面向已经具备一定口语交际能力的英语专业二、三年级学生，因此，高质量的英语原版教材是我们的首选。此外，“教师在教学实施之前预先必须明确自己的教学目标。教学目标设置适当与否是决定教学是否有效的前提条件”(皮连生，2004)，根据教学大纲和课时制定切实可行的教学计划对教学目标的实现尤为重要。在学期伊始，任课教师发给每位选课学生一份详细的讲义，包括本课程的性质、教学目标、教学内容、教学要求、教学方法和评估方式等，实践证明，这种方法不仅能增强学生的自主意识，还能帮助他们初步建立学习的元认知策略，有计划地完成教学任务，从而有利于教学目标的最终实现。

由于学生原有知识和个体差异，通过一定途径获得学生对本课程的心理预期，掌握其学习动机，对教学目标的设置与调整有着重要的作用。因此，在第一次课程结束时，任课教师又通过开放式问卷的方式了解学生反馈。该问卷共设 10 个问题，涉及学生背景(主要为专业背景，尽管本课程专为英语专业开设，但仍有部分非英语专业学生选入)、原有知识(在本课程中具体表现为是否有公众演讲经验、最喜爱的演讲者或演讲、优秀演讲的特点、英语演讲为何最具挑战性)、学生心理素质(怯场与克服策略)、选课动机(期望实现的目标与愿意为之付出何种努力)、个性描述与对课堂教学的建议等方面。

在回收的 16 份有效问卷中，英语专业学生有 11 人，非英语专业学生为 5 人，其中前者中有 90.91%的同学有过公众演讲经历，而后者仅为 60%。这就要求教师因地制宜地调整教学内容和教学手段，针对不同学科背景和英语基础的同学设计不同的学习任务，在有效完成适合自己的具体任务中体会到英语演讲的乐趣，以最大限度地调动其学习兴趣，增强自我效能感。

问卷统计表明，选课学生对公众演讲在内容、风格、语言、情感和智力因素等维度上均有不同程度的认识，也有着不同的兴趣点。任课教师根据学生的已有知识对教学内容进行了相应的调整，要求学生预习陈述性知识，并在课堂采取问答与小组讨论的方式进行考察，针对出现的问题进行详细解答，以充分利用有限的课堂时间操练程序性知识。班杜拉(Bandura)的同化理论认为,"学习过程是观察榜样的行为,保持观察到的行为,生成观察中习得的行为,在新情境中重复习得的行为。学习条件是榜样示范、替代强化和亲历强化等"(皮连生,2004),任课教师针对某一主题邀请经验相对丰富的学生做演讲示范或调用相关视频影像资料,由同学进行观摩与分析,然后调整任务难易程度,邀请不同学生亲自练习。这种方法通过示范性内容,强化理论知识,满足学生心理期待,增加课堂的趣味性和丰富性;同时,创造了体验式的学习环境,对涉及的实际问题展开深度分析,并应用到个人的演讲实践,从而达到新旧知识的同化效果。

怯场是英语演讲者必须克服的一大心理障碍,问卷调查结果表明,90.91%的英语专业学生和60%的非英语专业学生有过怯场经历,只有极少数学生在公共场合感到非常自在;每个应答者均提出了相应的克服手段。任课教师根据收集到的反馈信息,结合相关教材、研究和个人经验,让学生分组讨论并揣摩操练适合自己的方法,成功地帮助相关学生克服了怯场心理。

学生的学习动机是本问卷关注的焦点,也是本研究的重点。问卷调查结果表明,学习动机因人而异,具有多样性,但都体现出成就驱动型的内在需要(如希望提高英语口语水平、英语演讲技能和沟通能力以及解决问题的能力等,仅1人坦言为了拿学分)。默里认为,成就需要是"克服障碍,施展才能,力求尽快进好地解决某一难题";麦克里兰的成就动机理论认为,"成就动机是一种力求成功并选择朝向成功(或失败)目标的活动的一般倾向"(陈琦、刘儒德,2010)。根据学生强烈的内在动机,问卷结果进一步表明他们为了实现既定目标愿意付出的各种努力,同时也反映出学生具有一定的元认知策略,如分析与监控自己的学习过程,进行自我评估等。此外,学生选修某门课程不仅为了学到知识,还为了获得理想的成绩,拿到相应的学分,所以,通过制定合理的评价量表就显得尤为重要。鉴于英语演讲课程为应用型技能,任课教师在制度允许范围内将平时成绩与期末成绩比例申请调整为50%:50%,并对平时成绩进行细化[出勤10%+(测验+平时作业10%)+课堂讨论20%+课堂演讲60%],以反映每位同学为学习任务的达成所付出的努力,强化其对自己学习的责任感。

由于英语演讲是一种难度极大的社会交际能力,对演讲者的知识水平、心理素质、个人魅力、语言驾驭能力与情绪管理提出非常高的要求，教师在进行授课时对每位学生的个性特征要有所了解，才能真正做到因材施教。通过问卷调查，任课教师发现每个同学的个性特点，并依此调整自己的反馈与评语，如针对个性张扬而自信的学生，在完成任务时可提出更高的期待；而针对个性内向而自卑的学生，则多以积极肯定与鼓励的评语为主，以最大限度地营造舒适的情感氛围，维持并强化其学习动机。根据学生反馈，任课教师发现学生具有很强的自主性，在具体教学环节中，教师严格控制讲授时间，将大多数时间留给学生演讲练习、视频分析和讨论以及同伴活动评价。

实践表明，通过问卷调查不仅可以优化教学计划与目标，还能让学生与教师参与到教学管理与监控的各个环节，改善教学效果，确保教学目标的实现。教师通过这种方式表现出来的情感投入因素可间接影响学生对本课程的重视程度，并表现为相应水平的学习动机。

3.2 监控手段：观察、随堂测试、录像、教师与同辈评估、师生交流等

形成性评估最重要的任务之一就是将整个教学过程纳入监控与考查范围之内。在英语演讲课程中，除了全面了解学生原有知识、学习动机、性格特征等建立教学档案所需的基本资料外，有效的监控手段在发挥形成性评估对英语学习动机的强化作用方面是必不可少的。

在教学过程中，任课教师采用观察、随堂测试、录像、小组竞赛以及师生交流等多种方式动态掌握学生的学习过程和教师的教学效果。这里主要围绕随堂测试、学生活动录像、小组竞赛展开讨论。

在英语演讲课程的理论教学部分，任课教师提纲挈领地讲授重点内容并进行适当延伸，以随堂测试的方式对教材相关章节进行考核，在为期十周的教学活动中，我们进行了 3 次以教材内容为主题的小测验，测验得分计入平时成绩，以这种方式督促学生自觉预习和复习，掌握必要的陈述性知识，达到监控学生的自主学习过程和学习动机，提高学习效果的目的。

在以学生为中心的英语演讲课堂中，为了有效地实施课堂活动，任课教师除了采用观察与参与学生讨论等传统方法之外，还对每节课的演讲实践环节进行视频录像，监控每个学生的学习效果。视频录像记录下学生的一举一动，使学生意识自己的行为举止均在监督之下，为了维护自己的公众形象，他们势必更加重视课前准备和课堂表现，更加自觉地参与小组活动与演讲实践。与此同时，公众演讲很多情况下都要面对摄像机和镜头，视频录像的参与可以在一定程度上创造贴近实际生活的演讲环境，使学习者逐渐适应较强的公众沟通压力。此外，视频录像还可以作为学生学习档案的内容和教学素材，便于教师进行分析与提供较为具体准确的反馈，监控课堂教学效果和学生学习动机。视频录像涉及到学习者学习的态度、自我实现需要、价值取向和抱负水平等诸多因素，通过激发其不同层次的内在需求，帮助他们建立以出众的自我表现为目的的表现目标和以锻炼能力、提高技能为目的的掌握目标，使其相信学习除了分数之外，更重要的在于学习内容的价值和自我能力的提高(陈琦、刘儒德，2010)。

为了建立更有效的激励机制，任课教师还不定期举行水平相当小组之间的友谊赛，并设置相应奖项增强课堂趣味性，维持其学习兴趣并强化其学习动机，鼓励学生努力达成教学目标。进行小组竞赛必须遵循一定的原则：① 根据学生水平和能力选定竞赛小组，任务难度根据各小组的实际能力进行适当拔高，以进一步刺激其学习动机，营造竞争友爱的学习环境；② 以小组为单位开展竞赛活动，增强小组学习的效率及小组成员的合作意识，优化合作学习的效果；③ 全体学生全程参与，而非个别人的独角戏，以提高参与度、自信度、注意度、自我效能感和满意度。

实践证明，随堂测试、视频录像和小组竞赛等手段均只能作为调动学习者外部学习动机的刺激因素，若应用适当，在创造理想的学习条件的同时能将外部动机转化成内部动机，使学习动机与学习相互促进，增强学习效果。

3.3 反思与分析：小组讨论、自我评估、集体评估等

反思与分析是教师有意识地对教学效果进行思考与总结的过程，学生作为学习的主体必定也要参与到形成性评估的实施过程中。在英语演讲课堂中，小组讨论主要针对课堂录像或视频材料进行分析与评价；评估分为自我评估和集体评估两个部分。小

组讨论和评估结果均纳入平时成绩的评价体系。

小组讨论是互动式课堂教学广泛采用的一种活动，在英语演讲课堂中，小组讨论围绕视频录像、演讲活动或假设情景等，根据所学内容展开头脑风暴(brainstorming)和汇报性主题演讲，使其在活跃融洽的课堂氛围中掌握、巩固并强化学习内容，学会应用相关程序性知识，同时也增强了学生的主体意识。在此过程中，教师必须对其小组讨论活动进行有效观察和监控，避免流于形式，浪费有限的课堂教学时间。

自我评估是学生根据给定条件和标准，对自己的学习过程进行评估的过程，这样"他们才能理解学习的主要目标，从而清楚如何实现这些目标。有效自我评价体系的关键因素包括：评价标准清楚透明，学生更多参与学习目标与评价标准的制定，清楚易行的评价过程与记录体系有助于学生进行自我评价"(郭茜、杨志强，2003)。在具体操作环节，任课教师对评价标准进行讲解和示范，并根据学生要求和建议适当调整评价标准与办法，全程记录其评价过程。

集体评估指包括学生与教师在内的所有参与者担任评委根据相应评分标准对演讲者的演讲活动进行评分，加权平均后的得分为该生本次演讲的最终得分，评估不再是以教师为唯一主体的权威活动，而是将所有参与者囊括其中的民主决策过程。

学生在评估与小组讨论的表现均纳入平时成绩，使其自觉监控自己的学习过程，掌握一定的元认知策略。教学实践表明，集体评估具有以下优势：① 契合课程性质，强化学生的听众意识，自觉提高演讲技巧与能力；② 创造公平、公开、公正的评价机制，有利于保持并促进学生的自我意识与学习动机；③ 扩大学生参与度，营造融洽的学习氛围，培养愉快情绪，促进互助学习；④ 师生共同参与评价过程，强化学生的主体意识，进而维持并强化其学习动机；⑤ 学生参与评价过程既可以使其明白无误地了解课程目标和要求，又可以使其成为自觉的学习者，准确了解在学习过程中做什么和如何做，有效提高其应用元认知策略的能力。

3.4 发现：形成性评估对英语学习动机具有监控与强化的积极效果，在基础较弱、性格较内向的学习者中效果尤为明显。

观察表明，学习动机强的同学，课堂内外均能根据教师要求完成各项任务，并乐于评价和被评价；而学习动机较弱的同学则表现为疏于准备、流于形式、个人效能感低，不愿或很少参与评价过程，或缺少评价的基本能力。

跟踪三组学生的四次演讲成绩发现：

(1) 学习动机强的同学，演讲效果(即学习效果)明显优于学习动机弱的同学(详见图 1 至图 3)(第一次集体评估属适应阶段，评分相对较高，后四次标准基本稳定)。

图 1 中，5 名学生学习动机较弱且维持时间较短，由于基础较好，尽管各次成绩均在 80 分上下浮动，但总体呈现下降趋势。

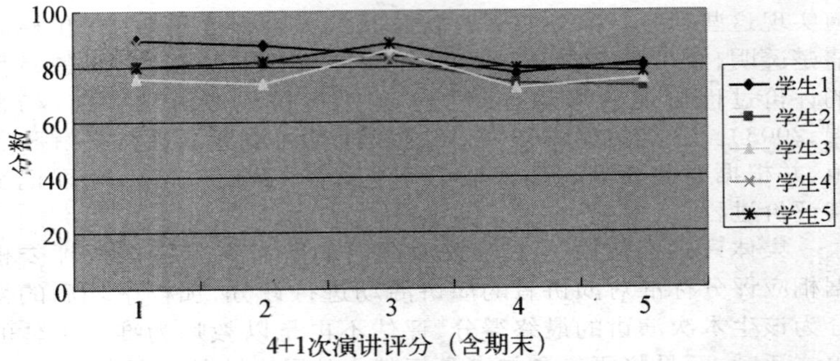

图 1　学习动机弱且短暂，基础较强者

图 2 中，5 名学生学习动机较强，且能持之以恒，由于基础较差，起点相差不大，但总体呈现曲线上升趋势，进步相对较大。

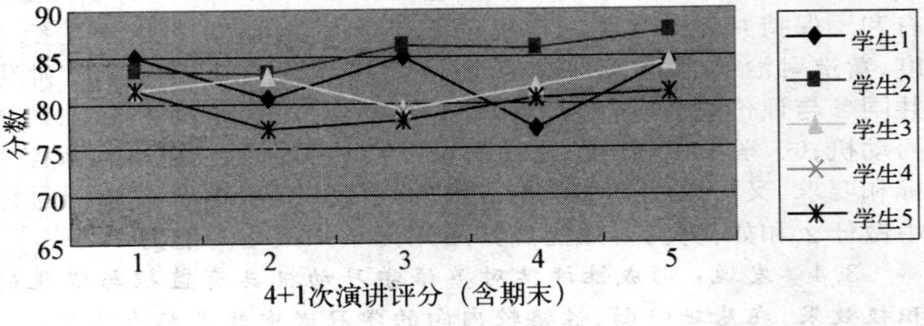

图 2　学习动机强且持久，基础较差者

图3中,5名同学不仅学习动机强,而且能够持之以恒,基础相对较好,起点相对较高,总体都经历了螺旋式上升的趋势,但进步相对较小。

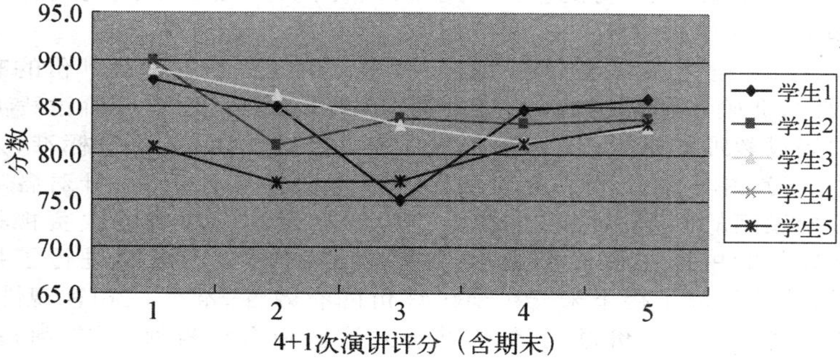

图3　学习动机强且持久,基础较好者

根据监控结果,任课教师采取了如下应对手段:针对前两组学生,设计难度相应的演讲任务(如:控制话题难度、即席演讲、已备演讲等),增强自我效能感,以强化或延长其学习动机;针对第三组学生,通过有选择地公布成绩,并据此分组,引入竟争机制,激发其学习主动性和积极性,并有针对性地分析其演讲视频,使其认识到自我价值的重要性。

(2)学习动机强弱程度和持久性与学习效果成正比。跟踪观察表明,学生的学习动机越强,且持续的时间越长,其学习效果越好。可能的解释是:①为了实现个人目标(成功),学习动机强的学生愿意为之付出持久的努力;②为了维护个人形象,提升自我效能感,他们更愿意做更多的准备;③为了取得成功,他们更愿意倾听他人的评价,并虚心采纳中肯的意见,在下一次任务中努力避免重复犯错。④可能还有其他原因需要进一步研究。

(3)监控学习过程能够延长学习动机的持久性。观察表明,无论学习动机强弱,英语水平高低,学生都非常重视个人在公众(课堂)面前和镜头中的表现,感受到不同程度的压力,从而愿意持续地为令人满意的演讲效果付出努力,延长学习动机。可能伴生的问题是,过大的压力造成表现失误(即负效应)。不过在英语演讲课程的教学实践中该问题几乎没有出现。可能的原因是同学之间的熟悉度。值得一提的是,有一名学习动机和学习能力都较强的同学在此过程中表现失误,但她以此为动力,在下一次的任务中脱颖而出,得到全班同学的认可,从而增强了她的自信心和学习动力。

(4) 学生在有效指导下参与教学评价过程能够提高评价的有效性、准确性和客观性,并能维持其学习动机。教学评价过程必须经过教师的指导,任课教师在开学之初就阐明了评价标准,人手一份,并仔细分析了各项细则。第一次集体评价后,针对各项评分过高的问题,结合 2008 年 CCTV 杯全国总决赛的决赛视频和细化的可操作评分细则,任课教师再次对全班同学进行了指导,从而保证了接下来三次演讲评价的有效性、准确性和客观性。由于学生参与评价过程,他们熟悉并了解观众和教师(即裁判)对他们各自任务的期待和评判标准,充分认识到学习效果取决于个人努力并将受到有效监控,从而能够更加有的放矢地设计和完成任务,一方面既可维持其学习动机,另一方面亦可有针对性地进行自我反思和评价,从而调动元认知策略以提高学习效果。

4 结语

在以程序性知识为主的课程教学中,形成性评估将包括教师、学生和学习任务三大要素在内的完整的教学过程纳入考查范围,"使我们的教育评估从单向转为双向,学生由评估的客体转为评估的主体,学生获得了教育评估的知情权、发言权和决策权,参与评估的整个过程,充分了解教学评估的目的、标准和步骤,减少了担忧心理。这有利于培养学生对自我学习进行监控和评估,进而促进学生自主学习能力的提高"(王京华等,2006)。英语演讲课的应用实践表明,在成为课堂主人的同时,以个人进步档案、随堂测验、视频录像、集体评估与反馈等手段实施形成性评估的过程本身,通过监控学生学习过程、反映学生学习动机水平和类型,既强化并延长了学生的英语学习动机,又营造了寓教于乐的良性课堂氛围,有效提高了学习效果,促进了教学目标的实现。

当然,本研究也有诸多不足之处,比如,跟踪观察和研究的时间仅为一学期(10 个教学周),势必影响形成性评估和研究发现的效度和可信度；另外，具体的教学效果只参考学生历次演讲的集体评价也有待进一步完善，如可通过访谈和问卷调查等形式了解学生对这种评估方式的看法和建议；最后，如何在英语演讲课程中更加有效地实施动态的形成性评估还有待进一步探索。

参考文献

[1] 王华，富长洪. 形成性评估在外语教学中的应用研究综述. 外语界，2006(4).
[2] 陈琦，刘儒德. 当代教育心理学(第 2 版). 北京：北京师范大学出版社，2010.
[3] 彭金定. 大学英语课堂教学动态评估. 外语界，2004(3)：27.
[4] 周娉娣，秦秀白. 形成性评估在大学英语网络教学中的应用. 外语电化教学，2005(105).
[5] 侯祥瑞，孟坤，刘成志. 论形成性评估对大学英语教师的要求. 中国成人教育，2007(6).
[6] 杨天地. 试析英语教学中的形成性评估. 教学与管理，2010－8－20.
[7] 吴慧华，赵芳. 形成性评估在外语教学中的运用. 作家杂志，2007(12).
[8] 王京华，马建桂. 大学英语阅读教学中的形成性评估试验研究. 宁夏社会科学，2006(5).
[9] 王京华，李丽娟，吴晓燕，孟改华. 形成性评估对英语学习策略影响的实验研究. 河北大学学报(哲学社会科学版)，2006(4).
[10] 陈舜孟. 形成性评估对英语学习者情感的影响实验研究. 教育探索，2007(11).
[11] 迟欣. 皮革马利翁效应与英语学习形成性评估. 天津教育，2005(12).
[12] 李子杰. 形成性评估在大学英语教学实践中的应用分析. 双语学习，2007(7).
[13] 郭茜，杨志强. 试论形成性评价及其对大学英语教学与测试的启示. 清华大学教育研究，2003(5).
[14] 皮连生. 教育心理学(第三版). 上海：上海教育出版社，2004.
[15] 郭茜，杨志强. 试论形成性评价及其对大学英语教学与测试的启示. 清华大学教育研究，2003(5).

作者简介： 龚萍，上海大学外国语学院讲师。

关于培养创新型国际化外语人才

韩璐璐

摘　要：语言教育离不开文化背景的教育，因为语言不是孤立存在的，是作为文化中的一个重要组成部分而存在的。上海大学外国语学院日语系在学校大类招生的背景下，结合本专业的学科特点，一直致力于培养创新型国际化日语人才，并取得了相当的成绩。接下来，在与学校积极加深国际化的前提下，更加努力扩大日语系与国际接轨，坚持不懈地培养创新型外语人才。

关键词：创新；外语人才；语言；文化

创新型外语人才是指人才不但具有扎实的外语基础，如听、说、读、写能力，而且还必须掌握和精通一门或多门专业知识，使外语能够与专业知识有机地结合于工作实践中。随着国际间交流的增多，经济和文化的全球化趋势越来越明显，由此对外语人才能力、素质和品位的要求也越来越高。全球化使得技术和资讯的更新速度日益加快，全球化也给世界造成了更多的不确定因素，给大学带来了空前的机遇和挑战。21世纪综合国力的竞争归根到底是创新型人才的竞争。在全球化背景下，一国经济和社会的发展越来越依赖于大学的质量，而大学的质量与大学国际化水平之间的关系也越来越紧密。在培养创新型国际化人才方面，应该坚持人文素质、科学素质教育和创新能力、实践能力训练相协调。

1　以文化研究为切入，巩固和扩大外语学科的传统优势

无论哪一种专业，其语言教学是离不开文化的。因为一种语

言是蕴涵在一种特定文化之中的，学一门外语就要换一种思维方式，换一种行为方式，增加一种文化价值规范。对于学生的培养不仅限于外语能力的提高与专业视野的开阔，更应该注重培养学生的外语思维能力及其对外来文化（多元文化）的理解能力。因为只有懂多种文化的人，才能更加欣赏本民族的文化，更加准确地认识本民族文化的弱点，也才能更好地懂得另一种文化。两种文化相遇，不一定是冲撞，而是相互融入之后升华为一种独特的文化气质。两种文化的了解使学习者形成一种更容忍、更宽厚、更豁达、更深刻的人格。这种具有实用的专业知识和深厚的文化底蕴的教学在激发学生的学习兴趣的同时，又激发了学生的情感，从而培养学生以审美的态度对待社会、对待人生、对待自我。只有这样才能把大学语言教学看做是通过语言学习获得人生经历的过程，才能真正培养学生和谐的人格，提升他们的素质和品位。

语言只是交流和思维的工具，语言学习的目的最终是为了促进不同文化的交流和沟通，国外学习中文的学生们更多的是对中国文化、中国历史、中国社会现状感兴趣，他们在课上和课下问的更多的是超越语言学习本身之外而深入到中国传统文化的问题。通过出国交流让在校学习外语的学生更多的了解所学语言的文化、历史、社会现状，让他们超越语言学习之外而深入到社会文化的学习和研究之中，从而提高他们的人文素质。另外出国学习交流可以让他们完全进入所学语言的环境，对听说读写提高很大，对所学专业语言的文化体会更加真切，了解也更细更深入。出国出境学习也提高了同学们独立处事的能力：在国外境外应对生活学习中遇到的实际问题，都需要他们自己去完成，从而锻炼了他们处理问题和与人交往的能力。出国出境学习，对学生的创新能力培养也有一定的促进作用。在下一阶段的教学改革过程中，上大将在巩固和扩大语言学科传统优势的学科建设中，突出文化研究的重点地位，采用多元化的出境交换学习的途径，让更多的同学能参与到其中。

近年来上海大学外国语学院在推进人才培养的国际化方面，做了大量的工作，取得了较为显著的成绩。院系在学校党委、行政的关心下，在国际合作与交流处、教务处、学生工作处等职能部门的支持下，想方设法推动本科生的出国出境交换学习。

(1) 2010 年 11 月，日语系与"日本 BSC 琵琶湖水上运动中心"正式签订青少年交流活动备忘录，"日本 BSC"成为日语系固定的海外实习基地。2011 年 7 月至 9 月，日语系 2 名学生已经成功地实施了这一项目，对方对于学生的出色表现给予了极高的评价。

(2) 海外留学项目启动于 2000 年，每年向日本早稻田大学、大正大学等知名大学派送 5 至 8 名交换留学生，是非常成熟和成功的海外交流项目。上海大学与日本的早稻田大学、大政大学等知名大学互派留学生，作为交换生在日本留学一年。日语系每年选派 6—8 名优秀学生在对方大学修完一年的课程。另外，日语系正在谋求与日本东京大学、庆应大学等世界名校建立日语专业学生留学与深造(攻读硕士课程)的交流基地，并拟每年组织 30 名学生参加交流活动。

(3) 与日本领事馆、日本贸易振兴机构(JETRO)具有良好合作关系：自 2009 年以来，日语系加强与日本领事馆、日本贸易振兴机构等组织的多渠道交流，积极为日语系学生开拓实习就业平台，并且借助这些平台拓展与日本企业的交流。2009 年 10 月，日语系领导带领学生前往日本领事馆新闻文化中心参观交流。参观后，双方就上海大学日语系在校学生赴日留学、毕业生赴日深造、短期赴日进修等问题进行了一系列的交流和探讨。

日本贸易振兴机构是日本政府为振兴日本企业的对外业务开展而设立的官方机构，日本几乎所有的跨国企业均为该机构会员。2011 年 7 月，日语系邀请日本贸易振兴机构(JETRO)理事须藤德之先生为日语系师生就"日本食品辐射相关管理措施"做了精彩演讲。通过此次演讲，日语系与日本贸易振兴机构建立了良好的合作关系，双方商谈了日语系师生赴日本东京大学、早稻田大学等知名大学交流学习的可行性，并且，日方驻上海代表处承诺为日语系学生提供社会实践与调研的宝贵机会。

2　充分认识加强人文素质和科学素质教育的重要性和紧迫性

加强大学生文化素质教育工作是高等教育的一项重要内容。作为在校培养的外语人才，首先应该对本国的文化有较好的学习和了解，只有这样，才能更好地深入所学的外国语言，才能更好地体会和理解所学的外国文化。通过中西方文化对比的学习和研究，将语言、文学和文化研究有机地结合起来进行交叉学习，让他们在两种文化中得到洗礼和升华。特别是通过加强对语言类学生在中国传统文学、历史、哲学、艺术等人文社会科学和自然科学方面的教育，使学生从人类优秀文化成果中汲取营养，不断提高自身的文化品位、审美情操、人文素养和精神境界。

2.1 加强师资队伍和教材建设

社会的发展对高等教育的发展产生了两个看似方向相反的影响：一方面，学科分类和专业方向越来越细化；另一方面，创新型人才的培养要求教师必须传授广博的知识。通过学习科学发展观，作为一名教师，肩负着教书育人的神圣使命，就是要在课堂教学中，把提升大学生的综合人文素质列入自己的教学计划中，培养学生对中日文化的理解，充实和提高复合型高级外语专业人才的竞争优势，增强学生独立思考和自主创新的能力，为我国的现代化建设输送具有国际视野、能够参与国际竞争与合作，能为引进消化吸收再创新从而开展自主创新做出贡献，教学中通过弘扬中国传统文化，培养具有独立人格，胸怀大志，能够适应、推进，甚至引导社会发展的新一代大学生。

在通识教育的背景下，充分利用日语系师资队伍的优秀资源，开展中日语言、文学、文化、经济各个领域，全方位、多视角的日本研究和中日对比研究。充分发挥与日本具有丰富的交流合作项目的优势，立足上海大学，放眼中国、日本和世界，开展开放式、跨学科、高水平、重实践的研究和交流。以文理交叉的模式，与其他院系密切合作，展开广阔的学术交流；积极同国内外著名大学和研究机构就重点课题开展长期的研究合作；以联合立项的方式与中日企业开展共同研究；在已有交流项目的基础上，开发与日本研究交流的新资源，探讨学术领域的大课题，采取走出去，请进来的灵活方式，积极探索和创立具有上海大学特色的日本研究交流中心。

日本研究交流中心的成立，将以脚踏实地的实际行动，优秀卓越的科研成果，拙见成效的中日交流活动为将上海大学建设为国际知名、国内一流的综合性研究型大学做出贡献。平衡学科发展，促进文化交流，在经济与社会相互关联的大视野中，立足学术前沿，加强团结协作，发挥自身优势，建成一个多学科交叉与互动，学术研究与实践交流相融合的高层次学术研究和交流平台。

自2009年以来，外语学院学术节每年举办，作为学院学术团队的重要组成部分，日语语言文学学术沙龙自2009年5月成立至今，日语系已经开展学术讲座和沙龙共计15次，定期邀请国内外专家学者或本系教师共同开展学术交流，彼此沟通科研心得，形成了积极向上的良好学术氛围。在此氛围的影响和促进下，教师们十分重视科研，每人每年都有科研成果发表，其中多位教师在国内外核心期刊发表优秀的学术论文。还有多位教师从基础教学学科的特点出发，以教学为平台进行针对性科研开发。

2010年，日语系成功申请到硕士点，2012年9月将迎来自己第一批硕士研究生。研究方向分为语言、文学、文化和翻译。研究生招生必将使学术研究氛围更加浓厚，对于教师自身的教学和科研都将起到极大的促进作用。

2.2 开展各种形式的社会实践活动

大学生参加社会实践活动，是加强文化素质教育的重要方面。因此要重视大学生的社会实践活动，要有计划的组织学生参与社会服务工作，使学生在实践中提高自身的行为修养。

目前日语系主要与上海两家公司签有实习基地协议。“上海坤伦翻译公司”于2009年10月成为我系校外实习基地，在世博会志愿者派遣和翻译人才培养以及学生就业基地的建设上与日语系有着良好的合作关系。此基地为扩大学生就业渠道、建立日本文化体验平台等提供了良好的支持。

“上海城市超市有限公司”是一家既有连锁经营的商业零售，又有现代农业种植基地的企业。在商业零售业，城市超市是目前上海最大的一家专业经营进口食品、日用品的连锁超市。日语系每年都派教师带领学生在该企业进行实习。与企业牵手共创双赢，为教师的科研和学生能力的培养走出了一条新路。

日语研究中心遵循“以点带面，全面渗透；提升层次，打造品牌”的国际化办学思路，着力营造国际化办学的良好氛围，突出改善国际化办学创新的政策环境，大力深化国际化办学体制改革，打造国际合作平台，以进一步推进国际化办学的规模和质量，为日语系整体发展引进优质国际教育资源，为学校增强国际影响力提供坚实的基础支撑。积极开展学术研究和交流，为中心发展奠定坚实基础。

(1) 充分利用中国日语教学研究会上海分会理事单位的平台开展学术研究交流，邀请国内外知名的日本研究专家在上海大学开展学术讲座。参加对象为日语系师生和上海市乃至全国的日语教学研究人员。

(2) 以日语语言文学沙龙牵头，定期举办日本研究系列的学术沙龙，参加者为日语系教师和研究生。每次有发表者，围绕不同的主题进行研讨。进一步发展和扩大学术讲座和学术沙龙的规模。聘请国内外知名学者三年内举办三次高水准的学术讲座。三年内举办一次全国日语界参加的较大规模的学术研讨会。

(3) 争取申请上海市级教学或者科研方面的研究课题。并从日语系与中国或者日本企业合作密切的特色出发，申请横向的国际化产学结合的研究项目。积极与国内外大学、研究机构和知名学者进行学术交流，扩大中心的知名度，提高自身的研究水平。申请更多更好的如“教育部日本国际交流基金”对外交流项目，派遣中心的研究人员赴国内或者日本知名大学或研究机构研修深造，提高中心的教学和科研水平。

(4) 继续深化和发展本科生的海外交流项目。争取一年 20 名学生赴日研修或实习。与日本静冈县建立稳定长久的交流合作关系。为学生的赴日交流和教师的研修开辟新的渠道。

(5) 继续争取中国教育部“日本国际交流基金”对外交流项目，派一名优秀教师赴日本研究交流。

(6) 利用硕士研究生招生的良好平台，城市师资力量，提高教学科研水平。使中心的科研水平在上海日语界名列前茅。计划三年内引进两名国内知名的日本研究专家。

(7) 积极推进和深化日语学科的国际化，开展师生共同参与的游学、研修、实习和社会调查等形式的赴日交流活动。争取使日语系 100％的学生都有机会参与到各种海外交流项目中，提高学生的日语综合能力，并尽力将国际化交流扩展到全校师生。中心在此交流项目的基础上开发科研的可行性，完成国际交流与合作的调研项目。

全球经济一体化和高速发展的社会需要具有创新精神和创新能力的复合型外语人才。扎实的语言基本功是外语人才的立世之本；宽广的知识面是新形势下学科渗透与融合对外语人才的要求；一定的相关专业知识有助于提高外语人才的社会适应力；较强的创新能力是外语人才生存与发展的重要保证；培养高素质的外语人才是外语人才培养的根本目标。为了实现这一目标，应当在教学的体制和机制上进行改革与创新，走出一条新的外语人才培养之路。

作者简介：韩璐璐，上海大学外国语学院。

一年级艺术类大学生英语教学中的焦虑策略研究

——以数码学院为例

贺 莉

摘　要：在二语习得过程中，焦虑被认为是影响语言习得的一个重要因素。而一年级艺术类大学生在大学英语教学中体现出不同程度的焦虑，对大学英语的学习效果产生了一定的影响。本文试图分析英语教学中焦虑产生的原因并探讨相关的对策。

关键词：焦虑；英语教学；教学对策

1　引言

二语习得(Second Language Acquisition)的研究自20世纪六七十年代开始发轫，已形成了多种理论与假设，其中影响较大的要数克拉申(Stephen Krashen)的第二语言习得理论。而构成这一理论的五大假设之一的情感过滤假说(Affective Filter Hypothesis)自20世纪七十年代问世以来，就逐渐地成为教育心理学研究的一个热点，并不断地接受着各种各样研究的检验。尽管相关的研究还未得出确定的结果，但这一假设却赢得了越来越多的支持与同情共感，并对语言的教学产生了重要而深远的意义。

Krashen(1985)认为：在实现语言习得的过程中，人脑需要向可理解语言输入“开放”，使之顺利达到人脑习得语言的部位——

"语言习得机制"(Language Acquisition Device)。而在这一过程中，大脑的"情感过滤器"(affective filter),完全受情感因素操纵，如阀门一样控制着语言输入，当处于放松、自信的积极精神状态时，可理解性输入便可顺利到达 LAD,从而实现新语言习得。

Krashen 认为影响语言习得的情感因素有：① 动机和态度：学习目的是否明确直接影响学习效果。目的明确则动力大，进步快;反之，则收效甚微。② 性格因素：自信、开朗、自我感觉良好的语言学习者进步较快。③ 情感状态：主要指焦虑和放松。焦虑感较强者，情感屏障高，获得的输入少;反之，则易得到更多的输入。

克拉申的第二语言习得理论的情感过滤假说对于学习者在学习中出现的情感因素的作用做出了清晰合理的解释说明，这有助于我们英语教师意识到：在教学中除了关注教学内容、教学手段之外，还应重视情感因素对于教学效果的影响。本文试图凭借这一理论来关注并处理一年级艺术类大学生的英语教学中产生的焦虑问题并探讨相应的对策。

2 英语教学中焦虑产生的原因

我校一年级艺术类新生进入大学英语学习阶段后面临的问题较多，如：英语基础较差、英语课堂互动要求的增加，英语教学内容难度的加大、英语成绩考核的多样性等，均对他们的英语学习产生了不同程度的压力，使他们在面对新的挑战、积极适应新环境、新要求的过程中产生了不同程度的焦虑情绪。笔者通过观察分析发现，造成我校一年级艺术类大学生英语学习焦虑的原因主要有以下三个方面：

2.1 教材难度与学生基础差距大

艺术类专业学生与其他专业学生在文化课程度方面相比有很大的差别。艺术类学生中有很大一部分同学在高中才决定报考艺术类专业，因此需要将大量的时间、精力投入到专业课程的学习中去。在这一过程中，英语课程的学习时间受到挤压，甚至被剥夺，致使英语水平停滞不前，甚至倒退。另有一部分同学是从职业高中、职业中专、工艺美校直接考入大学，专业水平很强，但前期学习英语要求较低，没有经过高中阶段系统踏实的学习，英语水平基本处于初中阶段的水平。此外,按照国家要求,艺术类专业学生的专业课程要求较高,而文化课要求只需达到国家二本分数线的60%即可。因此,较之其他专业学生,艺术类专业学生的英语水平总体较低,与大学阶段英语教学的起点要求存在较大的差距。面对大学英语教材中无休止的新单词,较长篇幅的课文,全新的人生价值观,生活态度,历史、生活背景等等文化信息的冲击,一年级艺术类学生常常处于茫然不知所措的尴尬境地,不断地产生不安、失意、自我怀疑、忧虑、紧张的焦虑情绪,使得大学阶段的英语学习受到较大的压力冲击而进步较慢,甚至停滞。

2.2　口语交际要求的提高

随着二语习得研究的不断深入,理论的不断推陈出新,并伴随着我国英语教学的不断普及,大学英语教学也在不断地经历变革。从"阅读引领"的教学到以"听说为主,注重实践"的教学,从"以教师为主"的教学到"以学生为主"的教学,英语课堂为学生提供了越来越多的练习机会,同时也对学生的英语应用能力提出了越来越高的挑战。全英语讲授的课堂,越来越多的小组讨论、个人发言,课堂学生汇讲等都将学生从传统的被动学习者的角色转变成为主动的参与者,表现者。学生在不断地接受锻炼的同时也感受到了巨大的压力,担心在使用英语时发音不准,担心词汇用错,担心英语不够流利,担心自己表现不够好,担心同学老师对自己产生过低的评价。众所周知,青年时期的一个重要而显著的特点就是自尊,敏感。处于青年时期的大学生们非常在意自己的形象,及在他人心目中的形象。对于在同学老师面前的表现都会非常在意,即使是很小的错误也有可能损害他们敏感自尊的心,影响他们学习英语的后继热情。这种青春期特有的敏感与自尊带来的一系列的担心使得学生们在进入英语课堂后就不由自主地产生紧张、焦虑的情绪,在痛苦中挨过每一节英语课,不由自主地过滤掉了英语课堂的语言输入。

2.3　频繁的考试

考试无疑会带来焦虑。而对上海大学数码学院的学生而言大学英语意味着更多的考试。上海大学实行三学期制,每十个星期构成一学期,这意味着每十周英语就有一次期末考试,一学年就有三次英语期末考试。作为英语教学的一个重要环节——考试,越来越多地引起了研究者的关注。对于如何更有效,更全面的考核学生的研究层出不求,提出的理论也越来越科学。为了更全面地反映学生的英语水平,促进学生的学习动力,并结合先进科学的评估理念,我校艺术类学生英语课成绩由形成性评价(即平时成绩)和终结性评价(即期末考试)共同构成。而形成性评价包括了两次周考和一次口语考试。周考的内容与教学内容相关,但又是涉及听力,阅读理解,词汇语法选择,完型填空,翻译等形式的正式考试。口语考试以有准备的口头作文形式进行。这样看来,数码学院艺术类一年级学生进校开始就要面对一系列的英语考试,并以平均每两周半一次的频率进行。处在这样频繁的考试当中,学生所经受的压力可想而知。伴随着这种压力产生的焦虑感如影随形地伴随着他们的英语学习,使一些学生感到沉重、压抑、无趣,进而导致另一些学生的疏离、逃避、放弃。

综上所述,在我校一年级艺术类学生的英语教学过程中,教学内容的难度,口语交际的侧重,考试频繁的现状都给学生带来了较大的焦虑情绪,参照克拉申的情感过滤假说,这种绵绵不绝的焦虑情绪必然对英语教学产生负面的影响。针对以上情况,我们有必要寻求克服学生焦虑情绪的对策,使英语教学取得应有的效果。

3 英语教学中焦虑教学策略

由于一年级艺术类学生在英语教学中产生的焦虑情绪对他们的学习产生了直接的负面的影响,作为英语教师,我们不能够忽视这种情感因素给教学造成的危害,应该积极思考如何帮助他们控制、克服焦虑情绪,这对于提高英语教学的效果将起着至关重要的作用。为此,根据观察分析得出的造成焦虑情绪产生的原因,针对一年级艺术类学生的英语教学笔者提出如下的应对措施。

3.1 控制教学内容的难度,增加教学内容的可理解性

克拉申的第二语言习得理论中包含一个输入假说(Input Hypothesis),认为单纯地主张输入是不够的,学习者需要的是"可理解输入"(comprehensible input)。只有当学习者获得比他现有语言水平略高一点的第二语言输入,而他又能把注意力集中

到对内容的理解而不是形式的理解时，语言习得才能产生。这就是 Krashen 著名的 i+1 公式。i 代表学习者现有的水平，1 代表略高于学习者现有水平的可理解的语言输入。Krashen 还给出了理想输入应满足的条件：第一，输入是可理解的；第二，输入是有趣或相关的；第三，输入不按语法顺序进行；第四，输入必须有足够的数量。当语言输入大大超出学习者现有的水平、缺乏趣味性或相关性时，学习者就难以理解所输入的材料，此输入在习得中就没有价值。

根据这一假说，我们需要对我们的教学内容进行仔细的考虑和安排。我们现在采用的课本为秦秀白教授主编的新世纪《大学英语》。课文具有强烈的时代感，包括了外语学习、个人成长、我与周围人、环境的关系等等一系列涉及人、社会及自然等各方面文化的文章，不仅丰富了学生的眼界，而且有助于学生的人文素质的培养。因为文章具有一定的思想深度，其中的词汇也相当的丰富，对学生有很强的挑战性。如果按照传统的课文讲解，将需要大量的时间进行单词的讲解。众多单词的多种含义，不同用法的讲解使整个课堂充满了新信息，违背了 i+1 的原则，将使学生难于接受。因此，笔者建议在教学中，我们可否引导学生去更多的关注文章的主题、含义、价值，将词汇的讲解简化为意义的理解，并将其融于课文的理解之中。有意义的可理解的输入才应该是我们英语教学追求的目标之一。

3.2 容忍口语沉默期的存在，创建轻松愉悦的课堂环境

克拉申(Krashen)的第二语言习得理论还提到了一个非常重要的概念——“沉默期”(Silent period)。儿童在习得母语时，总是经历一个为期大约一年的“听”的过程(沉默期)，然后才开口说出第一个词。克拉申(Krashen)认为儿童在掌握说话能力前，都会有一个相当长的沉默期，直到听懂的量达到一定程度而有足够的自信时，才可能说话。这一沉默期是正常的同时也是必要的。这一规律同样适合于第二语言习得。“沉默期”是使习得者建立语言能力的一个非常必要的时期。在沉默期这段时间里，成人或儿童通过“听”来提高语言能力，也就是说，通过接受可理解的语言输入来发展语言能力。第二语言沉默期的长短因人而异，有的只要一天，有的则要半年或更久。

这一语言习得的规律提醒我们，对学生口语表达能力的培养不应操之过急，而应顺应自然规律，循序渐进。因此，我们在听说教学中可以考虑将教学分成若干阶段，并制定不同阶段的目标。比如我们在听说教学的第一个阶段可以允许学生处于沉默期，而这一阶段教学的目标可以以营造全英语的环境为主，提供给学生可理解的生活中实际被运用的语言输入，帮助他们建立必要的语言能力及信心。在听说教学的第二个阶段着重帮助学生走出沉默期，在继续提供有效英语输入的同时鼓励学生勇敢地用英语表达自己的意思。这一时期教师可注意创造轻松的教室氛围，组织以小组讨论为主的交流方式，对学生的语言问题暂时置之不理，保护学生运用英语的热情。在听说教学的第三个阶段引导学生进入主动积极的表达个人观点的阶段。在仍然继续有效的语言输入的同时，注意语言交流方式的多样性，从小组讨论，提问到个人观点陈述为不同口语能力的学生提供锻炼的平台。教师可根据学生的实际情况缩短或延长不同阶段的教学。

3.3　完善形成性考核的评价方式，减小考核产生的压力

著名教授 Michael Scriven 在 1967 年提出形成性评价(formative evaluation)和终结性评价(summative evaluation)这两个概念，并指出两者在获取信息的目标及使用方式上有所差别。终结性评价是对教学的评价及对学习者在某一阶段的学习发展情况的总结，而形成性评价是教师在教学过程中采用的一系列正式及非正式的评价步骤，其目的在于修正教学及学习活动以提升学生的学习水平。具体来说，形成性评价的目的有如下四条，一是为教师提供反馈以修正下一阶段的教学活动及方式，二是确认学生整体及个体的语言不足，并加以补救，三是将学习的焦点从获得成绩移至学习过程当中，增加自我学习效能，减少外在动机(获得成绩)的负面影响，四是改善学生对于自我如何学习的元认知意识。

从形成性评价的含义及目标来看，它的目的并不在于考核评价学生，而是搜集教学中重要的信息为教师、学生及教学服务。鉴于此，我们应该突出的是形成性评价的信息功能，避免其以考试、成绩的形式出现从而造成对学生学习压力的加大以及自我负面评价的影响。对于实际教学中的周考，我们可以采用原有的考试形式，但需要改变以分数体现考核的习惯，降低对试卷分数的

关注。我们应将老师、学生的注意力转移到学习过程中尚未掌握的语言问题,而不是一再地迫使学生面对自己英语水平较低的现状,陷于由此而产生的失意、忧虑、紧张、自我否定的焦灼情绪之中,影响英语的后继学习。对于口语考试,我们还是可以采取循序渐进的方式,将任务阶段化,给学生时间适应然后提高。比如第一阶段的口语考试可以以发音作为考核的内容,第二阶段以流利朗读为考核内容,第三阶段以独立发言为考核内容。通过不同阶段不同要求来培养学生的自信,提高他们的语言表达能力,并减少他们的焦虑情绪。

4 结语

在今天英语教学的课堂上,我们欣喜地看到学生不再是被动地接受语言知识技能,而是越来越多地参与教学,成为课堂上积极、主动的学习实践者,自我学习的主宰。但是,在学生更为广泛地参与教学的过程中,我们老师不应该仅仅只是将学生带入学习的中心位置,还应该自觉成为教学过程中的组织者、引导者、观察者、思考者,关注学生学习过程中的表现,感受以及情感的变化,努力为学生营造轻松愉快的学习环境,让他们在放松、快乐的心情下释放学习潜能,提高学习水平。

参考文献

[1] Krashen S. D. Principles and Practice in Second Language Acquisition [M]. New York: Pergamon Press Ltd,1982.

[2] Krashen S. D. TheInput Hypothesis: Issues and Implications [M]. London: Longman,1985

[3] Tomioka, Taeko. The Silent Period Hypothesis. Sanno Junior College Bulletin, 1989, 22: 150 - 162.

[4] Scriven, Michael (1967). "The methodology of evaluation". In Stake, R. E.. Curriculum evaluation. Chicago: Rand McNally. American Educational Research Association (monograph series on evaluation, no. 1.

作者简介: 贺莉,硕士,上海大学外国语学院讲师。

论大学生英语演讲能力的培养

雷 婷

摘 要：在全球化背景下英语演讲作为一项重要的跨文化沟通技能已经日益成为大学生英语学习中的一个重要方面。本文阐述了英语演讲的主要类型，并以此为基础着重探讨如何对大学生的英语演讲能力进行培养，提升他们的跨文化沟通技能。

关键词：演讲类型；演讲者能力培养

1 引言

演讲是讲话人在交流过程中处于中心地位向听众作连续性发言的行为(Carlin, 1995)。它是人类活动必不可少的一部分，演讲作为一种交际方式伴随着人类经历了漫长的文明史。在西方其历史可追溯到古希腊、古罗马时代，而在中国可追溯到春秋战国时代(Cheryl Hamilton, 2005)。

现代社会非常需要具有良好口头交际能力的人才(Endicott, 1980)。演讲在美国高等教育中占有很重要的位置，许多大学和学院都将其定为本科生的必修课。此外，在社会上还有着各种各样的提高演讲能力的培训班，演讲能力被视人才素质的重要方面。

随着中国改革开放的深化，国际交往的日益频繁，人们越来越多的需要用英语来进行交流，如产品发布及介绍、商务谈判、会议发言、讨论交流、就某一话题发表意见等等。尽管我国的英语教学在近 20 年来取得了巨大的成就，全国公共外语四、六级统测，英语专业四、八级考试，托福、雅思以及中高级口译等考试激发了大学生及广大英语爱好者学习外语的热情。然而,许多学生从初中(有的甚至从小学)到大学四年毕业,虽然拿到了各种闪光的英语等级证书,却不能开口说英语,更谈不上用英语流利地表达自己的观点了。有鉴于此,英语演讲能力及其培养的重要性就显著地表现出来。

2 英语演讲的类型

英语演讲的类型主要有以下三种:命题演讲、即兴演讲和答辩。这通常是全国大学生英语演讲比赛所采取的形式。所谓命题演讲(prepared speech),就是由别人拟定题目或演讲范围,并经过准备后所做的演讲。它包含两种形式:全命题演讲和半命题演讲。全命题演讲的题目一般由演讲组织部门事先确定。在全国大学生英语演讲比赛中,一般采用这种演讲形式。半命题演讲则指演讲者根据演讲活动组织单位限定的范围,自己拟定题目进行的演讲。即兴演讲(unprepared/ impromptu speech),又称即席演讲或即时演讲,它是演讲者在没有准备或没有充分准备的情况下临时发表的讲话。例如",21 世纪杯"大赛中的即兴演讲,通常是参赛选手抽到一个题目后稍做准备,几分钟后马上上台演讲。演讲后的答辩(questions and answers)是听众与演讲者就演讲的相关问题进行现场交流的一种手段。鉴于大赛的特殊性,"CCTV杯"和"21 世纪杯"通常指定评委向参赛选手提 2—3 个问题,由选手当场答辩。

由此可见,不同类型的演讲有其各自不同的特点,对演讲者的能力也相应提出了不同的要求。为了确保演讲的成功,演讲者就必须不断地培养和加强自身综合能力。笔者认为在演讲的课堂教学中,教师要注重培养学生以下各方面的能力。

3 英语演讲能力的培养

3.1 英语表达能力的培养

演讲活动最主要的表达手段是有声语言,它由语言和声音两种要素构成,以流动的声音运载思想和情感,直接诉诸听众的听觉器官。它要求吐字清楚、准确,声音清亮、圆润、甜美,语气、语调、声音、节奏富于变化。学生进行演讲必须具备良好的英语口语表达能力，其中，语音语调是演讲中最直观的因素，直接影响信息的传达。讲稿再好，发音不准、重音失误、语调偏差，怪调不断，就会使演讲效果流失，演讲目的达不到，最后导致演讲失败。通过演讲训练可帮助学生认识到正确的语音和优美语调的重要性，从而自觉加强训练。同时，语言表达的连贯性、流畅性，逻辑性等通过演讲训练都可得到提高，口语表达逻辑混乱、内容空洞肤浅、言之无物，言之无味的状态亦会改善，逐渐培养学生善于以英语为工具，在不同语境从容地交流观点，表达思想。

3.2 英文写作能力的培养

用英语演讲是笔头和口头相结合的表达形式，学会演讲也须学会撰写演讲稿。演讲稿写作逻辑性强，一般包括选定题目、收集材料、组织安排、制定提纲等步骤。在撰写稿子时，还要学会将演讲稿的主要材料、观点、事例层层展开有条不紊，逻辑鲜明，层次清楚，确保让观众跟上自己演讲的思路。学生的演讲稿要经过多次写作、修正和润色，而正是这种多次的修改和润色使学生的英语写作能力得以提高。

3.3 演讲心理素质的培养

演讲总是要面对很多的听众的，然而很多人一提到在公众面前演讲就会怯场，立刻觉得心跳加速，喉咙发干，腿脚发软，手心出汗，甚至大脑一片空白。这就需要演讲者具备强大的抗压能力和良好的心理素质。所谓演讲心理素质，是指演讲者在演讲活动中产生并表现出来的心理特征，包括动机胆略、意志、思维、情感、理智等。一个人的心理素质中不排除有先天或遗传的成分，但这些先天差异并不最终决定演讲心理素质的高低，演讲心理素质在很大程度是后天习得的，是可以在演讲实践中通过采取恰当的策略和反复的演练而大大改进的。

具体而言可以从两方面来培养学生良好的心理素质：① 正确认识怯场心理；② 进行大量的实践练习。首先要让学生明了演讲前及演讲中的紧张与焦虑属正常的心理和生理反应，人人皆有，只是程度不同而已。即便是身经百战的演说家在面对陌生的演讲环境时也难免会有些许的紧张与担心；而适度的、能为自己控制的紧张状态往往可以促人思维活跃、反应敏捷是有益的。当然让学生明白这个道理之后，更为重要的是通过大量的实践来积累经验，如在教学中有意识地在设置提问环节中加强学生快速反应能力和临场应变能力，获得成功的感受，增强自信心，形成良好的心理。

3.4 语用能力的培养

海姆斯(1972)认为，一个人的语言能力不仅包括乔姆斯基提出的能否造出合乎语法句子的语言能力，而且还包括他能否恰当地使用语言的能力，即“语用能力”。“CCTV 杯”全国英语演讲大赛中，演讲者要在很短的限定时间内完成演讲、回答问题、辩论等，这对其语用能力是巨大的考验。而教师在教学中往往比较侧重对学生进行基本语言能力培养，其中包括语音、语法、词汇、语义、句法等基础语言知识和听说读写等基本语言技能。然而研究表明，学习者的语用能力并不随着语法能力的发展而自然发展，而需要有针对性的教学、培养（洪岗，1991）。

因此，教师可以有针对性地锻炼学生的语用能力。例如，为所有需要学生配合完成的任务加上时间限制，并严格执行，从而使学生处于适当压力之下让适量的压力感能激发学生的潜能，学会在压力下有条不紊、自如地运用语言来表达自己的思想。

3.5 批判性思维能力的培养

批判性思维是指以辨析、反思、质疑以及合乎逻辑的方式与态度对事物进行敏捷与明晰的思考并作出正确判断的能力。演讲(包括外语演讲)技能的训练毫无疑问有助于批判性思维习惯的形成以及批判性思维能力的发展。首先从“讲”的方面来看，学生在准备演讲时必须深入思考这样一些问题：哪些话题是重要的、有趣的、新颖的？哪些话题已被反复谈及，怎样切入才不落窠臼？在收集到的诸多素材中，哪些是事实、哪些是观点？哪些说法似是而非？哪些理据更令人信服？怎样谋篇布局才显得思路清晰、逻辑严密？如何从不同角度、不同层次上思考才不会有漏洞？持不同见解者会提出什么问题？我应该如何应对？这些思考、辨析、推理和判断的过程就是进行批判思维的过程(任文，2007)。

在对 2004 年“CCTV 杯”半决赛 11 名中外评委对 96 名选手的评分数据进行统计分析后，北京外国语大学中国外语教学研究中心文秋芳教授发现，外方评委通常以听懂意义为前提来判断选手演讲能力。而中方评委时而将形式与意义分开,对选手所犯的个别低级语法错误(例如单复数错误、第三人称动词错误等)给以过多关注,有以点代面的倾向。反映在日常英语口语教学中,中国教师对语法错误的宽容度太低,而对思想内容的交流重视不够。

有鉴于此,教师在教学中,不能仅把教学和指导局限于纠正语音语调,挑语法错误和表达中的毛病,而应当更多地在语言的内容上下工夫。丰富学生语言内容的一个重要方面就是培养学生的批判性思维能力,只有善于思考、勇于思考、敢于挑战,才能说得出、说得好、说得深、说得妙(张园,2007)。

3.6 掌握知识和信息能力的培养

英语演讲命题广泛,涵盖社会生活的方方面面。面对几乎与社会热点同步更新,以及古今中外几乎无所不涉的命题摆在英语专业教师面前的一个重要难题,就是优化英语专业学生的知识结构,拓宽知识面、加速知识更新,激发学生的自我知识管理意识。教师应广泛搜集最新的、来自于社会中广受人们关注且有争议的话题,作为课本之外的有益补充,激励学生联系实际生活积极思考。同时,鼓励或要求学生从报刊、杂志、网络等媒体了解和搜集信息,加以思考、归纳、总结、讨论形成可活用的知识。

3.7 非言语交流能力的培养

由于演讲是主要依靠有声语言来传递思想和感情的活动,巧妙地运用声音技巧是演讲区别于日常谈话、成功演讲区别于平庸演讲的重要因素之一。优美的音色、圆润的嗓音无疑会给演讲增色不少,但没有这些天生的优势也并不会成为演讲中不可逾越的障碍。只要能做到声音洪亮而不显做作,发音清楚且语言流畅,节奏分明而变化有序,抑扬顿挫而不失自然,声情并茂且张弛有度,就一定可以带给观众听觉上的享受。

除有声语言外,演讲还要依靠态势语言和主体形象等非言语性的手段来构成完整的传达系统,包括演讲者的仪态、风度、肢体动作、眼神、表情、服饰等,其传递信息的作用丝毫不亚于有声语言。在一定程度上,演讲者的形象与演讲的内容同等重要有时候,肢体语言甚至比口头表达更有说服力。对于演讲者来说,他们首先是被观众“看到”而非“听到”,他们的服饰打扮、举手投足、一颦一笑无一不在影响观众对他们的判断。尽管在不同的演讲场合,面对不同听众时对仪表体态可以有不尽相同的要求,但总体来说,打扮得体、举止大方、神态镇定、精神饱满,与观众保持密切眼神交流,都是仪态美的具体体现。

同时,在演讲中人们越来越注重利用各种实物、模型、图片及其他多媒体手段来加强演讲的感染力、吸引力增加视觉冲击力。视觉材料如果制作精美,运用得当就会起到增强注意力、记忆力的作用,并带给观众美的感受及体验。但切忌使用不当分散听众注意力。

4 结语

英语演讲是一门高超的语言艺术。除了用有声的语言和无声的体态去创造和渲染气氛,去感染和影响听众外,还需要上述种种能力的综合运用。英语演讲教学活动目的并不是要把每个学生都培养成演讲家,而是以演讲的方式发展学生的外语学习和运用的能力,逻辑思维能力,以及用英语清楚地表达复杂思想的能力,从而确保学生们能够成功地掌握这种跨文化的沟通技能成为能够应对全球化交际的高素质人才。

参考文献

[1] Carlin D, James P. Public Speaking Today, 2 edition [M]. Illinois: National Textbook Company, 1995.

[2] Endicott FS. The Endicott Report [M]. I. L Placement Center, Northwestern University, 1980.

[3] HYMES, D. On Communicative Competence. In J. B. PRIDE and J Holmes (eds). Sociolinguistics [M]. Harmondsworth: Penguin, 1972

[4] 任文. 英语演讲课与能力素质培养[J]. 中国外语,2007(6)

[5] 谭伟红. 英语专业演讲课的探索与实践[J]. 外语艺术教育研究, 2007(4)

[6] 王彤. 英语专业口语教学新课型——公众演讲课的探索与实践[J]. 外语界, 2001(3)

[7] 文秋芳. 刘相东. 金利民. 中外评委对大学生英语演讲能力评价的差异[J]. 外语教学与研究, 2005(5)

[8] 颜静兰,贾卉. 英语演讲与学生综合能力培养教育探析[J]. 语言研究,2006(1)
[9] 张园. "CCTV"全国英语演讲大赛对英语专业教学的启示[J]. 宁波广播电视大学学报,2007(3)

作者简介:雷婷,上海大学外国语学院教师。

多媒体网络环境下自主性学习的现状与思考

罗小春

摘　要：多媒体网络教学是近年来国内外倡导和流行的语言教学模式，它使学习者在时间和空间上都获得了很大的自主性。本文就多媒体网络环境下的大学英语教学分析了英语自主性学习当前的现状，提出了从大一新生开始培养和提高其英语自主性学习能力的迫切性和必要性。

关键词：多媒体网络教学；自主性学习；自主性学习能力培养

1　引言

随着多媒体网络技术的突飞猛进，多媒体网络教学逐渐替代了传统的教学模式进而成为大学英语教学的主流模式。它将多媒体网络技术与语言教学结合起来，通过不同渠道将大量语言信息输入给学习者，同时也打破了英语学习者在时间和空间上的限制。种种优势显而易见，但学生们对这种先进教学模式的适应能力却似乎远远跟不上其发展的速度。当前多媒体网络教学面临的突出问题即学生自主性学习问题。有了自主学习的平台，还要有自主学习的兴趣，动机，技能和目标才能达到自主学习的效果。

2　自主性学习的现状

自主学习是一种起源于人本主义，并随着认知主义、建构主义的兴起而逐步发展并成熟起来的新的教学理念。它是指学习者自觉确立学习目的,学习目标,选择学习方法,监控学习过程,评价学习结果的过程。20 世纪 80 年代 Henry Holec(1981) 最早将“自主学习”这一概念引入外语教学。他认为,“自主学习”就是学习者在学习过程中“能够为自己的学习负责”的一种能力。《大学英语课程教学要求》(2007)将大学英语教学目标确定为:“培养学生的英语综合应用能力,特别是听说能力,使他们在今后的学习、工作和社会交往中能用英语有效地进行交际,同时增强其自主学习能力,提高综合文化素养,以适应我国社会发展和国际交流的需要。”《大学英语课程教学要求》同时还指出:“各高校应充分利用现代信息技术,采用基于计算机和课堂的英语教学,改进以教师讲授为主的单一教学模式。新的教学模式应以现代信息技术,特别是网络技术为支撑,使英语的教与学可以在一定程度上不受时间和地点的限制,朝着个性化和自主学习的方向发展。”这就为大学英语教学的改革与发展指明了方向,同时也给大学英语教师提出了一个亟待研究解决的课题:如何提高英语学习者自主学习的能力?

多媒体网络教学模式打破了传统教学模式的种种束缚,为学生提供了一个很好的自主学习平台。但这种先进的教学模式是一个复杂的系统工程,教师,学生,教材和媒体等每一个环节在其中都起着举足轻重的作用。由于缺乏相应的培养,管理,监督及测试机制,作为多媒体教学受众的学生往往在过了刚开始时的一段新鲜期后把自主学习的平台变成了自由活动的平台。具体主要表现在以下几个方面:① 应该上网学习的时间变成了上网聊天或玩游戏的时间;② 应该上网看英文原版电影或听视听说教材的时间变成了看中文电影或译制片的时间;③ 应该记的阅读或视听说笔记变成了数码摄像或录音;④ 应该严谨活泼的对话或表演练习变成了松散无序的嬉闹。显然,学生自控力不够是造成这种现象的一个重要原因,处于大一、大二阶段的学生年龄都在 18 至 20 岁之间,他们常常对大学充满了向往,却没有做好上大学足够的心理准备。他们以为,高考通过就意味着万事大吉,中学辛苦了这么多年到大学该好好享受一番了。持有这种想法的学生往往在大一阶段容易松懈,甚至失去学习兴趣、动力。其次,这部分学生的自主学习能力普遍较弱。他们一路走来,习惯了中学老师全方位监控的学习状态。到了大学以后,自由自在的生活反而让他们迷失了方向。他们对教师的教学目标不明确,没有自己的学习目标和计划,不善于使用和监控学习策略,更不懂得如何有效地监控评价自己的学习过程与效果。整个学习处于一种被动的,无目的,无计划的状态,缺乏对英语学习的兴趣和动机。调查显示,大部分学生没有具体的学习计划,只是完成老师布置的任务,围绕着考试开展学习。他们缺乏自我评价意识,只是将英语考试成绩尤其是四、六级考试成绩作为评价自己和他人的唯一标准,认为学习英语没有什么策略可言,只需埋头死记单词和句型就能在四、六级考试中拿高分。这种观念一旦成为主流就很容易迅速蔓延,自主学习的氛围就很难扩展,甚至自主学习也会变成自主不学习。笔者在教学中也发现:只想通过四级考试的学生,英语学习的目标和任务仅仅设置在四级考试上,缺乏学习的主动性;有些学生虽然学习努力,但因对英语缺乏兴趣,英语学习始终难以取得进步。因此,有了自主学习的平台,还要有自主学习的兴趣,动机,技能和目标才能达到自主学习的效果。

3 自主性学习能力的培养

多媒体网络环境下自主性学习的现状值得我们反思多媒体网络教学模式目前存在的某些缺陷,从而改进目前与大学英语多媒体教学相关的种种机制。学生自主性学习能力的培养是一个从学习观念的改变、自主学习习惯的训练到自主学习习惯养成的过程。针对多媒体网络环境下英语学习者自主学习能力不足的现象,我们要让学生从大一开始就要尽快摆脱对传统的“以教师为中心”的教学模式的依赖,理解并接受“以学生为中心”的新的教学理念,帮助他们完成从“要我学”到“我要学”的转变。

束定芳(2009)指出,宁波诺丁汉大学英语成功教学的经验就在于他们英语教学定位明确,需求分析到位,课程设计合理,学习材料丰富,教材选用科学。对教师来说,最成功的教学莫过于激发学生的学习兴趣、教给学生相关学习策略、达到培养学生自主学习能力目的的教学。调动学生强烈学习兴趣的教学方法是最成功的教学方法,因为这是学生为兴趣而学,在学习中学会自我学习将使他们终身受益。由此看来,作为多媒体网络教学模式执行三体的教师，其首要任务就是如何激发学生英语学习的动机。除了丰富课堂活动和教学内容外，笔者认为，与学生的沟通交流显得尤为重要。及时定期的沟通有助于教师随时了解学生的学习需求、学习进度、学习目标等等，有助于监控学生整个的学习过程。一旦发现他们偏离教学目标可以及时纠正，对已实现的阶段性目标加以肯定或表扬。这种对学生重过程而不是重结果的评价方式有利于培养他们学习上的成就感，而成就感是确保学生维持学习兴趣和动机的源泉。其次，突出学习策略培训是培养和提高学生自主学习能力的关键。学习策略包含诸多因素——听说读写各项技能。如果从大一开始，新生就能接受这方面的策略培训，他们就可以少走很多弯路，从而缩短适应大学生活的过程。听包括听课、听影像资料、做笔记；说包括回答问题、与同学对话、上台演讲、参与课堂表演等各种课堂活动。读包括阅读课文、报刊、杂志等课内外的各种资料；写包括句子、段落、短文以及论文的写作。教学实践表明，许多学生学习成效不高的根本原因是未掌握好正确的学习方法。引导学生改变外语学习观念，培养自主学习意识，掌握自主学习策略，在学生刚进入大学初始阶段显得尤为迫切。

语言的习得需要坚持不懈的努力，更需要不断地探索各种科学有效的方法。设计促进英语学习自主性的各种项目也是培养、提高大学生英语学习自主性的有效途径。国内研究者设计的各种促进学习者自主性的项目值得我们借鉴和参考。刘萍(2009)设计了学习适应能力的培养机制以便学生能更好地适应多媒体网络环境下的大学英语教学。其研究结果表明，学习适应能力培养机制能有效提高学生的学习适应能力，促进其学习成绩提高。它通过改变学生的学习观念、培训和提高学生的学习技能、促进合作学习、培养自主学习的意识和能力，使学生能够利用多媒体网络资源和工具提高学习成效。阎莉(2010)设计了学习者发展项目，包括传统的签订合约、记录周记和讲解学习策略等活动。结果表明，该项目对英语学习自主性有比较明显的长期促进作用：① 提高学生后续课堂自主学习的计划性；② 在有英语课和没有英语课期间的后续课外自主学习中，从计划性和监控评价两个维度是学生维持较高的自主性。徐锦芬、唐芳、刘泽华(2010)进行的大学新生英语“三维一体”教学模式改革试验(小班+大班+自主学习中心)突破了以往机械单一的班级组合模式，采取大班知识性讲座、自主学习中心听力学习、小班语言实践及强化自主学习技能相结合的模式。该模式突破了课堂的局限性，比传统教学模式更有利于提高学生的自主性英语学习能力。

当然，在具体教学中，如何根据教学实际，设定并及时调整阶段性教学计划和教学目标，如何把教学对象与教学内容的特征有机地结合起来，如何进行科学测试、教学评估等一系列问题都有待于我们进一步的研究。在教学实践中，教师不仅要培养学生自主学习的意识、策略，还要为他们提供更多的机会运用英语自主学习的各种策略，并根据他们自身的特点选择适合自己的英语学习策略，充分挖掘、发挥自身的语言学习潜能，获得英语学习的成就感，从而改变学生对英语学习被动消极的态度，帮助他们完成从被动学习向主动学习的成功转换。

4 结语

多媒体网络教学给大学英语教学改革带来了无限的机遇，同时也带来了巨大的挑战。因为大学英语的教学目标不仅要培养学生的英语综合应用能力，而且要培养并不断提高学生的英语自主学习能力。对学生自主学习能力的培养必将成为大学英语教学内容的一个重要组成部分。如果从大一开始我们着力培养学生自主学习意识，培训自主学习策略，提高自主学习能力，就能让学生既学到知识又掌握学习方法、技能，进而做到真正意义上的自主学习。学会了自主学习才能真正实现全社会倡导的“终身学习”的理念。

参考文献

[1] Holec H. Autonomy and Foreign Language Learning [M]. Oxford: Pergamon Press, 1981.

[2] 教育部高等教育司. 大学英语课程教学要求. 上海：上海外语教育出版社，2007.

[3] 刘萍，学习适应能力培养机制在大学英语教学中的应用研究[J]. 外语界，2009(5).

[4] 束定芳，陈素燕，宁波诺丁汉大学英语教学的成功经验对我国大学英语教学改革的启发[J]. 外语界，2009(6).
[5] 徐锦芬，唐芳，刘泽华. 培养大学新生英语自主学习能力的“三维一体”教学模式——大学英语教学模式改革试验研究[J]. 外语教学，2010(6)：60 - 64
[6] 阎莉. 学习者发展项目对英语学习自主性的长期作用研究[J]. 外语界，2010(3).

作者简介：罗小春，上海大学外国语学院教师。

浅谈利用教学日志促进外语教师的专业发展

钱洁雯　薛　清

摘　要：教学日志作为促进外语教师专业发展的方法之一在我国较少采用。因此，本文从理论和实施方法两方面对这一问题作一简单探讨。

关键词：教学日志；教师专业发展

外语教师的专业发展研究自20世纪80年代以来得到了飞速的发展。教学日志作为一种促进外语教师专业发展的有效方法在国际上得到了学者及语言教师的广泛关注和深入研究（例如：Bailey, 1990; Richards & Lockhart, 1996; Bailey、Curtis & Nunan, 2001; Richard & Farrell, 2005）。我国的外语语言学和教学界在教师专业发展这一方面起步较晚，对于利用教学日志促进外语教师专业发展这一课题的研究也很少。王健、杨党玲(2005: 53)提到："在国外，日记研究已经相当成熟。而在中国的情况又怎样呢？笔者查阅了近年来国内有关权威外语教学、研究杂志，还在国内的网站以"日记研究"为关键词进行了搜索，尚未发现这方面的研究文章"。陈冠英(2000: 38)也指出："日记研究在中国教育中并不流行，实施起来需要毅力和合当的方法。"本文针对这一现状，拟从外语教师的专业发展、教学日志的含义与内容、教学日志撰写的意义、教学日志的撰写方法、教学日志撰写过程中应注意的问题这几个方面对利用教学日志促进外语教师专业发展这一问题作一简单探讨。

1 外语教师的专业发展

自 20 世纪 80 年代以来，教学模式、学生需求等教学情况的不断变化要求教师们不断地反思教学，推陈出新，发展自身专业化，从而得以在职业上适应这些日新月异的变化。另一方面，教师们想要在职业生涯中攀登新的高峰，或担任更高的职务，也需要走上专业发展之路，提高自身的能力。教师的专业发展成为教师专业化的方向和主题，受到了教育学家的高度重视和教师的广泛参与。Lange(1990)将教师发展定义为"教师连续的智力、经验和态度成长过程"。它是教师职前和整个职业生涯中连续不断的发展。教师们应该不断地发展使用，调整，运用自己的技能。束定芳、庄智象(1996)对外语教师所应具备的能力做了十分详尽的描述："一个合格的外语教师，必须具备一个任何普通教师所具备的基本素质，还必须具备一名语言教师所应具备的专门素质，更应具备适应外语教学这一特殊学科的专门素质，包括扎实的专业知识和专业技能；教学组织能力和教育实施能力；较高的人品修养和具有亲和力的个人性格；较为系统的现代语言知识；相当的理论知识和教学法知识。"这些高要求的素质的养成自然不可能一蹴而就，而是需要通过不断的专业发展渐渐具备。McMillan(2003)将良好的教师专业发展特点概况为：① 个体化——与教师个人的需求密切相关；② 具有多产性——促进教师连续不断的反思；③ 具有合作性——涉及同事间的相互影响和作用；④ 得到学校或机构的长期支持——教师发展不是相互隔绝的几部曲。根据 Richards & Farrell(2005)的统计，目前国际上广泛采用的外语教师专业发展策略就有数十种，比如：行动研究(action research)、案例分析(case analysis)和撰写教学日志(keeping a teaching journal)等。具体而言，外语教师们需要参加诸如以下所列的各项活动：进行自我反思和评价；发展教学的各方面的专门知识和技能；扩大自身关于教学研究、教学理论和教学问题的知识基础；承担新的角色和责任，例如担任督学、指导老师、研究型教师或教学材料作者；发展与其他教师的协作关系(Richards & Farrell, 2005)。

与国外相比，我国的外语语言学和教学界在教师专业发展这一方面起步较晚，关于这一课题的研究的广度与深度也相形见绌。骆爱凤、叶张煌(2007)在进行高校在职外语教师职业发展情况调查与研究后发现我国目前在该领域方面发展较为欠缺，撰写的针对我国外语教师职业水平提高的论文论著极为匮乏，且国内外语师资队伍比较薄弱，所以我国比起欧美各国来说更迫切需要外语教师的职业发展。高云峰、李小光(2007)在总结了近十年我国高校外语教师教育研究文献后认为目前高校外语教师教育研究在我国外语界还处于起步阶段，研究范围和内容还比较窄小和肤浅，研究力量比较薄弱。即使是通过研究文献数量统计分析后排名第一的外语教师教育模式/方法/手段的研究内容也十分狭窄，主要有“反思教学、行动研究、信息技术教育”，并没有什么创新型的模式、手段和方法。

从以上的分析可以看出，外语教师的专业发展至关重要，也迫在眉睫。考虑到我国外语教师专业发展仍处于不成熟的起步阶段，选用一个对个人而言简单有效易操作的发展策略不失为一个较为明智的选择。撰写教学日志恰恰是这样一个选择。

2　教学日志的含义与内容

教学日志指的是“对观察，反思和其它关于教学的想法的持续的书面记录”，它为教师的讨论，反思和评价提供了来源(Richard & Farrell, 2005)。Bailey(1990)认为日志研究是对语言学习或教学经历所做的第一手记述，在个人日志中做定期、坦诚的翔实记录，然后分析行为再发生的模式(recurring patterns)或突出事件(salient events)。

从以上的定义可以看出，教学日志可以记述的内容是多种多样的，可以涉及教学过程中的方方面面，包括教师自我的反思。侯英梅、宋斌华(2011)将教学日志的内容具体归纳为以下六项：一是教学理论。包括对教育教学思想的认识，以及对自身教学的影响，结合具体的教学实践对理论进行解读等。二是教学内容与方法。包括教学材料的选择与组织，教学活动的设计，某种教学方法或模式的适用性，自身在教法上的改革与创新，现代化教学媒体和技术的创造性利用，学生学习方法的指导等等。三是学生情况。例如学生学到了什么，学生的课堂表现，学生的学习困惑、学习场景、行为描述、课堂意外事件等。四是教学评价。包括对课堂教学正面和反面的评价，师生互动交流情况，对课堂交流中的问题诊断及改进计划等等。五是自我认识。包括教师对自我优缺点、教学风格、专业水平、职业能力等的认识，从而形成自我评价，制定个人发展目标。六是教学问题与解决方案。记录"有问题的教学情境"或教学过程中的疏漏之处、失败之举，并基于教师的经验背景和所处环境对"教学问题"进行个人解释，提出解决思路与方法。

3 教学日志是促进外语教师专业发展的有效途径

Bailey, Curtis & Nunan (2001)认为撰写教学日志有四大益处：① 阐明困惑和问题(包括为日后的研究提出假设)；写私人日记时，由于没有其它人的存在，教师们可以非常坦率地记录下自己的教学，承认及描述自身的教学困惑和担忧。② 发泄挫折情绪。日志的私密性也使我们得以发泄挫折情绪。教学是一种高压的，高要求的，与学生面对面的工作，其中不乏令人不快的人际交往。在课外适当泄愤可防止教师将这种情绪发泄在学生、同事和家人身上。③ 澄清及领悟；④ 在专业上发展自己。通过阐明教学困惑和问题，铺陈对自身教学的反应和澄清理解，教师们能提出假设，考虑相关的替代方法，注意到自身语言学知识的缺陷，产生新的想法，尝试新事物，从而得到专业发展。Richards & Farrell (2005) 也认为对教师而言，日志是一种澄清自身想法，探索自身信念和实践的方法，是能被用来监控自身的实践和记录成功教学经验的。撰写日志提供了一种使教师更加意识到自身教学和学习的简单方法。通过长期写下个人的观察，想法和故事可以看到各种模式出现，当这些模式被解释说明后，个人也能得到成长和发展。侯英梅、宋斌华(2011)指出：教学日志是教师积极主动地对自身教学活动中有意义或价值的事件所进行的持续而真实的记录，并在此基础上发现问题，提出解决问题的策略，不断改进教学，从而促进自身的专业发展。从本质上讲，写教学日志是教师自我反思思维活动的显性化过程，通过教学日志这一工具不断地分析梳理、回顾总结、研究探索，以改进教学实践活动，为以教学活动提高教师专业发展水平创造条件。除此之外，谢雨利

(2010)认为教学日志本身还可成为英语教师进行教育科学研究的素材和数据,为科研能力的提高夯实基础。这种由教学实践走向教学理论,由教学理论引导教学实践的方式,使教师的科研有的放矢,是最直接的理论联系实际的实证研究。英语教师在此过程中形成自己的教育教学思想,提高自己的教育理论素养和研究能力,实现教学与研究互补相长。因此,教学日志既是外语教师了解教学活动的有效方式,也是外语教师专业发展的重要途径。

4 教学日志的撰写

教学日志的撰写其实可以有多种不同的形式:个体写作,写给同事、小组的写作和对话日志写作(Richards & Farrell, 2005)。当然,教学日志最基本的读者是教师本身,教师可以根据所记录的内容时时审视自身的教学,进行思考,寻求提高和改变,促进专业发展。教学日志也可以在同事中传阅交流,作为比较、讨论和进一步反思的基础。有时日志还可以写给指导老师过目,请其解答困惑,提供帮助。

在具体的教学日志的撰写过程中可以参考下列几点(Richards & Farrell, 2005):① 设定写日志的目标。想一想为何要写教学日志,希望从中获取什么。如果没有任何具体的重点,就只需写下一般的做法,不必直接下结论,选个一般主题(如"一堂我将永不忘怀的课")写一段时间;② 设定读者。是写给自己、同事还是指导老师?这对你的日志内容和撰写方式有怎样的影响?③ 留出撰写日志的时间。撰写日志要费时,每周需要留出两小时或更多的时间用来撰写日志,且要根据撰写目的决定记录的数量和长度;④ 设置日志撰写的时间框架。有必要花时间计划和修改日志记录,最好连续写六至十分钟而不去管拼写、语法和结构。但对于写给指导老师的日志往往还是需要修改一下内容和结构的;⑤ 定期回顾日志内容,看看能从中学到什么。时不时回顾一下记录,试着把它们联系起来,或看看有什么新点子和认识;⑥ 评估撰写经历,看看它是否符合目标。一段时间后重新读一下日志,看看它是否达到目标,是否有序记录了成功经历,获取新的觉悟。在具体记录观察和想法时,通常可采用意识流法和编译法。撰写日志时语法、文风和结构比记录教学、感觉和想法要次要。

这种意识流写法可以生成许多想法和认识供日后回顾和分析行为再发生的模式。当日志的读者是其他教师或指导老师时，编译法比较好。

5 教学日志撰写中应注意的问题

教学日志的撰写过程中还应注意几个问题。谢雨利(2010)特别指出了几个教学日志撰写中应注意的问题：① 记录的内容要翔实。它可以包括对教学的评价、未预见到的事件、教学的成功与否等等，是对课堂上有意义方面的描述。教学日志应客观地记录教学过程中真实发生的事件，客观公正，不掺杂任何个人情感。既要记录在教学活动中产生的灵感，也要写出教学中存在的疏漏失误之处和某些值得注意的现象与问题。要真实、自然地记录下教学的情景、自己的观点和看法，以及观点和看法的发展和变化、情感的变化以及理念的变化。② 教学日志的写作要及时，否则教学中很多当时的认识和感受，以及情景很快就会被遗忘。③ 教学日志中不仅记录事件的发生与发展，还应深入分析其发生原因、探讨解决对策。④ 教学日志写作必须持之以恒，只有这样，才能使教师经常回顾已经走过的路程，分析其中具有意义、价值的事件和观点。⑤ 除了对自己个人的教学情况进行记录外，还可以观摩同行教学。教师通过同行教学观摩，可观察、分析、学习同事的教学设计、教学活动和教学方法，并对比自己的教学行为，从中进行比较和分析。彼此客观地交换意见，提出改进措施，以达到共同提高同发展的目的。⑥ 教学日记是个人的行为，因此，写日记的方式、用词、标点以及风格可以因人而异，要体现可行性和易操作性。

6 小结

综上所述，外语教师的专业发展是一种长期的发展目标和发展趋势。教师们只有及时走上专业发展之路，不断地提高自我，才能在新世纪以崭新的面貌投入教学和教改。撰写教学日志主要由教师从自身出发记录下教学过程和经历进行分析和反思。日志记录本身还能被用作与同事讨论交流教学的资料，可谓一举多得。另外，教学日志的撰写过程较为简单，易于由教师自身掌控操作，因此不失为一条教师专业发展的实用途径。

参考文献

[1] Bailey, K. The Use of Diary Studies in Teacher Education Programs [C] in Richards, R. & Nunan, D. (ed.). Second Language Teacher Education [A]. New York: Cambridge University Press, 1990.

[2] Bailey, K., Curtis, A. & Nunan, D. Pursuing Professional Development: The Self as Source [M]Boston: Heinle & Heinle, 2001.

[3] Lange, D. L. A Blueprint for a Teacher Development Program [C] in Richards, R. & Nunan, D. (ed.). Second Language Teacher Education [A]. New York: Cambridge University Press, 1990.

[4] McMillan, L. PD: Explore, Discover andReflect…or Just More Good Ideas for Teaching Grammar? [EB/OL]. Paper Presented at the 16th Educational Conference, Melbourne. http: //www. englishaustralia. com. au/ea-conference 03/ proceedings/pdf/ 025F-McMillan. pdf 2011-9-10.

[5] Richards, J. C., & Lockhart, C. Reflective Teaching in Second Language Classrooms [M]. Cambridge: Cambridge University Press, 1996.

[6] Richards, J. C. & Farrell, T. Professional Development for Language Teachers: Strategies for Teacher Learning [M]. Cambridge: Cambridge University Press, 2005.

[7] 陈冠英. 导论[C] in Richards, R. & Nunan, D. (ed.). Second Language Teacher Education [A]. 北京: 外语教学与研究出版社, 2000.

[8] 高云峰,李小光. 近十年我国高校外语教师教育研究文献评析[J]. 外语界, 2007(4).

[9] 侯英梅,宋斌华. 浅谈教学日志与教师专业成长[J]. 中国电力教育, 2011, (4).

[10] 骆爱凤,叶张煌. 高校在职外语教师职业发展情况调查与研究[J]. 外语界, 2007(4).

[11] 束定芳,庄智象. 现代外语教学——理论、实践与方法[M]. 上海: 上海外语教育出社, 1996.

[12] 王健,杨党玲.关于大学英语教师开展日记研究的思考[J]. 外语界,2005(4).

[13] 谢雨利. 英语教师专业发展与教学日志的写作[J].湖北第二师范学院学报,2010(12).

作者简介:钱洁雯,上海大学外国语学院讲师。
薛清,上海大学外国语学院副教授。

浅析多媒体在大学旅游英语选修课堂里的作用

钱文伟　陈　驿　谢怡沁

摘　要：本文从多媒体在上海大学开设的大学旅游英语选修课堂上的实际应用的角度来探讨多媒体对教学的作用，指出它至少对激发学生的学习兴趣、营造良好的学习和实训氛围方面特别有效，受到了师生的欢迎。

关键词：多媒体；辅助教学；旅游英语；作用

1　引言

随着科学技术的飞速发展，多媒体作为一种现代化的教育技术手段，被越来越广泛地应用到各类学校的教学中。国内学术界有关这方面研究的文章也越来越多（娜敏，2008；谈言玲，2007），其中大多数的研究报告证实了多媒体在教学应用中的好处（刘爱军，2009；顾佩娅，2007；张虹蔚，2006；冯觉华，2006；朱武汉，2006；王建新，2003；黄若好，2000），但也有些学者对此持怀疑态度，认为很多报告言过其实，多媒体并没有像这些报告中所说的那么神奇有效（孟臻，2006；何高大，2007；赵平，2007）。客观地说，多媒体辅助教学的效果也许确实不像有些研究报告中所说的那么好，但是它的作用仍然可以说是有目共睹的。

本文拟从多媒体在上海大学最近新开设的大学旅游英语选修课堂上的实际应用的角度来探讨多媒体对教学的作用。

2 多媒体与计算机辅助教学的理论背景

多媒体的定义有很多，人们在使用“多媒体”这个术语时，往往对这个术语有不尽相同甚至截然相反的理解(Li, Ze-Nian & Drew, 2007)。这是因为不同的人有不同的视角，但是有一点是比较公认的，即它涉及两个以上不同类型的信息媒体技术(何高大，2000)。

本文所讨论的多媒体是指利用由计算机控制的声、像、图、文等多个媒体技术来展示教学内容或者营造教学所需要的某种氛围。它实际上是当今计算机辅助教学(在国外常简称为CAI)的一个重要组成部分，是在20世纪八九十年代随着计算机技术飞速发展而兴起的现代化的教育技术手段。它目前已经几乎成为教育现代化的标志。由于这个原因，许多学校都不惜为此争相投入重金，大力建造多媒体教室，以此来提升学校的现代化程度及其档次。因此，多媒体现在不仅在高等院校，就是在中、小学等各类学校都得到了广泛的应用。

我国学者章国英(1995)早在20世纪90年代就编写了《计算机辅助外语教学与研究》一书，专门探讨了多媒体在辅助外语教学方面的功能及其应用。他在谈到多媒体系统的教育应用特点时指出，多媒体的表现力强、参与性强以及重现力和受控性强。何高大(2000)也指出：“多媒体辅助外语教学的特点是优化各种媒体和技术的特点，并利用这些特点优化外语教与学的信息，优化外语教与学的环境，以取得外语教与学的最佳效果。”具体说来，由于它利用图象、声音等多种手段来灵活展示教学内容或者营造教学所需要的氛围，能够使整个课堂变得生动有趣并且丰富多彩，有效地改变了过去传统课堂里由于展示手段相对比较单一而造成的单调乏味的情况，因而受到了广大师生们的青睐。其次，它还能够方便教师在课堂内随时调用展示在以前传统课堂里所无法或者难以展示的东西。这一点在大学旅游英语选修课堂上显得尤为突出。例如，在介绍旅游景点时，有了多媒体，就可以做到声情并茂，栩栩如声，给人以身临其境的感觉。更何况现在网上各种声像资源非常丰富，几乎可以说是取之不尽、用之不竭。

当然，多媒体也不是万能的。用得不好，也可能会适得其反，反而分散学生的注意力，达不到应有的教学目的(毛梅兰，2010；

孟臻,2006;孙慧、张爱华,2006)。

3 多媒体在大学旅游英语选修课堂里的作用

虽然已经有很多学者探讨过多媒体在各种英语教学中的应用及其作用,但是在大学旅游英语选修课上的具体应用还是鲜有所闻。如何让多媒体在这种课堂上也充分发挥其应有的作用是摆在我们面前的一个课题。

3.1 大学旅游英语选修课的特点

大学旅游英语选修课虽然从大的方面来讲与其他英语课程没有本质上的差异,也无非是对学生进行听、说、读、写、译诸方面的综合训练。但是,如果仔细研究这门课程的话,还是能够发现其许多自身的特点。首先,它涉及到很多旅游方面的知识,而旅游知识几乎可以说是包罗万象的:天文地理,人文历史,古今中外、天南地北的民俗风情可以说是无所不包,应有尽有。其次,不光是知识性强,旅游英语也是一门实践性很强的课程。作为英语导游,需要用英语不仅和游客,还要与宾馆饭店、公交运输乃至各种游乐场所的管理人员进行有效的沟通。除此之外,由于它是一门选修课程,其学员并不都是旅游专业的学生,因此如果没有一定的手段吸引住学生的兴趣的话,是很难把课上好的。

3.2 多媒体在大学旅游英语选修课上的具体应用

针对上述特点,笔者决定每次随机选取两个班级尝试借用多媒体来辅助教学。由于多媒体具有灵活多变、生动有趣的知识展示特点,教师除了能够便捷有效地传播有关的知识外,还可以借以营造有利于学生进行学习和相关训练的合适氛围。例如,在向学生介绍各国的风俗民情时,教师可以从互联网这座无穷无尽的知识宝库中调用各种有关的视频文件播放给学生看,学生亲眼目睹之后不仅很容易理解,而且还留下了很深的印象。在训练学生用英语介绍景点时,也可以从互联网上调用有关的视频文件播放给学生看,让学生有身临其境的感觉,整个教室的学习气氛就马上活跃起来了。而且,随着视频画面的变换,学生们可以不受时间或者地域上的限制,随意周游世界各地的旅游景点,并且可以随时观摩世界各地的著名导游精彩纷呈的解说,不仅极大地激发了他们的学习热情,而且还为他们现身说法亲自示范各种景点解说技巧的巧妙运用。借助多媒体,教师可以在教室里随时反复对学生进行高度逼真的导游实训,让学生深切体会到如何灵活运用所学的知识,积累实际操作的工作经验,从而真正做到理论联系实际。

3.3　多媒体在大学旅游英语选修课上的作用

从上面的讨论中,我们可以明显地看到多媒体在大学旅游英语选修课堂里所起的作用。为了能够比较全面地认识这些作用,笔者将从其正面和负面两个方面进行具体分析。

3.3.1　正面作用

首先,从课堂教学的形式来看,传统的课堂教学虽然也可以使用图片等手段来帮助学生理解教学内容以及进行场景模拟实训,但是毕竟由于受到实物条件的限制(比如图片的数量和印刷质量等方面的限制以及图片不如影片那么生动),不可能像利用多媒体手段那样做到逼真感人、灵活多变、方便自如,故其实际效果远远比不上多媒体辅助教学的效果。例如,在介绍各个地区的民俗风情时,几张静止的图片就可能远远不如一段视频来得生动感人,给人留下具体而且深刻的印象。其次,从教学信息量来看,通过多媒体手段能够向学生展示几倍于传统的课堂里所能够展示的信息。例如,一段几分钟甚至只有几秒钟的视频往往能够胜过好几页的文字描述,而且它给人留下的印象往往也更加深刻持久。此外,无论是从问卷调查的结果还是从现场观察的情况来看,实验班学生的学习积极性明显高于对照班的学生。从期末考试的成绩来看,实验班学生的平均分数也每次都高于对照班的学生(见下图)。当然,可能是由于学期太短(每次只有十周)的原

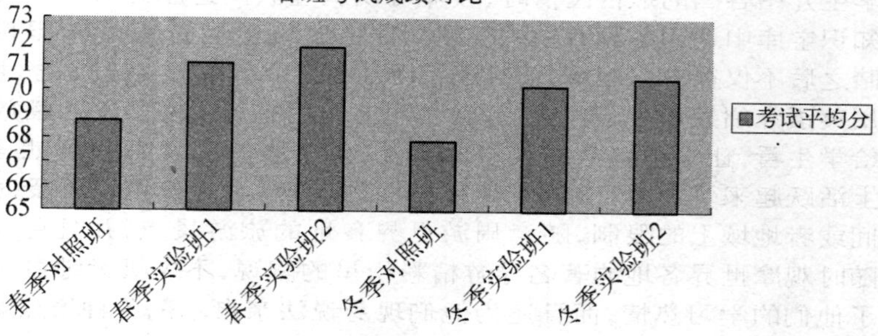

因,成绩上的差异还不是很显著。

3.3.2 负面作用

马克思的唯物主义分析观认为,任何事物都要一分为二来看,多媒体辅助教学当然也不例外。一方面,利用多媒体可以向学生提供更多的教学信息,但是另一方面,太多的信息往往也会使学生感到难以把握教学重点。多媒体课件如果处理不当的话,也会分散学生的注意力。有的时候,学生看视频时只注意看里面一些人物有趣的动作和故事发展的情节而忽略了人们所使用的具体语言。另外,多媒体教室里为了追求较好的放映效果,往往灯光比较昏暗,妨碍学生记笔记,自然也会在一定程度上影响他们的学习效果。

4 结语

通过以上的分析我们可以看到,尽管由于种种原因,多媒体在大学旅游英语选修课上的作用还不尽如人意,但是笔者所进行的教学实验证明其正面作用超过其负面作用。它在提高大学旅游英语选修课教学效果方面功不可抹。当然,由于教学实验的时间和人数上的限制,实验结果的效度和信度还不是很高,而且学生成绩的提高似乎也不太明显。所以笔者期望有更多的学者能够加入这类实验的行列,来进一步验证笔者的结论,为今后教学改革的深入提供足够的科学依据。

参考文献

[1] 娜敏. 多媒体计算机技术与外语课程的整合研究[J]. 外语界,2008(1):52-63.
[2] 谈言玲,严华. 计算机辅助英语教学研究10年:回顾与思考[J]. 外语电化教学,2007(10):37-42。
[3] 刘爱军. 多媒体网络环境下的听说教学模式探究[J]. 外语界,2009(5):60-64.
[4] 顾佩娅. 多媒体项目教学法的理论与实践[J]. 外语界,2007(2):2-8;张虹蔚、王玉新. 多媒体技术在学生自主学习中的应用[J]. 外语电化教学,2006(4):74-76.
[5] 冯觉华等. 多媒体辅助大学英语教学实验分析[J]. 外语电化教学,2006

(4)：71 - 43.
[6] 朱武汉. 多媒体辅助英语词汇教学探究[J]. 外语电化教学，2006(6)：54 - 59.
[7] 王建新，等. 英语大班精读多媒体教学实验研究[J]. 外语教学与研究(外国语文双月刊)，2003(5)：364 - 371.
[8] 黄若妤. 对大学英语多媒体教学改革的探索[J]. 外语界，2000(1)：32 - 37.
[9] 孟臻. 反思多媒体外语教学. 外语界，2006(6)：9 - 15.
[10] 何高大，钟志英. 多媒体技术环境下大学英语教与学的适应性研究[J]. 外语界，2007(2)：9 - 17.
[11] 赵平. 传统教学模式下与多媒体教学模式下词汇呈现方式之比较[J]. 外语界，2007(6)：53 - 58.
[12] 毛梅兰. 大学英语多媒体教学的问题与对策探析[J]. 电化教育研究，2010(2)：68 - 70.
[13] 孙慧，张爱华. 网络、多媒体技术在英语教学中的应用及负面效应规避[J]. 山东外语教学，2006(4)：83.
[14] Li, Ze-Nian & Drew, Mark. 多媒体技术教程. 史元春等译. 北京：机械工业出版社，2007.
[15] 郭丽丽，张强华. 多媒体技术应用教程. [J]清华大学出版社，2008.
[16] 何高大. 现代语言学与多媒体辅助外语教学(五)[J]. 外语界，2000(5).
[17] 章国英. 计算机辅助外语教学与研究. 上海：上海外语教育出版社，1995.

作者简介：钱文伟，上海大学外国语学院讲师。
陈驿，上海大学外国语学院讲师。
谢怡沁，上海大学外国语学院讲师。

英语教学研究中定量研究与定性研究案例对比分析

申　娟

摘　要：定性研究与定量研究是外语教学研究中的常用的统计方法，本文通过定量分析和定性分析的个案研究，并通过个案研究在实际操作过程中的对比分析，揭示了定量和定性研究有联系也有区别，教学中两者应该结合使用，取长补短。

关键词：定量研究；定性研究；个案对比分析；

1　前言

国内研究者陈波（1989）等认为，定性研究就是对事物的质的方面进行研究，因为一事物区别于其他事物的的内在属性是质，而定量研究是对事物的量的方面进行分析研究，而事物的量指的是事物存在及发展的规模、程度、速度以及构成事情的共同成分在空间上的排列等可以用数量来表示的规定性。而陈向明（1996）则认为不应该将定性研究与定量研究截然对立起来，定性研究与定量研究只是研究的角度、研究的层面与使用的方法不同而已；他认为定性研究是研究者通过长期、深入的观察分析之后对被研究者有一个比较深刻的认识，而定量研究则研究者通过对被研究者可以量化的部分进行测量计算，并对变量之间的关系进行分析并最终达到对事物的认识。桂世春（1997）将研究方法分类为定性研究与定量研究，两种方法各不相同，但互不矛盾，定性研究以词语为目标，而定量研究以数字为目标，而语言学研究的对象是词语,也希望用数量关系来表示。

本文从两个案例的对比分析中得出自己的结论,这两个案例分别是:《英语学习者作文句法复杂性变化研究》,*Cultural Thinking and Discourse Organizational Patterns Influencing Writing Skills in a Chinese English-as-a-Foreign-Language (EFL) Learner*. 第一个案例侧重于定量研究,第二个案例侧重于定性研究,本文对两篇文章的对比分析包括以下几点:研究问题的提出,研究过程设计,实验设计,实验工具和实验材料,数据收集过程,数据分析;定性研究中的信度和效度问题;研究结果的可靠程度;研究方法对研究结果的效用等。

2 案例对比分析

2.1 研究目的

严辰松 (2001)认为一般意义上来说,定量型研究的目的就是检验假说,研究者首先会提出一个或多个假说,假设中会有两个或多个变量,最后检验假说、验证变量之间的关系。在这篇《英语学习者作文句法复杂性变化研究》以定量研究为主的文章中,鲍贵 (2009) 提出的问题是,随着年级以及作文水平的提升,学习者的作文句法复杂性会出现怎样的变化趋势;其中句法复杂性由长度和子句密度来体现,长度测量由单位长度和子句长度两个变量来体现,子句密度由复杂性比率和从属句比率两个变量来体现,最后需要检验四个因变量长度,子句密度,复杂性比率,从属句比率与两个自变量学生年龄,水平之间八组关系变化图。

国外学术界对定性研究的目的是这样界定的,通过收集第一手资料,从当事人的角度去理解他们对行为的意义和他们对事物的看法,然后在这一基础上建立假设,通过证伪法和相关检验等方法对其进行检验 (Corrine Glesne & Alan Peshkin,1992)。在英文案例这篇文章中, Virginia González (2001)进行语料研究的理论目的是从认知的角度理解语言、文化、教育等因素是如何影响以英语作为外语的学生在写作方面的能力;其研究的实践目的是让美国的职前老师(鲍贵,2009),通过电子邮件能够真正参与到英语作为第二语言的读写教学中来,并能够使得他们真正地与到来自不同语言背景与不同文化下的英语学习者互动起来,通过与以英语作为第二语言的学习者真实接触，更能够让这些职前老师从高层次上将理论应用于实践。

从研究目的可以看出，定量研究主要是通过自变量与因变量之间的相互变化关系，来得出自己的研究目的，而定性研究主要是从宏观意义上得出本研究的理论价值与实践价值。

2.2 研究对象

Chafe (1994)分析得出，语料可以从种类和采集方式两个角度来分析，首先，所采集的语料是来自大众(public)还是来说个人(private)；其次，收集的语料是通过操纵获得还是自然发生。根据研究的目的，语料可以用以定量研究和定性研究（严辰松，2001：5）。一般来说，定量研究通过收集大量数据语料来证明之前提出的假设，比较适合于对那些不熟悉且是数量多的大样本的对象进行研究，而定性研究一般是通过观察访谈等方式来获得一手资料，以期更好地接触了解到被观察者的内心世界，所以比较适合研究者熟悉且是数量小的小样本对象来研究。

《英语学习者作文句法复杂性变化研究》所收集的数据一类是某重点大学里英语专业，四个年级的学生，在限定的时间内所写的作文，总共选取120篇有效的数据，另一类是从《新概念英语》第三册中选择了40篇不同题材的文章作为研究的数据来源。而我们的英文案例中，其主要的研究对象是一名母语是汉语，英语为外语，且是台湾大学英语专业的本科生，之所以选择她作为研究对象，是因为她完成了该研究中的所有要求，另外是因为她是所有以英语为外语的一个典型代表，这使得定性研究具有了一定的信度。在此项研究开始之前，该名学生已经学习英语有十年之久，曾经去美国两次，当问及在与美国人交谈过程中能否很合适地表达自己，并很好地理解当地的文化时，该名学生用了" poorly"来形容，因为不了解当地的文化习俗。本研究中另一研究对象是美国职前教师，他们通过电子邮件与以英语为第二外语的学生一周至少联系一次，从语言、语用、心理语言等层次为学生提供反馈。

可以看出定量研究往往选择数量较大的规模作为其研究对象，定性研究则选择较少数量的规模作为研究对象，这也符合两者的研究要求与特点，定量研究要求通过大量数据得出变量与变量之间的相关性,而定性研究只需对某个个体着重进行细致观察研究得出自己的结论。

2.3 研究操作形式

定量研究一般通过调查、统计,而后再转成相应的数据形式来验证假设;而定性研究通过长时间的观察、访谈等方式来得到被研究者的第一手资料,从而进行全面分析。

《英语学习者作文句法复杂性变化研究》以定量研究为主的这篇文章中,鲍贵(2009)对各个指标进行标注并输入到SPSS中,然后对指标进行计算并对各个指标的组间用平均值变化曲线,非参数检验法等来分析各个组之间的差异性程度。这篇以定性研究为主的英文案例文章则是中国学生的两篇作文,当然这两篇作文不是随意的两篇作文,而是中国学生在美国职前教师的指导下,通过十周的网上交流,最终写出来的符合研究者要求的两篇文章。然后职前教师对这两篇文章分别从词汇、语言的运用、结构等几个方面来评分。

2.4 取得效果

《英语学习者作文句法复杂性变化研究》本篇案例通过数学统计分析,对大量的数据进行了逻辑运算,并最终以图形及表格的形式将各种变化关系清晰地表示出来,本案例的研究者分别对W/C, C/T, DC/C这几个变量随不同年级,不同作文水平组变化的图形及分析进行了彻底的研究,最终得出结论:学习者句法复杂性长度指标增长较快,但是子句密度的发展明显滞后,两类指标的发展出现不平衡性。因此教学中不应该只强调让学生来写长句子,应该根据内容和语境等实际需要来恰当地选择句式。因为决定行文流畅的因素是句子结构的多样性,而不是句子结构的复杂程度(Beers & Nagy,2007:3)。

英文案例这篇定性研究案例与上面定量研究案例不同,作者通过美国职前教师对Lucy Marie的两篇论文进行的分析表明美国的职前教师对学生的论文分析主要集中在语言的表面层面上,比如:美国职前教师对中国学生所写的两篇文章的建议是要恰当地使用冠词尤其是the,当写United States时必须要加the,当写American时就不必加the;他们还建议中国学生在使用助词Does时要格外小心;要正确使用地点副词,全文时态要一致,不要出现文章开头用的一般过去时而在文章结尾时却转到了一般现在时。而中国台湾的英语教师也是仅仅集中在语言层面上的分析,即使对 format 和 style 进行了分析,但也是主要集中在了 语言的表层上。而 Virginia González (2001)则分别从语言、文化、教育等深层次的角度对两篇文章进行了深刻的分析,比如对中英之间语言上的差异如下:汉语里动词没有被动形式,没有单复数形式,不用必须与主语保持一致性等;汉语里表达时间、地点、人名都从大到小,从普遍到特殊,而英语则与之正好相反;在汉语的叠词在英语里变成了累赘等;他还从其他语言、文化、教育等其他各个方面进行了对比分析,比如,中英之间对隐喻理解的差异,汉语里"以铜为镜,可以正衣冠;以古为镜,可以知兴替;以人为镜,可以明得失",而译成英语却完全变味了,因为在英语里这样一个隐喻是不被讲英语的人所欣然接受的;还有英语线性思维与汉语非线性思维的差异,Hing (1993),observed that "many Chinese speakers do not take credit for achievement, but attribute the success to someone else... or to the job responsibility or the notion of duty" (p. 41);文体上的差异等等方面。最后他还指出语言学习不应该只在语言层面上进行学习研究,而应该更加注重文化,认知方面进行系统学习研究,就如同 Shen 所说,"I have to create an English self and be that self... I had to accept the way a Western sees himself in relation to the universe and society" (Shen, F, 1989). 因此对于语言学习者应该被培养成 bilingual, bicognitive, bicultural 这种新型人才。

从以上可见,定量研究通过数据整理,最后得出各个变量之间的关系,并得出相应的结论来更好地指导实践;而定性研究则通过与观察、访谈,对数据进行全方位分析而得出结论,从而更好地引导理论与指导实践。

3 结论

从上面的分析可以看出,定量与定性研究两者之间有联系也有区别。联系即是两者都是为外语教学服务的手段,都需要收集、整理并分析数据,都需要通过分析数据来得出结论;区别即是定性研究,是用来分析那些人们不熟悉且目前还没有系统知识的一些现象，而定量研究适合研究那些人们对其已经有深刻的认识，并且已经有可以量化的概念，从而可以通过变量之间的关系来得出相关结论。刘润清（1999）也指出科研方法实现了从定量研究向定性研究与定量研究相结合的转变。所以在外语教学中，两者应该结合使用，进行定性研究同时采用定量研究可以使得研究更准确，进行定量研究同时采用定性研究可以使得研究更完善、更全面。

参考文献

[1] 鲍贵．英语学习者作文句法复杂性变化研究[J]．外语教学与研究，2009(4)：292－296

[2] 陈波，社会科学方法论[M]．北京：中国人民大学出版社，1989：121－122.

[3] 陈向明．定性研究方法评价[J]．教育研究与实验，1996(3)：62－68

[4] 桂世春，语言学研究方法[J]．外语教学与研究，1997(3)：14－20.

[5] 刘润清，外语教学研究的发展趋势[J]．外语教学与研究，1999(1)：7－12.

[6] 严辰松，谈语言学和应用语言学中的定量型研究方法[J]．解放军外国语学院学报，2001(5)：4－6.

[7] Beers, S. & W. Nagy. 2007. Syntactic complexity as a predictor of adolescent writing quality: Which measures? Which genre? [OL]. http://www.springerlink.com/content/326811575526h8t8/fulltext.pdf (accessed 05/03/2008).

[8] Chafe, Wallace. Discourse, Consciousness, and Time [M]. Chicago: University of Chicago Press, 1994.

[9] Corrine Glesne & Alan Peshkin, Becoming Qualitative Researchers: an Introduction [M]. White Plains: Longman Publishing Group, USA, 1992.

[10] Hing, L. S. (1993). Distinctive features of Chinese and Western thought patterns as seen in Mandarin and Chinese[J]. Guidelines, 15 (2), 41.

[11] Shen, F. The classroom andthe wider culture: Identity as a key to learning English composition[J]. College Composition and Communication,

1989(4): 461.
[12] Virginia G. onzález. Cultural Thinking and Discourse Organizational Patterns Influencing Writing Skills in a Chinese English-as-a-Foreign-Language (EFL) Learner[J]. Bilingual Research Journal, 2001(4): 417-440.

作者简介：申娟，上海大学外国语学院硕士研究生。研究方向：西方修辞学。

基于项目的任务式作业在法语教学中的应用

沈志红

摘　要：以任务教学法和形成性评价理论为指导的任务作业，是法语教学在“以学生为中心”模式下，培养他们主动获取知识能力的新手段。具有明确的教学目标，借助多媒体和互联网的发展，基于项目的任务式作业大大激发了学生学习的兴趣，把原来单一的试卷评价模式改变成课堂、任务等多种评价模式并存的语言测试方案。

关键词：法语；教学法；任务教学；项目；任务式作业

在法语课堂外引入基于项目的任务式作业，是当前法语教学的新尝试，也是我们结合任务教学法进行法语教学改革的新举措。面对三年后即将走出国门的未来工程师学生们来说，基于项目的任务式作业，不仅让他们在完成任务的同时掌握了很多语言和文化的知识点，同时也提高了他们学习的兴趣和自主意识，法语学习也因此变得更加直观和生动。

1　任务式作业的理论核心——让学生交流，让学生行动

从20世纪70年代起，从事语言教学的教师们逐渐熟悉注重交流的交际教学法（l'approche communicative），这种教学法把学生推到学习过程的中心地位，使他们更积极主动地关注自己学习的进展。

2001年欧洲理事会制定《欧洲语言共同参考框架：学习、教

学、评估》(*Cadre européen commun de référence pour les langues: apprendre, enseigner, évaluer*, 2008,以下简称《欧参框架》),提出了"面向行动"的教学理念,明确了"任务"的概念,即"行为人根据需要解决的一个问题、应尽的一项义务,或者为实现一个预定目标而在头脑中形成的任何旨在必须达到某种结果的行动企图"。

任务教学法,实际囊括了交际教学法的全部概念,并在其中引入"任务"的概念,这项"任务"需要在对应真实社会生活的各种背景中完成。在教学活动中,引导课堂的是"任务",而不是教师提出的机械要求。学生完成"任务",意味着他们凭借自身特点和能力,根据实际条件和限制,采取一定的策略,通过交际手段实施一系列定向行动,并且达到一个可测评的结果。在此过程中,学生应该清楚地知道为什么要完成这项任务。而教师则应采取中立的立场,根据影响任务实施的各种因素调控、促成学生完成任务,并根据其所制定的一系列参数和等级对任务的完成情况进行评估。需要考虑的因素有情境、主题、目的、策略、沟通过程、文本、媒介,以及学生的能力,如知识、能力与技能、精神境界、学习能力、语言能力、社会语言能力、语用能力等。

所谓任务,是指具有以下五个主要特征的活动: ① 意义是主要的;② 有交际问题需要解决;③ 与真实世界中类似的活动有一定的联系;④ 任务的完成是第一位的;⑤ 根据完成任务的结果来评估任务的执行情况(闫沐新,2000)。

任务可以分为真实任务和教学任务。教学任务不一定具有交际真实性,但是一定是基于意义的,有利于激发互动的。

任务教学法的哲学心理学理论基础是建构主义。建构主义认为,学习是在一定的情境即社会文化背景下,借助其他人的帮助即通过人际间的协作活动而实现的意义建构过程。在这一过程中,学生的亲身体验、探索、发现尤其重要。学生是信息加工的主体、是意义的主动建构者,而不是外部刺激的被动接受者和被灌输的对象。教师是意义建构的帮助者、促进者,而不是知识的传授者与灌输者。

20 世纪 80 年代;Prabhu 在印度南部进行了一项实验,提出了许多任务类型,并把学习内容设计成各种交际任务,让学生通过完成任务进行学习。它的这项实验可以看作是把任务作为课堂设计单元的第一次尝试。Prabhu 认为教师不需要明确地教给学生语法规则或过多地进行纠正，学生可以在关注语言意义的过程中内化语法系统。然而，随着实践的发展和研究的深入，人们越来越意识到，在重视意义的同时，不能忽视形式，必须强调意义和形式的平衡，提出了"形式焦点"（focus on form）理论。"形式"焦点是指在以意义为中心的前提下不忽视形式，从根本上说，还是强调基于意义的学习。

任务教学法中除了任务之外，还有语言活动、策略、约束条件、外部帮助等几个重要因素，这几个因素共同作用，才能实现任务，任务的实现通过一个可鉴别的结果来判断。这几者的相互关系如图 1 所示。

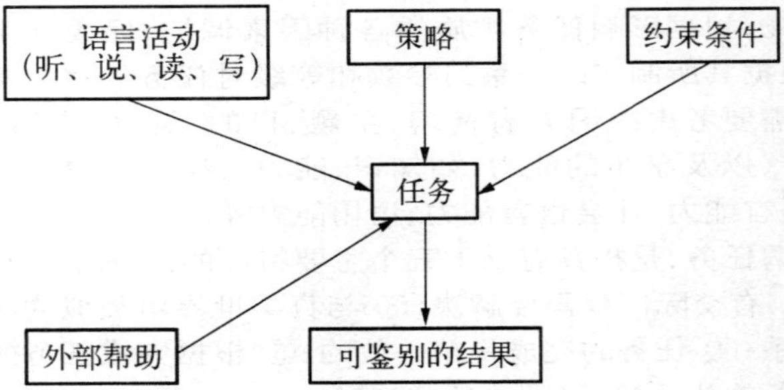

图 1　任务教学法各因素关系图

所以在设计语言学习任务时，既要有明确的教学目标（语言能力，表达能力，社会文化能力等），又要考虑到学生在完成任务时可以借助的策略和外部帮助，以及他们可能受到的约束条件。最后还要有一个清楚的评价标准，对学生的任务完成情况进行鉴别和评价。

2　学习自主性——任务教学法的培养目标之一

语言教学的过程的教学双方存在一种真实的合作关系，在最新的国外法语教学理论书中，都提到"学习合同"的概念（le contrat d'apprentissage）。学习合同从教师和学生的第一次接触开始生效,无论学生是否初学者。这个“合同”或这些游戏规则,从建立初期就指明教学过程中,教学双方应该执行的工作。

在学习合同中,教师应在学习过程开始前明确教学的方法、教学目标,解释为何选择某本教材,教材在哪些点上能满足教学目标的实现,他还需要介绍在教学过程中可能使用的各种媒体支持,以及教学过程的测试方式。而学生则要清楚他的学习目标,可以通过怎样的方式达到学习目标;知道学习过程中,需要抓住一切沟通交流机会,在情境中或课堂中,与合作学习者和教师进行交流,在课外,与习语当地人进行交流;敢于发挥自己的主观能动性,就具体语言点的延展用法进行系统练习直至灵活运用。

学习合同的存在对学习自主性提出了新的要求。然而教师在教授语言过程中,常常因为赶进度,而忽略学生自主学习策略的培养。实际上,任务教学法中,学生在学习过程处于主体地位,教师不再是知识与能力的分配者,而是能根据学生的兴趣,调动自己的语言、文化和教学知识为学生所用的服务者。教师既是学习过程的组织者,也是学生有问题可以咨询的专家,他是课堂活动的主持人,也是具有丰富资源的人。教师通过任务教学法教会学生发现语言现象,总结规律,系统练习,最后灵活运用。

基于项目的任务式作业,正是在教学过程中,自觉实现“学习合同”的概念,教师按照教学目标设计任务式作业,同时考虑学生学习过程中可能借助的外部帮助(例如互联网、PPT 等多媒体工具),设计适合不同情景的有趣的任务,这些任务以项目形式出现,常常要求学生与其他学习者共同完成,培养了他们以小组合作的方式,自己解决问题的能力。

3 传统教学与新技术手段的结合——任务式作业的应用实例分析

当今法语教学中,网络测试平台的开发和应用,改变了原来传统教学法方法单一、缺乏活力、课堂信息量小、知识面窄的问题(赵娟,2008),充分利用网络资源,调动学生课外学习的积极性。但学生如果过分依赖计算机,长期使用容易产生视觉疲劳,也会产生惰性。如果只是简单接受教师在网络平台上设定好的课件,学生和教师两者的主动性都会变差。

传统教学方法中的课堂教学始终都是教学活动的主体，也是实施形成性评价的主要场所。面对面的交流，老师身体语言的感染力传递给学生，两者互相关注，人情味浓厚。

所以我们在设计基于项目的任务式作业时，一般通过课堂或网络的方式布置，最终通过口头报告的形式，让学生回归课堂，教师面对面地观察和点评，能更直观地掌握学生学习活动和进步的情况。教师可以提前通过设计评价表，来记录学生是否掌握了某一具体知识、技巧、过程、能力和态度，并给予针对性地改正提高意见。它是形成性评价理论（陈凤芹，2009）和任务教学法的完美结合。比如，我们在 2008 级学生中开始教学改革试验，每学期给学生布置一到两次项目作业，一般以小组成果的形式汇报，项目作业的评分结果作为学年成绩的重要依据，降低期末成绩在学年成绩中的比重。项目作业往往是围绕与教学相关的文化主题，给学生布置具体任务，让他们通过一到两星期的信息收集、构思成文、制作 PPT 以及最后口头报告的形式，表述他们对该主题的观点和想法。

2010—2011 年三年级冬季学期，我们给学生布置了以下五个任务作业，并且将全班分成十组，每组学生需要选择两个任务作业。

（1）向你的朋友们推荐一个度假胜地并阐述理由。

（2）以小组名义组团参加一次创新计划大赛，向大会组委会阐述你的项目计划。

（3）对退休制度、通货膨胀或房价上涨的社会问题，提出自己的观点。

（4）推荐一部优秀电影并陈述推荐理由。

（5）表述 60 后和 90 后的异同。

这五个任务作业，在开学初布置，学生自由选择两个感兴趣的主题，和自己的小组成员按照既定报告时间，提前查找信息，分头小组讨论，合作撰写文稿并制作 PPT，一同准备课堂口头报告。

口头报告时，我们同时给不在台上的学生发放评分表，让他们注意倾听报告组同学的汇报，并根据评分标准做出判断，汇报完成后，每组派出代表对台上的同学进行专业点评。其实这也是在无形中给学生布置了新的任务，学生因此有很高的积极性，参与到每一项任务的汇报中去，提高了课堂的效率。

评分表按照法国通行的20分制，每组汇报的成绩，由教师和其他组同学共同给出，这又是任务教学法的良好体现，增加了教师和学生之间，学生和学生之间的互动和交流，表1是我们设计的口语报告评分表。

表1 项目任务的口头报告评分表

口头报告结构是否完整	2
材料是否翔实	4
有没有使用图片来帮助表述观点	2
口头报告时有没有使用黑板	2
报告是否清晰，能否抓住听众注意力	4
声音使用是否恰当，图片使用合理	2
报告时台风是否自然	2
报告结束时是否能回答听众提问	1
报告时间是否合适，在10—15分钟区间完成	1

在二年级学习"通信电话"这个文化点时，我们也给学生布置了一个项目，通过互联网了解法国的手机通信文化。其中的任务包括五项内容：

(1) 通过点击链接，了解法国最大的三个手机业务运营商。

(2) 通过手机运营商提供的套餐服务，为不同用户选择适合的手机套餐服务。

(3) 进入法国手机运营商网站，为自己选择一款定制手机。描述它的基本信息。

(4) 理解法语手机短信语言，用短信缩写方式，给法国同学Eléonore编辑条消息。

(5) 设想2020年的一款新手机，用文字和图片简述它的外形、性能等特征。说明创意点。

这样的一份项目作业，既能契合教学中需要达到的语言能力(如：描述一件物品)和社会文化能力(如：理解并运用法语短信，选择适合自己的手机和手机使用套餐等)，又充分运用了互联网这个信息量巨大的工具，培养学生自主学习的能力，并让他们在学习中找到乐趣。

基于项目的任务作业是形成性评价的一种有效手段，它也非常符合任务教学法的设定原则：

(1) 语言情景贴近实际生活。比如，推荐一部优秀电影或推荐一个度假胜地，都是学生感兴趣并熟悉的话题，这样的任务能使学生在一种自然、真实或模拟真实的情景中体会和学习语言。这种设计让学生置身于贴近自己生活的语景中，产生亲切感，积极主动地参与活动。既能提高学生的学习兴趣，又能培养他们的学习积极性，将法语语言知识与自己的生活实际联系起来，达到学以致用的目的。

(2) 形式与功能相结合。学生在完成任务的过程中，能充分结合自己已有的知识，通过对话、交流等学习活动，掌握新知识，并将所学的语言融会贯通，进而扩展到自己的现实生活中，比如，陈述一个创新计划，不同专业的学生可以根据自己的专业特点，设计与自己专业相关的计划，让学生自己创造任务情景，发挥学生的主体精神和主体能力，激发学生的创造性。

(3) 阶梯型任务链。在设计任务时，做到由简到繁、由易到难，前后相连，层层深入，形成由初级到高级任务，再由高级任务涵盖初级任务的循环。在语言技能方面，应先输入再输出，使教学成阶梯式层层推进。比如“通信电话”的项目任务，我们先通过设计与电话主题相关的词汇练习，通过自学自测平台，让学生找到与电话主题相关的学习网页链接，最后才让学生做理想中的手机款式设计，并陈述设计亮点。

(4) 在做中学。把学习作为完成一系列任务的过程，强调做中学，强调学生运用所掌握的语言知识去表达有意义的思想，去完成一系列的任务并通过完成各种任务达到运用语言进行交际的目的，发展交际的能力。比如，我们让学生设计三天的巴黎游览线路，学生就需要通过上网查找与巴黎旅游相关的信息，然后设计游览线路，学生在完成这个任务的过程中，学习到很多跟巴黎文化相关的知识。

4 结语

基于项目的任务作业，是多媒体教学和传统课堂教学的完美结合，既发挥了多媒体手段多样、生动活泼的优点，也让课堂这个教学的主要场所依然发挥自己的魅力。教师布置符合任务教学法的有着实际意义的任务，任务中贯穿语言点的教学，学生借助网络多媒体等手段完成任务，而最终的评价，教师和学生又通过课堂的面对面来实现，既能使学生了解自己的学习状况，反映学生学习的成就和潜能，有助于学生发展自主学习，同时又能帮助教师根据反馈信息及时调整教学策略。

即时交流工具 QQ、MSN 以及博客、微博等网络媒体交流工具越来越多地用于生活和交流，我们仍能继续探讨它们是否能为新的任务式作业的设计提供新的思路和载体。总之，基于项目的任务式作业，实现了在教师引导下以学生应用性、研究型自主学习为主的课后学习形式，让法语学习完成从课堂内向课堂外的延伸，成为一个更完整的学习过程，它应该在未来的语言教学中得到更好的应用和推广。

参考文献

[1] 欧洲理事会文化合作教育委员会. 刘骏，傅荣，等译. 欧洲语言共同参考框架：学习、教学、评估[M]. 外语教学与研究出版社，2008.

[2] 闫沐新. 信息技术的发展对外语教学的影响[J]. 天津外国语学院学报. 2000(3).

[3] Christine TAGLIANTE. La classe de langue[M]. CLE International, Paris. 2006.

[4] 赵娟. 多媒体教学法与传统教学法在二外法语中的交叉应用[J]. 科教文汇. 2008(2).

[5] 陈凤芹. 形成性评价策略与法语课堂教学[J]. 硅谷. 2009(16).

[6] Christine TAGLIANTE. L'évaluation et le cadre européen[M]. CLE International. 2005.

[7] COURTILLON, Janine. Élaborer un cours de FLE[M]. Hachette FLE. 2003.

作者简介：沈志红，上海大学中欧学院讲师，法语、社会学双硕士。主要研究方向：任务教学法，形成性测试理论，法语网络平台应用等。

阻碍外语专业学生与外教交流的学习者因素分析

石　雪

摘　要：外教资源是外语专业学生的宝贵资源。同外教多多交流可以帮助学生提高自己的口语水平、锻炼英语交际能力、了解外国文化，但是笔者却发现有很多学生很少主动与外教交流。基于对这个问题的疑惑，笔者决定进行调查与分析。本课题采用问卷调查及个人访谈的方式进行，通过对调查结果的分析，本文将原因概括为以下几个方面：语言技能，情感，知识，环境。本文试图探寻阻碍大家与外教进行交流的因素，引起大家的注意与思考，并尽可能的引导大家去克服这些因素，从而促使大家更加积极主动地同外教进行交流，充分发挥外教资源的价值。

关键词：阻碍；外教；交流

1　引入

外教资源是我们外语专业学生的宝贵资源。同外教多多交流可以帮助我们提高自己的口语水平、锻炼英语交际能力、了解外国文化，所以我们理应积极主动的同外教交流。但是笔者却发现有很多同学很少主动与外教交流。在路上碰到了外教很多人也只是打个招呼说声“hello”就没有下文了。据笔者观察每周一次的英语角气氛很沉闷，完全没有英语角本该呈现出的活跃气氛以及热烈讨论。作为英语专业的学生，我们与英语相处了也是十年有余了，就好像一个苦苦练了十年武功的大侠，“十年磨一剑，双刃未曾试”，终于有一天有机会面对敌人时，唯一想到的招式就是：逃命！到底有多少人存在这种问题？从学习者因素来看为什么会产生这一现象？是由于学生的语言能力问题还是心理原因，或者是其他一些学习者因素？基于对这个问题的疑惑，笔者决定进行调查与分析。

2 理论综述

笔者首先进行了网上调研，搜索了近十年核心期刊有关口语交流的问题。近几十年来，外语教学研究的重点从研究教师如何教转向学习者如何学。然而涉及研究阻碍与外教交流的学习者因素的分析却不是很多，在口语交流的阻碍因素中大部分观点是认为“焦虑”造成的。如熊惠兰认为“学习者在学习和交际使用外语时常常带有紧张、畏惧、怕看外语书、怕用外语进行沟通的心理，有的甚至从恐惧发展到厌恶。这种现象的出现与学习者的外语学习心理密切相关。外语学习焦虑就是外语学习中各种消极情感反应和心理不适的集合，是外语学习诸多情感因素中重要变量之一”。还有一部分学者认为这与跨文化交际中的语言故障及其处理有关系，如汪国君认为“在跨文化交际中，在学习、掌握词汇的文化内涵差别、社会文化知识差异的同时，也应该注重学习、掌握词汇空缺和信息的增值与减损现象，更要注重学习、掌握不同的思维方法，遵循一定的交际原则，从而成功地实现有效交际。”还有很多学术杂志、学报型的期刊涉及内容也大致如上。笔者在总结前人经验的基础上，又进一步调查分析这一问题，大体归纳为语言、情感、心理等几个方面。

3 调查分析

笔者在 2010 年曾在泰山学院外语系抽取过三个班级做过问卷调查，分别是 2009 级 1 班、2008 级 2 班以及 2008 级 4 班。通过调查问卷反映出三个班级中分别有 70%、91%、88%的学生很少与外教交流。由此看来，很有必要对阻碍大家与外教进行交流的原因进行探讨与分析。所以笔者对很少与外教进行交流的学生进行了更深一步的问卷调查。为了更深入地分析这个问题，笔者又与一名教授及一名学生进行了访谈。之后将导致这一现象的原因归纳为以下几个方面。

3.1 语言技能

3.1.1 听力

听力是语言输入的基本方式，听力受阻，那么语言输出也会受到影响。笔者假设听力是影响学生与外教交流的一个因素，于是在问卷中设计了一个问题“在与外教交流时你能听懂外教说的话吗”，调查结果如表1所示。

表1 听力

<table>
<tr><th>听　力</th><th>能</th><th>大部分能</th><th>听懂一部分</th><th>几乎不能</th></tr>
<tr><td rowspan="2">2009级1班</td><td>0</td><td>9</td><td>11</td><td>0</td></tr>
<tr><td colspan="2">45%</td><td colspan="2">55%</td></tr>
<tr><td rowspan="2">2008级2班</td><td>3</td><td>24</td><td>3</td><td>0</td></tr>
<tr><td colspan="2">90%</td><td colspan="2">10%</td></tr>
<tr><td rowspan="2">2008级4班</td><td>1</td><td>20</td><td>1</td><td>0</td></tr>
<tr><td colspan="2">95%</td><td colspan="2">5%</td></tr>
</table>

由表1数据可以看出，有一部分人仍然由于听力水平低而受到困扰。比如，2009级中有55%的学生只能听懂外教话语的一部分。这表明，作为基本的语言技能，听力水平与口语表达水平有着密切联系，前者在一定程度上影响着后者。

然而，这个数据同时说明在2008级两个班级中，只有10%和5%的学生听力水平低，与2009级相比占得百分比很低。90%和95%的学生能够听懂外教的话语，明显大于2009级的45%。这说明随着学生年级的增加，听力水平有了提高，听力水平对口语表达的影响减弱。

3.1.2 词汇

词汇量是听说的关键，也是与他人成功进行交流的基础。词汇量对口语表达有着很大影响。因为在与外教进行交流时，学生们若想清楚地表达自己的意思，既要掌握一定数量的词汇，又要有能力运用恰当的词准确地表达自己的意思。由此，笔者对同学们的词汇掌握情况进行了调查(见表2)。

表 2　词汇

词　汇	一点也不缺乏	不太缺乏	比较缺乏	十分缺乏
2009 级 1 班	0	3	11	6
	15%		**85%**	
2008 级 2 班	1	5	16	8
	20%		**80%**	
2008 级 4 班	0	7	8	7
	32%		**68%**	

通过分析这些数据,可以看出三个班级中分别有 85%、80%、68%的学生感到自己词汇缺乏。这说明,词汇困惑着大部分学生,无论一个人多么博学,肯定也会遇到词穷的时候。但是,词汇虽然如无底洞一般没有尽头,人们的语言表达却是可以逐渐接近完美的语言能力的。

另外,词汇有两种形式:接收型词汇和产出型词汇。接收型词汇是当我们听到或看到时能够识别的词汇,而产出型词汇是当我们说和写时使用的词汇。明显的接收型词汇要大于产出型词汇,接受型词汇还包括一些词汇我们能辨别出意思,却不会使用或是不懂得它们的内涵意义(Kamil& Hiebert, in press)。通过表 2 我们可以看出 2009 级的学生在接收型词汇和产出型词汇方面都受到了限制,因为他们不仅不擅长于恰当的使用词汇表达自己的意思,而且听不懂有些话语。而 2008 级学生受接收型词汇影响较小,更多的受限于产出型词汇。得出了这个结论,不同情况的学生在提高自己的词汇量时就更有针对性了。

3.1.3　语音语调

语音语调是口语表达的基本要素。笔者假设语音语调对学生们的交流有一定影响,所以在问卷中设计了一个问题“你的语音语调如何,你经常感觉自己语音语调不标准而不愿与外教交流吗”。结果显示 25%(2009 级 1 班)30%(2008 级 2 班)45%(2008 级 4 班)的学生在语音语调方面有问题。这表明除了 2008 级 4 班其余的班级只有少数人在语音语调方面存在问题。这可以归因于2008级4班是专升本的学生，他们在刚入学时没有进行过系统的语音语调训练而且在平时的学习策略中他们经常忽略口语表达。相信经过系统的学习语音语调之后，他们中的大部分人将不再受这个因素影响。

3.1.4　口语表达

笔者还假设这个问题与同学们的口语表达有一些联系，所以问卷中包含一个问题“你的口语表达如何”，下面的表格中是同学们的口语表达情况。

表3　口语表达情况

<table>
<tr><th>口语表达情况</th><th>很　好</th><th>比较好</th><th>一　般</th><th>不　好</th></tr>
<tr><td rowspan="2">2009级1班</td><td>0</td><td>2</td><td>16</td><td>2</td></tr>
<tr><td colspan="2">10%</td><td colspan="2">90%</td></tr>
<tr><td rowspan="2">2008级2班</td><td>0</td><td>7</td><td>20</td><td>3</td></tr>
<tr><td colspan="2">23%</td><td colspan="2">77%</td></tr>
<tr><td rowspan="2">2008级4班</td><td>0</td><td>3</td><td>12</td><td>7</td></tr>
<tr><td colspan="2">14%</td><td colspan="2">86%</td></tr>
</table>

通过以上表格，可以看出2009级1班中有90%的学生口语表达状况不佳。2008级的两个班级也分别达到了77%，86%的比例。由于这些学生都是很少与外教交流的，所以这个结果也许是由于他们很少与外教交流造成的。另一方面，他们的口语表达不好也极有可能反过来阻碍了他们与外教的交流。由于他们口语表达不好，所以在交流中他们很容易有挫败感或是窘迫感，所以这两个因素可能会相互影响并形成恶性循环。当然这仅仅是读者的一个设想与分析，它的合理性与准确性需要进一步核实认证。

3.2　感情

3.2.1　性格

从心理活动倾向上可以将性格分为外向型与内向型。外向型性格的学生讨厌一成不变的教学方法和学习方法，以及长时间进行缓慢的学习语言结构和理论，对自己和他人如何学习感兴趣,喜欢面对面地口头交往,通过自己和他人交流获得语言技能,敢于冒险,敢于使用第二语言进行直接交流。内向性格者喜欢固定的教学方法的学习方法,不介意长时间地学习语言的形式和内容,对学习中的理论感兴趣,喜欢书面交往,通过独立的思考获得语言知识,在实用第二语言表达前一般会先在头脑中预演。现实生活中没有绝对的内向型与外向型性格的人,但每个人基本都会有一个倾向。由此产生了一个假设,即外向型学习者会普遍比内向型学习者更擅长人际交流,所以他们更喜欢与外教交流。做调查问卷之前,笔者认为不愿与外教交流的学生应该大部分为内向型学生。然而调查结果显示,笔者的预设不成立(见表 4)。

表 4　很少与外教交流的学生性格

性　格	外向型	偏外向型	偏内向型	内向型
2009 级 1 班	4	8	7	1
	60%		**40%**	
2008 级 2 班	1	14	13	2
	50%		**50%**	
2008 级 4 班	1	5	15	1
	27%		**73%**	

从这些数据看,似乎性格与交流情况没有很多联系。因为 2009 级 1 班与 2008 级 2 班的内向型与外向型性格几乎各占一半。只有 2008 级 4 班比较特殊,有 73%的学生属于偏内向型。所以笔者猜测,性格虽然对学生没有明显直接的影响,却有可能是影响班级气氛的隐性因素。如果班级中大部分人的性格是外向型的,班级气氛会比较活跃,因而学生会比较喜欢与外教交流,如果一个班级中内向型性格占了大多数,班级气氛有可能比较沉闷。

3.2.2　面子与焦虑

问卷中还有一个问题“在与外教交流时你经常会因为表达不出来或表达错误而觉得丢面子吗”。

表5　面子

面　子	一点也不	不经常	比较经常	经　常
2009级1班	4	8	5	3
	60%		**40%**	
2008级2班	8	17	4	1
	83%		**17%**	
2008级4班	2	13	4	2
	73%		**27%**	

表6　焦虑

焦　虑	一点也不	不经常	比较经常	经　常
2009级1班	1	17	2	0
	60%		**40%**	
2008级2班	3	21	4	2
	83%		**17%**	
2008级4班	1	13	7	1
	73%		**27%**	

根据调查,三个班级中分别只有40%、17%、27%的学生会感到没面子(表5),10%、20%、36%的学生感到焦虑(表6)。所以这些因素的影响并不明显。

3.2.3　兴趣与态度

表7　兴趣

兴　趣	很感兴趣	比较感兴趣	不感兴趣	一点也不感兴趣
2009级1班	4	13	3	0
	85%		**15%**	
2008级2班	1	20	8	1
	70%		**30%**	

续 表

兴　趣	很感兴趣	比较感兴趣	不感兴趣	一点也不感兴趣
2008 级 4 班	4	14	4	0
	82%		**18%**	

表 8　态度

重要性	作用很大	一　般	没什么作用	不知道没考虑过
2009 级 1 班	13	5	1	1
	90%		**10%**	
2008 级 2 班	12	16	0	2
	93%		**7%**	
2008 级 4 班	13	9	0	0
	100%		**0%**	

表 7、表 8 数据显示，原来笔者预设的会成为阻碍学生与外教交流的因素实际是促进因素。因为三个班级中分别有 85%、70%、82%的学生对与外教交流比较感兴趣，又有 90%、93%、100%的学生认为与外教交流对英语学习很重要，这些都是促进交流的积极因素。

3.3　共同话题

表 9　共同话题

没有共同话题	一点也不	偶　尔	比较经常	经　常
2009 级 1 班	0	10	4	6
	50%		**50%**	
2008 级 2 班	3	16	9	2
	63%		**37%**	
2008 级 4 班	0	9	10	3
	41%		**59%**	

另外，从表9中可以发现，三个班级中分别有50%、37%、59%的学生在与外教交流时会感觉到没有感兴趣的话题或找到一个话题也无话可说。笔者对这个现象比较感兴趣，于是对这个问题作了进一步调查。笔者调查了这些学生在与外教交流时讨论的话题，并吃惊地发现他们的答案几乎千篇一律，最典型的就是：食物、天气、爱好、旅游、节日以及外教为什么来中国、喜不喜欢中国等等，有些学生甚至说他们与外教找不到共同话题，即使给定了一个话题，说了一些简单的句子后也就很难继续进行了。这就是典型的"三分钟""三句话"现象。笔者将原因归纳为以下几点：① 这些学生受限于自己的知识与阅历。因为他们并没有掌握与外语有关的足够的知识与文化，所以即使给了一个话题，他们脑中也会感觉一片空白，所以谈话就会空洞而又乏味。② 对于一件事情，很多学生缺乏他们自己的思考与视角。他们只是为了说英语而说英语，而不是把这种对话当作是一个交流思想的过程，所以他们的对话无疑就落入俗套。③ 有一些学生也会因为交流的对象是老师而感到拘束。相信当他们与外国的学生或同龄人交流的时候会找到更多的共同语言。

为了对这一问题进行更进一步的了解，笔者又与一名教授以及一个叫小丽的学生进行了访谈。这位教授说很多学生经常误认为口语就是语音语调以及流利程度。其实他们忽略了最根本也最关键的因素，那就是他们谈话的内容。相信一个机智幽默言辞犀利的演讲会比一个声势浩大外表华丽内容却空洞的演讲赢得更多的掌声与赞许。这也同样适用于英语交流。许多学生十分关注基本的语言技能，却忽视了外国语言的文化。这就造成了很多"文化文盲"。很多学生甚至没有文化意识。所以在以后的教学中，也许老师们应该重视外国语言文化的教学并帮助他们提升文化意识。

在与小丽访谈的过程中，也对这个问题进行了详尽的讨论。她说有很多学生的思维模式受课本的局限很多。也许他们在听说法和语法翻译法的影响下，当见到某人的时候就只会问候"How are you"，然后标准的回答就是"Fine, thank you. And you?"所以他们的思维陷入了固定模式。当他们进行交流的时候，他们的脑中就浮现出课本中背诵的对话。仿佛他们进行交流的过程就是背这些句子的过程。所以,在以后的教学中,老师们可以使用交际法来帮助同学们避免这种现象。

小丽还提到她在日常生活中经常会留意手机一些谈话的材料。比如,她对车很感兴趣,所以当她上网时就搜集了很多关于车的品牌以及外国名车的信息。有时,她会准备一个笔记本记下一些重要信息,这些都是同外教进行交流的不错的话题材料。另外一个例子,她对名字很感兴趣。所以她花了很多时间在图书馆里面搜集了很多有关名字的信息,并同外教针对这个问题展开了讨论。由于她之前做了足够的准备,了解有关这些话题的背景材料,所以他们从来不会陷入尴尬的沉默,反而他们的交流十分活跃有趣,并且她从外教那里也学到了很多观点。小丽的这些经历告诉我们我们可以有意识的收集日常生活中有关文化的材料,这能够帮助我们扩大视野,增长见识。

3.4 心理障碍

在调查问卷的最后一个问题是"对于我系的外教工作有何建议"。据调查,三个班级中分别有86%、89%、90%的学生建议在外语系中多请一些外教进行教学。因为缺少外教,很多人缺少与外教交流的机会。但是,外教每周都会组织一次英语角,并在英语角上与学生自由的交流。笔者却奇怪的发现三个班级中只有5%、12%、4%的学生去英语角。为什么这些学生不去英语角与外教交流的同时却抱怨与外教交流的机会太少?除去一些客观因素比如说他们不喜欢英语角这种交流方式等,笔者总结从这些学生角度来说可能是由于他们内心深处的矛盾心理。他们以缺少外教为借口,实际上他们却是一种心理逃避。

在与小丽访谈的过程中,小丽说机会很少会自己出现,同学们应该主动发现机会并创造机会。比如,可以去英语角与外教进行交流,也可以主动去约外教一起参加一些活动,在这过程中他们可以享受交流的乐趣。在开始的时候,会发现很难顺利地用英语进行交流,会有一种挫败感。但只要一直坚持下去,总有一天他们会发现他们的英语已经脱口而出,并且他们已经建立了英语思维模式。实际上,他们的英语口语在不知不觉中有了很大的提高。然而,很多学生最终没有成功因为他们在"动荡期"这一关键阶段放弃了(见图1)。

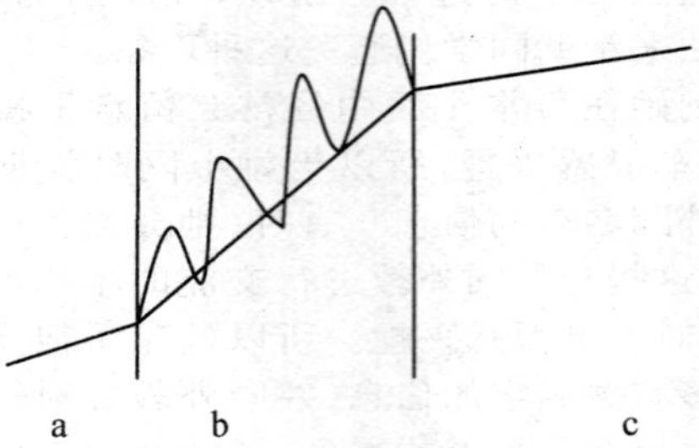

图 1　英语口语发展阶段

图片展示的是学生的英语口语发展状况。阶段 b 即所谓的“动荡期”,这一阶段很不稳定,有很多小起伏,整体呈螺旋式上升。在这些小起伏中的低谷时期就是学生们由于口语表达不顺利表现不佳而受挫的时候,很多外语学习者往往在这种时候放弃。但是不难发现,在这个阶段,隐藏在波荡起伏下面的是陡然上升的直线,即在此阶段,外语学习者的口语水平进步最快。这就告诉我们对外语学习者来说,信心和毅力尤其重要,他们应该坚持着通过动荡期,而后就会看到胜利的曙光。

4　结语

在以上内容中,笔者对阻碍外语专业的学生与外教交流的原因进行了分析。为了解决这个问题,笔者尽可能详细地作了调查,并反复修改。尽管做了最大努力,但笔者深知自己在认识层面上和语言的表达上仍存在很大局限性。因此,笔者诚恳的希望本文读者能不吝赐教,以便更进一步研究解决这个问题。

参考文献

[1] 汪国君.跨文化交际中的语言故障及其处理[J].吉首大学学报(社会科学版),2010 (7).
[2] 张庆宗.英语口语中动机归因对高校英语口语教学的启示[J].四川外语学院学报,2004 (1).
[3] 束定方.庄智象.现代外语教学:理论、实践与方法[M].上海:上海外语教育出版社,1996.

[4] 贾冠杰.外语教学心理学[M].南宁：广西教育出版社，1996.
[5] 熊惠兰.影响学习者口语焦虑的因素分析[J].中国成人教育，2007(13).

作者简介：石雪，上海大学外国语学院硕士研究生。

浅谈大学英语写作教学

王丹妮

摘　要: 在大学英语教学中,写作作为一项语言基本技能中的产出技能一直是学生们的薄弱环节,作者结合自己在大学英语写作教学中遇到的一些问题,浅谈一下自己对写作教学的一点心得体会。

关键词: 写作;大学英语

大学英语教学中明显感觉到写作是绝大多数本科一、二年级学生的薄弱环节,学生们对英语写作都有或多或少的恐惧和抵触情绪。然而写作技能作为相互依存的四项语言基本技能中的产出技能,其重要性不言而喻。一方面它体现了个体对英语知识和技能的掌握和熟练程度,同时它也可以促进或者提高个体英语知识和技能的提高。所以说,学生的作文是学生英语学习情况的反馈,也是反映学生水平的一面镜子。因此,写作教学不可忽视,如何更好地进行写作教学,并且把写作教学和其他方面的教学有机结合起来,使其相辅相成,达到良好的教学效果就成为我们目前需要探讨和解决的问题。通过一系列的调查研究,笔者认为,如果在写作教学中能够注意处理好以下问题,教学效果就会好很多。

1　注意平衡结果写作教学法和过程写作教学法之间的关系

过去很多人一直把注意力集中在学习者写出的成品上,要求写出的作文语法要准确,要符合行文规范,从内容,结构到词汇,语法,标点以及拼写等,都要达到一定的要求。随着交际教学法的盛行以及人们对学习者自身研究的重视，学习者的写作过程逐渐受到人们的关注。写作被人们看成是一个经过准备阶段，打草稿、修改、二次修改、成品这样一系列过程而逐渐使自己的思想更加清晰的过程，它是学习者为表达内容传递信息而创造性使用语言的过程。可以说，它是一个思维的过程，而绝非仅是一个等待评判的成品那样简单。过程写作教学法具有以下特点：

(1) 注重写作过程；
(2) 教师帮助学生了解和认识写作的过程；
(3) 使学生了解和掌握一些写作技巧和策略；
(4) 给学生一定的写作和修改时间；
(5) 重视修改过程；
(6) 让学生发现自己在写作中想说的话；
(7) 整个写作过程都要给学生以反馈；
(8) 注重同学之间的反馈；
(9) 写作过程中包括教师和学生的个别交流和反馈。

过程写作教学法重视学习者在写作过程中的主动性，有利于激发学习者的内在动机，使写作成为真正的创作过程。但在实际操作过程中还是存在一些问题的，比如说，需要的时间长，反复修改和反馈容易使学生忽视了对作文的最终的要求等。因此，在写作教学中，要注意发挥两种教学方法的长处，重视学生的写作过程，使学生了解和掌握一定的写作方法和策略，在写作的各个阶段给与适时的反馈，重视同伴反馈和修改过程，同时对于作文的篇章结构以及词汇语法拼写及标点的要求，也要使学生明了，这样才能使写作教学在有限的时间内实现良好的教学效果。

2　教师在反馈和改正写作时要讲究方法，对学生作文的最后评价要具有建设性

教师反馈和纠正学生错误时要记住教师始终是同盟者、指导者和辅助者，教师的反馈最好是口头的、简短的，必要时可以使用书面语言。在写作过程中，纠正错误一般在初稿和修改阶段进行，可以与写作过程中出现的其他错误一起处理。学生的语法拼写错误一般不必改正而是通过自我修正、同伴改正和教师评价等方式进行。

在不同阶段，教师要注意一些不同的事项。比如在初稿反馈中需要注意的是：

(1) 不要对小的语法错误抓住不放，相关段落中的重要错误可以直接或者间接地指出来。

(2) 不要帮学生来改句子。

(3) 对作文的主题是否清晰以及总体结构进行整体评价。

(4) 指出与题目无关以及与题目相关但表达不清的地方。

在二次反馈或对成稿进行反馈时，可作以下改动：

(1) 指出学生语法，拼写和标点等方面错误，但不要替学生改动。

(2) 评论写作主题以及支持性段落或论证是否清楚。

(3) 指出语法正确但表达不清楚或者用法不地道的用词。

(4) 评价段落之间是否连贯。

(5) 评价结论是否充分有力。

作文最后评判时，要做到公正清楚，同时教师的评分，无论是何种形式的，还必须是对学生的一种反馈，要对他以后的写作有所裨益。对作文的评判可以从内容、结构、篇章、句法、词汇、拼写特点等方面考虑，内容结构的权重要大于句法词汇等。在评判学生作文时，最好能对以上各项都分别给出具体的分数，当有必要给出总分时，如果在小分的基础上再写总分，这样你的评分既对篇章内容有所偏重，又能给学生明确的反馈，非常有助于以后的写作。

3　在培养学生综合写作素质的同时，要注意在各个写作阶段进行具体的写作技巧和策略的指导

首先，要让学生了解良好的写作者应具备哪些素质，如：写作要注意突出某一中心，内容要吸引读者的注意力，要善于发挥最初的灵感，写作时列出提纲，并有效利用反馈进行修改等。此外，还要在学生写作实践的各个阶段进行具体的写作技巧和策略的指导。根据过程写作教学法，写作过程一般分为以下三个阶段：

3.1　写前阶段

这个阶段是产生思想的阶段，我们可以通过如下手段激发思想：广泛阅读略读以搜索与写作题目相关的信息研究做调查，头脑风暴法，把自己的观点列表，把讨论的观点以及教师的相关提问列表，自由写作等等，这些手段都有助于激发丰富的思想。同时，教师有必要指出中英文行文差异，并且提前向学生介绍英文写作的模式及行文特点。各种语言的写作都有其特点。根据卡普兰(1996)的研究，不同的语言在写作风格上有所不同。英语文章，他指出，可以描述成直线性写作，而东方语言的写作特点是呈螺旋式进入主题的。这种观点在一定程度上揭示了个体的母语思维方式对于外语写作的影响。关于对比写作的一些研究也表明，在教学中教师应该注意发现母语的写作模式对学生的影响，帮助学生认识理解这种影响，并逐步克服母语干扰，使学生写出符合英语语言规范的文章来。

3.2 初稿阶段

初稿阶段和修改阶段是写作过程的核心部分。在过程写作教学法中，打草稿阶段被看成是包括一系列重要而复杂的策略的过程。这一阶段可应用的策略有：

(1) 自由写作。在自由写作中，不必对自己的思想进行评判和深入思考，尽管写下你头脑中所有的思想，也不必担心你的拼写和语法。如果感到无话可说，那就写下你头脑中出现的其他思想。自由写作是激发思想的方法，它是对所写题目的最初的探讨。

(2) 进行适当的监控。在初稿阶段可以对写作进行适当的监控，但不必进行编辑，以及考虑语法修辞等。

(3) 同伴反馈意见。当我们把想法诉诸文字时，会用到文字或数据使写作更有说服力，使读者产生预期的影响，向读者传递我们想传递的信息。交给同伴阅读以观察是否产生预期的效果，这样就可以利用同伴的反馈来改善我们的写作。

3.3 修改阶段

初稿完成后交给老师还会得到老师的反馈意见。在修改阶段，可以根据老师及同伴的反馈意见来进行修改，有些地方可能还要进行重新考虑。此阶段可用到的技巧有：教师的反馈，朗读技巧，小组中同学之间朗读修改稿，进行错误矫正以使行文流畅，修正阅读。当然，在后面的阅读中还有可能发现需要改动的地方，写作就是这样一个不断思考与修改的过程。

参考文献

[1] 丁往道,吴冰,钟美荪,郭栖庆.英语写作手册(修订本)[M].北京:外语教学与研究出版社,2003.
[2] 杨霞. 如何提高大学生英语写作能力[J];甘肃科技;2010(2).
[3] 叶春莉,陈荣泉.从影响写作的主要因素谈如何提高英语写作能力[J].新疆教育学院学报,2000(12).

作者简介：王丹妮,上海大学外国语学院。

课堂师生交际中违反合作原则的必要性

王　臻

摘　要： 合作原则是由美国哲学家 Grice 提出的，它是所有的语言交际活动中为了达到特定的目的，说话人和听话人之间存在的一种默契，一种双方都应该遵守的原则。正是交谈者的这种合作使得他们能够持续地进行有意义的语言交际。课堂师生交际作为一种特殊的交际形式，也要遵守合作原则以保证课堂教学顺利有序的进行，但是，在课堂师生交际过程中，为了某些教学或者教育目的，合作原则中的一些准则就要被违反，而这种违反也不会阻碍课堂交际的正常进行，不会使课堂师生交际显得奇怪或者异常，相反，这种对合作原则的违反在课堂教学中的出现较为频繁，并且这种违反常常会产生良好的教学效果。到底课堂师生交际中对合作原则的违反有哪些体现？这些违反合作原则的现象在课堂教学中有哪些作用？本文就将针对上述问题进行分析和研究来说明课堂师生交际中违反合作原则的必要性。

关键字： 课堂教学；课堂交际；合作原则

1　引言

合作原则作为日常交际的一个重要原则，对于我们生活中的各种交际有着重要的意义和影响，只有遵守这些原则人们才能够顺利高效地进行有意义的对话。课堂交际作为我们生活中一项重要的交际形式，同样与合作原则有着密不可分的关系。在语用学界,语言学家对合作的关注和研究很多,将合作原则的各项准则在生活各个方面的体现和应用多做了全面而细致的研究。合作原则与课堂师生交际之间的关系也有不少语言学家进行了研究,这些研究既有从语用学角度的研究也有从教学法角度的研究,其中包括:合作原则在课堂教学中的应用,英语教学中对合作原则的教学,合作原则在教师用语中的体现等等,所有的这些研究都是从遵守合作原则的角度去研究两者的关系,但是很少有人从违反合作原则这一重要角度进行研究。本文就将从这一角度出发,去说明违反合作原则在课堂师生交际中的必要性。

2 理论背景

2.1 合作原则

美国哲学家 Grice 认为在所有的语言交际活动中,为了达到特定的目的,说话人和听话人之间存在着一种默契,一种双方都应该遵守的原则,他称这种原则为合作原则。具体的说,合作原则便是要求么一个交谈参与者在整个交谈过程中所说的话符合这一次交谈的目的或者方向,正是交谈者的这种合作使得他们能够持续进行有意义的语言交际(何兆雄,2000)。合作原则这条根本原则可以具体体现为四条准则:

2.1.1 数量准则(quality maxim)

(1) 使自己所说的话达到交谈的现实目的所要求的程度;

(2) 不能使自己的话比要求的更详细。

2.1.2 质量准则(quantity maxim)

(1) 不要说自己认为是不真实的话;

(2) 不要说自己缺乏根据的话。

2.1.3 关联准则(relation maxim)

说话要贴切。

2.1.4 方式准则

(1) 避免晦涩的词语;

(2) 避免歧义;

(3) 说话要简要;

(4) 说话要有条理。

这四条准则中,前三条与我们说话的内容有关,而第四条则与我们说话的方式有关，也就是说，数量准则要求我们不多说也不少说；质量准则要求我们说话的内容是真实的而且有根据的；关联准则要求我们讲话的内容要与问题有关，即围绕主题或者中心；方式准则则是要求我们说话要简单明了。遵守所有这些原则，人们就能以最直接的方式，最高的效率进行交际。

2.2 课堂师生交际的特殊性

课堂师生交际是一种比较特殊的交际方式，它是指在课堂教学过程中老师与学生之间以传授知识交流感情为目的而进行的语言交际活动，它包括课堂上老师对学生或者学生对老师的提问与回答、学生对老师讲授知识的言语回应、老师对学生的语言引导、老师对学生课堂表现的语言评价，等等。课堂师生交际与日常交际一样需要遵守合作原则以保证课堂教学的有序高效进行，但是由于课堂师生交际的特殊性，在课堂师生交际中有许多违反合作原则的现象，而这种对合作原则的违反在教学课堂上和自然的存在，也没有像日常交际那样阻碍交际的顺利进行，相反，这些对合作原则的违反现象对课堂教学有这很重要的作用，使知识的传授产生意想不到的效果。

课堂师生交际的特殊性要求在于其交际双方固定的师生关系，在特定文化背景下师生关系被赋予了特殊的意义。以中国为例，传统的尊师重道思想使中国的师生关系有着一种等级的差别，另外课堂师生交际的特殊性还在于其交际方式的多样化，如上所述，课堂交际包括提问回答，学生对老师的言语回应，老师对学生的语言指导，老师对学生课堂表现得评价或安慰等等，这些方式对于课堂教学来说都是必不可少的，也就形成了其特殊性。

课堂师生交际的特殊性还在于交际内容的相对固定性，课堂交际的内容多以一个主题为主，并多是由科学性、逻辑性等特点，而对于这些科学知识的交际传达，师生之间的交际必然有别于日常的交际。

课堂师生交际的特殊性还在于教学目的的相对固定性，即课堂交际为课堂交际服务，而课堂教学的目的在于让学生深入彻底的理解某个知识，并且能够灵活掌握和应用这些知识。为了这个目的，有时，老师在与学生进行交际时就不得不采取与日常交际不同的方式，从而引导学生思考表达。由于以上所述的特殊性，在课堂交际过程中，所出现的违反合作原则的现象，会使课堂教学产生意想不到的效果。

3 对合作原则违反的必要性

3.1 数量原则的违反

数量原则要求交际双方在交谈过程中使自己的语言达到交谈的现实目的所要求的程度，不能使自己所说的话比要求的更详尽。也就是说，数量原则要求交际双方能在交际过程中，各自给出对方的问题合适量的回答，以达到交际的目的。不多也不少，满足对方的问题的要求。在日常交际过程中，人们对数量原则的违反，往往会使对话显得不自然，并且阻碍交际的正常进行。例如：

甲：你知道小王家在哪吗？

乙：就在上海。

显然，乙的回答并没有满足甲的要求，违反了数量原则，会使甲觉得乙不愿意合作的态度，从而阻碍交际的正常进行，而在课堂交际过程中，这种现象也存在，但是却有着不同的性质和作用。例如：

同学：中国古代帝王最喜欢选择那些城市作为自己的都城呢？

老师：当然是中国境内的经济发达的东部地区。这个大家都知道吧，哪好选哪呗。中国古代帝王选择都城的时候会考虑这样几个因素：一是地势是否有利。通常易守难攻的地区会被选为都城。二是农业是否发达。大家都知道中国是个以农业发展为主的国家，古代帝王选择都城的时候也会考虑农业发达城市。三是交通是否便利。这个道理很容易理解吧，都城是帝王统治全国的地方，这个地方要和各个地区都有很好的联系，交通便利是非常重要的。那知道这几个因素之后，你们想一想中国拥有这几个有时得地区都有哪啊？一个是长江中下游地区，一个就是黄河中下游地区，对不对。这两个地方，首先农业发达，水利灌溉方便，土地肥沃，而且交通也便利，有天然的护城河，所以称为都城位置的首选。那么这两个地区都有哪些城市是古代的都城，很好找吧……

从上面的例子中我们可以看到老师对于学生的答案显然是心中有数的，但是并没有直接地给出答案，反而违反合作原则给出了一个泛泛的答案之后，又给了一连串附加信息，对选择都城考虑因素的解释，这一点学生并没有提到，很显然这是违背了数量准则的行为。老师的话看上去并没有达到交际的目的，因为一直到最后他都没能给出学生一个确定的答案，但是这样的对话在课堂师生交际中的出现却不在少数，他们的出现并没有影响老师与学生之间交际的进行，相反地有着很大的积极作用。老师不直接讲出问题的答案，而是添加许多看似多余的信息，实际上用意是让学生自己思考。通过自己的思维模式去带动学生的思维，这样不仅增加了知识传授的信息量，也交给了学生一种思考的方法。同时在课堂上，一个学生与老师之间的交流也对整个班级有着重要影响。通过这样的方式也调动了班机其他同学的积极性和主动性，使课堂教学更有力更高效的进行。进行能给课堂活动对数量原则的违反在课堂师生交际中的出现频率较大，并且有着不同的用意对活跃课堂，提高教学效率，调动学生积极性有着不同程度的促进作用。

3.2　质量原则的违反

质量原则要求交际双方在交谈过程中不要说自己认为是不真实的话，不要说自己缺乏证据的话。这一准则是对讲话内容的真实性、准确性、根据性的要求，也就是说，交际双方需要以诚恳的态度对待谈话内容和谈话对象，所将的内容必须是有事实依据并且自己认为是对的。在日常交际中对质量准则的违反有两种情况：一种是公然的违反，即很明显的违反质量原则，例如我们通常见到的反语现象；另一种则是不明显的，出于某种原因，不希望别人知道的违反质量准则的情况。在课堂交际中，质量准则应该是被老师和学生牢固遵守的，因为课堂交际以传授知识为目的，因为老师所讲的内容必须是正确的、符合现实的，但是在实际的课堂交际中老师时常会违反这一重要准则而达到某种目的。例如：

老师：这个同学你来说一下这首词所要表达的中心思想。

同学：这首词通过对老树、枯藤、小桥、流水等景物的描述，保心安了一种背井离乡的凄凉，表达了作者对故乡的思念之情。

老师：你是通过什么判断对那些景物的描写就表现了那样一种背井离乡的凄凉呢？我看到小桥，流水就会想到闲适的生活状态，看到枯藤，老树会想到一片广阔的原野，从哪里能看出背井离乡的凄凉，从哪里能看出作者的思想之情？

同学：作者用枯藤、老树、昏鸦、小桥、流水等意想组成了一幅画面，而不是独立出现。这样的一幅画面形成了一种凄凉的意境，最后依据“断肠人在天涯”再一次点明了主题，由此可看出作者的思乡之情。

再如：

老师：大家用尺子量过这个三角形，证明了在这个锐角三角形中，两边之和大于第三边，那么大家在看这个直角三角形，你们说它的三条边之间是什么关系呢？是不是也是两边之和大于第三边的关系呢？

同学1：我觉得不是，因为我觉得，直角三角形的两个锐角加起来等于90度，所以我认为他的两条直角边加起来该等于另外一条边。

老师：他是这样想的，我觉得有道理，其他同学还有什么别的看法没有啊？

同学2：我用手比了一下直角三角形的三条边也是两边之和大于另外一条边的。因为如果不大于，就不能组成三角形了。

老师：哦，他用手比了一下边的长度，觉得是两边之和也是大于另外一条边的，这个好像很可信阿。那么现在大家在拿尺子量一下看看到底是哪个同学说的对呢？

以上两个例子中，老师对学生的回答给出了不恰当的评价，很显然这是违反合作原则的，例一中的这位老师，知道学生所要表达的是什么意思，但是却有意说出一个错误的想法，是为了引导学生将中心思想完整的表达出来以此来锻炼学生的口语表达能力和语言组织能力，并有利于培养学生全面思考和全面表达的习惯。通过这样的方式，学生不仅锻炼了上述能力，也对所学内容有了更加深入的理解，有更加深刻的印象。例二中的这位数学老师在第一个学生给出错误答案的时候，并没有指出这个同学所犯的错误，而是给出了一个肯定的评价，显然是违反质量准则的，但是就是这样的一个违反质量准则的行为引出了后面的同学的思考，通过这样的一个方式，老师激发了同学思考，让学生觉得是在给老师出主意，这样他们的积极性主动性就被提高，从而活跃了课堂气氛，提高了课堂教学的效率。通过对上面两例的分析，我们可以看出在课堂教学中，老师对质量准则的违反对于课堂教学有着积极的作用，因此这种授课方式在课堂上有较广泛的应用。从这一点我们也可以看出违反质量原则的必要性。

3.3 关联原则的违反

关联原则要求说话者说话要贴切，也就是说，交际双方要围绕主题，以防对另一方提出的问题做出有关联的回答或者评价而不能答非所问或者偏离主题。对这一准则的违反，在日常交际中常出现于一些特殊的场合或者由于一些偶然事件引发常常给人一种怪异的感觉而是交际无法正常进行，而在课堂交际中这种情况却有着不一样的作用，有的时候会使学生感到诧异，但是最终会有意想不到的效果。例如：

老师点名叫一个在课上打瞌睡的同学回答问题。

老师：What is adjacent pair, first pair part and second pair part?

同学：in silence

老师：Where do you come from?

同学：Shanxi

老师：I heard that Shanxi is famous for vinegar.

同学：Yes,it is also famous for salted beef.

老师：现在我和这个同学进行了一段对话，现在你能分析一下我们之间的对话什么是相邻对，first pair part 和 second pair part。

老师在提问了这个同学一个问题之后，这个同学没有能回答出来，老师没有重复问题而是重新开始了一个新的话题，问他的家乡并谈起了特产，这个时候同学比较诧异而这位老师的真正意图是通过这种方式用一个生动的例子来解释刚才的问题，这既是给这位同学一个提醒也是给其他同学一个思考的机会，这样的方法既生动又有实际意义，对于学生读问题与实际相联系有着重要促进作用。同时，这种方法灵活而不是理性，让人豁然开朗，大大提高了讲课的生动性，提高了课堂教学的效率。再如：

老师：请你将一个中国加入 WTO 对中国人民生活的影响。

同学：嗯……促进经济发展……

老师：嗯，有道理，但是在具体点就更好了，哎，你这件耐克不错啊？

同学：我们可以买到外国的商品，我们的消费品市场被大大的丰富，从而提高了生活水平。外国的品牌进入中国的市场，有利于加强中国企业的品牌意识和竞争意识，从而促进中国企业的发展和改革。

这一个例子中，老师的提问对于学生来说比较抽象或者笼统，而学生也只能给出一个笼统的答案“促进经济发展”，而老师在看出同学对于问题的疑惑后，通过谈论衣服来点拨学生。看似老师讲了一个很不合时宜的问题，而正是这样一个看似没有关联的问题，老师让一个抽象的问题变得具体，与学生的实际生活联系起来。这样一来，学生对这一问题的理解更加透彻，更加深刻和生动。在课堂交际中老师对关联原则的违反不仅可以激发学生灵感与无形之中也有利于学生对知识的理解，并教会学生一种思维方法，所以对课堂教学效率的提高有很大的帮助。

3.4　*方式准则的违反*

方式准则要求交际双方在交际进行过程中避免晦涩词语，避免歧义，说话要简明而有条理，简单的说就是要求交际双方在交谈时讲话清晰明了。在人们的日常交际中违反方式准则常常会引起交际双方的不理解，而导致交际无法正常的进行。有时是出于某种特殊原因而采取的特殊方式，以达到某种效果，这种方式准则的违反在课堂交际中也较为普遍的存在，并有着不同的作用。例如：

同学：老师，jaywalk 是什么意思啊？

老师：你们知道 jay 是谁吧？谁的英文名字是 jay?

同学：周杰伦。

老师：对啊，walk 是走路吧，周杰伦走路，先打一个服装品牌吧。

同学：美特斯邦威。

老师：对啊，不走寻常路啊。所以这个词什么意思啊？乱穿马路，无视交通规则……

再如，老师在课堂上提问单词：

老师：雨伞？

同学 1：不会。

老师：同学 2，你来说，雨伞是什么？

同学 2：我也不会。

（叫了三名同学都不会）

老师：雨伞这个词这么难吗？很简单嘛，带雨伞说明下雨了，下雨了所以"俺不来啦"（umbrella）。

同学：（笑）umbrella。

以上就是课堂交际中对方式原则违反的两个例子，从上面的两个例子可以看出老师的解释虽有些牵强，另外第二个例子中通过汉语标音来记英语单词这种方法是不值得推广的，但是两位老师都用自己的方式对学生做出了解答，并且效果非常好，不仅活跃了课堂气氛，提高了学生的兴趣，并且让学生印象深刻。例子中的方法虽然不值得推广，但是这种通过违反方式原则来帮助课堂教学的方法却对课堂教学有着有益的指导作用。这种方式打破了传统的思维方式，用生动活泼的方式传授知识，大大提高了课堂教学的效率。

4　结语

通过对课堂交际中各类违反合作原则的现象的分析，我们不难得出结论，在课堂交际中，对合作原则的违反很多时候是很有必要的。正是因为合作原则的违反，才使课堂教学和交际能够有序高效地进行，也正是对合作原则的违反使得课堂教学有着不一样的效果。这与我们日常交际中的违反合作原则的现象有着质的不同。课堂师生交际中对合作原则的违反的必要性本质上是由课堂交际本身所具有的特殊性造成的，具体来说，这些特殊性就是课堂教学的内容的性质的特殊性，有的内容是需要逻辑判断或者推导，有的需要机械记忆，有的需要组织理解，而老师需要根据不同的内容选择不同的方式进行教学，从而使一些准则的违反成为必要。另外这一特殊性还是课堂教学对象的特殊性造成的，课堂教学的主体是学生，在教学过程中，老师需要对学生进行激发、启发、鼓励和引导，为了达到这些目的，老师不得不违反合作原则中的某些准则，来配合教学的进行。

合作原则作为我们日常交际中的重要原则，渗透到我们生活的各个方面，课堂交际作为一种特殊的交际方式也与合作原则有着密切的联系，在这些联系中，课堂师生交际对合作原则的违反是一个重要的方面，对我们的课堂教学有很大的指导作用。

参考文献

[1] Leech, G. Principles of Pragmatics [M]. London: Longman, 1983.
[2] Salnaker, R. Pragmatics [M]. Oxford: Oxford University Press, 1970: 67.
[3] 郭晨. 会话合作原则在英语教学中的应用[J]. 中国校外教育，2009(8)
[4] 何兆熊. 新编语用学概要[M]. 上海：上海外语教育出版社，2000.
[5] 何自然. 语用学概论[M]. 长沙：湖南教育出版社，1998.
[6] 何自然. 语用学与英语学习[M]. 上海：上海外语教育出版社，1997: 26.
[7] 何自然，陈新仁. 当代语用学 [M]. 北京：外语教学与研究出版社，2004.
[8] 何自然，冉永平. 语用学概论(修订本)[M]. 长沙：湖南教育出版社，2006.
[9] 霍胜杰，鹿丽. 合作原则在大学英语课堂教学中的运用[J]. 泰安教育学院学报岱宗学刊，2008(2).
[10] 商红艳. 合作原则对高职英语教学中师生会话的启示[J]. 科技信息(学术研究)，2008(6).

作者简介：王臻，上海大学外国语学院硕士研究生。

基于多媒体和网络的大学英语个性化教学策略研究

吴雪颖　李泳涛

摘　要：网络和多媒体技术的发展为大学英语教学改革带来了契机，为实施个性化教学创造了条件。本文主要从教育学、建构主义理论、多媒体网络技术成果出发，进行基于多媒体和网络的大学英语个性化教学策略研究：分析如何利用多媒体和网络技术进行个别诊断与指导，调整教学资源的内容，为学习者提供符合个人特征的教学资源及策略，充分发挥教师的指导作用。

关键词：大学英语网络教学；教学策略；个性化诊断与指导

1　引言

因材施教、个性化学习是教育所追求的最高目标，如何实现教师对不同类别的学生进行有区别的指导和促进学习者进行个性化自主学习已成为外语教学研究的新课题。随着计算机网络技术的飞速发展，网络在教育中的应用也越来越广泛，网络所具有的分布式特点和强大的交互性为个性化教学提供了技术上的可行性；在教育领域，各种理论体系的日趋成熟和完善，也必将为个性化学习教学提供理论支持；教育技术的成熟、完善、体系化，也必将促进对基于多媒体和网络的个性化教学模式的研究。但目前的网络教学系统所提供的学习环境还属于低质量的个性化学习，虽然可以满足不同的学习者在不同的学习时间进行个别学习，但大多数情况下是将教学资源放到网络上，对不同水平的学习者进行同一水平的教学,没有考虑到学习者的个性化特征。因此,建立针对学生个性化英语学习诊断与指导的教学策略应该是当前大学英语网络教育研究的一个重要问题。

本文主要从教育学、建构主义理论、多媒体网络技术成果出发,进行基于多媒体和网络的大学英语个性化教学策略研究:分析如何利用多媒体和网络技术进行个别诊断与指导,调整教学资源的内容,为学习者提供符合个人特征的教学资源及策略,充分发挥教师的指导作用。

2　个性化教学策略研究的理论基础

现代教育理念认为,最好的学习是自主的个别化的探索性学习,最好的教学方式是对话交流的模式。在传统的教学环境下,人们一直都没有找到一个理想的实现个性化学习的方法。而计算机网络技术为个性化学习提供了良好的技术支持,也为实施个性化教学策略提供了契机。网络技术、多媒体及虚拟现实等技术相结合,可以虚拟教学课堂的现场,学生可以根据自己的需要主动选择学习的内容及课程的进度。教师与学生之间可以通过网络环境的支持,在任何时间、任何地点进行信息交流,不必拘泥于课堂上有限的时间。人机交互的教学模式能有效地实现班级授课制下的教学个别化,为教师对学生个性化学习进行诊断与指导从而大面积因材施教提供了重要的条件。2007《大学英语课程要求》对大学英语教学模式进行了详细的阐述:“各高等学校应充分利用现代信息技术,采用基于计算机和课堂的英语教学模式,改进以教师讲授为主的单一教学模式。新的教学模式应以现代技术,特别是网络技术为支撑,使英语的教与学可以在一定程度上不受时间和地点的限制,朝着个性化和自主学习的方向发展。”这种教学模式的提出正好与建构主义理论相吻合,充分体现出外语教学的发展趋势。

建构主义学习理论认为:学习是学习者进行意义建构的过程,在学习中学习者是信息加工的主体,而不是被动的接收者。学习中获取的知识不仅是通过教师传授得到的,还可以借助他人的帮助,利用必要的学习资料而获得。获得知识的多少取决于学习者根据自身经验去构建有关知识的意义的能力,而不取决于学习者记忆和背诵教师讲授内容的能力。这种学习理论强调以学生为中心,不仅要求学生由外部刺激的接收者和知识的灌输对象转变为信息加工的主体、知识意义的主动构建者,而且要求教师要由知识的传授者、灌输着,转变为学生主动构建意义的帮助者、促进者。因此,实施个性化教学,研究发现学习者的个别差异,为学生提供满足个性化需要的学习环境,可以促进不同的学习个体进行有效的意义建构,达到提高学习效率的目的。

3　实施基于多媒体和网络的个性化教学的目标

大学英语教学中实施个性化教学是为了满足每个个体的语言知识发展需要,使其个性语言潜力得到充分、全面、和谐发展的教育。主要目标是要依据大学生的个性特点、智力结构特征,以个别差异为出发点,注意激发和培养学生的学习兴趣,帮助学生树立自信心,形成有效的语言学习策略,养成良好的学习习惯。《课程要求》提出:"教学模式改革成功的一个重要标志就是学生个性化学习方法的形成和学生自主学习能力的发展。"个性化教学模式可以避免目前大学英语教学过程中的"一刀切"现象,给大学英语课堂教学、常规教学管理、课程设置、教材选用、评价手段、多媒体教学资源的整合等留出了改革的空间。因此,在信息社会中,积极探索为学生营造有利个性发展的语言学习环境应该成为大学英语教学改革的主旋律。个性化教学既是英语教学的必然,更是能否实现教育现代化的必然。

4　基于多媒体和网络的个性化教学策略

网络具有强大的交互功能、丰富的学习资源以及便利的使用操作,有其他教育媒体不具备的独特优势,为指导学生个性化学习提供了技术保障。但网络教学中知识的安排是非线性的结构,从满足不同的学习者的需要来说具有优势,如果缺少良好的导航系统,很容易使学习者迷失在复杂的网络及多媒体资源中。没有个性化的学习指导,很容易对学习产生茫然性。目前由于我国高校的大学英语教学普遍实行大班制教学,网络教学中只是用更多的信息呈现而取代了传统的有限的课堂资源,缺乏必要的教学指导及对学生如何进行不同方式学习的适当支持。因此,在网络课堂的学习平台中引入教师个性化服务是必要和高效的对学生个性化的诊断与指导可以提供给学习者符合个人兴趣特征的教学资源,实现知识构造理论的需求。教师可以依据学生的学习行为特征对学习者进行个性分析推断,充分考虑学生的个体差异和目前语言知识水平差异,对每位学生进行各阶段的学习设计,使其能够达到最佳的学习效果。根据新的网络环境及人的个性,研究个性化学习,建立新的个性化教学理论框架,在此基础上与新方法、新技术相结合,整合多媒体及网络资源,多学生进行个性化诊断及指导,必将成为多媒体网络环境下进行大学英语教学模式改革的突破点。

4.1　对学生英语学习进行个性化诊断策略

对学生进行个性化诊断是实现个性化教学目标的重要基础。由于每个学习者在知识水平、认知能力、学习风格、学习动机方面都是有差异的,因此在学习过程中所采取的学习策略也是不同的,而学习者在学习中由于自我控制学习的能力还不够,对于采取何种学习策略的认识不是很明确,因此需要得到如何选择学习策略的指导帮助。只有采取与个人学习相适应的学习策略,才能获得有效的学习,实现个性化学习。

对学生英语学习进行个性化诊断策略可分为静态诊断策略和动态诊断策略。静态诊断指利用计算机和网络系统采集学生信息:包括个人基本资料采集、学习行为采集和学习基础采集(通过注册信息获得学习者的学习经历,通过调查问卷的形式获得传统学习习惯和偏好)。个人基本资料需要采集个人的基本信息和学习习惯信息;学习行为采集包括学生在学习过程中的学习时间、认知方式等信息;学习基础采集主要是对语言知识系统的考察。根据系统获取的个人信息数据库,进行:① 学习策略诊断,考察学习策略、学习方法,帮助学生进行改进和完善;② 学习动机诊断,考察学习动机的性质及其强弱程度;③ 学习方法自我测评,考察学生学习的兴趣、目标、学习的行为习惯。

动态诊断指查看学习者学习记录、评价学习者学习行为,提出学习建议。对应学习者的不同情况建议相应的学习策略。利用计算机和网络获取与学习者认知风格、已有认知结构和元认知水平诊断的数据,包括学习者的网络学习经历、现有学习习惯和偏好、访问本系统时间、浏览本系统相关内容的类型、课程学习基础等数据。数据来源主要有：通过系统获得学生访问本系统时间和访问栏目内容并进行分类；通过课程学习前基础知识测试模块获得课程学习基础。

最后，教师可在静态与动态诊断的基础上进行英语自主学习策略咨询指导，即对学生进行个性化的学习指导和帮助。在此诊断基础上帮助学生构建学习行为模式，主要是个性化学习内容及学习策略形成。针对学习者的学习类型，制定相关学习策略，结合具体学习内容资源为学习者个体建立个性化服务的课程体系（包括课件内容、课件展示方式、自测题库）。让不同的学生都能体验到学习的成功，形成强大的学习动力，得到最大限度的发展。根据诊断的结果，以“扬优补差”为指导，实行因材施教，发展学生的语言优势潜能，给每个学生提供处于“最近发展区”的内容，引导学生构建适合自身的英语学习的知识体系、学习策略。

4.2　个性化学习过程监控策略

进行个性化过程监控是实施个性化教学策略的重要保障。在基于计算机和多媒体为辅助和以学生为中心的个性化教学模式中，教师在课堂上的指导、控制是合理的、必需的。在网络教学中，学习者的学习大多是独自完成，而学习者不能完全自我控制学习过程。目前，机器学习的人工智能技术还在发展中，让计算机像教师一样指导学习者的学习过程还是不可能的，但利用网络交互技术已经可以部分地实现学习过程的智能化控制。学习者是通过与计算机和网络的交互来学习的，学习者的学习过程中的大多数信息都可以通过一定的技术将其记录下来，教师可将这些记录下来的信息由教学系统自动进行分析，根据分析的结果由教学系统将相应的学习情况即时反馈给学习者，让学习者可以了解自己学习过程中的问题，调整下一步的学习，从而有效的控制学习过程。

在网络环境下，教师应在教学过程控制中，将学习者的自主控制、系统的自动监控和教师对教学的控制结合起来，以实现有效的监控和指导。教师应按照教学大纲的要求，结合学生的实际情况，设计制定出各学期听、说、读、写等技能总的学习任务，让学生明白哪些任务要求在课堂上进行，哪些任务适合课后或通过网络自主学习，让学生明确自己努力的目标和方向。考虑学生的个体差异和目前语言知识水平差异,对每位学生进行各阶段的学习设计,设定进度,使其能达到最佳的学习效果。

4.3 个性化信息反馈策略

学习的目的在于促进学习者的各种能力的提高。不同学习者对学习目标完成情况不同,学习能力的提高也不同,建立(师生之间和学生与学生之间)互动的反馈机制、监控学习过程、提供个性化指导是网络教学中的一个重要环节。进行个性化教学的目的主要是提高学习者的学习效果,学习者需要对自身的学习过程不断进行调整,需要得到对自己学习效果的一个反馈信息作为调整的依据,另外,从强化的角度来看,当学习者做出一些成绩以后,得到肯定,会激发学习者的学习兴趣,促进学习。如果学习者不能得到适当的反馈信息,对于学习的下一步安排带有盲目性,而且由于没有得到一些鼓励信息,很容易使学习者对这种面对冷冰冰的机器的学习产生厌倦。教师给予及时的学习评价与信息反馈,有利于学习者及时调整学习内容及策略,提高学习效果。教师可充分利用网络对学习反馈和评价的技术支持。目前的网络教学系统可以自动记录学习者的学习信息,如学习内容、时间及答题的正确率等。教师还可以随时通过网络对学生进行学习测试,系统可以即时评卷,及时将测试结果反馈给学习者。此外,还可利用计算机和网络针对不同的形式给予不同的反馈方式。对于客观题,采用及时反馈的形式;主观题则让系统给出标准答案,学生自我评价,对于无确定答案的主观题,采用集体讨论,共同评判的方式。

4.4 个性化评价策略

课程评价要建立在学生个性发展的基础上,了解学生实际学习的需要和发展的状况,促进学生的全面发展,最终提高每个学生的科学素养。在英语教学中,学生期待着教师能及时对他们的表现给予反馈。在实际的交流活动中,学生对他们所用的语言是否正确、得体,希望教师予以客观、公正的评估。因为,教师的评判对学生的心理及今后的语言表现有很大的影响作用,能使学生清楚在今后的学习中应该注意什么,应该超什么方向努力。以学习者为中心则要求教师了解并研究学习者个体差异以及外语学习的过程,并在教学过程中及时、敏感地捕捉到学习者各个学习阶段的困难，指导学生度过难关，并帮助学习者形成自己头脑里的认知结构，自主建构语言知识体系。

实施个性化教学的重要条件是教师对学生网络学习的评价体系要突出个性评价。评价的方式可以学生的语言综合能力为标准，将形成性评价和终结性评价相结合，建立多样化评价体系。形成性评价的任务是对学生日常学习过程中的表现、所取得的成绩等作出评价，检测其在学习过程中语言应用能力发展情况，目的是帮助他们有效调控自己的学习过程，通过激励获得成就感、增强自信心。教师应以问题为导向，整理学习者的各种数据，直接提问学习者，从学习者的答案和评价的数据中进行评价。终结性评价是检测学生综合运用能力发展程度的重要途径，也是反应教学效果、学校办学质量的重要指标之一。

在网络教学中，教师应充分利用系统的自动评价，并与自己的主观评价相结合进行全面的个性化评价。系统的自动评价是根据学习者的阅读量、阅读速度、测试成绩来评价的，比较片面，但系统的评价是即时的，只要学习者进行了学习就会有相关的反馈信息。教师的评价则比较全面，但比较主观。将系统的客观评价与教师的主观评价相结合，可以给予学生较全面的个性化评价。在结合自动评价和教师主观评价的基础上，实施多元化评价，激励不同个体享受成功。不同的学生，评价的标准、内容、方法也不一样。教师在评价中要公正、合理、有激励性，了解不同学生的发展需求，关注个别差异，帮助学生认识自我，建立自信，有意识地把评价的权利留给学生，留给学生时间和机会，让他们自评、互评。

此外，个性化评价应贯穿整个教学活动的始终，要关注学生在活动中所表现出来的情感态度，善于发现学生的点滴进步，善于发现学生在学习过程中的每个闪光点，及时给予鼓励，激发学生学习的潜能，使学生真正把学习作为一种精神享受，让不同的学生在不同标准的评价中获得成功的情感体验，由此更积极地探究新知。

4.5 个性化情感交流策略

情感交流在教学中有着重要的作用，有时教师一个鼓励的眼神、一张喜悦的笑脸都可以对学习者的学习起到很大的促进作用，在网络教学中，这种情感交流有所缺失，但仍要继续，要想法弥补，一方面通过其他方式进行情感交流，如鼓励学生通过电子邮件与教师进行文字交流，教师还可制作一些电子奖状及贺卡等奖励进步的学生。另一方面要针对不同的学习情况进行面对面个别辅导，及时给予鼓励，增加学习的乐趣，让学习者在学习中得到一些情感的满足。此外，利用一些符合大学生情感需求并能引起情感共鸣的影视资料丰富情感交流的内容，激发个性化的情感交流，并能补偿在网络教室里师生之间的部分情感交流缺失。新《课程要求》提出既“要体现学生在教学过程中的主体地位”，也要注重“教师在教学过程中的主导作用”。因此，教师应积极参与到学生学习的各个环节中，让学生在各个环节的学习中都能感受到教师的指导和人文关怀，以防止在网络化教学中教师与学生的情感脱节。

4.6　建立分级、分类的个性化资料库

教师可以上传资料到知识库，并对知识库中的知识进行分类（阅读材料按作品类型、作品的历史时期、作家、长度、难度等分类，测试题按按认知能力、难度等分类），让学生灵活选择，调动他们的学习积极性。知识库包括：阅读文章库和测试题库。对于基础扎实、反应灵活的学生，网络课件应提供较高水准的学习，教师可以安排大容量的信息供其消化吸收，出难度大些的题目，提高其运用知识的能力。而有的学生学习能力差，接受速度慢，不宜进行大容量、高速度的练习。对学习能力差学生，教师不仅要指导他们选择难度适中的练习内容，还需要发挥课件的辅导功能，帮助提高练习速度和效果。此外，网络上信息非常丰富，容量特别大，学生由于自身知识水平的限制，不能较迅速地进行归纳概括，难以使所学的知识形成体系。教师就要充分体现主导作用，或是启发学生交流讨论，或是进行示范性概括，或是在课件中列出要点，然后再让学生总结，建构相关的知识体系。

4.7　建立个性化学习的协作学习环境

因材施教、个性化学习是建立在个别学习的基础上的，但个别学习并不是一种孤立的学习。在学习中除了需要有个别学习的环境外，还需要有一个协作学习的环境。网络的快捷方便的通信功能为基于网络的协作学习提供了极好的技术支持，并提供了多种交流方式：实时视频交互、Email、BBS 讨论、Netmeeting 实时讨论等。学生在学习过程中可加入讨论和交流经验，在学习中创造一个良好的商讨环境,学生可以各抒己见,共同提高。

知识是个体与他人经由协商并达成一致的社会构建,个体主动建构知识不代表可以任意建构,需要经过人际交往的社会过程才能转化为有可能的客观知识,这一过程不可避免地受到社会文化因素的影响。知识的建构是需要借助教师的帮助、情景的配合,通过同学之间合作、讨论、交流、互动和必要的信息资源的主动建构。因此,知识的传递已不局限于师生之间的互动,而是推延至学生之间的互动,新旧知识和经验的互动。学生应当相互交流,取长补短,教师也参与其中,适时启发学生,使学生在互相促进中共同提高,逐步提高符合个性发展的英语学习能力。

4.8 建立个性化的学习者模型与成功者案例

教师在教学中要注意"成功学习者与不成功学习者在策略使用方面的差异"(文秋芳,1995)。实现个性化教学的关键是发现学习者在学习中的个体差异,提供适应个体需要的学习策略。发现学习者的个体差异在计算机辅助教学中就是要建立学习者的学习模型,在此基础上建立相应的教学模型,这是实施个性化教学的重要手段。可以通过网络交互技术记录学习者的学习信息,将收集的学习信息作为学习者的个人学习档案保存下来,可作为向学习者提供学习帮助和学习策略的依据。将学习者的个人信息、学习者在学习过程中的学习信息及学习结果信息、学习评价信息记录下来,建立学习者的个性化学习档案,为因材施教、个性化学习提供依据。

建立成功者案例可以让学生根据自己的兴趣选择喜欢的案例,获得更加生动形象、贴切逼真的成功学习经验。优秀英语学习者案例可以从以下几方面进行分类:① 学习经验总结;② 英语学习观念;③ 英语学习动机、兴趣、毅力等;④ 英语词汇学习;⑤ 听说读写综合;⑥ 优秀者经验集锦(PPT,录像等)。

5 结语

本文主要研究应用多媒体网络的交互技术对学习者的学习进行个别分析,从个性化学习的特征和网络学习环境的特征提出了基于网络和计算机环境的个性化教学策略——对学生英语学习进行个性化诊断、个性化学习过程监控、个性化信息反馈、个性化评价、个性化情感交流、建立分级、分类的个性化资料库、建立个性化学习的协作学习环境、建立个性化的学习者模型与成功者案例,实现基于计算机和网络的个性化教学。

参考文献

[1] Benson, P. Teaching and Researching Autonomy in Language Learning [M]. Harlow: Pearson Education, 2001.
[2] Brown, H. D. Principles of Language Learning and Teaching[M]. New Jersey: Prentice Hall, 1987.
[3] Coleman D. Emotional Intelligence[M]. New York: Mentor, 1995.
[4] Pemberton, R. Taking Control: Autonomy in Language Learning et al. (eds.). Hong Kong: Hong Kong University Press, 1996.
[5] 教育部高等教育司. 大学英语课程要求[M]. 上海:上海外语教育出版社,2007.
[6] 庞维国. 自主学习:学与教的原理和策略[M]. 上海:华东师范大学出版社,2003.
[7] 秦晓晴. 大学生外语学习归因倾向及其对归因现象的理解[J]. 现代外语,2005(1).
[8] 宋丽丽. 一种推动自主学习的英语课堂教学新模式——清华大学试点班教学报告[J]. 清华大学教育研究,2002(增1).
[9] 谭红. 浅谈大学生英语学习自主中教师的角色[J]. 四川外语学院学报,2001(3).
[10] 王初明. 外语学习的认知和情感需要[J]. 外语界,1991(4).
[11] 文秋芳. 英语学习成功者与不成功者的方法上的差异[J]. 外语教学与研究,1995(3).
[12] 徐锦芬. 大学外语自主学习理论与实践[M]. 北京:中国社会科学出版社,2007.
[13] 赵玲洁,温素云. 语言学习风格与因"风"施教[J]. 石家庄职业技术学院学报,2008(6).

作者简介:吴雪颖,博士,上海大学外国语学院副教授。研究方向:西方修辞学,英语教学法。
李泳涛,上海大学外国语学院讲师。研究方向:英语教学法。

改革英语教学模式
提升英语教学效率

熊汝琴

摘　要：本文重点论述我国英语教学的现状和所面临的问题，针对问题进行分析，提出相应对策及转变观念的必要性，以期传统与现代的双轨模式能够对提升英语教学效率有所帮助。

关键词：英语教学　转变观念　双轨模式

在成功举办 2008 年奥运会和 2010 年上海世博会之后，我国又掀起了比以往任何时候都要高涨的外国语学习热潮，外国语教育再次成为全社会关注的热点问题。在全面推进我国外国语教育，特别是英语课程教学改革之际，我们极有必要借鉴国内外成功经验，为我所知，为我所用。中国加入世界贸易组织，必然对我国国民素质提出了更高的要求，学好外语，特别是学好英语是其中最重要的一项素质。掌握一门乃至几门外语，才能使我们更广泛地参与国际分工和合作。据报道，我国进入世界贸易组织最需要的人才之一就是英语人才，尤其是既懂专业、又精通英语的专业人才。作为素质教育基石的基础英语教育质量的高低直接关系到对高素质的英语人才的培养。20 世纪 90 年代以来，以课程与教材为核心的英语课程改革从理论上、实践上为英语教育全面实施素质教育打下了一个良好的基础，其成效有目共睹。但总体上说，我国英语教学质量仍落后于形势发展，英语教师专业水平和教学水平较低，教学评价标准单一，教学技术和教学手段相对落后："哑巴英语"、"聋子英语"既费时又低效。如何改革英语教学模式，提升英语教学效率，以笔者的观点，主要可采取以下几个

方面来进行:

1 在中小学中实施双语教育

近十年来,我国发达地区如北京、上海、广州、深圳等地进行了一些双语教育实验(主要是在幼儿园和小学中进行汉语、英语教学),现已形成一定规模并产生一定的影响,受到社会各界关注。实践证明,它较好地解决了我国传统英语教学模式缺乏语言环境的状况,为培养英语人才提供了一个很好的成长平台。发达地区开展的双语教育实验也存在许多不足,实践告诉我们,要积极推进双语教育,关键是要解决好如下几个问题:一是加强对国外双语教育理论的研究,借鉴国外有益的经验指导实践,并逐步形成具有中国特色的双语教学理论;二是加强宏观指导,解决目标定位、评估标准以及后续性等问题;三是进一步扩大双语教育的范围,在有条件的地区和学校的高中部分科目实施双语教育;四是汇集各类专家、教师编写高质量的、适合各种层次的教材。这才能对我们从小对学生进行英语教育,为他们将来的英语学习和应用打下了坚实的基础。

2 努力提升英语教师综合素质

国外英语教师的教育采取开放模式,重视知识扩展和能力,尤其是教育、教学、科研以及其他学科的综合性培养,培养了具有终身学习能力的英语教师队伍。目前,我国英语师资队伍比较薄弱,就学历而言属所有学科中较低的,小学英语教师素质尤其令人担忧。要提升英语教师素质,一是开放师范教育体系,让更多的学校参与教师英语教育行列,以竞争促质量;二是改革教育模式,双语教育的发展对传统的英语教师教育模式提出的挑战,学科加英语的教育应成为今后英语教师的一种新的模式,同时传统的培养模式应设置更多的以培养实际综合应用能力为主的课程;三是要抓好英语教师全员培训和继续教育,建立各级英语骨干教师培训基地,培养骨干教师;四是选派骨干教师出国进修学习,成为专家型教师。通过教师教育和培养,帮助教师更新观念和知识结构,提升综合素质,促使其形成终身学习的意识,进而提升育人能力。

3 创造条件大力营造英语氛围

缺乏英语学习氛围是目前我国英语"费时较多,收效较低"的根本原因之一。如果不改变这一状况,培养具有高素质的语言能力和文化能力的英语人才将是一句空话。国外学生虽然学习英语时间远远不如中国学生,但其语言能力和掌握的英语单词数量远胜我国学生,其最重要的原因是他们具有很好的语言环境,可以最大限度地使用英语。充分利用现代网络技术,为英语语言学习营造良好的氛围,实现英语教学立体化,应是改革我国基础英语教学工作的当务之急。一是真正把计算机辅助语言教学(CALL)引入课堂,开展多媒体与网络英语教学,通过 Internet 与 E-mail 可以更广泛地开展起真实的思想及语言交流活动,鼓励学生与境外人士进行交流;二是汇集英语教育专家、网络人才开发高质量的教育软件和英语学习课程;三是发挥各种传媒,如广播、电视、报纸的作用,比如说充分运用"疯狂英语"的教学传播方式,不断的让学生有机会运用英语,使用英语,给学生创造良好的英语语言环境。

4 改革评估体系,教给方法,培养兴趣

4.1 改革评估体系

与国外先进的评估体系相比,我国目前英语评价的不足表现在:评价标准、目的、内容、方法、形式单一。评价只有一种目的,选拨学生;评价只有考试一种形式,没有包括非考试评价;评价只有教师一方参与,没有学生评价的权利。评价只关注一个点,一般只是关注结果,而不关心学习的过程和兴趣。改革英语教学评估体系,一是评价标准多元化,评价方法和手段多样化;二是坚持形成性评价与终结性评价并重,期中、期末考试或考查与平时课内外学习行为和能力的评价相结合;三是英语听力、英语口试与英语笔试相结合;四是让学生成为评价的主体,学生相互评价和自我评价相结合。另外,从当前的英语教学的形势和发展来看,随着我国改革开放的不断深入,英语教学经历了一个教育理念不断更新、教学内容不断丰富、教育方式和形式不断改进、教学硬件条件和软件条件和教育环境不断优化的过程。如在大学英语四、

六级考试中，尽管评价褒贬不一，但用人单位与之挂钩，不少大学的学位授予与国家英语四、六级考试挂钩，使得大学英语成了各界关注的热点。教育部制定并修改了大学英语教学大纲，2004 年初又颁发了《大学英语课程教学要求》(以下简称《课程要求》)，全国 180 所重点高校又开始了新的一轮的大学英语教学改革(刘道义、龚亚夫，2001)。在这一轮的教学改革中，教育部提出了从三个方面改革大学英语的总体思路：第一是修改现有的大学英语教学大纲，制定新的大学英语课程教学要求，将原来的以阅读理解为主转变到以听说为主、全面提高综合能力上来。第二是改革现在的教学模式，将教师、课本、粉笔、黑板与老师讲、学生听的模式改变为以计算机(网络)、教学软件、课堂综合运用为主的个性化、主动式学习的模式上来。第三是改革大学英语四、六级考试等大学教学评价体系。这三个方面的改革都是围绕着一个总目标，即全面提高大学生的英语综合应用能力，使我国的大学生在大学毕业时能基本听懂英文广播、能进行一般简单的英语交流和具备一定程度的写作与翻译能力(吕良环，2001)。

比较国外的英语教育改革和我国的大学英语教学改革，有几点共同之处：

(1) 重视学生的个性发展。只有重视个性的发展，才能培养人的创造力。调动学生的主动性和积极性，强调学生的责任感，体现“学生为中心”的思想。

(2) 重视现代教育技术的运用，强调教育内容和手段的现代化。现代教育技术，包括多媒体、互联网，成了重要的教学辅助手段。

(3) 改变传统的教学模式。采用折中教学法(eclecticism)，根据不同的教学环境对不同的方法进行择优选用，将不同的教学方法有机结合，以满足学生不同的需要和适应不同的教学活动。

4.2 教给系统的学习方法

同时，我们也要积极贯彻《国家中长期教育改革和发展规划纲要(2010—2020)》，强调学生基本功培养，提高英语综合能力。2002 年新一轮的教改以来，采用听说为主的“计算机和课堂”教学新模式后，学生的听说能力增强了，自信心提高了，许多学生开口说话了。但是就学生综合英语的运用能力如何提高、如何发展、如何培养的问题，仍然一直是深深困扰我们广大英语教师的问题。

虽然俗话说，成人不自在，自在不成人，有系统的学习方法是大众所适用的，毕竟有多少人因此而事半功倍。笔者将在英语教学中的方法总结如下：

(1) 学好英语要努力勤奋，要每天学习单词和语法，因为英语水平高低好比一座楼房，语法是盖楼房的砖瓦，而单词就是装饰楼房的装饰品。

(2) 学好英语离不开听说读写，每天都要朗读英语，每天都要跟读英语磁带，每天都要在生活当中运用英语，每天都要用英语写日记。

(3) 还有一个就是环境，可以找一些有外国人的英语角或者英语沙龙，去那里对话，锻炼自己的发音、胆量与自信，感受说英语的那个氛围。

总之，学好英语就是一句话：多说多听多写多练多背多用。如何学英语，为什么要在学习英语中强调兴趣的重要性？要想学好英语，或者换句话说，要想轻松的、事半功倍的学习英语，兴趣是必不可少的。学语言是一件艰苦的事，需要良好的耐心和毅力，这就需要兴趣为我们提供源源不断的动力来源。那么，怎样才能让学生对英语学习产生极大的兴趣呢？

4.3　培养学习兴趣

在众多的英语学习者中，可能有一部分在课堂中系统学习英语之前就对英语产生了浓厚的兴趣，致使他们在初学英语时能够富有激情，觉得这是件很开心的事。试想一下，以这种心态去学习，怎么会学不好呢？

人的兴趣和爱好与人的性格、成长环境以及遗传因素等方面是息息相关的。但兴趣也是可以后天培养。在学习英语前，以及学习英语的过程中直至今天的兴趣和爱好，这也许能说明为什么学习者会喜欢学习英语，对大家培养学习英语的兴趣可能会有些启发。

(1) 电影对促进学习英语的作用。国内几乎家家都有 DVD 播放机，看电影的时候也时常会听懂几句甚至几段，看完每部电影还会抄下电影英文名和主要演员的名字。当时听英文歌，看英文电影虽然听不懂多少，对词汇和语法知识的增长也不会有太多的促进作用，但在这种过程中，潜移默化地提高了学习者对英语发音、语调的认识，不断的鼓励，抓紧时间多学些英语知识。这里要特别指出一点，我们在选择听或看的内容时，一定要紧跟时代的脉搏，选择那些当年或近两年的音乐和电影作品。过于久远的作品会使人感到沉闷，其各方面的表现手段、效果与感染力也比较差，当然也有一些经典老歌和电影值得我们去回味。我们可以利用 Billboard 和北美电影排行榜来选择看和听的内容。

(2) 电脑和网络对学习英语的影响。电脑与网络的发展也为我们学习英语创造了极为便利的条件。比如，对电脑接触的越多，就越能发现自己的词汇量不足，激励我们多学新的单词；利用互联网可以远隔重洋交英语国家的朋友，利用网络语音视频聊天，发电子邮件交笔友等等；我们还可以去国内外英语学习网站或论坛搜集学习资料，交流心得；利用网络可以很容易下载最新的英文歌曲和电影、连续剧等，比如利用 BT 或 Emule 等 P2P 软件。

当然，身边总会看到有很多人刻苦学习英语，在英语学习上花费了大量的时间、精力和金钱，但收效微乎其微。他们学习 4 个小时的东西可能有的学习者半个小时就可以掌握了。还有很多人由于屡战屡败，最终发誓再也不学英语了。由于在初学英语的时候没有专门培养对英语的兴趣和掌握良好的学习方法，导致他们的学习效率低下。做不喜欢做的事，当然无法做好。即使做好了，也要花费相当的时间和精力，觉得这是一种浪费。

教师对英语初学者的启蒙和指导作用是多么重要。可能教师无意中对某方面教学的忽略，会导致很多学生逐渐丧失学习英语的兴趣和动力。客观地说，我国的英语教育事业，特别是英语的基础教育近年来有了很大的发展和变革，涌现了许许多多好的英语一线教师。但是我们也不得不承认，由于我国经济社会发展的不平衡，这些教师大多数存在于省级重点学校和东南沿海发达地区的学校中，对于大多数普通学校，这种教师数量有限，而且正在不断流失。在这种情况下，要求英语学习者不能仅靠教师的传授，更需要自己在学习英语的过程中不断摸索，找到正确的学习方法。

学习是一项艰苦的劳动,学习语言更是难上加难。为什么这么说呢?就拿我们学习母语汉语的过程来说,我们在出生几个月后,就开始了牙牙学语,周围环境的影响对语言学习至关重要。我们在会写汉语前就已经可以非常熟练地运用汉语来表达自己的观点了,而且我们没系统学习过语法就可以出口成章了,在学习汉语的时候也从来没有做过这么多单项选择题。随着我们在幼儿园、小学、中学、大学中对汉语知识科学系统的学习,使我们使用汉语更加熟练和规范,可以更清晰准确地表达自己和倾听别人。同时,我们的阅读和写作的能力也达到了一个较高的程度。从开始学习到熟练运用汉语,大概需要十几年的时间,在这个阶段里的每一天,我们都在使用它,学汉语时使用汉语,学其它学科也是用汉语,从而使我们的语言能力在学习和使用中不断进步。

总之,学习英语不是一朝一夕的事,更不是仅仅在课堂上学习。我们要在生活中时时刻刻留意着英语。多看些国际新闻,多了解发生在世界各地的形形色色的奇闻轶事,即使是通过汉语来了解这些,对我们学习英语仍然会有所帮助。

也许有人会问,怎样做才算在生活中留意英语了呢?其实我们可以从留意各种英文缩写开始。比如,我们去银行,可以看到ICBC(Industrial and Commercial Bank of China);去吃快餐,可以看到 KFC(Kentucky Fried Chicken);去保险公司,可以看到PICC(People's Insurance Corporation of China);看新闻可以经常听到 OPEC(Organization of Petroleum Exporting Countries)、APEC(The Asia-Pacific Economic Cooperation)、WHO(World Health Organization)、WTO(World Trade Organization)、UNESO(United Nation Education and Science Organization)等等。用电脑,更会遇到很多英文,比如 PC(Personal Computer)、CD-ROM(Compact Disk Read Only Memory)、IE(Internet Explorer)、HTTP(Hyper-Text Transfer Protocol)等等。使用数码相机会经常看到 AE(Automatic Exposure)、AF(Automatic Focus)等。

生活中我们接触英语的机会很多很多,关键看我们能否细心。在生活中发现英语,在生活中巩固英语,把英语学习贯穿于每时每刻。换句话说,英语的学习过程不是整块地拿起,而是一粒粒地拾起，通过不断的积累，就会达到“积沙成塔”的目的。

参考文献

[1] 刘道义，龚亚夫. 中国学校英语教育的发展[J]. 中小学英语教学，2001(1).
[2] 吕良环. 双语教学探析[J]. 全球教育展望，2001(4).
[3] 龚亚夫. 我国现代英语教学的现状和关于英语教学评价的几点想法[C]. 人教网.

作者简介：熊汝琴，上海大学外国语学院副教授，硕士生导师。研究方向：口译、英语教学法。

“信息差”任务在英语阅读中的教学设计

徐姗姗

摘　要：上海大学英语专业一年级某班阅读课堂上，在进入正式阅读学习前的15分钟内，教师巧妙地用了交际教学法重要特征之一的“信息差”设计了与阅读相关的活动，自然地将阅读、写作、对话与听力练习结合起来，有效激发了学生学习兴趣，收到了良好的教学效果。通过对这一活动在阅读课堂中的优势进行评析，明确了在教学设计中如何运用“信息差”任务帮助学生进行意义建构从而达到二语习得的目的。

关键词：“信息差”任务；交际教学法；教学设计；二语习得

1　“信息差”任务概述

本文所说“信息差”是指在真实的言语交流中交际双方所掌握信息的差距或不对等。在交际的过程中，往往会出现发话人所发出的言语信息与受话人所接受到的言语信息不等值这一现象（王德春，1989）。正是因为双方掌握信息的不同而自然地产生了交际的必要性：双方通过不断弥补信息差而使对话一直进行下去直至达到一定的信息平衡。学生的交际能力也因此得到了发展。在英语课堂教学中，教师向不同组的学生提供不同片段的信息，学生通过会话交际交流信息填补彼此的信息差以完成教师设计的特定任务。

2 "信息差"任务的理论基础

首先,设计包含"信息差"的任务是交际教学法(CLT)的一项重要原则。交际教学法的教学理念和指导原则是:学习英语的目的是为了交际;强调通过设计各种交际活动对学生的听说读写能力进行同步培养以发展其语言交际能力,即能够在真实语境下准确恰当的使用英语自由表达思想的能力。在交际教学法中,交际活动的设计是重中之重。Harmer(2003)认为,教师所设计的交际活动必须能够使学生产生交际的愿望和交际的目的,否则就不算是真正意义上的交际活动。而真实的言语交流的核心特点便是交际双方存在着信息差。因此,课堂上交际活动的设计离不开教师有意为之的信息差的创造,即学生在进行交际活动时,掌握的信息是有差距的不对等的。

其次,"信息差"任务使学生在交际环境下接收大量语言输入并同时进行有意义的语言输出从而自然地习得英语。根据 S. Krashen 的输入假说,大量可理解的语言输入是二语习得的必要条件,也就是说,为了达到二语的习得,输入的语言材料的水平应该仅稍高于学习者目前的语言水平,如果仅仅等同于学习者目前的水平或大大超过学习者目前的语言水平,语言输入对二语习得就不具有意义。如果将学习者目前水平定义为"i",可理解的语言输入就应该位于"i+1"的水平,即学习者语言发展的下一个阶段。M. Long"互动假说"进一步强调了语言输入只有通过意义的协商才能对二语习得产生最好的效果。

具体到英语课堂教学中,教师要为学生提供大量适合其语言发展水平的学习材料,并利用"信息差"设计各种交际任务使学生专注于通过意义的协商达到意义建构,即在完成任务的过程中将语言输入内化到自身的语言知识中。

Swain 的"可理解输出假说"同样肯定语言输入至关重要的作用,但同时认为单纯的语言输入对达到二语习得的目的是不充分的,二语习得的有效实现离不开学习者在有意义的交流环境中对语言的实际使用。因为在接受语言输入时,学习者的注意力往往集中在语言意义的解码上,而忽略了语言的形式,如词法、句法、篇章组织结构等;而在主动进行语言输出时,学习者不得不将注意力转向表达语言意义的语言形式，因而能够更加有效地达到对语言结构的习得。在"信息差"任务中，学生的听说读写能力同时得到锻炼，在接受语言输入的同时也在有意义的真实交际语境下进行语言输出，从而很好的达到了二语的习得效果。

再者，"信息差"任务激发学生兴趣、有效降低焦虑感。Krashen 的"情感过滤假设"认为二语习得学习者的学习结果在很大程度上受焦虑感、自信心、学习动机等情感因素的影响。信息差任务教学从信息交流的角度去促进语言形式的掌握（王松美，2003），因此能够有效激发学生对在交际中传递信息表达思想的兴趣，并通过会话等合作学习的方式降低了学生学习中的焦虑程度，缓和学生紧张情绪，增强自信心。所有这些都能够有效地激发学生对于学习的内在性动机（intrinsic motivation），即学习目标语的"内在兴趣"，从而发挥学习主动性。而如果缺乏这种"内在兴趣"，那么无论是"融入性动力"，还是"工具性动力"，都很难有效地发挥积极作用（蒋祖康，1999）。

3 "信息差"任务的设计

作为激发学生学习兴趣的有效手段，"信息差"任务的设计对英语阅读课堂教学具有重要意义。下面以笔者观察到的信息差活动为例讨论教师如何在遵循教学设计原理的条件下合理有效地设计"信息差"任务使之服务于学生的意义建构从而达到二语习得的目的。

笔者观察到的"信息差"任务进行过程具体如下：

（1）教师将学生分成两个大组，将两篇不同的文章发给不同组的学生。

（2）学生读完文章并写摘要（时间限制：5 分钟，要求学生下次上课时将摘要交给老师，即给学生留了充足的对摘要进行修改的时间）。

（3）将文章收回，将学生重新组合，两人一组活动，两人来自不同的大组，根据所写摘要以对话形式对文章进行相互复述，听的同学可向复述的同学提问以获取更多信息。期间，教师走到学生中间，监督他们的讨论，回答他们的疑难问题，必要的时候还可以纠正他们的语言输出错误（时间限制：5 分钟）。

(4) 教师对两篇文章的内容进行提问，由所阅读不同文章组的学生来回答(时间限制：5分钟)。

最后，教师适当解释普遍存在的重点难点，从而能够加深学生的印象，帮助他们更好地理解。

根据由皮亚杰认知发展论等发展而来的当代认知学习理论，英语教学设计的内容应包括：① 分析学习者特征；② 确定教学目标；③ 制定教学策略；④ 进行学习评价。

下面分别依据以上标准对“信息差”任务的设计进行分析：

3.1 分析学习者特征，即对所授课班级学生的基本情况进行分析

这是笔者直接的课堂观察所看不到的部分，但从整个活动进行的情况和听课后对教师和学生的访谈来看，教师在进入课堂之前，通过平时观察、听取其他任课教师对该班学生评价、参考已经过去的教学周中在本课程教学中学生表现情况等方式对学生所处语言水平、心理特点和认知特点有很好的了解。所选取的两篇文章的题名分别为“Intelligence”和“Failure”，从学生阅读的完成情况来看，大部分同学都能在规定时间内完成对文章的阅读，说明所选文章适合本班学生目前的阅读速度；从学生所写的摘要来看，大部分学生都能够实现较为顺畅地阅读并掌握文章大意，说明这两篇文章适合本班学生目前的语言知识水平，并具有一定挑战性，有利于促使学生学习潜能，向语言发展的下一阶段即“i+1”靠近；学生普遍表现出较强的兴趣，能够积极参与到活动中来，说明文章较好的符合了学生的心理特点和认知特点。

此外，应该纳入分析范围的还包括在学生阅读前，教师对文章的介绍引入部分采用某些方式为学生接下来的阅读做适当的准备。如可通过给出少量词汇对文章生词量进行控制，带领全班回顾上次课学习的阅读技巧等，又如向学生介绍要读的文章的题目，或让学生通过文章的标题和插图等预测文章的主要内容。也可以全班一起阅读文章的前一、两段含背景知识或概括性信息的段落(王松美，2003)。这样做的目的是使学生在阅读前具备一定的与所阅读的文章相关的语言知识(这里指词汇，在一定程度上减轻了生词的障碍)和文化背景知识，而这些知识对阅读理解能力的提高是具有相当的意义。因为目前较能为大多数人所接受

的有关阅读行为的观点是：阅读活动是一种多种因素作用、多向交流与反应的复杂解码过程（束定芳、庄智象，2008）。这里的“多种因素”就包括学习者具备的与所阅读文章相关的语言知识和背景知识，经过教师对文章的介绍引入，学生对文章的“复杂解码过程”的难度会有所降低，从而有利于阅读理解能力的提高。

3.2　确定教学目标

教师在设计“信息差”任务时，应对此任务预期达到的目标有清晰的认识，并制定相应的教学策略。一般来说，信息差任务预期达到的目标应为：使学生在具有真实言语交流语境的信息交际活动中听说读写能力均能得到锻炼从而达到英语的习得。而就阅读课堂上的信息差任务而言，更应注重对影响阅读理解能力的词汇自动识别能力，句法、篇章组织结构分析能力等的锻炼；注重对语篇修辞原则和人际交际修辞规则方面的知识、文化背景知识等的培养。在笔者观察到的信息差任务中，阅读后写摘要以及复述活动使学生在语言输出过程中专注于语言形式如句法、篇章组织结构，以及语篇修辞原则和人际交际修辞规则，从而有效地锻炼了学生这些方面的能力。

3.3　制定教学策略，即确定任务实施的基本步骤

笔者观察到的信息差任务很好的体现了建构主义学习理论的核心理念：作为学习即获取知识的主体，学生通过借助他人（教师和学习伙伴）帮助，在自己原有的知识经验的基础上积极主动地对新的信息（新的知识）进行加工处理，达成对新信息的意义建构即成功获得新的知识。具体到英语的课堂教学上，不应是过去以教师为中心，教学重点在语言的形式而非意义的局面，教师再怎样详细的讲解也代替不了学生在学习过程中主动的意义建构。因此应以学生为中心，将教学重点放在语言的功能或意义上，学生是学习过程的主体，教师的作用仅在于为学生选择合适的学习材料，搭建理想的学习环境，并在教学过程中给予正确的引导、积极的帮助、及时适当的鼓励与反馈，使学生的学习朝着有利于对新知识的意义建构的方向发展。

3.3.1　选择合适的学习材料

在为此任务选择阅读文章时，教师脱离了书本教材的限制，选取适合学生实际语言水平、紧贴时代步伐，包含学生普遍比较

感兴趣话题的文章，并随着学生语言水平的逐步提高逐渐使选取文章的内容多元化、题材多样化。从而有效地扩大学生阅读视野，积累对不同题材体裁文章的阅读经验，扩大文化背景知识，从而有效提高了学生阅读理解能力。

3.3.2　构建理想的学习环境

能够使学生成功达到意义建构的理想的学习环境包括情境、协作、会话和意义建构四个要素。这四个要素在此任务中得到了很好的贯穿。

首先，情境是意义建构的基本条件，就英语学习而言，能够最好地促使学生达到英语习得的情境必须通过构建尽可能接近真实的言语交流语境使学生自然而然地关注于意义并在交际过程中的进行意义协商从而达到对意义的建构。当学生专注于意义建构时，英语习得是自然而然的事情，即在交际中“无意识”地习得英语。在此任务中，因学生阅读不同内容的文章而产生的信息差满足了以上条件，从而为英语学习创设了很好的情境，成功地激发了学生的学习兴趣，使学生积极的参与到任务中来。其次，师生、生生之间的协作与对话是意义建构的核心环境。此任务中两人一组的相互复述练习通过合作学习的形式实现了生生之间的协作与对话。从学生进行这一练习的情况来看，大部分学生无论是在自己复述文章大意时还是在听对方复述时都能够做到全身心的投入。在相互复述时，说的一方专注于语言形式以求最好地表达自己的思想，听的一方专注于语言的意义，同时双方因意义协商的需要自然地进行互动调整，有效地达到了信息的相对平衡，实现了意义的建构。同时，教师在学生座位附近不时走动实现师生之间的协作与会话：一方面可以对学生进行监控，另一方面在学生出现困难时可以及时给与帮助。这一练习的整个过程都服务于学生的意义建构，无疑对英语习得是非常有益的。最后，意义建构是学习的目的。在满足了情境、写作、会话这三个要素的前提下，意义的建构是必然的结果。

3.4　教师对学生完成任务情况的检测和反馈

此信息差任务的最后一个活动：教师对两篇文章的内容进行提问，由所阅读不同文章组的学生来回答，即是贯穿了这一设计原理。首先，教师对学生完成任务情况的检测为教师下一次信息差任务的设计提供了依据和参考。另外,教师通过检查学生对问题的回答情况与学生进行直接的对话交流,对学生良好的表现应及时给予赞扬,增强学生自信心,同时对学生出现的语言错误要适当的处理。在笔者观察的课堂中,教师对于学生口头回答问题时出现的语用偏误没有进行及时的纠正,但对于学生交上来的摘要进行了认真的批改,对摘要的内容及语言形式都进行了反馈,既关注了学生对文章的理解程度及继而进行语言输出的能力,又关注了学生语言形式的准确性。至于这种反馈的方式具体是否有利于学生的英语习得和阅读理解能力的提高还有待于实证研究的验证。

4 结语

信息差任务模拟了真实的言语交流语境,能够使学生产生交际的意愿和交际的目的,因此是真正意义上的交际活动,它的采用对学生积极主动的意义建构从而习得语言具有重大意义。但因学生具有个体差异,如语言学习观念、情感状态、性格和认知风格、学习动机等,教师要对此充分考虑并对信息差进行灵活掌控。如性格外向或场依存的学生倾向于合作学习,对参与复述活动的热情较高;而性格内向或场独立的学生更倾向于独立的学习,对参与复述活动的积极性不高。对这些学生,教师一方面要引导他们树立正确的语言学习观念,多给予鼓励,提高其自信心,帮助他们认识到此活动的意义,使其积极主动地投入进来;另一方面教师也要适当尊重学生的语言学习观念,因为教师认为行之有效的活动可能得不到有些学生的认同,因此如果某项活动进行不顺畅,学生参与度不高,效果不理想,教师就要灵活的改变活动形式,以适应学生的要求。如果强行加以实施,只能引起学生的反感情绪,导致语言习得的失败。此外,在整个信息差任务中是以学生为中心,依赖于学生的参与,因而往往忽略了教师在整个过程中对学生的监控与指导,以及对学生任务完成情况的及时反馈。这也是对教师提出了很高的要求,要求教师不断的与时俱进,提高自身理论与教学水平。

参考文献

[1] 王德春,陈晨. 现代修辞学[M]. 南昌:江西教育出版社,1989:454.

[2] Hamer. The Practice of English Language Teaching (3rd edition) [M] London: Longman Group UK Limited, 2003: 271.

[3] 王松美. 论外语教学课堂中信息差任务的原理与设计 [J]. 山东外语教学,2003, (3).

[4] 蒋祖康. 第二语言习得研究 [M]. 北京: 外语教学与研究出版社,1999: 147.

[5] 束定芳、庄智象. 现代外语教学——理论、实践与方法(修订版)[M]. 上海: 上海外语教育出版社,2008: 117.

作者简介: 徐姗姗,上海大学外国语学院硕士研究生。研究方向: 认知语言学和应用语言学。

跨文化交际能力视野下的英语演讲教学

虞怡达

摘　要：在全球化的背景下，在跨文化交际能力被热议和急需的情况下，英语演讲教学在激励对本族文化反思、传播和对多元文化理解、宽容的作用方面有着不容忽视的价值。本文结合对跨文化交际能力的理解，分析了学生在演讲中出现的问题，并提出相应的训练方法，是以论证关注并解决这些问题有助于培养学生的跨文化交际能力。

关键词：英语演讲；跨文化交际能力

1　背景

21世纪是全球化的世纪，各国之间的经济、政治及文化往来日趋频繁，在这一国际化的大背景下，中国的发展需要更多兼具扎实的专业知识和一定的跨文化沟通能力的人才，从而在将丰富的信息与机遇引人中国的过程中，向世界展示中国。外语教学不可回避地必须担起重任，最新版《大学英语课程教学要求》和《高等学校英语专业英语教学大纲》中都明确提出"注重培养跨文化交流能力"的教学目标。以此课程目标为依托，很多高校已将该能力的培养纳入到语言教学中。但目前，我国外语教学的现状与这一培养目标仍有差距。最普遍的做法是在语言技能培养的同时进行目的语文化的导入或开设相关文化知识选修课。但是这种将文化与语言教学叠加的方法未能取得较好的效果，而将文化知识和语言技能的有机结合提高跨文化交流能力才是我们急需解决的问题(杨盈、庄恩平,2007)。

2 英语演讲教学与跨文化交际能力

庄恩平(2007)认为跨文化交际能力即能以得体的语言表达、有效的沟通方式,在实际的工作中完成具体任务的能力。许力生(2011：134)指出跨文化能力不只是克服交际困难与障碍的更好途径,而且要突破特定文化给交际设定的程式和范围,使交际双方既能充分发出属于自己文化的声音,又能最大限度地相互接近和理解,以获得真正意义上的沟通,使人类交往达到更高境界。许力生(2011)还指出跨文化能力的培养也有文化的"跨越"和"超越"两个层面,前者的焦点是对具体目的语文化的理解和相关交际能力的提高,而后者的焦点是获得一般的、整体意义上的文化意识以及反思的、宽容的态度(高一虹,2002：28—29)。

英语演讲的"公众性"本质表明它应该是一门社会交际性较强的课程,涉及课堂与社会的联接和延伸,应贯穿于学生对未来职业规划准备的过程(陈朗,2010：57)。英语演讲课通过将英语语言操练与演讲技巧训练的有机结合,使学生的英语语言水平、知识习得能力、文化修养、心理素质、思维能力和审美能力等都能得到循序渐进的提高。在当今全球化时代中,演讲通过培养交际过程中的各种语言运用能力,对培养胜任多种语境的复合性人才有着很大的潜势。专家 Stephen E. Lucas 说过：在英语演讲比赛中,选手能这样好地掌握一种语言,不只意味着技术上的熟练——很好地掌握词汇、语音和语法,更表明你可以在商业、政府和教育机构的各种日常交流场合中轻松有效地运用这种语言。

在目前的演讲教学中,我们对"跨越"这个层面强调较多,实为跨文化交际能力的实用主义,后者"超越"应该得到充分重视,培养学生成为善于反思,宽容、包容的人。

3 存在的问题

3.1 思辨和倾听缺席

表达自己和倾听别人是跨文化交际中不可或缺的组成部分。演讲的过程一定是伴随着积极的思维活动的。在演讲之前和演讲之中，演讲者必须深入地思考演讲的话题、内容、观点、例证、结论、方式甚至道具和辅助设备等，在演讲之后的回答问题过程中，演讲者也需要在短时间内思考答案，组织好语言，以最简洁明了的回答反映给观众。而听众在倾听别人演讲的过程同样也是锻炼其思辨能力的过程。他们不是简单地欣赏，而是积极地倾听，以和思辨能力的发展密切相关的"理解性倾听"和"批判性倾听"方式锻炼自己的思维(Lucas,2004)。

黄源深(1998)把大学生为了应付考试拼命背单词语法，大量做习题，自身的思辨和创新能力无形中被削弱的现象称为"思辨缺席"。我们也发现没有经过演讲训练的学生遇到话题时，无法从多角度、多侧面、多层次、多结构去思考，去组织讲稿，因此在演讲中材料单一、想法肤浅、感受朦胧、事理平淡。例如在最近的外研社杯全国大学生英语演讲比赛的选拔中，针对话题"A Word that has changed the World"，大多数学生选材重复，论述无新意。在进行即兴问答时，参赛者由演讲者成为倾听者，面对评委的问题也是措手不及。选题相同的选手在赛后也无交流，更谈不上比赛时候的互相倾听。

3.2 思维差异

东西方思维方式和文化特质比较中(徐飞,2006)列举了33种特质的比较，下表中显示的六项对比在学生的演讲中尤其明显。例如中国学生喜欢说大道理，而不注重从自身、从细节入手；说理时也过分注重自己的感觉和价值观，没有扎实的论据。

西方思维	东方思维
定量 quantitative	定性 qualitative
实证 demonstration	意象 image
侧重事/物 fact-oriented	侧重人 people-oriented
事实判断 fact-based judgment	价值判断 value-based judgment
法/理、情 law/reason、feeling	情、理/法 feeling、reason/law
逻辑 logic thinking	直觉 intuition

要注意的是，演讲培训中不是要求学生从东方思维完全转换

到西方思维，而是要求学生了解两者的差异，根据听众的需求来调整演讲的内容和方式，这是跨文化交流顺利进行的重要因素。

3.3　文化身份

语言是文化身份的外在表征，是文化身份的重要表现手段。我们不得不承认，英语的学习确实影响到了广大学生的文化身份。中国大学英语学习者具有双重文化身份，即母语文化身份和目的语文化身份。中国大学英语学习者对自己的母语文化具有更强烈的认同感，具有较强的母语文化身份意识。然而学习者的外语水平越高，就越容易认同目的语文化，其目的语文化身份就越突显。这就导致了在现实交际、国际交往中屡屡出现“中国文化失语症”。单向导入西方文化，无法满足当今社会对外语人才的需求。在一项调查中显示(郭佳，2011：149)，47.8% 学生认为自己缺乏表达中国文化的相关英语知识。如果中国学者不能用英语向世界讲述中国本土文化，文化对话可能成为自话自说，在世界多元文化格局中听不到来自中国的声音，跨文化交流成为附和其他文化的单向渠道，违背了跨文化交流的初衷。

4　训练方法

对英语专业的学生来说，“跨越”的培养依旧是基本功，否则就无法“超越”；如果不注重“超越”的浸润和渗透，“跨越”的努力也得不到提升。

4.1　内容积累

演讲是否出色的基础，演讲的内容至关重要，而演讲内容不是一味地讲道理，而是需要言之有物，靠引证、数据、例子等来支持所讲的观点，这样才能让观众信服。因此，演讲者需要具备较为广阔的知识面和保持对热点问题的关注。较全面的文化知识素质是跨越阶段的重点。不同的演讲话题可以激发学生对文化、历史、科学、政治、时事、社会等不同领域的认识。

通过语言导入西方文化，这是现在最普遍的做法，依旧要继续。例如通过学习讨论谚语、名人名言来了解西方文化的价值观念、行为准则和行为方式。演讲内容确保多样化，如电影，新闻，跨文化案例，建构学生的预设语块。

文化失语这个问题也获得了越来越多的关注，例如在最近几年的 CCTV 杯(现为外研社杯)全国大学生英语演讲比赛中,对中国传统文化的阐释和新解都是竞赛话题。针对目前英语教学中中国文化缺失的现状,应当加强对学生中国文化意识和中国文化英语表述能力的培养。

4.2 差异意识

不但东西方思维方式和文化特质客观上存在差异,实际上即使同一脉文化下的子文化亦有较大差异。在跨文化交际中,人们下意识地用自己的文化准则和价值观来指导自己的言行和思想,并同时评判他人的言行和思想。上文中提到演讲培训中不是要求学生从东方思维完全转换到西方思维,而是要求学生明白差异存在的必然性,理解对方的思维方式,根据听众的需求来调整演讲的内容和方式,这是跨文化交流顺利进行的重要因素。

在演讲比赛中,即使评分标准相同,中外方评委对参赛选手的评分重点也有所不同。外方评委对音节发音不对、句重音不当特别敏感,对回答问题、即兴演讲内容本身的连贯性比较关注,而把是否切题放在次要位置。中方评委对低级语法错误、单个语音错误给予较大的关注,对选手回答问题、或即兴演讲中文不对题的现象非常反感(文秋芳,2005: 341)。

国外演讲教学通常使用情景训练,例如与具有潜在敌意的听众们进行精神上的相通;面对一群观点分化的观众,如何摆正自己位置,寻找与他们的共同点;危机出现时的沟通等。

要注意的是在内容积累基础上的演讲教学容易产生文化定型或者刻板印象,学生容易误以为这些特征便是事实本身,从而在交际过程中生搬硬套,忽略具体的交际情境和个体。因此教师在点评和提问时应注重设计,从另一种思维角度提问,开拓学生思路,加深跨文化交流意识。中外教合作教学也是未来演讲培训趋势。

4.3 素质训练

跨文化能力远不只是解决某个或某些具体问题的手段,而且还涉及人格的培养和人性的全面实现(许力生,2011: 138)。南京农业大学 2009 级非英语专业学生中做了一份关于英语演讲的问卷调查,共回收 143 份有效问卷。有 78.32% 的人选择了心理素质。

演讲训练时要求学生做自我评价，学生之间做互评，在加上教师点评。自我评价是自我审视、自我批评的过程；而学生互评、教师点评则是师生之间互听意见，思维撞击的过程。这个完整的反思和倾听过程能够帮助学生们克服畏惧感，重塑自信，取长补短，共同进步；最重要的是消除一些强烈的自我意识，更全面地看待自己的思想，开放地面对他人的思想，从而更加包容、更加灵活。

5 结语

潘洞庭(2007：142) 指出："我国跨文化交际研究起步不久，学科体系还有待发展……我们的精力应该较多地放在科学的教学模式的研究上，放在文化的思维模式建构上，放在两语或多语文化对比上，并将我国优秀文化遗产向世界推介。"在跨文化交际频繁的今天，演讲课不再只是一门语言基础课程，也不是专门为演讲比赛选苗子而设，而是要通过演讲练习培养学生思维和心理素质，是以为他们今后的跨文化交际工作和生活打好基础。相应的教学理念和方法也应当成为今后演讲课教学的研究重点。

参考文献

[1] Stephen E. Lucas. The Art of Public Speaking[M]. Foreign Language Teaching and Research Press: Beijing, 2004.

[2] 陈朗. 公众英语演讲课程内容、活动及评估规划—英语专业教学改革新课型探索[J]. 外语研究. 2010(6): 56 - 62.

[3] 高一虹. 跨文化交际能力的培养：跨越与超越[J]. 外语与外语教学. 2002(10): 27 - 31.

[4] 郭佳. 英语专业教学中的中国文化意识培养——一份基于使用《阅读中国》进行文化教学改革的报告[J]. 外语学刊. 2011(3): 148 - 150.

[5] 黄源深. 思辨缺席[J]. 外语与外语教学，1998(7).

[6] 潘洞庭. 文化意识与外语教学[J]. 外语学刊，2007(6).

[7] 文秋芳，刘相东. 中外评委对大学生英语演讲能力评价的差异[J]. 外语教学与研究. 2005(5).

[8] 许力生. 跨文化能力构建再认识[J]. 浙江大学学报(人文社会科学版). 2011(3).

[9] 杨盈,庄恩平. 构建外语教学跨文化交际能力框架[J]. 外语界,2007(4):23-24.

[10] 徐飞. 东西方思维方式和文化特质比较——兼论跨文化领导力[J]. 上海交通大学学报(哲学社会科学版). 2006(5).

[11] http://englishspeech.xust.blog.163.com/blog/static/3612526620103153825483/

[12] http://www.langfly.com/a/20110304/114221.shtml

作者简介: 虞怡达,硕士,上海大学外国语学院讲师。

韩国外语教育发展与政策研究

孟　臻　张赫芯　杨兆明

摘　要: 韩国是我国的近邻。韩国的经济腾飞离不开教育发展的推动。特别是韩国外语教育的成就促进了韩国社会经济的发展,增强了韩国的国际竞争力。而经济发展又使政府敢于加大投入,催生国民对外语教育的需求,如此良性循环推动了全面外语教育质量的提升。韩国外语教育发展及政策研究对我国的外语教育有借鉴意义。

关键词: 韩国外语教育;相关政策;经济发展

中国和韩国是一衣带水的邻邦,自古以来就有着密切的商贸、文化、政治往来。中韩两国自古以来就共同享灿烂的儒家文化和汉字遗产。由于历史原因,中韩两国被卷入了不同的世界阵营,东西冷战更使两国人民处在隔离甚至敌对的状态。但自从1992年中韩建交以来,政治、经济、文化、教育、旅游等方面的交流都显出了勃勃生机。韩国的经济腾飞与该国重视教育是分不开的。2011年1月25日美国总统奥巴马在"赢得未来"为主题的国情咨文中也赞扬韩国是"教育立国"的国家。研究和借鉴韩国的教育经验,特别是他们在外语教学中的改革经验对我国当前的外语教学改革有着积极地意义。

1　韩国与韩国教育发展情况

韩国是一个地域狭小、资源贫乏的国家,如果它的经济不是建立在高素质的人力资源的基础上,是不可能有20世纪60、70年代的腾飞的,也不可能有今天持续发展的国家竞争力。因此,韩国教育发展的经验值得我们认真学习和总结。它在建国初期还是一个文盲充斥的国度,仅仅经过半个世纪的发展,今天它的各项教育发展指标都已经居于世界先进国家的行列。可以说,“二战”以后,韩国的教育发展速度在世界上都是最快的。

韩国是一个名副其实的尊师重教的国家。自1945年以来,韩国大力发展了正规学校教育系统,构建起了一个层次齐全、设施完备的现代学校体系,广泛开展了社会教育,构建起了一个适合现代社会发展需要的终身教育体系。1945年以来,韩国各个时期的教育都有其明显的时代特征,美国军政时期是教育民主的奠基期,基本教育制度框架和教育理念在这一时期大致形成;50年代是教育的民主化扩展期,这一时期颁布了教育法,大规模开展了文盲推治工程,使文盲率急剧下降;60年代随着经济的大发展,使这一年代成为教育数量的扩张期;70年代则是教育大改革时期,尤其是初中学校和高中学校入学制度改革、中学平准化政策的实施以及高等教育的多样化成为这一时期教育改革的亮点;80年代是围绕着提高教育质量开展的教育革新,诸如终身教育制度的导入、为提高教师队伍质量而改革师范大学、废除中学入学考试、教育税的导入等等都为教育质量的提高打下了坚实基础;90年代则继续追求教育质量的卓越性,强调为未来培养高素质人才,进一步确立了教育的地方自治体制,追求教育的民主化和地方化,鼓励培养全面发展的具有创造性的人才,KB21计划更是雄心勃勃(金正浩,2002)。这一切改革的目的都是要创造一个“新韩国”,创建一个教育福利国家,使国家在21世纪的国际竞争中居于不败之地。

韩国是一个典型的儒教国家,儒家文化对教育的重视显然对韩国教育的影响不可低估,今天韩国民间重考试的事实,很大程度上和中国一样,是传统儒家文化影响的结果。韩国民间重视教育的程度从来没有减弱过,这从韩国私人对教育的投入、教育财政的多元化等方面可见一斑。

国际关系对韩国教育的发展影响也是有目共睹。解放前日本的影响、20世纪50—60年代美国的援助以及后来日本的援助等都大大地促进了韩国教育的发展。

经济发展是现代化教育的保证。建国初期,国家极度贫困,曾向美国游说才能保证学生教材、教具、媒体的发放,根本谈不上发展现代化高质量教育体系。但随着60年代经济的起飞,不仅中小学教育迅速得以普及,高等教育也获得快速发展。

进入20世纪90年代以后,教育改革成为世界性的课题,美国、日本、英国、法国等发达国家纷纷提出了自己的教育改革白皮书,韩国政府的各种教育政策研究或咨询机构也不甘落后,抓紧制定了面向21世纪的教育改革计划,如韩国教育政策咨问会议制定了《21世纪——韩国教育的选择》(1992年),总统教育改革委员会从1995年到1997年连续提出了4份教育改革报告,并于1997年11月将这四份合编成册,以《面向21世纪的教育改革:确保信息化合全球化时代的领导地位》为题公开发表。进入21世纪以来,韩国又开始了新一轮的人力资源开发战略,2001年12月,韩国教育与人力资源部联手制定了《人力资源、知识、新起飞;国家人力资源开发战略》,随后又颁布了相关的一系列法律以及具体措施。

2 韩国外语教育历史和现状

在韩国教育史中,外语教育史占有重要地位。同中国一样,在早期国力衰落、备受外来势力的凌辱过程中,韩国人民认识到了学习外语、掌握先进技术知识、振兴国力的重要性。19世纪末期,韩国国势进一步衰落,内忧外患更加严峻。经过甲午更张,日本逐渐在韩国占据了有力地位,面对日本咄咄逼人的侵略态势,一些有识之士深感外语教育的重要性和必要性,他们纷纷创立了民间外语学校。

在这一时期同西方国家的接近也是韩国人意识到了外语学习的重要性。1880年韩国门户开放开始接受西方近代教育。韩国同美国缔结了友好通商条约,同时也与以英国为首的欧洲国家签订了通商条约。韩国当时刚刚步入国际社会,最急需的人才就是外语人才。对于当时年轻人来说,上了外语学校也是他们出世和就职的捷径。1883年在首尔成立了西语学院招收了40名左右的学生。仅仅凭着一时的热情,而缺乏长期的办学计划和财政支持,大部分私立学校时间不长就终止了。但也有长久办学的,如1905年成立的普成馆,后来发展为现在的高丽大学。

日本强迫韩国合邦后教育政策发生了巨大的变化。经过36年4次的韩国教育令,朝鲜半岛设立了一般教育、专科教育和最高层次的大学教育等机构。近代以前的韩国教育政策很多方面模仿中国,是中国教育政策的移植,但是1910年朝鲜半岛沦为日本殖民地后,韩国的教育才脱离中国的影响转向殖民地式的教育模式,外语教育也转变为以日语为主了。

如果说在日本占领时期韩国的外语(日语)教学是强人所难,是一种民族耻辱的话,那么解放后,以英语为主的外语教学则是自觉自愿,是一项提高民族地位的教育事业。随着英语在国际交流中的使用的日益广泛,韩国上下都认识到了英语教学的重要性。近年来,韩国政府甚至视民众掌握英语为保持和增强其国际竞争力的重要手段。外语教育已成了韩国各项教育中重中之重,外语教育经费所占比例居各学科之首。而韩国普通民众对英语学习的热情始终不减,英语是韩国国民校外课外教育支出费用最大的一门课程,每年约有14万亿韩元投入在英语课外学习上,占韩国全部课外费用的一半以上(张雷生,2008)。

当然,课外教育的投入过大,也从一个侧面反映了学校英语教育的某些不足。由于东西方语系的不同,加上受到传统教学思想的影响,韩国的英语教学仍然侧重对语法知识传授和阅读能力的培养,忽视了对学生听说能力的培养。而学校教学规模的扩大需要招募大量教师,短期内大规模的师资引进,给在职培训工作带来了压力,这在一定程度上也影响了英语教学的质量。甚至有些韩国民众也认为,正规学校的英语教学水平低,不能满足学生和社会的需求。而这一现象也是近年来韩国学生海外留学年龄提早的主要原因。

3 韩国外语教育政策的制定与实施

韩国的外语教育政策是由政府的教育部门制定的,但政府的最高决策层无疑对外语教育政策的出台有着很大的影响。如总统李明博在上任之初就将提升国民英语水平纳入了其施政纲领。2008年政府在《公共英语教育完成计划》中承诺:“国家将负责英语教学,力争把国民用于课外英语补习的费用缩减一半,让所有学生即使不接受课外教育也可以熟练地掌握英语”(张雷生,

2008)。

国家政治、经济发展需要与之适应的外语教育政策，而合理、正确的外语政策也能推动政治、经济的发展。在国家发展的各个阶段，韩国都对基础教育实施了改革，其中也包括对英语教学的改革。韩国第七次基础教育课程改革方案于 1997 年颁布，2000 年正式实施(王栋，2010)。外语教育政策的制定一方面受制于国内外形势发展的需要，另一方面还受到当时国内外流行的教育理论和语言及外语教学理念的影响。如韩国前几次的教育课程改革分别受到了行为主义、结构主义思想的影响，外语教学仍未摆脱传统注重读写和死记硬背的窠臼。而在第七次课程改革中，交际法的教学指导思想占据了主导地位，培养学生听说能力成了外语教学的正要目标。

第七次课程改革中及随后的一些配套外语教育政策中，主要采取了如下几个措施：

第一，提前英语教学，增加英语课时。韩国的英语教学原来从中学开始。从 2006 年开始，在全国 50 所小学得一、二年级试点，开设英语课程，平均每周教学 1 小时。从 2010 年开始，小学三、四年级的英语课时从每周 1 小时增加到 3 小时，五、六年级的英语课业相应增加。韩国还将在全国逐步实行英语课程的全英语教学。而英语课每班的人数也将限制在 15 人以内(王晓姗，2008)。

第二，加强教师力量，提高教师质量。韩国的英语教师主要由本国教师和外籍教师组成。由于教师需求的增大，英语教师的选拔已经不仅仅局限于师范学院的毕业生。具有一定英语水平并持有教师资格证的国民，再经过六个月的职前培训，就可以担当基础教育部门的英语教师。从 2009 年到 2013 年，政府将分批招聘本国英语教师 2.3 万名。为了实现外语教育的国际化，韩国近年来大量引入了外籍教师。在 2006 年，政府部门正式聘用的外籍教师就达到了 3 350 名，聘用经费占当年国家英语教育投入预算的 49%(王晓姗，2008)。对于外语教师的使用，政府教育部门也注意到了质量问题，如在录用本族语教师时要求有语言教学的对口学历或文凭，并具有一定的教学经验。

第三，改革教学评价体系，增加听说比例。和中国一样，韩国也存在一次考试定终身的现象。学生平日疲于应付考试,以致英语的综合运用力能始终难以提高,特别是听说能力。韩国外语教育界认识到这一问题的严重性,学校正在努力改变这一状况,加强课堂教学,构建以形成性评价为主要形式,以英语使用能力为内容的评价体系。使一次性评价与形成性评价互为参照,更为客观。此外,韩国教育部还打算在2013年把英语高考试从高考项目中分离出来,实行单独的国家级英语考试。这种类似美国"托福"的英语考试,可在一年内多次进行,而且难度各异。国家级英语考试不公布学生的考分,其中的听力和阅读成绩实行等级制,而口语和写作只分合格和不合格(张权,2004)。

第四,改革教学方法,拓宽学习路子。受惠于计算机网络等现代信息技术的发展,英语教学也已不再局限于传统的课堂。韩国教育部门通过开发英语教学软件提高课堂教学效率,同时还通过开设卫星广播和创办英语教学网站为师生提供更多的教学资源。为了增加接触英语的机会,韩国政府还在居民社区建立浸入式"英语村"。这些英语学习中心为学习者提供了较为真实的全英语环境,有利于提高学生的听说能力。

第五,外语教育国际化。教育国际化是世界经济一体化的必然产物。韩国的外语教育国际化特征主要体现在教育理念的更新、课程体系的更新、办学环境的更新及人才的交互培养(张贞爱、王克非,2010)。全球化进程的加快需要大量熟知国际各种法规,又了解各国国情,并熟练掌握外语的国际化人才。立足于外向型经济体制的韩国已经把强化外语教育、提升国民外语素质视为外语教育国际化的基本战略,并以此来促进韩国综合实力的提高。

4 结语

本文主要讨论了韩国的教育发展情况和韩国外语教育政策的制定和实施情况。在全球经济一体化的进程中,韩国更深刻地认识到了外语教育的重要性。但是作为整体教育的一部分,外语教育政策制定受到了国家整体教育政策的制约。这是外语教育政策制定的外在因素。外语教育政策制定还受到了语言教育规律,即语言学习规律和认识规律的制约,这是其内在制约因素。

要在这众多的制约因素中取得平衡，获得最大效益实属不易。韩国外语教育政策制定和实施过程中经验教训值得我国外语教育界研究和深思。祝愿韩国的外语教育事业有更大的发展。

参考文献

[1] 金正浩. 教育过程变迁及编修的一般过程[M]. 韩国教材研究财团，2002：19.
[2] 袁本涛. 韩国教育发展研究[M]. 太原：山西教育出版社，2006. 38/39、202、212、214、259、261.
[3] 张雷生. 韩国新政府教育改革施政纲要[J]. 教育发展研究，2008 (11)：66 - 88.
[4] 王栋. 新世纪韩国基础英语课程改革及启示[J]. 基础英语教育，2010 (4)：11 - 14.
[5] 王晓姗. 韩国英语教师任职资格标准有待进一步提高[N]. 21 世纪英语教育周刊，2008 (4).
[6] 张权. 韩国英语水平考试：简介与借鉴[J]. 中国考试，2004 (4)；46 - 68.
[7] 张贞爱，王克非. 韩国外语教育国际化考察[J]. 外语教学与研究，2010(5).

基金项目： 上海市教育科学研究项目《中日韩外语教育政策对比研究》(B10010067)，2011 年教育部规划基金项目《转型期我国外语教育政策发展研究》(11YJA880074)。

作者简介： 孟臻，硕士，上海大学外国语学院副教授。研究方向：外语教学理论与实践、外语教育政策。
张赫芯，硕士，上海大学外国语学院讲师。研究方向：韩国教育与文化。
杨兆明　上海大学外国语学院讲师。

法语教师在跨文化教学中扮演的角色

张少琼

摘　要： 在中法两国人民频繁交往的大背景下，跨文化能力的培养成为外语教学的终极目标。笔者结合自身的跨文化教学实践，体会到法语教师在培养学生的跨文化能力方面起着举足轻重的作用。因此，需要法语老师扮演不同的角色，即外语课堂环境的创造者、课堂情景表演的导演、中法文化相似性和差异性的启发者和讲述者、法语交际实践活动的引导者和鼓励者、中华优秀传统文化的教育者。最后，笔者希望通过法语教师的自身能力的提高和外语培训机构的有力支持，使越来越多的学生增强跨文化交际能力。

关键词： 跨文化能力；法语教学；角色

1　跨文化教学的大环境

在世界经济一体化的影响下，各个国家之间的联系和交往越来越密切，尤其是在经济快速发展的今天，中国和其他国家，如欧洲国家、美洲国家以及亚洲国家的合作和发展越来越频繁。中国和法国，无论是在经济还是在文化教育方面，都有密切的、长期的合作和交往。尤其是近年来，高校合作办学如雨后春笋般破土而出[①]。

① 2009年5月23日，法国国民教育部公布的一份调研报告显示，法国亚裔留学生人数自2002年以来猛增。其中，中国留学生增加了87.5%，而越南留学生人数则大增了105%。

每年有越来越多的中国学生和工作人员去往这些国家,进行深造、工作或者移民,也有越来越多的外国人来到中国学习,工作以及旅游。2010 年胡锦涛主席访法时,萨科奇总统和胡锦涛主席一致同意,希望能够在未来大幅增加在中国留学的法国学生人数和在法国留学的中国学生人数(摘自《中国日报》)。那么两种文化如何进行恰当的、有效的沟通和对话,便于双方的相互理解和相互尊重? **具备合格的语言能力,是首要解决的问题**。

2　跨文化教学的意义

在国内各个城市,尤其是大城市里,学习法语的人很多。对于外语教学来说,听说读写的能力是外语的初级能力,而掌握和本语言相关的文化理念,则是外语的高级能力。实现和异文化有效的沟通和对话,掌握语言技巧是远远不够的,所以外语教学,不仅仅是教授语言,更重要的是教授和这个语言在一起的文化,达到外语教学的最终目标——**跨文化能力的培养**,符合当前时代的需要。文化是一个群体(可以是国家、也可以是民族、企业、家庭)在一定时期内形成的思想、理念、行为、风俗、习惯、代表人物,及由这个群体整体意识所辐射出来的一切活动。"跨文化"是指通过越过体系界限来经历文化归属性的所有的人与人之间的互动关系;在《拉鲁斯词典》中也提到《interculturel: contacts entre culture》。因此,外语中跨文化教学传授的不仅是代表这种文化的语言,而且还有相关的思维理念,行为举止及风俗习惯。

3　教师在跨文化外语教学中的重要性

在跨文化能力的培养中,教师起着举足轻重的作用。本土教师不仅是语言知识的领路人,而且还是所教授语言文化的启蒙者和引导者。对一个从来没有接触过外国文化的学生来说,除了对语言的陌生之外,还对其文化产生兴趣或者惶恐。那么就需要外语教师适时的进行文化引导,激发学生的外语学习热情和兴趣,帮助学生对异文化完成从接触到认识,再到一定了解的过程。其中,很多学校聘请的外教就是他们本国文化的直接体现。和外教交流,就已经实现了学生跨文化能力培养的第一步。因此,教师在跨文化能力培养中的作用不言而喻。为了引导和培养学生在外语学习中能够掌握这种能力，笔者认为也需要本土法语教师扮演不同的角色，即外语课堂环境的创造者、课堂情景表演的导演、中法文化相似性和差异性的启发者和讲述者、法语交际实践活动的引导者和鼓励者、中华优秀传统文化的教育者。

4　教师扮演的角色

4.1　外语课堂环境的创造者

首先，法语教师应尽可能地在课堂上使用法语。从进入教室的 bonjour（你好）到离开教室的 au revoir（再见），到课堂外见到学生时，都用法语来和学生打招呼。学生不仅练习了听力、口语，也在不经意间，融入了法式行为举止和思维模式。因为在法国，尤其是法国南部，不管是否相识，在公共场合见面，都会说 Bonjour，而中国人的习惯则是可能只和认识的人打招呼。

其次，法语教师要引导学生创造一个有法国文化氛围的课堂环境。在教室墙面上贴法国地图、法国风光旅游图片以及其他法国文化的饰品，甚至学生的法文作业。课间休息时，打开 TV5 法语电视台或者播放优美的，发音清晰的法语歌曲。使学生完全置身于法国文化中，起到潜移默化的作用。根据暗示教学法，无意得到的语言知识更容易给学生留下深刻的印象；更重要的是，舒适并且色彩斑斓的课堂布置及多样化的文化展现会使课堂气氛变得活跃，激发学生对法国文化及法语学习的热情。

4.2　课堂情景表演的导演

任何单个的、分裂的单词是没有任何意义的，只有把它放在具体的情景中，它才有生命力。只有使语言同情境密切配合，才能让学生真正明白某个单词在某个场景中的用法。所以教师要让学生在情境表演中学习，也在情境表演中运用，完成在情境表演中的理解和交际。传统的情景表演一般是学生在表演中仅仅说出法语句子，也就是在台上背课文。这样机械的形式既枯燥又单调，并不能使学生深刻理解和感受到除了单词以外的文化的东西。想要达到一个高质量的情景表演，即融汇单词、句式、文化的情景再现，就需要"导演"，即外语教师，对表演有着下列严格的要求：

(1) 准备相应的表演道具，比如法国棍式面包等实物；

(2) 完全模仿录像或者录音里法国人的语音语调，比如疑问句的声调，肯定句的降调，以及表示惊讶的、高兴的、失望的语气和语调等；

(3) 模仿法国人的神态和行为举止。比如无奈时的耸肩，遇到难题时的蹙眉，见面时的贴面礼等。

这对老师和学生提出了更高的要求。需要老师有一定的模仿能力或者已经掌握法式行为举止，才能教授学生，也需要中国学生能够克服害羞和内敛，大胆讲出法语，并且模仿法国人的神态和肢体语言，一般来说，法国人的面部表情和肢体动作要比中国人丰富一些。虽然语音语调和行为举止是非语言，但是在和法国人的交流中，表达个人情感喜好厌恶中，肢体语言和面部表情所传达的讯息并不亚于语言本身，甚至有时候比语言更加准确。所以，模仿语音语调和行为举止，是非常有必要的，也有助于学生判断出法国人真实的想法和意图。

如果学生做到了以上三点，表演者就会自得其乐，观看者也会乐在其中。课堂气氛变的非常轻松和活泼，也给同学们留下了深刻的印象，轻松地把语言知识尤其是法国文化刻在了脑海中。

4.3　*中法文化相似性和差异性的启发者和讲述者*

当母体文化相遇异文化时，两种文化的相似之处和相异之处尽显明了。从词汇、句法到图片、行为方式，两种文化的碰撞无处不在。作为外语教师，可以把法国文化直接传授给学习者。如法国人阿拉伯数字“1”的写法和我们中国人“7”的写法是类似的；对于自己难以接触到或难以找到相关的法国文化的学习者，尤其是对于在校低年级大学生来说，教师在跨文化教学中扮演更多的是“讲述者”。而对于有机会经常接触法国文化或者自己有一定能力在法国网站上寻找信息的学习者来说，教师最好扮演“启发者”。启发学生的自主能动性，启发他们自己寻找两种文化的相似和差异。这样不仅可以提高学生对文化差异的敏感度，也可以避免学习者感觉和法国文化遥不可及、难以触摸。那么如何启发呢？

(1) 可以从词汇入手。

如“rendez-vous”一词，翻译成相应的汉语是“约会”。但是这两个单词所包含的内容是一样的吗？这时可以组织学生讨论其相似性和相异性。如果对不经常接触法国文化的学生,老师也可以提供相应的材料(如录像、文章等)帮助其理解。在法国,"rendez-vous"除了和男女朋友的私人见面之外,也可以是和医生,和某个朋友,和老师之间的公事见面等等。而在中国,"约会"仅指男女之间的私人见面。

(2) 可以从图片入手。

拿一张"baguette"(法棍)的图片,可以提问学生,"法棍"类似于中国的哪种食物,回答也许不尽相同,可以是大饼、米饭或者馒头。再由"法棍"引出中国文化和法国文化里就餐顺序和就餐内容的相似和相异。最后,为了使学习者深刻感受两种文化,如果条件允许的话,可以推荐一家当地法国餐馆。

(3) 可以从实物入手。

拿出一张法国人的名片,再拿出一张中国人的名片,询问学生两者之间有什么不同。法国人的名片里自己的名字的字号是最大的,而后才是公司的名字。而中国人的名片里公司的名称字号是最大的,接下来才是本人的名字。这时,组织学生讨论不同的名片体现出怎样不同的文化理念。当然,通过法国人的名片,可以看出法国文化里,个人主义大于集体主义,而通过中国人的名片,可以看出在中国文化里,集体主义大于个人主义。

(4) 可以从某一社会现象入手。

法国人休假时,会不会和同事谈论工作?那么中国人呢?在法国,一个男人和一个女人出去吃饭,谁买单?那在中国呢?等等主题,都可以引导学生讨论。

启发和引导学习者了解中法文化差异和相似,除了以上切入口,还有其他很多方式。

另外值得注意的一点是,我们经常从两种文化的差异性上引导学生,其实从相似性上引导学生,也许会事倍功半,还能使学生深刻理解法国文化;如"dent pour dent, oeil pour oeil",汉语里就有相对应的一句熟语"以牙还牙,以眼还眼"。再如,法国人和中国人都对饮食有狂热的执著。

4.4　法语交际实践活动的引导者和鼓励者

除了在课堂上培养学生的跨文化交际知识外,老师也要在课堂之外引导和鼓励学生。优秀的跨文化交际能力,首先要对异文化持宽容、尊重、理解的态度，应该对不同的文化表现出兴趣，愿意和不同文化背景的人们进行交际。所以教师要激发学生的兴趣和鼓励学生参与实践活动。跨文化交际能力中还包括交际技能，也就是根据不同的文化语境，运用跨文化交际的知识，使自己的语言和非语言行为恰当、有效。所以，参加跨文化交际实践活动一方面，可以把所学知识应用到具体生活中，升华课堂知识，另外一方面，在实际交往中获得更多的经验和培养更强的交际能力，这是在课堂上不可能实现的。随着中法经济文化的进一步发展，有越来越多的组织和企业给学生提供越来越多的实践机会，也有越来越多的法国人来中国旅游及留学，这在大城市尤为明显。

（1）参加由法国驻华大使馆组织的法语戏剧大赛、法语歌曲大赛及法语博客大赛等，获奖者可以去往法国。

（2）参加由法国驻华大使馆组织的活动，如一年一度的法国音乐节、法语周，及法语联盟组织的定期的艺术活动、讲座等，来感受真实的法国人和法国文化。

（3）利用网络，通过聊天软件，或者电子邮件，结交法国朋友，进行语言互助；下载法语歌曲，欣赏法国电影，了解更多和更新的法国文化；观看在线的法国电视节目或电台，了解法国实时动态。

（4）学校或培训中心也应该组织学生去跨国企业或法国企业进行实习或参观。

跨文化能力是在实际生活中，遇到异文化，即法国文化时体现出来。而具备优秀的跨文化交际能力，除了课堂上接受培训之外，更多的要在实际交往中吸收，完善和积累起来。因此，参加实践活动是非常有益的。

4.5　中华优秀传统文化的教育者

跨文化交际能力中还包括知识能力。知识指的是要具有丰富的文化知识，既熟悉母语文化，也熟悉目的语文化的价值观念和社会习俗。而传统的外语教师在讲授异文化时会一股脑的把异文化从语言到思维模式全都灌输给学生。这也无可厚非。但容易给学习者造成一个误区，那就是好像外语学习的最终目标是像法国人一样讲法语，并有着法式的思维模式和法式的行为举止。甚至同本国人交往时，也使用同样的思维模式和行为举止，被异文化的文化同化。而外语学习更有意义的目标，则是成为宽容、独立、具有洞察力和跨文化交际能力的人。而跨文化外语教学就是要以培养跨文化交际能力为最终目标。所谓跨文化，简而言之，就是至少两种文化之间的接触和互动。因此，不仅仅要掌握异文化的语言知识，思维模式和行为举止；更要掌握母语文化的语言知识，思维模式和行为举止。

而近年随着国际接轨的一片呼声，新科技的应用，尤其是电脑的使用，课堂上很多学生写不出正确的汉字，阅读过的中国历史书籍、文化典籍也屈指可数，多数学生的主体文化意识越来越薄弱。一个优秀的具有跨文化交际能力的人是应该站在本民族文化基础之上来审视和洞察异文化的。因此，外语教师除了传授外语知识和其文化之外，也要增加本土文化教学的内容，加强对中国文化的学习。

（1）鼓励学生阅读大量的中国古典文化，尤其是像“孔子”“老子”“孟子”“孙子兵法”等书籍，以掌握中国文化的精髓。正视中国文化在世界发展史上的作用和地位。

（2）教授学生用法语来表达中国的文化和现象，便于向外国人比较准确的传播中国本民族文化。以实现跨文化交际的双向互动。

因此，外语教师在教学中除了传授法国文化之外，更应该强化学生作为跨文化交际主体的主体文化意识，既要正视外国文化，又要重视本土文化，这样既可以对外国文化有充分的理解，又可以增强传播本土文化的能力。我们要以平等的心态和姿态进行中西文化的交流。

5 总结

在国际交流愈发频繁的今天，外语跨文化教学凸显重要。其中，外语教师的作用不言而喻，本人认为，要培养出具备跨文化交际能力的学生，老师一定要扮演好这些角色，即外语课堂环境的创造者、课堂情景表演的导演、中法文化相似性和差异性的启发者和讲述者、法语交际实践活动的引导者和鼓励者、中华优秀传统文化的教育者。这对外语教学机构以及外语教师提出了更高的要求。因为外语教师受到教学条件、课时安排、课程结构安排以及教师本身跨文化交际能力的限制，并不能够理想的同时扮演起所有这些角色。所以，外语机构要适当的完善教学条件，调整课时和课程结构安排，而外语老师也要增加自身的跨文化交际能力，只有靠双方的共同努力和共同协商，才能培养出优秀的具备跨文化交际能力的学生。

参考文献

[1] 杨伟红. 浅谈商务英语教学中文化差异的导入[A]//冯奇，等. 外语教学与文化(6). 上海：上海大学出版社，2009：205－209.
[2] 张红玲. 外语教师跨文化能力培训研究[A]//贾玉新，Guo-Ming Chen. 跨文化交际研究(1). 北京：高等教育出版社，2009：261－277.
[3] 宋莉. 跨文化教育英语教学：来自跨文化的挑战[A]//贾玉新，Guo-Ming Chen. 跨文化交际研究(1). 北京：高等教育出版社，2009：278－290.
[4] 谬丽慧. 跨文化外语教学中本土文化的缺失[J]. 安徽文学(下半月)，2009(10)：182.
[5] Jacques DEMORGON，Critique de l'interculturel [M]. Economica，2005.

作者简介：张少琼，上海大学中欧工程学院。

文学与文化篇

孤寂中的沉思
——霍桑短篇小说概述

白岸杨

摘　要：本文以传奇这一概念为切入点，分析了霍桑最为著名的十几篇短篇小说代表作，以此探究作者的创作思想和写作态度，指出他的短篇小说是作者背负清教主义黑暗，在孤寂中对人性进行的沉思。这样的沉思既揭示了人性的真实，同时又因为作者的深刻和对美好的追求而具有了超越时空、震撼人心的力量。

关键词：传奇；心灵；成长；美

翻看美国作家的历史画卷，有一位小说家的肖像格外引人注目，他面容沉静，额头光洁，黑发微卷，眉毛浓密，十分清秀俊逸；尤其是那双眼睛，好像在沉思中凝视着什么；即使在头发花白的老年肖像中，那深邃的目光似乎依然能够穿透黑暗、看透人性的本质。这位作家的名字总是和清教、人性恶以及祖先罪恶的因果报应等主题联系起来。是的，这是一个令人肃然起敬的名字——纳撒尼尔·霍桑(Nathanial Hawthorne，1804—1864)，“美利坚民族第一位伟大的小说家”(史志康，1998:61)。读者马上就会想到那部家喻户晓的《红字》中精美绝伦、鲜艳夺目的红色刺绣“A”，想到《年轻的布朗先生》中似梦似真、疯狂邪恶的林中聚会以及《牧师的黑面纱》中那面至死都不肯摘掉的神秘面纱。

霍桑时代的美国正经历一个快速上升的阶段，逐渐独立的政治经济和文化诸方面都蓬勃发展。在文学上，则是被誉为“美国的文艺复兴”的浪漫主义时期，以爱默生领导的超验主义为代表，空气中都弥漫着乐观主义和理想主义的气息。虽然生活上颇有交情,但是霍桑同超验主义者那种乐观自信,带有乌托邦色彩的哲学理念和人生态度却大不相同。此外,清教的加尔文教义强调人有义务不断地进行内省,这使他与外界有一种强烈的疏离感。因而尽管他家庭美满,生活上也非穷困潦倒,但是在思想上却总是沉浸于孤寂之中,也曾尝试体验了一番隐士的生活。正是这种与现实世界的隔绝,霍桑的作品并不直接描写当代的生活和周围的人和事,而是要么以17世纪清教气氛浓厚的新英格兰作背景,要么就模糊时间和地点背景,充满着神秘和超自然的色彩。霍桑的作品总给人似真实似虚构,似小说似寓言的感觉。传奇(romance)这个词屡屡出现在他的小说的题目和正文中,但是这个词并非读者所理解的一般意义上的浪漫或者冒险故事,而是霍桑所创造出来的"一个中间地带,介乎于真实世界和童话国度之间"(Leland S. Person, 2008: 16)。在《有七个尖角阁的房子》的序言中,霍桑具体阐释了自己的创作理念:

如果作家把自己的作品称做传奇,那么毋庸置疑,他的意图是要在处理作品的形式和素材方面享有一定自由。如果他宣称自己写的是小说,就无权享有这种自由了。人们普遍认为,小说是一种非常注重细节真实的创作形式,不仅要写人生中可能发生的偶然现象,也要写常见的一般现象。传奇作为艺术创作,必须严格遵守艺术法则,如果背离人性的真实,同样是不可原谅的罪过,但它却在很大程度上赋予作者自行取舍、灵活虚构的权利,以表现特定环境下的真实……

这一段文字不仅说明了该小说的创作思想,同时也反映了他一贯的写作态度和目标,包括那些短篇。霍桑对自己作品的概括应该说是准确的,如果他在作品中仅仅反思清教,或者阐释加尔文主义的人性恶,那么就很难想象他的作品能够打动英美之外的读者,尤其是以儒教和"人之初,性本善"为文化土壤的中国读者。我们在他的小说中,总能感受到一种超越时代、地域和文化差异的深刻。这种深刻来自作者的内心,因为他的作品,不管距离真实社会有多遥远,都深刻地揭示了"人性的真实",所以才能引起共鸣、触动心灵。与此同时,这种深刻并非是作者通过虚构或者超自然的因素刻意为之,而恰恰是霍桑基于某些历史事实,通过揭示人类的真实本质的存在而实现的。“文学即人学”，正是因为有了这种直达人性的深度，霍桑的作品才会经久不衰，而且不断给读者和研究者带来新的惊喜，当然也有新的困惑，不过这也是他作品的魅力之一，因为真实的人性本身就是复杂的。霍桑的小说承载了丰富的意蕴和深刻的启示意义，其中有关人性恶和祖先罪恶等命题以及他的象征手法众多读者已经是耳熟能详。当我们细细品味他的短篇小说杰作时，又有了更多的发现和收获。

同他的长篇小说一样，新英格兰是大部分短篇传奇的发生地，有的干脆就发生在塞勒姆镇，清教主义不可避免地成为一个重要的道德命题。霍桑本人似乎“并不笃信那些传统的清教思想”(Annette T. Rubinstein, 1988: 99)。但是霍桑所做的更多的是揭示，而非评论，也不是要批判。在《恩迪科特与红十字》中，我们看到了奋起反抗英国国王的清教徒队伍同样心狠手辣地对待所谓的异教徒；在《欢乐山的五月柱》中，一批终日劳作、严厉苛刻的清教徒和那些纵情欢乐、享受阳光的五月柱崇拜者面对面对峙并砍倒了他们的旗杆。在《年轻的布朗先生》中，霍桑更是将自己祖先的罪恶借助树林中那位神秘的持杖老人直接表现出来。这一类的小说中都不乏真实的历史事件甚至场景，当然也有某些采用了“灵活的虚构”的作品：在运用了象征手法的《胎记》中，丈夫无法容忍看到美丽妻子脸上的一块小小的胎记，最终用药水去除了它，同时也带走了妻子的生命，而那块胎记在别人眼中正是一种特殊的美。从这些小说中，我们看到霍桑“既不置身人类生活之外，又不置身其中，而是采取中性立场，这一立场既包含着审美意义又包含着道德意义”(罗伯特·斯皮勒，1989: 66)。不过霍桑似乎并不想做个寓言家，在《有七个尖角阁的房子》的序言中，他这样表达了自己关于作品道德意义的认识：

> 许多作家特别强调某种明确的道德意义，他们声称其写作的目的就在于此。……如果传奇故事真能对人有所启发，或产生某种有效作用，一般是通过一种非常曲折微妙的方式，而不是表面上的那种直接方式。因此作者以为不必在故事中生硬地贯穿一根铁棍般的道德教训——或者不必像用一根大头针扎穿蝴蝶一样——因为那会立刻结果了它的性命，把它弄成一副僵硬、难看、不自然的样子。

霍桑的确采取了曲折微妙的方式，一方面，他以客观冷静的笔调将清教主义中狂热残忍专断的一面毫不留情地加以展示；而另一方面，身为清教徒的作者并未置予任何评论，就像一位隐士，虽然身处社会，但是却冷眼旁观世上纷纷扰扰，只用“传奇”来表达心中疑虑。《胎记》中的丈夫正象征着狂热的清教徒，不能容忍任何的不同意见；同样的，狂欢和舞蹈就如同一块胎记，在别人眼中是欢乐，但是在清教徒的眼中就是邪恶的标记，为了保持信仰纯正，为了“拯救他人灵魂”，他们采用一切手段来宣传清教思想，甚至不惜消灭那些“异教徒”的肉体而强迫他人接受自己认为是纯正的宗教（刘澎，2001：258）。在《海德格医生的实验》中，霍桑通过回春泉的实验告诫那些严厉的道德审判者：即使人类有返回青春的能力，也无法改正青春时期所犯的错误，因为自由放纵，激情燃烧，本就是青春的特点，人性使然，因而难以改变。至于这种人性是好是坏，霍桑没有评论。而读者之所以感受到心灵的震撼，不仅仅在于看到了清教主义的局限，更看到了善与恶，美与丑的矛盾——何谓善恶，何谓美丑，有些时候没有绝对的标准，而是由拥有统治权和话语权的一方来决定的，当然，这一方可能是个集体，也可能是个人。在所谓“扬善除恶”的过程中，多少无辜生命受到迫害，不管是清教主义还是其他什么主义，不管是在 17 世纪还是 19 世纪，还是现代社会，莫不如此。霍桑的小说揭示了人类社会中一直存在的矛盾状况。

作为笃信加尔文主义的清教徒，霍桑当然也将加尔文的人性恶的概念贯穿到自己的作品中。霍桑探究了人的罪恶，并反复印证了爱德华兹的观点：“人类属于魔鬼，他们的心灵皆在其掌握之中，受其支配。”(George Perkins & Barbara Perkins, 1981: 232) 但他并不直接描述罪恶本身，而是分析隐秘的罪恶以及对人性恶的发现给主人公带来的心理影响。霍桑称自己的作品是人的“心理罗曼史”（埃默里·埃利奥特，1994：345）。他本人也被认为是“美国心理小说的开拓者”（卡罗尔·卡尔金斯，1984：17）。霍桑认为每个人的脸上都带着一面象征罪恶的黑面纱，大多数人对此茫然无知，有的人意识到了自己的罪恶，却不敢公之于众，从而终生受到良心的谴责和煎熬。虔诚的牧师用一块黑色的面纱掩盖自己的罪恶直到死去；背负着诅咒的罗本独自一人忍受着心灵的折磨，脾气乖戾，直到以儿子的性命换来通向天堂的祷告。埃森·布兰德耗尽生命去寻找“不可赦免之罪”，却在这个过程中犯下了不可言说的罪，并最终认识到所谓“不可赦免之罪”就在自己的心里，他选择了毁灭。一方面，隐秘的罪恶令主人公良心不安，而另一方面，发现存在于自己以及他人心中罪恶的过程也造就了主人公的成长，霍桑不少短篇小说都带有“成长小说”(initiation novel)的色彩。但是，与起源于德国并流行于欧洲大陆的早期成长小说不同，霍桑作品中的主人公在经历了重大的事件或者变故之后，并没有变得圆滑世故，成长带来的也并非是圆满或者释然的结局。年轻的布朗先生因为发现了罪恶而对周围所谓虔诚的好人失去了信任。成长带给他的是幻灭，但是他没有选择与那些人一起沉沦，而是成了唯一一个“好人 (good man)”。淳朴的乡村小伙罗宾一心想要投靠他的亲戚莫利纳上校，以获得更加美好的生活，但是彻夜寻找的结果却是想象中年高德劭的亲戚正被处以私刑并游街示众。他从纯真走向经验，也许能够认识到没有任何人是可以依靠的。霍桑的成长小说也反映了他自己精神上的成长历程，他改了祖姓以示区别，似乎想要做到“众人皆醉我独醒，众人皆浊我独清”。但他做不到彻底的决裂，无论是他个人的性格，还是所处的环境，都决定了他的这种态度，同时也决定了他的痛苦。其实，他的这种“对心理活动的兴趣和洞察力正是[他]继承新英格兰传统的结果”(史志康，1998：63)。一定程度上，霍桑可以说是开创了“美国模式”的成长小说。我们在马克吐温，海明威，菲兹杰拉德，塞林格以及凯鲁亚克等众多作家的作品中都看到了主人公，同时也是作者本人精神上的成长。他们大都经历了幻灭的过程，有人因此选择沉沦，有人选择毁灭，也有人选择奋起。霍桑的小说超出了他的时代，真正做到将“过去和现在联系起来”，在 19 世纪就已经反映出困扰着现代人的深刻主题。

19 世纪的美国同样是科学技术发展的时代，人人为新的发明新的技术而欢呼，但是霍桑却对此忧心忡忡。在他的笔下，科学或者更准确地说是促成科学发展的人的智能(intellect)，如果无视心灵的存在，往往成为邪恶力量的帮凶甚至是推动力。如同艾尔默、埃森·布兰德、拉帕西尼、海德格医生，等等。他们要么因为对科学的狂热而忽视人性的存在，要么以为科学可以改变人性，而最后的结局无一例外都是一声哀叹，既毁灭了他人，也毁灭了自己。关于头脑和心灵的博弈、技术和精神的斗争，也是现代人、现代作家一直在争论的话题，其实霍桑早已经给了我们回答。

也许是霍桑那个时代的超验主义太过理想，也许风起云涌的各种运动在保守主义的霍桑看来太过热闹，也许是艺术家在物质上升阶段的美国不受重视这种情况令霍桑太过无奈，也许是他对人性的本质太过失望，他小说中的主人公往往表现出一种极致的孤独，这种孤独透彻心扉，令人不寒而栗。无论是发现了人性恶的布朗先生还是背负着罪恶的牧师、罗本和埃森·布兰德都是在无人理解的孤独中终老。除此之外，韦克菲尔德在家庭中仍感到内心的孤寂，即使逃离熟悉的环境也无法找到出路。还有追求精神美的小钟表匠欧文·沃兰德，被周围所有重视“实实在在的东西”的人排斥误解，几致疯癫。这种孤独感在那个高奏凯歌的社会似乎显得有些格格不入，一定程度上正是霍桑自己对当时社会以及其他作家的看法。他自己对这个社会的罪恶是充满疑虑的，并且通过小说来表达自己对世界的认识，因此他不赞同超验主义者认为的人是可以自我完美的观点，认为他们“忽视了那些‘使世界处于黑暗之中’的疑虑”(Peter B. High, 1986: 48)。他甚至还写了一篇短篇小说《通往天堂的铁路》(*Celestial Railroad*, 1843)，讽刺那些超验主义者没有能够成功地解决人类的罪行和疑虑等问题，就企图使基督徒能够顺利地一步登上天堂。在另外一部逐渐受到评论家关注，甚至被誉为经典的具有奇幻色彩的短篇小说“羽毛冠(*Feathertop*, 1846)”中，作家借女巫之口，对蒙昧中的芸芸众生，以及那些所谓的浪漫主义作家进行了嘲笑，说这个世界上到处都是一些脑袋空空的草包在那里吵吵嚷嚷。霍桑认为自己不在此列，或许这也是他拒绝妥协，同时倍感孤独的原因吧。

最了解霍桑内心的应该是他的挚友，同样在当时的文学思潮中显得格格不入的赫尔曼·梅尔维尔。他曾经这样评论霍桑：“[他]灵魂中的一面笼罩着阳光，而另一面则完全被黑暗包裹，十倍的黑暗。”(Peter B. High, 1986: 51)霍桑的小说中不光只有阴暗忧郁的一面，作为一位真正的艺术家，对美好的东西的追求和描绘同样在他的小说中处处显现。在小说的角色中，年轻的女子通常是美丽的象征，比如阿特里斯、乔治亚娜、海斯特、五月王后、多卡斯，等等，她们都娇弱、美丽而且单纯善良；还有一些和作者本人很像的年轻男子，比如布朗先生、五月之王、韦克菲尔德、伊尔布拉希姆、塞勒斯，等等，也是同样的俊秀而敏感。甚至还有《羽毛冠》中温文尔雅、一表人才的稻草人以及《创造超凡之美的艺术家》中那个栩栩如生、精美绝伦的机械蝴蝶。这些美丽的角色是那些小说中的一缕阳光，令以邪恶为名的人世多了些许光芒、些许温情，还有些许美丽。“黑夜给了我黑色的眼睛，我却用它寻找光明”，背负着清教主义的黑暗，霍桑在孤寂的沉思中看到了前方的一丝光明。可惜，这丝光明却并不长久，所有美好的东西最终的结局都是死亡或者毁灭。“悲剧就是把有价值的东西撕碎给人看”，霍桑把一幕幕悲剧展示给读者，对于一个清教徒来说，人生就是一出悲剧，是“一个痛苦和眼泪的峡谷”(R. W. 霍顿，1991：49)。

作为一个孤独的沉思者，霍桑发现了清教的缺陷和人性的真实本质，揭示人类内心深处隐藏的恶；但是作为一个对当时的各项运动都持保守主义态度的清教徒，霍桑“是温和的叛逆者，他对于他那个时代……社会的信条，他又遵守，又嘲讽地破坏”(埃默里·埃利奥特，1994：336)。虽然霍桑“用他的创作去揭示而不是去解决人类命运的难题”(罗伯特·斯皮勒，1989：64)，我们在小说中，仍然看到他似乎提供了获得宽恕和平静的办法，那就是向上帝敞开心扉，承认罪恶，这也正是清教徒们所提倡的做法。布朗高呼着仰望上天可以抵抗魔鬼，戴着黑面纱的牧师盼望人类不再徒劳地躲避造物主的目光。加尔文主义要求人们“倾听上帝的召唤，树立自己的信心，培养自己的坚忍力，……你的坚忍力……也许真的有助于拯救你的灵魂呢”(查尔斯·博哲斯，1988：58)。温柔的男孩伊尔布拉希姆更是在忍耐和坚持中走向死亡，从而换取了两派教徒间的和平。

读者在霍桑的短篇小说中不仅仅看到了对人性的真实反映，同样也能感动于他作品的结构之精巧、文字之优美。霍桑的心理描写并不令读者感到枯燥，不仅因为这些描写细腻生动、扣人心弦，而且总是与一个个冲突的场景以及一段段隐晦的对话交叠出现，除了审视主人公的内心，读者对其命运时刻都有所期盼，同时又不断体会满足、失落或者震撼。我们不仅在《红字》这样的长篇小说中看到了场景与叙述的交替出现,以及由此带来的高潮迭起;即使在短篇小说这样有限的空间内,我们仍然可以体会到霍桑在安排结构上的独具匠心。在《我的亲戚,莫利纳上校》中,淳朴的罗宾每一次找到上校的期待之后都是镇上的人隐晦的言词和行动所带来的失望,同时又引起了新的期盼,直到最终的高潮,同时也是最大的失落出人意料地到来。《年轻的布朗先生》中,伴随着每一个新的"好人"踏上参加恶魔聚会的道路,是布朗的细微心理变化,直到他的妻子费丝也和他站在一起这一高潮时刻。霍桑不仅长于心理描写,同时也精于制造气氛。一方面他的小说中经常出现群体场面,欢乐的、异教徒"群魔乱舞",魔鬼的信徒林中集聚,愚昧的众生疯狂盲从,不胜枚举;另一方面,精心组织的细节描写带来了阴郁、神秘的感觉,马文暴尸的荒野、长满毒株的花园、科学狂人的实验室、清教徒们肃穆的神情,不一而足。霍桑的小说不仅给予我们心理上的暗示或者震撼,同时还在读者的头脑中呈现出一幅幅生动的画面,不仅令读者深深思索,还能享受到强烈的阅读快感。欣赏霍桑的小说,就仿佛是充满期待地坐在剧场中,看到舞台上的大幕徐徐拉开,直到最后将全部的场景展现出来,令所有观众在心里发出重重的叹息,直到散场才如梦初醒。

在评论界,霍桑的作品因其含义丰富隐晦而令读者和批评家困惑并着迷,除了清教隐喻,评论家们还从象征主义、超验主义、乌托邦幻想、女性主义、种族主义、新历史主义以及生态批评等多重角度来进行阐释和解析,希望能够解开个中玄妙。但是不管用什么样的理论,只要读者真正走入他的作品,走进作者的内心,就可以发现黑暗中的一道光芒,悠远明亮,照亮了时代,也照亮了人类的心灵。

参考文献

[1] 史志康.美国文学背景概观[M].上海:上海外语教育出版社,1998.
[2] Leland S. Person. The Cambridge Introduction to Nathaniel Hawthorne [M]. Shanghai: Shanghai Foreign Language Education Press, Cambridge: Cambridge University Press, 2008.
[3] Annette T. Rubinstein: American Literature: Root and Flower,

Volumes I & II Bound in One[M]. Beijing: Foreign Language Teaching and Research Press, 1988.

[4] 罗伯特·斯皮勒.美国文学的周期[M].王长荣译.聂振雄校订.上海:上海外语教育出版社,1989.

[5] 刘澎.美国当代宗教[M].北京:社会科学文献出版社,2001.

[6] George Perkins & Barbara Perkins. Ed., The American Tradition in Literature[M]. Boston, Mass: McGraw-Hill, 1981.

[7] 埃默里·埃利奥特.哥伦比亚美国文学史[M].朱通伯等译.成都:四川辞书出版社,1994.

[8] 卡罗尔·卡尔金斯.美国文学艺术史话[M].张金言,等译.北京:人民出版社,1984.

[9] Peter B. High: An Outline of American Literature[M]. London: Longman Group Limited, 1986.

[10] R. W. 霍顿,H. W. 爱德华兹.美国文学思想背景[M].房炜,孟昭庆译.北京:人民文学出版社,1991.

[11] 查尔斯·博哲斯.美国思想渊源:西方思想与美国观念的形成[M].符鸿令,朱光骊译.太原:山西人民出版社,1988.

作者简介:白岸杨,上海大学外国语学院教师。

从斯汤学说[①]看汉语和中国文化

陈海叶　白静远

摘　要：斯宾格勒的比较文化形态学和汤因比史学皆认为文化发展具有生命周期，历经青春、生长、成熟和衰败四个阶段，西方强势文化终究没落。汉语是中国文化的载体，汉语危机的背后是中国文化的危机，保卫汉语就是保卫中国文化，也是保护世界文明的精华。

关键词：斯汤学说；汉语；中国文化；英语；季羡林

1　引言

品读阿诺德·汤因比的(Arnold J. Toynbee)《历史研究》(A Study of History)时，地球人类东西南北十方文明的兴衰迁变史仿佛在我的视线中无限延展：从孔子、老子到释迦牟尼、慧能，从塞纳河畔的西方科学技术文明到地球之巅的中国儒释道文明，镜头由远及近、由古到今，一直拉到20世纪三大显学：相对论、量子力学和混沌学。纵横时空十维上下，关注当下时看到的却是纷扰的社会现状。不知不觉间，凝重与悲剧感涌上心头：世界文明何去何从？汉语及其所负载的中国文化将走向何方？本文从奥斯瓦尔德·斯宾格勒(Oswald Spengler)的比较文化形态学和阿诺德·汤因比的史学观出发对此略加探讨。

---

① 由于斯宾格勒与汤因比的学说有相承关系，因此笔者将两人的学说简称为斯汤学说。

2 斯宾格勒与汤因比的文化学说

上述问题无论在东方还是西方，都有智者已经或正在进行思索。一度引领当代西方文化思潮的德国著名历史学家、历史哲学家奥斯瓦尔德·斯宾格勒(2006)以其轰动世界的《西方的没落》(*The Decline of the West*)，以及被誉为"近世以来最伟大历史学家"的英国著名历史学家汤因比以其脍炙人口的《历史研究》(1997)，就世界文明的走向为人们指出了方向。

2.1 斯宾格勒的比较文化形态学

在《西方的没落》中，斯宾格勒提出了研究人类历史与文化发展的新学说——比较文化形态学。该学说认为，历史是有逻辑的，人类历史有一种形而上学的结构贯穿其中。具体地说，人类历史是个有机体，每种文化都有相同的生命周期，历经青春、生长、成熟和衰败四个阶段。换言之，世界上任何一种文明，都必然有其兴盛和衰亡。这一结论与季羡林先生 1991 年"目前流行全世界的西方文化并非从来如此，也不可能永远如此"的论断不谋而合。斯宾格勒的世界历史形态观为我们洞察人类历史与文化的发展提供了一个睿智的视角。

2.2 汤因比的史学

与斯宾格勒学说一脉相承的是英国历史学家汤因比。他提出了人类文明的起源、生成、衰落和解体四阶段生灭论，并对人类历史发展的客观进程作出了整体性与综合性考察。他在被誉为"现代学者最伟大成就"的《历史研究》中把东方文化纳入研究视野，反对"欧洲中心主义"。20 世纪 70 年代，在与日本著名社会活动家池田大作的十日对话中，他进一步把世界的希望寄托于中国的儒家思想和大乘佛教(汤因比、池田大作，1985)。这是他的思想继《历史研究》之后的新发展。儒家思想和大乘佛教是中国文化的两大精髓，而汉语则是这两种文化精髓的载体。因此可以说，中国文化与汉语息息相关，中国文化的危机就是汉语的危机，反之亦然。换言之，如果汉语消亡或遭受损害，则儒家思想和大乘佛教所代表的中国文化将无以焉附。斯汤学说对国人的重要启示在于，应当全力保护中国文化、保卫汉语。因此，本文将以斯汤学说为出发点来探讨作为中国文化载体的汉语危机问题。

3 汉语的危机与英语帝国主义

3.1 汉语的危机

千百年来,汉语一直是中国人思想、倾诉和记载的工具。但是众多迹象表明,今天的汉语正在遭受严重危机,汉语危机的背后则是中华文化的危机。中国青年报社会调查中心通过咨询和民意中国网,对 3 269 人(其中 54.4%具有大学本科及以上学历)进行的一项民意调查结果显示,80.8%的人确认我们当前存在汉语应用能力危机(中青在线,2010)。据《中华读书报》(1996)介绍,1995 年上海华东理工大学对该校新入学的总数为 3 511 名本专科、硕博士生作了一次中国语文水平测试,结果显示,总平均分仅 63.9 分,其中硕士和博士生都不及格。十多年后的今天情况更为严重。在今日中国,学习汉语似乎很不光彩,进了中文系似乎一世悲哀。相反,英语却横行中国,无论是想升学还是工作,都要求学好英语,汉语倒成了次要。英语俨然成了国语,汉语几乎成了第二语言。大学生和用人单位过度重视英语,就连许多中国作家的作品,也开始带着一股"西文腔"。有识之士不禁发出悲呼:难道成千上万的象形文字还敌不过二十几个拉丁字母吗?①朱竟认为,汉语表达的日益粗鄙化,汉语使用的碎片化与不规范化以及公众对汉语的普遍漠视,反映出当代中国人与自身传统文明之间出现了难以弥合的断裂,从而可能危害国人的文化认同与民族认同(朱竞,2011)。

伴随国人对汉语轻视的是过分看重英语,两者形成鲜明对比。近年来国人学英语几乎狂热到了极点。大中小学全面推行"双语教学",要求大学非英语课程用英语授课、全面使用英美原版教材;甚至"学英语从娃娃抓起":即无视师资水平以及当地经济发展水平等条件从小学一年级乃至幼儿园都在开设英语课;大学里凡带"欧美"两字的课程就会倍受学生青睐,就连国产化妆品也要冠上洋名以畅其销路。英美歌星影星洋快餐等更令中国青

---

① 深度视角:汉语危机之汉语危机 http://2007.hnzqw.com/dispbbs.asp?boardID=85&ID=35918

少年学生如痴如醉，而对鬼谷子孙膑庞涓何许人却闻所未闻。汉语和中国文化在国内被边缘化、弱势化。

与国人轻汉语重英语形成巨大反差的是，全球各地兴起了汉学热、汉语热、孔子学院遍地开花。据估计，到2010年底，学习汉语的外国人数量达到了一亿①(重楼，2011)。

3.2 英语高热对汉语的戕害

中国英语高热的背后是它承载的英美西方文化。英语的广泛传播已经形成了语言领域的帝国主义。较早意识到语言帝国主义的学者菲利普森将英语帝国主义定义为：由于英语和其他语言之间的结构性和文化不平等的确立和持续构建，英语的支配地位被认可并保持下去②(Philipson，2000：47)。英语帝国主义成为实施或保持权力和资源的不平等分配的保障(同上：55)。由于语言承载着文化，可以想象，当英语作为侵入性语言进入世界各国时，当地文化科学、媒体和教育等领域被严重渗透，本国文化和语言被边缘化。这种实例比比皆是不胜枚举。英语在中国的横行对汉语造成的侵害正是一个有力的事实例证。

4 捍卫汉语就是保护中国文化

在国内，深度反思中国文化和汉语何去何从这一重大问题的学者很多。在由中华文化促进会主办，由许嘉璐、季羡林、任继愈、杨振宁、王蒙等人发起的"2004年中华文化高峰论坛"上，与会各界代表对汉语在全球化语境下面临的危机表现出不同程度的焦虑。王蒙和阿来分别作了"为了汉字文化的伟大复兴"和"汉语：多元文化共建的公共语言"的报告，呼吁国人重视汉语与中国文化。国学大师季羡林更是数次大声疾呼"只有东方文化能够拯救人类"③；"我的千言万语，核心就是这短短一句"(1999)。他认为：仅就目前来看，统治世界的是西方文化。但是从历史上来看，

① 以汉语为母语的国家和地区如我国内地及我国港澳台地区，新加坡等没有统计在内。

② 这里，结构性的泛指物质实物，如机构、金融分配，文化的指的是非物质或意识形态的实物，如态度、教育原则等(Philipson，2000：47)。

③ 这是他参加一次国际学术讨论会的论文题目。

二者的关系是三十年河东,三十年河西”(1999)。在“再谈东方文化“中,季羡林(1991)多次重申了这个观点:“目前流行全世界的西方文化并非从来如此,也不可能永远如此”。被季羡林称为“中国最后一位国学大师”的钱穆对“天人合一”这一中国哲学命题做了反复阐述,且其“一生最后的一篇文章”的题目即为‘中国文化对人类未来可有的贡献’(钱穆,1991;转引自季羡林 1991)。为方便探讨,本文转录钱穆先生文字于此:

(前言)中国文化中,“天人合一”观,虽是我早年已屡次讲到,惟到最近始澈悟此一观念实是整个中国传统文化思想之归宿处。……数日中,专一玩味此一观念,而有澈悟,心中快慰,难以言述。我深信中国文化对世界人类未来求生存之贡献,主要亦即在此。惜余已年老体衰,思维迟钝,无力以此大体悟再作阐发,惟待后来者之继起努力。……西方人常把“天命”与“人生”划分为二,认为人生之外有天命,显然是把天命与人生分作两个层次,两个场面来讲。此一观念影响所及,则天命不知其所命,人生亦不知其所生,两截分开,便各失却其本义。决不如中国古代中国人之“天人合一”论,能得宇宙人生会通合一之真相。……如果我们今天亦要效法西方人,强要把“天文”与“人生”分别来看,那就无法去了解中国古代人的思想了。……近百年来,世界人类文化所宗,可说全在欧洲。最近五十年,欧洲文化近于衰落,此下不能再为世界人类文化向往之宗主。可说最近乃是世界文化之衰落期。此下人类文化又将何所向往?这是今天我们人类最值得重视的现实问题。以过去世界文化之兴衰大略言之,西方文化一衰则不易再兴,而中国文化则屡仆屡起,故能绵延数千年不断。可说,因于中国传统文化精神,自古即能注意到不违天,不违背自然,且又能与天命自然融合一体。我以为此下世界文化之归结,恐将以中国传统文化为宗主(钱穆,1991)。

季羡林对钱穆此文的评价是:宾四先生毕生用力探索中国文化之精髓。积 80 年之经验,对此问题必有精辟的见解(1991)。季羡林认为:东西两大文化体系的根本区别在于思维模式不同,东方思维模式是综合的,西方是分析的,或者说,东方综合思维模式的特点是整体观念、普遍联系;西方分析思维模式则正好相反。而天人合一这个命题正是东方综合思维模式最高最完整的体现。

在“关于天人合一思想的再思考”中，季羡林以印度、日本和朝鲜的哲学思想材料证明了天人合一是东方文化的主导思想。对于汉语和汉字，他说“中华文明之所以能延续至今，汉字起了巨大的作用”①(2009)，进一步肯定了汉语与中国文化的不可分割性。

那么，汉学热、汉语热和遍地开花的孔子学院背后的深刻社会背景，也就是斯汤学说产生的西方社会背景又是什么呢？西方工业文明肇始至今几百年来到19世纪末已产生了颇多弊端，如环境污染、生态平衡破坏、新疾病丛生、资源匮乏等等，不一而足。这根源于西方文化的分析思维模式，如征服自然的口号等。自斯宾格勒和汤因比在西方振聋发聩尤其自“二战”后至今，西方各发达国家逐渐认识到了这一弊端并纷纷把目光投向东方，并在吸收以中国文化精髓“天人合一”思想为主的东方文化时，做出了巨大努力自我纠偏并有显著成效。以中国的大乘佛教为例，当代西方科技先进的国家早已掀起了研究大藏经②的热潮，包括美国的哈佛大学、康乃尔大学、加利福尼亚大学等几十所大学，英国也有多所大学讲授佛学，如牛津大学东方研究所有世界著名的冈布里其教授(R. Gombrich)，剑桥大学、伦敦大学国王学院有苏汉密特教授(Sue Hammilton)；兰卡斯特大学的哈里斯教授(Iran Harris)等一长串名单；设在美国纽约的世界宗教研究院早在1994年成立了佛教电脑资讯库，通过电脑多媒体技术把佛典大量输入光盘以便利研究。自1950—60年代起，禅宗研究在西方风靡一时，渗透到哲学、文艺、音乐、医学、心理学、社会学等研究领域，出现了众多研究成果③(黄夏年，2001)。可见，西方视中国文化为精髓，并将之吸收融汇于西方文化。难怪西方近几十年来呈现繁荣兴盛的局面。

而在中国，佛教所受的待遇却与在西方截然不同。正如季羡林说，“不研究佛教对中国文化的影响，就无法写出真正的中国文化史、中国哲学史甚至中国历史”(1991)；“我们过去对佛教在中

---

① 老愚，2009.“季羡林老人谈国学”。老愚的新浪博客。

② 大藏经，佛教经典的总集。

③ 影响较大的有亚米斯的《禅与美国思想》(1962)、杜姆林的《现代世界佛教》(1960)、卡普洛的《禅门三柱》、福洛姆的《心理分析与佛教禅学》等(黄夏年，2001)

国所产生的影响的评价多少有点简单化、片面化的倾向。个别著名的史学家几乎是用谩骂的口吻来谈论佛教”(1991)。由于抛弃中国文化而几乎不加区别地吸纳各种西方糟粕,近几十年来国内出现了西方一百多年前出现的诸如环境与大气污染、生态破坏等各种困境。这不由得令人想起一百多年前我国著名思想家魏源在《海国图志》中提出的“师夷长技以制夷”。这本来是用于劝勉中国同胞大胆学习和借鉴西方科技的原则,没想到竟成了对一百多年来西方人虔诚而谦卑地学习中国文化的忠实写照。20世纪三大显学之一的混沌学的四对基本辩证科学范畴是“确定”与“随机”、“有序”与“无序”、“简单”与“复杂”、“线性”与“非线性”,而这几对范畴的哲学基础正是东方的“天人合一”思想。现代西方科学之父爱因斯坦对佛教——中国文化精髓之一做出了如此评价:“未来的宗教将是宇宙的宗教。它应当超越个人化的神,避免教条和神学,涵盖自然和精神两方面。它的根基,应建立在某种宗教意识之上,这种宗教意识的来源,是在把所有自然的和精神的事物作为一个有意义的整体来经历时得到的体验。佛教正是以上所描述的那种宗教”(爱因斯坦,1983: 379)。英美等西方国家对待中国文化的态度与国人的迥然不同,难道不值得国人省思吗?

5 结论

如果任由英语在中国的支配地位甚嚣尘上,汉语及中国文化必遭损害。一百多年来,中国文化放弃民族性、追求现代性的进程也是外语入侵中国的过程。李嘉全(2004)认为,英文挤占“汉语”的地位,与其说这是英语的“入侵”,倒不如说是中国人自己看低了自己的“母语”。对所有的中国人来说,汉语是民族精神的载体与表现形式,延续着五千年的文化命脉,是中华文化永远不可丢弃的家园。尽管我们绝对需要现代性,因为没有现代性诉求就不会有历史的进步;但是,民族性也是我们绝对需要的。阎真认为,“没有民族性我们就失去了自我认同的基点”(阎真,2005)。

中国文化和汉语将走向何方?炎黄子孙应如何应对全球化背景下中西文化的碰撞和英汉语言的接触?汉语是中国文化的载体,如果丢弃和冷落了汉语,中华民族就将失去赖以生存和发展的空间，因为"语言是存在的家园"（海德格尔 1999）。维特根斯坦在《哲学研究》第 23 节中说："使用语言是一种生活方式"（1992）。如果失去了汉语，那么中国人将会以何种方式生活呢？钱穆近百年前曾有此论断："无思想之民族，决不能独立自存于世界之上。思想必有渊源，有生命，无渊源无生命之思想，乃等于小儿学语，不得称之为思想。今天中国之思想界，正不幸像犯了一小儿学语之病"（1962）。这段话虽发自近百年前，但今天读来仍觉与当下时代无比契合。

参考文献

[1] Philipson, Robert. Linguistic Imperialism [M]. Shanghai: Shanghai Foreign Language Education Press. 2000.
[2] 爱因斯坦，阿尔伯特. 爱因斯坦文集（第三卷）[M]. 赵中立，许良英，张宣三编译. 北京：商务印书馆，1983.
[3] 海德格尔. 在通向语言的途中[M]. 孙周兴译. 北京：商务印书馆，1999.
[4] 黄夏年. 20 世纪欧美的佛教研究[A]. 少林文化研究论文集[C]. 北京：宗教文化出版社，2001.
[5] 季羡林. 只有东方文化能拯救人类[A]. 东方文化集成·总序[C]. 北京：经济日报出版社，1999.
[6] 季羡林. 天人合一新解[A]//禅和文化和文学[M]. 北京：商务印书馆，1991.
[7] 季羡林. 关于天人合一思想的再思考[A]//禅和文化与文学[M]. 北京：商务印书馆，1991.
[8] 季羡林. 我和佛教研究[A]//禅和文化和文学[M]. 北京：商务印书馆，1991.
[9] 李嘉全. 汉语在中国咋成了第二阶级语言？[Z]. 网易新闻中心—今语丝，2004.
[10] 钱穆. 中国文化对人类未来可有的贡献[J]. 中国文化，1991(4).
[11] 钱穆. 中国思想史[M]. 新亚书院，中华民国五十一年四月再版(1962).
[12] 斯宾格勒，奥斯瓦尔德. 西方的没落[M]. 吴琼译. 上海：上海三联书店，2006.
[13] 汤因比，阿诺德·约瑟夫. 历史研究[M]. 曹未风译. 上海：上海人民出版社，1997.

[14] 汤因比,池田大作.展望二十一世纪:汤因比与池田大作对话录[Z].荀春生,朱继征,陈国梁译.北京:中国国际文化出版公司,1985.
[15] 维特根斯坦.哲学研究[M].北京:生活·读书·新知三联书店,1992.
[16] 重楼.有多少外国人学习汉语[Z].中国文化传媒网,2011. http://www.ccdy.cn/zgwhb/content/2011-07/21/content_945278.htm.
[17] 中青在线(中国青年报官网).问卷调查。www.cyol.net. 2010.
[18] 朱竞.朱竞的新浪博客. http://blog.sina.com.cn/s/blog_4948e2f90100nd6l.html. 2011.
[19] 朱竞.汉语的危机[M].北京:文化艺术出版社,2005.
[20] 阎真.汉语是我们的文化身份证[Z]. http://www.langlang.cc/1128968.htm. 2005

本文为陈海叶主持上海大学2009年度校级文科项目(项目号为10-0103-09-002)取得的阶段性成果。

作者简介: 陈海叶,博士,上海大学外国语学院副教授,主要研究方向:功能语法、社会语言学。
白静远,硕士,上海大学外国语学院讲师。主要研究方向:英美文学、文化。

短篇小说《熟路》的主题分析
——“路”的多重含义

韩银华

摘　要：美国著名当代小说家尤多拉·韦尔蒂被誉为美国文坛的契诃夫，其作品大都结构精巧、语言简练，但意蕴深厚。短篇小说《熟路》正是她早期文学艺术生涯的一篇巧思细构意蕴绵长的作品。作者细致地描写了黑人老妪为孙子取药所经历的艰难，借用“路”这个富于哲理的意象，不仅深刻地揭露了黑人在争取自由平等的历程中所承受的苦难，还进一步揭示了人类生存中普遍的困境。故事以轻松幽默的语调，表达了作者对黑人还有人类普遍命运的思考，具有浓厚的人文关怀色彩。

关键词：尤多拉·韦尔蒂；《熟路》；路；象征

美国著名当代小说家尤多拉·韦尔蒂生于南方长于南方，作品也具有浓厚的南方风味。沃尔特·苏利文(2001)在一篇介绍韦尔蒂的文章中提到“不论是在品性上还是就事实而论，她在骨子里是南方人，开明的密西西比河居民”。韦尔蒂因其写就的出色的多部小说被誉为美国文坛上的契诃夫。她的作品反映了密西西比河流域的风土人情，通过描写一些普通却富有戏剧化的日常生活，揭示人生真谛和社会哲理。1941 年发表的短篇小说《熟路》为韦尔蒂赢得了欧·亨利小说奖。这篇小说结构精巧、语言简练、意蕴深厚，堪称韦尔蒂的经典之作。卢睿蓉曾从小说的主题和写作技巧两个方面分析《熟路》的艺术魅力，认为韦尔蒂的创作风格为“平淡与深刻并存、幽默与优美同步，意蕴绵长、回味无穷”(2004)。在该文中,卢睿蓉并没有对小说主题进行深入分析。西谚有云:“一千个读者就有一千个哈姆雷特。”艺术的魅力就在于它丰富的解读空间。虽然《熟路》全文仅有三千两百多字,但是可以挖掘的内涵源源不断。评论《熟路》的文章很多,有从象征角度,有从南方文化角度,也有从作品节奏的角度。本文以小说的题目为出发点和终结点,解读《熟路》的主题。

1 老妪取药之路

《熟路》讲述了这样一个故事:黑人老妪菲尼克斯(Phoenix Jackson)长途跋涉到纳齐兹镇上的医院给孙子取药。故事发生的时间是圣诞节。在取药的路上,菲尼克斯经历了各种各样的困难,腿脚不方便,被鞋带绊倒的危险,树林里各种动物的威胁、植物的阻挠,带刺的栅栏,独木桥,如迷宫般的玉米田和田里的稻草人,大黑狗的捉弄,白人猎人的威胁,医院接待员和护士的粗鲁无理。最后终于取到药,并且有两毛钱给孙子买风车。这些困难对于年轻力壮的小伙子来说也许是无足挂齿的小事,但一位黑人老妪能够乐观坦然地面对这些困难,就体现了小说戏剧化的表现手法。有评论说菲尼克斯是“基督似的人物,是爱与勇气的象征”(David J. ,2003)。菲尼克斯往复走的路,在现实意义上仅仅是为孙子去取药的路。通观全文,熟路更是一条象征意义和精神意义上的路。苏利文高度赞扬韦尔蒂,“她和福克纳一样,比同时代的作家更关心亘古的真理,爱和荣耀,怜悯和骄傲,同情与奉献”(沃尔特·苏利文,2001)。

关于黑人老妪菲尼克斯,文中没有明确交代她的年龄,只提到“我从来没念过书,战败那会儿我已经太大了”(朱虹,1983)。1865 年南军投降,南北战争结束。战后北方领导的政府在南方兴办黑人教育事业。关于她为什么为什么长途跋涉,文章开始并没有交代,一直到文章的末尾,其取药的原因才由护士嘴里吐露。“她不是自己来看病的——她有个小孙子。她每隔一段时间来一趟,像钟表一样有规律。她住在纳齐兹古道那边很远很远的地方。”(朱虹,1983)她的孙子因吞食碱液喉咙受伤。她年纪那么大,还不畏辛劳长途跋涉到镇上取药,可见她对孙子的爱。而令人匪夷所思的是她到了医院之后,居然忘记了来医院的目的。

"刚才,我的记性跑掉了。我坐在那儿,忘了自己干嘛大老远的上这儿来。"(朱虹,1983)在护士的提醒下她才回过神来。有评论从心理层面分析这个故事,提出菲尼克斯长途跋涉,也是为了拯救自己的生命。从艺术处理的角度看,小说的侧重点是菲尼克斯一路上的遭遇,而对于时间背景和故事发生的原因都进行了淡化处理。这种模糊化的处理手法,使小说脱离了日常的历史的樊笼,上升到更高的象征和精神的层面上。从接受美学的角度看,这种处理给读者更大的自由想象和发挥的空间,读者易于从日常的解读中走出来,发现永恒的光芒。

2　黑人解放之路

《熟路》全文从象征意义上来说,代表了黑人遭遇的两个阶段,以美国的南北战争为分界线。故事一开始,菲利克斯"身穿一条拖到脚面的带黑条纹的长裙,系着同样长短的围裙"就跃入读者的视野。格兰特·莫斯指出菲尼克斯"穿着典型的奴隶装束"(Moberly, Kevin, 2005)。即使在奴隶制被废除后,继吉姆·克劳法依然规定"禁止大多数黑人男子在工作时穿白衬衣,并且要求所有黑人妇女在公共场所系围裙",上山穿过松树林时,菲尼克斯感到"腿上就象拖着铁镣"," 不知什么东西总想把我拴在这山上,求我停下来"(Bertha, Dean, 2001)。下山越过橡树林时,她的裙子被荆棘勾到,这些荆棘正象征着黑人所受到的历史羁绊。过了独木桥,她坐在长满槲寄生的树下休息,一个小男孩给她送来一块牛奶蛋糕,但"等她去拿蛋糕时,却发观除了自己的手以外,别的什么也没有"(Bertha, Dean, 2001)。基督教的传奇中,有关于槲寄生的记载。相传槲寄生曾是一种很高大的树,基督的十字架就是用槲寄生的木料所制。就因为它在基督受难中所起的作用,它由高大的树变形为寄生的灌木。长满槲寄生的树可以看作是基督教中神的救赎,但是救赎在现实中只是泡影,"牛奶蛋糕"仅仅只是幻想。她穿过"带刺的铁栅栏"。栅栏是一个象征"隔离"的意向。当菲尼克斯走过一片棉花地时,看到"一株株死去的大树象独臂的黑人,站在田野上枯萎的紫色棉杆中"(Bertha, Dean, 2001)。内战前,美国南方主要是以种植园经济为主,而棉田的荒芜表现出南方种植园经济的衰败。黑奴是农场的主要的劳动力，他们被牢牢地绑在土地上，像死去的树一样。而过玉米地就像过迷宫一样，难道美国的蓄奴制对于黑人来说不就像难以找到出口的迷宫？

虽然南北战争结束，美国黑人获得解放，但是在经济上他们还是受到残酷的剥削，在政治上仍然受到无情的压迫和歧视。列宁说："美国资产阶级在'解放了'黑人之后，就竭力在自由的、民主共和的资本主义上恢复一切可能恢复的东西，做一切可能做到的和不可能做到的事情，达到它最可耻最卑鄙地压迫黑人的目的。"(《列宁全集》第 22 卷第 11 页)菲尼克斯跌进沟里，一位年轻的白人猎人将她拉了上来，但是却"笑着举起枪对准菲尼克斯"而且在经济上吝于帮助贫苦的老妪，欺骗她说"如果我带着钱的话，我就给你一毛钱了"。在他们分手后，菲尼克斯还能听到"山上传来一阵阵枪声"，这位白人猎人的威胁和伪善表现了战后白人依然对对黑人实行政治上的压迫和经济上的封锁。到达医院后，服务员的态度粗鲁无礼，对她喊道："你聋了吗?"，菲尼克斯还谈到自己是一个"没有文化的老太婆"，医院"墙上钉着一张盖着金印、镶着金框的文告"和她"萦绕在她心头的梦想完全相符"(朱虹，1983)。黑人虽然解放了，但是他们却没有获得基本的平等的就医和接受教育的保障。菲尼克斯的孙子应吞食碱液而受伤，英文中碱液"lye"和谎言"lie"同音，韦尔蒂用谐音的手法影射美国的黑奴解放只是一个谎言，黑人并不能获得与白人相同的作为人的权利。勇敢的、机智的和幽默的菲尼克斯穿越了这条磨难之路。小说结尾处的风筝和菲尼克斯孙子的形象，也是黑人明天的希望，自由平等的希望。韦尔蒂通过《熟路》指出基督、白人都不能给黑人带来解放，只有黑人的传统、自身的品质和爱才能使黑人获得真正的解放。

3　人类生存之路

故事中，菲尼克斯是一位黑人，但她更是一位机智幽默的好人。转换种族角度解读文本的视角，读者会惊奇地发现，《熟路》中菲尼克斯往复走的路从更高的意义上说，是一条人类生存的道路。《熟路》就好像是希腊神话中的奥德修斯的回家路，荷马史诗《奥德赛》，和乔伊斯作品《尤利西斯》的缩小版。韦尔蒂在文中熟练运用一些意象的象征意义含蓄地表达了对人类的终极关怀。主人公菲尼克斯的名字 Phoenix 有凤凰之意。凤凰在古埃及神话和中国神话中都有凤凰涅槃、浴火重生的意思。在基督教中,凤凰还象征着中世纪艺术的死亡和重生。再者,故事发生的时间是在圣诞节。圣诞节是为庆祝耶稣基督诞生的日子,而耶稣基督的诞生意味着人类得到救赎。作者巧妙地利用故事的主人公名字和故事发生的时间的隐含意义,书写了自己对于生与死——人类永恒的困扰的思考。

在生死之外,就是每个人活着的过程。菲尼克斯为了给孙子取药,往复在这条路上。这条路上,不仅有来自自然界和人类社会的危险和诱惑,还有来自人内心的软弱与屈服。在前进的途中,荆棘勾住了菲尼克斯的衣服。摆脱荆棘后,她不得不艰难地穿过"带刺的铁栅栏",面对白人猎人的威胁和医院服务员和护士的羞辱。文中提到"枯萎的紫色棉杆",影射了美国内战前的自然灾害。在精神上,菲尼克斯显然是一个虔诚的基督教徒。当她捡起白人猎人从口袋中掉出的一枚硬币时,她喃喃自语道,"上帝一直在瞧着我。我落到偷东西的地步了"(朱虹,1983)。前文提到,当她在树下休息时,有个小男孩拿给她一块蛋糕,但"等她去拿蛋糕时,却发观除了自己的手以外,别的什么也没有"。韦尔蒂是在暗示上帝的救赎对于人类来说是虚无缥缈的,只有人类自己才能拯救自己。虽然全文讲述了菲尼克斯遇到的种种艰难险阻,但是老奶奶一路上的心态和行为,还有沿路的风景却也是不能忽略的。故事中无处不见老人的幽默。险过独木桥之后,她自言自语说"看来我还不象自己想的那么老";看到棉田里的鹞鹰时,她居然问道"你在瞧谁呀?";白人猎人问她为什么掉到沟里,她回道"我躺在这儿,先生,就象六月的臭虫,等着翻身哪"(朱虹,1983)。除了让读者开怀的幽默感,菲尼克斯也勇敢地捍卫自己的尊严。在白人猎人拿枪威胁她劝她回家去时,她坚定得要去城里;在医院服务员对她无礼时,她以一脸正色和不予回应给予反击。从菲尼克斯这一形象上,韦尔蒂向读者传达了她对于人类应该如何生存的思考:幽默又不失尊严地活着。路上,菲尼克斯与小动物讲话、享用甜美的山涧,这种生态的生活方式也在提示人类,在路上不要只顾着突破一个一个险境,偶尔也停下来看看沿途的风景。

《熟路》以平铺直叙的方式、简短有力的语言勾勒了一条崎岖蜿蜒的路。韦尔蒂不仅细致地描写了路上的重重困难和种种危险,而且以细腻的笔触和简练的语言塑造了主人公菲尼克斯。对于菲尼克斯来说,这是一条为孙子取药的爱之路;但对于读者来说,这是一条黑人争取自由与平等的路,是人类生存之路。人在路上,人在世上,这是人类永恒的话题。韦尔蒂用短短的三千多字之文,形象生动地描绘出了这个主题,同时也传达了她的思考。对人生充满热爱和希望,以乐观幽默的心态活着,不屈不挠地捍卫做人的尊严,这些都体现出韦尔蒂浓厚的人文关怀。

参考文献

[1] Walter Sullivan. "Eudora Welty 1909—2001"[J]. Sewanee Review, 2001, pp. 481.
[2] 卢睿蓉.《熟路》的艺术特色[J]. 浙江广播学院学报,2004(3): 55.
[3] David J. Piwinski, Mistletoe in Eudora Welty's "A Worn Path"[J]. ANQ, 2003, Vol. 16 Issue 1, pp. 40.
[4] 朱红. 美国女作家短篇小说选[C]. 北京: 中国社会科学出版社,1983.
[5] Moberly, Kevin. "Toward the North Star: Eudora Welty's 'A Worn Path' and the Slave Narrative Tradition"[J]. Mississippi Quarterly, 2005, pp. 107 - 127.
[6] Bertha, Dean. "Phoenix Has No Coat: Historicity, Eschatology, and Signs of Omission in Eudora Welty's 'A Worn Path'"[J]. International Fiction Review, 2001, pp. 32 - 41.

作者简介: 韩银华,上海大学外国语学院硕士研究生。

英汉习语跨文化比较之规避不确定性

黄　红

摘　要：本文通过引入霍夫斯泰德的规避不确定性价值维度理论对比英汉习语。作者总结了比较结果的深层原因，并就如何通过习语的学习来逾越英汉文化的障碍提出了自己的观点。

关键词：习语，规避，不确定性

1　引言

美国剧作家田纳西·威廉姆斯曾写道："未来可以被称作'可能'，那是唯一可以用来称呼未来的词。霍夫斯泰德用"规避不确定性"这个词来界定一种程度，一种当人们遇到混乱不清、难以预测的情况时所感到的不安程度。通过对严格的行为方式的遵循和对绝对真理的信仰，他们尽力避免这些情况（Samovar，Porter，2004：63）。

高规避不确定性的文化中的人们往往对未来很担忧，很焦虑，不愿意做出改变。他们的具体表现如下：① 他们对未来怀有焦虑、紧张。② 他们寻求稳定及共识。③ 他们不能容忍偏离正轨的想法及行为。④ 他们相信绝对的真理，努力获得专业知识。⑤ 他们强烈要求有书面的规则、规划、仪式和章程。

低规避不确定性的文化中的人们更容易接受生活中的不确定性，更欢迎意料之外的事。总的来说，这种文化中的成员相对较轻松，较不紧张。正如爱尔兰的谚语所言：人生应该是一场舞蹈，而不是一场竞赛（Samovar, Porter, 2004: 64）。他们的具体表现如下：① 他们愿意接受改变。② 他们认为冒险是有利的。③ 规则较少，以便有更多的灵活性。④ 允许有偏离正轨的想法及行为。

在霍夫斯泰德关于规避不确定性的表格中，在被统计研究的50个国家及3个地区的排名中，排名越低，表明该国或该地区的人们越不喜欢不确定性；反之，排名越高，表明该国或该地区的人们越可以接受不确定性。我们看到说中文的地区或国家的排名分别是中国台湾地区26、中国香港特别行政区排名并列49/50、新加坡53，说英语的国家中，美国43、英国排名并列47/48。乍一看，这一数据不太能说明问题，因为说中文的地区或国家有的排名靠前，有的靠后。但笔者认为这其中殖民文化在起作用。中国香港特别行政区和新加坡曾被英国殖民统治过很长一段时间，受西方文化的影响，有些东方文化改变了。而我国台湾地区和中国大陆，虽然社会体制不同，一直受到中国传统文化的影响。这也就解释了为什么许多学者认为大部分中国人对不确定性持否定的态度。

2 从规避不确定性价值维度比较英汉习语

本文对英汉习语的比较将从以下四个角度展开：变化观，冒风险还是求稳，对异常行为的容忍度，及规章制度。

2.1 变化观

由于对规避不确定性的分类是基于人们对未来变化的反应上的，所以我们有必要来分析在不同的文化中人们对不确定的事情的一个总的态度，这就是变化观。这部分讨论将再细分为三个部分展开。

2.1.1 观念

英汉两种文化都认为变数是在自然，社会，人类生活中客观存在的。在汉语中有这样的习语，如海枯石烂、风云变幻、沧海桑田、改朝换代等。在英文中有 accidents will happen, gray area, wax and wane, count your chickens before they are hatched, wild card 等。作者发现了一个有趣的现象，中文以时间来描述变化，如日新月异，瞬息万变，此一时、彼一时，时过境迁，斗转星移等。

而英文中的变化受到某种神秘力量的约束，如 tempt providence，tempt fate 和 tempt the gods。这三个习语都指冒险，因为他们迷信地认为冒险的事情有利于他们，所以愿意冒险。

但是两种文化中，人们主观上对变化的偏好不同。从文艺复兴，到工业革命，再到科技改革，改变让西方人受益匪浅。对他们而言，外面的世界变了，如果他们适应了这种变化，那他们的生活总会变得更好，所以这是一个渴望变化的民族。他们会 blow their chance, be given the chance, be in with a chance, not stand a chance, fancy their changes 等。如果有什么不确定性，他们认为可能还没完全适应新的情况，因为这是一个全新的局面了（a completely different ball game）；他们相信初学者在学习新事物时，有他们自己的运气（beginners' luck）；在梦想的土地上（promised land），他们期望收获财富、健康、幸福；当适应了这种全新的，更好的生活方式时，他们愿意重新开始（turn over a new leaf）。总而言之，西方人对待变迁的态度是积极的，乐观的。

相反，中国人对变迁有点悲观，有点被动，因为受到儒家思想的影响，中国人相信“万变不离其宗”。他们认为无论社会怎么变迁，社会的进步主要依赖于社会的稳定，所以历朝历代都把统一，稳定放在首要的位置。这种稳定包括方方面面的，如宗族、家庭、社会、国家、个人社会地位、位置和人际关系等等。他们往往对身边的不定因素焦虑不安，如危机四伏、危在旦夕、朝不保夕、风声鹤唳、草木皆兵等。他们讨厌稳定的局面被打破，否则就会像“树倒猢狲散”，因为每个人都感觉大祸临头，所以他们得出这样的观点“天有不测风云，人有旦夕祸福”。

2.1.2　内省

人们对外在变化的观点也折射出自身心理的变化。在西方人，尤其是美国人眼中，变化、发展、改善、进度、增长、未来是同义词。没有变化就没有进步，没有进步就没有未来。他们要求变化，因为他们想变，如 have an itchy feet, make a change, for a change, give something a facelift 等。另外，不确定性给他们一种新鲜感。变化是最好的一种选择，威胁是前进的动力，如 ring the changes, trial and error, look to your laurels 等。不确定性与其说是压力，不如说是动力，变化是生活的一味调味剂（variety is the spice of life)。

总的来说,中国人认为生活处处有忧患,生活是一个不断解患的过程,如生于忧患、死于安乐,人无千日好、花无百日红等,所以他们选择改变自己以便更加稳定,如穷则思变、改过自新、不破不立等。分析其中的原因,要么因为贫困落后,要么因为处境危险,总之他们是被迫做出改变的。因此,中文里有许多鼓励人们求新求变的习语,如别树一帜、不拘一格、不落窠臼、自我作古等。但是变幻莫测的行为不受欢迎,如反复无常,朝三暮四等,同样故意要做出点夺人眼球的事情也不受肯定,如标新立异等。

2.1.3 反应

由于对内在和外在的变化理解不同,两种文化中的人们处理变化的方式也不同。西方人会放大不确定事情有利的一面,会积极主动地为不可预见的事情做好准备,如 make a virtue of necessity, rise to the challenge, cast your net wide, have/put/have all your eggs in one basket 等。然而,他们也不盲目,而是等待更好的时机,如 play a waiting game, bide your time, keep/leave your options open, keep your power dry 等。

中国人对不确定性的态度似乎更超然。他们的逻辑就是无论外面怎么变化,都不应该轻举妄动,而应静观其变,如以不变应万变、一动不如一静等。当然中国人对待不同的情况,会灵活应变,如见/相机行事、看风使舵、审时度势等。

然而,两种文化中的人们在处理某些具体的变化时,有很多的共同点。其一,他们都会做好准备来防范不利的局面,如"防患于未然"和"prevention is better than cure"和"forewarned is forearmed",以及"锦囊妙计"和"keep a card up your sleeve"等;其二,他们都会根据不同的情况采取不同的计划,如"因地/时制宜"和"play it by ear"等。

2.2 冒风险还是求稳

冒险精神在西方是一种主流精神。西方人往往不愿认命,而是努力奋斗改变自己的命运。他们有天赋,有勇气,相信有一天会走运,会成功,因此他们有理由不要保持原样。事实上,他们对个人需求和成就的不断渴求导致了这种冒险行为,如 want jam on it, push your luck 等。总的来说,不入虎穴、焉得虎子(nothing ventured, nothing gained)的观念是他们的人生观。看看英语习语中有 bet 的词就明白了西方人是多么喜欢冒险,如 I bet / you bet, best bet, don't bet on it, hedge your bets, bet your bottom dollar 等。人们不可能一辈子呆在一个地方,为一家公司打工。这就是社会的流动性,包括住处、社会阶层、职业方面的流动。生活的状态如此多变,许多人没有固定的住所(no fixed abode),他们从事不同的行业(pastures new),他们会不时地换工作(job hunting)等。他们相信这种流动带来更多的机会、金钱、安逸、运气等。而冒险的形式是多种多样的,如 sail close to the wind, walk a tight rope, break the mould, skate on thin ice, a leap in the dark 等。他们可以不惜一切代价投身冒险活动,如 throw caution to the wind, dice with death, risk your neck, court disaster, go for the broke 等。

相反,中国人注重宁静的生活,这也体现了他们的价值观。这可以从许多方面看出。首先,中国人相信稳定的社会环境是一切事物发展的基础,如太平盛世、天下太平等。其次,个人的稳定是社会太平的组成部分,所以个人应该在同一个地方长久、快乐、勤奋地生活工作,如安土重迁、安居乐业等。如果某人不得不离开自己的家乡,凄苦之情溢于言表,如颠沛流离、背井离乡等。他们喜爱求稳也反映在工作中,如循序渐进、稳扎稳打等。有人认为多亏了这种循序渐进、稳扎稳打的精神才使中国文化得以保留(贾玉新,1997: 66)。因为预知未来可以缓解人们对不确定性的焦虑,所以那些能预知未来的人通常大受欢迎和钦佩,如先知先觉,见微知著,一叶知秋等。然而,透过这种现象我们可以看出中国人注重心理的宁静,为此愿意付出努力来求得稳定,如悠然自得、安闲自在、安分守己等。同样,个人也应学会适应新的环境或局面,如既来之、则安之等。

我们再来看看两种文化的共同点。首先,像西方人一样,中国人深深地意识到新陈代谢的原则,他们批评阻碍社会或人们进步的顽固思想和过时的做法,如守常不变、刻舟求剑、食古不化、千篇一律、冥顽不灵、墨守成规等。如果有需要,有些中国人也愿意表现他们的英勇,如不入虎穴、焉得虎子和铤而走险等。但对大部分的中国来说,这种大胆的想法是难得有一次的。西方人也不是绝对爱冒险的，他们有时为了避险也会 playing safe 或 playing it safe。其次，两种文化都一致认为应该充分利用暗藏在不确定事物后面的机会，如“千载难逢，不失时机”和“make hay while the sun shines”等。最后，英汉习语“strike while the iron is hot”和“趁热打铁”都表达出利用有利条件把事情赶紧做完的意思。

2.3　对异常行为的容忍度

从西方价值体系判断，持续不断的创新是推动个人乃至整个社会进步的动力，所以没有绝对的真理，也没有绝对的权威，如 give the lie to something, put a different complexion on something, kick over the traces, stand something on its head 等。对他们来说，真理就是能够做到心中没有疑虑，如 beyond all doubt, without question, beyond any shadow of doubt 等。只要肯尝试，最无助的事情也会有转机（within the realms of possibility）。他们不会受到异常事物的威胁。对于不同的意见，他们愿意各自保留不同意见（agree to differ）。那些不愿接受不同的想法、观点或价值观的人被嘲讽为心胸狭窄的人（narrow-minded）。那些新鲜事物及原创的观点总是受到欢迎，如 open someone's eyes, break new ground, stroke of genius 等。最重要的一点是，他们认为循规蹈矩就不能创新。西方文化总是教育和鼓励人们要心胸开阔（keep an open mind），尝试不同的事物，如 be a law onto yourself, give someone the benefit of the doubt, take something with a pinch of salt, call into question, open the floodgates 等。发奇问而无忌讳的儿童（enfant terrible）可能会使老一代人烦恼，但他们却象征着新一代文化及未来的趋势。

而中国人倾向于稳定，要求永远的真理，如千真万确、万无一失、不易之论等。他们知道这个世界应该遵循的规则。一旦规则立好了，任何人都不敢违背它，就如“不敢越雷池一步”。与主流思潮相矛盾的，有悖传统的想法被认为是“异想天开”或“天方夜谭”而被摒弃。一旦他们的行为或观点脱离正轨，无论是职业，道德规范，标准或是思想意识都会遭到反对，如旁门左道、冒天下之大不韪、不伦不类、离经叛道、异端邪说、桀骜不驯等。然而在不受国家核心价值观影响的地方，鼓励人们提出挑战传统的有建设性的观点，如中国古代伟大的哲学家孟子曾说过："尽信书则不如无书"。另外，"反其道而行之"的做法给人们许多启示。

2.4 规章制度

在西方国家，人们习惯了变化，所以不喜欢传统和秩序。他们往往喜欢挑战法律，制定自己做事的法则，如 take the law into your own hands, lay down the law, stretch / bend the rules, give someone a free hand 等。像在中国一样，在英国和美国，公共法也是必需的，但对法律的执行是建立在法律体系的基础上的，而较少有人为因素的参与，如 law and order, carved in stone, set in/written on tablets of stone, hard and fast 等。

在中国这样的集体主义社会里，为了建立一个稳定的社会，规章制度是必需的。人们不能容忍违法乱纪的行为，如无法无天、目无法纪等。小到个人行为大到管理整个国家，人人都必须遵守这些行为准则，如不依规矩、不成方圆、约法三章、循规蹈矩、国有国法、家有家规等。当说到中国法律的本质，我们必然会想到一个中国传统的概念"人治"。我们希望领导者能够行为规矩，以身作则。但事实上，历史上有许多的官员利用职务之便，无视法律的威严，如徇私舞弊、贪赃枉法等。不同的违法行为将受到不同的惩罚，如小惩大戒、杀一儆百、法不责众等。当法律未能给受害者带来公正时，人们就祈求上苍来惩罚罪犯，如天网恢恢、疏而不漏、天理昭彰等。

两种文化都强调应严厉执法，如"执法如山"，"军令如山倒"和"the letter of the law"，"throw the book at someone"。但是"将在外，君命有所不受"是中国人遇到紧急情况时，灵活处理的一个特例。

3 结论

上述的比较研究表明，英语和中文习语就规避不确定性方面有着较大的差别，这是因为中国是一个高规避不确定性的国家，而英美国家是低规避不确定性的国家。Larry A. Samovar and Richard E. Porter 认为，世界观(来自宗教)，家庭，历史构成了一种文化的深层结构。因此，我们观察到的习语不同程度地反映了英国，美国和中国文化中不同的核心价值。另外，中英文习语之间也有着许多的相似性，这就使得两种文化间的交流有可能。无论我们看上去有多么的不同，我们基本的人性特征的一致性以及我们文化的重叠使我们在看待事物或表达意见时彼此相似，所以我们相信肯定能找到一种方式使彼此更好的沟通。

就如何逾越文化障碍，作者提出以下几点建议：其一，跨文化交际者应该明白蕴涵在习语中的文化差异是非常有价值的资源，应该被保存并延伸。其二，如果有可能，交际者应尽量意识到隐藏在每个习语之后的各自文化间的异同点。其三，他们应该足够灵活，以适应其他文化的相异点，这样他们能对他人的言论做出正确预测和回应。

参考文献

[1] Addison Wesley Longman Ltd., Longman Dictionary of Contemporary English (English-Chinese)[M]. Beijing: The Commercial Press, Addison Wesley Longman China Ltd., 1998.

[2] A S Hornby, Oxford Advanced Learner's English-Chinese Dictionary. (4th edition)[M]. Beijing: The Commercial Press, Oxford University Press, 1997.

[3] Samovar, Porter. Intercultural Communication: A Reader. 8th ed[M]. Belmont, CA: Wadsworth, 1997.

[4] Samovar, Porter. Communication Between Cultures. (5th edition)[M] Beijing: Peking University Press, 2004.

[5] 贾玉新. 跨文化交际学[M]. 上海：上海外语教育出版社，1997.

[6] 商务印书馆辞书研究中心编，新华成语词典[Z]. 北京：商务印书馆，2002.

[7] 中国社会科学院语言研究所词典编辑室编. 现代汉语词典(英汉双语)[Z]. 北京：外语教学与研究出版社，2002.

作者简介：黄红，上海大学外国语学院教师。

浅析《简·爱》中的自然环境与人物心情的关系

黄　瑾　毛雅萍

摘　要：《简·爱》是英国文学史上的一部经典的由夏洛蒂·勃朗特撰写的传世之作，它不只是一部言情小说，而且充满了回忆录的严谨、散文的恬淡，由于是出自女性作家之手，所以我们不难看出，整个小说的字里行间都充满了女性特有的品质，不管是对男女主人公感情事件的描述，还是对周遭的环境和人物心理的描写，都可以感受到作家细腻的感情路线和写作方式。在女主人公简·爱生活和成长的不同阶段，作者都用温婉的文笔写出非常充满感情色彩的文字，通过对不同的外部环境的种种描绘，反应了不同时刻人物的心理变化，做到了文中有画、画中有情、境由心生、人境合一的理想境界。本文将从不同情境与人物的心情戚戚相关这一角度，对《简·爱》整个小说的情感发展路线做出讲解和分析，带领读者走进主人公的内心世界。

关键词：简·爱；环境；心情；意象

主题不点，难成经典。一部文学作品的主题是否有深刻寓意，决定了该作品是否会被视为经典。《简·爱》（夏洛蒂·勃朗特）之所以是英国文学史上的一部精典传世之作，不仅是由于它成功地塑造了文学史中第一个对爱情、生活、社会以至宗教都采取了独立进取态度和敢于斗争、敢于争取自由平等地位的女性形象，更是由于小说本身的魅力，它是一部情节跌宕起伏、一波三折、峰回路转、缠绵悱恻的言情小说，但同时又超越了一般的言情小说，它有回忆录的严肃谨慎，也有历险记的紧张真实；有武侠小说的惊险离奇，也有神怪小说的神秘莫测；有诗歌的浪漫神韵，也有散文的睿智恬淡。所以，此书读罢，会让人燃起珍惜生命、奋发向上、不断进取的热情和斗志，会让人增强追求幸福美好生活的勇气和信心，这便是此书经久不衰的艺术魅力之所在。此外，书中多处对周遭的环境和风景进行描述，体现了夏洛蒂这位女性作家的细腻文笔和情感，也境由心生地体现了不同时段主人公的心理变化，让人在感触人物心情的同时也有身临其境之感，更使得文章真切感人、催人泪下。

1　我值何人关怀？我值何人怜爱？愿化轻烟一缕，来去无牵无碍

女主人公简·爱从小父母双亡，过着寄人篱下的生活，《简·爱》中第一章就以对天气的描述开场，“光秃秃的灌木林”、“凛冽的寒风”、“滚滚乌云和刺骨冷雨”（宋兆麟译，2001），这些凄冷和萧条的环境体现了主人公简·爱的心境，她的内心也是一片黑暗和寂寞，在不受欢迎甚至可以说是倍受虐待的舅妈家，她蜷缩起来独自在书中寻找自己的希望，外面的世界是“一片白茫茫的云雾”，意味着她的幸福也像在“绿草苍苍，白雾茫茫”中寻找在水一方的佳人一般的虚幻迷离。红屋子事件之后，简·爱心身俱伤时贝希的歌谣更是将这个孤儿凄惨的境地表现得淋漓尽致，“……天边无月，暮色苍苍，就要笼罩苦命孤儿的前途。缘何要逼我形单影只，背井离乡……天父仍将以祝福和许诺，把可怜的孤儿拥入怀抱。有个信念赋予我毅力，纵然无依无靠，无亲可投，天堂总是我的归宿，随时能让我安息；上帝呀，你是可怜孤儿永远的朋友”（宋兆麟译，2001）。在读者对简·爱的遭遇充满同情和怜悯时，这首民谣的出现让文章更添悲怆和绝望，让读者对简·爱的同情以及对其舅妈等人的憎恶增加到了一个顶点，而此时由于洛依德的出现以及简·爱对舅妈的顶撞和漫骂，简·爱的命运也迎来了第一次的改变。

2　等闲识得东风面，万紫千红总是春；枕上轻寒窗外雨，眼前春色梦中人

简·爱离开了盖茨黑德，被遣送到洛伍德学校，那里虽然教

规严厉，生活条件也相对恶劣，但是简·爱却在那里开始了自己崭新的人生，不仅是因为她远离了舅妈的虐待和压迫，也因为她的朋友海伦·彭斯的思想改变了自己。这时的她，仿佛在黑暗中也可以看到自己曾经幻想过的美丽图画，“熟练勾画出来的树木房屋，情趣昂然的山岩和废墟，魁普式的畜群，有描摹蝴蝶在含苞待放的玫瑰花上翩翩飞舞，鸟儿啄食熟透的樱桃，藏着珍珠般鸟蛋的鹪鹩巢，周围还缠绕着嫩绿常青藤之类的可爱绘画”（宋兆麟译，2001），因为海伦的开导化解了她对舅妈等人的仇恨，她开始明白人的生命何其短暂，不值得把它耗费在怀恨与记仇上，她享受于现在“吃素菜，彼此相爱，强如吃肥牛，彼此相恨”的生活，她的快乐在于绿荫苍翠的山谷环抱在崇山峻岭中的景致，在于满师暗黑石头及明亮漩涡的清彻见底的山溪。所有的景色都和以前在盖茨黑德的景色完全不同，即使是冬天呼啸的北风也会让她安心，而此时读者也会不自觉地感受到简·爱破茧重生而绽放出的美丽光彩。经过了八年的教学之后，简·爱决心要开始自己独立的生活，她被桑菲尔德雇佣为家庭教师，而此刻她的命运也悄然地迎来了第二次的改变。“月亮俯视着干草村，村子半掩在树丛间，寥寥无几的烟囱里冒出几缕轻烟。我……可以清楚地听到村里传来地生活的细微声音。我耳边还传来流水的声音……宁静的黄昏坦白地泄漏出近处溪水地淙淙声和远处流水的潺潺声”（宋兆麟译，2001）。如此静谧祥和的一片景色被突然而来的马蹄声和狗叫声惊扰，正如简·爱平静无忧的生活被罗切斯特先生的出现而打扰一样，冥冥中作者向读者强烈地暗示，罗切斯特是个突然的闯入者，他将改变简·爱的一生，将主宰简·爱的喜怒哀乐。

3　得成比目何辞死，愿做鸳鸯不羡仙；愿我如星君如月，夜夜流光相皎洁

罗切斯特和简·爱在彼此的相处和了解中渐渐互相吸引，初尝爱情滋味的简·爱更是不可自拔地深深地爱上了罗切斯特。“在这样甘露撒降、这样万籁俱寂、这样暮色渐浓的时候，我觉得我仿佛可以永远徘徊在这树阴下。当我正穿过园里较高地花丛和果林的时候，初升的月亮把月光倾泻在比较开阔的地方，我受到了诱惑……”（宋兆麟译，2001）然而事实上，她的诱惑不是来源

于景色也不是来源于花香，而是来自罗切斯特，从这时作者描述的景观中，我们可以隐隐感觉到，美丽烂漫的田园中充斥着淡淡的月光、阵阵的花香，还有害羞的飞蛾，正如简·爱的心情——喜悦、甜蜜、温柔而又有着些许逃避。终于两人互诉衷肠后，却出现了“一道强烈的青色电光”、“一阵噼啪的爆裂声”、“一阵轰隆隆雷声”，还有“两个小时的暴风雨”和“被雷劈去了一半的树”，相爱的两个人共同迎接的第一天并不是晴朗无云、阳光普照的好天气，让读者产生了阵阵隐忧，也为罗切斯特和简·爱的分离埋下了伏笔。爱情是甜蜜而盲目的，正如罗切斯特为简·爱唱出的那只歌，“……我的爱人，怀着高贵的忠诚……誓让婚姻的神圣纽带，将我们两人永系在一起。我的爱人，已用爱情的一吻，誓与我共死生，我终于得到难以形容的幸福；因为别人爱我——似我爱别人”（宋兆麟译，2001）。小说在此时充满了言情小说的缠绵悱恻，也把读者带入了一个浪漫唯美的情境之中。

4　投之亡地而后存，置之死地而后生；算来若不隔银河，怎见得相逢最好

恶劣的天气和不好的梦境一一验证了他们两个的分离，读者要怎么想象简·爱是带着怎样的心情离开她深爱的罗切斯特，“我不去看初升的太阳，不去看笑盈盈的天空和正在苏醒的大自然。一个被押送着经过美丽的景色走向断头台的人，心里是不会想到路上微笑的花朵的……我所想到的是凄凉的出走和无家可归的流浪，还痛苦地想到我所留下的一切……”（宋兆麟译，2001）读者的心情也随着简·爱的痛苦逃离而陷入了低潮，虽然她再度遇到了赏识和保护她的人，但是她对罗切斯特的思念仍然像铭刻在石碑上的名字，注定了要和刻着它的大理石一样持久，读者也深深希望他们的恋情可以重归于好，所以出现了神幻般的呼唤和回应，所以简·爱出现在回去寻找罗切斯特的路上，“白嘴鸭黑压压地簇拥在一起，一阵响亮地鸦声打破了早晨的宁静”（宋兆麟译，2001），我们几乎可以看到简·爱带着难以抑制的喜悦心情，带着轻快的步伐欢呼雀跃地走在去桑菲尔德的路上。然而笔锋一转，出现在我们眼帘的，是一堆焦黑的废墟，“草坪、庭院被践踏了，荒芜了；大门空空地大张着嘴”、“周围是死一般的寂静”，对这一切的疑问和对罗切斯特的关心跟着简·爱一起迅速燃起。当简·爱再次看到罗切斯特的时候，"正逢天空阴沉沉的，刮着寒冷的大风，又下着刺骨的绵绵细雨"，他住在"没有花，没有花坛，腐朽墙壁满是青苔"的破旧房子里面，由此我们也可以想象到罗切斯特的心情和处境，曾经叱咤风云，现在满腔的热情却受制于身体的虚弱，再加上失去深爱的人，世界更是一片荒原。但是当简·爱抚平了他眉间的躁虑、安慰了他情绪的暴戾，作为他的眼睛带他去看世界的时候，田野变得多么的清脆夺目、花草变得多么的清新、天空变得多么的蔚蓝明亮！"算来若不隔银河，怎见得相逢最好"，经过这样巨大的考验，他们之间的感情更加刻骨铭心。

5 结语

由以上几个鲜明的例子不难感受到，我们在阅读《简·爱》这部小说的时候，完全可以身临其境般的融入男女主人公的故事当中，我们就像无形地站立于简·爱和罗切斯特之间，随着他们的悲欢离合而变换着自己的喜怒哀乐，同时也变换着对整个环境和世界的感受，人们常说："境由心生。"他们喜，整个世界就和他们一起喜着；而他们哭，整个世界顿时也陷入了绝望和凄凉的境地。通过充分理解不同心情会看到不同的风景，不同的风景会反应不同的心情这一原则，我们寓情于景、寓景于情，欣赏着文中有画、话中有美的文字，对于整部小说的理解程度便无以复加了。《简·爱》这部小说正是由于每个灰暗压抑过后会看到云散风清、每个绝望无奈过后会看到峰回路转、每个冷淡悲怆过后会看到温暖幸福，才让读者在翻阅文章的每一页时都会突然感受到一个惊喜、或者会突然面临一个失望，才让整部作品在平凡之中创造出了不平凡，才会使得这部小说传颂至今仍被津津乐道。

参考文献

夏洛蒂·勃朗特.宋兆麟，译.简·爱.北京：北京燕山出版社，2001.

作者简介： 黄瑾，上海大学外国语学院副教授。研究方向：应用语言学及外国语言学。

毛雅萍，上海大学外事处。研究方向：国际交流。

法式俳句的音意刍议

金闪闪

摘　要：俳句起源于日本，是最短的诗歌，仅三行，十七个音节。20 世纪初，俳句从日本传到了法国，对法国的诗歌产生了重要的影响。本文简述了俳句在法国传播的历史，并分析了用法语创作的诗歌在音韵和意境方面，不同于日本俳句的特点。

关键词：法语俳句；历史；特点；音韵；意境

1　引言

深受中国唐诗宋词、禅宗思想影响，17 世纪诞生于日本，三行十七个音节，以 5/7/5 音节格律组成的短诗——俳句，1905 年正式传入法国，从此便在西方世界如火如荼地流行开来，其中包括法语国家和地区。古老俳句拥有著名的当代粉丝，当属欧洲理事会常任主席赫尔曼·范龙佩，他于 2010 年出版了一本日本俳句诗集。出生于比利时北部荷兰语区的范龙佩长期坚持在个人博客上发表创作荷兰语俳句。荷兰语也可以通过五七五的音节写出三个短语，因而独具韵律。他的俳句内容大多是歌颂大自然的，一首广为流传的俳句写道："清晨 6 点钟，小鸟把春天带来，我听到春天。"他的一首自嘲秃顶的俳句更是被各国媒体广为转载："发舞乎清风，荏苒经年风依旧，悲无顶上发。"（转引自毛莉，2010）。2010 年，法国《世界报》对俳句作了专业报道，并指出：俳句已经在全世界流行，俳句的写作不会受语言的限制。

俳句对法国 20 世纪后期及 21 世纪诗歌有着重要的影响，1910 年的意象主义运动即是一个明显的例子。从法国，到加拿大，甚至到塞内加尔，俳句已在法语区流行开去。我们可以在法语区找到不少受到俳句洗礼的诗人、作家如：Paul Eluard、Paul Claudel 及加拿大法语区的作家 Philippe Jaccottet 等。法式俳句创作、研究方心未艾，还专门成立了协会。俳句来源于东方，对西方人来说是“舶来品”，东学西渐，西方诗人如何创造性运用这种诗歌表现形式，值得我们去玩味。

2 俳句的历史

“俳句”起源于日本，最初只被看做是一种简单的“文字游戏”。将其地位提升到艺术高度的是松尾芭蕉(1644—1694)。他赋予了俳句更深刻的含义，同时将“闲寂”咏入句中，把“俳句”这种诗歌成功升华为一种艺术。此后(明治时代)，因正冈子规(1867—1902)提出了“俳句是文学”的理论，俳句这才被认可为日本的代表性诗歌。俳句是诗人从内心或意识的瞬间感悟中所提取出来的分割物，是一种在时间停止的空间里充分发挥想象力而创作出来的诗。虽然只有短短的三行，但它却能构造出一个包含有各种各样思想的世界。可以说，是日本人“人归属于自然却又与自然共存”的传统思想承载着俳句，使其源远流长(JAL Foundation，2010)。

20 世纪，曾在日本留学的学生 Paul-Louis Couchoud 将这种诗歌形式带回了法国，他在 1905 年和几个朋友出去旅游，一路吟诗，回来后一起出版了第一部俳句作品，*Au fil de l'eau*。此后众多作家开始创作，不少译者翻译日本的俳句。其中主要以俳句形式进行创作的是 JulienVocance，他写于第一次世界大战中的 *Cent visions de guerre* 反映了战争的残酷。正是由于这种短小的诗歌形式，使得诗人能及时记录下他所经历的大屠杀似的恐怖现实。除此之外，超现实主义作家 Paul Eluard 和 Paul Claudel 也深受这种诗歌形式的影响。Paul Eluard 写出了将最罕见的意象同最常见的物体结合的著名的诗句“大地像一只蓝色的橘子”。他写的俳句收在诗集 *Pour vivre ici* 里。Paul Claudel 的 *Cent phrases pour éventails* 百扇贴，该诗集按东方格式装帧，极为精致。页面狭长未经切割，而是直接折叠而成，类似中国古书，自右向左翻阅。诗歌内容汉(汉字)法对照。书中汉字由两位日本书法家用毛笔和中国墨写成，法文部分由克洛岱尔亲自用毛笔和中国墨写成。汉字部分是日本俳句，法文部分是克洛岱尔根据相关俳句的意境和内容改写而成的法文小诗。

法国文学批评家罗兰·巴特(Roland Barthes)于 1967 年访问日本后写下的观后感《符号帝国》对日本俳句有过如下的评论："在俳句里，符号、隐喻和寓意几乎什么也用不着，只有那么几个词语，一个意象，一段情愫；罗兰·巴特说，俳句"从来不描写什么，俳句艺术是反描写的，事物的每一种状态都迅速地、顽强地、成功地转变为表象的一种玲珑娇弱的精髓，一个地地道道地'转瞬即逝的'时刻"。罗兰·巴特认为："俳句减化到纯粹运用指称的程度。俳句：它是那个，它是如此，它是这样。"他认为，俳句对瞬间的把握方式只有摄影可以相比。摄影的意识对象应当从"这曾经是"的角度来探索，这是一种惊异感，对"的确，曾经是"的惊异感。

3 俳句音意特点

俳句仅三句话组成，写作俳句的唯一限制是：5/7/5 音节格律。现代俳句已不一定遵从于这一规则。但是写法式俳句的作者一般十分注意押韵。法语有其语言的特点，重音不明显。作者通过押韵、叠韵等技巧的运用，增加诗歌的音乐之美，读起来朗朗上口。我们不妨可以来看下 Paul Eluard(3)写下的为数不多的法语俳句诗，是描述一个年轻女孩子的心理感受，韵脚部分用粗体标注出来，诗歌的英文翻译在右侧：

Paysage de paradis	Paradise landscape
Nul ne sait que je rougis	Nobody knows I am blushing
Au contact d'un homme, la nuit	When touching a man, at night

诗句最后一个重音的音节押韵，重复使用元音音素[i]，结尾无哑音"e"，因此是阳韵。和爱人共度良宵少女的羞怯，跃然纸上，形象与音韵的完美结合。

许多现代派的诗人同样运用尾韵的手法增强诗歌的美感。如 Philippe Caquant(4)，描写秋天的景象。

La feuille indécise	Undecided the leaf

glisse entre les nénuphars	slips between the nenuphars
ets'immobilise	and comes to a stop

结尾有哑音“e”，称为阴韵，韵脚为[iz]，有两个音节相同，是富韵。落叶飘飘然落地的场景，一动一静，押韵运用适当。

除此之外，俳句中采用叠韵更为普遍，叠韵又称头韵，指在诗句中连续数次重复相同的辅音音素。Jean Antonini(5)在俳句中就采用了这一手法：

éclats depensée	chips of thought
épluchant despatates	when peeling potato
au-dessus d'unepoubelle	over a dust-bin

作者幽默地描绘边削土豆，边冒出思想火花的场景，叠韵[p]齐整。

我们再来欣赏一首 Daniel(6)所描绘的阳光照耀下的温暖。

Le soleil entoure	The sun surrounds
la maison La chaleur	the house The heat
cherchel'ouverture	looks for an opening

叠韵为法语中最具美感的小舌音[r]，小诗一气呵成，勾勒出太阳出来后，屋内很快就温暖起来的场景。

俳句短小凝练，诙谐自然。俳句的题材最初多半局限于客观写景，使读者与某个季节产生联想，唤起明确的感情反映。一般使用季语，如春夏秋冬及新年，月份的词汇或者象征季节的词汇如：夏季的骤雨、雪等。诗人 ElianeBiedermann(7)在这首俳句中提到了二月这个季节：

Dans le blanc ciel de février	In the white sky of February
un escadron majestueux de bernacles	a majestic squadron of barnacles
glisse lentement	glides slowly

而一般的现代俳句中，季语的使用已经很少了。日本的俳句往往具有宗教意味，传递出禅意。日本“俳圣”松尾芭蕉的《古池塘》中“古池塘，青蛙跃入，水清响”，青蛙暗示春天，古池塘象征永恒，青蛙跃入，悦耳的清响，又归于平静，具有宗教的空静哲理，此地有声胜无声，声响冲破了以前的凝固、寂静，传达出世界宇宙亘古不变的禅意。现代的徘句题材广泛，它的灵感源自日常生活，

是诗歌初期创作的基础,往往表现出非宗教的存在主义的精神。俳句具有含蓄之美,旨在暗示,不在言传,简短精练的诗句往往能赋予读者丰富的联想空间。

An neuf
la même rue ce matin
le silence en plus
Marcel Peltier, Belgique (8)

现实题材为新年,第二行直译为:今天早上同样的街道,言下之意为昨天晚上,作者也曾在这条街上。第三行直译为:只是多了寂静。是暗示昨天晚上庆祝新年,街上非常的热闹。这是新年的早上,我们仿佛还能看到大年夜,街上熙熙攘攘,庆祝新年到来的人群,听到震耳欲聋的爆竹声。但是,今天早上,什么也没有了,还是同样的街道,冷冷清清,和昨晚的区别就是安静。寥寥数语,刻画了物是人非的场景。作者保留了名词性的词语,可谓言简意赅。我们不妨可以进行扩写:

C'estl'anneuf.
La même rue qui était hier si animée
est déserte avec le silence en plus

虽是表达同样的意思,语法结构更加完整,但却平铺直叙,少了很多的韵味和想象空间。恰当地运用省略,增强了诗歌的意境美。

有时理解一首俳句诗,还要了解作者所在文化的内涵,从一种文化到另一文化是完全不同的,这些含有文化内涵的词语会在同一文化的读者中引起共鸣。我们不妨来看欣赏一首俳句诗:

Des yeux vides	Empty eyes
regardent un champ de coquelicots...	gaze at a poppy field...
fin du voyage.	journey's end.

VaughnSeward, Alberta, Canada (9)

空洞洞的眼神,望着虞美人的田地,旅行结束了。要完全理解诗歌的意境,就要明白虞美人花在法语中的典故,在 MAX DEAUVILLE 的书 *LA BOUE DES FLANDRES ETAUTRES RÉCITS DE LA GRANDE GUERRE*(2005)中,虞美人象征了在第一次世界大战中死去的将士们的灵魂。第三句,旅行结束。

既为实指作者的旅途结束，也虚指在战争中牺牲的将士们长眠在这里。将士们来自各地，可怕的战争夺去了他们年轻的生命，他们的人生旅程也就这样结束了。作者非常地感慨，表明了自己对于战争的憎恶态度。如果不明白虞美人花的内涵，根本无法了解作者的写作意图。

4 结语

西方诗人的俳句创作，可谓学到了东方俳句的精髓，无论在音韵和意境方面都继承了优势，又发展开去。20 世纪的西方诗坛，从诞生于日本的这种俳句诗歌形式中汲取了相当多的养分：准确明锐的意像、跳接的心理逻辑、以有限喻无限的暗示手法等。俳句简短的诗形，被西方诗人用于写作所见所闻、所思所感，它不像其它文学作品那么高不可攀。现代生活的许多经验皆可入诗，而一首好的短诗也可以是一个自身俱足的小宇宙，由小宇宙窥见大世界，正是俳句的趣味所在。周作人在 1920 年曾写文介绍俳句，他认为这种抒写刹那印象的小诗颇适合现代人所需。我们不必拘泥于五一七一五总数十七个音节的限制，也不必局限于闲寂或古典的情调。古为今用，实在一种很好的文学表达形式。

参考文献

[1] 毛莉. 看日本俳句如何在海外推广[N]. 中国文化报，2010 - 04 - 27.

[2] JAL Foundation. How to make Haiku. www. jal-foundation. or. jp/new/chinese_SimSun. pdf (1jan,2010).

[3] P. Eluard, Nouvelle Revue Française, 1920, 84: 340.

[4] P. Caquant, Haikus, France, Publication privée, 1995: 15.

[5] J. Antonini, dans: Le chat a des souvenirs de jungle (sous la direction de P. Blanche). France, Publication privée, 1995: 256.

[6] D. Py, J. Gits, Un poète, un peintre[J], Publication privée, 1995, pas de numéros de pages.

[7] E. Biedermann, Lumière douce au toucher[J], Charlieu (France), La Bartavelle publisher, 1995: 30.

[8] Francine Chicoine. Haku; une approche par les contraintes. www. tempslibres. org /tl /fr /stotxt /HaikuContraintesSTO. pdf (1 Aug,

2007 P17)

[9] Francine Chicoine. Haku; une approche par les contraintes. www. tempslibres. org /tl /fr /stotxt /HaikuContraintesSTO. pdf (1 Aug, 2007 P19)

[10] Jean Antonini. Le Haiku francophone [Z] www. worldhaiku. net / criticism/haikufrancophone. pdf

作者简介： 金闪闪，上海大学中欧学院法语教研室。

战争废墟下爱的挽歌

——林芙美子《晚菊》解析

李晓光

摘　要：林芙美子是日本昭和时代著名女作家。1930 年，她的处女作《放浪记》单行本一经问世就以 50 万册的惊人销量成为最畅销的作品，她从此成为日本家喻户晓的流行作家。之后，她笔耕不辍，写就《风琴和鱼的城镇》、《清贫之书》、《牡蛎》、《鱼介》、《晚菊》、《浮云》等二百多部优秀并且畅销的作品。其中，1948 年 11 月发表的《晚菊》于 1949 年获得"第三回女流文学奖"，被称为林芙美子战后短篇小说的最高峰。本文通过细读这篇作品，试图从中解析作者流露的爱情观以及战争观。

关键词：林芙美子；《晚菊》；战争；爱情

序：爱如晚菊

对于林芙美子的作品《晚菊》，作家今井泰子曾说："这部小说无论从文体还是笼罩其中的紧张氛围都是其他作品中罕见的。从中可以看出林芙美子在战后像被追赶一样，又像与什么对抗一样执着于写作的心态和生活，这些都在作品世界中鲜明地体现出来。琴（小说女主人公）与芙美子合为一体，共同呼吸。"评论家中村光夫也有相似观点："《晚菊》最显著的特色就是作者几乎和琴合二为一，共同呼吸。这种强烈的同感存在于作者与主人公之间，有时甚至觉得这反而成了作品的缺点。"从两位学者的观点可以看出，林芙美子在作品的女主人公身上寄托着自己深深的情感。所以，小说的笔触流利、典雅、娴熟，颇显大家风范。其实，这篇小说的情节比较简单，讲述艺妓琴与原来的相好田部重逢的故事。琴虽然已经 56 岁，但因为她颇懂保养之道，仍然风韵犹存。当她接到田部要来拜访的电话时，顿时心旌摇荡，想让一年未见的田部看到自己仍然颇有魅力。但是，田部，这个曾经与她关系甚密、小她二十多岁的男子，却是为了借钱而来的。对于琴，他不仅已无昔日的情感与冲动，竟然为了金钱还动了杀她的邪念。于是，琴的期待变为失落和痛恨，下决心再不会和这个人有任何牵连。这样一个简单的故事，林芙美子却处理得十分精致紧凑。虽然两个人物的交锋只是从傍晚到晚上的几个小时，却将故事的时间跨越、空间转移交待得天衣无缝，把人物的动作、心理和性格刻画得淋漓尽致。读来有一气呵成、欲罢不能的感受。作者写这部作品时已经 45 岁，所以小说也充分流露出作者自身对年华老去的复杂感触，写来得心应手、水到渠成。正如村松定孝的看法："对于琴的心理描写正是人到中年的作者多年来对于男性抱有的真实情感的写照。"确实，心理描写是这部小说最精彩的部分，不仅入木三分地剖析了人物心理，更独特而且巧妙地交待了时空转移。并且，心理描写和人物间的简单对话共同推动着故事向前发展，环环相扣，逐步推进。如果将这部小说看成一场舞台剧，那么心理描写就如同旁白般起着起承转接、画龙点睛的作用。

直至 2009 年，舞台剧《放浪记》已经在日本由一位演员演满 2 000 场，堪称一幕奇迹。林芙美子的作品受戏剧界和电影界的青睐绝非偶然。这一篇《晚菊》又是一幕精美绝伦的舞台剧，是 56 岁的琴告别艺妓舞台的谢幕演出。总导演林芙美子以全知视角把握着整出戏的进展，时空切换则主要交由主人公的心理活动担任。作为林芙美子战后重要代表作，作品将战后的时代背景巧妙地融入到人物的心理活动和对话当中，而不是自己站出来枯燥地交待与解释。这种方式沿袭着作家一贯的风格：抒情性、感性、充满诗情。

昔日的情人即将来访，剧中女主角赶紧梳妆打扮，誓将最美的姿态呈现于情人面前。

第一幕：女为悦己者容

时间：下午 3 点到 5 点　场景：梳妆镜前　出场人物：琴

主要动作：洗澡、脸部按摩护理、更衣、饮冰酒、脸部上妆、刷牙、喷香水、确认妆容

重要道具：黄玫瑰

① 夕方、五時ごろうかがいますという電話があったので、きんは、一年ぶりにねえ、まア、そんなものですかといった心持で、電話を離れて時計を見ると、まだ五時には二時間ばかり間がある。まずその間に、何よりも風呂へ行っておかなければならないと、女中に早目な夕食用意をさせておいて、きんは急いで風呂へ行った。別れたあの時よりも若やいでいなければならない。けっして自分の老いを感じさせては敗北だと、きんはゆっくりと湯に入り、帰ってくるなり、冷蔵庫の氷を出して、こまかくくだいたのを、二重になったガーゼに包んで、鏡の前で十分ばかりもまんべんなく氷で顔をマッサージした。

以上是小说开篇的几句，可谓精彩。琴接电话、看手表、吩咐女佣做晚饭、洗澡、按摩等一系列动作在作家的笔下简洁而完整地交待完毕。之后，作者交待人物背景："56岁的年龄在这个女人心中正在张牙舞爪，但是琴对此十分不屑。她有足够的自信运用自己多年的修行来掩盖年龄。接着，她将甘油涂在冰冷的脸上。"以上引用的句①当中的两个"必须"和一个"决不"正体现着琴内心对年龄的深深顾虑，和"张牙舞爪"正好契合，而琴的一系列动作都是对"年老"的不服输和抗拒。开篇第一句，作家就点出了小说最重要的信息和主题：琴虽然已是徐娘半老，但是她仍然有足够的自信和欲望吸引男人。之后，她的一切心理活动，包括回忆自己年轻时代以及与田部的亲密往事，都是围绕这个信息缓缓展开。这时一个重要道具出场：玫瑰花。玫瑰花是她在战后结识的男人板谷所送，他40岁左右，经营花店，来时总会给她送花，这些就是他上次送的黄玫瑰。玫瑰花让她想起两首和歌。一首是与谢野晶子的"人の身にあるまじきまでたわわなる、薔薇と思えどわが心地する"。琴非常喜欢这首诗歌，她永远不会忘记自己是个女人，如果像一般老太婆那样邋邋遢遢，还不如死了的好。没有男人的生活，她即使想想也会毛骨悚然。另一首是"銀杏の葉、少しこぼれてなつかしき、薔薇の園生の霜じめりかな"。黄玫瑰象征着女人成熟的美，这更让琴追梦般回忆起自己的青春往

事。她会在半夜醒来掰着手指细数与自己交往过的男人，有时回想起与某些人的分别竟然会落下泪来。所以，她更喜欢回忆与他们初见时的情景。田部打电话来是她始料未及的，她感觉就像眼前出现了一瓶上等葡萄酒。她承认，比起板谷，现在她更被即将到来的田部所吸引。因为年轻的田部曾经带给她美好而欣喜的回忆。

琴记事以来只知道自己没有真正的亲人，5 岁时被相泽夫妇收养。养父在她小学时去大连做生意，之后杳无音信。养母虽然善于经营赚了些钱，却由于结识了赌徒男人而家徒四壁。19 岁的琴不幸被这个男人侵犯，于是离家出走，为了谋生干脆做了艺妓。琴少女时代是远近闻名的美女，曾被称为神乐坂的“小町”，并且当过明信片女郎。与田部结识是在太平洋战争爆发后，当时琴 50 岁，田部刚刚大学毕业，很快参军去了广岛。琴曾经两次去广岛与他相见，两人甚为亲密。1942 年田部随军远赴缅甸，1946 年复员回国。当年他曾来看望琴，但已然一副衰老落魄的模样；1947 年在哥哥帮助下事业有成的田部再次来访，摇身一变成了有钱的绅士。这次见面是他们两人在战后的第三次重逢。值得注意的是，在琴对于往事的零星回忆中，我们窥出了作家的巧妙。这些回忆非常明确地显示了他们这次见面，也就是小说故事情节发生的时间，推算下来应该是 1948 年。有了这个时间脉络，当时的社会背景显而易见，之后两个人物之间的冲突以及对话也大都围绕“战后”这个背景徐徐铺展开来。作家没有或沉重或悲惋地交待时代背景，而是融入在人物的心理活动以及彼此的冲突之中，这比作家直接道来更自然更有力量。

梳妆完毕，琴在镜中确认自己的妆容：“きんはとどこおりなく身支度が済むと、鏡の前に立って自分の舞台姿をたしかめる。万事抜かりはないかと……。”这里的“舞台姿”绝对是点睛之笔，也正是笔者试图将作品以舞台剧形式解读的信息之源。琴即将走上舞台，之所以这样认真细致，是她多年来的职业修炼，更因为她将恋爱当做一件“艺术品”。所以，对于恋爱的对象，她是有严格要求的。

② きんは金のない男を相手にするようなことはけっしてしなかった。金のない男ほど魅力のないものはない。恋をする

男が、ブラッシュもかけない洋服を着たり、肌着のボタンのはずれたのなぞ平気で着ているような男はふっといやになってしまう。恋をする、そのこと自体がきんにはーつーつ芸術品を造り出すすような気がした。

琴的心里非常明白自己想要的：前提是这个男人必须有钱，有了钱才会整洁有修养。她将每次与男人的交往都看做是创作“艺术品”，她不能忍受贫穷、邋遢的男人。这里的“艺术品”和前面的“舞台形象”相得益彰，体现出琴对此次约会的无限期待与重视。虽然今天的她已是“年华老去”，但是在昔日年轻英俊的情人面前，她仍要竭尽全力地“风韵犹存”。在她看来，田部应该是“昔のなごりが少し残っているであろうといった感傷で、恋の焼跡を吟味しに来るようなものなのだ”。这句话充分显示了琴的热切期待和充分自信。

笔者认为这里的“焼跡”含有丰富的隐喻。既暗示他俩曾经有过热烈的感情，而今只能尚存些许余温。也暗示着战后日本一片废墟的面貌，更与小说最后琴将田部的照片投入火炉烧成灰烬前后呼应。从文体学角度而言，这应该是个重要的意象符号。虽然，他们之间可能仅存些许温存，但琴依然全心全力地投入。深谙吸引男人之法的她，除了精致的妆容，也做好了充分的心理准备。

③ 草茫々の瓦礫の跡に立って、ただ、ああと溜息だけをつかせてはならないのだ。年齢や環境にいささかの貧しさもあってはならないのだ。慎み深い表情が何よりであり、雰囲気には二人でしみじみと没頭できるようなただよいでなくてはならない。自分の女は相変わらず美しい女だったよいう後味のなごりを忘れさせてはならないのだ。

句③中几个“不能”和句①中几个“必须”的重复出现生动而且深入地刻画了琴对自己周到细致的提醒，一定要“万无一失”，一定要“征服”这个男人。这种近乎神经质的心理，正是一个如“晚菊”般的艺妓真实自然的内心世界。美国批评家米勒在1982年的《小说与重复》中以《德伯家的苔丝》为例阐明：“小说是由重复套重复或者重复连重复组成的复合体。小范围内有词语、比喻等文字成分的重复，大范围内有事件和场景的重复。有的重复帮助组成作品的内部结构，有的则决定作品与其外部因素的多重关系，这些外部因素包括作者的思想和生活经历，心理、社会或历史现实。”很显然，《晚菊》中的这些句法重复也是帮助组成作品内部结构的重要因素，深入而且生动地刻画了琴“女为悦己者容”的内心活动。她要将完美形象尽力地呈现给田部，不管是外表的还是精神的。一切准备停当，第二幕上演了。

第二幕　人生若只如初见

时间：下午5点过半　　场景：房间
出场人物：琴　田部　女佣
主要情节：两人对话　心理活动
重要道具：长方形火盆　威士忌　火腿　奶酪

一年未见的田部终于出场了。他带来了威士忌、火腿和奶酪，与琴相对而坐，中间隔着长方形火盆。这应该就是琴所喜爱的适合鸳梦重温的良好氛围。但是，田部已然不是原来那般年轻英俊。在琴挑剔的眼中他的打扮就像一个开机械厂的，不上档次。相反，在田部眼中，琴依然年轻美丽，魅力不减当年，似乎岁月在她身上如停滞一般。两人彼此心照不宣地观察对方，却各怀心事。琴虽然希望田部依然对自己爱恋如初，打算重温旧梦。但是从田部局促的动作中，敏感的她觉察出对方可能是为钱财而来，于是，她再也不可能如往日般对田部一心一意，无比着迷。田部虽然觉得琴风韵犹存，但于他而言，似乎年轻的女佣绢更让他有某种内心的冲动。更何况，他是为借钱而来，只是苦于怎么向琴开口提及。此幕开场时，两个主角的对话十分精彩。特别是田部看到琴风采依旧时，显得不可思议，甚至有点语带妒忌。更重要的是，作家通过他的话将日本在战争后的萧条背景巧妙地点了出来。

④「いい生活だな。外は嵐がごうごうと吹き荒んでいるのにさ、君ばかりはいつまでたっても変わらない……不思議な人だよ。どうせ、君のことだから、いいパトロンがいるんだろうけど、女はいいな」

⑤「男の仕事ってつらいもんだから……今の世は、あだやおろそかには暮らせない。喰うか喰われるかだ。僕なんか、毎

日ばくちをして暮らしているようなものだからね……あぶない綱渡り、耳鳴りがするくらいつらい金を使っているんだぜ」

很显然，画线部分的"外面狂风暴雨"、"现今这世道难以生存，你死我活"，都明确地点明了日本当时的社会背景。战败后，日本经济萧条，人们生活举步维艰。可是，唯独琴却依然平静、富裕地生活着。虽然，田部提到琴可能有极具经济实力的相好时，语气有些许妒忌。但是，这种妒忌与其说是情感上的还不如说是金钱上的。毕竟，如今的他落魄贫穷，而琴却丰衣足食，过着颇为豪华悠闲的生活。接着，作家林芙美子像总导演一样跳出来解说道："在田部的醉眼中，过去与琴的种种缠绵扑面而来。"然后，作家把舞台交给田部的内心独白，流露出他的迷惑不解甚至满怀愤懑。

⑥ 昔のままの美しさで女が坐っている。不思議な気がした。絶えず流れる歳月の中に少しずつ経験が積み重なってゆく。その流れの中に、飛躍もあれば墜落もある。だが、昔の女は何の変化もなくふてふてしくそこに坐っている。（中略）この女には社会的反射は何の反応もなかったかもしれない。箪笥も飾り長火鉢も飾り、豪華に群生した薔薇の花も飾り、にっこりと笑って自分の前に坐っている。もう、すでに五十は越しているはずだのに、匂うばかりの女らしさである。

句子中连续三个"坐っている"的重复非常值得注意，它不仅使文章极具现场感，而且反复而且生动地突出了琴的"没有变化"。她一直如此，一样美丽，一样凛然，一样微笑。句中的"ふてふてしく"的意味也颇值得推敲。这个形容词多用作贬义，应该是"大胆、莽撞"，甚至"厚脸皮、无耻"之意。用到这里也显示出田部心中的不平甚至愤懑。岁月流逝，有人欢喜有人愁，唯独这个女人却岿然不动，一如既往地灿烂光华。另外，笔者以为这个词从作家角度看应是有一层褒义的，因为琴在田部面前始终保持着一种矜持和凛然，不曾有一丝主动亲热抑或轻佻之举。这一点也是让田部望而却步的关键。另外，让田部觉得扎眼的除了琴的"不变"，还有她的富庶。于是，琴装饰考究的衣橱、火盆和美丽的玫瑰花都成了他的眼中钉肉中刺，也更让他鼓足勇气向琴开口借钱，甚至后来动了杀机。多年的修练使琴的感觉异常敏锐，当她注意到田部有时不住地摇晃膝盖时，就敏感地意识到田部"莫不是为钱而来?"于是，她顿时感到无比悲凉。虽然，他们拥有了浪漫煽情的氛围，但是，两个人心中的爱火已经熄灭。果不其然，田部终于道出了为钱而来的目的。琴立即感到浑身发冷，突然怀念起与花店老板板谷那平静温暖的感情。失望让她更加清醒地意识到，曾经的巧梳妆，曾经的热盼望，只是幻梦一场。时过境迁，他们之间再无什么爱情可言，只不过是曾经相识而已。

⑦ 昔の焼きつくような二人の恋が、今になってみると、お互いの上に何の影響もなかったことに気がついてくる。あれは恋ではなく、強く惹き合う雌雄だけのつながりだったのかもしれない。風に漂う落葉のようなもろい男女のつながりだけで、ここに坐っている自分と田部は、ただ、何でもない知人のつながりとしてだけのものになっている。きんの胸に冷やかなものが流れて来た。

"钱"这个字眼的出现浇灭了琴心中残存的希望之火。失望使她浑身发冷，使她开始认真审视两个人的关系。在上句中，"つながり"出现了三次之多。充分体现出琴对两人关系的深沉而且冷静的思索。这思索是有层次的，有对爱火燃烧时的回忆，有对分别的诠释，更有对目前状况的最终定位。从"雌雄相吸"到"漂浮的落叶"再到"仅仅是相识"。这几个意象不仅体现着两人感情的由浓转淡，更暗示着那个时代的变迁。他们相识在太平洋战争爆发时，战乱让他们彼此相互吸引、互相慰藉；战败后萧条的日本如同漂浮的落叶般动荡不安，他们的关系也风雨飘摇；如今的见面只是为一个了断，时已迁，情已断。于是，当田部提出要留宿时，琴断然拒绝，田部也采取迂回策略再不提钱的事。小说在这里插入了一个细节，琴敏感觉察到田部细微的心理变化，走到隔壁房间的梳妆镜前注射荷尔蒙并且补妆。这段描写从田部内心变化入手，刻画出他好色的性格。从第一眼看到女佣绢，田部就被她的年轻所吸引而不住地盯着看，在心中拿她和琴进行比较，发现琴在疲惫时略显老态。敏感的琴对此心知肚明，于是她觉得女佣有点碍眼，疲劳后马上补妆掩饰。琴对年老的紧张和抗拒通过与女佣的对比来写，显得自然贴切，也从侧面反映出田部对琴失去兴趣的原因所在：一为金钱，二为琴已不再年轻。敏感的琴在补妆时，思索与田部的这次见面，觉得无聊也觉可惜，竟不知不觉落下泪来。但是，就这样让田部离开，她似乎又心有不甘。

⑧ 色めきたつ思いのない男女が、こうしたつまらない出逢いをしているということに、きんは口惜しくなって来て、思いがけもしない通り魔のような涙を瞼に浮かべた。板谷だったら、膝に泣き伏すことも出来る。甘えることも出来る。長火鉢の前にいる田部が、好きなのかきらいなのか少しもわからないのだ。帰ってもらいたくもあり、もう少し、何かを相手の心に残したい焦りもある。

"長火鉢"在小说中出现频率相当高，笔者认为，它不仅仅是个简单的道具，而应该具有重要的文体作用。两人相对而坐，中间是火盆，火焰在燃烧，可是他们之间的爱却已熄灭。火盆是隔开两个人的鸿沟，让他们不能再如以前那般亲近。田部曾两次想对琴表示亲热，隔着火盆紧紧握住了琴的手。但是，琴只那么让他握着，并没有想绕过火盆走到他身边的意思，表情平静，动作矜持，让田部难以接近。"火"和"火盆"在这里都是重要的隐喻符号。它代表着战火也代表着时空的变换，更从反面印证了他们之间熄灭的爱火。战火让他们分开，长时间的空白使情感淡漠，纵然在火光闪烁、美酒佳肴、花香扑鼻的美妙氛围中，他们之间再也燃不起爱情之火。因此，火盆暗示着战争，表示着时空隔绝，反衬出情感的淡漠。正像米勒分析《苔丝》中反复出现的红色意象是哈代作品中的"无所不在的意志"。这"火盆"在林芙美子笔下也蕴含着无比丰富的信息，正如作家在作品中如下深刻而且透彻的旁白式解说。

⑨ 長い歳月にさらされたということが複雑な感情をお互いの胸の中にたたみこんでしまった。昔のあのなつかしさはもう二度と再び戻っては来ないほど、二人とも平行して年を取って来たのだ。二人は黙ったまま現在を比較し合っている。幻滅の輪の中に沈みこんでしまっている。二人は複雑な疲れ方で遭っているのだ。小説的な偶然はこの現実には微塵もない。小説のほうがはるかに甘いのかもしれない。微妙な人生の真実。二人はお互いをここで拒絶し合うために逢っているに違いない。

时光荏苒，当年的情爱已成追忆。如今的两人只有“相互比较”和“相互拒绝”。这就是真实而且残酷的人生。这里的“幻灭之轮”也和“火盆”以及第一幕的“灰烬”、“废墟”等词语遥相呼应，似乎让我们看到了熊熊燃烧的战火和战火后一片废墟的日本。这也正是潜藏在日本民众心中的幻灭之感以及琴与田部间熄灭的爱火。在火光的映照下，醉眼迷离的田部居然空想着要杀掉琴来谋取财产，而琴却仍对田部心存幻想，想用自己珍藏的田部昔日的照片来勾起对方对自己痴情的迷恋。殊不知，人生若只如初见，此时一切已惘然。

第三幕　物是人非，情已逝

时间：深夜　　场景：房间　　出场人物：琴　田部

主要情节：两人对话　心理活动

重要道具：田部的旧照片　长方形火盆

在田部面前，琴的态度始终凛然与矜持，这让田部心里十分郁闷。不能和她提钱的事，两人之间又无爱火复燃的迹象，但是“没有钱又不行”。于是，田部脑中想象着不如把这个女人杀掉，因为她相当有财力。衣柜里一定塞满了近50年来穿过的和服；除了曾经相好的法国人送她的手镯，肯定还有其他的珠宝；这房子也是她的财产；除她之外这里只有一个女佣，杀掉这样一个老女人应该不费吹灰之力。显然，时间磨灭了他对きん曾经怀有的深厚情感，困窘的现实竟然让他对琴动了杀机。没想到的是，此时琴却从壁橱中拿出了一张田部学生时代的照片。这是琴最后的手段也是最后的希冀，她想以此证明自己对田部仍旧念念不忘的深情。多年来一直珍藏着田部的旧照片，这说明琴是十分纯情的，她就是想利用自己的“纯”引起田部对自己的眷恋，也是对田部之“俗”的极大讽刺。但是，事与愿违，田部对这张照片竟然毫无兴趣，也没有感动于琴对自己的纯情。他醉得不想回家，并且直接挑明：“筹不到钱，我是回不去的。让我留下来吧。”于是，琴彻底绝望也彻底醒悟了。她真想给他些钱打发他走，但又觉得他不配。因为田部是那样不争气和没有自尊。

⑩ きんは、心の中で、田部をつまらぬ男になりさがったものだと思った。戦死もしないで戻って来た運の強さが、きんに

は運命を感じさせる。広島まで田部を追っていった、あの時の苦労だけで、もうこの男とは幕にすべきだったと思った。

这里的"命运"是一个关键词。命运让他们相识相恋，命运又让他们彼此疏远。在琴的心中，昔日那个年轻潇洒有些害羞的青年已经渐行渐远，这场恋情也该彻底闭幕了。但是，田部却仍然不肯罢休，他又开始不自觉地晃动膝盖，在心中不停呼喊："钱！钱！我想要钱，哪怕是5万日元也好啊。"于是，按捺不住的他终于再次开口提钱。琴非常生气，说不再提钱的田部食言了，这说明他已经完全忘记了自己，来这里的目的只有一个：为了钱。于是，琴毫不留情地讽刺田部的食言，这令田部大为光火。突然间，他紧紧握住火盆边的火钳，怒气涌上眉梢，心砰砰直跳。琴马上意识到了某种危险信号，十分不安，只好缓和气氛，让田部暂时住下。田部这才缓缓放下火钳，摇晃着去了厕所。田部确实是有些醉了，但即使是醉了，对于为"钱"而来这个目的他却始终异常清醒，而且这种欲望之强烈让他竟然杀气腾腾。昔日如胶似漆的情感已是昨日烟云，珍藏着昔日的照片算什么，纯情有什么用？只有金钱，只有生存，才是田部最迫切需要解决的现实问题。而这一切到底是为什么？

⑪ きんは田部の後ろ姿に予感を受け取り、心のうちでふふんと軽蔑してやる。この戦争ですべての人間の心の環境ががらりと変わったのだ。（中略）よく熾った火鉢の青い炎の上に、田部の若かりしころの写真をくべた。もうもうと煙が立ちのぼる。

物是人非，情已逝，琴彻底失望也完全醒悟了。烧掉那张珍藏已久的田部的旧照片，就是毅然决然地宣告这段情感的结束。接着，大幕拉上，《晚菊》落幕。舞台上只剩下照片烧过后的袅袅余烟，还有观众对两人之间情感消逝的深深嗟叹。在这最后一幕中，旧照片和长方形火盆这两个重要道具发挥了最后也是最重要的作用。旧照片代表昔日的岁月和情感，火盆隐喻战火。战火吞噬了过去的一切，包括人们曾经安定的生活，曾经真挚的情感。如今，笼罩着人们的只是烟雾般的虚幻和无望。句⑪中"因为这场战争，人们的内心一下子都变了"这句话反映了琴对于战争的痛恨，这种情感也应该正是作家对于战争的反思。特别是田部一直念念不忘的“钱”，正是体现战后人们生活困苦以及人心不古的重要信号。琴的遭遇实际上也是作家自身经历的缩影。战争结束后，很多亲戚以及她出名前的熟人都来拜访功成名就、生活相对富足的林芙美子。对此，林芙美子心知肚明地坦言：“他们根本不是来看望我，而是为钱而来。”可见，琴对于田部的拒绝也可以说是作家向那些所谓亲戚朋友传达的一个信息。在这部小说中，作家对于战争背景或者战后境况没有做丝毫客观铺陈或者主观评述，而是将这个大语境完全融合在人物的内心活动或者对话当中。看似不经意的流露，却更加真实自然地使读者意识到战争的残酷与可怕，使人们清楚地体察到战争带来的经济萧条、社会动荡以及人心的彷徨不安。

日本战败后，林芙美子在之后的复出作品中，有的描述疏散地的农民在战争时的悲惨生活，如《吹雪》；有的描写为了养活病重的父亲和年幼的孩子不得不沦为妓女的战争未亡人的艰难处境，如《骨》。这些作品的共同主题几乎都是反映战争的残酷无情，也都刻画了在悲惨命运中顽强生存下去的女性形象。在这些作品中，作家虽然没有用豪言壮语去鞭挞战争，但是她切切实实地通过描写普通人生活的凄苦、命运的变幻反映着战争的残酷无情。所以可以说，作家通过这些作品开始反观和反思战争。在经历了日本逐渐走向战败的过程中，特别是在疏散地与地方的平民们近距离接触的过程中，她始终在冷静地观察和思索。爱情是世间最美好的情感，家庭是人们最重要的幸福之源，但是，战争却将这些美好和幸福摧毁殆尽，只剩下荒芜和凄凉。所以，板垣直子曾经断言：“林芙美子在战争结束后，是以反战性作品为出发点的。”

那么，林芙美子在作品中流露的对于战后普通人生活困境的关怀，究竟只是对战争的反观和反思，还是可以称之为反战呢？中国学者王向远在《战后日本文坛对侵华战争及战争责任的认识》一文中笔锋犀利地指出：“有的原侵华文学作者，据说在战后的有关作品中表现了‘反战思想’，但是，仔细读读就不难看出，与其说他（她）们的作品是反战的，不如说只是‘反对战败’。”笔者认为这个提法非常引人深思。在《晚菊》中，作家也通过主人公之口说出了“因为这场战争，人们的内心一下子都变了”或者“我如此落魄是因为你也是因为战争"这样的话，但是，无论如何总让人觉得是出于一种"受害者"心理。这似乎是日本人说起中日之间那场战争时所持有的惯常心理。对这种"受害者"心理追根溯源，充其量恐怕只能是一种"反对战败"的层次，尚不能达到"反战"的高度。在她的最后一部作品，也是她最著名的长篇小说《浮云》中，作者对于日本战争行为的反思就更加深入了一层。

参考文献

[1] 今井泰子.女性文学[M].おうふう,1997：193.
[2] 築摩現代文学大系佐多稲子.林芙美子集[M].築摩書房,1978：438.
[3] 吉田精一.日本女流文学史　近世近代篇[M].精興社,1978：314.
[4] 川本三郎.林芙美子の昭和[M].新書館，2003：271.
[5] 川副国基.近代文学の評論と作品[M].早稲田大学出版部,1977：200.
[6] 足立巻一.現代日本文学アルバム林芙美子[M].学習研究社,1980.
[7] 申丹.叙述学与小说文体学研究[M].北京：北京大学出版社，2007：152.
[8] 胡亚敏.文学批评与文化批判[M].武汉：华中师范大学出版社，2007.

作者简介： 李晓光，上海大学外国语学院日语系教师。

汉英文化中礼貌文化的比较

陆玲妹　田　荔

摘　要：礼貌是文明发展的产物，但礼貌又是在不同的文化背景下产生的，它体现不同的文化特征。汉英文化有着许多差异之处，所以它们的礼貌文化也有许多差别。体现在待人接物等日常举止中，英文化的礼貌原则侧重于尊重对方感受，尽量不给对方造成不便，强调互相敬重、平等对待；汉文化更侧重于热情好客，注重对他人敬重，对自己谦卑。体现在英汉日常用语中，英文化的礼貌用语更多使用的是委婉得体的语气，而汉文化的礼貌用语更多使用的是直白的语气。

关键词：汉英文化；礼貌原则；委婉语；直白语

1　引言

礼貌是随着文明的发展而形成的。礼貌是人类文明的象征。

Kochman (1984: 204)说，"Polite conversation is a way of showing consideration for other people's feeling, that is, not saying or doing anything that might unduly excite or arouse other people' feeling."

Lakoff (1973: 208)认为"Politeness is a system of interpersonal relations designed to facilitate interaction by minimizing the potential for conflict and confrontation inherent in all human interchange."

Leech (1977: 19)认为礼貌是用来"avoid strategic conflict."

Brown 和 Levinson (1978)指出礼貌是“a system for softening face-threatening acts”。

礼貌因是不同文化的反映,所以在不同的文化背景下礼貌有着不同的表现,从人们在日常生活中的礼貌举止可以看出某种特定文化的特征。英汉文化有着许多不同之处,所以礼貌在人们的言谈举止上也有许多差异。

2 英汉文化礼貌理论的比较

在英文化礼貌理论的建立上,Leech(1983)可谓最有建树者之一,他的礼貌原则可分为六大部分:

(1) Tact Maxim: (a) minimize cost to others;(b) maximize benefit to others.

(2) Generosity Maxim: (a) minimize benefit to self; (b) maximize cost to self.

(3) Approbation Maxim: (a) minimize dispraise to other; (b) maximize praise to other.

(4) Modesty Maxim: (a) minimize praise to self; (b) maximize dispraise to self.

(5) Agreement Maxim: (a) minimize disagreement between self and other; (b) maximize agreement between self and other.

(6) Sympathy Maxim: (a) minimize antipathy between self and other; (b) maximizesympathy between self and other.

他的礼貌原则中最突出的有 Tact Maxim (尽量减少给他人造成不便)和 Agreement Maxim (尽量保持与他人的一致)。

汉文化与英文化有着相同之处也有不同之处。在汉文化礼貌理论建立上,顾曰国(1990)提出了具有中国特色的汉文化礼貌原则:

(1) Respectfulness, which refersto the respect or appreciation to other.

(2) Modesty, which refers to the self-denigration or self-humiliation to other.

(3) Attitudinal warmth, which refers to the hospitality and enthusiasm to other.

(4) Refinement, which refers to self-cultivation and appropriateness to other.

在这几条原则中,最具中国特色的是对他人的热情好客和对自己的贬低以显谦虚。

3 在日常言行上的不同表现

在人们的日常行为中,可以看到较多英汉礼貌原则的具体表现。如在英语国家,为了避免给对方造成不便和麻烦,人们需要会见某人前会与对方约定好时间,而不会贸然登门;在餐桌上不会硬给客人添菜,而是先问对方是否还要再吃点;在餐桌上不会大声交谈以免影响到他人;避免问对方的年龄、婚姻、收入等涉及个人隐私的问题以免给对方造成难堪。这些行为显示了英文化的礼貌特色,即尽可能减少对他人造成难堪与不便。

而在中国,请客吃饭时,在餐桌上,人们会热情地给客人添酒夹菜,无论对方爱吃不爱吃,以显示热情好客; 会大声地交谈以营造热烈的气氛;会不断地和客人交谈,唯恐冷落了客人;会问对方的年龄、婚姻、收入等个人问题,但并非为了打探对方的隐私,而是为了显示与对方的友好和亲密;会送贵重的礼物,以显示对对方的重视和慷慨;会不预约而登门拜访,以显示我们是关系密切的好朋友。这些行为显示了我们中国的礼貌特色,即对他人的热情好客。但这些行为也显示了我们有时不太顾及对方的感受,有些过于贸然。

在日常用语中,英文化的关于说话得体,顾及对方感受的礼貌原则也有明显的表现。如果需要麻烦别人时,一般先征询对方的同意,或先表达对对方的歉意。

下面举一些例子,从按中文的日常用语翻译过来的译意和英文的字面意义进行一下比较:

(1) 打电话时:

May I speak to Mr. Smith?

(字面意义:我可以和史密斯先生说话吗?)

(2) 请对方开一下窗:

Would you mindopening the window?

(字面意义：你会介意开一下窗吗？)

(3) 询问对方名字：

May I know your name?

(字面意义：我可以知道你的名字吗？)

(4) 请对方让路或请对方稍等一下或请对方避让一下：

Excuse me.

(字面意义：请原谅我。含有因为要让对方让路，而给对方造成不便而深感抱歉之意。而不会说：please step back)

Excuse me for a moment.

(字面意义：原谅我一会儿。而不说 Please wait outside.)

Excuse us for a moment.

(字面意义：请原谅我们一会儿。而不会说 Please go away.)

为避免给对方造成难堪，人们还会用委婉的方式询问对方或表达自己的看法。如：

(5) 在商店里，店员问顾客：

What can I do for you?

(字面意义：我能为你做些什么？而不是说 What do you want to buy?)

(6) 问对方有何事或何事相求：

May I help you?

(字面意义：我可以帮助你吗？有趣的是即使是上司对下级也是这样问，而不是说 What do you have? 或 Why do you come to me?)

(7) 认为对方的观点不正确：

I don't think your opinion is correct.

(字面意义：我不认为你的观点正确)

从以上的英语日常用语中可以看出，英语的礼貌用语较多地使用了委婉语 indirect(或 subtle) speech。在英语文化中，人们认为，the more polite you want to be, the more indirectly you will say something. Very direct speech is often considered rude, unless you know the person very well. 而且人们往往以请求的方式提出要求 (phrase demands as requests)。

鉴于此，在英文化中，人们在发生误解时，还常把责任揽在自己身上，说：I'm sorry. I missed that; I'm not sure I understand — Would you mind explaining?

在日常用语中，人们还常常用到虚拟语气。虚拟语气可表示说话语气的委婉和客气，含有向对方建议性地提出请求或看法，而不是像发布命令。如：

Could you explain that again?

I'd really appreciate it if you could lend me your notes.

Would you mind slowing down a bit?

I should advise you to go to see the doctor.

而汉文化因受过度热情、不太善于考虑对方的感受之习惯影响，日常用语中不大用间接委婉的语句，较多使用了直白的语句direct speech。比如：

(1) 在打电话时说：

请问张先生在吗？或：请帮我叫一下张先生。

(2) 请对方开一下窗时说：

请把窗子开一下好吗？

(3) 询问对方姓名时说：

请问你叫什么名字？

(4) 请对方让一下路时说：

请让一让。(好像对方挡了自己的道，给自己造成了麻烦，应该让开。)

(5) 请对方稍等片刻或回避一下时说：

请稍等一会儿。

请到外面回避一下。

(6) 在商店里，店员问顾客：

你想买什么？

(7) 问对方有何事或何事相求：

你有什么事吗？

你找我有什么事？

(8) 认为对方观点不正确：

我觉得你的看法不对。

从以上例子可以看出，汉语的日常用语显示，人们不大会先征求对方的同意，而是比较单刀直入、直截了当，不拐弯抹角，从而显得不那么顾及对方的感受。但汉语也有表示礼貌的地方。为表示对对方的尊敬，我们会用“您”而不是“你”；我们在麻烦别人时会加上“麻烦您……”，或“对不起，请……好吗?”，或“劳驾……。”，以使语气更柔和、委婉，让对方乐于接受自己的请求，而减少不必要的冲突。

4　其他

英文化的礼貌含有对他人要存感激之心，所以长期以来他们把“Thank you”挂在嘴边，以致其已像“Yes”“No”“OK”一样成了不假思索、脱口而出的常用语。

汉文化含有对对方敬重，对自己谦卑的成分，所以人们问对方姓名时，有时会说“您贵姓”或“您尊姓”。以前人们在上司面前称自己为“在下”、“卑职”。为表示谦虚，对于别人的称赞，人们会说“您过奖了”、“这不值一提”。

5　结论

英汉不同的礼貌文化有它们不同的文化渊源，但都是人类文明的产物，是人类文明进步的表现。懂礼貌讲文明，体现了一个人的内在修养。但从以上的比较中，我们也可以看出，我们的礼貌文化还是存在一定的不足之处的。随着两种文化的不断交流，礼貌文化也在互相渗透、交融。我们也学会了在受到别人称赞时大方地说“Thank you”；在需要与人见面前，先与其约好。学会了尊重别人的隐私，不贸然问个人问题。学会了不硬给别人添菜。学会了多征询对方的意见。总而言之，我们应该既保持自己礼貌文化中的好的东西，也要学习其他文化中的礼貌文化，以充实我们的礼貌文化，进一步提高自身的文明素养，并更好地改善我们的对外交流。

参考文献

[1] Brown P. and Levinson S. Universals in language usage: Politeness phenomena [A]. in E. Goody (ed.), Questions and Politeness [C]. Cambridge: Cambridge University Press, 1978.

[2] Gu Yueguo. Politeness Phenomena in modern Chinese [J], Journal of Pragmatics, 1990.
[3] Kochman T. The politics of politeness: social warrants in mainstream American Public etiquette. In Meaning, Form and Use in Context: Linguistic Applications, (eds), D. Schiffrin (eds). Washington, D. C: George Town University Press, 1984.
[4] Lakoff R. The logic of politeness: or minding your p's and q's. papers from the ninth regional meeting of the Chicago Linguistic Society[M]. Chicago Linguistic Society, 1973.
[5] Leech G. 1977. "Language and tact" L. A. U. T. paper 46. Reprinted as Leech 1980, language and tact. Amsterdam: Benjiamins.
[6] Leech G. Principles of pragmatics[M]. London: Longman. 1983.

作者简介：陆玲妹，上海师范大学外国语学院。
田荔，上海师范大学外国语学院。

从人口动态等指标的变化看日本老龄化的发展

马利中　叶　蓉

摘　要：根据2010年第六次全国人口普查数据，中国大陆60岁以上和65岁以上老年人口占总人口的比例已分别达到13.26%和8.9%。预测认为，到2050年，中国60岁以上老年人口将达到总人口的三分之一。中国人口老龄化是在经济尚不发达的情况下到来的，应对老龄化的措施制度严重滞后。日本是中国一衣带水的邻邦，同属东亚文化圈，也是目前全球老龄化程度最高的国家。从人口动态等指标的变化观察日本人口老龄化的发展，研究其发展规律与特征，可以为我们应对“少子老龄化”的挑战提供有益的启示。

关键词：人口老龄化；日本；东亚研究

1　引言

日本目前是全世界老年人口比例最高的国家。2010年日本总人口约为1.27亿人，其中，65岁以上的老年人口为2 944万人，老龄化率为23.1%。2005年起，日本死亡人数超过出生人数，在国际人口迁移极为有限的日本，人口正在逐渐减少。据推算，到21世纪中叶，日本人口将下降至9 000万人，约为目前人口的70%，届时老龄化率将达到40%左右。作为全球老龄化最发达的国家，日本所发生的各种社会变化和老年人口动向正受到全世界的关注。

1970 年,日本 65 岁以上老年人口比重达到 7%,步入老龄化社会。虽然日本在跨入老龄化行列的时间上大大晚于欧洲发达国家,但是其老龄化率从 7%到 14%的翻番速度仅为 24 年,是世界上老龄化发展速度最快的国家。因此,从人口动态、人口结构等指标的变化观察日本人口老龄化的发展,研究其发展规律与特征,可以为我们应对"少子老龄化"的挑战提供有益的启示。同时,日本"少子老龄化"课题也是外语工作者学习研究日本社会文化不可或缺的重要内容之一。

2 日本出生率、死亡率等人口动态的变化

人口学上认为,人口老龄化产生的主要原因是年少人口减少引起的出生率下降和平均寿命提高所引起的死亡率下降,出生率和死亡率对老龄化产生的作用分别占约 70%和 30%。

日本于 1920 年实施第一次人口普查,此后每五年进行一次(1945 年因战争原因停止除外),65 岁以上老年人口占总人口的比重自 1920 年至 1955 年的 35 年间一直维持在 5%上下的水平,1960 年日本老年人口比重提高至 5.7%,此后呈上升趋势。

日本战后被称为"婴儿热"的第一次生育高峰出现在 1947—1949 年,由于战争结束进入和平时期,加之大量士兵从海外回到日本,出现了婚育高峰期。该期间的年生育率在 4.3 以上,这一批出生的婴儿被称为"团块世代"。1950 年以后由于"新生活运动"①、家庭计划普及和人流合法化等原因,日本生育率急剧下降,1956 年生育率下降至 2.2。日本出生率在这段时期的迅速下降被称为"日本奇迹"、是和经济发展相适应的人口模式。由于出生率在短时间内急剧下降,这种情况对日后的人口老龄化产生了很大的影响。在 60—70 年代前期的经济高速发展时期,日本的生育率一直维持在 2.13 上下的水平。1970 年日本 65 岁以上老年人口比重达到 7.1%,进入老龄化社会。日本战后第二次生育高

① "新生活运动"是指战后 60 年代日本地方自治体和运输业、钢铁、汽车、电器等制造行业共同开展的"家庭生育计划(Family Planning)"、"理财计划(Money Planning)"普及运动。该"运动"作为培养人们在生活行为中的"计划"意识受到高度评价。

峰出现在1971—1974年，生育率为人口更替水平的2.1左右，该时期出生的婴儿被称为“团块二代”。70年代中期，在日本经历经济高速发展，成为世界第二经济大国的同时，“少子化”现象。1975年生育率降至1.91，此后呈现持续下降态势。1966年是丙午年，迷信认为该年出生的女孩长大会成为“克夫星”，由于年轻夫妇都不愿在这一年怀孕生孩子，日本的生育率一下子降为1.58，这是日本有生育统计以来的最低数字。1989年日本在生育率持续低走的过程中，又创造了生育史上生育率为1.57的最低纪录，跌破了1966年丙午年的数字。1.57的低生育率给日本社会以极大的心理冲击，引起朝野上下的广泛忧虑和担心，“1.57shock”专门词汇也随之出现。

2003年，日本生育率下降至1.3，达到“超少子化”国家的警戒线水平，2005年继续下降，为1.26。此后几年略有回升，2010年为1.39。从出生人数来看，日本战后第一和第二次生育高峰时期的年婴儿出生人数分别为270万人和210万人。1975年的出生人数低于200万人，此后持续减少，2010年降至107万人，仅为第二次生育高峰期年出生数的一半左右。日本出生的婴儿，即使在21世纪，婚姻内生育也是占了97%的比例。因此，日本的出生动向受到婚姻状况的影响极大。可以说，日本出生率下降的最大原因是晚婚化和非婚化所致。

从图1我们可以清楚地看到日本人口出生、死亡和自然增长的变化过程和未来人口负增长的趋势。

从表1我们可以观察日本死亡率下降和平均寿命提高的变化，1980年日本死亡率就已降至6.2‰的水平，1990年以后随着老年人口的增加，死亡率开始逐渐上升，2000年为7.7‰，2005年上升至8.6‰。

2005年，日本人口死亡率高于出生率，自然增长率出现负增长，在国际人口移动非常少的日本开始出现人口总数减少的状况。尽管人口开始减少，但是日本人口老龄化在今后四分之一世纪内仍将持续发展。可以说，到目前为止出现的持续的低出生率是导致劳动年龄人口减少和长寿普遍化的主要原因。

1947年实施的临时人口普查数据显示，当时日本人的平均寿命男性为50.06岁，女性为53.96岁，日本人有史以来第一次男

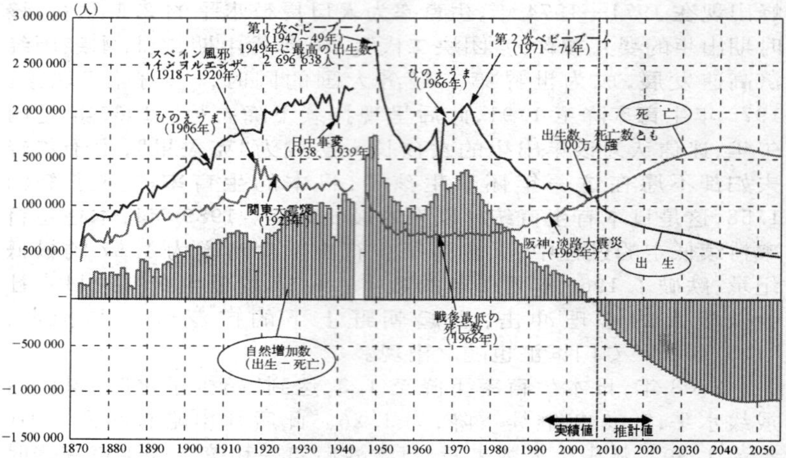

图1　日本人口出生、死亡和自然增长的变化

资料来源：日本厚生劳动省“人口动态统计”、国立社会保障人口问题研究所“日本将来推计人口”。

表1　日本人口动态和平均余命的变化

年	出生率‰	死亡率‰	婴儿死亡率‰	结婚率‰	离婚率‰	平均寿命(岁)	
						男	女
1920	36.2	25.4	165.7	9.8	0.99	—	—
1930	32.4	18.2	124.1	7.9	0.80	—	—
1940	29.4	16.5	90.0	9.3	0.68	(47.0)	(49.6)
1950	28.1	10.9	60.1	8.6	1.01	(59.5)	(62.9)
1960	17.2	7.6	30.7	9.3	0.74	65.32	70.19
1970	18.8	6.9	13.1	10.0	0.93	69.31	74.66
1980	13.6	6.2	7.5	6.7	1.22	73.35	78.76
1990	10.0	6.7	4.6	5.9	1.28	75.92	81.90
2000	9.5	7.7	3.2	6.4	2.10	77.72	84.60
2005	8.4	8.6	2.8	5.7	2.08	78.56	85.52

资料来源：日本厚生劳动省“人口动态调查”“完全生命表”。

女同时步入“人生50年”行列。此后，日本人的寿命迅速上升，1980年男性为73.35岁，女性为78.76岁，达到世界最高水平。2010年的日本平均寿命，男性为79.6岁，女性为86.5岁，女性的长寿水平在过去30年间始终保持世界第一位。80岁以上的高龄老人数，1970年约为96万人，2005年已达约634万人，约占65岁以上老年人口的四分之一。100岁以上老年人，1970年仅为310人，1998年突破10 000人，2009年已达44 000人左右(其中女性占86.5%)。从年龄别生存率看，2010年日本65岁女性的平均余命为23.9年，已迎来了“人生90年”时代，人们需要有一个长寿时代的人生设计和构建一个与长寿相适应的社会环境。

3　日本人口结构的变化

1920—1950年的日本人口普查数据显示，0—14岁少儿人口、15—64岁的劳动年龄人口和65岁以上老年人口的这三大年龄组人口比例分别为35%—36%、58%—59%和5%左右，人口结构处于相对稳定状态，1955年开始情况发生了变化。

由于出生率下降，日本少儿人口比重开始逐步减少，1955年为33.4%，1960年为30.0%，1965年为25.6%，1995年和2010年急剧下降至15.9%和13.0%。与此相反，老年人口比例则由1955年的5.3%上升至1960年5.7%和1970年的7.1%，到1994年突破14%，2000年达到17.3%，比重超过年少人口，并且在2010年达到了23.1%(表2)。

15—64岁的劳动年龄人口比重从1955年的61.3%开始上升，1965年达到68.1%以后迎来了人口红利期，1970年该比重达到69.0%，可以说，在经济高速发展时期劳动力的供给状况非常良好。此后劳动年龄人口比例曾在90年达到69.5%。不过，从人口红利期的高峰开始，15—19岁的年轻劳动力开始减少，劳动年龄人口就出现了中老年化的倾向。日本从20世纪90年代起实施“高龄者雇用安定法”，促进企业将退休年龄延长到60岁以上，鼓励企业对退休老人继续雇用和再就业。

据日本人口的未来预测，2030年日本少儿人口比重将不到10%，而老年人口比重则将达到31.8%。如果把65岁以上老年人口作为被抚养人口的话，估计届时将是一个经济上难以承受的社会。

表 2　日本总人口和三大年龄组的人口比例

年	总人口（人）	0～14 岁	15～64 岁	65 岁～	年	总人口（人）	0～14 岁	15～64 岁	65 岁～
1947	78.101	35.3	59.9	4.8	1980	117.060	23.5	67.3	9.1
1950	83.200	35.4	59.7	4.9	1985	121.049	21.5	68.2	10.3
1955	89.276	33.4	61.3	5.3	1990	123.611	18.2	69.5	12.0
1960	93.419	30.0	64.2	5.7	1995	125.570	15.9	69.4	14.5
1965	98.275	25.6	68.1	6.3	2000	126.926	14.6	67.9	17.3
1970	103.720	23.9	69.0	7.1	2005	127.768	13.7	65.8	20.1
1975	111.940	24.3	67.7	7.9	2010	127.176	13.0	63.9	23.1

资料来源：日本战后历次人口普查数据(1947 年为临时普查)。

4　日本家庭结构的变化

近代日本，随着人口和工业化的发展家庭数量不断增加。1955 年以前，日本家庭的平均人数为 5 人左右。由于城市化、工业化所带来的核心家庭化变化，60 年代以后，虽然家庭数量在增加而家庭人数则在减少。人口普查数据显示，1995 年的家庭人数为 2.99 人，2010 年为 2.58 人。

另外，随着平均寿命的提高，有老年人的家庭数量和比例也在增加。截至 2009 年底，日本共有家庭户数为 4 801 万户，其中有 65 岁以上老人的家庭户数为 2 013 万户，占家庭总户数的 41.9%。从有老年人家庭的形态别看，仅老夫妇两人的家庭户数为 29.8%，一人独居家庭为 23.0%，和子女、孙辈共同居住的三代同堂家庭为 17.5%，老夫妇和未婚子女居住的为 18.5%。

考察日本老龄化社会及其社会问题产生的原因，最易懂的方法，就是关注家庭生命周期(family lifecycle)变化，特别是父母和子女相关关系的变化。家庭生命周期是美国学者 P. C. 格里克最早于 1947 年从人口学角度提出的概念，反映一个家庭从形成到解体呈循环运动过程的范畴，它综合了人口学中占中心地位的婚姻、生育、死亡等研究课题，对家庭生命周期的研究可以对这些人口过程的机制进行深入的认识与剖析。老龄化(Aging)，不仅仅是指人均寿命的提高，还包括夫妇在抚养子女的时间延长，子女就学、就业、结婚、生育等生命周期中各个阶段发生事件时年龄的推迟。生命周期的变化并不会受到原有社会规范、生活习惯的束缚，另外，我们知道晚婚化是造成少子化、生育率下降的重要原因。可以说，几乎所有老龄化社会问题产生的原因都是由生命周期中重大事件发生的时间推延、家庭结构变化所引起的。

从表 3 我们可以看到 1935 年和 60 年后的 1995 年的生命周期中相关事件发生的年龄变化。“家庭生命周期”是从男女“结婚”组成新的家庭开始，经过生育、抚养孩子，子女完成学业踏上社会的“生儿育女期”，以及最小的孩子离开家庭的“子女离家，空巢期(empty nest)”，最后以配偶和本人“死亡”宣告家庭生命周期的结束。

表 3　1935 年和 1995 年日本家庭生命周期的变化

主要事件	1935 年	1995 年
初婚年龄	男 26 岁、女 23 岁	男 29 岁、女 26 岁
子女数	5 人	2 人
生育时间	15 年	5 年
子女抚养、受教育时间	27 年（最小孩子小学毕业）	23 年（高中毕业）～27 年（大学毕业）
最小孩子接受完教育时的父母年龄	丈夫 54 岁、妻子 51 岁	丈夫 53～57 岁、妻子 50～54 岁
平均寿命(死亡年龄)	丈夫 47 岁　妻子 50 岁（丈夫 60 岁、妻子 65 岁）	丈夫 77 岁　妻子 84 岁（丈夫 84 岁、妻子 89 岁）

资料来源：高龄社会基础资料(2009—2010 版)、(日)中央法规。

在 1935—1995 年的 60 年里，男女结婚年龄提高了约 3 岁，男性的死亡年龄提高了 14 年，女性提高了 19 年。生育子女数由 5 人下降到 2 人，女性(妻子)的生育期由 15 年减少到 5 年，但是，孩子的抚养期，无论是 5 个孩子还是 2 个孩子，同样需要 27 年左右。这是因为孩子的就学期延长了。另外，丈夫的退休年龄也从 55 岁推迟到了 60 岁，延长了 5 年，退休后人生的平均余命，丈夫(男性)延长了 14 年，妻子(女性)延长了 19 年(图 2)。

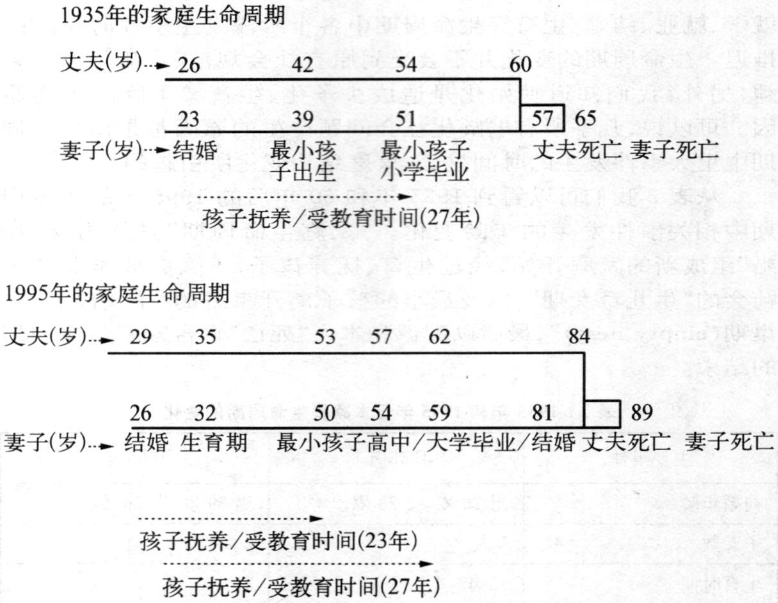

图 2 日本家庭生命周期的变化图

资料来源：高龄社会基础资料(2009—2010 版)、(日)中央法规

如果将年轻夫妇的父母也加上的话就是三代人的生命周期图，在 1995 年的情况下，孩子的抚养期不说，丈夫退休后，他们的父母，特别是母亲还健在。我们可以想象老年人照料老年人的情况必然会增加。

老龄化社会问题的绝大多数是老年人的问题，特别是对需要护理老年人的措施被认为是区域社会的课题。家庭的小规模化使家庭成员间的支撑能力下降，抚养孩子、照顾老人的家庭作用也在逐渐社会化。日本在需要护理老年人问题开始显现的 80 年代起积极推进老年设施的建设。这些对策措施被称为“黄金计划”，由区域社会负责推进老年设施建设。建设经费根据国家负担 1/2，县和区域社会各承担 1/4 的原则，在社区建设各种类型的老年福利施设。尽管如此，希望进入老年福利施设的人数仍大大高于实际接受能力。

在国土面积狭窄的日本，各地区的生活习惯也是不同的，既有认为孩子长大成人后应该另立门户、分开居住的风俗习惯地区，也有认为老人应该和已婚子女、孙辈生活在一起“三代同堂”互相帮助的地区。事实上，在三代同堂家庭比例高的地区，患认知症、需要护理老年人的比例较低。但是，即使在这些地区，仅老年人的家庭和希望进老年设施的人数也在持续增加。

5 日本区域社会的老龄化

由于日本各地情况不同，因此人口老龄化的发展情况也有很大的差异。日本老龄化几乎最初都是从农山村地区开始的。其原因是因为工业化城市化的发展使农村年轻劳动力人口大量流入城市，而农村地区人口过疏加剧了老龄化。这种由农村向城市的人口迁移在整个 70 年代一直持续。日本老龄化率达到 10%水平是在 1985 年前后，在以地方自治体中，老龄化率超过 30%的自治体，大多数都出现在农山村地区。另一方面，人口过密化的大都市为兴建卫星城镇侵食了大面积的周边区域。预计今后日本整个国家的老龄化率将达到 30%甚至 40%，部分山村地区可能会成为无人区。届时，区域社会的老龄化问题，将成为城市、特别是大都市圈的问题。30—40 年前，大量年轻人涌入的新兴城市(卫星城镇)的老龄化问题目前已经开始逐渐显现。

6 日本战后人口发展和老龄社会对策制度的完善

二战结束时(1945 年)的日本人口约为 7 200 万人，1947 年的临时人口普查数字显示，当时日本人口约为 7 810 万人(海外回归者约为 600 万人)，男性平均寿命首次达到 50 岁。当时是一个高生育率高死亡率的时代。1948 年日本开始为所有妊娠 3 个月以上的孕妇发放“母子健康手册”，由于在全国实施了为母子提供健康检查的保健服务，孕产妇死亡率和婴幼儿死亡率急剧下降。1947—1950 年连续四年的“婴儿潮”出生高峰后，随着妇幼保健事业普及和“新生活运动”的开展，再加上自治体和企业推进的“家庭理财”、“家庭计划”普及活动，日本在 60 年代进入了少生少死的时代，妇女的社会地位也大为提高。

1970年日本老龄化率达到7.1%，开始进入老龄化社会。作为普遍性长寿社会（1970年：男性69.31岁，女性74.66岁）的到来，被认为是进入了具有积极意义的社会发展时代。1973年，日本政府实施了对老年人提供优厚社会福利服务的措施，包括养老金给付与物价指数挂钩、对老年人日常生活提供公共支援等，其中最引人注目的是“70岁以上老年人医疗费免费”制度，这一年也被称作“福利元年”。在经历了1971—1974年的战后第二次“婴儿热”生育高峰后，日本生育率呈现出了持续下降的趋势。

随着战后人口老龄化的发展，日本老龄社会对策和保障制度也逐渐完善，其对策制度的形成和发展大致经过了以下几个阶段：

(1) 60年代为社会保险和老年福利制度构建阶段。如60年前后出台的“国民健康保险制度”（1958年）、“国民年金制度”（1959年）、“老人福利法”（1963年）等制度和法律法规都是为应对平均寿命迅速提高而出现的国民健康、经济、福利等方面的需求而制定的；

(2) 70年代为老年福利事业和老龄社会对策拓展阶段。1973年日本修改“老人福利法”，规定70岁以上老年人享受免费医疗，同时为老年人福利服务的思路和做法大为拓展，70年代后半期到80年代初，日本积极学习北欧的老年福利做法，推出日间护理、短期照料、康复训练等各种为老服务项目；

(3) 80年代为老龄社会对策和福利制度调整充实阶段。1982年日本制定“老人保健法”，导入老年医疗费中个人负担一定比例的机制，结束了70岁以上老年人免费医疗制度。1989年推出的“高龄者保健福利推进十年计划”（黄金计划），提出建设老年保健设施（作为医院和家庭之间的“中间设施”）、充实老年护理服务项目等一系列具体数量目标；

(4) 90年代起为老龄社会对策和制度改革阶段。面对老龄化发展的迅猛发展，1994年日本推出了经修改调整的“新高龄者保健福利推进十年计划”（新黄金计划），2000年日本出台“介护（护理）保险制度”。日本目前实施的老龄社会对策措施的法律依据是1995年制定的“高龄社会对策基本法”。

7 日本经验对我们的启示

中日两国是一衣带水且同处东亚儒教文化圈的人口大国，在人口转变的发展轨迹和演变规律等方面有着很大的相似性，形成了不同于西方国家的“东亚模式”。比较中日两国走过的人口发展道路，可以发现相互间有很多惊人的相似之处：如日本战后通过家庭计划运动仅用 10 年时间就将出生率从 1947 年的 34.5‰下降至 1957 年的 17.2‰，这种在短时间内将出生率减半的事例在世界上是前所未有的，而中国在 1969 年至 1979 年的 10 年中也仅用 10 年时间将出生率从 34.1‰下降到了 17.8‰。再如，反映人口老龄化速度指标的老龄化率(65 岁以上老年人口占总人口比例)从 7%到 14%的翻番所需年数，一般欧美国家都需要半个至一个世纪的时间，而日本只化了 24 年(1970 年至 1994 年)，仅为欧美的一半至 1/4 的时间，其老龄化发展速度之快在世界上也是绝无仅有的。据预测，中国的老龄化率翻番年数大约也只需要 24 年左右。中日两国在人口发展过程中所遇到“巧合”、所面临的机遇、挑战都非常相似。日本的人口发展走在我们的前面，他们获得的经验和教训，是我们可以借鉴的宝贵财富。从人口动态等指标的变化分析日本老龄化的发展，学习借鉴日本在构建老龄社会对策制度和“积极老龄化”、“健康老龄化”方面的经验，将对中国应对人口老龄化高峰到来和“制度养老”的构建产生“未雨绸缪”的积极效果和启示。

参考文献

[1] エイジング総合研究センター編. 高齢社会基礎資料年鑑(09—10 版).
[2] 内閣府. 平成 21 年版少子化社会白書.
[3] 内閣府. 平成 21 年版高齢社会白書.
[4] 経済企画庁. 平成 20 年版国民生活白書.
[5] 文部科学省. 文部科学統計要覧、平成 20 年版.
[6] 厚生労働省. 人口動態統計 2008.
[7] 国立社会保障・人口問題研究所. 人口統計資料集 2010.
[8] 少子化どれぐらい深刻?. 日本経済新聞，2005.
[9] 王桂新. 中国の人口変動と経済発展. 統計. 日本統計協会，2009.

[10] 津谷典子. 少子化動向と少子化対策のあり方. 年金と経済,2008; Vol,27.
[11] 日本“少子高龄化”带来诸多问题. 新华网东京 2011. 10. 30 电.
[12] 马利中. 中日韩三国人口老龄化的发展及其成因的比较研究. 日本学研究. 华东理工大学出版社,2007.

作者简介： 马利中，博士，教授，上海大学外事办公室主任。
叶蓉，上海大学外国语学院。

欲望与人格分裂：兼论《穿蓝裙子的魔鬼》之心理学视阈

庞好农

摘　要：沃尔特·莫斯利在《穿蓝裙子的魔鬼》里揭示出种族越界、政治腐败和经济压迫是"二战"后美国黑人在洛杉矶陷入人格分裂的主要致因。多重人格是黑人生存环境恶化的表现形式，幻听是人在险境中出现的善意化多重人格的演变形式，追逐贪欲而生的后继人格把人变成魔鬼，折射出黑人在种族压迫下的心灵扭曲。莫斯利对人格分裂各种表征的描写，揭示了种族主义制度下黑人社会心理的本真反应，开拓了当代非洲裔美国犯罪小说的新路径。

关键词：莫斯利；《穿蓝裙子的魔鬼》；多重人格；幻听人格；后继人格

欲望是人类为了寻求自我满足的最内在和最基本的一种愿望或渴望，同时也是本能的一种自然释放形式。在欲望的推动下，人总想占有世间的有形或无形之物，以满足自己的精神需求，从而与自然和社会形成了密切的关联。欲望是人类改造世界，同时也是人类改造自己的根本动力，从而也是人类文明进步、社会发展与历史演绎的动力。人世间一切的活动，无论是经济、政治、商务，还是文艺、教育、宗教、祭祀等等都是欲望驱动的结果。欲望主宰和操控着人们的一切，但欲望的内容和追求方式则是随着社会状况的变化而变化的。欲望的满足没有绝对性，人总会有新的欲望不断产生。欲望的无限性和物质世界的有限性，必然导致有很多欲望得不到满足。越是满足不了的欲望,越能激发起人更大的追求。然而,如果欲望的释放超过一定的限度,就会引起人的性格骤变或人格分裂,甚至会给自己、他人甚至社会带来不利的影响或严重后果。美国作家沃尔特·莫斯利(Walter Mosley)长期以来对非洲裔美国人的欲望与人格变异方面的问题极为关注。

莫斯利从20世纪80年代中期开始从事文学创作,出版了四个系列的侦探推理小说,即易斯·洛林思系列、无畏的琼斯系列、里厄尼德·麦克吉尔系列和苏格拉底·福特罗系列。此外,他还创作了科幻小说、成长小说、情欲小说、图画小说和其他一些非叙事类作品。他的大多数小说被《纽约时报》和美国出版界评选为当年的畅销书,并被译成二十多种语言,畅销于世界各地。美国前总统比尔·克林顿对莫斯利的推理小说爱不释手,认为他是当代美国最有魅力的小说家之一。莫斯利在侦探小说和犯罪小说方面的文学成就享誉非洲裔美国文坛。他于2005年被美国桑当斯研究院授予"惊险小说奖";2006年其小说《47》获得"卡尔·布兰顿学会视差奖",莫斯利也因此成为荣获该奖的第一位美国黑人作家。美国学界公认莫斯利写得最好的犯罪小说是《穿蓝裙子的魔鬼》(1990),该小说揭露了黑人犯罪问题与种族压迫和种族歧视的密切关系,认为种族越界、政治腐败和经济贫困等方面的问题是使黑人陷入人格分裂的痛苦和绝望之中的主要致因。本文拟从分身性多重人格、良性幻听人格和贪婪性后继人格三个方面探讨莫斯利在这部小说里所揭示的欲望驱动与人格裂变的内在关联。

1 分身性多重人格

多重人格,这个心理学术语近20年来频繁出现在当代美国文学作品和影视剧中。无论是理查德·贝尔的小说《24重人格》还是大卫·芬奇导演的电影《七宗罪》,多重人格现象在读者和观众心中留下了深刻的印象,显得既神秘又令人恐惧。人格分裂在心理学上被称为"解离症",它的主要特征是"患者将引起其精神痛苦的意识活动或事件记忆,从整个精神层面解离开来以保护自己,但也因此迷失了自我,消解了原有身份"(Roland Littlewood,

1996)。此类患者在医学临床上并不多见,但经常被当代作家采纳为戏剧、电影或小说的题材。人格分裂引起的多重人格症是指一个人同时具有两种或多种非常不同的性格。此类患者行为的差异无法以常人在不同场合、不同角色的不同行为来解释,他好像在不同的时段分化成了性格完全不同的人,并且每个人格都有各自的姓名、记忆、特质、思维特点及行为方式(Alfonso Martinez-Taboa, 1995: 35)。莫斯利在《穿蓝裙子的魔鬼》里塑造了这样一名黑白混血儿,她的多重人格显现为她的两个分身。一个分身是白人姑娘,名叫达芙妮·莫尼特;另一个分身是黑人姑娘,叫卢璧·汉克斯。她的第一个人格或原始人格以黑人姑娘为化身,第二人格是她经过种族越界后而形成的新人格。她本来的黑人人格并不知晓另一个白人人格的存在,而后来出现的白人人格则对原来的黑人人格有相当的了解。新人格的特质通常与原始人格的特质完全不同,原来的黑人人格是痛苦的、压抑的,而新的白人人格却显得开放、外向。

达芙妮的多重人格主要由其在少女时代所遭受的心灵创伤而引发的,并在种族主义社会环境里不断恶化。她出生在美国东南部港市新奥尔良,生母是黑人,生父是白人。她出生后不久,就遭到白人父亲的遗弃。后来,其母亲与一名黑人组成家庭,但在达芙妮尚未成年的时候,就多次遭受继父的性侵犯,这给她幼小的心灵留下了不可弥补的创伤。长大成人后,她逃离家乡,放弃了少女时代的姓名"卢璧·汉克斯",希望忘掉以前的不幸,重新开始生活。由于有一半的白人血统,她的容貌和肤色与白人姑娘没有差异。为了进入白人社交圈,她大胆采用了白人姑娘常用的名字"达芙妮·莫尼特"。之后,美貌的金发女郎达芙妮成功地打入了白人社交圈,成为当地首富、雄狮投资集团总裁托德·卡特尔的未婚妻,但她没向卡特尔说明自己的身世,隐瞒了自己的黑人血统。在"二战"后的美国,种族歧视氛围极为恶劣。黑人与白人的情爱或婚姻都得不到主流社会的认同。如果卡特尔与达芙妮的恋情被曝光的话,卡特尔的社会地位和社会声誉都可能受到严重损害,甚至有被逐出上流社会的危险。很不幸的是,达芙妮的真实身份被卡特尔的情敌麦克吉和政敌马修·特澜探知。麦克吉以要向公众披露达芙妮真实身份为借口,要挟达芙妮,以达到长期霸占她的目的；而特澜也想借此为筹码，要挟反对他竞选市长的卡特尔。在这样的生存环境中，达芙妮处于两难境地。一方面，她担心自己由此而被踢出白人社交圈，沦落黑人社区，再次遭到像继父那样的坏蛋的凌辱；另一方面，她又担心自己的真实身份暴露后，会断送了情人卡特尔的前程。剧烈的心理冲突导致其人格分裂，出现了两个分身，一个是以前的黑人分身，另一个是种族越界后进入白人社会的分身。她总想压抑黑人分身，以白人分身示人，但黑人分身是她的根，她的本源，尽管这是她不愿面对的根和本源。她进入白人社交圈后，就一直压抑、隐瞒自己的黑人分身。但出乎意料的是，她的黑人分身越压抑就越强烈地出现其心中。她的白人肤色和黑人血统导致她既不能成为真正的黑人，也不能成为真正的白人。在这样的社会环境里，其人格分裂的症状越来越严重，导致她既不能生存于白人世界，也不能混迹于黑人世界。她的两个分身不时交替出现，但也难适应恶劣的生存环境。她白皙的肤色和美丽的容貌没有给她带来幸福和快乐，反而使她丧失了普通人的正常生活。

达芙妮在生活中所遭遇的挫折和险境在其大脑中不断分离和催化出恐惧神经元，使其人格不断分裂，导致多个分身的出现。其分身是在人格裂变语境中欲望冲突的显性表现形式，每个分身在生活中都有一个恋人，她的白人分身使她先爱上白人贫民麦克吉，后爱上白人富翁卡特尔；她的黑人分身使她先爱上黑人酒吧老板吉沃霹，后爱上黑人侦探易斯，但她与这些人的恋情都不能持久，因为她的分身交替出现，不能定格，所以涉及的恋人也不能固定下来。这样，在生活中她能找到爱情，但不能真正得到或长期保持自己的爱情(Digby Diehl, 1990)。由此可见，多重人格的生活随着社会环境的复杂化，使当事人变得更为痛苦，没有归属感。在小说的末尾部分，达芙妮不堪情感的重负，离开爱但又不能爱的卡特尔，也离开了善良而多情的易斯，最后孑然一身，远走他乡。作者对这个人物充满了同情，希望她远离尘世的是非后能消解其内心所受的多重人格困扰，还原本真的生活。

达芙妮是种族歧视和种族偏见的牺牲品。由于她有黑人血统，白人社会认为其低贱、粗俗，白人政客把她的痛苦当做政治斗争的王牌；其个人情爱生活也被蒙上阴影。白人社会按“一滴血”

原则把她划归为黑人，而黑人社会因其白皙的肤色而不肯接纳她，把她视为异类。因“非白非黑”的混血儿身份，她被迫生活在两个种族之间的中间地带，受到双边排斥。莫斯利通过达芙妮的人生经历揭示了美国黑白混血儿多重人格形成和恶化的精神痛苦，认为种族越界后的生活并不是黑白混血儿的天堂。达芙妮有多重人格和多个分身，但没有哪一种人格或哪一个分身能给她带来幸福，她难以在种族歧视和种族偏见盛行的美国社会治愈自己的心灵创伤。达芙妮对自己的出身和肤色没有选择，想通过种族越界来消解自己的身份危机，但充满种族偏见和种族敌意的社会环境破灭了她对美好生活的一次次搏击，使她陷入人格分裂和分身交替出现的痛苦生活。

2 良性幻听人格

从医学上看，“幻听是大脑听觉中枢对信号错误加工的结果；正常人的听觉将从内外部获取的声音信号正确地向听觉中枢传输，而幻听者由于听觉中枢出现变异，将声音信号歪曲或夸张，甚至按主观意图加以改造，因此这种情况可以看着是听觉变态或听觉的主观性臆造”(Alfonso Martinez-Taboa, 1995: 18)。引起幻听的原因主要有心理因素、生理疾病和药物作用等。幻听可分为评论性幻听、命令性幻听、争论性幻听和思维鸣响。幻听是一种精神疾病，仿佛有一个或多个人在患者的耳朵里说话。这样的疾病会严重困扰一个人的正常生活，甚至破坏患者的中枢神经，令其苦不堪言。幻听是给患者带来严重痛苦的疾病之一，但它能给人带来福音吗？美国作家莫斯利在《穿蓝裙子的魔鬼》中以黑色幽默的笔调把幻听描写成具有浪漫色彩的良性人格分裂。

《穿蓝裙子的魔鬼》中的主人公易斯·洛林思就患有命令性幻听。每次出现危机或陷入困境时，他都会听到一个声音命令他去干某事或停止干某事。易斯的幻听实际上是其人格分裂的一种表现形式，也可看做是主体人格的一个附属体。这个附属体具有亚人格地位，不受制于主体人格。一旦这个亚人格出现在易斯脑海里，就会马上取代主体人格，成为支配性人格。

易斯的幻听不是病理性疾病，而是在严酷社会环境中形成的求生本能反应。这种本能反应通过易斯的人格分裂，使其主体人格和自身人格缺陷分离，以画外音或内置音的方式协助、指导或强迫主体人格修复自身缺陷，在复杂的社会环境中作出正确、理性的判断和决策。易斯的命令性幻听形成于第二次世界大战的烽火岁月。在一次战斗中，他学会了怎么利用地形，怎么施展计谋，来最大限度地保存自己、消灭敌人。机智、勇敢和无畏是生存的基础。在诺曼底战役中，易斯被敌人围困在一座仓库里，他的两个战友相继牺牲。一个德军狙击手守候在门外，他一露头就会被击毙。当其万念俱灰的时候，他的人格发生分裂，另一分身以画外音的幻听形式出现在脑海里，以毋容置疑的粗暴口吻命令他振作起来，像勇士一样战斗。在这个画外音似的分身激励下，易斯寻找战机，巧妙地击毙了德军狙击手。从那以后，每当他遇到困境时，这个分身的画外音就会出现在脑海，指令他去克服其困难，走向胜利。易斯说，"这个声音没有不良欲望，他从来没有告诉我去强奸或偷盗。他只是告诉我，如果想生存下来，应该采取的方法"。这个分身时常提醒易斯多用智慧，少鲁莽行事。后来，易斯受雇于德维特，竭力寻找达芙妮。在寻觅途中，遇到过很多危机。每当警察和德维特要拘捕他时，那个分身就以画外音的形式一方面提醒他："等待时机，易斯。别做任何不是万不得已的事。等待时机，等待最佳时刻。"(Walter Mosley, 1990: 143 - 145)易斯的分身与他本人之间的会话出现在其脑海里，就像两个人在商量，在交谈，在密谋似的。

幻听似的分身是易斯的智慧之音，在其引导下易斯克服了一个又一个困难，渡过了一个又一个难关。莫斯利把这个本是精神分裂症兆的疾病附上浪漫主义的叙事情调，使这个画外音似的分身以良性人格的方式出现，经常给易斯提供解决危急的信心、意志和方法。莫斯利通过对幻听似分身的描写，揭示了黑人生存智慧在逆境中的本能反应，讽刺了种族社会的非理性。

3 贪婪性后继人格

"贪欲"是贪心和欲望的缩写，指的是贪图享受的欲望。贪欲是人与生俱来的一种自然心态，也是一种意念。从某种意义上说，贪欲是生活的动力和追求。贪欲还是一个经常被限制、被压抑的念头。否则，任其泛滥、膨胀，容易使人利令智昏，误入歧途。

当人对贪欲失去驾驭时，就会在头脑里产生后继人格。在特定的语境下，后继人格会骤然出现，并替代主体人格，满足自身的贪欲。在《穿蓝裙子的魔鬼》里，莫斯利揭示出：有严重贪欲的人是极端的利已主义者，他们在一切问题上都是以个人需要和个人意志为原则，总想拥有世界上一切最美好的东西；在利益侵占上，能够积极主动地创造条件克服一切不利因素，漠视一切个人和公众的利益，漠视任何法律、法规、道德、伦理等的约束；为达到个人目的，深谋远虑，精心策划，绞尽脑汁，不计后果。莫斯利所刻画的各种贪婪人物具有典型的社会启发意义：当贪欲超越其理智，贪婪性后继人格成为主体人格，其性格和人品完全改变，友情、亲情、伦理等骤然消失。正如刘丽（2010）在评论《麦克白》与《大悲寺外》的主人公形象时所说："诱惑犹如潘多拉的盒子，一打开，邪恶、混乱便跑了出来。……主人公面对的诱惑不同，其反应不同，打开这象征着邪恶的盒子的方式也不尽相同。"

后继人格的产生问题实际上就是精神分析学上时常提到的人格转换问题。在《穿蓝裙子的魔鬼》里，莫斯利生动地描写了由色欲和贪欲引发的人格转换现象。人物的后继人格的出现带有偶发性、突然性和非理性的特点，通常践踏社会认同的道德伦理准则。达芙妮的继父一见到漂亮的养女，其后继人格马上出现，寻机奸淫，并企图长期霸占，他的所作所为严重违反和践踏了为人之父的基本伦理；黑人侦探易斯见到好朋友杜普里的漂亮情人科蕾塔小姐，占有之欲油然而生。趁杜普里酒醉昏睡之际，易斯主动挑逗科蕾塔，并与她勾搭成奸，其以色欲为主导的后继人格践踏了两人之间多年的友情。

莫斯利在小说中描写得最引人入胜的是由贪欲引发的后继人格。酒吧老板吉沃霹为了使情人达芙妮免遭敲诈，甘冒杀头之罪打死了科蕾塔和霍华德·格林，但当得知达芙妮带有 3 万美金巨款时，贪婪使吉沃霹的人格发生裂变，其骤然产生的后继人格迅速否定了其原来的主体人格。他不但抛弃了与达芙妮的爱情和友情，而且还主动与追捕达芙妮的德维特勾结，追踪、劫持、毒打达芙妮，企图抢走她的钱财。吉沃霹的同谋德维特曾在佐治亚州担任过律师，本受雇于雄狮投资集团总裁卡特尔去寻找达芙妮。在寻找途中，获悉达芙妮偷走了卡特尔的三万美金时，他的人格也发生裂变,不再是一名忠于职业道德的经纪人,而是转变成为一个被贪婪性后继人格占据心灵的魔鬼。完成卡特尔委托的寻找任务已不再是其工作目标,抢走达芙妮的巨款成了寻找达芙妮的唯一目的。雷蒙德是易斯最好的朋友,多次救了易斯的命。每当易斯遇到危险时,他都会挺身而出,协助易斯渡过难关。但是,当雷蒙特获悉易斯新交的女友达芙妮持有三万美金时,其人格也发生裂变,贪婪的后继人格使其丧失理性。雷蒙德对达芙妮说:"卢璧,现在你得为自己担担心了,宝贝。你知道,说到钱,人是六亲不认的。"(Walter Mosley, 1990: 249)当他得知吉沃皮和德维特追捕达芙妮是为了抢钱时,他毫无犹豫地杀死了这两个人。他的杀人动机并不是为了保护达芙妮,而是为了避免他们参与分钱。他不顾易斯与达芙妮刚建立的情爱关系,强行把达芙妮的三万元一分为三,拿走一万元。由此可见,在其贪婪的后继人格里,友情、爱情和法律都是可以漠视的。

卡尔·马克思在论述货币的功能时曾说:

> 它把坚贞变成背叛,把爱变成恨,把恨变成爱,把德行变成罪行,把恶行变成德行,把奴隶变成主人,把主人变成奴隶,把愚蠢变成明智,把明智变成愚蠢。因为货币作为现存的和起作用的价值概念把一切事物都混淆和替换了,所以它是一切事物的普遍的混淆和替换。从而是颠倒的世界,是一切自然的性质和人的性质的混淆和替换。

马克思的论述正好阐释了莫斯利笔下的吉沃霹、德维特和雷蒙德等人的品行变异。他们正是在追逐金钱的过程中,不断颠覆自己的使命、伦理和道德,通过后继人格的显现来寻找利己价值观的最大值。在这种寻找的过程中,"人物的命运发生了改变,无论是变好还是变坏,都使得生命陷入了另一种生存的困境"(叶澜涛,2010)。

莫斯利笔下的后继人格和主体人格在情感、态度、知觉和行为等方面是非常不同的,通常处于剧烈的对立面。"在主体人格是积极的、友好的、顺应社会的和有规可循的地方,后继人格可能是消极的、攻击性的、逆社会的和杂乱无章的"(Sally S · Eckhoff, 1990)。莫斯利通过后继人格的贪婪性表现点明了小说的主题,色欲和贪欲能使好人变坏、坏人更坏。对贪婪之念的放纵犹如对潘多拉魔盒的开启,不仅会践踏人伦、毁灭法治,而且还会使当事人迷失自我,难以善终。

4 结束语

莫斯利把小说的题目设置为《穿蓝裙子的魔鬼》,但在小说里喜欢穿蓝裙子的人就只有达芙妮一个人。那么,达芙妮是魔鬼吗? 不是,但达芙妮从卡特尔那里偷走的那笔巨款是魔鬼产生的诱因。为了得到这笔巨款,小说中的大多数人物出现了人格裂变的征兆。他们在激活了潜意识层的后继人格后,相继变成了践踏社会法制和伦理道德的"魔鬼"。其实,人格是在秉性气质、生存状况和社会环境中形成的统一、稳定、和谐的个性特征。当人格出现分裂时,人就会处于失调状态,自我陷在一个分身和另一个分身的不断冲突之中。在这本小说里,莫斯利揭示了欲望在人格分裂方面的巨大驱动力和破坏力。人格裂变中产生的分身是人物在困境中寻找出路的多种表现形式,也是作家对极限语境里人物心理自在性和变化自为性的尝试性探索。

在《穿蓝裙子的魔鬼》里,莫斯利通过扣人心弦的情节演绎和错综复杂的心理冲突,揭示人格分裂对亲情、爱情、事业、追求与生存等的重大影响,将黑人在种族社会里人格发生分裂后的心灵创伤、犯罪冲动、惶恐绝望等场景展现在读者的面前。莫斯利关于精神分裂中人格多重化的描写,揭示了美国种族主义社会环境里心灵扭曲的痛苦、诡秘的氛围和绝望中的渴望,开拓了美国黑人犯罪小说写作的新路径。

参考文献

[1] Theodore O. Mason, Jr., "Walter Mosley's Essay Rawlings: The Detective and Afro-American Fiction" [J]. The Kenyon Review 14 (1992): 174.

[2] Roland Littlewood. Reason and Necessity in the Specification of the Multiple Self [M]. London: Royal Anthropological Institute, 1996: 23.

[3][5] Alfonso Martinez-Taboa. Multiple Personality: A Hispanic Perspective [M]. San Juan, Puerto Rico: Puente Publications, 1995.

[4] Digby Diehl. "A Stiff Shot of Black and White"[J]. Los Angeles Times

Book Review 29 (1990): 3.
[6][7][9] Walter Mosley. Devil in a Blue Dress. New York: Washington Square Press, 1990.
[8] 刘丽. 诱惑·欲望·毁灭:《麦克白》与《大悲寺外》主人公形象之比较[J]. 湖北第二师范学院学报, 2010(1): 8.
[10] 马克思. 1984 年经济学—哲学手稿[M]. 北京: 人民出版社,2000: 145.
[11] 叶澜涛. 沉浮于欲望之间: 20 世纪 90 年代城市小说的欲望化写作[J]. 乐山师范学院学报, 2010(3): 19.
[12] Sally S. Eckhoff. "Crime Rave"[J]. The Village Voice 38 (1990): 74.

本文系上海市教委科研创新项目"非洲裔美国文学传统的嬗变"(项目编号: 09YS65)资助的科研成果。

作者简介: 庞好农,文学博士,上海大学外国语学院教授。研究方向:美国文学。

The Usage of Person Deixis in Zhejiang Opera *A Dream of Red Mansions*

沈　力

Abstract: Deixis is context dependent. In this paper, the author discusses the usage of person deixis in the context of Chinese drama, taking Zhejiang Opera *A Dream of Red Mansions* as example. From the angle of pragmatics, the author tries to explain three deictic phenomena: the use of nominal phrases to take place of the first person singular pronoun 我/*wo*/ and second person singular pronoun 你 /*ni* / and vocatives in the specific drama context.

Key words: person deixis, Chinese drama, Zhejiang Opera A Dream of Red Mansions

Introduction

The "term" deixis comes from a Greek word meaning "pointing" or "indication". The phenomenon of deixis reflects the relationship between the structure of language and context in which it is used. According to Levinson, there are five categories of deixis: person, place, time, discourse and social deixis (Levison, *Pragmatics*, 2000, p. 62.). In this paper, we discuss the usage of person deixis in the context of Chinese drama, taking Zhejiang Opera *A Dream of Red Mansions* as example. The dramatic context is the important dynamic context of language use, namely face-to-face interaction. *A Dream of Red Mansions* was the greatest classical Chinese novel, adapted to various kinds of Chinese drama, among which Zhejiang Opera *A Dream of Red Mansions* is the most successful. The libretto used in this paper was adapted according to the original work by the author Xujin 徐进, published in 1979.

The first person singular pronoun 我 /*wo*/ and second person singular pronoun 你/*ni*/ are the paradigmatic example of deixis. In this dramatic context, they are exophoric items, referring to the speaker himself or herself and one addressee respectively. Take two examples:

(1) 林黛玉：你在这里做什么?
Lin Daiyu: ni zai zhe li zuo shen me?
Lin Daiyu: What are you doing here?①

(2) 林黛玉：我何曾哭来?
Lin Daiyu: wo he ceng ku lai?
Lin Daiyu: I wasn't crying.

Example 1 is in Act 3 "Reading *Western Chamber*" Lin Daiyu 林黛玉, the heroine asked Baoyu 宝玉, when she saw him involved in reading a book. Here the word "you" 你/*ni*/ refers to Baoyu, the addressee. Example 2 is in Act 7 *Burying Flowers*. When noticing Lin Daiyu is weeping, Baoyu asked her the reason, but she rejected that she is all right and she wasn't crying. Of course here "I" 我/*wo*/ refers to the speaker.

The person deixis signals that reference must be made to the context of situation; the person referred to is identifiable to both

---

① All the English versions of the libretto is translated by the author literally in order to reflect the usage of deixis with the reference of *A Dream of Red Mansions* (Yang, X. & Yang, G. Beijing: Foreign language Press. 1994)

the speaker and the addressee. And the most important thing is that the audience will not be confused by this drama dialogue. In dramatic context, the situation in the stage is different from that in ordinary life. In some interlocutions, in order to reflect the different relationship between the characters, the nominal phrases are frequently used to take place of the personal pronouns.

1. The speaker uses a nominal phrase to refer to himself or herself instead of first person singular pronoun "我/*wo*/

This usage is common in Chinese drama, as in

(3) 贾宝玉（唱）：宝玉是终日相伴共欢笑

Jiabaoyu: baoyu shi zhong ri xiang ban gong huan xiao

Jia Baoyu (sing): Baoyu was in company with you chatting and laughing all day long.

(4) 贾宝玉（唱）：使宝玉失魂落魄担烦恼

Jia baoyu: shi baoyu shi hun luo po dan fan nao.

Jia Baoyu (sing): makingBaoyu at a loss and worried

The two examples above all flout Grice's the conversational Maxim of Quantity. The maxim is expressed as following: *The Maxim of Quantity* Make your contribution as informative as is required (for the current purpose of the exchange; Do not make your contribution more informative than is required.

The speaker "Baoyu" provides more information than is required. Example 3 and 4 are in Act 7*Burying Flowers*. After Lin Daiyu has buried the peach-blossoms, heartbroken, she refuses to speak to Jia Baoyu. Jia Baoyu sighs and expresses himself by using his own name instead of the first person singular pronoun 我/*wo*/, though both the addressee Lin Daiyu and the fourth dimension—the audience can all understand if the speaker Baoyu uses the first person singular pronoun 我/*wo*/. This flouting of the Maxim of Quantity results in the conversational implicature. In ancient times, Chinese people used to designate their own name to refer to themselves in oral

Chinese. Sometimes this shows modesty. By avoiding using the first person singular pronoun 我 /*wo*/, Baoyu prays for the forgiveness of Daiyu. It really proves to be effective that after his explanation, Daiyu's resentment over the previous evening when she received the closed-door treatment was completely forgotten. Besides, this phenomenon reflects the uniqueness of the dramatic language. The language used in the stage is a little bit different from our ordinary conversation. It resembles the poetry that it must conform to the rhyme and the music. In example 3 and 4, each sentence has ten characters. If the first person singular pronoun 我 /*wo*/ is used, the stanza has only nine characters, thus making it difficult for opera singer to match the compound time. On the other hand, the name "baoyu" with vowel /ao/ can be sung more loudly and clearly than the final the syllable /o/ in the first person singular pronoun 我/*wo*/, so that, according to the perfect combination with the melody, the opera singer can express Baoyu's feeling more affectionately.

Next, there is another example that the first person singular pronoun 我 /*wo*/ is replaced by the name "Baoyu", shown as follows:

(5) 贾宝玉(唱): 叹宝玉身不由己圈在此
jia baoyu: tan baoyu shen bu you ji quan zai ci
Jia Baoyu (sing): What a pity that Baoyu has to be confined here.

It is a solo sung by Baoyu in the third Act*Reading Western Chamber*. Restful, dissatisfied, and bored, Baoyu reads the romantic libretto *Western Chamber* to distract himself. However, he discovered it a treasure-trove, admiring the protagonists in the libretto so much that he makes a comparison between himself and the heroes and heroines. In this sense, the nominal phrase Baoyu is regarded by himself as the third person. This intentionally creates the pragmatic distance between the character and Baoyu himself so that the sympathy to Baoyu from the audience will be stirred more strongly.

The other situation is that the speaker uses a kinship term instead of the first person singular pronoun "I"我/*wo*/.

(6) 林黛玉：外甥女自会吃饭起便吃药到如今了。

Lin Daiyu：waishengnv zi hui chi fan qi bian chi yao dao ru jin le

Lin Daiyu：(Your) niece has been taking medicine ever since she was weaned.

In this example, it also violates the Maxim of Quantity, providing the excessive information by designating herself the kinship term instead of the first person singular pronoun 我/*wo*/, though both the addressee and the audience know what kind of relationship is between them. Since it is the first time that Lin Daiyu went to Jung Mansion, she must watch her step in her new home, being on guard every moment and weighing every word, so as not to be laughed at for any foolish blunder. When she answered the question of Lady Wang, her mother's brother's wife, she must show politeness. In order to be modest in front of a person who is the elder member in this family, Lin Daiyu make a suitable choice of using the kinship terms to designate herself, avoiding using first person singular pronoun 我/*wo*/. The conformity to Politeness Principle results from the violation of the Co-operative Principle. Here the politeness shows the avoidance of offense, as there used to be complicated rank systems in Chinese clan concerning the enforced respect for age. Though the social distance between Lady Wang and Lin Daiyu is not very far as they are aunt and niece, the absolute ranking of imposition is high, reflecting the weak position of a lonely and miserable girl, who is struggling with the cutting wind and biting frost in the large family. Dramatic language is very succinct, highly embodying the character's identity, disposition and experience. In the whole libretto, Lin Daiyu has contacted directly with her aunt only once. Her answer, with only one sentence, not only reflects that Lin Daiyu is well educated but also emphasizes the relative power of Lady Wang in the family. It is her together with the others in the feudal family devise a "substitute plan" of Baoyu's marriage, causing the "crimson pearl's suffering spirit" to return to the "realm of separation".

2. The speaker uses a nominal phrase designating the third person instead of second person singular pronoun "you" 你/*ni*/

There are two categories of the nominal phrases: the kinship terms and the terms of address representing the position. These terms are closely associated with two dimensions fundamental to the analysis of all social life—the dimension of power and solidarity. A person has power over another person to the degree that he or she can control the other person's behavior. Solidarity implies a sharing between people, a degree of closeness and intimacy. From the point of pragmatics, different implicatures will be reflected and different communicational goals reached when the speaker uses different terms to replace the second person singular pronoun "you" 你/*ni*/. The social and person distance between the speaker and the addressee is the reference of implicature.

a) the terms of address representing one's position

In *A Dream of Red Mansions*, the less powerful ones — the servants use the terms of address representing the position in order to avoid second person singular pronoun "you" 你/*ni*/ when speaking to the masters of the mansions. These utterances encode speaker's intention to convey deference. It has nothing to do with the degree of intimacy. For example,

(7) 紫鹃(唱):与姑娘情同手足长厮守。

Zijuan: yu <u>guniang</u> qing tong shou zu chang si shou.

Zijuan: I spend the time together with<u>Miss</u> like sisters.

This scene happens in Act 10*Burning Poems*. These words were from the bottom of Zijuan's heart to try to comfort Daiyu and persuade Daiyu to treasure her health and relieve the anxieties, when she sees Daiyu is going to die. Even in this context, that she regards Daiyu as her sister and their personal distance is very short, she will not use second person singular pronoun "you" 你/*ni*/ to eliminate the social distance. The degree of respect is decided by the position between the speaker and the addressee.

b) the kinship terms

The speaker, whether more powerful than the addressee or close and intimate with the address, chooses the kinship terms instead of second person singular pronoun "you" 你/*ni*/ to strengthen the degree of intimacy. For instance,

(8) 林黛玉：与妹妹永别在今宵

Lin Daiyu: yu meimei yong bie zai jin xiao.

Lin Daiyu: Tonight I will departsister forever.

The kinship term "sister (妹妹 /*meimei*/)" is used by Lin Daiyu instead of second person singular pronoun "you" 你/*ni*/, which brings about two implicatures. First, Lin Daiyu has no brothers and sisters. The loyal and intimate maid is her bosom friend, the only one to take care of her and comfort her, so she regards her as her own sister. Another interpretation is that it gives a strong ironic effect: in such a miserable condition when Lin Daiyu is going to die, the relatives who had the real consanguinity kinship relations with her had all deserted her. The usage of kinship terms as address form to refer to people who are not kin is to reach the communicative goal of eliminating the social distance.

Between solidary people, the use of kinship terms also strengthen the degree of intimacy, reaching the communicative goal of eliminating the personal distance. For example,

(9) 贾宝玉：我送妹妹一字，唤做"颦颦"甚妙！

jia baoyu: wo songmeimei yi zi, huan zuo pinpin shen

miao!

Jia Baoyu: I'll givesister one name then. What could be better than 'pin-pin'?

(10) 贾宝玉(唱):想当初,妹妹从江南初来到。

jia baoyu: xiang dang chu, meimei cong jiangnan chu lai dao

Jia Baoyu: thinking of the past whensister just came here from the South

(11) 贾宝玉(唱):谁知道妹妹人大心也大。

jia baoyu: shui zhi daomeimei ren da xin ye da.

Jia Baoyu: however, sister became more proud when growing up

Baoyu frequently uses the kinship terms when speaking to Daiyu instead of second person singular pronoun "you"你/*ni*/ in order to reflect the implicature that their relationship is unparalleled. Example 9 is the at the beginning of the play when they first meet each other. In order to shorten the personal distance, Baoyu used the endearing "meimei". Example 10 and 11 are in Act 7 *Burying Flowers*. Baoyu faithfully expresses himself, repeatedly using "meimei" to reflect their close relationships. In the dramatic context, this explicitly shows the deep love between the hero and heroine to the audience.

3. Vocative

In addition to deictic phenomena we have mentioned above, vocatives are an interesting category of deixis. The vocatives are noun phrases refer to the addressee. In *A Dream of Red Mansions*, they include names, the kinship terms and terms of address representing one's position. They also reflect the degree of intimacy and the degree of respect. Between solidary people, they use kinship terms to call each other. Once the speaker calls the name of the address, it means she or he wants to enlarge the personal relationship. On the other hand, since the servants and the masters in the libretto play different social roles, they use different ways of vocatives. The servants, belonging to the less powerful people, always use terms of address representing their master's position while the powerful people directly call the names of the servants. If the masters want to shorten the social distance, they use kinship terms to address the servants. Here we list four examples to illustrate.

(12) 贾宝玉：林妹妹，我来迟了！
jia baoyu：lin meimei，wo lai chi le！
Jia Baoyu：Cousin Lin，I'm too late！

(13) 林黛玉：宝玉，宝玉，你好——
lin daiyu：baoyu，baoyu，ni hao——
Lin Daiyu：Baoyu，Baoyu，how—

(14) 紫鹃：姑娘，你就吃一点吧
zijuan：guniang，ni jiu chi yi dian ba.
Zijuan：Miss，take the medicine please.

(15) 林黛玉：妹妹，只有你是我最知心的了。
lin daiyu：meimei，zhi you ni shi wo zui zhi xin de le.
Lin Daiyu：Sister，you are the one closest to me.

Example 12 and 13 are in Act 12*Baoyu Mourns for Daiyu* and Act 10 *Burying poems*, the last time that they call each other. Baoyu and Daiyu, the lovers oppressed by the feudal systems, were forced to be separate forever. Daiyu is going to die, while Baoyu is celebrating his wedding ceremony. She raised a sudden cry to call " Baoyu, Baoyu " with great indignation. Her last words mean she has ended her infatuation with Baoyu. The implicature of the sentence is to enlarge their personal distance. On the other hand, Baoyu, deceited by the "subsititute plan", has lost the chance to see her any longer so that he shouted loudly "Cousin Lin", the term containing all his emotions, grief, regret, love, etc. When the opera singer called "Cousin Lin" from behind the scene, all the audiences were deeply moved by the heart-broken words.

About the relationship between Daiyu and Zijuan, we have discussed above. No matter how intimate they are, the less powerful person cannot use kinship terms, while the master, Daiyu, calls her "sister" to show her appreciate to the loyal maid. Thus, Daiyu's achieves her communicative purpose of eliminating their social and personal distance.

Conclusion

The foregoing has been an attempt to briefly present the context-dependent nature of person deixis. First, in the dramatic context, person pronouns are generally used as exophoric reference so that the audiences are not confused. Secondly, in Zhejiang Opera *A Dream of Red Mansions*, the speaker frequently uses a nominal phrase to refer to himself or herself instead of first person singular pronoun "我/*wo*/" in order to meet the needs of certain dramatic technique and the conformity to the identity of the person. Thirdly, the use of a nominal phrase designating the third person instead of second person singular pronoun "you"你/*ni*/ and the vocatives are closed associated with the dimension of power and solidarity. The speaker who has more power tends to use kinship terms to shorten the social and personal relationship, while the less powerful people always use form of address representing their master's position. Between the solidary people, the use of kinship terms strengthens the degree of intimacy. Finally, the author only discusses the illustration of person deixis in the specific example. Person deixis is an interesting pragmatic category that needs to be deeply explored.

Bibliography

[1] Brown, R. & Gilman, A. The pronouns of power and solidarity[A]. In Giglioli, P. (ed.). Language and Social Context[C], Harmondsworth: Penguin, 1972.

[2] Fraser, B. Perspectives on politeness[J]. Journal of Pragmaitics(1990) p.219 - 236, Holland.

[3] Levinson, S. Pragmatics [M]. Cambridge: Cambridge University Press, 2000.

[4] Yang, X. & Yang, G. A Dream of Red Mansions. Beijing: Foreign Languages. 1994

[5] 陈治安,彭宣维.人称指示语研究[J].外国语.上海外国语大学学报,1994(3).

[6] 何兆熊.新编语用学概要[M].上海:上海外语教育出版社,2000.

[7] 吕叔湘.现代汉语指示词[M].上海:学林出版社.

[8] 马威.戏剧语言[M].上海:上海文艺出版社,1985.

[9] 徐进.红楼梦[M].上海:上海文艺出版社,1979.

[10] 余维.亲疏尊轻的理论框架余人称指示的语用对比分析[J].外国语.上海外国语大学学报,1998(4).

作者简介: 沈力,上海大学外国语学院教师。

戏剧《西哈诺·德·贝热拉克》中的肉灵纠缠

孙　敏　金闪闪

摘　要:《西哈诺·德·贝热拉克》是法国作家爱德蒙·罗斯丹最出名的戏剧作品,国人熟知的电影《大鼻子情圣》即改编自它。本文通过对以主人公西哈诺为代表的灵魂和以克里辛为代表的肉体在追求共同的爱慕对象罗珊过程中的联合、竞争和较量进行分析,为读者提供了对这部戏剧作品及改编自它的影视作品的一种可能的解读。

关键词:《西哈诺·德·贝热拉克》;《大鼻子情圣》;法国戏剧;肉与灵;柏拉图恋爱

《西哈诺·德·贝热拉克》这个名字听上去似乎有点陌生,但如果说起电影《大鼻子情圣》的话,恐怕无人不知晓。《大鼻子情圣》改编于法国著名浪漫主义剧作家爱德蒙·罗斯丹的得意之作《西哈诺·德·贝热拉克》。曲折的爱情故事,惊心动魄的征战和整部戏剧诗一般的语言引人入胜。"窈窕淑女,君子好逑",女主人公罗珊同时被三个男人爱慕着,其中有表哥西哈诺和男爵克里辛。前者苦于自己长着一个硕大的鼻子而将爱情深埋于心底,后者虽俊美勇猛却不擅言辞。如何征服心上人?两人决定联合起来……

人类爱情涉及肉与灵两个方面。对于形体美的崇拜应归于人类的自然属性。"爱美之心人皆有之",对于美的追求甚至可以追溯到史前,古埃及的文物中就有不少是金属饰物。从进化论的观点看,选择健美的配偶有利于遗传。追求美的异性是自然选择在起作用,是优胜劣汰的过程。但是,随着人类社会的发展、文明的进步,灵魂之美或者说内在美,渐渐地受到重视。现代更文明的爱情关照精神,摈弃纯粹的肉体之恋,因为后者更原始、野蛮。人是从动物演变过来的,但人不再仅仅服从于其动物性,因为他会思考。同时现代爱情却不排斥肉体之恋,它主张肉与灵结合,缺一不可。因而肉与灵,它们成了一张纸的正反两面,离开不了彼此。

罗珊是个平凡的女人,所以在剧院她一见倾心于帅气的克里辛,这一点无可指摘。但罗珊又是一个女雅士(précieuse)。“高雅派”(préciosité)要求爱情在实现之前先得用高雅的语言把它表达和描述出来。罗珊的这一社会特性决定了她要的爱情是一种肉与灵的结合——肉体的魅力与语言的魅力集于一身的个体才能成为她爱恋的对象。她的浅薄之处在于天真地以为美丽的外表下必定有智慧的心灵,因而克里辛男爵应该也不会例外。

西哈诺与克里辛各自心底都有着痛楚。西哈诺的大鼻子挡住了一切可能产生的异性爱慕,连母亲都觉得他丑,所以在他还是幼年时就遗弃了他。向表妹表达心中澎湃激荡的爱情成了一种奢望,因为在他看来结果只可能是遭到拒绝。受伤的心灵总是极其脆弱敏感,这造就了他桀骜不驯的个性和诗人的才华与气质。而这正是克里辛所没有的,这个爱神的宠儿有幸博得了美人的青眼,却苦于无从表达,徒有一副端正的模样和一腔热血。

于是在《西哈诺·德·贝热拉克》这部戏剧中,我们认为西哈诺是“灵”的代表,而克里辛则是“肉”的化身。“灵”和“肉”都很痛苦,因为这两种品质分属不同的个体,是一种缺憾。

就像当初浮士德博士禁不住魔鬼的言语诱惑,和它签订出卖灵魂的协议一般,西哈诺和克里辛也订了约、结了盟。主意是西哈诺拍了拍脑袋产生的杰作,克里辛也没多考虑后果就接受了。一个完美的男性形象展现在罗珊面前,她怎么能想到面对她的不过是个二合一的幻影而已。悲剧注定产生,在盟誓的那一刻起就预定了的。

在这个联盟中,肉与灵的竞争是难以避免的。一开始外表处于绝对优势，“一见钟情”很肤浅也很原始，但它确实发生了。但马上滔滔不绝的口才占据了上风，爱情是需要诉说的，因为聆听者不是一个一般的女人，而是个女雅士，有修养，有风度，却不娇不艳，徒有外表者对此一筹莫展。一封封滚烫的情书醉倒了罗珊，而月夜诉衷情更征服了如花似玉的佳人。克里辛不满，试图背叛盟约，但任何努力都是徒劳的。但灵魂也有他的悲哀之处，面对心爱的人，满腹甜言蜜语只有在黑夜的掩护下借着盟友华丽的外表才得以诉说。灵魂用它饱蘸深情的话语赢得了甜美的吻，但是去享用胜利果实的却是肉体。灵魂的使命既已达成，本已是没有必要再继续存在下去的，但是突如其来的战争又给了它重生的理由。

残酷的战争下西哈诺一天两封的情书更真实也更热烈。女雅士本多少有点矫揉造作，但最终却被真爱改造成了一个女英雄，为此她冲破万难踏入了血腥战场。她勇敢地承认之前的爱是肤浅的并请求原谅。如果说一开始被爱的是肉体，而灵魂只是作为一块跳板，让肉体得以实现它的欲望，那么到最后肉体的意义已经被罗珊彻底否定了。因为西哈诺亲耳听到她说，即使克里辛长得再丑，甚至畸形，她依然会爱他。这就是说罗珊的爱情里已没有了肉体的容身之处，她的爱情百分之一百是属于灵魂的，而灵魂是由西哈诺来演绎的。于是我们可以得出结论：罗珊爱的是西哈诺而不是克里辛。幸福唾手可得，但西哈诺却不愿将骗局和盘托出以结束联盟。诚然，罗珊真正爱的是灵魂而不是肉体，但是残酷的事实摆在我们面前，就在阳台对话的那晚，罗珊已经和克里辛结成了夫妇。感情与现实的错位是最大的障碍。尤其后来克里辛死于战场，西哈诺有着军人的气节，他认为丑化一个牺牲战场的男人作为丈夫在他妻子心目中的神圣形象是对死者的极大侮辱。

但灵魂获得了全胜已是一个不争的事实。

克里辛死于总攻的第一声炮火。是不是自杀？不得而知。三人感情危机的激烈程度丝毫不逊色于如火如荼进行的战争，而后者更成为摆脱痛苦、挣脱纷扰的一剂良方和解决个体冲突的工具。

然而肉的灭亡并没有解放灵，相反在未来的十五年里，灵一直活在回忆和悔恨之中。最终西哈诺遭小人暗算，临终前他才借着当年的那封绝笔信委婉道出了深藏于心中的爱情。真相得以大白于天下，灵带着它心爱女人的爱情告白飞向了天堂。

阿拉斯战争总攻前西哈诺代克里辛写的绝笔信罗珊总挂在胸口，它是灵的思维和激情的唯一物质存在。它的作用是双重的，当年克里辛借着它与妻子永别，克里辛的形象在罗珊心中空前地崇高起来，成了永恒。现在西哈诺借着已经发黄的纸片向罗珊暗示了他自己才是信的真正作者并顺致别意，从而结束了这场骗局。

西哈诺——克里辛联合体处处是虚幻，但有一样东西却是真实的，那就是西哈诺美妙的嗓音。人的嗓音是人类比较特殊的一种客观存在，它属于人体的物质范畴，却看不见也摸不着。它为思维提供了出路，用以诉说灵魂。西哈诺的肉体唯一的可爱之处就数他的嗓音了。用它西——克联盟征服了罗珊；因为它罗珊渐渐转变成了女英雄；阅读前线寄来的情书，字里行间饱蘸深情仿佛耳语，罗珊产生了幻听，为此她奔向了战场；克里辛死后的十五年里，她感觉丈夫的爱似乎仍围绕在她身边，克里辛仿佛只死了一半，而事实却是西哈诺每周六都来陪伴她，向她叙述一周的新闻，而她与他说话时竟头也不回，就这样聆听了十五年，可悲的是她居然都没认出这个温柔的嗓音，错过了可能的幸福。西哈诺临死前提及了十五年前的阿拉斯之围，记忆的机制起了作用把罗珊带到了十五年前那个美丽的月夜。两幕情景多么相似，天黑了，灵魂不是在朗读而是在背诵那封早已在心中念叨了百遍的诀别信，声音仍旧那么富有磁性。终于罗珊明白了，可惜一切都太晚了，真爱刚刚发现就要逝去。同一份爱罗珊失去了两次。

人类爱情本是肉、灵的完美统一，但是直到这里我们发现，爱在西哈诺死去之后只涉及灵魂，以及对于传递灵魂的嗓音和嗓音所传递的柔情的回忆了。这种爱恋形式更抽象但却更深刻。可是柏拉图的精神恋爱只是人类的一种理想意义上的爱情，不太可能存在于人间。此外理想的追求过程本身就是极其痛苦和艰辛的。于是我们再次回顾罗珊，西哈诺和克里辛三人追求爱情的历程，其崎岖和痛苦就不那么难于理解了。

肉灵纠缠了两位盟友,纠缠了我们美丽的女主人公,此外它们彼此之间也相互较量和竞争。肉灵纠结起了一个美丽的爱情之结,可这个结被越缠越紧,成了戈尔迪结,(佛律癸亚国王 Gordias 把轭系在马车辕上的乱结,牢固难解。神谕谁能解开此结,便是亚洲的君主。亚历山大大帝没能解开此结,遂用利剑将它斩开),惟有死亡这把快刀才能斩断了这一团乱麻。戏剧中闪耀着的完美主义和理想主义光芒,给这个肉与灵的故事绘上了浓重的浪漫主义色彩。

参考文献

[1] ROSTAND E., ROGER-VASSELIN D., Cyrano de Bergerac, Hachette livre, 1997.

[2] ROSTAND E., PAVIS P., Cyrano de Bergerac, Larousse /HER, 2000.

[3] BISSON P., Cyrano de Bergerac d'Edmond Rostand, Editions Nathan, 1993.

[4] ROGER-VASSELIN D., Cyrano de Bergerac-dossier du professeur, Hachette Livre, 1998.

[5] VALLE S., Une oeuvre: Cyrano de Bergerac, un thème: personnages extravagants-Compléments pédagogiques, Hatier, 1986.

作者简介: 孙敏,上海大学中欧工程技术学院。
金闪闪,上海大学中欧工程技术学院。

黑色灵魂里流泻出的现代变奏曲
——谈休斯和他的《问你妈妈：爵士12式》

唐根金　宗学清

摘　要：休斯研究向来是当代美国文学研究的一个重点。在国内，对休斯的研究主要集中在他前期的诗歌创作以及他和哈莱姆文艺复兴的关系等方面，对他后期作品的探讨和研究则涉及不多。《问你妈妈：爵士12式》是休斯后期的代表性诗作。尽管这部具有实验主义倾向的诗集在出版之初曾引来了一些非议，并且它的成就似乎也无法和之前的几部作品相提并论，但本文作者却认为，这仍然是一部值得予以关注的重要作品，特别是其中所包含的音乐性特征和现代性特征不但是休斯伟大智慧和高超诗艺的完美体现，同时也提示了休斯在黑人诗歌的继承和创新方面所作出的不懈努力。

关键词：兰斯顿·休斯；问你妈妈；音乐性；现代性；继承和创新

兰斯顿·休斯(Langston Hughes, 1902—1967)是美国文学史上一位伟大的黑人诗人，他笔耕不辍四十余载，为黑人文学、乃至整个美国文学的繁荣和发展贡献了毕生的精力。休斯一生创作的诗歌作品总共达17部之多。除了早期的代表作《疲惫的布鲁斯》(*The Weary Blues*, 1926)和《抵押给犹太人的好衣裳》(*Fine Clothes to the Jew*, 1927)以外，其他比较重要的诗集还包括：《亲爱的死神》(Dear Lovely Death, 1931)、《梦乡人及其他》(*The Dream-Keeper and Other Poems*, 1932)、《新的歌》(*A New Song*, 1938)、《哈莱姆的莎士比亚》(*Shakespeare in Harlem*,

1942）和《耽搁了的梦想蒙太奇》（*Montage of a Dream Deferred*, 1951）等。不过，一般认为，休斯诗歌创作的盛期主要是在20世纪20年代。从30年代初开始，由于各种内外因素的综合作用，加之自身的一些特殊经历，导致休斯创作的重心更多地转向小说、儿童剧、自传以及诗集选编等方面。因此，相应地，对于休斯后期诗歌作品的评论，在国内并不多见。

1961年出版的《问你妈妈：爵士12式》（*Ask Your Mama: 12 Moods for Jazz*）是休斯后期诗歌中的一部力作。虽然这部作品在出版之初，曾在美国国内引来了不少批评的声音，如《弗吉尼亚克克斯公报》（Virginia Kirkus Bulletin）就声称，"它（《问你妈妈》）比较适合在夜总会朗诵，并毫无疑问地吸引许多参与者，但真正爱好诗歌的人却不会与之为伍"（Bulletin 767）。《达拉斯时代先驱报》（*Dallas Times-Herald*）更是在一篇名为《美的丧失》的文章中苛刻地指出，"没有任何理由可以将这本书称之为诗集"（Thornton E9）。不过，笔者却认为，这是一部值得引起我们关注的重要诗集，它不仅使我们有机会得以一窥休斯晚期诗歌创作的风貌，也为我们全面地梳理和把握休斯诗歌艺术的发展和变化提供了某种可能。

1 音乐的幻变：从布鲁斯到爵士乐

休斯的创作一向以其强烈的音乐性著称。博坦普斯曾经把他誉为"传统意义上的吟游诗人和歌者"（a minstrel and troubadour in the classic sense）。从他的第一部诗集《疲惫的布鲁斯》开始，他就实验性地将诗歌与黑人的民间音乐布鲁斯相结合，并创造性地拓展出了AAB、ABB和AAA式的布鲁斯诗歌。布鲁斯本是一种忧郁的黑人歌曲。它起源于奴隶在田间时的劳动号子，主要采用一人主唱、多人附和的表现方法进行演奏。它因带有极强的幽怨色彩，因此又被称为"怨曲"。休斯最著名的诗作之一——《疲惫的布鲁斯》的标题诗——就是这方面的一个典型例子。诗中写道："令人昏昏欲睡的曲子如诉如怨，/缠绵悱恻，动人心弦，/我听见一个黑人在弹唱。/那天晚上在南边的雷诺斯大街上/古老的煤气灯放射着苍白的灯光，/他摇晃着身子慢悠悠，慢悠悠—/他摇晃着身子慢悠悠，慢悠悠—/伴着疲惫的布鲁斯的调子。"(刘守兰,2003)全诗描写了一个工作没有着落、只能浪迹街头以卖唱为生的黑人形象。这名黑人青年孤苦伶仃、无所依靠,悲惨的处境不由令人心悸。诗歌的基调缓慢、低沉,贯穿始终的哀怨和绵延不绝的布鲁斯琴声尤其催人泪下。

休斯对黑人音乐的改造和利用是多方面的。除了布鲁斯音乐以外,他还在作品中大量借鉴黑人的圣歌、悲歌和民间歌谣等;与此同时,他还注意吸收 ragtime, boogie-woogie, bi-bop 等具有浓郁黑人特色的音乐样式。就这一点而言,《问你妈妈》与休斯此前的作品可以说是一脉相承的。在这部诗集的开始部分,诗人即以音乐线谱的形式标明了诗歌的基调,甚至在每首诗歌的空白部分,他都注明了朗诵时的伴奏乐器和高底音的交错方式,以利于朗诵时节奏的把握和情绪的控制(比如,在《请出示车票》(*SHOW FARE, PLEASE*)中,最后的音乐标语为"'The hesitation blues' very loud, lively and raucously. Two big swinging choruses — building full blast to a bursting climax.")(Rampersad,1994: 525)。此外,整部作品还夹杂着一丝"犹豫布鲁斯"(Hesitation Blues)的调子。"犹豫布鲁斯"本是黑人的一首歌谣,首先由格尔翰姆(Art Gillham)于 1925 年谱成曲子,后来于 1992 年被翻唱,歌曲表现的主要是"犹豫"和"等待"的感伤情怀。不过,值得注意的是,在《问你妈妈》中,除了"等待"和"犹豫"的情绪之外,表现得更明显、更突出的却是一种历经长久压抑之后的爆发和宣泄。这也是这部诗集在音乐特质方面所呈现的一大变化。如果说休斯前期作品中的音乐符号是以布鲁斯为主的话,那么《问你妈妈》则可以看做被更多地刻上了爵士乐的印记。布鲁斯的特点是幽怨、感伤、绵延不绝,它所要传达的多是一种抑郁和愤懑之情;与此形成对照的是,爵士乐的特点之一则是狂放不羁与激越昂扬,它所标记的是一种不平、激愤、甚至怒吼的情绪,因此,也代表了一种更为直截了当的反叛意识。

以这部诗集的标题为例,其中就包含着几个信息含量及其丰富的关键词。首先是"爵士"二字,它清楚地宣示了作品的音乐符号:是爵士,而不是布鲁斯。其次,数字"12"背后也潜藏着不少的玄机。它至少包涵两层含义:其一,这是爵士乐的样式之一(有一种爵士乐由 12 个音乐小节组成,而该诗集也恰好由 12 首诗歌构成。);其二,12 在英文中的另一个说法是 dozen,而 dozen 则往往使人联想到美国黑人俚语中的 the dozens 一词。根据陆谷孙主编的《英汉大词典》的释义,the dozens 是美国黑人用来“(辱骂对方亲属的)对骂游戏,骂娘比赛”。再来看看“问你妈妈”一词。这是黑人俚语中一个极为不敬和带有侮辱性的词语,它既有挖苦、讽刺和决绝的意味,甚至还带有猥亵和色情的成分。一般而言,只有当某人处于极度的愤怒或绝望状态时,才会对着他人发出“问你妈妈”这样的诘问。而在《问你妈妈》中,休斯不但将它作为标题,还在诗歌中反复提及,使它俨然成为串联整部诗集的一个标志性符号。例如,在《文化交流》(CULTURAL EXCHANGE)这首诗中,诗人就曾写道:

在圣诞节,他们问我
如果我是黑人,愿意将黑色抹掉吗?
我说,问你妈妈。

可见,仅从这部作品的标题我们就可以看出它与休斯以往作品的差异。在音乐的层面上,它显然已经突破了“疲惫的布鲁斯”的范畴,它的声音也不再是含糊其辞和忧郁感伤,取而代之的是激越昂扬的调子和坚定的呐喊。

再者,从这部作品的内容上来看,它也体现出了和外在的表现形式、即爵士风格相匹配的特点。仍以《文化交流》为例,在这首诗中,作者还写道:

梦想南方的黑人
夺取了权力——
并把南方的民主党人
赶下权力的舞台——
黑人的时刻到来了:
马丁·路德·金当上了佐治亚的州长
鲁弗斯·克莱门特是他的总顾问
……
富裕的黑人拥有白人奴仆
白人在黑人的种植园里劳作
而黑人的孩子还有了白肤色的奶妈。

可以说,如此慷慨激昂和充满自信的语调在休斯早期的诗作中是比较少见的。罗杰斯曾经指出,“爵士乐的真正内涵是对传统、习俗和权利的令人可喜的反叛”(Rogers,216 - 7)。《问你妈妈》中音乐节奏上的这一变化实际上正体现了休斯诗歌艺术一个辉煌的自我超越。正如克拉克所说,“兰斯顿·休斯用爵士12式的方式为非裔美国人漫长而艰苦的抗争增添了新的内容,这种抗争是为了让本民族的艺术和尊严在这个长久以来一直标榜‘人人生而平等’的国度被接受”(Clarke,102 - 3)。

2　突破维度:语汇、修辞、意象及其他

休斯堪称黑人民族的代言人。强烈的民族性一直是他诗歌的一个标记。单以诗歌的语言而论,他始终坚持把黑人的方言土语化入诗行。从 Life for me ain't been no crystal stair,到 Ain't got nobody but ma self,再到 ain't happy no mo' 等等,一个个凝固了黑人原生态气息的鲜活语汇伴随着他的创作。在《问你妈妈》中,这样的传统也被保留了下来,作品的标题就是一个显而易见的例证。不过,在体现民族性的同时,这部诗集中也汇集了大量现代化的元素。这可以说是不同于以往的一个新的趋向。例如,在《骑,红,骑》(*Ride,Red,Ride*)中,休斯就使用了不少新潮的词语和法语及西班牙语等多种不同的语言。他首先用了“*ca ira*”一词。这是法语里面的单词,意思是“继续下去”。它取自法国大革命时期一首歌中的歌词“啊!革命将继续下去/把贵族们送上断头台”。接着,他又用了“*castro's beard*”一词。这是一个在1960年以后才被美国大学生经常使用的新词,它源出古巴领导人菲德尔·卡斯特罗及其追随者,因为这些英雄人物在打游击时都习惯留着长胡子。在这首诗中,休斯还写下了这样的句子:*In The quarter of the negroes / tu abuela, donde esta?* 其中的“*donde esta*”出自塞万提斯的名言“donde esta la verdad esta Dois”,意为“有真理的地方就有上帝”。不过,这种语言风格上的拓展并非单纯是形式上的创新,它是为诗歌内容服务的。以前面的那个法语单词“*ca ira*”,为例,作者的用意显然是在鼓励他的黑人同胞要继承法国大革命的精神,把争取自由、平等的斗争进行到底。又比如前面提到的塞万提斯的那句名言。休斯在作了引用之后,紧接着就向它频频提出反问,以凸显他对此存有强烈的

质疑。在下一小节中,休斯果然点明了他的题意:"圣诞老人,原谅我,/但是你的礼物书却是一名颠覆徒"。

《问你妈妈》的另一个显著特点是对传统修辞手法的拓展和改造。一语双关是休斯所惯常使用的修辞手段之一,他在之前的不少诗作中曾多次使用过,给读者留下了深刻的印象。不过,在《问你妈妈》中,双关的使用及其效果又上升到了一个更高的高度。以《黛娜颂歌》(ODE TO DINAH)为例,里面有这样一句话,"钟摆(pendulum)摆动/摆进了忧郁的阴影"。其中,"pendulum"表面上指"钟摆",而实际则指摇摆不定、混沌不清的局势。休斯亲眼目睹了五六十年代黑人民权运动的起起落落,此处的一语双关是要告诫那些"新黑人":要一鼓作气、乘胜前进,不能被眼前的假象或暂时的有利局面所蒙蔽了眼睛。这部诗集中最大的双关来自于最后一首诗的标题,诗人巧妙地使用"fare"(费用)和"fair"(公平)的谐音以达到控诉这个不公平的世界的目的。

反讽也是休斯喜欢运用的一种修辞手段,而且运用起来得心应手、游刃有余。比如,在《立体声的布鲁斯》(*Blues in Stereo*)中,诗人写道,"白色的上帝绝不会来,/因为月光会漂白他的白色/使之超过了白色面罩的限度"。在这里,诗人显然是借用白月光以讽刺白人的虚伪。休斯不仅对白人进行无情的嘲讽,对黑人内部的不团结和错误行为也时常以反讽的形式予以反击。在《丰饶角》(*Horn of Plenty*)中,他因对理查德·赖特(Richard Wright)成名之后搬出黑人聚居区的做法表示不满而写下了这样的句子:"人要爱自己的国家,/因为你的国家就是你的妈妈"。

借代的妙用在这部诗集中也是俯拾皆是。例如,休斯曾以"calvary"来代替耶稣替人类受刑(*gospel cha-cha*)。在《问你妈妈》中,还有这样的句子:"但是,当独角兽在的时候,/为什么还要骑骡和驴? … 瘦小的骡和驴/还要与独角兽分享他们的草地"。很明显,此处的"独角兽"是指养尊处优的白人群体,而"骡和驴"则指处于社会下层的广大黑人群众。

休斯曾受到"意象派"诗歌的影响,在他的作品中,意象的作用十分突出。需要加以指出的是,在《问你妈妈》中,他对意象的使用则更达到了一个新的境界。仍以《黛娜颂歌》为例,诗人写道:

播放百年盛诞的电视机
正在"下雪"
电视需要修理
因为尼亚加拉大瀑布已经冰冻
"电视"也一直低于零度

因为大雪,没有人来修理黑人聚居区的电视机,致使黑人群众无法观看庆祝自身解放的百年盛诞。这首诗全篇充满了"大雪"的意象,这里的"大雪"既是指呈雪花状忽闪忽闪的电视画面,更代表了白人主流社会对黑人具压倒性的优势和控制力。毫无疑问,"白色象征着白人的势力,同时,也暗示着黑人的被忽略"(Barksdale,1977: 117)。

《问你妈妈》的第三个引人关注之处是它秉承了爵士乐"即兴创作"的特征。"即兴创作"是音乐学中的一个术语。所谓"即兴创作"就是"演奏者可以说一些事先没有准备的话或是被其他的演奏者所引出的即兴回答。音乐的交融是开放式的而非事先准备好的…… 其结构样式不像一个文本而更像一种交谈"(Monson,1996: 81)。也就是说,"即兴创作"并不是照本宣科,也不是遵循着一个连贯的主题进行演奏。据记载,这部作品就是休斯参加完一个爵士乐狂欢派对(Newport Jazz Festival)的产物。这种即兴的、主题不连贯的特征正是《问你妈妈》中的一大特点。在这部诗集中,休斯总是故意打破连贯的主题,而加入一些貌似无关的叙述或是名词的罗列。例如,在《文化交流》中,诗人开始时本来是叙述一种文化现象,他以普赖斯(Leontyne Price)这一黑人女歌星为对象,叙述她既喜欢吃南方的芥蓝菜,又喜欢唱德国的浪漫歌曲。但中间却穿插了一些毫不相关的人物罗列:*Ralph ellison as vespucius / Ina-youra at the masthead /Arna Bontemps chief consultant /Molto bene mellow baby pearlie mae/Shalom aleichem jimmy baldwin sammy*. 这一"即兴"特点在该诗集的每一首诗中都有不同程度的体现。

《问你妈妈》所呈现的这些实验性特征与与休斯"第一个爵士乐诗人"(博泰普斯 Arna Bontemps 语)的称号可谓十分相称,它们和二战后美国诗歌的整体发展趋势也是吻合的。不必去深究其理论的合理性,只要浏览一下 20 世纪四五十年代、甚至更晚一些的美国诗坛的格局，人们就会发现这一时期的诗人大都追求突破传统的羁绊、进行大胆的实验和创新。从“垮掉派”到“黑山派”再到“自白派”，那些态度激进的诗人们无不在自己的领地里对诗歌和诗歌的要素进行着恣意的改造。凡此种种，恰好证明了休斯在诗歌艺术上的孜孜以求和与时俱进的精神。

3 继承和创新：诗歌艺术的新高峰

休斯是一位勤奋和富于创新精神的诗人。由于他的黑人身份，再加上他那个时代特殊的政治、文化环境，在跨越四十多年的创作生涯中，他一直在努力追求一种恰当的表达方式，以期待更好地表现出“新黑人”的思想情感。初出茅庐的休斯曾经意气风发、达观开朗，那时的他身上明显留有惠特曼的影子。《我也为美国歌唱》(*I, Too Sing America*)和《让美国变回美国》(*Let America Be America Again*)等就是这种情绪下的产物。但与此同时，随着黑人争取自由和平等斗争的不断深入，特别是随着诗人的目光越来越多地触及到黑人普通民众的日常生活，他的心情逐渐变得沉重起来。于是，忧郁、凝重、感伤的诗行慢慢跃上了纸面。到了《问你妈妈》的阶段，他的诗歌内涵再次发生了比较明显的变化。这部作品的主题仍一如既往地承袭了诗人此前一贯的风格，那就是为黑人民族的真正自由和解放而呐喊呼号，其中的12首诗歌无一不涉及黑人的命运和未来。但是，它也体现了和以往作品有所不同的地方，最大的变化是它的基调已突破了原先感伤和温婉的范畴，而变得更加决绝和义无返顾。这样的一个变化，与他后期思想上发生的变化是一致的。曾经有人说，休斯是一个“冷静的反叛者”。尽管《问你妈妈》全篇充满了一种愤怒的情绪，但它的作者却不曾因为愤怒或反叛而失却理智。休斯写诗的目的也不似一些“自白派”诗人那样是出于“自我疗伤”的目的。细读《问你妈妈》中的那些篇章，我们会发现作者想要传达的信息仍然是对历史语境下“新黑人”命运的关注。透过朦胧的意象和打破常规的表述，作者似乎在提示人们：黑人群体不应被眼前的所谓和谐而蒙蔽了眼睛，黑人解放的道路依旧任重而道远。凯姆普在《格林博勒新闻报》上对《问你妈妈》的评价是：“就像这本书的介绍词所说的那样，它是一部关于新黑人的著作”(Kemp D4)。

总之,《问你妈妈》是休斯晚年精心构制的一部重要作品,它不但具有黑人的民族性特点,同时又体现出现代性和实验性的特点,因此,可以说,它是一曲经由黑色灵魂流淌而出的现代变奏曲,标志着休斯诗歌艺术的一个新高峰。尽管它的一些实验性特征或许对作品阅读会构成一定的挑战,而且,也的确因此招来了一些批评,但是,正如《人民世界报》(*People's World*)撰文指出的那样,“(《问你妈妈》)这种超乎寻常的想象和引人入胜的形式表明,休斯为现代美国诗歌作出了极为可贵的贡献”(Bloice,7)。笔者认为,对《问你妈妈》以及其他休斯后期作品开展研究有助于我们更加全面地把握休斯的诗歌美学体系,也有助于我们更好地梳理黑人文学发展的脉络和它对整个美国文学作出的贡献。

参考文献

[1] Rampersad, Arnold. , and Roessel, David, eds. The Collected Poems of Langston Hughes[M]. New York: A Division of Random House, Inc. 1994.
[2] Tracy, Steven C. , eds. A Historical Guide to Langston Hughes[M]. New York: Oxford University Press, 2004.
[3] Barksdale, Richard K. , Langston Hughes: the Poet and his Critics [M]. Chicago: American Library Association, 1977.
[4] Dace, Tish, eds. Langston Hughes: the Contemporary Reviews[M]. Cambridge [England]: Cambridge University Press, 1997.
[5] Mullen, Edward J. Critical Essays on Langston Hughes[M]. Boston, Mass. : G. K. Hall, 1986.
[6] Feinstein, Sascha. A Bibliographic Guide to Jazz Poetry[M]. Westport, Conn. : Greenwood Press, 1998.
[7] Martin, Henry ed. Annual Review of Jazz Studies 8[M]. Scarecrow Press, Inc. 1997.
[8] Monson, Ingrid. Saying Something: Jazz Improvisation and Interaction [M]. The University of Chicago Press, 1996.
[9] Abrams, M, H. The Mirror and Lamp: Romantic Theory and the Critical Tradition[M]. Trans: Zhi Liniu. Beijing: Peking University Press, 2004.]

[10] 兰斯顿·休斯.大海：休斯自传[M].吴克明，等译.上海：上海译文出版社，1986.
[Hughes, Langston. The Big Sea: An Autobiography by Langston Hughes. Trans: Wu Keming. Shanghai: Shanghai Translation Publishing House, 1986.]
[11] 刘守兰.英美名诗解读[M].上海：上海外语教育出版社，2003.

作者简介： 唐根金，上海大学外国语学院副教授。主要研究方向：英美诗歌和英美文学翻译。
宗学清，上海大学外国语学院硕士研究生。主要研究方向：英美诗歌。

Remarks on the Concept of Time in "*The Mark on the Wall*"

万 华

Abstract: *The Mark on the Wall* by Virginia Woolf is a highly experimental modernist text. This paper discusses her narrative strategies to present the moment of importance or moment of intense awareness in the text. As the small "mark" on the wall is used as a textual tool to trigger off a series of imaginations and a chain of thoughts and feelings, the author manages to present the random flow of unconsciousness through her skilled manipulation of the order, duration and frequency of her narration.

Key words: streams of consciousness, moment of importance, story time, text time, mark

In both traditional and modernist novels, time is valued as important as plots and characters, one of the principal elements of the story. (Gerald Genette, 1980, Li Weiping, 1998, Shen Dan, 2005) In traditional novels, the narrative time mainly develops in a linear sequence. However, modernist novels are based on a different conception of time and reality. As a modernist writer, Virginia Woolf viewed life as the flux, which means changes and movements, and believed that a novel that begins cleanly, unfolds a sequence of events logically and evenly, and concludes neatly, simply goes against life and reality. Traditional narrative form cannot do justice to the tumultuous randomness of life. Rebelling against the so-called "materialism", she presented neither tragedy nor comedy; instead she attempted a more delicate rendering of those aspects of consciousness, in which she felt that the truth of human experience really lay. (Li Weiping, 2010) Thus how to associate all these fragmentary memories, recollections or random flow of consciousness was her primary concern. Her treatment of human consciousness no doubt requires a different understanding of time and different relationship between narration and time.

VirginiaWoolf, writing at an age of important philosophical and psychological development, was deeply influenced by Bergson (1910) and the Bloomsbury Group, from whom, she developed her own concept of pure time breaking from the confinements of the chronological sequence of physical time. She advocateed in her writings a form of narrative that consists of a series of brief impressions, unfinished events, unfolding in the random order, unrelated to one another, and of no particular consequence in themselves, which is generally known as streams of consciousness. Instead of telling a character's life story, she chose to focus on the important moment in a character's life. Her moment of importance is solely concerned with the characters' interior experiences, which are stimulated by the exterior world.

To understand the moment of importance and her narrative treatment of these important moments, it would be helpful to briefly introduce some basic concepts developed by narratologists. who distinguish "story time" and "text time". (Gerald Genette, 1980; Shlomith Rimmon-Kenan, 1983; Roland Bathes, 2008; Shen Dan, 2005; Qiao Guoqiang, 2010) "Story time" refers to the length of physical time in which the actual story happens while "text time" means the length of presenting the story in the text, manipulated by the writer in the choice of story events and devotion to the respective events. "Story time" is the linear natural time. In novels, the order of events is decided by the writers, and the narrative time could be re-adjusted according to the relations of these events. "Text time" is inescapably linear, with intermittent interruptions according to the relations of events (Michael J. Toolan, 1988).

Genette, in analyzing "story time" and "text time", isolates three aspects that are supposed to define the movement of a story, that is, order, duration and frequency. "Order" refers to the relations between the assumed sequence of events in the story and their actual order of presentation in the text. "Duration" chiefly concerns the relations between the extent of time that events are supposed to have actually taken up, and the amount of text devoted to presenting those same events. "Frequency" refers to how long something happens in a story compared with how often it is narrated in a text. (Cited from Michael J. Toolan 1988)

The Mark on the Wall, a highly experimental modernist text, has no story at all, nor any clearly identified setting or background, but it focuses on an important moment in her protagonist's experience. The "mark" on the wall functions as a stimulus which calls forth a flow of thoughts and associations. The whole text is based on free associations and sensory impressions typical of stream-of-consciousness technique. The only thing she has is the "mark" on the wall in front of her, the insignificant external object as is shown in the following diagram, but it is more important as a textual tool that serves to stimulate and connect a series of imaginations, to trigger off a chain of thoughts and feelings, which reveal the significance of life. There is hardly any "order" between the fragments of the character's consciousness in the story, which is shown in the diagram.

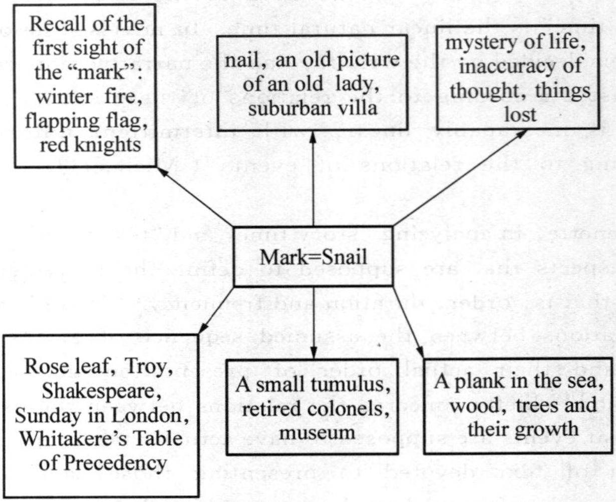

As is evident, Woolf adopted psychological time in the narration and probes into the boundless realm of psychological time and space. The physical order of the story is lost. The complexity of the character's mental life thus unfolds through free associations and through non-linear development of the story. In breaking linear chronology, Woolf was able to recapture the full richness and complexity of the character's inner life revealed in the psychological time and space. Hence, her narrative manifested infinite expansibility and massive cohesive force. Her manipulation of time sequence may be examined in Genette's terms.

Any departure in the order of story presentation is an anachronical movement, which is divided into Genette's analepse and prolepse, or Toolan's flashback and flashforwards or Bal's retroversion and anticipation. Virginia Woolf saw the past and the present as interwoven and not clearly cut from each other, as is demonstrated at the beginning of *The Mark on the Wall*.

"Perhaps it was the middle of January in the present year that I first looked up and saw the mark on the wall. In order to fix a date it is necessary to remember what one saw. So now I think of the fire…"

The narrator starts the story by remembering the day he or she first saw the "mark". Then he or she comes back immediately to the present, thinking of the fire, yellow light, chrysanthemums, instead of going on telling the reader what happened at that time. After that he or she then goes on with the recollection of the day. The narration moves back and forth between retrospect and reflections of the present. And the "mark" helps to link a series of events, thoughts, desires, and actions. In this way, the past and the present become intermingled and impact each other, which demonstrates Woolf's vision of life and reality.

"Duration" determines the pace and the rapidity of the telling of story events, making the fictions, novels musical movements. (Michael J. Toolan, 1988; Qiao Guoqiang, 2009; Shen Dan et al, 2010) Some part of narrator's thought at the sight of the "mark" is of greater length and depth and sometimes the narrator touches on something without going into it deeply. The length of story presentation is determined by the relations of the events. Genette (Cited from Shen Dan et al, 2010)held that the relations between "story time" and "text time" could be measured by the ratio of their length.

(1) If text time is shorter than story time, it is summary.

(2) If text time equals story time, it is scene.

(3) If text time is zero but story time is unlimitedly long, it is ellipsis.

(4) If text time is unlimitedly long but story time is zero, it is pause.

The maximum speed is said to constitute ellipses, where no text space is spent on a piece of story duration; the opposite situation is the descriptive pause, that is, text without story duration. Such ellipses are commonly observed in modernist fiction, where a series of detailed scenic presentations are linked by abrupt spatiotemporal jumps (Chatman, 1978). Look at the following example.

> How readily our thoughts swarm upon a new object, lifting it a little way, as ants carry a blade of straw so feverishly, and then leave it. . . . If that mark was made by a nail, it can't have been for a picture, it must have been for a miniature, the miniature of a lady with white powdered curls, powder-dusted cheeks, and lips like red carnations. A fraud of course, for the people who had this house before us would have chosen pictures in that way — an old picture for an old room. That is the sort of people they were very interesting people, and I think of them so often, in such queer places, because one will never see them again, never know what happened next. They wanted to leave this house because they wanted to change their style of furniture, so he said, and he was in process of saying that in his opinion art should have ideas behind it when we were torn asunder, as one is torn from the old lady about to pour out tea and the young man about to hit the tennis ball in the back garden of the suburban villa as one rushes past in the train.

And the text in this paragraph is much more committed to the narration of the"lady" and the people who used to live in the house, than the "old lady" and the "young man" he or she saw on the train, just as the narrator observes, "our thoughts swarm upon a new object, lifting it a little way, as ants carry a blade of straw so feverishly, and then leave it." Some episodes and facts in life would be kept fresh in the memory while others would be forgotten and disappear soon without any trace. Accordingly, the author treats these differently by adjusting the duration of her narration. The amount of text devoted to presenting the same events is supposed to demonstrate narrator's feelings of the people in this house who made the narrator think a lot and whom the narrator would never forget.

The pace is accelerated through a textual compression of a given story period into a relatively short statement of its main features while in scene, story and text duration are conventionally considered identical. However, Toolan (1988) stresses that the pace of any portion of a text is relative to the pace in other portions of that text, or relative to the pace of the text as a whole, or relative to the pace of other texts. Take the last part of the story as an example.

> It is full of peaceful thoughts, happy thoughts, this tree. I should like to take each one separately — but something is getting in the way... Where was I? What has it all been about? A tree? A river? The Downs? Whitaker's Almanack? The fields of asphodel? I can't remember a thing. Everything's moving, falling, slipping, vanishing... There is a vast upheaval of matter. Someone is standing over me and saying
>
> "I'm going out to buy a newspaper."
>
> "Yes?"
>
> "Though it's no good buying newspapers... Nothing ever happens. Curse this war; God damn this war!... All the same, I don't see why we should have a snail on our wall."

When the narrator's lost in thoughts triggered off by the "mark", Woolf inserts a conversation to bring both the narrator and the reader back to the reality. In this case, the story time is exactly the text time.

In narration, "frequency" also contributes to the story presentation. "Frequency" is referred to the "business of repeated textual telling of a single story incident. (Michael J. Toolan, 1988) It involves the relations of events in the story and the text. (Shlomith Rimmon-Kenan, 1983) In this modernist text, we can see the repeated telling of the mark on the wall, which functions as the exterior links of the story.

The narrator in *The Mark on the Wall* is so intensely feeling and thinking that a single "mark" on the wall calls forth memories ancient and modern, things private and historical. The "mark" on the wall is only a kind of stimulus coming and going.

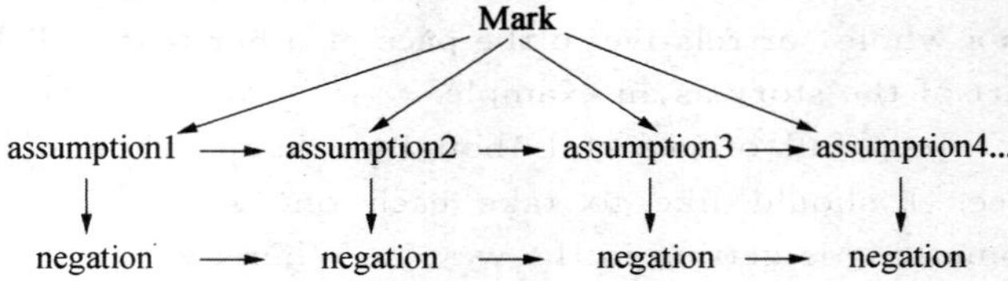

In the frequency of assumptions and negations, the story moves on. Woolf's moment of importance, having nothing to do with plots, is a continuous and lasting process of thinking without any climax. Her moment of importance is more accurately moments of intense awareness, concerned with private and perceptional problems and narrow, personal mental experience. The repeated presentation of the "mark", as well as the assumptions and negations the mark calls forth, stresses the moment of importance as a moment when an individual is fully conscious of his experience, a moment when he is not only aware of himself but catches a glimpse of his connection to a larger pattern hidden behind the opaque surface of daily life.

The text time is one of the most important features in modernist novels. Virginia Wool, in her attempt to seek the significance and the truth of life, skillfully employed narrative techniques to present her vision of life and reality and weavesed together seemingly unrelated stories, events and random thoughts of human consciousness.

Bibliography

[1] Gerard Genette. Figures III [M]. Paris: Seuil, In English, 1980, Narrative Discourse, Ithaca, NY: Cornell University Press, 1972.

[2] Gerald Prince. A Dictionary of Narratology [Z]. Aklershot: Scolar Press, 1987.

[3] Henri Bergson. Time and Free Will: An Essay on the Immediate Data of Consciousness, Dover Publications 2001-Bergson's doctoral dissertation [M]. 1910.

[4] Michael J. Toolan. Narrative: A Critical Linguistic Introduction [M]. Routledge, 1988.

[5] Saymour Chatman. Story and Discourse: Narrative Structure in Fiction and Film [M]. Ithaca and London, Conell University Press, 1983.

[6] Shlomith Rimmon-Kenan. Narrative Fiction: Contemporary Poetics [M]. London and New York, Methuen, 1983.

[7] Shen Dan, Wang Liya. Western Narratology: Classical and Postclassical [M]. Peking University Press, 2010.

[8] 李维屏. 英美现代主义文学概观[M]. 上海: 上海外语教育出版社, 1998.

[9] 李维屏. 2010 暑期博士课程讲义.

[10] 罗兰·巴特. 写作的零度[M]. 北京: 中国人民大学出版社,2008.

[11] 乔国强. "秩序"的叙事新解———以顾彬的《二十世纪中国文学史》为例[J]. 江西社会科学,2009(10).

[12] 乔国强. 2010 暑期博士课程讲义.

[13] 申丹,韩加明,王丽亚. 英美小说叙事理论研究[M]. 北京: 北京大学出版社,2005.

作者简介: 万华,上海大学外国语学院副教授。

恐怖的恶之花

——浅谈《黑猫》中的恐怖美

汪　清

摘　要： 本着“为艺术而艺术”的理念，埃德加·爱伦·坡坚持把“唯美”作为其写作主旨之一，并始终在作品中贯彻其独特的审美观点。作为爱伦·坡的经典短篇小说，《黑猫》就完美表现了作者对于恐怖之美的理解与诠释。通过结构、情节以及形象塑造三方面，爱·伦坡为读者营造了一个惊悚刺激的恐怖乐园，传达了他对于恐怖美的情有独钟。

关键词： 埃德加·爱伦·坡；《黑猫》；恐怖美

埃德加·爱伦·坡是19世纪美国重要的小说家、诗人、评论家，其作品多充斥着浓重的死亡、暴力、恐怖色彩，作者也因此饱受诟病，生前郁郁不得志。20世纪初，爱伦·坡的作品被重新挖掘，他独特的创作手法和文学理论开始得到世人的肯定，其作品中饱含的美学观念也成为了当下研究与学习的对象。本着“为艺术而艺术”的唯美主义思想，坡力求在作品中表现他对于美独特的理解和诠释，并实践他以病态、恐怖、神秘为基调的审美观念。坡的恐怖小说好似一场噩梦，充斥着阴森古怪的气息，具有一种震撼心灵、涤荡灵魂的美，阅读时可以带给读者一种强烈刺激的审美体验。作为坡的经典短篇小说之一，《黑猫》带领读者进入了一个惊悚刺激的恐怖世界，体现了坡对于恐怖之美的完美塑造。

《黑猫》讲述了一个人与两只猫的斗争故事。主人公“我”是一个性情温和、热爱小动物的人，对“我”养的黑猫普路托尤为喜欢。但是自从染上酗酒的恶习后，“我”性情大变，经常虐待那只黑猫和“我”的妻子。一次酒后，“我”剜掉了普路托的一只眼睛，并且最终残忍地把它吊死。出于赎罪心理，“我”又养了另一只黑猫，但是它只有一只眼睛并且胸前有一块形似绞刑架的白毛，使“我”对它愈加忿恨。一天“我”举起斧头准备杀掉这只黑猫，不料却在盛怒之下砍死了“我”的妻子。惨案发生后，“我”把妻子的尸体砌入地窖的墙中并试图掩盖犯罪事实，但是黑猫的叫声却使“我”的罪行暴露在了警察面前，原来“我”把这只黑猫和尸体都一起砌进了墙里。

本文将通过对《黑猫》结构、情节以及形象塑造三方面的分析，探索爱伦·坡是如何以大师的手笔，在这篇故事中营造恐怖之美的。

1　结构上的恐怖美

1.1　第一人称忏悔式独白

《黑猫》采用第一人称叙事，大胆突破了以往小说中惯用的第三人称全知视角，而聚焦于主人公细腻、真实的内心感受和情感体验，从而更能将故事中弥漫的恐怖之感渗透到深邃的心理层面。故事通篇都是“我”在临刑前的忏悔式内心独白，由“我”把自己疯狂迷乱的心理历程完整全面地展现在读者面前。读者成了倾听者，直接参与到了故事中来，拥有更多的自主性，能够对“我”的畸形犯罪心理进行感性上的体验和研究性的审视。通过“我”的独白，“我”在犯罪中焦虑、恐慌、烦躁、紧张、悔恨的变态心理被暴露得一览无遗。读者仿佛就是正坐在“我”对面的倾听者，能够跟随“我”的讲述，洞悉我复杂的心理状态，体会到与“我“一样真实的恐惧。

《黑猫》中第一人称忏悔式独白的叙事技巧有利于客观记录“我”疯狂迷乱的犯罪心理，从而将心灵的恐怖传达给读者，“引导读者也抛弃正常的理智去‘享受’这种心灵的恐怖，使读者产生一种与小说中主人公同样的被正常理智抛弃的失恃感和不可名状的恐怖感”（敬南菲，2006：93）。读者惊骇于故事主人公扭曲的人性之恶，产生恶心、恐惧的主观感受，但同时也感受到惊险刺激的强烈心灵震撼，找到一种对于痛苦心理状态的发泄途径，从而得到恐怖所带来的独特审美体验。

1.2　倒序式手法

在《黑猫》第一段，主人公就告诉我们“明天我就要死到临头了，我要趁今天把这事说出来好让灵魂安生”，然后从第二段起才开始真正意义上的故事叙述，开始讲述整个的犯罪经历。坡采用这种倒序式的手法，有利于引发读者悬念，从而引导读者跟随主人公的叙述，慢慢了解故事的发生发展，一步步地接近他真实的犯罪心理。主人公“我”把将要说的事情说成是“家常琐事”，却又说“由于这些事的缘故，我饱尝惊慌，受尽折磨，终于毁了一生”(陈良廷、徐汝椿，1982：181)。读者不禁疑惑，到底是什么样的家常琐事能够有这么大的影响力呢，于是在好奇心的驱使下，通过阅读一步步接近事实真相。当读者读完整篇故事时，发现所谓的“家常琐事”竟是一桩骇人听闻的凶杀案，不禁倒吸一口凉气，恐怖之感愈发浓烈。

1.3　开放式结尾

细心的读者会发现，《黑猫》的结尾并没有回复到开头“我”在死刑前准备忏悔罪行时的状态，这种首尾不照应的写作手法是坡有意为之。为了营造恐怖的氛围，故事在“我”的罪行被揭穿这一高潮处戛然而止，使黑猫的形象如噩梦一般保留在了读者脑海中。看看坡是如何以大师般的手笔营造恐怖氛围的吧：“那堵墙整个倒了下来，那具尸体已经腐烂不堪，凝满血块，赫然直立在大家眼前。尸体头部上就坐着那只可怕的畜生，张开血盆大口，独眼里冒着火。”(陈良廷、徐汝椿，1982：181)当读者还在为墙内的尸体和黑猫形象大冒冷汗之时，故事已悄然结束，独留恐怖之感久久萦绕在读者心头，挥之不去。

2　情节上的恐怖美

2.1　超自然的恐怖美

爱伦·坡善于在他的作品中营造超自然的恐怖美，“如《瓶中手稿》的幽灵船和鬼怪，《丽姬娅》中的借尸还魂和死尸复活”(陈宁，2006：40)。超自然的恐怖现象在《黑猫》中也有体现。在“我”残忍杀害第一只黑猫的当天晚上，家里的房子就失了火，使“我”

的一切财物统统化为乌有。除此巧合之外,更令人惊异的是在大火并没有烧毁的一堵墙上,“赫然有个浅浮雕,原来是只偌大的猫。这猫刻的惟妙惟肖,一丝不差,猫脖子还有一根绞索”(陈良廷、徐汝椿,1982: 174),这种超乎自然的巧合不禁让读者毛骨悚然。

从“我”养的第二只黑猫身上同样也可以体会到超自然的恐怖力量。出于良心上的悔恨或是赎罪心理,“我”想要物色与普路托相似的另一只猫,而这时害“我”丧命的第二只黑猫就突然出现了,而且它来历不明,之前从没人见过它。读到这里,读者也许会不自然地想到一句俗语:“猫有九命。”难道这第二只黑猫就是普路托的灵魂附体,是专门来报复“我”的吗?之后的情节发展似乎更证实了这个推断。在“我”把第二只黑猫带回家的第二天早晨,“我”发现它竟然跟普路托一样,也被人剜掉了一个眼珠;更令人感到离奇的是,它胸前的一片白毛竟然渐渐呈现出类似绞刑架的轮廓,并且愈加清晰。这种超自然的情节安排着实令读者产生一种毛骨悚然的诡异的恐怖感,受到一股恐怖带来的巨大心理冲击,享受另类的美学体验。

2.2 暴力凶杀的恐怖美

暴力凶杀也是坡经常使用的一种恐怖表现形式,在他的作品中死亡与暴力并不罕见,这一点在《黑猫》中也有体现。坡对“我”虐待普路托的暴行进行了细致描写:“我从背心口袋里掏出一把小刀,打开刀子,攥住那可怜畜生的喉咙,居心不良地把它眼珠剜了出来。”(陈良廷、徐汝椿,1982: 172)对待畜生如此,对待自己的妻子“我”亦毫不手软,当妻子阻止“我”杀猫时,“我格外暴跳如雷,趁势挣脱胳膊,读准她脑壳就砍了一斧”(陈良廷、徐汝椿,1982: 178)。坡对于“我”施暴的描写不禁令人毛发直立,读者一方面为“我”的丧失人性扼腕叹息,一方面又体验着暴力凶杀所带来的独特又强有力的恐怖美。

2.3 心灵式的恐怖美

《黑猫》情节紧凑,丝丝入扣,读者跟随着主人公的内心独白,深入其隐秘、畸形的潜意识中,发现人性之恶。主人公为作恶而作恶的变态犯罪心理不时冲击着读者的心灵防线,使读者感受到一股强大的心灵式的恐怖。坡继承并推进了哥特式的写作特色,使恐怖不仅局限于单纯的场景式、氛围式的外在恐怖，而是深入内心，剖析揭露人性之恶，更加关注于心灵式恐怖的营造。故事主人公“我”的杀猫行为并不是出于什么深仇大恨，而是出于一种邪念，“渴望自寻烦恼，违背本性，为作恶而作恶”。坡深刻洞察到了“我”变态的犯罪动机：“我出此下策，就因为我知道这猫爱过我，就因为我觉得这猫没冒犯过我，就因为我知道这样干是在犯罪——犯下该下地狱的大罪，罪大之极，足以害得我那永生的灵魂永世不得超生。”（陈良廷、徐汝椿，1982：173）坡深入“我”的潜意识，把骇人的人性之恶暴露得淋漓尽致，而这种人性之恶所带来的恐怖感足以震荡魂魄，使人感受到一种别有魅力的恐怖之美。

3　形象塑造上的恐怖美

3.1　黑猫形象的恐怖美

故事中的黑猫名叫普路托，而“普路托”是希腊神话中冥王的名字，象征着死亡和恐怖，因此黑猫这一形象本身就不可避免地染上了恐怖的气息。而且西方人常常把黑猫与女巫联系在一起，黑猫有九条命，女巫有变九次的魔法，如果杀死一只黑猫，它可以再变八次（苗翠华，2010：32）。这个传说让读者不自觉地联想到文中第二只黑猫的离奇出现，心生恐惧，继而把它解释为普路托的灵魂再生。而文中也看似无意地提及到“我”妻子对黑猫的迷信，从而为下文由黑猫带来的不祥打下伏笔。

在《黑猫》中，爱伦·坡有意将黑猫的形象妖魔化，把它塑造成了监视和操控着人类罪行的魔鬼。杀猫当晚“我”家房屋的失火以及墙上的猫形浮雕，让人不得不把这看作是黑猫对主人的报复。第二只黑猫胸前形似绞刑架的白毛，更似乎是在不停地提示着“我”的罪恶，造成“我”心理的愧疚不安。而最后导致“我”犯下死罪的诱因，也不得不归咎于这只黑猫。似乎它在一步步地诱导着“我”犯下滔天大罪，却又故意将“我”的罪行毫不留情地公之于众。

3.2　主人公形象的恐怖美

爱伦·坡塑造的人物形象多是变态的、颓废的、神经质的，与传统小说中勇敢、积极的正面英雄形象截然不同，而这也许就是他的作品不被同时代读者接受的原因之一吧。“他所塑造的人物的恶的源头也不是惯常意义上的恶，他们犯罪时少有任何利益纠纷和恩怨情仇，如果非要说有的话，那就是他们触犯了内心深处的‘邪念’。”（苗翠华，2010：14）正如《黑猫》主人公残忍的杀猫行为，正是由内心不可遏制的一股“邪念”引发的，那是一种深藏于人性最深处的邪恶本能，是“为作恶而作恶”的变态心理。坡通过挖掘主人公幽暗的心灵来刻画他的扭曲形象，从而传递一种非正常状态的恐怖之美。

《黑猫》中的主人公是个具有多重人格的分裂症患者，无法很好掌控自己的行为，缺乏健全的人格。“我”爱“我”的黑猫，却剜掉了它的一只眼睛，然而当“我”第二天早晨起来时却又悔恨交加、羞愧自责；最后在作恶本性的唆使下“我”残忍杀害了黑猫，可是对于自己的行为“我”又感到痛悔不已。通过描写“我”对于黑猫反反复复的爱憎交替，坡把“我”的变态形象刻画得淋漓尽致，使故事通篇都弥漫着浓重的恐怖气息，冲击着读者心灵，令读者感受到一种难以名状的恐怖之美。

“爱伦·坡要求自己的每一篇小说或诗歌都要达到一个预想的效果，即最能打动读者心弦的效果。而他认为最能引起人们这些情感的就是死亡和恐怖了。”（苗翠华，2010：13）坡尤其擅长以恐怖和怪诞来表现他唯美的艺术主张，通过丰富的想象和高超的艺术手法把恐怖渲染得淋漓尽致，给读者带来强烈的震撼与冲击，以传达他所推崇的恐怖之美。在《黑猫》中，坡通过结构、情节和形象塑造三个方面，为读者营造了一个离奇怪诞的恐怖氛围，并完美诠释了他对于恐怖之美的解读。

参考文献

[1] 敬南菲.爱伦坡的文学理论及其在〈黑猫〉中的体现[J].四川理工学院学报，2006(8).
[2] 陈良廷，徐汝椿译.爱伦·坡短篇小说集[C].北京：外国文学出版社，1982.
[3] 陈宁.论爱伦·坡心理恐怖小说中的恐怖美[D].黑龙江大学硕士学位

论文,2006.
[4] 苗翠华. 论爱伦·坡小说的怪诞和恐怖风格[D]. 上海师范大学硕士学位论文,2010.

作者简介: 汪清,上海大学外国语学院硕士研究生。

干净结构　丰厚意蕴

——浅析海明威短篇小说《一个干净明亮的地方》

王　瑶

摘　要：海明威的短篇小说《一个干净明亮的地方》文字简单，然而意蕴丰富，完美诠释了作者的“冰山理论”。小说从细节入手，景物描写、对话描写都很干净利落；从大处着墨，通篇的故事情节也一点都不复杂。这是冰山在水上的八分之一。不过，在看似干净简单的文字背后，却藏着深刻而厚重的主题：人生的虚无缥缈。但作者又并不止步于悲观，而是展现了一种积极的心态：即使是处于虚无的人生当中，也应该保持一份可贵的尊严。正是这水上的八分之一与水下的八分之七才使海明威的小说享誉世界文坛、历久不衰。体现在本篇小说中，也正是干净的文字背后透出的丰厚的主题才使得作品充满特殊的魅力。

关键词：海明威；冰山理论；干净；厚重

海明威一生创作了许多优秀的作品，《一个干净明亮的地方》就是其中之一。“当海明威被问及他所钟爱的短篇小说时，他列举了以下几篇：《弗朗西斯 · 迈尔康博短暂而幸福的一生》，《在异乡》，《如白象的群山》，《乞力马扎罗山上的雪》，《世界之光》和《一个干净而又明亮的地方》。”(Emest Hemingway，1926)海明威在回应评论家的评论时说，当他再次读了自己的这个故事(《一个干净而又明亮的地方》)，“认为故事仍然是很完美的”。(Reinert，1959)这篇小说中，作者用洗炼的语言展现了厚重的主题，完美诠释了海明威的“冰山理论”：人们看到的用文字表达出来的东西，包括人物、情节、语言等，只是露出海面的八分之一，而另外的八分之七是在海面以下，作家没有写出的“言外之意”，是需要读者自己去细细品味的。

1　水上的八分之一：干净的景物、对话、情节

“冰山原理”首先是简约的艺术，即删掉小说中一切可有可无的东西，以少胜多，不要八分之八，而只要八分之一。

英国学者贝茨指出这种简约在语言上表现为删掉了小说中几乎所有的解释、探讨甚至讨论，“海明威这样做的时候，一锤子捣烂了按照花俏图案描绘的所有作品；随着亨利·詹姆斯复杂曲折的作品而登峰造极的一派文风，被他剥下了句子长、形容词多得要命的华丽外衣；他以谁也不曾有过的勇气把英语中附着于文学的乱毛剪了个干净”(董衡巽，1980：131)。

《一个干净明亮的地方》小说开头如下：“时间很晚了，大家都离开餐馆，只有一个老人还坐在树叶挡住灯光的阴影里。白天里，街上尽是尘埃，到得晚上，露水压住了尘埃。这个老人喜欢坐得很晚，因为他是个聋子，现在是夜里，十分寂静，他觉得跟白天两样。呆在餐馆里的两个侍者知道这老人有点醉了，他虽然是个好主顾，可是，他们知道，如果他喝得太醉了，他会不付账就走，所以他们一直在留神他。”(鹿金，1981)

寥寥数笔，故事的场景便被勾勒出来：深夜，树影婆娑下，一位老人在餐馆里独自喝闷酒，两位侍者在一旁漫不经心地聊着天，等着这位唯一的顾客离开。在描述中作者没用华丽的形容词，没有进行刻意的凄清场景描述，恰似一幅白描画。“描绘的这些画面跟原来生活中一样自然。没有矫饰的企图，没有外加的粉彩，没有带上玫瑰色的眼镜，没有比喻。凡是可能遮住景象的障碍或者关于景象起于何时的说明都被坚决无情地一脚踢开。”(董衡巽，1980：134)作者似乎在说，图画就在这儿了，好好看吧。读者通过认真体会，不难发现，干净的景物描写背后弥漫的是老人的惆怅、侍者的无聊。整篇小说沉郁的基调便由此而奠定。

除了景物描写干净利索外，文中的对话描写也不啰唆。“海明威笔下的人物对话一向为人们所称道，既简洁精炼又包含着丰富的‘潜台词’，往往像录音机一样只是将人物的对话客观地再

现，很少加上解释和说明，甚至对人物说话时的神态表情、动作手势也不作任何冗长的描绘。"（朱振武，2001）在小说中作者用大量对话真实地再现生活，而话外的一切似乎都被忽略了，包括说话者的语音语调，动作、表情以及说话时的环境和气氛等。"在他以前的一个世纪，长篇小说的对话向来都给一大套精雕细镂的老规矩压得东摇西摆，迈不开步。海明威把这套老规矩一扫而光"（董衡巽，1980：135）。例如：

"'上个星期他想自杀，'一个侍者说。'为什么？''他绝望啦。''干吗绝望？''没事儿。''你怎么知道是没事儿？''他有很多钱。'"（鹿金，1981）

对话很简短，也没有任何关于语音、语调的描述，甚至连对话者的名字也没有提到，只是说有人想自杀。海明威"不管角色心里所感觉的，谈话中所吐露的是愤怒、遗憾、绝望还是柔情，说的是快还是慢，是意在嘲弄还是表示痛恨。一切语调和情绪都隐含在似乎偶然间仓促作出的字句安排中；海明威对读者唯一的请求，就是同他合作，把握住这些语调和情绪"（董衡巽，1980：135）。

从他们简洁的对话来看，老人的自杀似乎并不是一件多么令人惊讶的事情，谈论此事也只是为了打发时间。读者似乎可以看到年轻侍者脸上的冷漠，当问及老人自杀的原因时他的回答竟然是"没事儿"，在他看来，一位有很多钱的老人是没有理由绝望，更没有理由去自杀。这说明他对老人的处境根本无法理解，也不愿去关心，暴露出他的浅薄与无知。作者写得不露声色，而读者却分明能感受到文字背后那炽热的情感。"象契科夫曾经指出的，一个人写得越冷静越不露声色，作品产生的感情可能越深刻越动人。其实海明威很容易受到情绪的感染，因此他总是努力把他自己，把他的思想和感受从作品表层上铲掉"（董衡巽，1980：137）。

在这里，作者第一次提到了小说的主题，"没事儿"，看似不经意，却一语道破天机：正是因为"没事儿"，老人才会自杀。当人生再也找不到存在的价值，活着还有意思吗？作者简单明了、镇定自若的语言中，蕴含的是关于人生的思考与呐喊。"他很明白，自己最大的危险是爱动感情，由于他拼命逃避这个危险，他终于倒翻了个过儿，仿佛变成麻木无情的了。因为海明威是个感情很深的作家。在貌似粗硬枯燥的文风外壳下，流动着极其深沉的节奏，宛如炽热的火山熔岩”(董衡巽，1980：136)。

从细节入手，景物、对话的描写干净，恰似溪水中的鹅卵石，绝不拖泥带水。而从大处着眼，整篇小说情节也十分简单。

众所周知，情节是小说的基本要素之一，然而，这篇小说似乎没什么具体情节。就像好多人读完后会问的的一个问题，这篇小说讲的是什么，答曰，什么也没有。就是讲述了一位老人，孤居，没有朋友，每晚在这个干净明亮的餐馆喝酒，藉以自慰。两位侍者在聊天，一个年轻，急于打烊尽早回到他妻子的怀抱；另一个年纪稍大的，非常同情那位年老而又孤寂的顾客，下班后他去了一家酒吧。跟日常生活一样，再平常不过了。从表面上看故事情节给读者提供的直接信息微乎其微，然而这正是作者简约风格的体现。海明威曾说过(1932)：“如果一位散文作家对于他想写的东西心里很有数，那么他可以省略他所知道的东西，读者呢，只要作者写得真实，会强烈地感觉到他所省略的部分，好像作者已经写出来似的。”因此，读者看到的只是冰山的八分之一，而水下的八分之七则需要读者更深入的理解。

2　水下的八分之七：厚重的主题

小说的背景、人物、情节都很简洁，一个餐厅，三个人物，老人喝酒，侍者谈话。但是，简简单单的表面下却蕴藏着厚重的主题：人生的虚无缥缈以及对待虚无缥缈的人生的态度。

小说最后“虚无缥缈”(鹿金，1981：156－157)一词共出现27次，如此多的“虚无缥缈”让读者震撼。震撼之余更让人体味到那种令人窒息的无处不在的空虚感。文中的三个主要人物均无名无姓，只用“那个年轻的侍者”“那个年纪大的侍者”和“老人”来指代，没有指明是谁，也可以理解为指的是任何人。他们分别代表充满幻想的青年、幻灭的中年、绝望的老年，这是人生的三个阶段。青年人拥有青春、信心、工作以及幸福的家庭，貌似无忧无虑，但却不知：青春可以逝去，工作也随时可能不保，乃至爱人的忠诚也可能变为不忠。

“‘那么你呢？你不怕不到你通常的时间就回家吗？’‘你想侮辱我吗？’‘不，老兄，只是开开玩笑。’‘不，’那个着急的侍者一边说，一边拉下了铁百叶窗后站了起来。‘我有信心。我完全有信

心。'"(鹿金,1981: 155)

当年长侍者问到他怕不怕提早回家撞见老婆偷情时,年轻侍者急了,但转而又强调自己有信心,这种强调只能起到此地无银三百两、欲盖弥彰的效果,由此可以看出信心更是脆弱的东西,甚至不堪一句玩笑话。年轻侍者只是暂时没有体会到虚无,没有意识到人生的无意义,这给了他暂时的快乐。中年侍者没有了青春,没有了信心,只有份聊以生存的工作,对于人生的虚无,他有着清醒的认识却终究无法改变什么。每当夜间餐馆顾客散尽的时候,巨大的孤独感更是铺天盖地地袭来,但他不愿回家,而是宁愿像那位老人一样,喜欢找寻个干净明亮的地方寻求些许的安慰。老人没有青春,没有信心,虽然他有很多钱,但这仍然无法与无边的空虚感抗衡,对生活的绝望让他产生自杀的念头以求最终的解脱。老人的耳聋一方面与年纪大有关,另一方面,也可以理解为他只是对外面的世界充耳不闻,为的是能远离这喧嚣的尘世,回归夜的沉静。

作者虽然表达了人生的虚无缥缈,看似传达了消极悲观的人生态度,但是细细读来,并不尽然。"海明威描绘了分崩离析的社会和人的不可捉摸的命运,但他并不是一个彻头彻尾的虚无主义者和十十足足的悲观主义分子,他有他的信念和希望。他要把真理告诉读者,他也希望帮助人们树立新的信念,取得新的希望"(陶洁,2004: 159)。小说中的重要人物,那位喝醉了的老人,全部加起来仅说了短短的五句话("再来杯白兰地。""再加一点。""谢谢你。""再来杯白兰地。""再来一杯。")(鹿金,1981: 153-155),然而,通过两位侍者之间简短的对白,老人的形象便丰满起来:寂寞孤单、抑郁绝望、百无聊赖,常常借酒消愁,甚至企图自杀,却仍不失优雅和尊严:当年轻的侍者说"我才不要活得那么老。老人邋里邋遢"时,年长的侍者立即护卫这位特殊顾客的人格。他细心地观察到:"不一定都是这样。这个老人干干净净。他喝起酒来并不滴滴答答往外漏。哪怕这会儿喝醉了。你瞧他。"当老人被因急于回家而显得不耐烦的年轻侍者撵走时,仍不忘付酒账和小费:"老人站了起来,慢慢地数着茶托,打口袋里摸出一只装硬币的皮夹子来,付了酒账,又放下半个比塞塔(西班牙货币单位)做小账。"(鹿金,1981: 154-155)甚至在被推出餐馆时,老人"虽然脚步不挺稳,却很有神气”。作者是在提醒读者:即使面对虚无缥缈的人生,人也仍然应该保持应有的尊严。“海明威经常与人谈论起人的勇敢与怯懦这一话题。他认为,人的勇气便是人的自豪和尊严。一个人如果没有了尊严,他将处处陷入窘境。”(罗明洲,1999:97)

3 完整而完美的冰山

海明威不会用多余的华丽的词语来写作,他展示在表面的只是八分之一,更多的是文字背后的八分之七。他曾说过,“记住:向你炫耀自己博学多才的人正好是最没有学问的人。”(丽莲·洛斯,1980:39)他的文字“看来很平常、似乎没有什么意义,然而经过咀嚼,它们不知不觉地起了变化,产生一种神秘的韵味……”(董衡巽,1998:19)

“八分之一”和“八分之七”的结合就构成了宏伟的冰山结构。水面上的“八分之一”是建立在水面下的“八分之七”的基础之上,水下的“八分之七”要通过水面的“八分之一”直接体现出来。“冰山原则”是一个完整的有机体,从简单明了的文字中,读者可以品味到丰厚的意蕴;同样,通过对文字背后的感情的理解,也可以进一步明白作者的良苦用心:虽然文字简单,却并不单调。

海明威的这篇短篇小说在看似干净利索的文字背后表达了深刻的主题,完美了阐释了冰山理论。简单的环境描写,干脆的对话描写,以及看似平淡无奇的情节是水上的八分之一;而文字背后的丰厚意蕴则是水下的八分之七。透过细读文字,读者便可以体会到水下的雄浑:人生的虚无无处不在,而纵然面对虚无的人生,人也应该保持可贵的尊严。干净的文字结构中意蕴丰厚,是海明威的风格,也是这篇小说的成功之所在。

参考文献

[1] Ernest Hemingway, The Sun Also Rises, New York: Charles Scribner's Sons, 1926.
[2] Reinert, O. Hemingway' s Waiters Once More [J]. College English, 1959.

[3] 董衡巽. 海明威研究[M]. 北京：中国社会科学出版社，1980.
[4] 鹿金，等译. 海明威短篇小说选[C]. 上海：上海译文出版社，1981.
[5] 朱振武. 论海明威小说的美学创造[J]. 上海大学学报，2001 年第 4 期，第 9 页。
[6] 海明威. 午后之死. 1932.
[7] 陶洁. 灯下西窗——美国文学和美国文化. 海明威的追求和使命感[M]. 北京：北京大学出版社，2004.
[8] 罗明洲. 论海明威的死亡情结[J]. 外国文学研究，1999(10).
[9] 丽莲・洛斯. 海明威肖像. 选自董衡巽. 海明威研究[M]. 北京：中国社会科学出版社，1980.
[10] 董衡巽. 国外海明威研究的新成就[J]. 外国文学研究，1998(6).

作者简介：王瑶，上海大学外国语学院。

爱　药

——论《剧响、特近》中的创伤治疗

熊　江

摘　要：近年来，以"9·11"事件为题材的文学作品大量涌现，乔纳森·萨福伦·弗尔的小说《剧响、特近》便是一例。该作品主要以一个失去父亲的9岁纽约男孩的寻锁之旅为主要线索，展示历史上重大创伤性事件给普通人带来的心灵创伤。本文试图从心理治疗的苍白无力、创伤个体在社区中的经历以及家人的关爱这三个方面来说明，当心理治疗无计可施的时候，也许关爱才是治愈创伤的唯一药方。

关键词：弗尔；《剧响、特近》；创伤；关爱

继哈帕·柯林斯出版集团于2002年出版《真相大白》(*Everything is Illuminated*)后，美国犹太裔年轻作家乔纳森·萨福伦·弗尔(Jonathan Safran Foer)在2005年发表第二部作品《剧响、特近》(*Extremely Loud and Incredibly Close*)。小说一经出版，便因其"9·11"题材而备受约翰·厄普代克、角谷美智子等著名评论家的关注。

现年34岁的美国新锐小说家弗尔在未至而立之年便已在美国文学界小有成就。他于2000年获得西洋镜小说奖，在随后的三年里，他因《真相大白》分别获得英国卫报"第一本小说奖"和"纽约公共图书馆幼狮小说奖"。2007年，英国最具声望的英语文学杂志《格兰塔》将其列为美国最佳年轻小说家之一。在美国周刊《纽约客》2010年评选的20位40岁以下优秀作家的名单中，弗

尔赫然在列。小说《剧响、特近》的背景设置在2001年9月11日这个让亿万美国人永远心痛的日子,以一个9岁孩子的"寻锁"之旅为线索,勾勒出了20世纪以来全球创伤性事件中的个体生活。小说中,对于主人公奥斯卡的心理治疗失败、创伤个体在社区中获得抚慰、来自家人的关爱更为动人,因此,当心理治疗在创伤面前变得如此苍白无力的时候,也许只有爱才能对抗现代性的脆弱,治愈创伤。

1 心理治疗的苍白无力

小说的主人公奥斯卡时年9岁,是"9·11"恐怖袭击事件的受害者和见证者。其父托马斯·斯切尔死于世贸大厦中,临终前曾给家里打过五个电话,但奥斯卡始终没有鼓起勇气接听,任由父亲的电话变成了数条电话留言。事后,奥斯卡没有把这件事告诉任何人,深陷于懊恼与自责之中。当他在父亲的卧室里无意发现写有"Black"、内装钥匙的信时,奥斯卡开始了自己的"寻索(锁)"之旅,耗时八月,逐家拜访纽约的"布莱克"们,希望找到钥匙的主人。

重大历史事件给予孩子的心灵创伤往往是作家关注的一个侧面(朴玉,2011: 61)。父亲的离世给奥斯卡造成了极大的心灵创伤,他忍受着闯入性记忆和强烈心理痛苦的折磨,并开始出现了拒绝去上学、对母亲恶语相向、易怒、自残等行为,心理治疗师对他也无能为力。正如美国心理学家茱蒂·赫曼(Judith Herman)所说,"心理创伤的中心矛盾是一方面想否定恐怖事件,另一方面又有大声表达的意愿。"(1992: 1)在奥斯卡身上,这对矛盾非常明显:一方面,在和心理治疗师费恩谈及自我意识和情感变化时,奥斯卡坦诚地说,自己之所以发生变化,是因为父亲以一种任何人都想象不到的最可怕的方式死去了;另一方面,他对心理治疗师提及父亲的死亡相当反感,不愿意对父亲已死这一事实表态。颇具讽刺意味的是,随着心理治疗的进行,当费恩询问奥斯卡将如何做到"去上学"、"对母亲好些"、"控制自己的感情"的时候,奥斯卡的回答却是"将我的感情深深埋藏起来,不管感觉多么难受,我都不会说出来。如果我一定要哭,我就在心里哭,如果我一定要流血,我就划伤自己,如果我的心开始变得疯狂,我也绝不会告诉世上任何人……”(Jonathan Safran Foer, 2005: 201 - 203)由此可见,心理治疗不但没有缓解奥斯卡的心灵创伤、外化其心中的症结,反而在一定程度上加剧了创伤,使其更加抑郁、消极。在作品中,弗尔传达了这样一种思想:对于那些身处“后9·11”时代的创伤者来说,心理治疗并非良策,并且可能还有恶化创伤的危险。

2　创伤个体在社区中治疗创伤

著名创伤理论专家和治疗专家德瑞·劳(Dori Laub)和朱蒂·赫曼(Judith Lewis Herman)都认为,个体不能独自面对创伤,只有“在关系中”才有康复的可能。奥斯卡所经历的八个月的寻锁历程,实际上是一个见证和治疗创伤的过程,他的所见所闻和所作所为都以不同形式对治疗创伤起到了潜移默化的作用。在此过程中,奥斯卡给不同的人写信,向不同的“布莱克”们讲述自己不幸的遭遇。如果幸存者可以在一个安全的环境中,向一位具有同情心的倾听者见证或讲述自己的创伤经历、分享创伤经历,那么“就有可能改变创伤记忆的非正常处理过程,而且随着记忆的转变,创伤的很多主要症状都会缓解并得到扭转”(1992: 83)。

奥斯卡最终找到锁的主人,也最终缓解了自己的创伤。在第二次去艾比·布莱克家时,奥斯卡遇见了锁的主人威廉·布莱克。此人与父亲关系紧张,在父亲死后才意识到父亲有遗物留给自己,而遗物恰巧就是奥斯卡手里的钥匙。同奥斯卡一样,布莱克也通过寻找钥匙与父亲保持着某种联系,并逐渐了解自己的父亲,对自己出售父亲遗物的行为懊悔不已。命运将两个失去父亲并互相寻找的人巧妙地连在了一起。奥斯卡向布莱克倾诉自己不为人知的痛苦经历,布莱克以极大的同情和关怀抚慰小奥斯卡。此时此刻,奥斯卡所需要的,莫过于这种聆听和关怀。奥斯卡的寻锁和布莱克的寻钥匙过程都意在寻找过去、思念亲人、并与已故的父亲建立某种精神联系。正因为如此,奥斯卡才把布莱克当成自己的父亲,问他:“你能原谅我吗?能原谅我没接电话吗?能原谅我没告诉任何人吗?”而布莱克先生的回答:“我原谅你。”最终打开了奥斯卡的心结(Jonathan Safran Foer, 2005: 302)。

此外，在寻锁过程中，奥斯卡遇见了诸如"世纪老人"老布莱克、露丝·布莱克、马克·布莱克等许多和自己一样失去亲人的创伤者。在走出个体的创伤世界后，奥斯卡发现在自己的周围——纽约的不同街区里，还存在着一个创伤社区，不分年龄、性别、身份、种族和宗教，共同分享创伤体验。不同人物在不同时期的创伤经历说明，《剧响、特近》中的创伤书写已经突破了创伤的个体意义，为身处"后 9·11"时代的人们画了一幅集体创伤像。

正如门迭塔(E. Mendieta)所说："我们总是被冲击而来的力量撞得粉碎。我们调和这些力量，从而在一个想象之地找到立足点：自主权。"(2003：408)在寻锁过程中，奥斯卡探索着如何找到自己的自主权，在"创伤社区"中，他通过见证其他创伤者的遭遇、从他人的创伤中调和自己的创伤，最终与母亲和解，接纳了母亲的恋人，让自己的世界回归正常，一句"我会开心的，会正常的"正是他找到"自主权"的标志(Jonathan Safran Foer, 2005：323)。

3　家人的关爱

在作品中，奥斯卡曾经将自己最爱的人按照数字排了一个顺序，父亲排在第一位，祖母和母亲分别排在第二位和第三位。在奥斯卡的疗伤过程中，奶奶和妈妈的关爱起到了不可替代的关键作用，最终为奥斯卡的创伤治疗画上了一个圆满的句号。在经历了 1945 年盟军轰炸德累斯顿这一历史灾难后，爷爷患上失语症，得知奶奶怀孕后选择永远离开。他给素未谋面的儿子写信，也给奶奶寄空白信封。他的缺席和信件中密密麻麻的黑字充分体现了创伤的无法言说性，但他最终选择在得知儿子丧身双子塔后回家，以自己的"在场"对家人进行抚慰。虽然他没有向孙子奥斯卡直接表明身份，但他尾随其后、暗中保护独自穿梭在纽约街头的孙子的举动体现了他深切的关爱。

与爷爷相比，奶奶则明显表露出更为强烈的沟通欲望和对孙子的深爱。在日常生活中，她尽祖母之职，给孙子编织围巾、买邮票、陪孙子玩耍，甚至为了给孙子买好吃的零食不惜远足。她同时还给奥斯卡写信，重新整合自己的创伤记忆，用语言文字坦然地将德累斯顿空袭这一历史事件叙述出来，并且将自己真实的情感毫无保留地告诉奥斯卡。奶奶的信件写作意味着她已经开始了自我疗伤，因为“当一个人能够讲述故事、敢于回顾过去的时候，他才彻底康复”(Bessel A. Van Der Kolk, Onno Van Der Hart, 1995: 176)。

此外，奶奶还改写了《创世纪》，颠倒故事发生的顺序：“夏娃将苹果放回树枝上，树缩回土壤，变成树苗，树苗又变成种子。上帝说，要有光，于是就有了黑暗。”奶奶对《圣经》的改写，流露出她改写历史的愿望。德累斯顿大轰炸摧毁了光明，使其遇难者和幸存者们都陷入永无边际的黑暗，唯有爱才能带来希望。她在给奥斯卡的信中写道：“当我看着你的时候，我的生命便有了意义”；“这是我一直试图告诉你的最重要的事情：奥斯卡，爱要表达出来，这永远是必须的，我爱你。”在奶奶的爱和影响下，奥斯卡也采用了“逆转”的手法，改写“9·11”当天发生的事情：父亲从世贸大厦中退到街上，乘坐向后倒退的地铁回家，躺在床上给自己讲故事。文字使奥斯卡“时光倒流”的梦想成为可能，父亲回家从某冲程度上标志着奥斯卡实现了与父亲精神意义上的重逢。

与奶奶对奥斯卡直接表达爱的方式不同，母亲的爱显得更为间接和隐蔽。父亲去世后，奥斯卡发现母亲与一个叫罗恩的男人关系密切，对自己似乎漠不关心，对此奥斯卡颇为恼怒，并频繁对母亲恶语相向，而母亲却总是尽量宽容奥斯卡。在寻锁过程中，奥斯卡发现许多“布莱克”在自己到访之前就知道自己要来，甚至还知道自己的名字，到最后才发现其实母亲从一开始就知道了自己的计划，且事先就跟“布莱克们”通过电话。奥斯卡意识到：“我的寻访就是妈妈已经写好的剧本，当我开始时，她已经知道结局。”母爱在这种沉默的状态下显得更加深沉、伟大。在小说最后一章里，奥斯卡从父亲的墓地回到家后，已经是凌晨四点，他发现母亲还没有睡觉，而是坐在沙发上等自己回家。他本以为母亲会责怪他，母亲却把他拥入怀中，说她相信自己的儿子，并深爱他的父亲，承诺自己今后不会爱上任何人。母亲的爱终于感动了奥斯卡，他终于“像个孩子”那样哭了起来。奥斯卡最终与母亲达成和解：“在我唯一的生命里，她是我妈妈，我是她儿子。”(Jonathan Safran Foer, 2005: 232－314)奥斯卡的直白表述是对母子关系的认可，意味着他已经回归到正常的生活秩序之中。

祖父母和母亲的贴身关爱以及父亲生前的爱最终让奥斯卡

摆脱了"9·11"事件的阴影,回归了正常生活,治愈了他的心灵创伤,因为"家人以其人性战胜了杀人思想者的非人性"(Kristiaan Versluy, 2009: 28)。《剧响、特近》把20世纪以来世界范围的重大创伤性事件联系起来,有一种恢宏感和无助感,但作者通过营造家庭的温馨和家人的关爱,在情感上让读者有一种如释重负的感觉。当全球化进程加剧、心灵创伤也变得全球化的时候,专家式的心理治疗可能只能作为辅助疗法,来自家庭和社区的关爱才可能是最为安全、也最有效果的疗方。

美国知名杂志《纽约时报》的书评人认为,《剧响、特近》拥有"令人震惊的情感描写和高超的技艺"(Michiko Kakutani, 2005: 25)。弗尔对主人公奥斯卡失去父亲后的内心世界极其细腻的刻画展示了他令人震惊的情感描写,构造小说情节的能力则体现了他高超的技艺。通过《剧响、特近》,弗尔展示"9·11"事件后受害者的心灵创伤和疗伤过程,浓墨重彩描绘社区和家庭关爱治愈创伤的功能,并明确传递出这样的信息:恐怖主义全球化必然带来创伤的全球化,如若国际社区毫无作为,"剧响"的灾难性事件距离我们每个人都"特近"。

参考文献

[1] 朴玉.从德里罗《坠落的人》看美国后"9·11"文学中的创伤书写[J].当代外国文学.2011(2).
[2] Judith Lewis Herman. Trauma and Recovery [M]. New York: Basic Books, 1992.
[3] Jonathan Safran Foer. Extremely Loud and Incredibly Close [M]. London: Penguin Books, 2005.
[4] Linda Martin Alcoff, Eduardo Mendieta. Identities, Race, Class, Gender and Nationality [M]. Melbourne: Blackwell, 2003.
[5] Bessel A. Van Der Kolk, Onno Van Der Hart. The Intrusive Past: The Flexibility of Memory and the Engraving of Trauma [C]//Trauma: Exploration in Memory. Baltimore and London: The Johns Hopkins UP, 1995.
[6] Kristiaan Versluy. Out of the Blue: September 11 and the Novel [M]. New York: Columbia UP, 2009.

[7] Michiko Kakutani. A Boy's Epic Quest, Borough by Borough [J]. New York Times: 2005(3).

作者简介: 熊江,上海大学外国语学院硕士研究生。

短篇小说《椭圆形画像》的情节特征

——解读埃德加·爱伦·坡的独家匠心

许郑晗

摘　要: 埃德加·爱伦·坡(1809—1849)是美国19世纪重要的诗人、批评家和小说家。他是美国短篇小说的开拓者,是美国侦探和科幻小说的鼻祖。在他创作的大量的短篇小说中,不但有怪诞恐怖的哥特式小说,也有惊心动魄的侦探小说,同时也有将哥特式小说元素和侦探小说元素完美结合的小说,而《椭圆形画像》就是完美结合的代表作。《椭圆形画像》秉承了坡一贯的主题,美人之死,但是通过坡对情节的精心设计,使这个简单的故事变得耐人寻味。本文根据俄国形式主义及叙事学的相关理论来分析《椭圆形画像》的情节特征,以其解读作者的独家匠心,揭示该作品新颖独特的艺术风貌和效果。

关键词: 埃德加·爱伦·坡;椭圆形画像;情节特征

《椭圆形画像》是埃德加·爱伦·坡于1842年创作的一篇短篇小说,讲述的是一个年轻漂亮的妻子为画家丈夫做模特期间被压抑、被忽视,在精神和生命被耗尽后,最终死去的故事。有评论者认为,《椭圆形画像》并不是爱伦·坡的经典作品,它不是一篇侦探小说,没有环环相扣的推理,也没有古怪离奇的气氛,更不涉及凶杀、暴力等主题(韩玲,2010:120)。但是笔者认为这篇短篇小说恰恰坡的经典之作。它不仅具有坡哥特式小说中恐怖离奇、震撼心灵的特征，也犹如他的侦探推理小说，给人以合理缜密，激动人心的感觉。而这一切和作者巧妙的构思是分不开的，若爱伦坡仅仅只是将这个故事开门见山地呈现在读者面前，那也许只会给人索然无味的感觉。相反，作者运用了"嵌入式"叙事框架、限知视角、信息延宕等叙事技巧，将一个本身并不复杂的故事从其正常的感知领域移除，重新构造读者对叙述对象的感觉，从而使作品不断给读者以陌生感、新奇感。引领着读者一步步地去探究事件真相的过程中，使读者更真切、更深刻地感受到生活的本质，从而赋予了作品引人入胜、震撼人心的特殊审美效果。

本文结合俄国形式主义及叙事学的相关理论来分析《椭圆形画像》中的情节特征，以期揭示该作品新颖独特的艺术风貌和效果。

1　情节的总体规划

情节的构成不能由作家随便、偶然、任意的想象决定，而是许多人按照艺术的"行棋规则"创制出来的。"文学作品的动作在一定的场地上进行，现代戏剧中各种脸谱的人物类型，它的全套角色相当于各种棋子。情节相当于棋手们运用经典棋谱中的各种棋步。难题和波折相当于对手所走的棋步。"（维·什克洛夫斯基，1997：63）这样看来，情节分布都是规定的格式，新形式的出现是取代以失去艺术性的旧形式。

《椭圆形画像》采用了一个嵌入式的叙事结构，是故事里的故事。第一部分是外框，以第一人称叙述，叙述者"我"受了重伤，仆人为了不让"我"在亚平宁山脉里露天过夜，冒险闯进一个临时被废弃的城堡，并在城堡里成功地找到了一个栖身之处。当叙述者"我"在一个挂满画作的房间里安顿下来后，仔细打量周边的环境时，无意中发现了一幅镶嵌在椭圆形画框中的年轻女子的肖像。凝视许久之后，"我"翻开一本放置在床头上的评述这些画作及其渊源的小册子，开始读起介绍这幅椭圆形画像来历的字句来。第二部分是内核了，即是故事中的故事，关于那幅画的故事。作者在这里就运用了创造性的手法重新塑造故事的情节链，打破了正常的叙事节奏和构成，将画像的故事如画像本身一样嵌入在另一个故事里，从而使小说的形式与内容相呼应，使两者达到完美的融合。

这一巧妙的安排，正如同一部侦探小说一样，读者跟随着作家，一步一步探索到最后隐藏在虚像之下的真相，从而使这个普通的“美女之死”的故事给人更引人入胜、耐人寻味的感觉。

不仅小说的叙事结构独具匠心，其中的叙事视角的转换和限制也在很大程度增强了读者的好奇心。众所周知，同一个故事，选用不同的叙述视点与聚焦会产生截然不同的艺术效果。小说的叙述视角已成为现代文学理论家们最关注的话题之一，米克·巴尔在热奈特所提出的“聚焦(focalization)”，即谁看或谁感知的基础上进一步界定了聚焦的主体与客体的区别：主体即聚焦者(focalizor)是根据其感知确定表现方向的媒介；而客体即被聚焦者(focalized)是聚焦者所感知的对象(Mieke Bal, 1997: 146)。

在《椭圆形画像》中，外框故事和内核故事分别采用了第一人称主角叙述视角和第三人称局部性叙述视角。叙述者“我”的身份是第一层内在式的叙述者，同时又是内聚焦者，讲述亲身所看到、所感知的故事。而到了内核故事中，“我”的身份转变为第二层外在式的零聚焦者，而被聚焦者也由画像本身转变为画像中的人物原型。而“我”作为内聚焦者的第一人称叙述并非完全可靠，作者在构建情节中有意选用了一种有限的聚焦：叙述者当时身受重伤，画像创作的过程也亦非叙述者亲眼所见，属于限知叙述人。这迫使读者只能跟随着限知的视角，一点一点进入故事，要凭着自己的经验去体会故事的真相，从而使读者在审美的过程中获得最大限度的想象和思考的空间。

2　情节阻缓过程

无论是长篇还是短篇的小说，在构成情节时都要遵循延宕规则，这样才不会让读者觉得直来直去、见头知尾。“艺术不是伴着音乐的行军，而是能感觉到的走路式的舞蹈”(维·什克洛夫斯基,1997: 33)。

在《椭圆形画像》的外框故事中，作家就使用了延宕的方法，在一开始“我”进入古堡就看到了很多的画，但是作家没有急于讲述中心故事，而是对古堡以及其中的装饰等进行了描述，并极力渲染恐怖的气氛：“这些城堡气势雄伟而阴森，巍然耸立在亚平宁山脉峰峦间已有很多年，拉德克里夫人笔底下凭空臆造的其实正是这一种城堡”“四壁悬挂着花毡和多种多样的纹章一类战利品，此外还有琳琅满目的挂着大批画得生气勃勃的现代绘画，都镶着精美花纹的金色画框”，使读者一直处于一种死亡的笼罩之中。随后，“我”开始欣赏墙上的画以及介绍画的小册子，“在兴头上不觉时间过得飞快，转眼就到了深更半夜”，当“我”移动烛台来调节光线时，终于发现了一副先前被床柱的阴影遮挡住的年轻女子的画像。但是直到此时，作者仍不急于将椭圆形画像展现在读者的眼前，相反，“我对着这画匆匆瞥了一眼，然后闭上双眼”，在经过了一段思考以后，才重新睁开眼睛，开始认真凝视了一个多小时后，才开始翻阅那本小册子，从而引出小说的中心事件（陈良廷、徐汝椿，1982：339—340）。在小说得进程中，作家巧妙地运用延宕的手法，将对中心事件的叙述一拖再拖，不断引诱读者丰富的想象和推理，从而激发读者的阅读欲望，增强了读者阅读的审美感受。

3 情节的动态流程

相对长篇小说而言，短篇小说的情节要做到非常具有动态性似乎有很大的难度，但是只要具有匠心独运的结构安排，张弛有度的叙述的节奏以及各种冲突，悬念的合理安排，纵然是像《椭圆形画像》这样只有一千多单词的短篇小说也可以具有不一样的动态情节。

小说结构的独特安排在上文中已提及，在此就不多做论述。在叙述节奏上，作者打破了正常的叙事节奏和构成，外框和内框的叙述节奏截然不同。外框故事悠闲、安逸，反应出“我”坦然面对现实的心情；然而内核部分的节奏急遽加速，它反映的是为了创造艺术品，美丽的妻子作为牺牲品迅速陨落。特别是最后，当画家完成画卷之后，看到他妻子已经死去，故事戛然而至，让人产生窒息般的感觉，留下无限悲伤的感觉。

作者在内核故事中通过两个对比冲突将故事展现在我们面前，一是画家与妻子之间的冲突，“他为人热情奔放，勤奋有为，不苟言笑，其实早已在艺术中有了所欢；她却是个举世无双的美人儿，原来过得快快乐乐，无忧无虑；成天嘻嘻哈哈，象幼鹿一般爱淘气……”(陈良廷、徐汝椿,1982：342)画家想要给妻子画画像,妻子其实非常不愿意,但是妻子还是很温顺地坐在又暗又高的塔楼上为丈夫当起了模特。画家“每天每夜每时每刻都沉湎于绘画”,觉得工作乐趣无穷,日复一日地工作着,根本不管日渐憔悴的妻子,当画作即将完成时,画家的热情已几近癫狂。实际上,画家根本不爱妻子,而是疯狂地爱着艺术。二是画像的“生”与妻子的“死”。当画家凝视他的画作时,他大声惊呼:“这就是生命!”可当他蓦然回首看他心爱的人时——她已死去。画像吸取了真人的生命,不朽的美攫走了尘世的美。外框与内核完美地结合,如画像般的故事,在画家蓦然回首之时,刹那间停止了,如同窒息了一般,让人深深地陷入了哀思之中,是否艺术的不朽就是要以生命为代价呢?

这篇小说充分展现了爱伦坡一生追求的美的境界和美的效果。通过对其巧妙的情节安排的分析,就可以看到这尽管是一篇恐怖小说,但是结构上如此曲折而完美,那些恐怖、悬疑的元素将我们带进了爱伦坡笔下荒诞灵异的世界,让我们领略到爱伦坡小说的怪异恐怖之美、疯狂脱俗之美以及抽象玄虚之美。

参考文献

[1] 韩玲.《椭圆形画像》的叙事结构和主题[J].赤峰学院学报,2010(4).
[2] 维·什克洛夫斯基.散文理论[M].刘宗次译.南昌：百花洲文艺出版社,1997.
[3] Mieke Bal. Narratology: Introduction to the Theory of Narrative[M]. Toronto: University of Toronto Press, 1997.
[4] 陈良廷,徐汝椿译.爱伦·坡短篇小说集[C].北京：外国文学出版社,1982.

作者简介:许郑晗,上海大学外国语学院硕士研究生。

解析《印度支那》

——东方学的视角

张珊珊

摘　要:《印度支那》是一部法国导演拍摄的关于越南殖民地的电影,把个人叙事融合到越南独立的宏大历史叙事中,但它毕竟是西方导演对越南的想象性构建,难以摆脱作为意识形态和权力话语的东方学思维方式的影响,展现的是"被东方化"了的东方。本文对这部电影采取文本细读的方法,从电影的叙事视角、叙事空间、"他者"形象的构建等方面研究其内在的东方学。

关键词:《印度支那》 东方学 电影叙事

引言

出身巴勒斯坦的美国学者爱德华·W.萨义德于1978年出版了《东方学》一书,对西方的东方学传统进行了深刻的批判。萨义德眼中的东方学不仅是作为学术研究的一个学科,也是一种思维方式,是西方人处理、甚至创造东方的一种方式。任何教授东方、书写东方或研究东方的人都是"东方学家"。东方学家对东方进行表述,采用许多表述技巧使东方在表述中存在。萨义德揭示了东方学的内在一致性,即在建构东方的过程中,其实西方与东方之间存在着一种权力关系、支配关系、霸权关系(萨义德,1999:3—5)。在西方的表述中,东方是被西方所"东方化"了的东方,因为东方学可以通过许多技巧使东方可以被制作成"东方的"。而传统以来西方对东方的构建或多或少建立在高高在上的西方意识："欧洲民族和文化优越于所有非欧洲的民族和文化，欧洲比东方优越、比东方先进"(萨义德，1999：8—10)。

《印度支那》是一部关于东方的电影，也是一位西方导演为西方观众呈现的对东方的表述。它在一定程度上表现了越南的自然和历史面貌，也在一定程度上吸引了国际上对越南的关注。但它毕竟是西方导演想象性地构建关于越南的风貌，展现的是"被东方化"了的东方，充满了东方学色彩。本文采取对电影进行文本细读的方法，考察这部电影叙事视角的选择策略、对"他者"形象的构建策略，从中揭示后殖民时代东方学的持久魅惑。

1 《印度支那》概述

《印度支那》是法国导演雷瑞·瓦尼埃于 1991 年拍摄的一部电影(1992 年上映)，上映即获得了巨大成功，该电影获得了包括 1993 年奥斯卡最佳外语影片、最佳女主角提名、金球奖最佳外语影片等在内的多项大奖。《印度支那》描绘了 20 世纪 30 年代起法国人在最后一块法属亚洲殖民地印度支那(越南)度过的最后岁月，把一对法国—越南养母女爱恨纠结的个人叙事融合到越南独立的宏大历史叙事中，展现了殖民历史走向终结的大时代背景中主人公的个人命运。

在越南殖民地出生长大的法国女人伊莲在越南南方经营成功的橡胶种植园，她收养了遇难的越南贵族朋友的女儿——安南公主卡美并继承了她的土地。伊莲与年轻的法国驻越南海军军官占·巴普蒂斯特曾经相爱，被伊莲的父亲阻挠。后来，伊莲的养女卡美爱上了占，伊莲利用与殖民当局上层的关系把他调到越南北方的龙岛。卡美离家出走去寻找爱人，路途中目睹了殖民地人民遭受的苦难。卡美找到了占，但因卡美出于激愤杀死一名组织贩卖苦工的法国军官，两人开始逃亡并生下了儿子伊廷。不久，占和儿子同时被捕，占后被暗杀。卡美也被捕投入监狱，他们的儿子伊廷被伊莲收养。后来卡美在大赦中出狱，但她在狱中已经成为一名坚定的争取越南民族独立的共产党人。伊莲去接她，卡美毅然斩断了与这个家庭的联系。若干年后、日内瓦会议前夕，伊廷在欧洲见到参加日内瓦谈判的越南代表团成员，却无法辨别亲生母亲，遂选择转身离开、把伊莲当做自己的母亲。

2 叙事视角的东方学解读

2.1 叙事视角：伊莲

所谓叙事视角，也称叙事视点、叙事角度，指的是叙事性作品的作者安排组织故事内容的角度，也就是“谁”站在什么“位置”来讲故事。同一件事从不同的角度去叙述会产生截然不同的效果（卢晓云，2009：38）。如其他叙事性作品，一部电影作品的叙事视角的选择并非导演的任意决定，而是为了达到某种期待的叙事效果。“这个特定的视角和眼光无疑成为影片叙事和解读的逻辑起点，也就是说，叙事角度本身以某种方式制约着一部叙事作品的呈现形态和意义解读”（于丽娜，2005：9）。

《印度支那》的导演瓦尼埃在这部电影中采取的是第一人称限知叙事，选择以法国女人伊莲作为叙事视角。第一人称的视点“使观众接受剧中人物的位置，这是造成观众心理自居座椅和想象性认同的重要手段”（封洪，1994：80）。在《印度支那》中导演选择伊莲作为故事叙述的权威，伊莲以故事中人物的身份进行讲述，使观众心理上更容易认同伊莲的位置和身份，更容易接受伊莲的立场和态度。

影片的开篇是伊莲充满怅惘的声音回忆过往，即暗示观众接下来的故事都是伊莲的个人回忆。伊莲的声音在之后的情节展开中中途退场，伊莲本人成了故事中的人物，尤其是影片后半段描述卡美离家出走后的经历，似乎是客观叙事，观众仿佛置身其境，和卡美一起经历种种磨难。但这些并不影响伊莲构成整个影片叙事角色的感觉，而且影片后半段时不时响起的伊莲的画外音提醒我们这仍然是伊莲在对伊廷讲述的回忆故事。当观众自以为在追随卡美的视角为她的经历感叹时，其实他们仍处于伊莲的视角之中，和伊莲一起审视越南。

2.2 作为叙事者的伊莲

作为叙述者的伊莲的身份似乎是复杂的。她是法国人，但出生成长在越南，越南获得独立前从未到过法国。她最好的朋友是越南的贵族，收养了越南公主为养女。她曾经认为法国和越南是不可分离的，对橡胶园的苦力以母亲自居，告诉养女卡美自己是亚洲人，人的区别不在于皮肤的颜色。导演使用了种种障眼法，努力编织一个白种女人与越南千丝万缕的紧密联系，意图展现她对越南是多么热爱，似乎也是在表明自己的反殖民立场。影片中的伊莲是一个勤奋果敢的管理者，在橡胶园被纵火，越南工人因恐惧而罢工时，她身先士卒，亲自劳动作为工人的表率，赢得了工人的敬佩。她保护自己的工人免遭法国军队的搜捕，赞成把越南的贵族年轻人送到法国留学。她在叙述中声称热爱越南，爱卡美如亲生，即使在卡美离家出走之后，她都不折不饶地寻找卡美、以后要把橡胶园交给她。

但是，层层揭开导演努力编织的外衣，我们不难看到伊莲的身份没有摇摆——种种细节表明她对法国、对法国殖民主义的认同和对越南的殖民者心态。成功的橡胶园主伊莲背后是殖民者对殖民地资源的掠夺，对殖民地人民的剥削。在工人面前，她以母亲自居，把鞭打想逃离的工人比喻为母亲教育孩子，对同是法国人的占则坦承了真实想法："他们是我的苦力。"伊莲对工人免于军队搜查的保护也只是殖民者对自己财产的保护，正是这些工人的血汗保证了她的经济利益和社会地位。影片中伊莲年迈的父亲与年轻的越南女仆之间暧昧的动作暗示了他们之间的性关系。在东方学文本中，东方女性往往是西方男性的幻想对象，这种西方男人对东方女人的性冲动抑或玩弄对应着"西方是统治的，东方是被统治的"的东方学思维。伊莲支持父亲对越南女仆的占有，因为这种关系"使他快乐"。此外，伊莲抚养卡美的方式体现了她对越南的真正态度。她抚养的是长着东方脸孔的法国女孩卡美：讲流利的法语、穿西式服装、跳西式舞蹈、上法国人开的学校、接受了西方的宗教信仰，不了解自己的国家和同胞。伊莲给予了她法式的教育，同时剥夺了她了解自己国家、自己民族和自己文化的权利，反映了伊莲内心对法国文化的认同和对越南的轻慢与排斥。

正如萨义德所说，东方主义实施者构建"西方视域中的东方与西方想象中的东方"，使"东方被观看…而欧洲人则是看客，用其感受力居高临下地巡视着东方。东方成了怪异、活生生的戏剧舞台"(1999：135)。作为一部关于越南的电影，导演通过选择法国女人伊莲作为叙事视角，从高高在上的位置把越南放到了被看、被审视的"他者"境地；使观众容易达到感知上的认同、造成身临其境幻觉的“透明叙事”;更能传递出法国人对越南殖民地浓厚的怀旧心理,也符合了西方观众的预期。

3 他者形象的建构

“东方并非一种自然的存在,而是人为建构起来的。”(萨义德,1999:10)东方学在建构的过程中依赖了东方学的传统策略,即“位置的优越”,“确立西方优越的途径就是勾勒文明的西方与野蛮的东方之间的差异。”(转引自章旭清)《印度支那》正是导演为观众建构的东方,导演通过大量的对比突出法国无可置疑的优越性,建构越南相对低下、落后、愚昧的“他者”形象。

3.1 叙事空间

电影的叙事空间是电影制造者创造或选定的、经过处理的、用以承载所要叙述的故事或事件中的人事物的活动场所或存在空间,它们构成了具象的可视的环境空间形象,也就是电影叙事的物质空间(黄德泉,2005:22)。空间在电影叙事的过程中,扮演着不可或缺的角色。《印度支那》在越南实地取景,导演瓦尼埃作为美法越战(1945—1975)后第一个被允许进入越南拍摄电影的西方导演,通过精致的画面向西方观众展现了遥远而神秘的越南的异国情调。晨雾弥漫的橡胶园、如乳汁般的橡胶汁,挺拔耸立的热带树林、景致如画的美丽西贡,强化了越南的东方情调,满足了西方观众对越南风光的想象和好奇。

描绘美丽自然风光的同时,导演也构建了黑暗、落后、迷信、专制的越南,以及与之形成鲜明对比的法国殖民者的文明生活。《印度支那》中的越南是贫穷、愚昧的代名词,而法国仿佛是拯救落后、代表文明的天堂。法国人的生活场景色彩明亮,越南人出现的场景往往色调阴暗。法国殖民者精致的服装、繁奢的宴会、象征现代文明的汽车和留声机,与衣衫褴褛、面容憔悴、眼神空洞的越南人形成强烈对比。正如萨义德所说,“在对立的权力话语模式中,边缘国往往是仅仅作为宗主国的强大奢华的一个虚弱陪衬,一种面对文化霸权的自我贬损”(2003:43)。

3.2 卡美的形象建构

萨义德在《东方学》了描述了东西方权力关系模式影响下东方学中东方女性的模式:她从来不谈自己,从来不表达自己的感情、存在或经历。相反，是他在替她说话，把她表现成这样(1999：8)。在东方学的文本中东方女性如同东方一样，往往被认为不能表述自己，因此必须由别人代为表述。

卡美在本片中是一个特殊的东方女性形象，她的角色在影片也是不断发展的。在影片的前半段，卡美作为西方想象中的东方人存在，她就像西方电影中一贯的东方女性形象，温柔、顺从、天真、柔弱，除了展现她黄皮肤黑眼睛的东方躯体的存在，几乎没有台词，没有自己的声音，也看不出个性。如蝴蝶夫人一样，她死心塌地地爱上了代表西方秩序的西方男人，并愿意为这种爱做出任何牺牲。在她遇到占的场景里，导演采用了满足西方观众对东方女性幻想的一种常用手段——让她裸露了东方少女的躯体。在影片的下半段，卡美为了爱情放弃了安逸的生活，走上流离的逃亡之路，从此卡美的形象开始变得丰富。抛弃了温柔顺从的刻板外壳，卡美展现了坚强执着的个性。在此导演也突破了传统的东方女性的模式，塑造了新的东方面孔卡美。

然而，导演的突破也仅仅是一瞬间的。在东方学家看来，与西方的成熟、理性相比，东方是幼稚的、非理性的，需要通过西方处于优势地位的知识与权力来拯救与弥缝东方。西方是高高在上的老师，而东方就是需要拯救、教育的对象。导演对卡美的塑造过程一直秉持着东方臣服于西方、西方优越于东方的东方学思维。在前半段，卡美的成长依赖于西方养母的养育，后半段传统东方女性卡美的蜕变不是自发的，新卡美精神和性格的成长依赖于一个西方男人。对法国男人占的爱情使她坚定地离开家，才得以一路目睹国家和人民所遭受的苦难，得以获得真正的成长。卡美对爱情自由的追求也来自法国人的教育，甚至她的未婚夫、革命党人迪也说：法国人教给我们平等和自由。导演刻画的卡美坚定地追求自由，但很明显导演没有把卡美的正面角色延续下去。在获释出狱后，她拒绝了伊莲的"好意"，决然抛弃自己的孩子，这种"非人性化"的处理强化她作为共产党员对亲情的决绝，在一定程度上是导演对卡美的丑化。而伊莲在收养卡美之后再一次收养她的孩子，构造出伊莲对印度支那的深厚感情，凸显伊莲的人性化和爱心，与卡美形成鲜明对比。可见，导演即便在越南独立的叙事中，仍不忘暗示法国作为宗主国高高在上的地位，强调法国对越南殖民地母亲般的教育和引导。

3.3 其他东方人的形象建构

除了卡美，越南人在影片里的位置只是背景（仆人）或者推动情节发展的工具，鲜有个性化的刻画，在这部电影里他们仍然是失语者，依然是面目模糊的东方人或者只是强化了西方对东方人愚昧迷信落后的偏见。

作为背景的越南人如橡胶园里的工人，宴会上为留声机扇风的女仆，他们温驯怯懦，自觉接受殖民者的统治，即使想逃跑，在殖民者的鞭子下仍承认“您是我的母亲”；迪的母亲则强化了东方专制的家长作风和对金钱的崇拜。卡美出逃路上遇到的苏一家的的命运推动影片后半段情节的发展，却几乎没有一句台词。在影片的四分之三处出现了越南妇女的集体形象，她们的乳汁哺育了卡美的儿子伊廷，但她们的形象也很快随着叙述而消失了。

此外，影片中除了越南人的形象，还出现了中国官员的形象。出场的中国官员同样没有一句台词，他们全部年老羸弱、衣着滑稽可笑，笑声愚钝，身边围绕着年轻的女人，就如一尊尊雕刻出来的木偶，就像西方电影中常见的华人形象，复制了东方在西方眼中迷信、愚昧、落后的“他者”形象。

3.4 母女关系的隐喻

卡美与伊莲的养女与养母的关系是对越南与法国之间的殖民地和宗主国关系的隐喻。最初母女关系和谐，中间出现了矛盾因素——爱上了同一个男人，之后分道扬镳。母亲还深爱女儿，女儿却背弃了母亲，最后是一刀两断。正如法国和越南的关系，30 年代初处于相对和谐的时期，30 年代开始殖民者与殖民地的矛盾不断激化，革命此起彼伏。最后越南终于脱离法国的殖民统治，获得国家独立和民族自由。

影片中两次出现了卡美和伊莲共舞的场景，两次的气氛截然不同，体现了导演的深厚蕴意。第一次共舞是在影片开始不久，伊莲和卡美还是一对和谐的母女，共舞的过程中笑声连连。但在这本是男人和女人共跳的舞蹈中，伊莲扮演了男人的角色，卡美处于女人的位置。两人在舞蹈中的角色似乎也在昭示两者之间的不平衡关系，女儿臣服于母亲，女人臣服于男人。在圣诞节的宴会上，卡美与伊莲再次共舞，与第一次充满欢声笑语的共舞不同，这一次两人都跳得娴熟，却失去了亲密感。尤其是卡美，在西方面孔的包围中似乎有些无所适从。这次的共舞以卡美挣脱伊莲离去戛然而止，养女抛弃了母亲，此时法国驻越南警察首领的口中透露越南北部的起义正风起云涌。

值得注意的是，在母女关系的破裂中，导演强调的是母亲一直深爱养女，做出种种为了养女着想的姿态，而养女决绝地拒绝了母亲。女儿背弃母亲的故事暗示着导演对法越关系的理解：是越南抛弃了深爱它的法国。所以虽然这部电影融合了越南独立的历史叙事，但实质上并非导演对法国对越南殖民历史的反思，而是反映了法国人对失去越南殖民地的怅惘和对殖民地黄金岁月的怀旧。

4 结语

塑造"他者"的异国形象固然未必是《印度支那》导演刻意追求的目的和初衷，但是在电影制作过程中，导演作为西方人，其"主体的意识和无意识、固有的文化背景、生活经验"（章旭清，2007：125）被自觉或不自觉地糅合进影响的表达当中。通过研究影片叙事视角的选择、对"他者"形象的构建策略和母女关系的隐喻，我们不难发现这部影片中的东方学。导演延续了东方学的思维模式和常用手法，成功地构建了殖民地越南神秘、浪漫、落后、贫瘠的"他者"形象，迎合了西方观众的心理和预期，自然在票房和国际电影奖项上斩获颇丰。如萨义德所言，在后殖民时代的今天，文化成了一个舞台，各种政治的、意识形态的力量都在这个舞台上较量（2003：4）。西方导演借助电影在这个舞台上不断地创造和演绎东方，一方面应引起东方的注意和研究，另一方面东方如何这个舞台上表达自己同样是一个值得深思的课题。

参考文献

[1] 黄德泉．论电影的叙事空间[J]．电影艺术，2005(3)：20－26．
[2] 封洪．视点与电影叙事——一种叙事学理论的探讨[J]．电影理论，1994(5)：80－84．
[3] 卢晓云．焦虑的叙述者——电影《南京！南京！》叙事策略分析[J]．电影评介，2009(18)：38－39．

[4] 于丽娜.叙事位置与叙事立场—中国电影叙事角度研究[D].中国艺术研究院:2005.
[5] 章旭清.当代越南电影的三副面孔[J].当代电影,2007(1):122-126.
[6] 萨义德 E. W. 东方学[M] //王宇根译. 北京:生活·读书·新知三联书店,1999.
[7] 萨义德 E. W. 文化与帝国主义[M] //李琨译.北京:生活·读书·新知三联书店,2003.

作者简介:张珊珊,硕士,上海大学外国语学院讲师。

唐詩宋詞が現代のポップスの歌詞に与えた影響について

周　萍

摘　要：明の胡応麟が各時代を代表する文学を「唐詩・宋詞・元曲」という語で表したように、唐詩と宋詞は中国詩歌史において重要な地位を占めています。その上、現代のポップスの歌詞創作にも大きな影響を与えています。筆者は現代のポップスの歌詞を調べることを通して、具体的にその影響を書いてみました。

关键词：唐詩宋詞；音韻；歌詞創作

唐詩宋詞はほとんどの中国人が知っており、中国の韻文文学の最高峰とも言われています。唐詩宋詞は音韻的にきれいなので、現代のポップスにも影響を与えています。古代の詩詞も現代のポップスの歌詞も人間の感情や社会現象を表しています。それに、詞は曲に合わせて、歌われていたことは古代にもよくあり、詩は唐代のポップスで、詞は宋代のポップスという言い方もあります。したがって、現代のポップスの歌詞と唐詩宋詞について、比較してみたいと思います。

1　多くの唐詩宋詞はそのままポップスの歌詞になっています

よく知られているのはテレサティンの「淡淡幽情」というアルバムです。そのアルバムは唐詩宋詞をたくさん使われています。欧陽修の「玉楼春」(別后不知君遠近)、蘇軾の「水調歌頭」(明月几時有)、李煜の「虞美人」(春花秋月何時了、往事知多少)、辛弃疾の「丑奴児」(少年不識愁滋味)など「淡淡幽情」というアルバムの中に入っています。その中では一番有名なのは李煜の「虞美人」(春花秋月何時了、往事知多少)と蘇軾の「水調歌頭」(明月几時有)です。

虞美人　李煜

……

春花秋月何时了　往事知多少
小楼昨夜又多风　故国不堪回首月明中
雕栏玉砌应犹在　只是朱颜改
问君能有几多愁　恰似一江春水向东流
春花秋月何时了　往事知多少
问君能有几多愁　恰似一江春水向东流

水调歌头　苏轼

明月几时有
把酒问青天
不知天上宫阙
今夕是何年
我欲乘风归去
唯恐琼楼玉宇
高处不胜寒
起舞弄清影
何似在人间
转朱阁，低绮户
照无眠
不应有恨
何事长向别时圆
人有悲欢离合
月有阴晴圆缺
此事古难全
但愿人长久

特に蘇軾の「水調歌頭」(明月几時有)はテレサティンのほかに香港の人気歌手の王菲にも歌われ、とても有名です。面白いことに蘇軾は自分の弟を思った時書いた詞ですが、テレサティンと王菲の曲は友達同士の友情か男女の恋愛を表しているように感じています。たぶん蘇軾の「水調歌頭」(明月几時有)に表した感情は友達同士と恋人同士の思いと似ているかもしれません。また、香港の歌手の徐小鳳が歌った「別亦難」もとても有名です。それは唐代の李商隠の「无題」(相見時難別亦難/東風无力百花残)の詩によって作られた歌です。

中国ではよく古代の文学作品を上手に使い、現代風の曲を作っています。ポップスは俗っぽい文化と思われるかもしれませんが、古代の詩や詞を使うことにより、歌の全体的な雰囲気を優雅に作れます。中国のポップスは詩詞の言葉遣いの「雅」を借りて、ポップスの「俗」を「雅」にしていると言えるかもしれません。

2 唐詩宋詞はポップスの歌詞の重要な素材になっています

中国の60年代～70年代生まれの人々の多くは琼瑶という台湾の女流作家を知っていると思います。琼瑶が書いた恋愛小説は唐詩宋詞がたくさん使われています。その恋愛小説に基づいて作られたドラマや映画のテーマソングも唐詩宋詞の名句がたくさん引用しています。有名なのは「才下眉頭、却上心頭」、「庭院深深深几許」、「青山依旧在、几度夕陽紅」。もう1人の有名な人は陳小奇です。中国人は陳小奇を知らないかもしれませんが、「涛声依旧」という歌を覚えている人が多いだろうと思います。その歌は90年代前半中国で流行っていました。歌詞は張継の「楓橋夜泊」を素材にして作られました。「帯走一盏漁火…停泊在楓橋辺、月落烏啼総是千年的風霜」という歌詞の中の「漁火」「楓橋」「月落烏啼」は全部「楓橋夜泊」という詩から借り、現代の人間の感情を表しています。ただし、「涛声依旧」はある意味では主に男女の感情を表現する歌で、張継の「楓橋夜泊」が表したいことと異なるでしょう。

そのほかに、唐詩宋詞の名句は歌のタイトルになったことがよくあります。しかし、歌詞は唐詩宋詞の元の中身と関連がなく、ただ雰囲気を作るために唐詩宋詞を利用するだけです。ある意味では「為賦新詞強説愁」のように感じられ、唐詩宋詞の美を壊してしまったかもしれませんが、言い換えれば唐詩宋詞は中国のポップスと深い関係があると言えるでしょう。

3　唐詩宋詞の格式をまねて作られた歌詞もあります

一番有名なのは香港の黄霑です。黄霑が作った「笑傲江湖」のテーマソング—「滄海一声笑」という歌は古代アクションドラマが流行っていた時よく知られています。金庸の小説「笑傲江湖」によって作られたそのドラマは有名で、その中のテーマソングもきれいです。特に詩詞の格式をまねて作られた歌詞はすばらしいです。

沧海笑　黄沾
滔滔两岸潮
浮沉随浪记今朝
苍天笑
纷纷世上潮
谁负谁胜出天知晓
江山笑
烟雨遥
涛浪淘尽红尘俗世知多少
清风笑
竟惹寂寥
豪情还剩了一襟晚照
苍生笑
不再寂寥
豪情仍在痴痴笑笑
啦……

「滄海一声笑(xiao)、滔滔両岸潮(chao)、浮沈随浪只記今朝(zhao)・・・清風笑(xiao)、竟惹寂寥(liao)、豪情還賸了一襟晚照(zhao)・・・」の中の「ao」は「圧韻」の印です。この歌の歌詞は黄霑が宋詞の格式を模倣して作られた作品です。しかし、「滄海一声笑」のような歌詞が少ないです。現在のポップスの歌詞はどんなに「圧韻」しても、唐詩宋詞ほど厳格ではありません。それに、言葉遣いに関してポップスは唐詩宋詞とは比べ物にならないです。唐詩宋詞をそのまま利用したり、引用したりしているポップスは唐詩宋詞の境地を壊してしまったという国語の先生の批判は高校時代によく聞いていました。もし国語の先生たちは「滄海一声笑」のような音韻的にきれいな歌を聞いたことがあるなら、その歌詞は唐詩宋詞の現代版だと言うかもしれません。

唐詩宋詞の情趣をよく味わって作られた歌詞もあるし、唐詩宋詞とはまったく関係がなく、無理にこじつける歌詞もあります。おそらく歌詞の創作は唐詩宋詞を参考したりすることはこれからも続くだろうと思います。唐詩宋詞の言葉遣いや境地の奥深さは歌詞を書く人にとって魅力的な手本になるからです。

作者简介：周萍，上海大学外国语学院。

《道德经》英译的文化思考

周　育　苏玉洁

摘　要：世界上各个主要文化体系的发展都与翻译活动密切相关。《道德经》作为中国第一部具有完整哲学体系的巨作，其蕴涵的道家思想是极为宏大的，包含了宇宙论、人生哲学、政治思想等诸多方面。在当前文化全球化的历史背景下，《道德经》的英译应从文化建构的高度加以审视。译者需要采用正确的翻译目的和翻译策略，使译文回归道家思想本位。

关键词：道德经；英译；文化

1

世界上各个主要文化体系的发展都与翻译活动密切相关。自公元8世纪起，阿拉伯世界由于翻译了大量的古希腊哲学、自然科学文献，在数学、医学、及人文科学方面取得了巨大的发展；同样，公元12世纪，欧洲也大量翻译引进了阿拉伯学者的著作，并通过阿拉伯语译文，重新认识了古希腊的哲学和科学思想，直接促进了欧洲文明的重大发展。我国古代也曾有过两次翻译活动的高潮，第一次是汉唐时期的佛经翻译，第二次是明末清初的科技翻译。正如著名学者季羡林(2001)曾对翻译在中国文化发展中的重要意义做过形象的描述："倘若拿河流来作比，中华文化这一条长河，有水满的时候，也有水少的时候，但却从未枯竭。原因就是有新水注入。注入的次数大大小小是颇多的。最大的有两次，一次是从印度来的水，一次是从西方来的水。而这两次的大注入依靠的都是翻译。中华文化之所以能常葆青春，万应灵药就是翻译。翻译之为用大矣哉!"中华文明的可持续发展离不开文化的传播与交流,在当前文化全球化的大背景下,研究《道德经》的英译与文化建构对更好地推动中国传统文化典籍的翻译具有极其重要的现实意义。

2

《道德经》成书于我国古代思想高度发展的春秋时期,这期间政治、经济、军事、社会的特点为包括道家思想在内的诸子思想百花齐放提供了重要土壤,其作者老子为道家哲学创始人。据《史记》载,"老子者,楚苦县厉乡曲仁里人也,姓李氏,名耳,字聃,周守藏室之史也……老子修道德,其学以自隐无名为务。居周久之,见周之衰,乃逐去。至关,关令尹喜曰:'子将隐矣,强为我著书!'于是老子乃著书上下篇,言道德之意五千余言而去,莫知其所终。"

在先秦诸子思想中,《道德经》无疑占有极其重要的地位,诸家学说"其要本归于老子之言"(《史记·庄子传》),而《道德经》则是诸家学说的摇篮(余培林,2007)。作为围绕"道"这一中心概念和最高范畴建立起来的哲学思想,老子思想对先秦诸子、魏晋玄学、佛学、理学等历代思想学说均产生了重要影响。《道德经》的思想内涵是极为宏大的,既包含宇宙论,也深入探讨了人生哲学、政治思想。其中,作为老子哲学基础的宇宙论,使得道家思想与儒家、墨家、法家、名家等相比显得更为深刻。对于宇宙的本源,老子认为"有物混成,先天地生。寂兮寥兮,独立而不改,周行而不殆,可以为天下母。吾不知其名,字之曰道",这个"道"就是宇宙的本源,是天地万物所以生的总原理;同时老子又认为万物生立与否,全在乎能否自展道性,就物来说,必须法道、从道,"孔德之容,惟道是从","人法地,地法天,天法道"。"万物法道"的宇宙论体现在人生哲学上则要求人们"天人合一"、"自然无为",具体来说则是要保持天真的本性,不为外在的事物所蒙蔽,"敦兮其若朴","复归于朴";在对物质的态度上,老子的观点则是"金玉满堂,莫之能守;富贵而骄,自遗其咎","少私寡欲","知足不辱,知止不殆,可以长久";在个人修养上,道家主张"致虚极,守静笃。万物并作,吾以观复";在处世法则上,道家提倡无我、柔弱、不争,

"上善若水。水善利万物而不争,处众人之所恶,故几于道"。政治理论也是老子思想的重要组成部分,老子认为,治政者必须守道顺道、无为而治,因为宇宙万物只要依道而行,自然生生不已,同样人人都有道性,治理国家也是如此,"道常无为而无不为,侯王若能够守之,万物将自化","我无为而民自化,我好静而民自正,我无事而民自富,我无欲而民自朴"。因此在一个理想的国度里,没有苛政,人民淳朴,安居乐业。

3

《道德经》在西方的传播已有近500年历史,据荷兰汉学家克努特·沃尔夫(Knut Walf)教授的统计,截至2010年初,《道德经》在西方的译本已有643种之多,涉及31种语言(章媛,2011)。而在过去一个多世纪的时间里,《道德经》成为被译介得最多的中国典籍,其发行量和翻译版次大大超过了同为中国典籍的《论语》,在英语世界的发行量仅次于《圣经》和《薄伽梵歌》。辛红娟(2008)将《道德经》英译划分为三个主要阶段:第一次翻译高潮为1868—1905年,在这三十多年里,有14个英译本面世,可以说是《道德经》英译的第一个黄金时期;第二次翻译高潮为1934—1963年,这一阶段以1934年亚瑟·韦利出版《道和德〈道德经〉及其在中国思想中的地位研究》为起点,从1943至1963的20年里,每隔一年都有一种新译本出版;第三次翻译高潮为1972—2004年,1973年长沙马王堆汉墓出土帛书《道德经》后,海外又随之掀起老子研究热、东方文化研究热。

21世纪是个全球化的世纪,随着经济全球化的深入,世界各国的文化也正快速地交流传播。"文化学研究者已经清醒地认识到,经济全球化给文化界带来的一个直接后果就是文化全球化"(王宁,2000)。在这样的时代背景下,翻译研究早已不仅局限于语言层次的对应、转换,而是从文化建构的宏观视角来加以审视,正如英国学者苏珊·巴斯奈特(Susan Bassnett)和美国学者安德烈·勒菲弗尔(Andre Lefevere)所说的,翻译就是一种文化建构。《道德经》作为中国传统文化典籍中的经典之作,具有很高的思想价值和艺术价值,蕴藏着丰富的文化信息,包含了大量的文化特征和文化背景,而且具有鲜明的形象和比喻,带有浓厚的民族文化特色。正如英国汉学大师、翻译家 Waley 在其所译中指出的："我要表明的是，这本《道德经》译文不是'文学翻译'，而是它要表达的，原文的重要性不在于其文学性，而在于其言说的哲理，我的一个目的就是要在细节上准确地再现原作所说"（刘静，2009），这里的"哲理"无疑就是指《道德经》中以道家思想为核心的文化内涵。因此，无论是从时代大环境还是从文本的特征来看，《道德经》的英译都需要我们从文化建构的角度进行考量。

如上所述，《道德经》的翻译已经有数百年的历史，其中著名的西方译者有 Legge、Waley、Henricks、Puffenberger、Duyvendak、Wing、Hinton 等，而著名的中国译者有胡子霖、初大告、林语堂、汪榕培、许渊冲、辜正坤等。不同的译者所处的历史背景不同，对《道德经》的原文本解读不同，采取的翻译策略、标准、原则也不同，所以其译本也是各有特色的。而从本质上来说，这些浩如烟海的《道德经》译本都是在译文语境中对道家思想的文化建构。这一建构过程主要是从两个维度展开的，第一个维度是翻译目的，它是由译者的身份、译者所处的历史时代及文化背景决定的。伦敦图伯纳出版社于 1868 年出版了第一部完整的《道德经》英译本——湛约翰（John Chalmers）翻译的《老子玄学、政治与道德律之思辨》（*The Speculations on Metaphysics, Polity and Morality of "The Old Philosopher", Lau-tsze*），而据王剑凡（2001）介绍："1868 年到 1905 年出版的 14 个英译本中，有 8 个从基督教立场去诠释《道德经》，运用了大量基督教的概念和术语来翻译。其余 6 个译本，虽然基督教意识形态倾向不太明显，但有些章节依然基督教思想的影子。"送往英国皇室的译本就曾把"道"翻译为"Ratio, or the Supreme Reason of the Divine Being, the Creator and Governor."，显然该译本试图在基督教与道教思想之间建立某种内在联系（章媛，2011）。同时这一时期的翻译往往通过与《圣经》的汉译事业来互相呼应，互相阐释，译者通过选取对帮助基督教的中国传播极为有利的章节来迎合当时的主流意识形态。因此从翻译目的来看，这一时期的《道德经》英译具有极强的社会政治功能。与之形成鲜明对比的是英国第二代汉学家、翻译家韦利的译本《道与德〈道德经〉及其在中国思想中的地位研究》（*The Way and Its Power: A Study of the Tao Te*

Ching and Its Place in Chinese Thought)。一战后处于危机中的西方文明为了寻找医治西方文化弊端的药方而兴起了一股东方文化热。在这股热潮中,西方人发现老子"天人合一"的思想理念、"道法自然"的处事原则、"无为而治"的行为方式,反对战争、主张和谐的观点对弥补西方文明中的精神失落,缓和人类之间的冲突,都具有非常积极的作用。正是如此深刻的社会历史原因决定了韦利的《道德经》译本要把中国传统道家文化的精华传播到西方的翻译目的。第二个维度是翻译策略,这是翻译目的在翻译过程中的具体体现。将道家思想基督化的翻译目的就决定了翻译时通过大量的归化策略将"道"直接归化为西方的意识形态,用"上帝、创造者"的基督教概念取代老子之"道",正如韦努蒂(Venuti Laurence, 1995)所说的"把外国文本中的价值观隐匿在本国的价值观之中,令读者面对他国文化时,还在自我陶醉地欣赏自己的文化"。另一方面,传播中国传统道家文化精华的翻译目的使得译者采用努力顺应源语文化,忠实原文内容的异化策略。韦利就将其译本放到中国文化的历史背景中去考察,从而忠实地再现了原文的内容,甚至不惜牺牲文字的优美。

在当今文化全球化的背景下,中西方文化交流越来越频繁。潘文国(2004)就指出:"要在全球一体化的背景下保持文化多元化,就只有将各种文化'译出'到国际共同语(英语),从而成为全球文化的组成部分。所谓'只有民族的才是世界的',其前提一是保持民族的本色,二是要译介到世界上去,没有'译出',就没有世界可言。"由于中国文化长期处于弱势地位以及道家思想的博大精深,在《道德经》译本中,有很多独特的道家文化意象都遭到了不同程度的歪曲抹煞。因此,从翻译目的看,《道德经》英译首先要回归道家文化的建构本位。正如杨成虎(2004)指出的:"典籍的文本具有严肃性,代表着一个民族的文化品格。典籍翻译要求译者尽量全方位地推介它,尽量完整的表现典籍的文化品格。"这一理念与当前《道德经》翻译实践中越来越多地采用重视原文思想底蕴的异化翻译策略的事实是相符的。我们知道《道德经》的思想内涵主要是通过宇宙论、人生哲学、政治思想三个方面来体现的,因此《道德经》英译的文化建构一定要把握好这三方面的文化内涵。如"道生一,一生二,二生三,三生万物","致虚极,守静笃。万物并作,吾以观复”,“道常无为而无不为,侯王若能够守之,万物将自化”。三段文字分别体现了老子的宇宙论、人生观和政治思想,《大中华文库·老子》分别将其译为“Tao give birth to the One; The One give birth successively to two things, three things, up to then thousand.”,“Push far enough towards the Void, hold fast enough to Quietness. And of the ten thousand things none but can be worked on by you. I have beheld them, whither they go back.”,“Tao never does; yet through it all things are done. If the barons and kings would but possess themselves of it, the ten thousand creatures would at once be transformed.”可以看出,原文中道家的概念术语,如“道”、“虚”、“静”、“无为”、“自化”,以及老子辩证论证的语言风格,如“无为而无不为”,均在译文中得到了忠实的重现,从而使译文真实地把握住了道家思想的内涵。

4

史载“老子西出函谷关后不知所终”,而在两千五百多年后的今天,随着文化全球化进程的加快和中国国际地位的不断提高,中国传统文化日益受到全世界的瞩目,老子的思想也将伴随着《道德经》英译的又一次高潮再次踏上西行之旅。我们只有从文化建构的高度来审视《道德经》英译,才能全面展示老子思想的真实内涵,让今天的世界听到老子的智慧之音,如包通法(2007)所说:“使我古典籍中深邃广博的宇宙观、人生哲学、人格美学形态和内涵,在异域文化中得到比较正确的认知、阐述和接受,使异域文化群体其正领悟到汉文化先哲们思想的真谛。”这对我们广大译者来说可谓是任重而“道”远。

参考文献

[1] 季羡林,许钧. 文学翻译的理论与实践——翻译对话录[M]. 南京: 译林出版社,2001.
[2] 余培林. 生命的大智慧——老子[M]. 北京: 东方出版社,2007.
[3] 章媛.《道德经》前期西传异化探析[J]. 淮北师范大学学报,2011(1).
[4] 辛红娟,高圣兵. 追寻老子的踪迹——《道德经》英语译本的历时描述

[J]. 南京农业大学学报,2008(1).
[5] 刘静.《道德经》英译的缘起与发展[J]. 郑州轻工业学院学报,2009(5).
[6] 王剑凡. 中心与边缘——初探《道德经》早期英译本概况[J]. 中外文学,2001,30(3).
[7] 章媛. 论早期西传《道德经》的基督特性及谬误[J]. 社会科学家,2011(1).
[8] Venuti Laurence. The Translator's Invisibility——A History of Translation [M]. London & New York: Routledge, 1995.
[9] 潘文国. 译入与译出——谈中国译者从事汉籍英译的意义[J]. 中国翻译,2004(2).
[10] 杨成虎. 典籍的翻译与研究——《楚辞》几种英译本得失谈[J]. 宁波大学学报,2004(4).
[11] 包通法. 文化自主意识观下的汉典籍外译哲学思辨——论汉古典籍的哲学伦理思想跨文化哲学对话[J]. 外语与外语教学,2007(5).
[12] 王宁. 全球化时代的文化研究和翻译研究[J]. 中国翻译,2000(1).
[13] Waley Arthur. 大中华文库·老子[M]. 长沙: 湖南人民出版社,1999.
[14] 费小平. 翻译与中华民族文化之建构[J]. 贵州民族研究,2003(3).
[15] 王金怀. 一部奇特的哲学宝典——《老子》[J]. 中国文化研究,1994(3).
[16] 杨国强. 从文化全球化的角度看中国传统文化典籍翻译[J]. 河北经贸大学学报,2009(1).

作者简介: 周育,上海大学外语学院讲师,硕士。研究方向: 翻译学;
苏玉洁,安徽财经大学外语学院助教,硕士。研究方向: 翻译理论与实践。

翻译篇

试从戏剧翻译的特点比较《推销员之死》的两个中文译本

李海兰

摘　要：戏剧的"舞台性"决定了与其他文学作品相比，它必定有特殊之处。这不仅表现在戏剧的语言上，还表现在戏剧的翻译过程、翻译方法上。本文试从戏剧翻译的特点出发，对《推销员之死》的两个中文译本进行分析比较。

关键词：戏剧翻译；《推销员之死》；表演

Death of a Salesman(1949)作为美国现代悲剧作家阿瑟·米勒的成名作，在美国上演取得骄人成绩后，在1983年被搬上了中国的舞台，并对中国话剧创作产生了极大的影响。现在，在国内能看到的有三种译本，包括：1971年姚克的译本、1980年陈良廷的译本和1983年英若诚的译本。姚克先生是我国近代著名翻译家和剧作家，由他率先将 *Death of a Salesman* 译入中国。姚译本忠实原著，琅琅上口，但由于姚先生使用了许多地道的北京话，北京以外地区的人不大能理解，读者范围相对有限。本文要进行比较的对象是，国内学者作研究多采用的陈良廷译本(以下简称"陈译本")和为搬上话剧舞台"量身定做"的英若诚译本(以下简称"英译本")。笔者将从戏剧翻译的特点出发，剖析两种译本的区别。

1　戏剧翻译的特点

1.1　戏剧语言的特殊性

一部戏剧作品既可以被视为文学作品，同时又是舞台艺术的一个有机组成部分(刘金龙、高莉敏,2010：96)。因而一部戏剧既要关心其作为书面文本的效果,又要考虑其作为舞台剧本的效果。但笔者认为,戏剧被创作出来,最大的目的是为了他日搬上舞台以表演的形式呈现给观众,因此相对而论,大部分剧作家们更看重的是未来观剧的观众而非单单通过阅读剧本获得感受的读者。试想,历史上哪部名留青史的戏剧作品不是通过演出给人们留下深刻印象的呢？戏剧的这种特殊性,必然性地导致了其语言的特殊性。

“戏剧语言既不同于小说、散文语言,又不同于一般诗歌语言。比之于前者,它更像诗,即使是用散文写成的剧,它的语言也应该是诗化、充满着诗意的;比之于后者,它又更具有小说的描绘性、通俗性、口语化、个性化。它是兼有二者特点、而又与二者都不相同的第三种文学语言”(汪榕培、王宏,2009：142)。即便单单从阅读感受而论,戏剧与小说就有着明显的不同,读完一部小说,读者往往在脑海中构筑成了一个丰富而又独特的世界,作家在创作时也十分留心给读者以想象的空间;而读过戏剧剧本过后,读者往往会有“不完全、不彻底”之感,甚至某些地方“不知所云”。究其原因,是因为“戏剧文本在阅读时是不完全的,还未得到完整展开,因为只有在表演时,文本的潜能才能得到充分发挥”(Bassnet,1991：120)。这便是戏剧剧本区别于其他文学文本的特殊之处。剧作家在创作时就是抱着他日上演的目的,使用了一种与其他文本不同的语言习惯和结构,既要做到给表演者以提示又要有发挥的空间。

1.2　戏剧翻译的特殊性

基于戏剧语言的以上特殊性,无论是戏剧创作还是戏剧翻译都有不同于处理其他文学文本的特殊之处。英国翻译理论家苏珊·巴斯奈特(Susan Bassnett)在《仍陷于迷宫中——对翻译与戏剧的再思考》一文中首次正式提出戏剧翻译的“可表演性”(“Performability”),(Bassnet & Lefevere, 2001)根据可表演性原则,话剧译本不能只是好的文学读本,更应该是舞台表演易于操作的蓝本。为了能够译出这样的译本,译者不仅要处理其与作品和读者之间的关系,也要面对与未来观看此剧的观众的关系。对于这种关系,王卫平和乌兰在《试论英若诚译〈推销员之死〉的艺术成就》一文中,创造性地用一个模型进行了阐释:

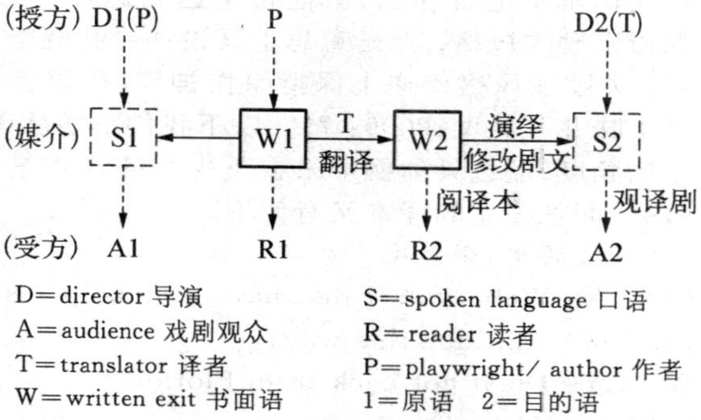

从上图可以看出，剧作者 P 的原作 W1 可以直接由本国语言的读者 R1 阅读，也可以导演为口头形式 S1 的戏剧，操原语的观众或者听众 A1 可以直接享受舞台上的戏剧。但要将戏剧传达给操目的语的读者 R2，必须由译者将原作 W1 翻译为目的的语的译本 W2；操目的语的导演或译者将译本 W2 改编为口语形式的目的语剧本 S2，再由演职员演绎为目的语的戏剧，最后戏剧 S2 才传达给目的语的观众 A2（王卫平、乌兰，2005：64－67）。经过这样几番"接力"，最后呈现的戏剧作品在目的语国家上演时要做到与原语国家上演的效果一致的确是非常困难的。译者在翻译戏剧作品的过程中，倾注的经历不见得会比剧作家在创作时耗费的少，像玛丽安（Maryann）在谈到戏剧翻译时曾说的"译者必须置身于剧中，犹如亲临其境，亲历其事，亲睹其人，亲道其语，亲领其甘，亲受其祸，亲享其福，亲得其乐，亲感其悲"（汪榕培、王宏，2009：147）。

2　两种译本的比较

1978 年米勒首次访华，当年的《外国话剧资料》杂志的第 1 期刊登了梅少武所写的长文《阿瑟·密勒（米勒，引者注）的六个剧本》，同期刊登了陈良廷译的《推销员之死》的剧本（熊婷婷，2007：56—60）。1983 年，阿瑟·米勒第二次访问中国，赶在他来之前，英若诚用六个星期的时间重新赶译了该剧的舞台剧本。当时，已经有了姚译本和陈译本，为什么他都没有采用呢？对此，英先生坦言,“现在的译本不适合演出”。他希望达到这样一种效果“语言节奏上保持米勒的风格，但是意思上又设法寻找晓畅、活泼、上口的北京话，力图在风格传递上保持原作神韵、在语言表现上又增加民族乡土味儿”(吴戈,2006：7)。以下我们不妨从译文的增、删和口语化的角度,通过具体例子来看英先生的译本是否达到了他期盼的效果,而陈先生的译本又有何不同。

2.1　从译文的增、删角度

(1) LINDA：Well, you'll just have to take a rest, Willy, you can't continue this way.

WILLY：I just got back from Florida.

(Miller, 1994：6).

林达：得了,你非歇会儿不可。威利,你不能再这样下去了。

威利：我刚从佛罗里达回来。

(陈良廷,1980：13)

林达：哎呀,威利,你就是该休息一阵子啦,再这样干下去不行。

威利：我刚从佛罗里达休养回来。

(英若诚,1999：17)

陈译本遵循了原文,直译成“我刚从佛罗里达回来”,这也遵循了米勒要给读者留下理解空间的初衷,而英译本增加了“休养”二字。对于原语观众来说,佛罗里达州是很熟悉的疗养胜地,很容易理解威利为什么这样回答林达叫他歇一阵子的要求。但对20世纪80年代的大部分中国观众来说,可能难以理解,所以加上“休养”使意思明确。

(2) There's little attachment on the end of it. I knew right away. And sure enough, on the bottom of the water heater there's a new nipple on the gas pipe.

(Miller, 1994：42)

在橡皮管的一头有个小附件。我马上就明白了。果然,在烧水的煤气灶底肚上有个新的小喷头接在煤气管上。

(陈良廷,1980：63)

管子的一头安着个接头儿。我一看就明白。他打算用煤气自杀。

(英若诚,1999: 78)

此处是林达向儿子描述威利如何有自杀的打算。英译本删减了部分台词,主要是考虑观众的接受程度;陈译本则完整地译出了原作,但这段用作舞台表演,显得有些拗口,观众也不容易听懂。

(3) How can I insult him in that way? (Miller, 1994: 42)

我怎能那样侮辱他呢?(陈良廷,1980: 63)

我要是当面说,他的脸往哪放呢?(英若诚,1999: 78)

此处是儿子问林达为什么不直接把煤气管子拆了以阻止威利时,林达的回答。英译本采用了增词法,加上原句没有的"当面",强调了林达矛盾的情绪,也更符合我们中国人的表达习惯。

2.2 从译文的口语化角度

两种译本的语言风格也有较大的不同。英译本"北京味儿"较重,在当年《推销员之死》演出的中文剧本的封页上,英先生曾这样写道:"至于《推销员之死》,因为原剧用的是四十年代末纽约的中下层社会的语言,其中不乏某些土语,因此译文中也大胆地用了不少相应的北京土话。这样做是否得当,自然还需要观众的批准。"(英若诚,1999: 1)据说,米勒在导演该剧时就要求说,要把它演得美国味十足,办法就是把它演得中国味十足。可见他对英若诚的这种译法也是很赞成的。而陈译本更多地遵循原作,努力向读者展示著者所表达的意思。从翻译策略角度来看,也可以发现英译本多用归化,陈译本多用异化。从下面的例子中我们就可看出区别。

(1) You are counting your chickens again. (Miller, 1994: 44)

你蛋还没孵,就在数鸡啦。(陈良廷,1980: 65)

又是八字没有一撇,就想发财。(英若诚,1999: 80)

此处是威利讽刺儿子太异想天开。英语原句出自谚语 Don't count chickens before they're hatched. 陈良廷先生采取直译,是典型的异化;而英先生恐怕是担心观众一时不习惯这种类比而改成了我们更为熟悉的"八字没有一撇"。笔者认为,这两种译法都是非常恰当的,陈译法保留了原文的"精髓",而英译法则是为适应戏剧表演时"瞬时性"(一句台词观众只有机会听一次)的特点。

(2) Maybe it was the coffee. (Miller, 1994: 5)
也许是咖啡作怪。(陈良廷,1980: 7)
说不定就是那杯咖啡闹的。(英若诚,1999: 14)

(3) And then all of a sudden I'm goin' off the road! (Miller, 1994: 6)
不料一下子我竟离开了车道。(陈良廷,1980: 8)
车子老往轱辘外面甩。(英若诚,1999: 15)

(4) I'm fat. I'm very — foolish to look at, Linda. I didn't tell you, but Christmas time I happened to be calling on F. H. Stewarts, and a salesman I know, as I was going in to see the buyer I heard him say something about — walrus. And I — I cracked him right across the face. I won't take that. I simply will not take that. But they do laugh at me. I know that. (Miller, 1994: 24)
我胖了。看上去我真是——一副蠢相,林达。我没告诉过你,圣诞节那会儿我凑巧上斯图尔特公司去,我刚进去看个买主,碰到认识的一个推销员,听到他说什么——矮胖子。我啊——啪的打了他一耳光。我咽不了这口气。我就是不肯咽这口气。可是他们当真在笑我。这点我知道。(陈良廷,1980: 38)
我太胖。相貌太蠢。我没你跟说,林达。圣诞节那会儿我去见 F. H. 斯图尔特,正好有一个我认识的推销员也在。我一进门儿的时候他们正拿我开心呢,说我是大狗熊,我当时就给他一嘴巴。我不吃这个,我说什么也不吃这个。(英若诚,1999: 45)

以上几个例子当中,英先生使用的语言像"闹的"、"往轱辘外面甩"、"给他一嘴巴"、"我不吃这个"等,都带有明显的"京腔"。笔者认为,最精彩的例子应该属下面一句:

(5) There was a man started with the clothes on his back and ended up with diamond mines! (Miller, 1994: 27)
他一个人光带着随身衣服出去闯天下,结果开到了钻石矿!(陈良廷,1980: 43)
你看看人家,俩肩膀扛一个脑袋,最后是几个钻石矿到手

啦！（英若诚,1999：52）

3 结语

英译本对话剧《推销员之死》在中国的成功上演做出了巨大的贡献，这与英先生本人丰富的话剧翻译、表演经验密不可分；而陈良廷先生作为我国著名的翻译家，其译作尊重原文，作为文学研究对象价值极高。两种译本各有千秋，为广大后人研究《推销员之死》一剧、一书，提供了极其重要的素材。

参考文献

[1] Bassnet, Susan, 1991. Translation Studies [M]. London: Methuen, 1980 rev, 120.
[2] Bassnett, Susan & Andre Lefevere, 2001. Constructing Cultures: Essays on Literary Translation [M]. Shanghai: Shanghai Foreign Language Education Press.
[3] Miller, Arthur, 1949. Death of a Salesman. New York: Viking Press. 2nd Version.
[4] 陈良廷. 阿瑟·密勒剧作选[C]. 上海：上海译文出版社，1980.
[5] 刘金龙、高莉敏. 戏剧翻译的文化之维[J]. 中外戏剧视线，2010(4)：95-99.
[6] 汪榕培、王宏. 中国典籍英译[M]. 上海：上海外语教育出版社，2009.
[7] 王卫平、乌兰. 试论英若诚译《推销员之死》的艺术成就[J]. 内蒙古财经学院学报，2005(2)：64-67.
[8] 吴戈. 英若诚、阿瑟·米勒——中美戏剧交流的两个"推销员"[J]. 中外戏剧交流，2006(7)：56.
[9] 熊婷婷. 从功能派角度看话剧翻译兼评推销员之死的两个译本[J]. 西南科技大学学报，2007(1)：56-60.
[10] 英若诚. 推销员之死. 北京：中国对外翻译出版公司，1999.

作者简介：李海兰，上海大学外国语学院。

翻译中神形能兼得吗?

——从语言的美学功能谈不可译性

刘芳菲

摘　要: 翻译是一种使用最为频繁、最为广泛的语际交流手段。翻译的原文和译文在神韵和形式上同时一致就是翻译的高标准。然而由于语言文化上的差别,翻译中存在着一些难以跨越的障碍——不可译性。本文以中法两种语言的互译为例,从语言的美学功能角度来探讨不可译性,说明"形似"和"神似"往往不可兼得,难以达到等值效果,只能舍弃其一,保留其一。但我们不能因此停止探索的步伐,应当充分发挥个人的智慧来尝试将两者协调起来。

关键词: 不可译性;语言;美学功能

1　概述

语言是人类独特的交流工具,作为人类社会的语言它具有相应的社会功能。语言可用于表达感知及思想,也可以展示和传承一个民族的文化。英国人类学家泰勒(Taylor)认为文化是一个复合的整体,其中包括知识、信仰、艺术、道德、法律、风俗以及人们作为社会成员所获得的任何其他的能力和习惯。语言是文化的主要表达形式和传播工具。语言这种特殊的符号能忠实地反映各个民族的历史、文化、信仰、偏见和思维方式。任何一种语言都有其自身的结构形态、句法特点和一定数量的表现本民族独有事物的词汇。不同语言之间进行交流和翻译的可能性——即可译性(traduisibilité),是由人类经验的相似性和人类文化的相通性使人类在思维认识方面产生的许多共性决定的。另一方面,不同的语言和文化渊源,不同的原语材料,不同的思维方式,都各有其一定的特殊性,这种差异使得翻译很难做到各个层次相应对等的转换,因而不同语言在翻译时自然会存在一些不可译性(intraduisibilité)。

刘传珠在《可译性问题的语言功能观》一文中将语言功能概括为三种,即认知表达功能、文化功能和美学功能(2000: 31)。而语言的各种功能与可译性和不可译性密切相关。笔者认为,一种语言有能力表达另一种语言的概念,如果这种语言没有现成的表达法,它总是能够通过某种方式间接地表达出来。各种语言具有同等的表达力这一事实正是翻译的可能性的重要基础之一;而特有文化事物本身也是可以被认知,被表达的,虽然译语中缺乏相应恰当的表达方式以传达其内涵,但"任何语言都不会只能描述已知的事物,描述新的、不熟悉的环境是任何一种语言都必然具备的特性"(蔡毅,1983: 83)。因而由特定文化差异造成的不可译性也是可以通过其他方式的努力来转变为可译性。所以语言本身差异即语言的认知表达功能和文化功能等造成的不可译性转换为可译性的难度相对小一些,而解决语言的美学功能所造成的不可译性则有相当大的困难。

2 语言的美学功能造成不可译性的原因

语言之所以能够传递信息、存储文化,还在于每一种语言都具有一定的物质存在形式,即语言的声音表征和书写形式。每个民族都会积极利用自己本民族的语言和对语言的认识和总结,每一种语言都会有自己的文学形式和修辞手段,如民谣、诗歌、小说、散文、韵律、谐音、节奏等。语言的这种认知、描写和展示自身形式特点的功能属于语言的一种元语言功能,但由于人们在利用这一功能时,更多是为了取得某种修辞美学效果,即是为了使语言的表达更形象、更生动,给人一种美的感受,以加强语言的表达效果,这就是语言的美学功能。由于语言的美学功能来自于语言本身的音形特征,而每一种语言都有其独特的、不同的发音和书写系统,因而所产生的美学效果也会有所不同。因此如果译者想将原作品中的某些美学修辞转移到译语作品中去，而译语又缺乏相应的音形特征时，译者就只好望文兴叹。也就是说，语言的美学功能导致的不可译性要解决是相当难的，在形式与意义之间必定要有所取舍，因为原语特有的形式特征是不可能转移到译语中去的。这种语言形式特征的不可译性主要表面在两个方面：

首先是文字特征的不可译性。世界上语言数量众多，且各种语言都有不同的文字特征。以汉法两种语言为例：汉语是一种表意文字，是由点、横、竖、撇、捺 5 种基本笔形及其变化，通过上下、左右或内外组合方式构成的。"从总体上看，汉字同时兼具字素、字、语素和词以及语音和语义的多种功能"（毛发生 2002：19）。法语是一种表音文字，共有 26 个字母，法语字母在相互组合成词之前都是纯粹的表音符号。汉字的字形和法语的拼法是建立在各自语音特点和语言结构基础上的。汉语中很多拆字、回文、象形字等现象无法翻译成法语，而法语字母本身没有任何意义，因而也是无法翻译成汉语的。因此两种语言的文字特征是无法移译的。

其次是语音特征的不可译性。各种语言的语音特征也各不相同，同样也以汉语和法语为例：汉语是声调语言（langue à ton），汉语的四声构成了发音的抑扬顿挫，产生了一种音乐的特征。难怪外国人说学汉语好比学唱歌；同时，汉语基本上是单音节，在 1 300 多个单字音节中，除去四声调特征以后，只有 429 个音节，它们可以组成数十万条词组。而法语是重音语言（langue à accent），有重音，但没有四声。汉语中有许多与语音特征相关的修辞，如同音字、谐音双关、押韵、对仗、联绵字等都是很难找出对应的译语。同样法语中的头韵、拟声词等的翻译也常令人一筹莫展。诗歌的翻译就是译界长期以来争论不休的热点问题。笔者认为，诗的意义是可译的，但诗的格律，诸如字数、行数、平仄、轻重音等所形成的节奏以及韵律则是不可译的，尤其是古体诗词。

3 文字特征的不可译性

3.1 拆字的不可译性

钱歌川曾断言"拆字是汉文特有的玩艺，决不可翻译"。如汉语中的"鸿是江边鸟，蚕是天下虫"，"此木为柴山山出，因火成烟夕夕多”等等独特的汉语拼字联，这些把语言文字的本身视为描述的对象，翻译起来有很大难度，即使翻译出来，充其量只是用译入语对原文进行解释。再如：

(1) ——贵姓？——姓章。——“弓长”张？——不，“立早”章。

(2) 他们三人“品”字形坐下。

以上两例利用汉字的拆分和象形特点巧妙地表达了作者的意思，但要译成法文，却很困难。

有人翻译为：

(1) — Votre nom de famille, s'il vous plaît?
— Zhang.
— Commentça s'écrit?
— Z-H-A-N-G.

(2) Les trois hommes s'assirent, chacun face aux deux autres.

如此翻译已将意思表达十分清楚，但汉字的巧妙用处却再找不到踪迹。

3.2 字谜的不可译性

字谜法汉两种语言都有，但由于两种语言(以及文化)之间的差别，一种语言的字谜译到另一种语言中，往往大异其趣，给人以“橘生淮北则为枳”的感觉。例如：

甲：Qu'est-ce qui est pris de Paris?

乙：La lettre A.

如果翻译成：

甲：从巴黎里拿走的是什么？

乙：字母 A。

这样的翻译读者会感到莫名其妙，不知所云。

3.3 回文的不可译性

回文是顺读、倒读其效果一样的修辞法，虽在修辞中所占份额不大，相关翻译实例亦不多见，但它给译者带来的麻烦不少。回文句最难译出的就是它的形貌特点，因为全句从左到右，从右到左，其排列顺序是相同的。法汉两种语言都有回文。“回文”修辞手法在法语中称为 Palindrome，意为 se dit d'un mot, d'un vers ou d'une phrase que l'on peut dire de gauche à droite et de droite à gauche。与汉语相比，法语中回文虽不常碰到，但并非没有。例如：

(1) L'âme des uns jamais n'use de mal.

(2) A l'autel elle alla, elle le tua là !

若强行译为"一些人的灵魂从来不使坏"及"她去了祭坛，她在那杀了他"的话，便失去回文的妙味，难以惟妙惟肖。同样，汉语中的回文，也是不能翻译的。

例如："上海自来水来自海上。"看似可译，但译作"L'eau courante de Shanghai vient de la mer"的话，就翻译的各个方面、各个层次来看，这都是毫无意义的。故而，笔者把它归入"不可译句"之列。再如：乾隆出的对联"客上天然居，居然天上客"，若译为"Celui qui va à Tian Ran Ju est vraiment un hôte céleste"，便完全失去回文的巧妙，变得索然无味。因此要把回文的意思及韵味都翻译出来是很难的。

4 语音特征的不可译性

4.1 同音词的不可译性

作者刻意挖掘本民族的语言资源导致翻译中的不可译。语言学家赵元任先生著《施氏食狮史》"石诗士施氏，嗜狮，誓食十狮……"此文通篇以同音字作成，四种声调以及卷舌音等汉语特有现象使该文成为不可译之典型。

广告口号常用这类同音异义词造成戏剧性效果，吸引顾客。如"'咳'不容缓"(一种咳嗽药)、"默默无'蚊'的奉献"(一种驱蚊器)。这些广告词就是巧妙地利用"咳"和"刻"及"蚊"和"闻"的同音来达到推销产品的目的。这些词在法语里是无法翻译出来的。

而法语当中的一些利用同音来造成特殊效果的例子也一样无法翻译成中文："Roumanie, pays de doux leurres. (pays de douleurs)"，"Grands heurts et des cadences... (Grandeur et décadence)"(Kokelberg, 1991: 126)。因此，在这种情况下，势必要在形与意当中进行取舍，将两者都保留下来是非常困难的。

4.2 双关语的不可译性

双关语的特点是用一个词或者一句话表达两种不同意思，使语言显得有趣，或者借题发挥，旁敲侧击，收到由此及彼的效果。

但在翻译中很难做到两全其美。双关语的形式与内容是不可分割的，因此其修辞效果自然成为不可译。双关语是利用语言文字上同音或同义一语双关，同时表达两种意义。一种是表面的（语言符号的形式），一种是隐藏的（语言符号的内容），表达的重点往往是隐藏的。因此双关语是把不同的思想内容用同一种语言符号的形式表达，所以它必须利用语言形式上的某种因素发挥联想作用。翻译时却很难"双关"，尤其"谐音双关"最难译。如采用保留原有形象地照字面直译过去，外国人就很难领会其真正喻义；如采用意译法把它译成一个解释性的词语，又会使人感到淡而无味。

李商隐的一首《无题》中有"春蚕到死丝方尽，蜡炬成灰泪始干"这个名句。诗中的"丝"与情思的"思"谐音双关，诗人寓深情于眼前的物，借双关抒情，显得含蓄、委婉，收到特殊的效果。试看何如的翻译："Le ver à soie, tant qu'il vit, déroule sans cesse son fil. La bougie ne tarit ses pleurs que brûlée et réduite en cendres."（2003：144）此句没能够传达原句"丝"和"思"双关的"意美"，因而无法再现原作的思想内容和艺术美。

再如："民国万税，天下太贫"，这是解放前有人讽刺国民党反动统治的一付对联，其中"税"与"岁"谐音，"贫"与"平"谐音，这样的谐音双关也很难翻译。

然而有些译家动脑筋想办法，充分发挥个人的智慧，将双关的意思表达了出来。例如刘禹锡的《竹枝词》中的"东边日出西边雨，道是无晴却有晴"，"晴"与"情"谐音双关，许渊冲却将两者的意思都表达了出来："Comme à l'est le soleil brille et qu'à l'ouest il pleuve, Mon galant est aussi amoureux qu'il fait beau."（1984：77），但是他却舍弃了"音美"。所以总的说来，双关语的翻译还是非常难的。

4.3　诗歌韵律的不可译性

有人认为诗歌也是不可译的，因为它和一般的小说、散文不同，诗歌是语言中独立的、不规则的成分，集中反映了一个民族或文化的特色，是每个民族语言文化的特定反映，而不同民族的语言习惯和思维方式是不同的。"中西语言、文化的实质差异给中西诗歌的互译造成困难与阻隔"（金惠康，2003：334）。法国翻译理论家穆南(G. Mounin)就认为中国古诗是无法翻译的,因为除中国古诗的音韵、节奏、双关语和语言形式是翻译的巨大障碍之外,中国古诗还可以让书法家写好挂在墙上,具有抽象画的特征,这一视觉形式也很难在其他语言中得到再现。

许渊冲在他的《再谈意美、音美、形美——〈唐诗英译〉序言》一文中指出,翻译诗要尽可能传达原诗的"意美"、"音美"和"形美"。但在他看来,"三美"之中,最重要的是"意美",其次是"音美",再次是"形美"(许渊冲,1984: 74)。笔者认为他的观点对于诗歌的法译同样适用。由于汉法两种语言的差异,以及语言所携带的文化,历史,意识形态等方面的差异,要想百分之百地传达原诗的"意美","音美"和"形美"是很难做到的,甚至是不可能的,尤其是"音美"。前面已经说到汉语和法语的语音特征有很大的不同: 汉语是声调语言(langue à ton),而法语是重音语言(langue à accent)。由于语音的特性,汉语诗歌的格律为"平仄律",法语诗歌的格律为"长短律"。因此在诗歌的翻译当中,神形就更难兼得。

如: 李白的《静夜思》,这首诗虽然只有短短的二十个字,却节奏优美,表达了强烈的思乡之情。何如的翻译(2003)如下:

静夜思	Pensée nocturne
李白	Li Bai
床前明月光,	Devant mon lit-clarté, transparence,
疑是地上霜。	Est-bien du givre sur la terre?
举头望明月,	Tête levée: je contemple la lune,
低头思故乡。	Yeux baissés: je songe au pays natal.

汉诗将感受隐化进无时态、无人称、超时空的语言世界,任人想象。何如的法文翻译采用了意译,将原诗的句式有所改变,把感受显露在明朗和具体的语言表述中。译文基本上做到了对原诗内容的忠实,或者说达到了"意美"的传递,但却未能做到形式上和音韵上的和谐统一,即形美和音美。原诗固有的由平仄和尾韵构成的很强的音乐感在翻译中荡然无存了。

诗歌的"音美"除了押韵外,还有叠字的问题。如崔颢的《黄鹤楼》中的两句:"晴川历历汉阳树,芳草萋萋鹦鹉洲"。François Cheng(程抱一)的翻译如下:

"Rivière ensoleillée, arbres verts de Han-yang

Herbefraîche, foisonnante, île aux Perroquets" (Cheng, 1996: 196)

译文虽然形象生动，但叠字所产生的韵律效果却没有表现，原诗对仗的形式也消失了。因此在艺术意境的表达方面我们说诗歌是不可译的，因为形与意无法和谐的统一起来。

总之，译诗之难，难于上青天。要做到"音美"，"形美"和"意美"三者兼顾是很难的，但并不是完全没有可能的。相对来说，"音美"最难传达，"形美"其次，而"意美"再次。而这三者之中，其实在笔者看来，最重要的是"意美"，因为它是一首诗的灵魂。真正的译诗，应该努力用另一套语言形式来忠实地传达原诗的"意美"，或者说"诗意"。

5 从不可译性向可译性的转化

可译性和不可译性是翻译活动中同时存在的一对矛盾体，是语言之间共性和各自特性的体现。不可译性的确是存在的，但本质上却是相对的。这种相对性就是说二者并非断然分清，也并非绝对不变。要缩小不可译性，必须采取适当的变通补偿手段。"翻译中的补偿，就是用译文语言形式补足在转换语言形式时所造成的语义缺失。"(陈登，1996：73)通过某种变通补偿手段可以将某一语言层次上失去的语义、语用、修辞等语言特征，在更高的层次上体现出来。另外，社会的进步以及由于社会进步而引起的人类思维的发展，不断推动词汇和语法向前发展，使语言日益丰富、完善和精密。同时，随着社会的发展，不同民族之间的经济文化和科学技术交流也越来越密切，这就必然引起语言之间的相互接触、冲撞和影响。人类生活趋势是向全球化迈进的，语言文字的发展和内涵的日益丰富使得某些不可译的东西逐渐获得一定程度的可译性。中国古典诗词一直被认为是可译性较小的，诗词中的含有独特感染力的词语意味深长，内涵丰富。而原语读者早有深厚的文化积淀，对这些事物非常熟悉，一点即通，心领神会。"举头望明月，低头思故乡"，明月自然让人思念故乡，而对译语读者来说，明月和故乡的联系显得陌生。但随着这种词汇在异域文化中的渗透，译语读者将对这种联系由陌生变熟悉，也就自然而然心领神会。如此一来,读者接受能力提高了,古典诗词的可译性就会变大一些。

6 结语

翻译中的不可译现象大量存在,语言层面和文化层面的不可译也是客观存在的。夸大翻译的等值性和否定语言的可译性都是不足取的。语言反映文化,法语反映的是法兰西民族的文化,汉语反映的是中华民族的文化。文化是相互影响、相互渗透的。换言之,文化是变化的。尤其目前全球经济的一体化、文化的多元化、网络技术的革命化使得整个世界变得越来越小,已经逐步成为一个地球村。因此我们完全有理由相信,语言之间转换的障碍只会变得越来越小。许多人们称之为不可译的成份,其实只是不可能译出语言符号的全部意义而已。因此我们不能"见树不见林",因为翻译中存在着局部不可译性而全盘否定或停止我们前进探索的步伐。译者的任务就是对原语和译语在语言文化方面的差异进行分析,尽力找出最大限度地传达原语信息的方法,尽管有时解决的并不怎么理想。翻译工作需要译者们付出艰辛的努力。就语言而言,独特的结构形式构成了翻译中最大的障碍;就文化而言,独特的民族文化内涵构成了翻译的最大障碍。译者应该在分析不可译性产生原因的基础上,寻找解决的方法。只有这样才能提高译文的质量,促进跨文化的交流,对翻译理论和实践产生更大的促进作用。

参考文献

[1] Cheng, F. L'écriture poétique chinoise [M]. Paris: Editions du Seuil, 1996.

[2] Kokelberg, J. Les techniques du style [M]. Pairs: Editions Nathan, 1991.

[3] Mounin, G. Les problèmes théoriques de la traduction [M]. Paris: Editions Gallimard, 1963.

[4] 蔡毅. 翻译理论的语言学派[A]. 中国对外翻译出版公司选编. 外国翻译理论评介文集[C]. 中国对外翻译出版公司,1983.

[5] 陈登. 翻译中可译性的限度[J]. 外语教学,1996(1): 73.

[6] 何如.法译唐诗百首[M].北京：外语教学与研究出版社,2003.
[7] 金惠康.跨文化交际翻译[M].北京：中国对外翻译出版社,2003.
[8] 刘传珠.可译性问题的语言功能观[J].中国翻译,2000(1)：31.
[9] 毛发生.论不可译性[J].山东师大外国语学院学报[J].2002(2)：19-21.
[10] 许渊冲.翻译的艺术论文集[C].北京：中国对外翻译出版公司,1984.

作者简介： 刘芳菲,上海大学中欧工程技术学院法语教师。研究方向：法语语言学。

古诗词英译中离别文化初探

陆红燕　顾正阳

摘　要：片片离愁，历来都是中国诗歌永恒的主题之一，这其中不可忽略的是其背后的中国传统文化因素影响。而翻译则是以口语或笔语的形式用听众或读者能够理解的语言方式转达出发语要表达的思想，它的目的在于在两种不同语言表达之间建立某种等同，因此翻译并非语言本身客观僵硬的再现，而是在译者参与下受社会文化语言影响的再创造。所以在古诗词的翻译过程中，文化传译便也成了诗歌形式及内容传译之外的又一重要使命。文章结合汉语及英语语言特点，以中西方翻译理论为基础分析探讨中国离别文化在古诗词英译过程中的传递。

关键词：古诗词英译；离别文化；翻译策略

"昔我往矣，杨柳依依；今我来思，雨雪霏霏。"(《诗经·小雅·采薇》)"无言独上西楼，月如钩，寂寞梧桐深院锁清秋。剪不断，理还乱，是离愁，别是一般滋味在心头。"(李煜《相见欢》)片片离愁，从那遥远的《诗经》年代起便已成了中国文学作品中亘古不变的主题之一。黯然销魂者，唯别而已矣，千百年来，故国乡土之思，骨肉亲人之念，挚友离合之感，牵动了多少人的心弦，离别也就自然成为我国古代诗词曲中歌咏的重要内容，同时这淡淡的离愁更是构成了中国古典诗词的精髓之一。在翻译此类诗歌时，不仅要译出诗中离情，更不可忽略这离愁背后的传统文化因素，正如巴斯奈特(1980)所言："文化是肌体，语言是心脏。就像外科医生做手术时不能忽视身体周围的组织一样，译者在翻译时也不能忽视文化这个肌体。"以下笔者将以反映中国离愁别绪的古诗词为主体，论述此类题材的翻译方法及特点。

1 一词多译，假对应真糅合

在翻译过程中，通常对英汉译文的处理，译者首先都会考虑最大限度的一一对应，这种对应包括意义和形式上的高度一致，即 a+b+c=a+b+c，也即严复"信、达、雅"理论之信也。但英汉两种语言因其字法、句法等语法结构差异，会有大量的英汉语词语或短语表达无法完全对应，具体表现为意义具体与抽象、集体与个体、实指与虚指、意味与色彩、状态与动作这五种主要的词语不完全对应；另外短语表达上的不对应现象则表现的更加多样化，汉语中两个名词组合、或是动宾短语等均可独立成词完整表达一个较为丰富的含义，但译成英语时这样的短语大多情况下并不能达到与汉语一样简练而又丰富的表达效果，针对这种情况，在不同的情况下便要采用不同的翻译手段使其符合其特定的语篇语境。在翻译过程中，糅合、引申和融合是三种主要的改变汉语语义的翻译策略，其中糅合是指根据上下文语境采用适当的表达方法糅合起来以达到语篇的前后协调一致，这种方法在处理同一首诗歌中两次或多次出现同一词语或短语表达时会显得更加灵活机动。这时，译者需要在最大限度对应的同时，进行糅合，用公式表示则为 a+b+c=1*(a+b+c)，其中"1"表示译者进行加工糅合处理的部分，包括诗中事情或场景的叙述角度、诗人选择物象的态度或是短语表达的搭配结构等等，同时同一首诗中的同一词语的具体处理方式又有可能会有所不同，一词多译以追求译作效果最佳状态。请看李商隐《夜雨寄北》：

君问归期未有期，巴山夜雨涨秋池。
何当共剪西窗烛，却话巴山夜雨时。

此诗开首便点题："君问归期未有期"只此一句便涵盖了一问一答，跌宕有致，先停顿后转折，以错位视角写相思之情，看似平淡却每一字每一句中都注入了诗人对妻子深深的思恋，一句读开来，嘴角便流淌出诗人漂泊异乡，归期未卜淡淡的羁旅之愁。次句直接写景，但这简单的一句景却字字渗透着诗人的情。今人臧克家就有言曰："'巴山夜雨涨秋池'，是景也是情。一种凄凉的感人的旅舍清秋，又况是秋雨中？其中情味，不言而喻。然而三四句却又笔锋一转，从眼前跳脱到将来，从巴山跳转至北方（长安），用示现的修辞手法，写尽了对未来团聚之日的无限想象与憧憬。清桂馥《札朴》评曰："义山'君问'云云，眼前景反作日后怀想，义最婉曲。"整首诗中，"巴山夜雨"这一意象出现了两次：一为客中实景，紧承已答；一为归后谈助，遥应妻问。一般而言，近体诗是要避免字面的重复的，但这首诗中，"巴山夜雨"的可以重复却给人一种回环回荡之气。今人姚奠中《唐宋绝句选注析》："两个'巴山夜雨'，都是围绕着一个'寄'字。并在三句中，用了'何当'二字，同首句中的'未有期'前后呼应。这种句法、字意的重复运用，表示了一种缠绵悱恻的情致，也就更加明显地表达了《夜雨寄北》的意旨。"那么，这一重复出现的意象在翻译时该怎么处理呢？请看译文：

You ask me when I can return, but I don't know;
It rains in western hills and autumn pool o'erflow.
When can we trim by windowside the candlelight
And talk about the western hills in rainy night?

原诗两处出现"巴山夜雨"，虚实相映，"以'何当'介乎其间，承前启后，开拓出一片想象境界，使时间和空间的回环对照融合无间。这种打破常规的写法，构成了音调与章法的回环往复之妙，表现了时间和空间回环往复的意境之美，达到了内容和形式的完美结合。"（迟乃义《唐人绝句的诗情画意》）但在翻译成英文时若只按字面的重复翻译英文中的"巴山夜雨"则是一组单词组而成的短语，并非失去了汉语中的简练，那么就不可避免的会产生一种重复累赘之感。此译文中。译者将两处分别根据上下文语境以不同的方式处理，"巴山夜雨涨秋池"一句，译者将"雨"动词化，从而使整句诗句省去了连篇累赘的主语，变得简练易懂；最后"却话巴山夜雨时"之句，译者则将"雨"形容词化，话巴山夜雨，其实乃是话那样一个激起诗人内心深处深深思念的雨夜，而非雨本身，所以以雨修饰夜，句式简单但同时又将原诗的精髓之意完美的传达。其中两处均译有"western hills"与原诗重复回环对应，又不失原诗回环之美。

2 "意指集合"后的唤醒融合

结构主义翻译思想的最早倡导者沃尔特·本亚明（Walter

Benjamin,1892—1940)认为,“翻译的首要目的是通过协调语言的多元性使它们相互联结,相互补充,成为一种无所不包的独特语言,即“纯语言”或“共同语”(universal language)”(李文革,2004)。此处所谓的“纯语言”实际上是一种超越任何具体语言形式的抽象语言,根据本亚明的解释,各种语言之间存在着一种超历史的、先验的语言亲缘关系,这种亲缘关系存在于每一种语言的整体意指中,然而必须在任何一系列语言整体“意指集合”(the totality of intentions)中才能完整体现出来,因此,翻译就是将每一种语言的“意指方式”(mode of intention)相互融合,相辅相成,从而体现出“共同语”而被不同语言环境下的人们所理解接受。因此就英汉之间的翻译而言,我们也应通过英语语言和汉语语言各自的“整体意指”,找出它们之间的亲缘关系,并通过英汉两种语言的“意指集合”完整得体现出来。就汉语而言,其语句短小精练,神聚而形散,句中除必要实词外,虚词多省,句与句之间则更似地球的各大板块流,无明显连词连接,逻辑关系多为内隐。而英语上下逻辑关系必须有明显连接词连接,虚词使用频率偏高,神合同时形式上也必须讲究整体性,这一完整性所通过明显的逻辑词来体现。因此在诗歌的翻译中,需要将汉语中分散、独立但内容上具有一定逻辑关系的散句,根据译入语规则进行句意融合、结构重组,找出两种不同语言各自的“整体意指”,从而找出它们的“意指集合”,即本亚明所谓的“纯语言”或“共同语”,从而达到翻译的最终目的。请看石孝友《卜算子》:

见也如何暮。别也如何遽。别也应难见也难,后会难凭据。去也如何去。住也如何住。住也应难去也难,此际难分付。

石孝友,字次仲,南宋词人。著有《金谷遗音》,其词多用俚俗之语状写男女之事,直率自然,语言通俗而形式精巧。陈廷焯《白雨斋词话》评其词曰:“皆脱口而出,运用自如,无凑泊之痕,有生动之趣。”又《云韶集评》云:“次仲词清奇雄秀,别于诸家外独树一帜。”此词便是次仲状别离之作。首句“见也如何暮”起句便叹相见恨晚之意。紧接“别也如何遽”,又是一声长叹,相见已太晚,奈何相别竟又如此匆匆。两句各著一“也”字,如闻人之连连叹息之声,不动声色之间竟将离人惋叹相见太迟相别太匆匆之无可奈何之感黏着于字里行间,别具一番声韵。第三句“别也应难见也难”

则将前两句所言之相见、相别一笔勾连,“两用‘难’字,挽合甚好,语意精辟。相别之难,只缘两情之难舍难分;相见之难,则因人事错迕之不利。两用‘难’字,而意蕴则不同。”(《宋词鉴赏大辞典》)此处见既指初见,也指重见。初见已为不易,若想再相见则更非易事,故言“后会无凭据”。上片所言情在送者,而下片所言情则在行者。“去也如何去,住也如何住。”临别之际踌躇满怀,欲行却又止。此处“如何”犹言怎样,行人去却又心下难舍,但要“住”,情势所在,又该如何?如此,正是一句“住也应难去也难。”此句让用两‘难’字,临别之情,至此已言至至极。而词的最后,以一句简单明了的“此际难分付”又将别离之际如此纠结的情感戛然中断,然而却情至高处,词虽断而余音犹在。此词句拍整齐,韵调高亮,重重沓至的字音效果,却用平白如话的字句得以完美的诠释。李调元《雨村词话》评此词曰:“词中白描高手无过于石孝友。《卜算子》云所谓不著一字,尽得风流。”此言极是。那么如此白描之词句如何通过翻译达到一种“纯语言”的效果呢,译文如下:

We met at such a late date,
And as suddenly we'd seperate.
Hard to seperate,
And as hard we met,
No firmed-up future date.

How could I leave?
And how could I stay?
Hard if I should stay,
And as hard to tear myself away,
Up till now, too hard to say.

原词中各句形式上独立性强,但意义上却又是环环相扣,相互勾连,译文则分别考虑了中英文的“整体意指”,以形式上的环形融合解读了原词意义上的相互联系:上片第二句增译连词“as”与第一句保持了良好的关联,同时紧接着第三句另起意群但又通过重复“seperate”一词保持了与上一意群的关联性,意群内部同样以连词“as”来完成内容以及形式上的衔接,大处则通过重复句意保持协调,纵观而下,整首词便构成了一个意义及形式上环环相扣的一个循环圈，让人读来缓缓而下，有一种连绵不绝的余韵不停缠绕唇间，不仅完美体现了中国古代诗词所蕴含的回环音乐之美，也让读者在不经意的品读之间感受到了词中难以言传的别离之意。

3 错位现实还原法

历来人们对翻译的研究角度层出不穷，多数翻译研究者都是通过对语言本身的研究来研究翻译，然而法国翻译派却认为翻译的对象应该是语言所传递的信息内容，并非语言本身，在自然交际过程中语言知识充当作一个工具的作用，真正发挥交际作用的是双方试图表达的思想和传递的信息。法国著名口译专家、释意理论的创始人 D. 塞莱丝科维奇(D. Seleskovitch，1921—2001)认为译者和译员应该是画家，而不是摄影师，因为绘画是“借助画家的看法从要表现的现实中提炼与现实一致的意义和信息”(李文革，2004)，翻译是以口语或笔语的形式用听众或读者能够理解的语言方式转达出发语要表达的思想，它的目的在于“在两种不同语言表达的文章之间建立等同”(徐钧，2005)，因此翻译并非语言本身客观僵硬的再现，而是在译者参与下受社会文化语言影响的再创造。苏联批评家伊凡·卡什金也指出：“译不要简单照搬原作现成的语言符号，而要努力再现原作文字所描绘的客观现实，再现赋予原作文字以生命的客观现实，要用现代人的眼光，用现实主义的方法传达作品。”因此，在翻译中国古诗词的过程中，我们也应以现实的视角来理解原作，解读其语言符号所要表达的真实社会意义，还原因文化或语言习惯而产生的意象错位，积极还原原作文字所要表达的生命的客观现实。请看晏几道《临江仙》：

梦后楼台高锁，酒醒帘幕低垂。去年春恨却来时。落花人独立，微雨燕双飞。

记得小苹初见，两重心字罗衣。琵琶弦上说相思。当时明月在，曾照彩云归。

《临江仙》一词乃为感怀旧人之作。词起则写楼台高锁帘幕低垂之状，写尽梦回酒醒孤寂落寞之感伤。首两句以六言对起，互文见义。此处“酒醒”之际亦即梦醒之后。“楼台高锁”乃是从外观之，而"帘幕低垂"则是内部视线所见，两处以同时所见同处之景追昔抚今，暗示去年此时楼台开放、帘幕高卷热闹非凡，昨是而今非，字里行间透浸着孤清落寞之意。紧接"去年春恨"一句承上启下，人已去楼已空，怅恨难耐，不禁引出往事一幕幕。昔日风流云散已非一载，而转眼伤心又一年，此情此景更难派遣，因而便见眼前之景。"落花""微雨"点春，人独立却见燕双飞，托出一"恨"字。此两句正春色恼人，愁人不已。"论风韵如微雨过箫，论词彩如红蕖照水。"（俞陛云《唐五代两宋词选释》）下片自然忆起相逢，"记得"二字如锱铢落地，铮铮有声。记得记得，如今仍清晰得记得，记得初见时你的模样，"两重心字"依然鲜艳在心，几多相思琵琶弦上说不尽。只是怎奈，怎奈万千柔情只是"当时"，而今之日，却已是月在人已渺。亘古不变的明月，见证着的，却是物是人非斗转星移的人世沧桑。"当时"两句婉婉沉着、清壮顿挫。全词以"春恨"为基点，由眼前忆往往昔，由近处帘幕写到遥远的当年初见，层层翻转，而又首尾贯串。文字或绵密或疏淡，最后以虚笔作结，含蓄不尽，感慨无端。（吴熊和、徐帆《唐宋词一百首》）译文如下：

Awake from dreams, I find the locked tower high;
Sober from wine, I see the curtain hanging low.
As last year spring grief seems to grow.
Amid the falling blooms alone stand I;
In the fine rain a pair of swallows fly.

I still remember when I first saw pretty Ping,
In silken dress embroidered with two hearts in a ring,
Revealing lovesickness by touching pipa's string.
The moon shines bright just as last year;
It did see her like a cloud disappear.

译文上片将"落花人独立"解译为"Amid the falling blooms alone stand I"，下片将"琵琶弦上说相思"译为"Revealing lovesickness by touching pipa's string"。译者采取错位现实还原法，根据词中所要表达内容的客观性，用现实的眼光，直接理顺原词所要表达的意思："人独立"乃是伴着纷纷落花飘飞的，因此增译“amid”一词将整句词所要表达的现实状态明了化；下片增译“touching”一词向译入语读者说明此乃是诗中小蘋在拨弄着琵琶而非琵琶弦本身在“说”着相思；同时将“说相思”之“说”以“reveal”一词译之，传递出乃琵琶语泄露了相思而非歌女亲口说出，如此不仅很好的传递了中国女子羞涩的形象，也传递了原词真实想表达的意义和思想。

4 曲直并用以达其意

曲直并用以达其意即在古诗词翻译中，对诗人描述的情景进行部分顺译、部分转译，两者结合，以求全面体现原诗形式、内容，更深刻更传神的传递原诗所要表达的情感。著名翻译理论家尤金·奈达认为，语言具有共性，一个民族使用的“落后的”语言结构并不会“限制”它对世界的认识能力，因此能用一种语言表达的东西肯定一定能用另一种语言来表达，即用翻译的方式来寻求不同语言和文化之间的对等语，以恰当的方式重新组织信息的形式和语义结构从而达到交际和交流的作用。对这种具有共性的语言符号及结构，我们可以采用顺译的方法，将原诗中情感表现力强、语言形象颇具典型性且无文化障碍的部分，翻译时保留原始结构，将原诗中可获得译入语读者共鸣的部分以其原本形式展现出来。同时，语言作为不同的符号体系，它们之间又不可避免的存在着差异性，翻译的目的一方面就在于保护和解释这种差异性，对原诗进行“有调节的转换”(regulated transformation)(德里达)，不断修饰或推迟原文使其不断成长、成熟，最终得到再生(renewal)。这样一个对原诗进行解构之后重构其美学空间，再根据译入语读者的思维习惯及艺术表达效果将已拆开的解构进行重组的翻译过程就叫做转译。翻译时，顺译、转译并用，一曲一直，一正一反，相辅相成，直显其形，曲达其意，相得益彰。请看王维《相思》：

红豆生南国，春来发几枝。
愿君多采撷，此物最相思。

红豆产于南方，又名相思子。“藉红豆表己之相思，故人之勿忘，风神摇曳，韵致缠绵。托物言志，言近意远。”(富寿荪《千首唐人绝句》)首句点出“南国”，殷勤相问，表面上是问红豆树春到已发几枝，实际上却是借红豆探问友人近况，“春来发几枝？”意语亲切深长，颇似久未相见的故人深情一问“近来可好？”语意极淡却又暖至心扉。下联笔锋直接转至友人，寄意对方。瞩望对方“多采撷”，只因“此物最相思”，此处只用相思嘱人，但诗人自己的相思之情也明见于言外。其中末句一个“最”字用意颇深，此字与上句“多”字相勾连，因其“最”相思，最能唤起人们对友情的珍视，对友人的怀念之情，所以才期望友人能多采撷，以君之心抒己之情，婉曲动人，语意高妙。此诗最大的特点便是语言朴实易懂，有南朝民歌之风，因而在翻译时应最大限度的寻求其对等语。译文如下：

Red berries grow in southern land.
How many load in spring the trees?
Gather them till full is your hand;
They would revive fond memories.

原诗前两句语言朴实，结构简单，所要传达的意思也是直接明了，这样的诗句在英语中直接找到它的对等语言符号来表达便可将原诗在另一种语言中呈现出来。故而译文前两句直接用简单明了的语言译之。原诗后两句语言亦简单朴实，但简单的两句表达的深意却须深而琢之，英语中若直译，可保留结构完整性及其原有语言风格，但是却难以传达简单背后的情感，因而对于这种语言的差异性，译者则将其调节后进行转换，将原诗语言形式进行适当修改，之所以希望友人多采撷正是因为此物是相思子可寄相思之情，译文若直译为“此物相思”恐怕多会引起歧义，此物相思乃是因为此物让人相思起其他人，故而译者将其转换为其引申义，这样既保护了语言的差异性同时又传递了原诗思想。顺译、转译结合，曲直并用，可显其形达其义，可谓妙也。

参考文献

[1] BASSNETT SUSAN. Translation Studies [M]. London: Routlege, 1980: 14
[2] 顾正阳. 古诗词曲英译文化视角[M]. 上海：上海大学出版社，2008.
[3] 李文革. 西方翻译理论流派研究[M]. 北京：中国社会科学出版社，2004.

[4] 黄念然.中国古典诗词名篇选注集评[M]. 南宁：广西师范大学出版社,2006.
[5] 许钧. 译道寻踪[M]. 郑州：文心出版社,2005.
[6] 徐培均. 中国古代诗苑精品[M]. 上海：东方出版中心，1999.
[7] 许渊冲. 唐诗三百首[M]. 北京：高等教育出版社,2001.
[8] 许渊冲. 宋词三百首[M]. 长沙：湖南出版社,1996.
[9] 文殊. 诗词英译选[M]. 北京：外语教学与研究出版社,1989.

基金项目：2008 年度上海市哲学社会科学“十一五”规划项目“古诗词英译文化理论研究”系列成果之一(2008BYY204)

作者简介： 陆红燕，上海大学外国语学院硕士研究生。
顾正阳，上海大学外国语学院教师。

利用预设理论解决口译中的文化缺省现象

吴咏倩

摘　要： 近年来，我国口译研究虽然取得了令人瞩目的成绩，然而也面临着许多亟待解决的问题。结合近几年来的口译研究和教学成果，发现一个重要问题是"理论研究重视不足，缺乏系统的学科框架"。在我国，口译研究一直处于较低的实践层面。结合其他学科，对口译进行研究，对口译的不断发展将会产生积极的作用。

本文从语用层面，利用预设理论，解决口译中的实际问题，即文化缺省的问题。预设是语用学研究的一个重要方面，近十年来国内学者对预设的研究呈上升趋势。本文将首先对预设理论作一个简单介绍。虽然已经有相关学者将预设理论与翻译实践结合在一起，但用之专门指导口译实践的研究甚少。而口译实践本身具有的独特属性，如当下性、语境化特征等，决定了其不能和其他翻译实践等同而论。因此，本文将结合口译实践的特点及口译中可能出现的文化缺省现象，利用预设理论，通过分析相关案例，力求为口译实践提供一些启发。

关键词： 预设；口译；文化缺省

1　预设

预设是一种复杂的现象，目前学术界尚无统一的界定。但其大体意思可从下面这个例子中体现出来。如果我问：你有孩子吗？很明显我的预设是有这个人来回答我(我不是一定说“另一个人”以为我当然也可以自言自语)。我也预设被问到的某人懂汉语。进一步讲,我还预设一些看起来还不算太明显的事情,比如某人有这个能力来回答我(我不太可能问一个正俯躺在游泳池底的人这个问题),以及别人愿不愿意来回答这个问题(我不太可能会去问正有心事的人)。我也预设他们愿意来回答有关隐私的问题。

翻译中,我们需要预设理论,因为这牵扯到翻译中的重要问题。大多数操匈牙利语的人不用被特别告知 Mohacs 是一个军事失败点,正如大多数的法国人不用说就知道在 Alesia 遇到的一点小困难。用这些语言来写作,无须大费篇幅就可以激起很强烈的复杂信息。然而要把这些信息传达到另一文化中,原先所预设的信息可能就丢失掉了。那么问题就是评估可能的现状事实以及可采取的措施,并且每一步都会面临着困难(Leo Hickey,2001:114)。

2 口译的特点

口译实践本身具有的独特属性,如当下性,语境化等特征决定了其不能和其他翻译实践等同而论(刘宓庆,2003:60)。

2.1 口译“语言游戏”的“当下性”

口译都必须当场实现语言交流转换交流,不容延宕。“当下性”(instantaneity) 是对口译员很重要的要求。现在许多国际组织在考核和招聘口译员时都规定“当下性”为 2—3 秒钟,即在接续口译中,对话 A 方说完一句或一段话以后,译员应在 2—3 秒钟内立即作出反应,将 A 方的话译出来给 B 方听。而且,对口译员而言,心理压力可以大大减轻即时反应能力甚至影响语言整体质量。

2.2 口译传播本身的语境化特征

口译是特定语境下特定的翻译传播行为,语境是“语言使用”的现实化,语境对意义起相对固定作用。

3 口译中文化缺省现象的客观存在

口译作为一种在两种语言中穿梭的行为,而语言是文化的载体,因此口译行为不可避免地会面临跨文化交际的问题,口译中的文化缺省现象便随之而来(詹大好,2000:31)。

3.1　由文化差异所造成的文化缺省

"各民族文化有其产生的土壤,发展的历史和群体认同的现状。不同的地理环境、不同的史背景决定了不同的文化现状。不同的文化现状意味着不同的风俗习惯、不同的行为准则。"林大津先生这里所说的即文化差异。文化差异的客观存在直接导致了翻译中文化缺省现象的不可避免。

3.2　由源语发出者有意省略所造成的文化缺省

众所周知，在交际过程中，交际双方只要有了共同的背景知识或共同的语用前提，交流时省去一些对双方来说都是不言而喻的内容，照样能达到预期的交际目的。对作者而言，他的话语也是一种交际活动，读者就是他的交际对象。因此，源语作者在写作时一般会对自己的意向读者的知识结构或文化经验有一定的判断，在讲话时对一些他认为与听者共有的且无须赘言的文化信息，往往作有意省略。

3.3　由翻译者跨文化交际意识或能力的不足所造成的文化缺省

翻译是两级信息的传输系统。译者充当着原语接受者和作为译语作者的双重角色，要求他同时对原语作者和译语作品的读者负责。这样就严格要求了他对原语和译语都必须具备足够的语言文化能力和跨文化交际能力。只有这样，他才可能一方面明确地洞悉原语中可能存在的文化亏损，另一方面准确地对自己的意向读者的知识结构作出判断，然后合理地确定与读者共有的知识与语用前提，进而用语表达原语的文化亏损，足量地传达出原语所蕴含的语义和文化信息。这样的要求对译者来说很高的，然而又是必须的。

4　解决方法

为了更好地解决口译中的文化缺省现象,译员不仅需要提高自己的语言能力,还要有能力意识到口译过程中所产生的文化缺省。联系上述口译所具有的独特特征,一个重要且有用的方式解决文化缺省现象就是运用预设知识,提高对那些言者自身认为众所周知，因此无须申明，有意漏掉的信息的敏感性。而预设所具有的特征(何自然、冉永平，2009：134)可以给我们不少启发。

4.1 预设的合适性

预设的合适性是指预设与语境紧密结合，预设是言语行为的先决条件。使用中的任何话语存在这样的一个前提条件，即在语用上该话语的语境是合适的、恰当的。语用前提体现的就是话语及其语境之间的一种关系。其实很多时候只有相关的语境条件得到满足之后，话语才能进入交际，其非字面意义才能被人们理解。前提的合适性有助于说话人正确的发出言语行为，并使听话人正确理解该行为。

为更好地说明这一点，本论文将以记者招待会为例。总体上讲，在一个记者招待会上，话语所围绕的主题都会紧紧围绕着会议主题来展开。另外在这一框架内，每个人的注意力都会不仅集中到话语当时情景的主题，而且会是自己本身所密切关注的事情。这样由于这样关注那有限数量的问题，而不是漫无目的地去准备，译员的准备工作就会相对轻松得多、有效得多。每年的外交部记者招待会上，记者们对杨部长的提问都紧紧地围绕着中国的外交政策及外交关系来展开，并且所提问题与他们本身有密切关系，事关本民族、本文化的切身利益。所以尽管文化缺省不可避免，但仍可大体预测即将要讨论的问题并为之做好准备，将文化缺省的负面影响降到最低。中央电视台的记者所提问题是关于中国的外交关系和外交政策的，这是中国人民所最关心的问题。而美国的记者所提问题则是特别有关中美关系的。

4.2 预设的共知性

预设是交际双方没有必要明确讲出来的那部分信息，这体现了语言使用的经济原则，它必须是交际双方公知的或能够推导出来的前涉条件。从语用的角度来说，前提可称为"语用语境前提"，因为它是一种语言结构以外的信息。随着交际的进行和深入，语境也随之深入与变化，也就是说，双方所共有的知识范围在不断扩大。交际中的已知命题或已表述的命题可以称为下一个命题的前提，且在一定条件下命题与前提可能发生交替与互换。需要口译人员对前提进行以语境为基础的动态分析。现实交际中说话人与听话人之间的话语存在着大量的信息空缺，这些空缺译员可以利用双方的共知前提进行弥补、充实，实现成功的交际。

参考文献

[1] Leo Hickey. The Pragmatics of Translation[M]. 上海：上海外语教育出版社，2001：114－122.
[2] 陶友兰，鲍晓英. 高级英语口译：理论、技巧与实践[M]. 上海：上海世纪出版股份有限公司译文出版社，2008：11－12.
[3] 何自然，冉永平. 新编语用学概论[M]. 北京：北京大学出版社，2009：134－140.
[4] 刘宓庆. 口笔译理论研究[M]. 北京：中国对外翻译出版公司，2003：60－66.
[5] 林克难. 翻译需要理论指导[J]. 上海科技翻译，2003(1)：3－4.
[6] 林克难. 语用——翻译理论下一个研究重点[J]. 福建外语，1996(4)：46－49.
[7] 戈玲玲. 预设及翻译技巧[J]. 中国翻译，2002(3)：42－44.
[8] 王晓燕. 口译特点与口译教学[J]. 中国翻译，2003(6)：56－58.
[9] 陆卫萍. 文化缺省与翻译[J]. 零陵学院学报，2003(1)：84－86.
[10] 詹大好. 以跨文化交际为目标处理翻译中文化亏损的问题[J]. 三明师专学报，2000(2)：31－34.

作者简介： 吴咏倩，中国海洋大学外国语学院外国语言学及应用语言学专业在读研究生。

从认知角度看翻译的可译性和不可译性

——兼论不可译到可译的认知潜势和对策

谢之君　王　杰

摘　要：语言的可译性和不可译性一直是翻译界争论不休的问题。本文认为基于人类认知经验的共性和个性，可译性是有一定限度的。至于不可译则是由于语言和文化的双重障碍引起的，是相对的。因此，关于翻译问题的探讨应该从是否可译或者不可译转移到翻译的可译限度以及如何实现不可译到可译转化的问题上来。本文首先运用范畴理论分析语言的可译和不可译并给出其认知理据，进而探讨实现从不可译到可译的认知途径——顺应—关联理论。

关键词：可译性；不可译性；认知；范畴；顺应-关联

1　引言

众所周知，在翻译问题的研究中，可译和不可译一直是学界一个争论不休的问题。

可译性强调，虽然人类因其所居住的区域不同、发展进程不同而产生了不同的语言，但他们在生存环境、身体结构、生理需要等方面的相同之处大于不同之处，因而在主观世界与客观世界的相互作用过程中，人类在思维认识等方面便产生了许多共性，使得各种语言都具有可理解性，成为不同语言之间进行交流和翻译的基础(刘传珠,2001)。正是基于以上的认识,可译论者认为,一种语言所表达的一切都能被译为另一种语言。

不可译性则是强调人类在思维认识方面的差异性,指的是在翻译过程中,由于原语和目标语之间不同的语言文化因素,如:语音、语法、词汇、结构、修辞、思维方式、社会文化背景等,而导致的无法转化的现象。语言是人类进行交际最主要的工具,不同的社会背景、生活习惯和思维方式形成了不同的语言表达方式,因此不同民族、国别的语言就自然具有各自的语言风格。基于以上认识,不可译论者认为,从事翻译就等于是试图解决一种无法解决的问题,从一种语言译成另一种语言在实质上是不可能的。

当代美国翻译家尤金·奈达(Eugene Nida)(1964)认为,翻译就是用最贴切最自然的目标语再现原语的信息。尤金·奈达(1996)在其著作《翻译:可能与不可能》(*Translation: Possible and Impossible*)中,从宏观上、从语言和文化的本质上阐明了翻译的可能和不可能。总的说来,翻译是可能的,但在很多情况下只能做到"最贴近的自然对等物"(closest natural equivalents)而不能做到"完全充分的翻译"(fully adequate translating)。卡特福德(J. C. Catford)(1965)在《翻译的语言学理论》(*A Linguistic Theory of Translation*)一书从微观上、从语言和文化的具体差异上来分析可译性与不可译性。他根据翻译的层次把翻译分为完全翻译和有限翻译,这表明他认为翻译是有限度的,并且,可译性限度(limits of translation)包括语言的不可译性(linguistic untranslatability)和文化的不可译性(cultural untranslatability)。

通过以上综述不难看出,以往无论是可译论者还是不可译论者对待翻译就好比两个极端,一个是绝对的可译,另一个是绝对的不可译。随着翻译理论的发展,人们逐渐认识到这种绝对性的错误,从而采取了相对的态度。对待这个问题,笔者认为,我们要坚持可译论,而且这种可译性是有一定限度的,也就是说不可译性是存在的,但是可以实现从不可译到可译的变通。

2 认知范畴理论下翻译的可译和不可译

认知语言学认为语言是有认知基础的,人类通过采取各种手段，如分析、判断、归纳的方法对客观世界进行分类，这种主客观相互作用对事物进行分类的过程就是范畴化的过程(categorization)，其结果即认知范畴(cognitive category)。范畴化是人类对世界万物进行分类的一种高级认知活动，在此基础上人类才具有了形成概念的能力。因而，一种语言可以视作一个认知范畴，即概念系统(语言、文化、思维等的集合)或称概念域，运用于翻译中时，原语便是一个概念域，目标语也是一个概念域。据此，笔者给出翻译的一个认知定义：翻译是用一个概念域去解释另一个概念域，实现语言和文化(思维)的双向贯通，其本质是一个认知范畴到另一个认知范畴的转换。因而，传统翻译理论把翻译视为一个语码转换的过程，仅仅是停留在语言形式的单向贯通，忽视了语言的认知特点。

我们讲翻译实践就是实现范畴到范畴的转换，而这种转换是依靠心理通达实现的，这里的心理通达的基础是认知图示(schema)，即人们在现实生活中积累形成的经验知识。在范畴转换和贯通的过程中，当一个认知图示作为共享特征为两个范畴所共有的时候，原语激活了目的语的对应，转换的过程便会简单容易，可译性受限便会减小甚至为零；反之，一个认知图示作为差异特征，在两个范畴中要么相互对立截然相反，要么你有我无或我有你无，转换的过程会复杂困难，相对的不可译性便产生。这便是笔者给出的可译和不可译的认知理据。同时，深入理解，可译和不可译，就可以从共享特征和差异特征进行解释。

我们讲到范畴的共享特征，共享特征在这里包括两种情况，当两个范畴激活的都是原型范畴或本质典型特征(谢之君，2007)，实现了最简单的一一对应的翻译。但是，两个范畴更多时候会有超过一个的共享特征，这时候需要推理判断原语强调的是哪些(个)特征，译者该用目的语范畴中的哪个特征与之对应。对应准确，翻译成功；对应错位，翻译失败。

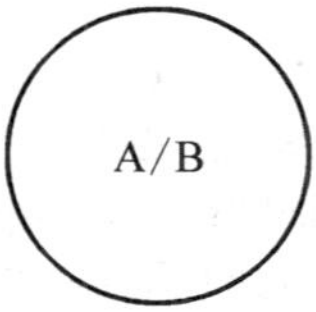

图 1

如图 1 所示，当原语和目的语激活的都是他们共享的本质典型特征，范畴 A 和范畴 B 重合，此时实现翻译的一一对等。例如：当一个人指着太阳对另一个人说 The sun is rising. 非除其他一切语境假设,这个时候"sun"就对应"太阳","rise"就对应"升起",因而可以直接翻译成"太阳正徐徐升起。"

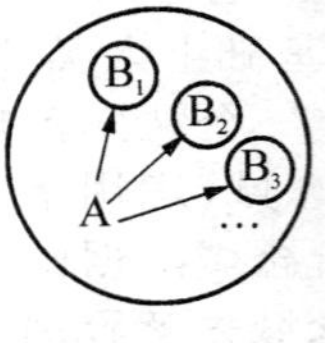

图 2-1

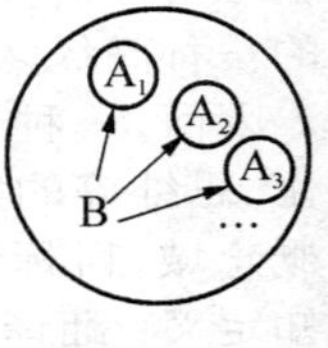

图 2-2

如图 2-1 所示,当前提条件满足原语范畴 A 和目的语范畴 B 具备相似性,比如英语中的"cat's heart"一词,既指"猫的心脏",同时又指"祸心、歹心",假定为 A。同样在汉语中,既有"猫的心脏"的表层认知表征(语言形式)B1,又有"狗是忠臣猫是奸臣"意即"祸心"的深层认知表征 B2。当翻译"The woman has a cat's heart."时,显然 A 该选择与 B2 对应,译成:这个女人包藏祸心。图 2-2 同样道理,不再赘述。

范畴的差异性特征也包括两种情况,一种是一个认知经验为两个范畴所共有,但各自使用的却是不同的概念系统,另一种是针对某一客体的认知经验只为一个范畴所有,前面提到的你有我无或我有你无,因而也就无从谈起相似性和共享特征了。

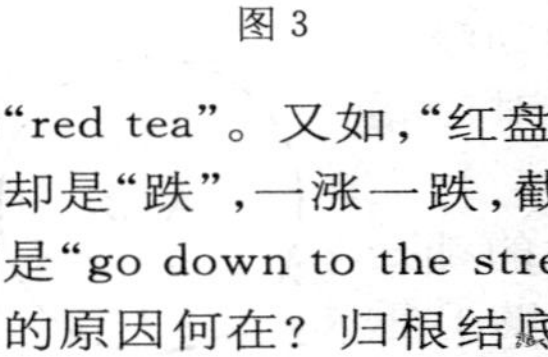

图 3

如图 3 所示,重合部分表示同一客体实实在在地存在于范畴 A 和范畴 B,但是却有着对立或相反的认知概念系统。比如,中国和美国都有"红茶"这种东西,并且知道它作为一种茶的色、味、形等方面的常识,在中国称之为"红茶",英文却是"black tea"而非"red tea"。又如,"红盘",在中国股票市场预示着"涨",但在欧美却是"跌",一涨一跌,截然相反。再比如,我们说"上街",英文却是"go down to the street",一上一下,相互对立。出现这种现象的原因何在?归根结底,概念系统的形成依赖认知经验,而认知经验来源于现实生活。处在"红茶"概念系统支配的生活中的认知主体如果没有了解或体验过概念系统"black tea"支配的生活，“身在‘曹营’心也在‘曹营’”，结果也只能是“乃不知有汉，无论魏晋”，造成误译了。

如图 4 所示，一个客体为原语范畴所特有，并不能在目的语范畴中找到对应的认知经验，造成了 A 和 B 的分离，这是翻译中最大的一个障碍。这时候，需要认知主体从某种角度、出于某种目的进行创造(建构可以被目的语使用者认知和习得的图示)。

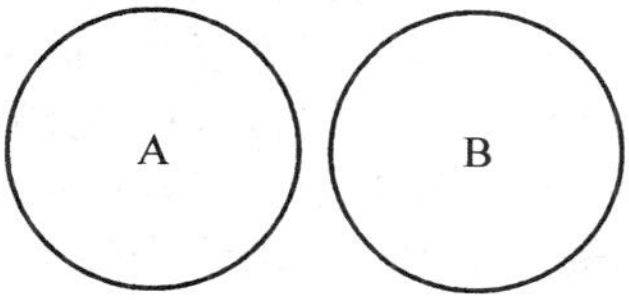

图 4

人类在生活中获得的认知经验的共性决定了语言是可译的，其个性或差异性的存在又导致了不可译的出现，然而，不可译是相对的，只要找到限制可译的因素，问题便迎刃而解。

3 实现不可译到可译变通的认知途径——顺应和关联

既然不可译是相对的，也就是说会有途径和方法实现不可译到可译的变通。由于英汉两种语言分属不同的语系，存在着本质特征差异，而英汉民族又有其各自独特的文化。语言和文化的双重障碍导致可译性限度的存在。讨论和研究可译性限度问题，寻找解决的途径，可以有效提高译文质量，促进跨文化交流。在一定条件下，可以逾越语言和文化的障碍，将“不可译”变通为“可译”。

基于关联理论与顺应理论各自的优势与不足，冉永平(2004)尝试性地提出顺应—关联性模式。笔者将其运用于本文探讨的翻译问题研究中：在原语向目的语转化的过程中，译者需要形成一定的语境关联假设，并进行不断地筛选顺应以寻获最佳关联选择。或者，进行创造最佳关联的建构顺应，得到与原语的形和意最贴近的翻译。

翻译不仅是一种跨语言的交际活动，更是一种跨文化的交际活动。成功的翻译实现的应该是语言和文化的双管齐下。Gutt (1991) 提出的关联理论翻译观把翻译看作是一个寻找最佳关联的过程。然而根据顺应-关联模式，笔者认为，翻译是一个动态的认知全过程：原文→多个语境假设→不断顺应(推理 & 筛选 & 建构)→最佳关联→译文。整个过程包含两种情况，分别对应可译和不可译。翻译过程中,进行到第三步,如果认知经验或知识结构为已知,那么通过推理和筛选便可得出最佳关联,最终得出译文。但如果认知经验或知识结构为未知,那么得通过建构一个认知图示才能进行到最佳关联这一步。值得一提的是,这里的建构可以习得。不难看出,最关键的在于顺应这一步,而决定顺应过程难易的是语言和文化障碍,相比文化障碍,语言障碍可以通过后天学习消除,较为容易。我们遇到的不可译问题几乎是文化障碍所致,因而,翻译中最大的困难莫过于文化差异,因为文化因民族和地域存在"人有我无、人无我有"的状况。具体情况要具体分析,可以运用顺应——关联理论来解决实际的文化障碍。当译者遇到不可译性问题时,要灵活变通,进行相应的语用调整或者再创造,用译文中最贴近最自然的对等语再现原文内容。这里所说的最贴近最自然的对等语便是最佳关联。我们来看下面几个例子:

鲁迅小说中的"豆腐西施"(Bean curd Xi Shi (note: the name of a famous beauty in the late Spring and Autumn Period.)),被译作"Helen of Troy"。西方文化中根本没有"豆腐西施",但没有人不知道"美神海伦",因为两者都指"美女",这种通过推理的顺应实现了效度和信度的最佳关联。再如,民俗习惯方面,端午节的习俗是包粽子,"粽子"怎么翻译呢?在英美是没有粽子的,所以我们选择音译加注释:zongzi (glutinous rice(糯米)wrapped to form a pyramid using bamboo or reed leaves)。这种音译加注释的翻译便是通过建构的顺应—关联实现的。这里的建构专指建立一个本身可以被习得和认知的概念。

4　不可译到可译的几点启示

(1) 由于语言和文化障碍,许多原语在目标语中找不到对等的范畴,这时候需要建构认知,广开翻译渠道,运用多种翻译技巧建立一个新的概念系统,如:增益、"直译(音译)＋注释"、"直意译结合"、"意译"、"音译"、"文化替换"、"直译＋意译＋注释"等等,不胜枚举。例如:事后诸葛亮(to be wise after the event)、磕头(Kowtow)、功夫(Kungfu)、旗袍:Qipao (a kind of traditional Chinese dress for women)(喻红花,2008)等。

(2) 文化是可以社会习得的,文化具有可容性和可融性,这就为翻译尤其是文化翻译提供了坚强的后盾。随着世界各民族跨文化交际的不断发展,不同文化间的相互渗透日益加深,原先无法沟通的文化现在可以因该文化本身被认知而使翻译成为可能。比如2008年奥运会吉祥物"福娃"就被最终翻译为"fuwa"并被世界人民广泛熟知。

(3) "不识庐山真面目,只缘身在此山中。"既然不可译性基本上都由语言和文化所致,那么,作为一名专业或非专业译者,有必要加强目的语学习以及对他国文化的了解掌握,努力弥补语言和文化空缺,当然完全掌握是不可能的,力求尽善尽美。

(4) 从"不可译"到"可译"需要有创新精神。事实证明,通过智慧和创新,可以实现在形象和意义上都达到与原语同样的效果。

5 结束语

翻译是一种跨语言和跨文化的交际活动,语言和文化的差异导致可译性限度的存在,绝对的可译和不可译是不存在的。本文运用认知语言学中的范畴理论和顺应-关联理论分别探讨了可译和不可译的深层原因以及实现从不可译到可译的问题。人类认知范畴的共性和个性决定了"可译"和"不可译"的同时存在,而通过顺应到最佳关联又能实现从不可译到可译。最终发现,"可译"与"不可译"是对立统一的关系,而且从"不可译"到"可译"的实现可以帮助我们发掘翻译中的不足之处和需要努力的方向。

最后本文以约翰·卡特福德的一段话作为结语:"事实上,可译性表现为一个渐变体而不是界限分明的二分体。原语的文本或单位或多或少是可译的,而不是绝对的可译或者是绝对不可译的。因此,不可译性在客观条件具备的情况下,可以转化为可译性。"

参考文献

[1] 刘传珠.可译性问题的语言功能观[J].中国翻译,2001(1).
[2] Catford, J. C. A Linguistic Theory of Translation [M]. London: Oxford University Press, 1965.

[3] 谢之君. 隐喻认知功能探索[M]. 上海：复旦大学出版社，2007：158-163.
[4] 冉永平. 言语交际的顺应—关联性分析[J]. 外语学刊，2004（2）：28-33.
[5] 喻红花. 文化的不可译性及对策[J]. 宜宾学院学报，2008.
[6] 廖七一. 当代西方翻译理论探索[M]. 南京：译林出版社，2000.
[7] 韩玲. "不可译"到"可译"的变通[J]. 昆明：云南财经大学学报，2009.
[8] 韩向华. 不可译"中的"可译"潜势[J]. 郑州：新余高专学报，2010.
[9] Gutt, E. Translation and Relevance — Cognition and Context [M]. Shanghai：Shanghai Foreign Language Education Press，2004.
[10] 赵艳芳. 认知语言学概论[M]. 上海：上海外语教育出版社，2001.
[11] Ungerer, F&Schmid, H.-J. An Introduction to Cognitive Linguistics [M]. 北京：外语教学与研究出版社，2008.
[12] 刘宓庆. 当代翻译理论[M]. 北京：中国对外翻译出版公司，1999.
[13] 谢之君. 翻译中的隐喻性认知[J]. 上海科技翻译，2001(3).

作者简介： 谢之君，博士，上海大学外国语学院教授。研究方向：认知语言学。

王杰：上海大学外国语学院。研究方向：认知语言学。

大类招生背景下对大学英语课程教学的思考

薛　瑜　张　苹

摘　要：轰轰烈烈的大类招生终于在2011年9月在上海大学拉开了帷幕，在研讨了将近一年的大学英语教学改革方案也已实施，在这一背景下，无论先前想得如何周到，每种教学方案、教学方法都有它的利弊。在分级教学的模式下，教师应采取何种教学方式进行教学？在借鉴西方外语教学理论方法、继承传统的教学方法的基础上，思考合适的教学方法尤为重要。本文提出反思性教学，任务型教学法，因为大学英语的教学目标是使学生成为具有人文素养、能用英语进行沟通的国际化人才。

关键词：大类招生；大学英语教学；人文性；反思性教学；任务型教学法

1　引言

经济的全球化和教育的国际化已经成为当前的发展特征，全球化的进程要求我们迅速培养出国际化人才，这种人才既有专业知识又精通英语，具备一定的文化底蕴与人文素质，能与英语使用者进行无障碍沟通，善于从事各种涉外活动。为了适应这种需求，各高校在大学英语的教学中进行了各种课程改革，旨在培养学生的实际运用英语的能力，提升他们的社会竞争力。上海大学的大学英语教学已经经历了多年的改革，取得了一定的效果。那么，在今年实施的大类招生背景下，新生进行分级教学的模式下，大学英语又应该采取怎样的教学方法呢？笔者在回顾上海大学大学英语改革过程中，对大学英语教学提出一些思考意见。

2 中国英语教学的传统研究

2.1 六种教学法

有六种外语教学法对我国的外语教学产生过深远的影响。它们是18世纪末和19世纪初的语法翻译法，19世纪末欧洲语言教学改革运动产生的直接教学法，20世纪40年代以美国结构主义为基础的听说法/结构法，以情景教学为基础发展而来的视听法，70年代以功能主义和交际理论为基础的交际法和80年代的任务型教学法（张正东，2000）。改革开放前，语法翻译法在外语教学中占主导地位，80年代后，听说法/结构法开始运用，而90年代后交际法/任务型教学法对英语教学产生了重要影响，进入新世纪后，以交际为核心的理念与方法占据了主导地位，培养学生跨文化交际能力又成了时髦的说法，无论用那种方法教学，我们都应该探索出符合实际的教学方法，不能盲目引进，拿来就用。

2.2 教学理念

在中国，学生从小学开始学习英语，经过多年的学习，学生不知如何用英语与人打招呼，不知学英语的目的是什么。教师在教学时用什么理念作指导。大学英语的教学目标是培养学生的交际能力，语言能力还是认知能力？在语言教学的不同阶段应有不同的教学理念，并决定其不同的教学内容和方法。

2.3 教学模式

英语教学模式有多样性，有基于行为主义心理学的句型教学模式、基于认知心理语言学的句型转换教学模式、基于篇章语言学的语篇教学模式、基于跨文化交际理论的文化教学模式、基于建构主义的阅读教学模式和自主学习模式等。各种模式各有所长，不能盲目套用。

3 上海大学大学英语的教学改革

3.1 几种模块的教学形式

上海大学外国语学院一直以来都在探索大学英语教学模式的改革，较早尝试着开展各种模块的大学英语课程教学改革，如：

常普班,为一般英语水平的学生开设的大学英语课程,中外教师合作班,有一名中国老师与一名外教搭档,各取所长,教授同一个班,快乐英语教学模块,相对英语程度较好的学生进行教师加计算机辅助教学,网络教学班,教师课堂辅导加学生网络自学模式,强化班,相当于提高班教学,增加难度,扩大知识面。

3.2　分级教学模式

在改革的过程中不断完善,大学英语教学又推出了分级教学模式,即学生通过分级考试,被分成 A,B,C,D 四等,用不同的教学内容和教学方法进行教学。

3.3　课堂教学加网络教学

在分级教学的基础上,各级都采用教师课堂教学加学生网络自学的模式。

4　大类招生背景下的大学英语教学改革

经过多年的教学与实践,有良好的效果,但近年大学新生的英语水平逐年提高,为了顺应新世纪英语教学改革的需要及形势的变化,上海大学从 2011 级新生开始进行大类招生,大学英语在继承以往的经验的基础上必须进行必要的课程调整。在全民学英语的背景下,在应试教育的培养下,学生学习英语的积极性降低,传统的大学英语课程已不能满足学生对今后的发展需求。

《国家中长期教育改革与发展规划纲要》(2010)指出,学校教育要"注重学思结合。倡导启发式、探究式、讨论式、参与式教学,帮助学生学会学习。激发学生的好奇心,培养学生的兴趣爱好,营造独立思考、自由探索、勇于创新的良好环境"。这也是大学英语课堂教学应该追求的境界。

4.1　反思性教学

近几十年来,国外对课堂教学方式研究提出"反思性教学"方式。教师反思的研究理论基础可追溯到杜威(John Dewey, 1933)理论,他提出:反思性思维与人人们常说的思维有别,反思性思维即是:① 一种怀疑、犹豫、思维困难状态,在这种状态中,反思性思维产生;② 一种探索、询问的行动,目的是找到能消除怀疑、处理复杂事情的材料。

教师既是教学的实践者,又是教育理论的思考者与建构者。

对于外语教师来说，新一轮的课改提出了许多新的教学理念和原则：强调语言学习者个性发展的"以人为本"的教育思想；强调语言学习与人的可持续发展的关系；强调语言目标的新内涵：知识、技能、策略、文化和情感等；强调语境教学与综合全面的评价理论的引进。这些新理念要求教师对自己的教学、科研不端质疑、不断反思。

4.2　任务型教学法

在外语教学中，任务型教学法正在得到广泛采用。这种教学法的运用给我们提出两个问题：① 在课堂中选择哪种任务更有利于口语能力的提高？② 课堂中的人物通常是以配对活动形式展开，那么，在缺少本族语者的外语教学环境中，采用哪种配对形式更有利于学生口语能力的提高？

自从 long（1985，1996）在其"互动假说"（Interaction Hypothesis）中提出"意义协商（negotiation for meaning）有利于语言习得"观点以来，意义协商始终是二语习得研究的一个焦点。它的研究主要涉及四个方面：① 对意义协商理论模式和构成特征进行探讨；② 运用实证方法，说明协商在促进输入理解、修正输出以及语言发展等方面所起的作用；③ 对意义协商话语的研究；④ 研究意义协商和某些因素之间的关系（Wang 2010）。

意义协商是指会话过程中，当学习者和受话者感觉或经历语言理解困难时发生的语言修正现象。他们通过信息交流、调整句法、改变词语、修正语言形式等手段来理解会话的意义（Pica，1994）

在课堂教学中，教师可以根据学生的实际情况进行封闭式任务或开放式任务教学，封闭式任务是指有参考答案的，而后者即是没有固定的答案。Yule 与 Macdonald(1990)的研究结果显示，当低水平者在互动中起主导作用并作为信息提供者时，配对间的意义协商较多。在配对练习时，封闭式任务比开放式任务引发更多的协商，而协商主要是由词汇和内容障碍引起的，而开放式任务则更加有利于口语学习。所以，在初级阶段，课堂口语教学可以多用采用封闭式任务，以促进学生间的交流。而在之后的操练中，可以多用开放式任务，以培养学生的探究能力。

4.3　淡化工具性，增强人文性

外语教学不仅是语言教学，它还具有普通教育的功能，是实现语言的工具性和人文性的统一。从这一观点出发,教授一门外语绝非是让学习者掌握目的语环境下生存的工具,而是使外语成为人的发展即受教育者全面发展的一种资源。因此,大学英语教学要淡化工具性,强调人文性,在提高学生听说水平的基础上发展读写能力。外语教育是培养学生的文化素质。学习者通过语篇的理解掌握语言内在的文化内涵,而促进语言学习,有助于提高综合人文素质。

学习一种语言实际上也就是学习一种文化的过程。语言教育完全是一种综合教育。课堂教学应该看是否生活化、真实化,是否能激发学习兴趣,提供学习资源,预测学生困难,指导学习策略,并给他们提供展示学习成果的机会。通过教学,看看学生的人文素养是否有所提高,探究能力是否得到培养,综合语言能力是否得到提高。

4.4 课堂教学结合课外学习

英语学习采用课堂教学加网络平台自学的方法进行。今年上海大学的大类招生新生个人素质较往年的有所提高,他们学习劲头非常高,一方面是生源好,另一方面,决定他们命运的时刻是一年后的选专业,学习成果是检验他们在二年级时选专业的依据。在此前提下,课堂教学采用启发式,引导式加讨论式比较可行。

课外学习是课堂学习的延伸。课外的语言实践对英语教学尤为重要。所以,英语课堂教学的另一个重要观察点就是看教师如何协调和指导学生的课内外学习,如果教师布置的课外作业或任务在课堂上得不到反映的话,学生可能就不会准备。另外,我们课堂上应该给学生展示其课外学习成果的机会,并在课堂上加以评估,看看他们学习的效果,使学生的课外学习处于老师的可控范围之内;学生的课外学习碰到困难,老师还要给予适当的指导。

在内容方面,老师安排课外拓展任务时最好和某一阶段的教学目标以及教材中的主题结合起来,这样一方面是对课堂教学的拓展,另一方面也可以将课外学习的内容锁定在老师能操控的范围之内。如采取课内讲解,启发思考,引导探究,布置任务,课外让学生去练习所学内容,查找资料,做些调查研究,带着成果回到课堂进行讨论交流，发挥他们的主观能动性。如在教授一段有关世界名校的一般介绍和他们的传统时，可以让学生在理解所学内容的前提下，讨论这些学校的传统对我们的启迪，引导学生从不同方面去思考，并布置一项任务，通过互联网或图书资料去查找我校的基本情况及历史传统，并进行对比，找出我们需要改进的地方，下一次课上进行讨论交流，这样学生就有积极性去查找资料，提出自己的观点，并相互合作，交流信息。这样，课堂的学习气氛较依，通过小组讨论的形式更能提高他们的团队合作精神。

5 结语

大类招生是新生事物，大学英语课程的教学改革应该更具前瞻性，无论用何种教学模式、何种教学方法，从宏观视角来看，课堂教学的功能可以从两个不同的角度进行。从教师的角度看，课堂是贯彻和实现教学目的的最重要的场所，是培养学生学习兴趣、系统传授语言知识、培养学生学习策略、检查学生学习成效的地方；对学习者来说，课堂是接触和参与真实的语言交际活动、解决学习困难、展示学习成果的重要场所。教学理念是至关重要的，有了正确的理念，采用符合学生实际的教学方法，才能培养出高素质的国际化人才。大类招生背景下，大学英语的教学改革才刚刚开始，有待于我们去探索研究。

参考文献

[1] Long, M. H. & P. Porter. Group work, interlanguage talk, and second language acquisition [J]. TESOL Quarterly 19, I: 207 - 227, 1985.
[2] Long, M. H. & P. Porter. The Role of the linguistic environment in second language acquisition [A]. In W. C. Ritchie & T. K. Bhatia (eds.). Handbook of Second Language Acquisition [C]. San Diego: Academic Press, 413 - 468, 1996.
[3] Wang, Q. The Effects of Task Type and English Proficiency on the Negotiation for Meaning [D]. Unpublished MA thesis, Guangdong University of Foreign Languages, 2010.
[4] Yule G. & D. Macdonald. Resolving referential conflicts in L2 interaction: The effect of proficiency and interactive role [J]. Language

Learning 40,4: 539 - 556, 1990.
[5] 教育部.国家中长期教育改革与发展规划纲要, 2010. [OL]. http: // www. gov. cn/jrzg/2010 - 7/29/content__1667143. htm,accessed10/20/2010
[6] 张正东.中国外语教学法理论与流派[M]. 北京: 科学出版社, 2000.

作者简介: 薛瑜,上海大学外国语学院副教授。
张苹,上海大学外国语学院副教授。

词语翻译中的逻辑思维

张季红　陶文瑛

摘　要：本文试图探讨词语翻译过程中逻辑思维对于避免逻辑性翻译谬误，提高翻译质量的重要作用。

关键词：词语翻译；逻辑思维

1　翻译与逻辑思维

逻辑思维又称抽象思惟，是思维的一种高级形式。其特点是以抽象的概念、判断和推理作为思维的基本形式，以分析、综合、比较、抽象、概括和具体化作为思维的基本过程，从而揭露事物的本质特征和规律性联系。从逻辑思维的角度来看，翻译是把一种语言的语言材料用另一种语言进行重新思维的过程。在翻译中，逻辑思维的运用（即正确运用逻辑思维的形式和过程）有助于译者准确把握原文的词语、句子及篇章的逻辑意义和逻辑关系，并在此基础上确定译文词语的选择，句子层次的处理以及篇章结构的安排。因此，逻辑思维在双语转换过程中不可或缺。英国语言学家和翻译家纽马克在其著作《翻译理论与翻译技巧》中全面总结了逻辑思维在翻译活动过程中的作用，他指出："学过逻辑，译者就能够估量哪些部分清楚明白，哪些部分话里有话，在选词造句方面，逻辑也是指明方向的罗盘针。"我国著名翻译家钱歌川(1981)曾说："逻辑是翻译者的最后一张王牌，是他必须具有的基本要素。俗话说的'岂有此理'，正是翻译者随时需要的考虑。凡是翻译出来的一字一句，一事一物，都必须合乎逻辑，合乎情理，否则必然有误。"简言之，翻译要做到准确、通顺和形象就离不开逻辑思维。

2 词语翻译与逻辑思维

词语是指词或词组，是独立的可自由运用的最小的语言单位，也是翻译最基本的单位。词语翻译，尤其是关键词的翻译对于译文质量的优劣至关重要。清代著名翻译家严复曾说，“一名之立，旬月踯躅”。可见词语翻译绝非易事。词语翻译的复杂性体现在很多方面，就翻译的理解过程而言，比如原文的词语可能是多义的或有歧义的；就翻译的表达过程而言，在理解了原文词语的意义之后，我们有时找不到与之对应的词语，有时却发现与之相对应的有不止一个词语……词语翻译的复杂性或者使我们对原文不解或误解，又或者使我们受制于原文的语言结构和表现形式，掉进逻辑的陷阱却浑然不知。此时，我们就有必要借助逻辑思维中的概念、判断、推理等手段对原文进行正确的理解，对译文的表达进行正确的选择、合理的优化；我们也需要利用逻辑思维的各种方法来检验译文的质量，及时校正译文中的逻辑错误。

3 词语理解过程中的逻辑思维

语言中一词多义的现象非常普遍。一方面，越是常用的词语越是拥有繁多的释义；另一方面，很多词语含有丰富的联想意义，有着强烈的文化色彩和民族特色，其表层含义和深层含义有时迥然不同。因此，对译者而言，词义的选择非常重要。为了确定特定的词语在原文中究竟是什么意思，就要在上下文的基础上，依据具体的语境和搭配关系并结合相关的常识及专业背景知识，按照源语的逻辑思维习惯进行分析和判断。由此，才能正确理解原文词语的意义或其深层的含义。如若不然，则会产生有逻辑问题的译文。试看马红军的一个译例(2000)：

例1　suppleness

原文：His body was perfect, alive with easy suppleness and health and strength.

译文①：他的身体十全十美，肌肉柔软，强健有力，显得生气勃勃。

译文②：他的身体强健有力，灵巧敏捷，真是棒极了。

根据常识,"强健有力"的人似乎应该"肌肉发达"才对,一般不可能存在既"强健有力",同时又"肌肉柔软"的人。因此在逻辑上,译文①很难讲得通,译者显然曲解了句中 suppleness 的含义,换言之,译者在词语理解的过程中没有进行有效的逻辑分析与判断。英语词语 suppleness 一般的释义确为"柔软",但"柔软"并不一定指"肌肉"。Oxford English Dictionary 中相关的释义是:Suppleness: Of the body or limbs: Capability of bending easily。相关的例句有: Nature may have prepared one man for a dancer by giving him strength and suppleness in his joints。由此可见 suppleness 在原文中的意思应该是指身体的"柔韧性好",绝非什么"肌肉柔软"。译文②出自马红军先生之手,他把 easy suppleness 合译成"灵巧敏捷",可谓是神来之笔。再看吴国初和李玉英的一个译例(2008):

例 2　dashboard

原文: To melt frost, a driver flips a switch on the <u>dashboard</u>, signaling the alternator to send a mild current to another slightly thicker layer of silver on the periphery of the windshield.

译文: 除冰时,驾驶员启动<u>挡泥板</u>上的开关,使交流电机产生微弱的电流,送到挡风玻璃外侧面的略厚的涂银层上。

汽车上怎么会有"挡泥板"呢? 挡泥板上又何来开关呢? 根据原文的上下文,把 dashboard 译成"挡泥板"明显不符合常理。原文句子中的 dashboard 对于马车来说是"挡泥板",而在现代汽车上装有 switch(开关)的 dashboard 应该译为"仪表板"或"仪表盘"。显然,译者在理解原文 dashboard 这一词语时疏于运用逻辑思维进行词义的选择,这才闹了个逻辑笑话。

因此,翻译时对于词义的理解不应拘泥于词典上的释义,也不能单靠语法评析,而应根据具体的语境,通过分析和判断上下文的逻辑关系才能完成对该词义的准确判定。否则译文就会产生逻辑矛盾,不能自圆其说,或文不对题,物不应景。

4　词语表达过程中的逻辑思维

在确定原文词语的意义之后则进入用译文词语准确表达的

阶段。在词语表达的过程中,同语法和修辞一样,逻辑也是其中重要的一环。在此过程中,原文的表层结构往往可能对译文的重组起干扰的作用,此时,译者需要运用译入语的语言逻辑选择恰当的译文,必要时还需打破原语的框架结构,对译文进行重组,以使译文读者便于理解,获得与原文读者同样的感受。这意味着译者需要检查所选用的译文词语是否符合上下文,是否符合译入语的表达方式和表达习惯,在意义上是否合乎逻辑。请看刘宓庆的一个译例(2007):

例 3　下手

原文:其实在猎人下手以前老虎就已经命归黄泉了。

译文:In fact the tiger had already died before the hunter killed it.

此为汉译英的一个例子。对于母语为汉语的译者而言在对词语的理解过程中并没有什么难点。根据上下文的语境,“下手”即“动手”,也就是说猎人开始猎杀或射杀猎物了。如果没有后半句的“老虎就已经命归黄泉了”,那么把“下手”译成 kill 本身没有错,因为在英语中并没有与所谓“下手”完全对等的词。但既然 already died,何必还要 kill(杀死)呢? 此处有违常理,有悖于逻辑,因此不妥。其实只要将 kill 改为 shot 或 began to kill,逻辑上即无误矣。再如马红军的另一个译例(2000):

例 4　die in the attempt

原文　He had decided to live for ever or die in the attempt.

译文①:他已决定,要么庸庸碌碌长命百岁,要么跃跃一试猝然去世。

译文②:为了能长久的生存下去,他决心冒死一试。

在汉语中把“跃跃一试”和“猝然去世”用在一起显得非常的别扭,在搭配上似乎欠妥,我们一般不这么说话。关键是有谁会急切地想试试“猝然去世”呢? 这似乎是不以人的意志为转移的吧。译文①受到原文 die in the attempt 的表层结构的局限,概念混乱,表达不合逻辑。此处 die in the attempt 用来表示强调说话人的决心,因而马红军在译文②中将之译成“冒死一试”,既合乎逻辑也合乎情理。

由此可见,在词语表达的过程中必须以译语的语言逻辑为准绳,养成从逻辑上判断译文词语的选择是否正确的习惯,一旦发现译文词语不合乎逻辑,就需要重新选择。

5 词语翻译的逻辑校正

水平再高的译者也难免在翻译的理解过程或表达过程中犯错。因此我们每译完一篇文章或一段话语,都应该认真检查,仔细校对,看一看,想一想,译文是否文理通顺,前后一致,合乎逻辑。这就是运用逻辑思维对译文进行逻辑校正。就词语翻译而言,逻辑校正是译者检查原文词语的理解是否正确、译文词语的表达是否得当的一个重要手段。虽说合乎逻辑的译文并不一定正确,但如果译文不合乎逻辑则可以确定该译文在理解或表达方面有误。如范仲英的两个译例(1994):

例 5 stood from the chair

原文:John stood from the chair.

译文①:约翰从椅子上站起来。

译文②:约翰站了起来。

乍一看,译文①似乎没有什么不对,但仔细推敲起来意思就不太对了,因为它给人的印象是这个人原来站在椅子上。译者由于拘泥于原文的表现形式,在词语表达的过程中才犯了逻辑错误。其实译完之后,只要在逻辑上检验一下,即可发现照汉语的语言逻辑习惯,原来坐着,现在站了起来,就叫"站了起来"。译文②摆脱了原文的束缚,更符合汉语的习惯,也更符合逻辑。

例 6 alternatives

原文:The alternatives are now clear to see.

译文①:代替的办法,现在已经清楚在望。

译文②:现在有两条路已经清楚地摆在我们面前。

译文①中"代替的办法"指什么?令人费解,不知所云。这时就需要握紧逻辑这把尺子做校对,做修正。查看一下原文便知 alternatives 指下文提到的两种可能发生的情况,因而可根据汉语的语言逻辑习惯,打破原文的框架,对原文进行重组,即改译成"有两条路"。

对词语翻译而言,在经过理解和表达这两个过程并确定一个词语的译法之后,翻译并没有结束。译者还应该通过逻辑校正为词语的译文进行最后把关,从而避免逻辑性翻译谬误。

6 结语

翻译中的语言活动和逻辑思维是紧密联系的。就词语翻译而言,逻辑思维的应用可在理解(对原文词语的理解)、表达(用译语词语进行表达)和校正这三个层面上助译者一臂之力。在理解原文词语的意义时,如果仅仅看懂字面意思(表层含义),而不知道这个词语到底表示什么意思(其深层含义),就不能算是理解了,这样译出来的文字,译文读者是看不懂的。所以,在词语理解的过程中,译者有必要运用逻辑思维,依据上下文的逻辑关系透过表层,进入深层,通过现象抓住本质,进行词义的选择、排除和确定,从而准确透彻地理解原文词语的确切含义。在正确理解的前提下,就要进行恰当的表达。有时原文词语的意义一目了然,理解是理解了,但却表达不出来或表达走样。这时,译者就需要依照译入语的语言逻辑习惯和模式进行分析、判断和综合,选择最恰当的词语进行表达。必要时,译者还需要在逻辑分析与判断的基础上突破原文词语的表层形式或结构,进行译文的重新整合。在逻辑校正的阶段,逻辑思维可以帮助译者严格地检查译文质量,合理地润色译文语言。总之,逻辑思维是决定词语翻译质量和译者整体翻译水平的一个重要因素,在翻译教学中,教师应注重培养学生的逻辑思维能力,使学生能自觉地、有意识地运用逻辑思维来指导翻译,提高翻译的水准。

参考文献

[1] 钱歌川. 翻译的基本知识[M]. 长沙:湖南科学技术出版社,1981.
[2] 马红军. 翻译批评散论[M]. 北京:中国对外翻译出版公司, 2000.
[3] 吴国初 李玉英. 翻译教学与学生逻辑思维能力的培养 [J]. 教育学术月刊,2008.
[4] 刘宓庆. 翻译与翻译哲学[M]. 北京:中国对外翻译出版公司,2007.
[5] 范仲英. 实用翻译教程[M]. 北京:外语教学与研究出版社,1994.

作者简介: 张季红,上海大学外国语学院副教授。研究方向:英语教学与翻译。
陶文瑛,上海大学外国语学院副教授。研究方向:英语教学与翻译。

浅谈跨文化因素对广告语翻译的影响及翻译策略

章 健

摘　要：随着全球一体化进程的加快，国与国之间商品流通的日渐频繁，作为商品促销手段之一的广告已深入到社会生活的每个角落。广告语的翻译对于各国企业在经济全球化环境下开拓国际市场具有重要而深远的意义。本文从文化心理，思维方式和价值观念入手分析了跨文化因素对广告翻译的影响，并结合实例探讨了广告翻译的基本原则和方法。

关键词：广告语；翻译；跨文化因素；功能对等原则

1　前言

在商品经济高度发展的今天，广告可以说无处不在，它已成为人们日常生活中一个极其重要的组成部分。而另一方面，随着全球经济一体化趋势的日益加强，国与国之间商品流通的日渐频繁，世界各国竞相将自己的产品推向国际市场，参与竞争，其中一个最有效的手段就是广告。这就不可避免地涉及到广告翻译问题。由于中西方在历史发展、宗教信仰、政治经济、价值观念、风俗习惯和伦理道德等方面存在着极大的差异，广告翻译势必就成了一种跨文化的交流，需要研究语言、地域文化、消费心理和审美价值等方面的差异。能否充分理解，准确传递广告原文所蕴含的文化信息和情感就成为决定广告成败的关键所在。只有在广告翻译中把握好翻译和文化因素的关系，广告译文才能吸引目标消费者，引起他们美好的想象，激发他们潜在的购买欲。本文从文化心理、思维方式和价值观念三方面入手，分析了跨文化因素对广告翻译的影响，并结合实例探讨如何运用各种翻译技巧去体现广告深层次的文化内涵。

2 广告语翻译中所涉及的文化差异

广告是一种具有明确的商业目的的经济行为，其主要功能就是促进商品的销售。中西文化之间、不同语言间的文化差异的存在使商品广告大多具有特定的民族文化内涵，因而广告在推销产品的同时，也在传播与推广文化。而广告翻译也必然会受到文化因素的制约，为此，我们有必要对中英文广告中所体现的文化差异进行比较分析，以便进一步探讨跨文化交际中广告翻译的策略。

2.1 文化心理差异

《广告语言艺术》一书中提到："每个民族都拥有一些深植于本民族传统文化的心理特征。这些心理特征影响着人们的日常生活和风俗习惯，也制约着人们的语言活动。"避凶就吉是各个民族共同的文化心理，但在各民族有各自的内涵和表现。因此，广告翻译中在涉及各民族的文化内涵和表现时应尤其注意。例如，在汉文化中，封建王朝时代的人们将龙(dragon)视为皇权的象征。时至今日，这种传说中的动物仍是吉利、吉祥的象征。汉语中有"真龙天子"、"望子成龙"、"龙飞凤舞"等生动形象的成语。然而西方人却将 dragon(龙)视为邪恶的象征，认为龙是凶残肆虐的怪物，应予消灭。Dragon 在中世纪象征罪恶或异教，这一词来自《圣经》中把恶魔撒旦称为 the great dragon。Dragon 在英语中多用于贬义词。因此，为避免文化差异而带来的误读，广告中的"龙"一般都以汉语拼音 Long 进行翻译。又如，熊猫(panda)在中国被视为国宝，而对伊斯兰教国家的人们来说，却令人反感，因为熊猫长得和猪相似。大象(elephant)在东南亚国家深受喜爱，而在欧美人眼中却变得呆头呆脑。龟(turtle)在中国、日本及东南亚国家象征长寿，但其他许多国家则将之视为丑恶。喜鹊(magpie)在中国是吉祥鸟，而在英语中却用来比喻喋喋不休令人讨厌的人，苏格兰人则认为喜鹊上门预示死亡。在汉语中，松竹象征坚贞,菊花象征高雅,牡丹象征华贵,荷花象征纯洁。但英语中象征坚贞的是oak(橡树),象征高雅纯洁的是lily(百合花)。在中国,"荷花"(lotus)有"出淤泥而不染"的美誉,而在日本"荷花"是死亡的象征,一般只在举行丧礼时才用。在意大利、日本或拉丁美洲等许多国家,人们对菊花没有好感,甚至忌讳菊花。除了这些动植物,还有一些数字、颜色及图案上的不同理解,在广告翻译中也要特别留意,以免犯了广告受众的忌讳。例如,在中国,数字"8"和"发"谐音,因为"发"与"兴旺发达、发财致富"相联系,使人产生美好联想,而数字"4"与"死"谐音,故而,如今无论在商场还是社交,人们偏爱8而忌讳4。同样,在西方,由于受基督教的影响,人们非常忌讳数字"13"。而数字"7"普遍被视为幸运数字,有Lucky7的说法。就颜色而言,中国人把黄色视为高贵与尊敬,而欧洲的不少国家却把黄色看做是颓废的颜色。美国人、印度人喜欢绿色,日本人则认为绿色是不吉祥之色。中国人对绿色的接受则要视场合而定。因此,涉及广告翻译时,译者要了解各个地域国家的民族信仰,根据不同民族的吉凶喜好,充分注意不同民族的禁忌,这样才能避免广告中出现带有文化禁忌色彩的词语或形象,才能更为顺利地推广产品。

2.2 **思维方式差异**

思维是全人类共有的,具有不同语言文化背景的人采用的思维方式是不同的。讲英语的人思维呈直线型,一篇文章通常以一个主题句开头,直接点明中心思想,然后在以后各句中发展这一中心思想,而汉语中文章的展开多数呈螺线型,主题往往不是采用直截了当的方式,而是采用迂回的方式来加以阐述。这两种不同的思维方式也反映在汉语和英语的广告中。下面我们可以通过两则广告来加以比较:

YES, This is the original StairMaster 400PT. The one used in thousands of fitness and medical facilities worldwide is now available, factory direct for \$2,195 or \$65.22 per month.

嘉士利 为你珍藏童真的滋味…… 那一年,我和妹妹去乡下姥姥家,我们在田野上奔驰,在小河里钓鱼,在收割过的麦地里拾麦穗,空气里尽是迷人的清香!现在很难找到那种感觉了,田野变成了厂房,小河也不见了……咦!这是什么?味道真特别,让我想起乡下那麦地里迷人的清香！**嘉士利**饼干 为你珍藏童真的滋味！

在第一则英文广告中，我们可以看到，先运用粗黑体字 Yes，然后用 This is the original StairMaster 400PT，点明该广告的产品名称，构思方式完全呈直线型，而第二则中文广告中，第一段文字是回忆孩提时的情景，没有点到主题，直到读完广告的最后两句，才明白广告的意图是以嘉士利饼干为中心。很显然，这则广告采用了迂回的方式来阐述。由此我们可以看出，传统的中国思维方式是从大到小，思维认知讲究顺序，由表及里，先举出大量证据，然后向论点逐渐靠拢，最后亮出论点。而以英语为母语的人正好相反，思维方式为从小到大，认识则从问题的中心开始，先切中要害，然后层层推进，以推理方式摆出自己的论据。所以在广告翻译时要注意中西方这种思维方式的差异，进行适当的逻辑顺序对调，以免让中国人觉得太突然，让西方人觉得不耐烦。

2.3 价值观念差异

价值观念取向从根本上决定着广告受众能否接受广告，进而影响其消费行为。首先，中英文广告中存在群体倾向和个人倾向的巨大差异。中国消费者随大流的从众心理根深蒂固，认为“大家用的一定是好货”，许多消费者也仍然“看到别人买我也跟着买”，因而广告着重渲染群体的行为，说服消费者与大家一起去购买使用某一产品。如某某乳酸菌的广告，“今天你喝了没有？我们都喝×××”。又如，“新时代男士们的追求”，“现代青年们的追求——宽大、素雅、朴实！（休闲装）”，“百喝不厌，气味芳香，深受大众喜爱”。而西方国家的传统文化中，人们一般比较注重个体，追求个性独立，与众不同，因此广告常以“个性(individuality)”、“个人(personal)”、“独立(independence)”、“隐私(privacy)”等作为诉求点或主题。有时甚至以非常明确的针对个人的口吻，对消费者进行说服。如美国通用汽车公司在德国的子公司欧宝汽车公司的一则广告标题，“In this age of technology-sharing, whatever happened to individuality?”，它主要是强调该公司生产的汽车具有与众不同的技术特点，并以“个性”作为诉求点。又如泰国文华酒店的广告标题，“Your own island of privacy within an island of luxury.”该广告着重突出个人的自由、隐私，以“豪华的小岛上您拥有属于您自己的一片土地”为标题来吸引消费者的注意。其次,中英文广告对于承诺的选择有很大的差异。中国传统文化强调统一的思想,崇尚自上而下的绝对权威,在广告中通常以“获得某某金奖”、“国有企业”、“省优部优”、“免检”等作为承诺的依据,如一些空调,冰箱广告突出该产品是优质产品理由是它们是中国消费者协会推荐的,在药品广告中强调该药品可延年益寿因为它是“昔日宫廷秘方,皇家独享”,在饮料广告中则声称“国宴饮料——××天然优质矿泉水!”其含义是不言则明的,即品质优良的获得是因为这些产品具有“权威”作后盾。在英语国家里广告宣传也使用权威,但广告更为注重事实的权威,比如经过多次试验,得出实验数据,多次调查的结果最后以量化的数据去说服消费者,并以此作为承诺的依据。如下面一则药品广告标题,“For arthritis pain, choose what doctors have recommended millions of times. Advil.”大意是:关节疼痛,请选择医生推荐成百上千万次的Advil。该广告在陈述产品的优点时,采用了临床研究的结果。由此可见,广告应适应当地的价值观取向,顺应他们的模式,选择出适当的表达方式,这样才能提高商品的可接受性。

3 跨文化交际中的广告翻译

广告翻译不是将一种语言文字转化成另一种语言文字的机械翻译活动,它涉及语言学、社会语言学、心理语言学、经济学、营销学、消费心理学、修辞学和美学等多种学科知识。广告翻译是一个跨文化的再创造过程,除了要充分了解目标消费者的语言文化特征,包括其所在民族的信仰、价值文化、宗教、风俗习惯等诸多民族文化因素,还应保证准确生动地表达原文的隐含意义,在没有文化冲突的前提下兼顾形象意义和字面意义,根据具体语境,采用不同的翻译方法。

3.1 广告翻译的基本原则——功能对等原则

美国著名翻译理论家奈达(Nida)在其《语言与文化——翻译中的语境》(*Language and Culture — Contents in Translating*)一书中提出翻译的“功能对等原则”,他指出,“The readers of a translated text should be able to understand and appreciate it (the translation) in essentially the same manner as the original readers did."(译文读者对译文的反应和原文读者对原文的反应一致)。但这并不意味者翻译只是从一种语言到另一种语言的词与词之间的单纯转换。所谓翻译是指从语义到文体在译文中用最切近而又最自然的对等语再现原语的信息,也就是在保持深层结构层次和不同语言间语义上的共同性的前提下,重组原语信息的表层形式,转换表达角度,用译语意义替代原语意义。因此,对等是翻译的重要基础。一般来说,取得翻译对等越多,译文质量越高。

3.2 广告翻译的方法

语言文化的差异使广告翻译变得极具挑战性,译文质量直接影响商品信息的传播和广告功能的实现。广告翻译工作者必须熟悉英汉两种语言所承载的文化背景,尽量恰当地遣词造句,并准确地表达原文用意,从而做到对等翻译。

3.2.1 直译

所谓直译,即指在不违背译文语言规范及不引起错误联想的前提下,在译文中既保留原文内容又保留原文形式,特别指保持原文的比喻、形象和民族地方色彩等。主要用于原文和目的语言之间具有文化共性,并能让人产生相同的联想。如:

Let's make things better. (Philips) 让我们做得更好。(飞利浦)

The relentless pursuit of perfection. (Lexus) 不懈追求完美。(凌志轿车)

Featherwater: light as a feather. 法泽瓦特眼镜:轻如鸿毛。

Like a good neighbor, State Farm is there. 州农场保险公司,亲如近邻。

Unlike me, my Rolex never needs a rest. 和我不一样,我的劳力士从不需要休息。

从以上例子可以看出,直译不仅忠实于深层结构(内容),而且与表层结构(形式)的风格也是一致的。通过直译,在有效传达原文意思的同时,也再现了原文的风格。这是一种最常用的翻译方式。

3.2.2 意译

由于中英文之间的差异,语言的形式与内容,句子的表层结构与深层意义有时并不一致,另一方面,中西方文化历史背景不同,造成了不同的思维方式和不同的语言表达形式,直译有时会晦涩难懂,甚至不能正确传达原文意思,在这种情况下,我们就可采用意译法。以下广告翻译就是采用意译翻译法:

西凤酒是"凤型酒"的典型代表,清而不淡,浓而不艳。

Xifeng, China's cognac, miraculously mellow.

译文在语言表达上与原文有较大差异,却能更好地从心理上引起外国受众的认同,因为 cognac 一词在英、法语中指上等白酒,而 mellow 意为"香醇",完全可以体现此酒的"清而不淡,浓而不艳"。Miraculously 一词的使用使译文形成头韵修辞,更能突出"西凤"酒的独特魅力,具有"奇迹般"的"香醇",很容易激发消费者的购买欲望。

中航为你竭诚服务。

For you, we blossom every day — Air China.

"竭诚服务"如果直译为"serve you heart and soul",将失去原文所蕴含的"中航"的"提升服务质量,重塑中航形象"的目标和使命。用 blossom 一词就非常形象地向旅客展示了具有中航特色的优质服务理念。

Where there is a way, there is a Toyota.

丰田汽车,风行天下。

这是 Toyota(丰田)汽车的品牌广告语。中文译文是完全意译,也可以称作是创造性翻译,暗示"丰田"汽车是天下所有消费者信赖的名牌,中文译文还增补了丰田汽车的王者风范,这是为了更好地吸引消费者的眼球。

Begin your own tradition.

代代相传,由你开始。

这是 Patek Philippe 表的品牌广告语。很显然,中文翻译中的"代代相传"的内涵不是随意增添,而是彰显 Patek Philippe 表的品质,可以代代相传。

广告翻译中,有不少实例涉及各自的语言特点和语言习惯或文化习俗,它们的语言形式和文化背景不为译文读者所熟悉。因此,对这样的实例只能意译,不能直译。

3.2.3 套译法

套译法是针对"活用成语、名言或谚语"的一种翻译方法。广告翻译套用谚语、诗歌,仿照译语大众喜闻乐见的语言形式和表达方式,能够弥补翻译过程中原文在意义、结构、风格和形象方面的缺损,这种译法能传神地表达原意,又使译文更具有民族特征,因此很容易引起译文读者强烈的共鸣,从而推动产品的销售。以下广告翻译就是采用套译翻译法:

绿丹兰——爱你一辈子。

Lvdanlan Cosmetics — Love me tender, and love me true.

这是化妆品"绿丹兰"的品牌广告口号。英文翻译套用猫王的名曲 Love me tender《温柔地爱我》,用歌曲中的这句反复吟唱的名句进行套译,无疑是要突出"绿丹兰"化妆品给客户的爱和关怀。

药补不如食补。

A balanced diet a day keeps the doctor away.

英文翻译套用了谚语"An apple a day keeps the doctor away."两者之间有相同点,诉求功能也是一致的,一个是讲"苹果"这种水果对身体健康的重要作用;另一个是讲"食补"对身体健康的重要作用。这样的译文很容易让西方消费者接受并理解。

Tasting is Believing.

百闻不如一尝。

这是粮油公司的广告口号,英文 Tasting is Believing 套用了英语谚语 Seeing is believing。翻译成中文时自然也是使用套译法,译为"百闻不如一尝",很明显是仿拟汉语习语表达"百闻不如一见"。

We develop products on the premise that great minds don't think alike.

英雄所见不同,产品功能各异。

这是东芝计算机的品牌广告口号。仿用了汉语俗语"英雄所见略同",这句经过修改过的套语对突出东芝计算机的功能有很好的凸显作用。

3.2.4 修辞译法

冯庆华教授在其《实用翻译教程》一书中提出:"英汉两种语言里,有不少修辞格利用了各自语言的特点,要把它们译成另一种语言就相当困难。这类修辞格之所以比较难译,是因为它们的语法、语音、语言形式或文化背景不为译文读者所熟悉。但是,译文当中也能找到类似的修辞方式,我们只要认真地作些加工,这类修辞格难译的问题也能得到解决。" 以下广告翻译就是采用修辞译法:

I'm More satisfied.

"摩尔"在手,人生何求?

这是 More(摩尔)香烟的广告语,使用了双关修辞格来增添广告语的审美。译文运用了押韵修辞格,增添了广告语的音韵美。

一册在手,纵览全球。

The Globe Guides you around the Globe.

这是《环球》杂志的中文品牌广告口号,为了彰显原文的修辞美,译文采用了一语双关和头韵的修辞手法,增添了不少音韵美和意趣美。

优良的质量;优惠的价格;优质的服务。

Unrivalled quality, Unbeatable prices, Unreserved service.

中文广告语篇使用了排比修辞手法。译文用押头韵修辞进行翻译,Unrivalled, Unbeatable, Unreserved 三个形容词都以 un 开头,优美的韵律配上均匀的结构,完美地再现了原品牌广告口号的内涵和美感,取得了很好的文化语境效果。

3.2.5 文化转译法

由于文化背景的差异和语言形式本身对语言表达方式的制约,英汉词汇中完全一一对等的情况是不多的。因此,翻译过程中要注意社会文化对等。对带有浓厚文化色彩的习惯用法、成语和出自寓言、典故、宗教习俗的地名与人名等,翻译时要进行文化转换,在译文中修补和改造差异。如我国生产的"杜康"酒的商标品牌翻译,中国人看到"杜康",自然会联想到酒的发明人杜康,从而联想到是好酒。如果将此商标品牌名直译为 Du Kang,译文读者看到这样的译文,不会像中国读者一样产生同样的联想。因为对他们来说,Du Kang 只是字母的组合。因此该商标品牌名应进行以下注释性翻译:Du Kang — Chinese Bacchus (杜康——中国神酒)。Bacchus 是希腊神话中酒神的名字,使西方人联想起美酒。这样商标品牌名"杜康"二字在汉语中引起的暗示作用——

好酒，就由商标的注释 Chinese Bacchus 表达出来了。译文读者看到它时的反应与中国人看到“杜康”时的反应基本一致，这就消除了文化背景带来的理解障碍。又如“玉兔”这一中文商标品牌名的英译名为 Moon Rabbit 而不是 Jade Rabbit。原因在于“玉兔”乃我国神话传说中陪伴吴刚生活在月桂花树下的兔子，因此它又成为月亮的代称。将它译成 Moon Rabbit 体现了我国古文化的风采，译文读者就不会误认为“玉兔”是玉石做成的兔子。可见，英汉文化的差异有时会造成信息传递的障碍。翻译时，译者要熟悉英汉语言文化，避免照搬式的翻译，有效地进行文化转译，使译语与原语文化对等，准确地传递文化信息。

综上所述，广告翻译是一个较为复杂的问题，需要我们下工夫去认真探讨研究。以上我们只探讨了广告翻译的几种方法，在实际翻译中，要视具体情况，辩证地选择适合的手段来传达原文的意义，使译文读者像原文读者一样感受到原商品广告所蕴含的深刻文化内涵。

4 结束语

语言是文化的载体，是反映文化的一面镜子，而文化因素总是无孔不入地渗透到语言的各个方面。广告语言是一个民族在历史、宗教、价值观等方面的综合反映，因而广告语翻译就不应是单纯的字面翻译，也不应拘于译文的内容形式，而应侧重译文与原文的功能或效果对等。为实现广告译文的预期功能，应在分析原文的基础上，充分考虑由于文化差异而导致的情感传递障碍，就其语言文化等方面的差异进行适当的调整和改动，使译文与原文具有同等的表现力与感染力，使译文能符合消费者普遍的价值取向，迎合其口味，引起情感需求而被消费者接受。总之，要做好广告翻译这项较为复杂的工作，把握好广告翻译中的跨文化因素，译者不仅要有扎实的语言功底，娴熟的翻译方法和技巧，还要有丰富的文化背景知识及长期的训练与努力。

参考文献

[1] 段车霞．从文化视角透视广告的翻译[J]．新闻爱好者，2005(9)：40.
[2] 冯修文．应用翻译中的审美与文化透视[M]．上海：上海交通大学出版

社, 2010.
[3] 郭贵龙. 张宏博. 广告文体与翻译[M]. 上海: 华东师范大学出版社, 2008.
[4] 蒋磊. 英汉文化差异与广告的语用翻译[J]. 中国翻译, 2002, 23(3): 72.
[5] 宋天赐. 翻译新概念英汉互译实用教程[M]. 北京: 国防工业出版社, 2005.
[6] 赵静. 广告英语[M]. 北京: 外语教学与研究出版社, 1992.

作者简介: 章健,上海大学外国语学院讲师。

研讨会优秀论文篇

浅谈词汇的发展与网络词汇的产生

陈　炜

摘　要：词汇是一个由相互的千丝万缕的多维关系形成的体系，它是一个处在不断建构中的、内部又有微观变体的开放的体系。本文主要从词汇的发展与社会的关系、不同语言的相互影响以及网络词汇的产生等三个方面探讨语言词汇的发展及影响其发展的若干因素。

关键词：词汇；发展；网络

词汇的发展分为旧词语消失、新词语产生以及词语形式和内容的变化三个方面。展开来说，其发展方式主要可以归纳为旧词的消失、新词的产生、词义变化、词语的转换以及词语的缩略和羡余等几个方面。词汇是文化的镜像，反映着生产方式和社会文化，也反映着社会变动和经济发展。随着旧事物、旧概念的消失，用来表达它们的词汇也渐渐成为历史。由于语言本身的发展或是人们对事物看法的改变，也常常会用到新的词汇来替换旧的词汇。社会上新事物、新概念的不断产生，使得表现和扩充的词语不断涌现，发展并衍生成了新的词汇。这些词汇通过新陈代谢不断更新、日益丰富。

1. 词汇的发展反映出社会对新事物、新知识的认知

语言的发展主要体现在词汇的发展，新词汇的产生反映出社会对新事物、新知识的认知。词汇的发展最直观的体现之一就是

新名词的产生,一种新名词即代表了一个新兴的事物。人们在互相交往过程中,因为语言的使用环境不同会产生很多不同的新词汇,在这些包含了不同社会信息的新词汇的使用中,互相传递了各个不同文化环境下的语言信息甚至社会价值信息。

1.1 词汇作为新事物的载体

麦克风『英语 microphone 的音译』这种新事物,是从外国引进的,中国原本没有。由于该事物引进后,需要用语言来表述,于是采用了当时引进时 microphone 的音译。

这种音译词汇在某种程度上并没有代表该事物的原本意义。

1.2 对新词汇的定义

词汇完成对新事物的表述后,需要对该事物进行定义。

定义:麦克风是一种机电设备,它利用空气压力波形成的振动创造出一个成比例的电信号,通过对该电信号的编译达到扩大声音的效果。

在完成对该事物的定义后,我们才对这个词汇有了一定的理解。

1.3 表述与定义结合产生新词汇

我们对麦克风完成了进一步的定义之后,产生了新的词汇:话筒。

"话筒"这个词汇取代了原先对中国语言来说并不具有具体意义表述的"麦克风",成为更符合中国社会语言环境的新词汇,被大多数人所接受。

1.4 词汇的失而复现

在"麦克风"被"话筒"取代之后,几乎已经从我们的语言中退出,而现在人们又开始越来越多地使用起来甚至形成了新的词汇,如:耳麦、麦霸等。

这种情况的产生除却语言在引进、取用过程中已对该词汇的运用上形成习惯的成分,也受到了该词汇原有的社会价值带来的使用心理上的影响。

2. 不同语言的相互影响

语言的相互影响带有交融性。在实际运用过程中,语言的影响主要是单向的,主要表现为从经济、文化、政治发达的地区向落后地区流动。

在不同的国家、不同民族甚至一个国家的不同地区之间都有着各自的语言。随着时间的推移，人类交往频率的增加，不同地区的方言、不同国家的语言，都在进行着相互交融和影响。而经济、文化相对不发达的地区、国家的语言受到的影响一般比较严重。它主要表现在以下几个方面：

2.1　在语言交融时采取了自愿的方式

2.1.1　对待语言的态度

比如清朝，整个中国处于少数民族满族的统治下，此时汉语也在一定程度上同化了蒙语和满语，并从中吸取了一些借词，如汉语中的“歹”字就借自满语的“贝勒”。在入侵中原的少数民族的语言同汉语交融时，其本身就采取了自愿的方式。在皇太极继位后，极力学习汉族文化，命儒臣翻译汉字书籍，主张学习汉语，虽然此举是出于经济、文化发展的需要，其目的是为了稳固其统治的地位，但从语言的发展上看，这种语言政策也加速了汉语和满、蒙语言的同化。

2.1.2　取用发达地区文字

比如，中国在唐朝时期的鼎盛繁荣，影响了东亚周边大部分国家，甚至日本、朝鲜这些地方都使用汉字作为通用文字。如今的日本部分文字、平假名虽然已经适应本土文化需要进行了部分进化，但是在某些文字、甚至读音上依然沿袭了当时的读写方式，其本字都源于汉字的草书，本音也基本沿袭了当时的唐音。

例：　　日文平假名：あ　い　う　え　お

分别对应汉字草书的：安　以　于　衣　於

2.1.3　心理上的认可

某国、某地区在经济文化上的强势和领先地位，会直接影响到该地区所使用语言对外的影响力。经济上发达的国家、地区的语言更容易被人认可。

在现代社会中，外乡人到诸如北京、上海等经济发达的地区打工，就会尽量学说北京话和上海话，或是在日常的普通话中夹带当地的俗语。这种情况不仅发生在中国，外国也一样有。在法国作家巴尔扎克的小说中，也经常写到外省的青年要到巴黎去奋斗打拼，来改变自己的命运，首先就要学会巴黎口音，脱掉外省的口音。以前俄国贵族也都是以说法语为荣，认为这是一种高贵的象征，即使在说俄语的时候都要带上法国腔。贵族家庭的家庭教师也要聘请法国人学习法国的语言和礼仪。

2.2 经济、文化发达地区的语言更容易大面积流行

英语是目前使用最普遍的国际语言，这种强势地位也正是因为强势的经济作为后盾的。而在英语中我们也可以找到原本并不属于它的词汇，例如，许多音乐方面的词汇就来自意大利语，这正是因为意大利作为音乐之乡，它在音乐方面的发达，直接导致了它在这方面语言对外影响力的增强，即使是强势的英语也不得不受到它的影响，吸取意大利语的词汇。例：

Scherzo：诙谐曲　　Sonata：奏鸣曲　　Tempo：速度

上海一直是中国经济、文化发展最快、最前沿的地方，由于上海方言被大多数人认可并取用，因此全国通用的普通话中的不少词汇也取自上海方言，比如："寻开心"、"阴阳怪气"、"盯梢"、"出风头"等词汇，原本都是上海方言。

北京是中国的首都，普通话正是以北京语音作为标准音，以北方话作为基础方言而形成的，因此，北京话更容易在全国流行。北京方言经过一些带有当地文化特色的文艺作品，在全国铺天盖地得流传起来。甚至北京的一些街头巷尾的俗语，或作为娱乐、或作为时尚也被越来越多的人所使用和接受起来。

改革开放以后，广东地区的经济发展突飞猛进。它的地区方言——粤语，也开始悄然北上，席卷了整个中国。带有粤语口音的小品为我们带来了欢乐，粤语歌曲一跃跻身于流行音乐排行榜前列，甚至很多粤语方言也进入了通用普通话的词汇中，例如"搞定"、"买单"、"炒鱿鱼"等。甚至把在粤语中才有的很多特殊的句式，比如修辞倒置也一并接纳了下来，作为平时的闲聊时候的俏皮话，比如"我走先"等等。

2.3 经济、文化不发达的地区的语言，在推广上则需要一定的契机

经济、文化不发达的地区方言由于种种不利的因素一般比较难向外推广，比之经济发达的地区，它更需要一种契机。比如在电视作品上一度流行的方言、或春晚上相声小品中出现的方言，得到了观众的一致认可等。而这些作品的成功很大程度上都基

于极小部分人的身上，相较之下，其语言流行推广的机会就比发达地区要小很多了。

3. 网络词汇的产生

3.1 网络的开放性

随着科技的飞速发展，信息网络时代的来临，资讯通过光缆在网络平台上发布，和之前的语言交融方式相比，其信息传递的速度达到了前所未有的态势，网络实时交流成为越来越主要的沟通渠道，网络信息的无界限也飞速推动着社会文化的发展。而伴随着人们视野的开拓，在网络生活的过程中，新兴事物和情感的表达通过网络词汇得到了最为恰当的展现平台。在新事物的表述过程中，网络词汇以其新鲜、奇特和极富个性的表达方式，与网络信息传递的简洁明了的特性，影响了传统词汇的发展，这种发展不但影响了人们的交流习惯，甚至形成了一种独特社会文化。计算机网络的飞速发展，信息时代的来临，对传统词汇也提出了一个更高的要求，传统词汇在网络交流过程中，进行了一系列的变革，而网络词汇的产生正是传统词汇迎合现代社会发展的需要的必然结果。

3.1.1 谁都可以“说”

顾名思义，网络交流的平台是网络，撇开视频、语音交流这种方式不谈，在大多数情况下都是依托文字来进行信息交流的。这极大程度上提高了口头语的运用频率。其次，由于网络传输的高速和无界性，只要拥有电话线或者网线便可进行网络交流，而且使用者只要会操作计算机、懂得输入法，便可进行交流，这不但能使没有语言能力的人也可通过网络进行信息交流，也由于网络交流无需视频（面对面），即使不善交流的人也能轻易参与交谈。

3.1.2 新鲜即是流行

网络原本就是一个新兴的事物，其使用者本身也是由一大批开放、包容、有创新意识、寻求新鲜刺激的人们组成的，他们渴望在一个全新的环境里展示自己，标新立异。由于网络传输的广泛性和高速性，致使新奇的词汇很快就能得到广泛传播，并被大多数人所接受。

3.2 网络词汇在其发展过程中所呈现的特点

由于网络交流存在的这一系列特殊性,它在词汇的产生和发展上有着自己鲜明的特色。

3.2.1 新奇生动

首先,网络词汇仍然是基于传统词汇的运用上的,而由于网络标新立异的群体对传统词汇的新奇运用,使网络词汇对传统词汇进行了创新,并赋予了其新的意义。

例如:显示桌面。通过计算机语言的渗入,此时的“桌面”是指直观地表现计算机系统程序、文件管理控制的平台,而不再是单纯的桌子表面的含义了,其包含的原始内容已经发生了变化。

除计算机语言之外,网络的产生使表达新事物的网络词汇拥有了更生动、灵活的表现方式。这类情况大多出现在词汇的指代作用上。比如:用“菜鸟”来指代新手,用“大虾”取代“大侠”来指代在某个领域掌握高超技能的人,其表现方式更为生动、活泼,具有生命力。这些词汇的运用虽没有经过官方的认可,但是却普遍出现在网络交流的各个地方。

3.2.2 简单明了

此外,网络语言的简单明了更凸显了网络语言交流的迅捷和语言表现力的丰富。这类情况主要出现在表达个人的情感上。网络上的文字交流因为看不见对方的表情,而出现了一种只有在网络上才能生存的文字指代和符号表达法。它简单明了,更为直观地反映了交流双方的情绪,成为网络词汇独创且独有的交流方式。

(1) 文字指代:如“汗”、“晕”等,用来表示惊讶,难以接受等。这种简单表情的指代词的出现,既简易又直接地表达了交流双方的情绪。

(2) 符号指代:如:“:)”表示开心、微笑;“TAT”表示大哭、流泪;“m(_ _)m” 表示拜托、下跪;“o —_—)=◯)°O°)”表示给你一拳等。

我们可以很明显地看出这种以符号表示的方法更为简单、直接,对于表情的刻画上也更为方便,弥补了文字在信息传递上的不足,也使信息传递的速度得到了提高。

2008年北京奥运会开幕式采用的笑脸烟花其实也来源于网络上的笑脸表示符号，这也说明了以简单的符号来指代表情、情绪，已被大多数人所接受并成为一种时尚的代表。

3.2.3　多变复杂

网络词汇的多变复杂，主要由于网络使用人群的构成复杂，且网络传播途径和方式的多样化，在各个层次网络词汇的取用上，也受到了对方文化加载在词汇上的间接影响。

3.3 网络词汇的出现对现代汉语词汇的影响

网络作为新词汇产生的媒介，形成了内容极其新颖、内涵极其丰富的网络词汇，它对现代汉语的词汇影响也是巨大的。

首先，网络词汇极大地丰富了现代汉语词汇，拓展了现代汉语词汇的容量。网络词汇在基础词汇上产生，并对其进行内容的扩展，在其基础上发展、衍生。它将外来词汇灵活巧妙地融入本土语言中，通过其迅捷高效的推广力、不断地磨炼、改造，形成更容易为大众所接受的新词汇。为词汇的产生和变革提供了极好的契机和展现平台。

其次，网络词汇的产生适应了词汇敏锐反映社会发展的需要，网络无界限的展示平台也为词汇鉴定其实用性和可持续发展性提供了一块历久弥新的试金石，为新词汇的产生创造了一个良好的成长环境。

然而，在另一方面，网络词汇的来源杂、水平良莠不齐，低俗词汇大肆泛滥，也在一定程度上影响了现代词汇的发展。它在创造灵活、自由的同时，也存在缺乏规范的语言体系的约束，容易出现大量滥用、误用、错用等问题。而且，网络词汇的生活化也造成了一些现实中人们沟通上的障碍。比如，某些网虫将网络上用来沟通的符号语，放入了生活的交谈中，使不经常上网的人看到、听到后完全不知所措，影响了正常的交流。有些被滥用的网络语言甚至阻碍了正常的语言教学工作。面对这样一把“双刃剑”，我们采取的方式不应当是逃避而是去学会如何面对，更重要的是怎样加以引导。

4. 结语

词汇是语言的建筑材料，是开放的，且不断发展变化，在它的发展过程中充分体现了其速度快、范围广、程度深的特点，它需要吸收消化外界的信息和能量，并转化为自己系统内的成分。我们应秉承“取其精华、去其糟粕”的心态来看待词汇的发展，加强语言规范的教学，正视语言发展的正常规律，通过长期的观察和实践来进行学习和研究，使其自身不断精确、贴切、完善。

参考文献

[1] 王德春. 语言学概论[M]. 上海外语教育出版社,1997.
[2] 于根元. 中国网络语言词典[M]. 中国经济出版社,2001.
[3] 葛本仪. 现代汉语词汇学(修订版)[M]. 山东人民出版社,2004.

作者简介：陈炜，上海外国语大学

网络流行新词"X姐"和"X哥"语义演变的隐喻认知研究

戴　婕

摘　要：近几年来，"X姐"、"X哥"作为网络新词得到广泛推广。"姐"、"哥"的语义也发生了变化：由最初表示一种亲属关系的身份，到如今人们对社会当中的某些比较特殊的或是比较突出的个人冠以的一种或调侃或戏谑的称呼。隐喻作为语言使用过程中的一种重要的认知模式，与语义演变密切相关。本文从隐喻认知的角度，就"姐"、"哥"在"X姐"、"X哥"中产生的新义，加以阐释。

关键词：网络新词；语义演变；隐喻认知

1　引言

随着信息时代的高速发展，网络时代的到来促使了新的交流方式的产生，即以网络为媒介而实现的人际交流的方式。在这个交流的过程中出现了一种新的语言——网络语言。网络语言基于网络的开放性和自由性形成了其独具特色的新语体，许多新词扑面而来，并经过网络传播而得以推广流行。网络流行词"X姐"、"X哥"在近几年频频出现，并以强大的构词能力迅速风靡网络、电视、报刊等新闻媒体。例如，新词"凤姐"、"犀利哥"已经成为人们热议的话题。"X姐"、"X哥"作为网络新词，具有其能产性、定位性和类化性的特点。"姐"、"哥"由最初表示一种亲属关系的身份，到如今人们对社会当中的某些比较特殊的或是比较突出的个人冠以的一种或调侃或戏谑的称呼。在这种词义的变化中,隐喻思维的影响不容质疑。据统计,语言中70%的词义是隐喻或源于隐喻。随着社会的发展,人们不断认知和创造着新事物,事物范畴也不断扩大。当人的思维发展到一定阶段,最初的概念范畴已不能满足对具体事物的认识和表达。这时,人们并不是无止境地创造新词语,而是将新认识的抽象概念与已知的事物相联系,找到它们的相似性,从而用对已知的事物的认识来处理,即隐喻认知过程。可见,隐喻对认知和词语意义的发展有重要意义。本文从认知语言学的视角出发,对"姐"、"哥"的语义转化进行隐喻认知方面的考察,以揭示"姐"、"哥"语义转化的隐喻认知过程,为探索新词语流行推广的原因提供借鉴。

2 隐喻

对隐喻的研究可追溯到两千年前,亚里士多德的传统隐喻论把隐喻看做是一种修辞格,是一种语言常规的违反和偏离。在新近的二十几年崛起的认知语言学研究中,隐喻不再被看做是语言的一种修辞手段或美化手段,也不再被看做是一种简单的语言产物,而是被看做人类的一种认知现象,是人类基本的一种思维方式和行为方式。Lakoff 和 Johnson 合著的《我们赖以生存的隐喻》中这样描述隐喻的认知作用:"隐喻在日常生活中无处不再,不仅在语言中,而在我们的思维和行动中都是这样的。"(朱红雷,2008)Lakoff 认为隐喻不是语言的表面现象,他是深层的认知机制,组织我们的思想,形成我们的判断,是语言结构化,从而有巨大的语言生成力。例如,"爱情是旅行"这一概念隐喻,爱情和旅程是两个完全不同的概念域,人们在认识两者的过程中发现一次爱情经历就像走完一段旅行一样。因此,通过提供经验的框架,隐喻有助于我们思维,处理新获得的抽象概念。

Lakoff 认为隐喻是一种基于抽象意象的映射,以人们相对熟悉的、比较具体的易懂的源域向另一比较陌生的、抽象的难以理解的目标域映射,通过源域(source domain)与目标域(target domain)之间的这种映射关系达到认识未知事物的目的。

束定芳指出,隐喻有两个基本类别:一是以源域与目标与两者之间原有(包括固有的和想象中的)相似性作为构成隐喻的基础(similarity-based metaphor),二是以说话者或作者新发现的或可以想象出来的相似性为基础(similarity-creating metaphor)。可见相似性的联想是隐喻认知方式赖以生存的前提和基本要素。

辩证唯物主义认为事物之间的联系具有普遍性,因此万事万物总是存在这样或那样的相似性,隐喻的过程就是通过发现源域和目标之间的某种相似性,从而架起认知的桥梁。

3 “姐”、“哥”的基本语义特征演变分析

对“姐”、“哥”这一称谓语,在口语和书面中的使用频率都很高。最初“姐”并非是对同辈年长女子的称呼,“哥”也并非一来就指“兄长”。“姐”、“哥”的语义演变有一个过程,现将“姐”、“哥”从古至今的语义梳理如下:

3.1 姐

(1) 母亲。《说文解字・女部》:“蜀谓母曰姐,淮南谓之社。从女且声。”

(2) 妓女。《警世通言》:“姐爱俏,鸨爱钞。”

(3) 有血缘关系的亲戚中同辈年长者女子。如:大姐,姐妹。

(4)没有血缘关系,对同辈年长或同龄女子的尊称。如:杨三姐。

(5)对有影响力和榜样作用女子的称呼。如:大姐大。

从对“姐”的语义梳理,“姐”的基本语义特征为[+女子]、[+年长]、[+同辈]、[±血缘]。

3.2 哥

(1) 唐朝时称父为哥。《旧唐书・王琚传》:“玄宗泣曰:‘四哥仁孝,同气唯有太平’”四哥这里指唐玄宗的父亲唐睿宗李旦。——《古汉语常用字字典》。

(2) 有血缘关系的兄长。“再拜跪尊大哥于座前。”(白居易《祭浮梁大兄长》)。

(3) 对丈夫的昵称,尤其是小两口之间。如:送哥参军。

(4) 对没有血缘关系的年长者或同龄者的尊称。例如:“落地为兄弟,何必骨肉亲。”

(5) 对有影响力和榜样作用男子的称呼。如:大哥大。

从对“哥”的语义梳理,“哥”的基本语义特征为[+男子]、[+

年长]、[＋同辈]、[±血缘]。

如今在网络上刮起了一阵阵“姐”、“哥”的旋风。如；“犀利哥”(网络红人，一位着装具有明星风格的乞丐)、“失控姐”(网络红人，长相可爱，易受外界惊吓而失控的小女孩)、“瞌睡哥”(指在听奥巴马演讲时，一位一直打瞌睡的美国男中学生)，等等。从网络搜索引擎百度的统计数据来看，截至2011年11月20日，包含“姐”“哥”的新闻有9 120 000篇，其中与“X姐”、“X哥”族词语有关的新闻至少有十万条，可见“X姐”、“X哥”具有强大的能产性。“X姐”、“X哥”族词语同时还具有定位性和类化性的特点。以“姐”、“哥”为定位语素可生成一系列新词，如犀利哥、妖娆哥、失控姐等等。“姐”、“哥”前的“X”的构成具有多样性：可以是动词，如咆哮哥、扔鞋哥等；可以是名词，如草帽哥、蜗居哥等；同样可以是形容词，如沧桑哥、犀利哥等。从语义角度考察，“姐”、“哥”在“X姐”、“X哥”结构中已经发生了语义变化。已从年长、同辈、或有或没血缘关系的女子或男子，转化为人们对社会当中的某些比较特殊的或是比较突出，个性鲜明的个人冠以的一种或调侃或戏谑的称呼。

姐的语义变化如下：姐[＋女子]、[＋年长]、[＋同辈]、[±血缘]→[＋女子][＋同辈][－血缘][＋个性]，如：凤姐，失控姐，hold住姐。

哥的语义变化如下：哥[＋男子]、[＋年长]、[＋同辈]、[±血缘]、[＋单数]→春哥[－男子]、[＋中性装扮(个性化)]、[＋同辈]、[－血缘]、[＋单数]→犀利哥[＋男子][＋同辈][－血缘][＋个性][＋单数]→低碳哥[＋男子][＋同辈][－血缘][＋个性][＋群体]。从这个变化过程中我们可以清晰地看到“姐”、“哥”的词义在演变过程中是辐射式的引申。所谓辐射式引申是指从本义出发向不同方向发展出直接引申义，形成辐射状的意义结构。“姐”、“哥”的静态词义在动态的使用中意义逐渐发生了变化，这是从两个方面实现的：一是客观的物质的联系，外部世界发生了某些变化，需要静态词义做出调整。如“哥”的意义从父到同辈年长具有血缘关系的男子。二是与语言交际过程的词汇的动态使用有关。如“姐”、“哥”如今代表一类个性鲜明的女子或男子。是什么促使词义向这两个方面反身引申呢？它们内在的动因是什么？传统的词义发展理论认为原因有二：

第一，由语言表达的“求便”原则决定。生活里出现了新的事物，人们往往倾向于沿用某个旧词加以表达。

第二，语言运用的“求新”原则。出于语言生动性、鲜明性的考虑，说话人会主动赋予词语一种临时的新义，或将词语用于某种全新的语境中。而当人们的理解系统将这种临时新义评价为一种“正规”的词义时，这种意义就固化成了词的一个义位。

除了以上所述的原因之外，我们还可以从一个新的角度来解释这种现象，即隐喻认知的角度。“姐”、“哥”产生新的语义成分主要是通过隐喻实现的。通过隐喻中的相似性转移即“事物间的某种相似性靠隐喻促成的新旧义位之间的演变”。

4 “姐”、“哥”语义演变的隐喻认知

认知隐喻从源域到目标域的投射是构成词义的重要手段。根据形式相似的投射，根据发音相似的投射，以及根据创造型隐喻思维使就此产生新解，这些隐喻衍生出的新的表现方式在传统的构词法当中是很难被接受的，但是通过认知隐喻使熟悉的、旧的认知域投射到不熟悉的、新的认知域形成新的词义，就较容易被众多的网友所接受。隐喻在认知方面的成就在于它能发现跨范畴的相似性，术语不容范畴事物的相似性（胡壮麟，2004）。“姐”、“哥”从初始义到常用义的演化，使人们运用隐喻思维将A认知域的概念向B认知域的事物投射的结果。从字典所载的本义看，“姐”、“哥”是对长者的尊称，“姐”、“哥”必然带有一定的榜样作用。而如今，“姐”、“哥”作为尊称这一属性，虽然在形式上得到了保留甚至强化，但起根基显然已经不再是年龄上的长幼关系，而是某种符合眼球效应的特异属性。以“犀利哥”为例：无论现实的人物，还是词语本身，“犀利哥”的潜在逻辑即：因为人很犀利，所以堪称哥。“章鱼哥”、“凤姐”等虽然形式上有所差异，但实质上也仍然符合“有某种属性而获取‘尊称地位’，在某个领域有‘领头’和‘榜样’的作用”。人们在初始义的基础上利用想象，将“姐”、“哥”概念成分的语义特征“长者的尊称”，当人们从具体概念中获得抽象思维能力的时候，往往在相似性的基础上，借助于

表示具体事物的词来表达抽象概念。随后“姐”、“哥”可以表示对在一个领域里具有影响力的领军人物的尊称，由此产生了“姐”、“哥”的隐喻义：对有影响力和榜样作用的人的称呼。由此实现了由源域到目标域的跨域投射。而如今，随着网络“X姐”，“X哥”流行，“姐”、“哥”再次出现了转义。人们借助于逻辑推理能力和联想，找到源域和目标域之间的相似点——“影响力”，再次实现了从源域到目标域的跨域投射，“姐”、“哥”新的隐喻义再次产生，“X姐”、“X哥”族词的再概念得以完成。“姐”、“哥”词义由此不断扩展、延伸而最终达到词义的泛化。这种词语语义范围的延展转化体现了人类隐喻认知的规律性。

5 小结

隐喻作为人们重要的认知方式，对人们认识事物、事物概念的形成、语言的发展都起了重要作用。传统的词汇语义学将词义的变化归于历史的、社会的因素。这些固然是词义变化的重要因素，但是只是外部因素，其内部因素源于语言使用者的认知思维（赵艳芳，2001）。认知隐喻对词汇的产生、演变和发展都起着不可或缺的作用。人们用有限的词汇去认识无限的世界是通过隐喻认知投射完成的。本文运用隐喻认知的理论对“姐”、“哥”的意义演变进行了研究。结果表明隐喻认知对“姐”、“哥”的意义演变起着重要的作用。

参考文献

[1] Lakoff, G. & Johnson, M. Metaphors We Live by . Chicago: University of Chicago Press, 1980.
[2] 朱红雷. 网络新词的隐喻研究[J]. 郑州航空工业管理学院学报, 2008(3).
[3] 束定芳. 隐喻学研究[M]. 上海外语教育出版社,2003.
[4] 王力. 古汉语常用字字典[M]. 商务印书馆,2005.
[5] 现代汉语词典[M]. 商务印书馆,2005.
[6] 词源[M]. 商务印书馆,1980.
[7] 胡壮麟. 认知隐喻学[M]. 北京大学出版社,2004.
[8] 赵艳芳. 认知语言学概论[M]. 上海外语教育出版社,2001.

[9] 邹嘉晖. 认知隐喻在英语词汇发展中的作用[J]. 辽宁教育行政学院学报,2007(7).
[10] 陆苏阳. 网络流行新词的隐喻研究探析[J]. 文艺生活,2011(4).

作者简介: 戴婕,上海大学外国语学院硕士研究生,研究方向:认知语言学,应用语言学。

关联理论视角下主题口号汉译英翻译策略讨论

姜 蓉 傅 晓

摘 要：本文以关联理论为框架，试图将关联理论运用于主题口号汉英翻译中。详细分析了关联理论在主题口号翻译中的应用，并在此基础上探讨根据语境与关联而采用的翻译策略。作者通过官方网站、报纸、期刊、专著等途径收集了几十条主题口号，根据语境顺应英语读者的语言文化习惯，有效地达到交流目的，并提出直译、借译、重建关联变译、创建关联转译、文化替代变译等有关翻译策略。

关键词：关联理论；语境；主题口号；翻译

1. 引言

随着我国改革开放不断深入，综合国力不断增强，在我国举行的国际会议、体育盛会、国际展览等国际活动日益增多，对全国人民代表大会、全国政协会议等重要政治活动的新闻报道也越来越开放，而这些活动的外宣翻译工作越来越多，活动主题口号的翻译也是其中的重要内容。

主题口号通过简明的语言向外国友人传达中国人民的思想、情谊与心声，成为中国与世界沟通的桥梁之一。主题口号的英语译文具有重要的作用。不论是北京奥运会、上海世博会，还是广州亚运会、中欧北京峰会，或者中非合作论坛北京峰会、金砖国家领导人会晤等，都提出了简明、友好而响亮的中英文主题口号。

正确翻译主题口号不仅能够正确传达信息，而且可以展现出发展中的中国的良好形象。精彩的翻译有助于良好的沟通与理解。怎样才能译出能够被英语读者理解、接受的好译文呢？我们可以在翻译理论的指导下，研究分析较好的翻译方法。关联理论正是能够引导我们做好主题口号翻译的理论之一。

翻译是一项复杂的思维活动，其中包含了许多语言、非语言因素以及克服文化隔阂的交流活动。随着语用学被运用于翻译研究中，很多问题迎刃而解。语用学聚焦于语言与语境之间的关系，语用翻译研究强调文字所处的语境。用语用学指导翻译可以摆脱文字的束缚，避免生搬硬套造成的尴尬及交流障碍。正确地传达信息，使接收者能够根据自己的文化和理解做出正确的判断，达到交流的目的。

要译出好的译文，正确理解语义并掌握语境意义非常重要。因为交流双方处于不同文化中，所以译者要尽量填补语言传送者与接收者的隔阂。主题口号处于特定的语境中，既要考虑语言语境，也要考虑非语言语境。在语言语境中要注意遣词、造句及语言风格的选择；在非语言语境中要考虑文化背景、情景语境、社会语境及地理语境等。因此我们可以视情寻找关联、改进关联、重建关联、创造关联或者运用文化替代，采用直译、借译、转译、变译等方法翻译主题口号。

2. 关联理论、语境与翻译

关联理论从认知的角度解释了许多的语言活动。翻译不仅是一项交际活动，更是一项认知活动。在翻译过程中，语境往往起着非常重要的作用。成功的翻译常常要求译者能够根据动态语境进行推理，而动态语境又依赖于语言与环境的关联。每一句话语都会建立起一种关联，围绕着关联就可以做出对语言的理解判断。翻译的过程就是一个语境推理和选择的动态、发展的过程。由于中西方文化差异，英语读者和中文作者处的认知环境不同，因此，找出语言与语境之间的关联，特别是最佳关联是译者的任务之一。根据关联理论，译者通过语境准确地理解源语，找出关联，进行较贴切的翻译。

译语要恰如其分、达意传神，就必须注意英汉两种语言在表达习惯方面的差别，处理好英汉间的文化差异。结合语境适当调整，不计较每个字，使译语明白畅达，文从字顺。可见翻译应以语境为依据。要取得翻译等效，译者必须在忠实原文的基础上力求使译文切合译入语境，取得与原文相同的意义效果。

在这一翻译过程中，要求译者考虑目标语言读者的认知能力与预期，分析目标语言与源语言的内在含义，不能盲目用一个词来翻译所有同义词。

3. 语境与主题口号汉英翻译

3.1 语言语境与主题口号汉英翻译

语言语境与语音、词汇、语法、语义、语用、修辞、逻辑等有关。语言语境能够在选词、造句及话语风格方面帮助译者译好主题口号。

3.1.1 根据语义选择正确的用词

汉语中许多词语在不同的语境中具有不同的含义。在主题口号中，也应该结合语境选择适当的词语。如：海南经济特区成立 20 周年庆祝活动主题口号之一“大特区，大开放，大发展”及“好环境，好政策，好前景”。其中“大”、“好”两字出现了三次，但每次出现的含义却有所不同。“大特区”指地域广、面积大，“大开放”指范围广，“大发展”指程度深，所以根据语境和词义分别选择英语中相应的词语“large, broad, great”而不是一味选择“big”。同样，“好环境”指经济环境稳定，“好政策”则含有“优惠，有利政策”的意思，“好前景”含有“美好光明的前途”的含义，英语中“sound”一词含有“financially secure or safe”的意义，“favorable”含有“优惠，有利”意义，“bright”含有“full of promise and hope; auspicious”的意义，因此选择“sound, favorable, bright”能够更贴切地表达其语义。

另一方面，在选词时要考虑英语读者的理解角度。如：北京申奥主题口号“新北京，新奥运”。口号中采用了两个“新”字。“新北京”可以理解为新世纪的北京为奥运而建设的美丽新景象，然而如果将“新奥运”也译为“new Olympics”，英语读者则有可能理解为与以前不同的新型奥运会，从而产生误解。所以为了避免歧义，尊重英语读者的感受，在翻译时选择了诠释奥运意义的词

"great"。

3.1.2 根据语法规则选择正确的句式

翻译时要考虑译入语的语法规则、句子的构成及表达方式，要适当调整句子的语序。如西安古文化艺术节的主题口号"有朋自远方来，不亦乐乎！"如果按原文直译为"friends come from afar, how happy we are"显然不符合英语语法规则，可以调整为"We are happy to welcome friends from afar"或"how happy we are to welcome friends from afar!"同时，如果能在译文中表达"欢迎并热情地接待八方宾朋"这层含义，效果会更好，于是选择"receive, greet"似乎能够比"welcome"表达更到位。在这句口号的翻译中，不但考虑到了涉及语言语境中句式的问题，也结合非语言语境进行了选词。

3.1.3 根据语言风格选择正确的表达

汉语的标语口号常常较为严肃，而英语则较为轻松自由。比如，在我国号召广大青年踊跃报名参军常常打出"响应祖国号召，踊跃报名参军"、"做爱国拥军文明户，当应征报名带头人"等振奋人心的标语，对称的语句非常具有号召力。然而，在英语国家打出的征兵标语则非常简单直接。例如美国为伊拉克战争征兵，打出的标语就是"I want you to the Army！"从这里，我们可以得到启发，在翻译一些主题口号时，可以考虑英语标语口号常用的风格，少用强制性语言，注重内容，而不强调形式，直截了当，不加修饰。

3.2 非语言语境与主题口号汉英翻译

非语言语境包括许多因素，如语言体系、地理因素、社会背景、心理背景、文化差异等等。本文选取文化、情境、社会、地理语境这几种非语言语境分析它们在主题口号翻译中的重要作用。

3.2.1 文化语境

文化语境是不同的语言所存在的文化中的特有元素，译语中缺乏这种文化元素。一些主题口号就经常引用中华文化的独特元素，我们在翻译时必须认真考虑。如果忽略文化语境，在缺乏这种文化背景的英语读者当中，译文能否被理解、接受呢？例如福建旅游宣传主题口号之一"八闽连五洲，友情传四海"。其中"八闽"、"五洲"、"四海"都是极富中国文化特色的词汇，口号采用了五言对称句型和夸张修辞手法。“八闽”指福建省,“五洲四海”既有具体所指,也可泛指世界各地。如果直译为“Bamin, five continents, four seas”,英语读者并不了解“Bamin”指代“Fujian province, China”,也不知道“四海”是哪四海。所以,我们必须考虑文化语境,考虑英语读者的理解,将文化词汇化解为双方都能理解的内容,译为:“Friendship ties Fujian to the whole world”,简单的一句话,把口号的中心思想和主语“Fujian”表现得淋漓尽致。

3.2.2 情景语境

情景语境指语言所存在的特定情境。当源语没有明示这种情境时,为了达到更好的交流效果,在翻译中需要将这种情景加以明示。许多中文主题口号常常采用华丽的辞藻,注重修辞,往往将一些信息隐含在文字背后。为了让译语读者更明确地了解其中的情景语境,我们需要在译文中将隐藏的信息予以明示,使交流意图明了,译文读者更容易理解。如 2006 中国国际投资贸易展览会主题口号:“9.8 起舞,‘海西’腾飞。”如果采用直译,英语读者会对“9.8”、“起舞”、“海西”产生疑问,这些词与展览会有什么联系呢?原来,9.8 指的是活动开幕的日期 9 月 8 日,“起舞”是汉语中的修辞手法,形容欢歌笑语,高兴、盛大的场面,而“海西”则指的是展览会的举办地,台湾海峡西岸的福建省。因此,我们应该根据“2006 中国国际投资贸易展览会”这个情景语境,在翻译中将其明示,让读者了解它的作用和目的,正确传达中心思想,将其译为“CIFIT: A Driving Force for Fujian's Economic Development”。

3.2.3 社会语境

社会语境是由于语言所处的社会环境而形成的非语言语境。如:海南经济特区成立 20 周年庆祝活动主题口号之一:“发挥特区优势,做足‘特’字文章”。此处“特区”指海南经济特区,“做足‘特’字文章”意为充分利用并发挥经济特区的优势和优惠政策等,寻求更好地发展。在英语文化中很难找到与“做足文章”直接关联的比喻。所以,我们应该考虑这条标语所处的社会环境,根据社会语境选择意译,译为“Unleash all the advantages of Hainan Special Economic Zone”。

3.2.4 地理语境

地理语境涉及在源语中读者共有的认识，而译入语读者却不了解的地理元素。如海南经济特区成立20周年庆祝动主题口号之一："发展特区优势，展现特区风采，促进特区发展！"我国有五个经济特区，标语中的"特区"指的是海南省。因此我们在翻译时应该指出"特区"的指代对象。这条标语可以译为"Give full play to Hainan's advantage, demonstrate Hainan's beauty, and promote Hainan's development!"

4. 主题口号翻译策略

笔者认为，应根据主题口号的语境，建立中、英文之间的关联，选择最佳关联进行翻译。对于两者之间可以找到直接关联的，选择直译，但要根据语言语境慎重选词，并根据英语语言习惯选择恰当的语序及句式；对于可以借助已有的英语表达形式表达的关联，借用相关语句，选择借译，用英语中对等的表达方式进行翻译；对于关联不大，但可以通过某一信息建立关联的，可以重建关联，选择变译，变换表达方式；对于无法找到关联，英语文化中缺失的内容，创建关联，选择转译进行文化替代。

4.1 直译

采用直译的主题口号很多，参见附录。在此选取一些需要注意选词的例子加以分析：

(1) 2001财富全球论坛上海峰会主题口号："亚洲新一代。"在这条口号中，"新一代"很容易被译为"new generation"。然而，在英语文献中常见的表达是"next generation"。"new"在英语中具有"刚刚形成、新发现、与以前不同"等含义，而句中"新一代"是指"传承、连续的"一代，所以根据英语表达习惯，选择"next generation"意义更贴切。将这条口号译为："Asia: Next Generation"。

(2) 2007上海全球领导峰会主题："不同的道路，相同的旅程。"译为"Many Paths, One Journey"。根据这条主题口号的语境，全球领导峰会的与会者是在同一个平台以多种不同的方式工作，如果译为"different"就与"相同的旅程"矛盾了，选择"many"则可以避免这个问题。考虑到语言对称性，选用单词"one"，而不用短语“the same”。

(3) 2010 广州亚运会口号:“激情亚运,和谐亚洲。”根据“亚运会”的语境,为了更好地表现亚运会赛场的激情四射与紧张激烈,选择“thrilling”比“enthusiastic”能够更生动地传达这一意义,将口号译为:“Thrilling Games, Harmonious Asia”。

(4) 2010 亚洲残疾人运动会口号:“我们欢聚,我们分享,我们共赢!”“欢聚”很容易联想到“gather together, happy”等词语。同样,如果我们根据“亚残运会”的语境,选择“cheer”一词既能表现出欢乐相聚的心情,也能表现出为运动员加油喝彩的含义,所以将这条口号译为:“We cheer, We share, We win!”。

4.2 借译

借用英语作者采用的表达方式,能够更好地被译文读者理解接受。如:

(1) 翻译 2009 北京国际天文年主题口号“探索我们的宇宙”时可以参考国际天文网站的原文,根据英语表达方式,将其译为“The Universe Yours to Discover”用“yours”替换“ours”。

(2) 汨罗国际龙舟节主题口号:“龙舟传友谊,汨罗奔世界。”则可以参考外国专家曾经采用过的翻译方式。外国专家曾经将一次音乐会的主题译为“Friendship through Music.”在这条主题口号的翻译中,便可以借鉴用于前半句翻译中,将其译为:“Friendship through dragon-boats, Miluo goes towards the world.”

其实,现实生活中,我们存在着很多这样的相似之处。比如,我们常说:“为了美好生活,请勿随地乱扔垃圾”,而伦敦市政府也在其官方网站上发出了类似的号召,他们在网站中写到:“Dropping Litter Ruins Lives.”这两句口号不正有异曲同工之妙吗? 在这句口号的翻译中,就可以借助后者翻译前者。寻找英语中的对等表达,英语读者感到熟悉,易于接受。借译不失为一个好方法。

4.3 变译

采用变译法是为了顺应英语注重逻辑的语言习惯,转变中文注重修辞的特点,调整句式,将信息主体予以明示。如:

(1) 第 4 届世界合唱比赛主题:“传播中华文化,传承世界文明。”这条主题口号采用了对偶的修辞手法,其中点明了中华文化,而将参加世界合唱比赛的其他参赛国家的文化概括为"世界文明",没有明示活动内容,所以我们应该根据"文化"重建关联,将比赛内容予以明示,避免突出东道主而忽略了其他参赛者,于是变换句式,将其译为"World Choirs Games: Where World Cultures Meet and Expand",用"meet"和"expand"表现文化的"传播"与"传承"。

(2) 江西旅游宣传主题口号:"风景这边独好。"这条主题口号引用了著名的词句。句中"风景"一词可以建立直接关联,但是由于口号中没有点明地点,不能达到宣传江西旅游的效果,所以在翻译中应该将这一信息明示,采用变译法改变句式,译为:"Please enjoy unique appealing sceneries in Jiangxi."

(3) 福建旅游宣传主题口号:"福天福地福建游。"这条口号采用了押头韵修辞,"福建游"可以建立直接关联,但是"福天福地"却是中国特色文化元素,很难找到英语中的关联。我们可以通过变译法,既能保持押头韵修辞,又能表达其含义,将其意义明示,变译为:"Fortunate World, Fortunate Fujian, Fortunate Tour."

4.4 **转译**

当主题口号所含信息无法在英语中建立关联,属于"无关联"关系时,我们需要化解中国文化,努力寻找文化替代,采用转译的方法,创建两者之间的关联。如:

(1) 1999 年中国生态旅游年主题口号:"返璞归真,怡然自得。"口号中的两个成语意境很美,也表达了"生态"旅游的美好境界。然而,传达这两个成语的含义就像讲故事一样漫长。而我们将口号译成英语,必须达到交流的效果:宣传中国的生态旅游,吸引外宾前来观光。所以,在主题口号译文中应该将"生态旅游"加以明示,创建两者之间的关联,实现交流目标。用转译法将其译为:"Go to have eco-tours in China, and enjoy yourselves in nature"。

(2) 黄鹤楼旅游宣传口号:"欲穷千里目,更上一层楼。"这条口号引用了一首著名的唐诗诗句,在中国家喻户晓。然而,在英语中却找不到它的关联,英语读者无法懂得诗句的背景,两者无关联。我们必须化解交流中的这一"断档",既保留唐诗的韵律之美,又达到交流的目的,点明主语"黄鹤楼",再诠释这句诗的意义,用转译法将其译为:"Welcome to Huanghelou: For a grander sight, To a greater height"。

(3) 桂林旅游宣传口号:"桂林山水甲天下。"这句著名的宣传口号,曾经在全国征求译文,最终"East and west, Guilin landscape is best !"被评为最佳译文,正是因为译者采用了转译的方法,选择了文化替代。译者没有生硬地翻译"甲天下",也没有按照原文的语序。"甲天下"的概念在英语中似乎不存在关联,作者巧妙地转换方式,在英语中寻找可以替代的概念,联想到"east and west, home is best",从这里创建关联,利用英语中这一表达形式,成功地进行了转译。

5. 结语

作者跟随时代的脚步,注意到主题口号翻译的实用性与需求,从理论到实践展开讨论,寻找实现优质翻译的方法。文中探讨了关联理论以及语境的基础知识,并且将关联理论运用于主题口号翻译实践中,选取一些主题口号进行了分析。更多主题口号参见本文附录。经过讨论,作者认为关联理论确实能够帮助译者从译语读者的角度以及翻译交流效果方面考虑,帮助我们克服中式英语的难题,有助于提高我们的翻译质量。

参考文献

[1] Laurence R. Horn and Gregory Ward, et al. eds. The Handbook of Pragmatics, Massachusetts: Blackwell Publishing, 2004
[2] Gutt, Ernst-August Translation and Relevance: Cognition and Context, Cambridge: 1991
[3] Basil Blackwell Ernst-August Gutt, Translation and Relevance: Cognition and Context, Shanghai: Shanghai Foreign Language and Education Press, 2004
[4] Dollerup Day, Basics of Translation Studies, Shanghai: Shanghai Foreign Language and Education Press, 2007
[5] 曾文雄. 语用学翻译研究[M]. 武汉大学出版社, 2007
[6] 吴伟雄. 跳出标语译标语[J]. 上海翻译, 2006(2)
[7] 王颖, 吕和发. 公示语汉英翻译[M]. 中国对外翻译出版公司, 2007

[8] 唐艳芳. 从一则标语的误译说起[J]. 吉首大学学报,2000(2)
[9] 沈春华,刘警修. 浅谈标语英译[J]. 武汉工业学院学报,2000(1)
[10] 陆祖本. 汉语标语的翻译技巧//英语学科研究文集[M]. 外语教学与研究出版社,1997
[11] 刘焕辉. 语境与交际//语境研究论文集[M]. 北京语言学院出版社,1992
[12] 李长栓. 非文学翻译理论与实践[M]. 中国对外翻译出版公司,2007
[13] 贾文波. 从关联论视角看应用翻译[J]. 福州大学学报,2007(2)
[14] 冯建忠. 实用英语口译教程[M]. 译林出版社,2002
[15] 侯国金. 动态语境与语境洽商[J]. 外语教学,2003(1)
[16] 陈小慰. 语用与翻译中言语资源的得体利用[J]. 中国翻译,2008(6)
[17] 丁衡祁. 汉英/英汉翻译的“特效处理”[J]. 中国翻译,2001(22)
[18] 丁明安. 宣传口号的翻译[J]. 上海科技翻译,1999(1)
[19] 陈小慰. 外宣标语口号译文构建的语用修辞分析[J]. 福州大学学报,2007(1)

作者简介： 姜蓉,空军翻译。研究方向：翻译理论与实践。

傅晓,中国翻译协会理事,军事翻译委员会委员,全军翻译系列高级职称评审委员会委员,空军翻译队队长。研究方向：翻译理论与实践。

功能翻译理论指导下汉语广告用语的英语翻译

李举萍

摘　要：广告是实用性文本，其交际性很强。在功能翻译理论的指导下，译者在汉语广告用语的英语翻译过程中，可对原文进行适度的调整，采取增译、减译、转译等灵活的翻译方法去实现译文预期的交际功能和交际效果。

关键词：功能翻译理论；广告；翻译

1. 引言

随着社会和经济的发展，广告已经成为现代生活的重要信息来源，成为人们生活中不可或缺的一部分。中国经济的快速发展使我国的许多优秀产品走出国门去抢占海外市场。然而，我国的产品要想在国际上打开销路，产品汉语广告的英语翻译是必不可少的一个环节。好的产品广告翻译可以使该产品较快地在海外获得较高的知名度，而差的产品广告翻译却很可能妨碍该产品在海外打开销路，更别说让中国的品牌走向世界了。产品优质的英语广告和英语商标有助于使该产品更顺利、更快捷地打入国际市场，而功能翻译理论就可以很好地指导汉语广告用语的英语翻译。

2. 功能翻译理论概述

功能翻译理论起源于 20 世纪 70 年代的德国，并以 1971 年凯瑟琳娜·莱斯(Katharina Reiss)的《翻译批评的可能性与限制》一书的出版为标志,主要代表人物有凯瑟琳娜·莱斯(Katharina Reiss)、汉斯·弗米尔(Hans Vemeer)、克里斯蒂安·诺德(Christiane Nord)和贾斯塔·赫兹·曼塔里(Justa Holz Manttari)。此前西方多数翻译理论家持语言学的翻译观,即翻译等值论,这种翻译理论把翻译看作类似密码转换的过程,主张以原语文本为中心,注重的是译文对原语文本的机械转换,不允许译者对原文作任何形式的处理。而功能翻译理论者则认为,等值理论所要求的东西在翻译实践中是没有办法完全做到的,而且在许多情形下也是没有必要的。根据功能翻译理论的观点,在翻译过程中,译者的任何翻译决策都是由译者翻译的目的和译文在译语语境中所发挥的功能所决定的,译者的翻译不应该只是机械地将原文转换成译文,而是要使译文在译文受众中同样达到其预期的交际功能。诺德(2001)还提出了“功能加忠实”的概念,指出翻译就是创作出使原文文本在译文文本语境中发挥和原文文本几乎相同的交际功能,以此说明译文就是要能“忠实”地在译文文本语境中体现出与原文文本尽可能相同的交际功能。功能翻译理论的功能指的是语言的传意,诺德的“功能加忠实”不是对形式或内容而言的,它注重的不是译文与原文在形式与内容上是否对等,而是强调译文应该在分析领悟原文文本的基础上,以译文预期功能为目的,根据不同语境因素,选择灵活的翻译方法,使译文在译文受众中发挥与原文同样的交际效果。

但是,由于各民族间所存在的客观的语言障碍和文化差异,翻译过程中译者关注的要点是译文受众的文化背景以及译文受众对译文的理解程度,而不是译文与原文在语言层面的等值问题。功能理论强调的是原文文本及译文文本在各自语境中的交际功能,因此,如果原文文本的信息对译文受众来说是难理解的或者是多余的,译者就可以删除不译。而且,由于原文和译文语言结构上的差异,译者可以根据译文语言的结构规则来表达原文提供的信息,而不是拘泥于原文的语言结构去逐字逐句地翻译原文;原文中对译文受众陌生或未知的文化信息,也只有通过译者的创造性处理,才能将其转换成译文受众熟悉或可接受的文化信息,如果将译文受众陌生的甚至是抵触的信息照搬硬套地翻译到译文,只能让译文受众对翻译出来的东西大惑不解,更有甚者,它们还可能对这样的译文产生误解,这无疑会极大地妨碍译文在译文受众中的传播和交际功能的实现。

3. 功能翻译理论指导下的汉语广告用语的英语翻译

广告是实用类文体,以传达信息诱导为目的。这类文体的翻译无论在译法上还是在译文形式上都要求有很大的灵活性和变动性,因此,其译文很难做到与原文完全等值或对等。广告活动不仅是商业活动,还是文化交流和信息沟通,它在一定程度上左右着人们的生活方式和消费习惯。广告用语的交际目的可以用"AIDA"来概括,即吸引注意(attention)、引起兴趣(interest)、激发欲望(desire) 、敦促行动(action)(黄国文, 2001)。广告的作用在于提供信息、争取顾客、扩大市场、提高销量。有鉴于此,广告翻译必须充分考虑广告的这些功能,要使广告译文在译文语境中也同样具有大众化和通俗化等特点,并富有感召力和诱惑力,符合译文受众的审美心理。因此,翻译广告时,译文行文要力求简洁明快,重点突出,层次分明,同时要充分考虑原文和译文在文化上的差异,回避禁忌,用译文读者最容易接受的方式来表达,侧重交际翻译,注重交际效果上的对等。

翻译的目的和功能是实用文体翻译首先要考虑的因素。根据德国的功能翻译理论,原文和译文是两种独立的具有自身价值的文本,在翻译原文的时候,译者应根据原文提供的信息,通过充分理解、正确判断后将原文的语言和文化信息有条件、有选择、有策略地传递给译文受众。广告用语灵活夸张,在进行广告这类实用性很强的文本翻译时,译者要在兼顾语义翻译和交际翻译的同时侧重交际翻译,即注重翻译信息产生的效果,关注原文读者反应与译文读者反应的最大可能的对等。

根据功能翻译理论的观点,以翻译的目的和翻译的功能为依据,在翻译广告用语时,虽然原文的一些文字信息或文化信息在译文中消失了,但考虑到广告用语的文体特点及其功能和用途,权衡利弊,这种舍弃是值得的。译者可以以实现译文预期功能为目的对原文进行适当调整和灵活处理,在翻译时打破传统翻译观念,采用增译、减译、转译等翻译方法,这样才会收到更好的翻译效果。例如,四川长虹集团的广告用语"天上彩虹,人间长虹",如果按照字面直译为"The rainbow in the sky; Chang Hong in man's world",这样的翻译不仅死板僵硬,而且令人费解,很难让人把彩虹和长虹电视机有机地联系起来。如果译者在翻译的时候采取增译的方法,并运用拟人和比喻等修辞手法,把"长虹电视机"比作"天上的彩虹",同时将商标"长虹"和比喻用语"彩虹"比作两个孪生兄弟,将此则广告翻译为"Rainbow in the sky sends his twin brother Chang Hong to you to keep your spirits high",这则广告用语的翻译就可能在译文受众中收到意想不到的良好效果,因为彩虹是世界上每个人都期望看到的神奇美景,而译者选用 sky 和 high 两个押尾韵的英语单词,令译文广告读来朗朗上口,译者再通过 to keep your spirits high 的增译,这些都会极大地刺激译文受众强烈的好奇心,符合他们的审美情趣,给人留下深刻的印象,同时刺激他们的购买欲望。

再例如,译者在翻译一则推销旅行箱的广告用语"体积虽小,颇具功效"时,如果直译,它的译文应该是"Although the volume of the suitcase is small ,it is of quite good effect ",如此普通的复合句译文自然不会引起译文受众中任何人的兴趣,可如果用"Compact and Impact"这两个押韵的英语单词来翻译,效果就截然不同了,Compact 具有压缩的意思,这里表示旅行箱的体积小,Impact 原意是冲击力和影响力,这里表示本款旅行箱颇具功效,这样的译文其交际功能和交际效果都是显而易见的,对消费者的感染力和诱惑力也是不言而喻的(林华,2006)。

最后一例是翻译和分析北京团结湖烤鸭店所做的广告词:

"北京团结湖烤鸭店是全聚德挂炉烤鸭,为保证宾客品尝精美风味,本店烤鸭全部现吃现烤。精选纯北京白鸭,以果木挂炉烤制,只需 40 分钟就能让您品尝到色泽枣红、香酥脆嫩、浓香四溢的正宗北京烤鸭。"

该则广告按字面意思可翻译成:

"Beijing Tuanjie LakeRoast Duck Restaurant is Quanjude Hanging Oven Roast Duck. To ensure the guests' taste of delicious flavor , all the roast ducks are now eat now roast. Select carefully pure Beijing white ducks and use fruit tree wood and hang roast. Only 40 minutes and you may taste the delicious and crispy date red Beijing roast duck."

这样按字面翻译出来的广告西方读者可能连读都读不懂，更别说据此激起他们的购买欲了，译文甚至还可能闹出"餐厅是烤鸭"(Beijing Tuanjie Lake Roast Duck Restaurant is Quanjude Hanging Oven Roast Duck)这样的笑话来。但是，按照功能翻译理论的指导翻译出来的这则广告的译文效果就好得多了：

"Beijing Tuanjiehu Quanjude Roast Duck Restaurant provides Quanjude roast ducks using only the finest and purest Beijing Ducks . ALL the ducks here are roasted just after you place your order. Preparation takes 40 minutes, and then we will serve you with genuine Beijing Roast Ducks, which are crispy and delicious."

遵循功能翻译理翻译出来的这则广告译文，将"全聚德"和"团结湖"进行了巧妙的并译，在译文中既保留了"全聚德烤鸭"这一知名品牌的名称，又借此突出了"团结湖烤鸭"这一品牌，其他专业术语如"果木挂炉"和"色泽枣红"等信息是译文受众不了解也无须了解的信息，在翻译时就略去不译了(陈小慰，2000)。经这样处理后翻译出来的这则英语广告行文流畅、言简意赅，用英语非限定定语从句"which are crispy and delicious"将 crispy and delicious 两个单词置后予以强调，从而突出了烤鸭香酥脆嫩的特点，可以说，这样的英语翻译完全符合西方人的语言表达方式和对事物的审美情趣，达到了译文在英语语境中的交际功能和交际效果，在译文受众中自然也就能很好地发挥其广告的作用了。

4. 结语

笔者认为，德国功能翻译理论不但对实用文体的翻译有现实的指导意义，而且对别的一些文体的翻译也应该同样有一定的指导作用。功能翻译理论问世以前，人们一直认为翻译要绝对忠实于原文，不能随便增减词句，更不能略去原文中的任何信息。然而，翻译实践证明，很多实用文体的翻译，尤其是广告语的翻译、公示语的翻译、时事新闻的翻译等等，译者都只有根据其在原文语境中的交际功能以及其译文在译文受众中的交际功能来全盘考虑,通过增译、减译、改译甚至不译等适当的翻译策略,再加一定的修辞手法,才能准确而有效地将原语广告的信息传达给译语受众,对广告的翻译而言,更有使他们因看了译文广告而心甘情愿地去购买产品,这才是成功的广告翻译。如何使功能翻译理论更好地指导实用文体的英语翻译,这仍然是一个值得探究的大课题。

参考文献

[1] Nord, Christiane, 2001. Translation as a Purposeful Activity — Functionalist Approaches Explained [M]. Shanghai: Shanghai Foreign Language Education Press.
[2] 林华. 德国功能翻译理论及其在实用文体翻译中的应用[J]. 江汉大学学报(人文科学版),2006(6).
[3] 陈小慰. 翻译功能理论的启示:对某些翻译方法的新思考[J]. 中国翻译,2000(4).
[4] 黄国文. 语篇分析的理论与实践——广告语篇研究[M]. 上海外语教育出版社,2001.

作者简介: 李举萍,五邑大学教师,研究方向为英语教学和翻译研究。

从语境相互"替代"中探索电影台词翻译的对等方法

——国产影片《大山里的没眼人》翻译工作之感悟

潘月明　郭秀芝

摘　要：本文基于国产影片《大山里的没眼人》的翻译实践，借用翻译理论中汉英双语"替代"方法，解决了台词中带有浓厚山西地方特色的词汇、短语、方言、俗语和句子等翻译难题。同时本文认为，作为译者，在翻译电影台词中，既应做到具有自身的自主性、灵活性，又要有创造性。先是学者，后是译者。

关键词：电影台词；替代；自主性；创造性

1. 引言

在美国读博时，笔者曾担任当地英文日报专栏作者①，应该说英语应用能力具备一定功底。然而，回国后首次担当国产电影台词的翻译工作，却遇到了不少的难题，也走了一些弯路，直到上交终稿，并得到专家组认同后，一颗悬着的心才算放下来。

说到难题，笔者最深刻体会：一是翻译"长度"。跟翻译其他文体比照，翻译电影台词最大的不同是仅把中文意思翻对还远远

① 笔者在美国俄克拉河马州立大学英文校报"The Daily O'Collegian"担任专栏作者，专栏固定名称"Back to School"(重返校园)，http://www.ocolly.okstate.edu。

不够,还要兼顾中英文的长度;换言之,既要考虑实现"意义"的对等,又要力争实现"形式"的对等。二是"土语"。影片讲述的是生活在山西太行山一群没眼"艺人"的故事,整个剧本中土话连篇,诸如"茅房"、"没眼人"和"过山脚"等,翻译起来着实费力。三是"脏话"。在国外很少能听到诸如"瞎眼驴"、"老二(男性生殖器)"和"鸡巴事"等话语。四是"术语",影片涉及的术语包括"抗日战争"、"长征组歌"和"八路军"等。以"抗日战争"为例,国内外翻译的版本很多,到底采用哪一种翻译方法最为稳妥,值得再三斟酌。

翻译国产电影台词确实不易。然而,通过借助语境中的相互"替代"方法,笔者着实解决了不少翻译中所遇到的实际难题,本文愿与同仁共同探讨。

2. "替代"方法的基本特征

众所周知,由于汉英两种语言分别属于汉藏语系和印欧语系,人们在思维方式和表达习惯上所存在的差异,要大于西方各种语言之间的差异,而翻译要达到"传达相同信息质量和专业水平"(Betty, 2005),翻译中的意译就是第一要素。翻译电影台词要达到"译意"效果,借用原语与目的语的相互"替代"方法,最能彰显这一主张。

那么何为"替代"方法呢?我国著名的翻译家郭建中教授(2005)强调"翻译本身是替代"(Translating is substiting)。换言之"翻译其实不是翻译,而是替代",而"替代"是指"在目的语(TL)中找到适当的表达方式去替代原语(SL)的表达方式"。"究其原因是由于汉英两种语言中无论在思维还是在结构上,都存在着巨大的差异,表达方式往往也大相径庭,如果生翻、死翻,在多数情况下会在意思或概念上造成很大的混乱"。

郭教授(2005)分析,替代方法主要包括以下六种形式:① 单词的相互替代:如,钢 Steel,玫瑰花 Rose 等;② 词组和短语的替代:如,红茶 Black tea (Not "Red tea"),黄金时间 Prime time (Not "Golden time")等;③ 约定俗成或官方定译:如,三个代表 the Three Reprsents,一国两制 One Country, two system 等;④ 谚语和成语的习惯性翻译:如,一箭双雕 To kill two birds with one stone,病从口入、祸从口出 A close mouth catches no flies 等;⑤ 公示语的翻译,也是典型的相互替代方法:如,禁止吸烟 No Smoking! 小心地滑 Caution! Wet Floor 等;⑥ 固定短语和句子:譬如短语,肺腑之言 A confidential statement,道貌岸然的人 A seemingly respectable person;还有就是句子,约翰天不怕,地不怕 John was a fool for danger,杭州西溪湿地一开放就游人如织 When first open to the public, the Xixi Wetland in Hangzhou was bursing/swarming with visitors 等。

美国语言学家 Jacobson R(2005)曾指出:“Equivalence in difference is the central problem of translation.”就此观点,郭教授(2005)理解为:“在不同的语言中,要达到对等,表达方式是不同的,而这正是翻译的中心问题。”换言之,翻译是要求概念对等,而不是字词对等。笔者认为,Jacobson R 的主张正是“替代”方法的另一种说法。

3. “替代”方法的使用策略

基于郭教授的“替代”方法,即翻译是在目的语中寻找对应的表达方式来替代原文中的表达方式,笔者在翻译国产电影《大山里的没眼人》(以下简称《没眼人》)台词时,尽可能在英文中寻找替代中文台词中的“单词、短语和定译”等,力争在双语互换中传达相同的信息质量。

3.1 对单词的替代

在翻译《没眼人》中,遇到难译的词汇,包括“茅房”、“拉巴巴”和“亮堂”等。鉴于篇幅的关系,仅以“茅房”为例:

《现代汉语词典》(第五版:923)“茅房”的释义为:厕所的口头语,多指简陋的。笔者曾是“知青”,对“茅房”再熟悉不过了,与今天的“厕所”包括“洗手间”在内的区别:一是在户外,二是没有冲洗粪便的设备。那么台词中的“茅房”在英文中有相应的词汇吗?就“厕所”而言,我们常接触的英语词汇有 bathroom, lavatory, Men's room, powder room, restroom, toilet, washroom, water closet (WC), women's room 等。以 bathroom 为例,“*The American Heritage Dictionary*”(第三版:156)、“*Webster's Encyclopedic Dictionary*”(新修版:126)和《新牛津英语词典》(146) 均解释为“A room equipped with facilities for taking a bath or shower and usually also containing a sink and toilet",很明显跟中文的"茅房"翻译不对应。那么,toilet 一词呢?上述三本词典的解释均标明有"a device for flushing with water",也有冲洗设备,同样不符合中文"茅房"的意思。

后来,笔者在英美人最常用的美国"*wikipedia*"在线同义词大词典中,通过图片锁定了跟中文"茅房"最相近的词汇:Outhouse 一词①。

图 1:美国式的"茅房"

根据"*wikipedia*"在线大词典,Outhouse 的定义为"An outhouse is a type of toilet in a small structure separate from the main building which does not have a flush and is not attached to a sewer."释义为"outhouse"是一个很小的厕所,跟主楼分开,并没有冲水设备,也不连接下水道。鉴于此,中文的"茅房"在英文中最恰当的替代词莫过于"outhouse"了。

此外,还在"*wikipedia*"大词典中查到,"茅房"在美国部分地区被叫做"backhouse"或"privy",在澳大利亚英语中被称之为

① 美国式的"茅房"查询网址:http://en.wikipedia.org/wiki/Outhouse。

"dunny, thunderbox"或"nightsoil",而在新西兰则被叫"long drop"等。

3.2 对短语的替代

对短语的翻译,遇到的最大的问题是"(我)憋不住了"这句话。这是一位盲人即将上舞台表演前紧张时说的一句话。另一次是找"小姐",急于上床时讲的悄悄话。中文的同一句话,却表达了两种意思:前者是要"小便",而后者是急着要过"性生活"。那么,如果按照中文一种形式直译,是否在英文中也能表达两种不同的含义呢?记得在美国时,偶尔能听到美国人急着要方便时说的话:I can't hold it。所以,翻译第一种意思不成问题。然而,难译的是第二种意思,听不到、更学不到此类话语。无奈之下,便开始疯狂看美国电影,寻找"脏话"。最后在美国电影《越狱》(*Prison Break*)中找到了答案:I can't abide it。其含义正是中文中要表达的意思。

3.3 对定译的替代

所谓定译,用郭教授的话讲,指的是约定俗成或官方的翻译,包括定译的组织机构名称等。《没眼人》中讲述历史所涉及内容,多数与抗战时的故事有关。如何翻译"抗日战争"这样历史性的短语是关键问题。笔者在"中国期刊全文数据库"查询到,翻译"抗日战争"的版本很多,譬如:

(1) China's Anti-Japanese War(贾东荣,2010);

(2) the War of Resistance against Japan(李随安,2005);

(3) Anti-Japanese War(陈坚,2010);

(4) War of Resistance Against Japanese Aggression(1937—1945)(吴景荣等主编,2005)。

而百度刊登的路透社 2006 年 7 月 8 日第 1 版文章[①],则把"抗日战争"译成 Sino-Japan War(参考消息,2006)。

打开中华人民共和国外交部英文网站中,没能直接查到"抗日战争"的英文译法,却有"The Assocation of the Philippine-

① 百度文章查询网址:http://www.en8848.com.cn/yingyu/06/n-65206.html。

Chinese Anti-Japanese War"(菲中抗日战争协会)[1]。这表明,在日本军国主义时期,他们强行侵占了亚洲诸多国家。抗击日寇不仅仅是中国人民的事情,而是整个亚洲,乃至全世界的事情。然而,在我国,我们常说的"抗日战争",往往专指中国人民的抗日行为。借鉴我国外交部官方的定译,笔者将"抗日战争"翻译成 the Chinese Anti-Japanese War,此译法也得到了英美教师的认同。

3.4 对成语的替代

《现代汉语词典》(第五版: 173)"成语"的释义为:"人们长期以来习用的、简洁精辟的定型词组或短句。汉语的成语大多都由四个字组成。"而成语的英文的对应词是"Idioms"。《牛津高阶英汉双解词典》(第六版)释义为"A group of words whose meaning is different from the meanings of the individual words"。在翻译《没眼人》中所遇到的当地百姓口中的四字惯用语或曰成语包括:① 问天问地;② 暑去寒来;③ 吃好喝好;④ 有财没库;⑤ 紧说慢说;⑥ 子丑寅卯;⑦ 死皮赖脸;⑧ 胡说八道;⑨ "顺其自然";⑩ "对天发誓"等等。

翻译成语时,既要考虑它在上下文中所起的作用,又要注意说话人的口气,如:是生气还是埋怨、是关心还是爱护等。

以"有财没库"为例,盲人队长埋怨队里一个能吃能喝的队员时说:

——队长:"你这个人是有财没库。"

——队员:"有财没库,我能混媳妇(这里的"混媳妇"是指泡女人的意思)。"

在翻译时,根据上下文的需要,对"有财没库"做了这样处理:

——"You're truly ***flat broke***."

——"***Without money***, but I know how to please a woman."

其中,前者 Flat broke 在英国英语中为"Stony broke",表示一贫如洗;而后者 Without money 更是直接表明说话人"身无分文"。之所以这样处理,考虑到队长出生在北京,眼睛被炸瞎前,

① 中华人民共和国外交部查询网址: http://www.fmprc.gov.cn/eng/default.htm。

有过文化的熏陶。而其他人既是盲人,也没有文化。

3.5 **对俗语的替代**

电影《没眼人》中出现的俗语,包括谚语的次数也不少,如:“活人还能让尿憋死”、“少来夫妻老来伴”和“人算不如天算”等。上述三句话的翻译分别为:.

(1) How can people be suffocated by piss?

(2) Young couple become partners in old age.

(3) Man proposes, but God disposes.

其中第三句恰好跟英语的谚语相吻合,就直接拿来进行替换。

4. 结束语

翻译国产电影,不仅局限在台词,还包括电影简介和影名,这也是译者的任务之一。翻译简介时,难译的地方首先是汉语中的零式指称,由于英语句子通常需要有明确的主语,翻译时要增补主语,而增添的部分既要准确地道,又要符合英文的表达习惯。

其次是翻译影名,本片的原名为《花红花白》,所表明的意思,一是当地红红的桃花和白白的杏花几次出现在镜头中,二是也孕育生命的轮回:生生死死、新人换旧人。在译完整个剧本后,感到中文影名跟剧情有出入,因此向导演表明,首先,在我国,习惯上把女人比喻成“美如水”、“亮如花”,而影片中基本上讲的是男人的故事,形容男人,应该叫“牛”或“山”。其次,本片讲述的故事发生在我国西部太行山区,中国不缺乏名山大川,但革命“红山”却屈指可数,包括井冈山、韶山等等。再者,本片开辟了一个新词:没眼人,是对盲人的尊称。于是,笔者建议导演将片名修改成《大山里的没眼人》,而英文名为 *The Eyeless in the Mountains*。结果,导演和相关负责部门均接受了笔者的建议。由此感到:要想做一名合格的电影翻译工作者,首先是学者,其次是译者。学者加译者才是社会更偏爱的劳动者。

所谓“翻译相长”(To translate is to learn),是作者此次的最深体会。

* 本文受我国著名翻译家郭建中教授汉英翻译中“替代”方法的启发,写作过程中得到了郭建中教授和李亚舒教授的悉心指

导，特此致谢！

参考文献

[1] Cohen, Betty. Globalization and Diversity, What Do They Mean for Translators? - Speech at the Opening Ceremony of the 5th National Council Meeting of Translators Association of China. 中国翻译. 2005(1).
[2] 郭建中. 汉英/英汉翻译：理念与方法(上)、(下)[J]. 上海翻译，2005(4),2006(1).
[3] Jacobson, Roman. Globalization and Diversity, What Do They Mean for Translators? - Speech at the Opening Ceremony of the 5th National Council Meeting of Translators Association of China. 中国翻译. 2005(1).
[4] 现代汉语词典(第五版)[M]. 商务印书馆,2010.
[5] The American Heritage Dictionary of the English Language (3rd Edtion). New York: Houghton Mifflin Company, 1996.
[6] Webster's Encyclopedic Unabridged Dictionary of the English Language (New Revised Edtion) [Z]. New York: Gramercy Books, 1989.
[7] 新牛津英语词典[M]. 上海外语教育出版社，2001.
[8] 贾东荣."卢沟桥事变"激发了中国全面抗战[J]. 山东英才学院学报，2010(3).
[9] 李随安. 论前苏联文艺在中国抗日战争中的作用[J]. 宁波大红鹰职业技术学院学报,2005(3).
[10] 陈坚. 抗日战争时期中国共产党干部党性教育及其启示[J]. 中国延安干部学院学报,2010(1).
[11] 牛津高阶英汉双解词典(第六版)[M]. 商务印书馆，2004.

作者简介：潘月明，浙江理工大学外国语学院副教授，研究方向：应用翻译，英语教学法。
郭秀芝，中国医科大学宣传部教授，研究方向：应用翻译。

《英汉互译应用翻译立体化基础教程》教材编写框架的构想

裴剑波

摘　要: 教材建设是教育体系中至关重要的因素之一。应用翻译教材的编写是应用翻译学科的重要组成部分。本文强调了应用翻译教材的地位和作用,分析了我国应用翻译教材的现状,介绍了《英汉应用翻译立体化基础教程》教材编写框架的构想。

关键词: 应用翻译;教材编写;立体化教材

1. 应用翻译教材的地位

关于翻译教材的地位和作用,复旦大学陶友兰(2008)认为有以下几个方面:① 教材是教学大纲实施的重要工具;② 教材可为课堂教学提供有价值的输入材料;③ 教材可成为师生的教学指导和作为教学的主体框架;④ 教材可为课堂教学提供信心和安全。应用翻译隶属于翻译学,应用翻译教材的地位和作用也应等同于翻译教材的地位和作用。教材建设是高等教育体系中至关重要的因素之一,应当充分重视,以适应新时期高等教育快速发展的需要。然而,作为高等教育重要组成部分的教材建设却严重滞后,高等教材建设仍有不尽如人意之处,教材建设现状不容乐观。

2. 国内应用翻译教材的现状

目前,我国的翻译教材呈现出一片繁荣景象,各种翻译教材纷纷出版,层出不穷,蔚为壮观。张美芳(2001)在其《中国英汉翻译教材研究(1949—1998)》中统计的数据：半个世纪以来出版的翻译教材有115种。另据范守义和陶友兰(曾剑平、林敏华，2010)的不完全统计，当前我国正式出版的翻译教材共有1000多种。笔者通过卓越网和当当网随机检索，2000～2010年十年间出版的应用翻译教材近40种，高职翻译教材近50种，两项之和就近100种，根据张美芳的调查，共有71.7%的被调查者对已出版的教材不满意，甚至很不满意(方梦之，2005)。由此可见，翻译教材的表面繁荣不能掩盖其缺陷与不足。

现有应用翻译教材不足与不尽如人意之处主要体现在：

2.1 编写体系不合理

有的应用翻译教材缺乏理论的宏观指导，过分注重增减分合等微观技巧，授之以"鱼"的东西过多，而授之以"渔"的宏观内容则显不足。应用翻译重要的指导理论目的论、变译论没有涵盖其中。现有教材中，体系编写较好的有方梦之等(2005)编著的《英汉—汉英应用翻译教程》；王墩田等(2009)编著的《高职高专翻译实训教程》，但读者对后者反映内容偏难，不易自学。

2.2 教材形式单一，未开发立体化教材

现有的教材大多是理论教材，未开发配套同步的实训教材、自学辅导教材、教学光盘等。这方面我们可以借鉴国外先进经验，吸收国外优秀教材长处。如德国的教材特别是职教教材分实训教材和理论教材，分别侧重于"how"和"why"，将实践活动和专业知识有机融合在一起。当然，这方面，国内也有较为优秀的翻译教材，如王振国等(2008)编著的《新英汉翻译教程》，就分教师用书和学生用书，分别配有教师电子教案光盘和学生学习光盘，方便教师选取材料教学，又适用于学生课前预习、课外自学，是难得的好教材。教材建设问题，我们可以吸收国外教材的诸多优点，开发国内优质应用翻译教材，建设优质应用翻译教学资源库。

2.3 教学理念缺乏创新，教材建设滞后

近年来，国内外教学界倡导以学生为中心，要求教师由知识的传播者、灌输者转变为学生主动建构意义的帮助者、促进者、引导者。现有的教材大多是"填鸭式"、"灌输式"的模式，不能激发起学生的学习兴趣，让学生积极地投入到翻译活动去。在教学中

教师要不断地吸收新的东西，形成新的教学理念。如建构主义认为学习的本质是学生积极投入到有意义的学习过程中。学习不是被动地传递信息，而是一个积极地解决问题和尝试的过程。学生投入到相关的真实任务中，学习最有效，也就是在做中学。教材编纂中就应体现种种新的教学理念，令教材臻于完善。

2.4 教材内容陈旧，不能与信息科学和技术相整合

通过网上检索及对教材的介绍，发现现有的绝大多数应用翻译教材包括高职教材，其编写体系仍是传统体系，没有采用现代教育技术，将信息科学和技术整合到教材体系中。在信息化时代，"正如驾着牛车走在高速公路上"①。就笔者所知，仅有寥寥几本，在编写体系中将翻译技术和翻译工具纳入其中。如陈谊(2008)的《大学英语实用翻译教程》、王墩田等(2009)编著的《高职高专翻译实训教程》和冯庆华(2010)的《英汉互译实用翻译教程》(第3版)有相关的内容，其中《大学英语实用翻译教程》从编写体系上看为不可多得的优秀教材。

翻译教材层出不穷，这一方面固然是翻译教学发展的需要，另一方面则是受市场经济利益所驱动，而后者是造成翻译教材质量良莠不齐的主要原因。

3 《英汉应用翻译立体化基础教程》编写框架的具体构想

3.1 教材的编写思想

遵循多元化视角、时代化视角、按照学习和认知规律、密切联系实际等编撰原则。教材编写的首要原则是双明确原则，即读者定位明确与翻译标准明确。目标读者为应用类专业学生包括经贸、科技、旅游等，职业特色鲜明。翻译标准是应用类文体翻译标准。

3.2 教材的编写框架

《英汉应用翻译立体化基础教程》编写的总体框架为"四位一体"：由翻译理论包括基础翻译理论英汉对比、认知心理学和应用

---

① 见王墩田、肖建壮：《高职高专翻译实训教程》前言，苏州大学出版社，2009年版。

翻译理论目的论与变译论、计算机辅助翻译、理论教材和实训教材及自学辅导教材和语料库的应用等四个模块组成。《英汉应用翻译立体化基础教程》实际上不是单一的一套教材，而是立体化的教材包，由理论教材、实训教材、自学辅导教材、教师教学光盘和学生学习光盘等组成，如下图所示：

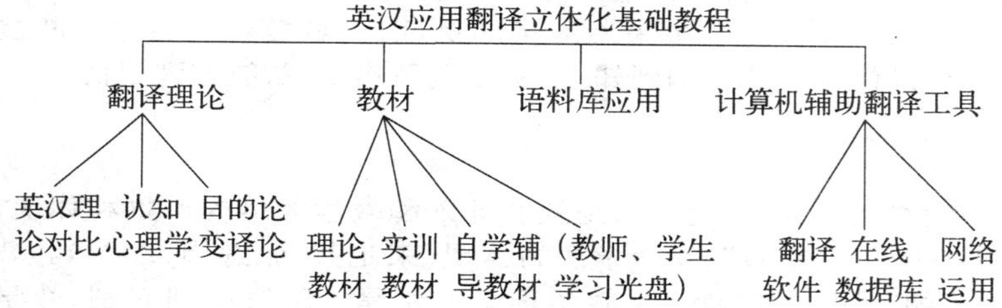

理论教材在内容上分上下两册，包括教师用书和学生用书。上册的内容有翻译概论（包括翻译定义、标准、形式、类型和方法等）、翻译的过程、英汉语言文化对比、目的论、变译论、常用翻译技巧等；下册的内容包括计算机辅助翻译（包括翻译与语料库、翻译记忆系统和翻译本地化等）、经贸翻译、科技翻译、法律翻译、广告翻译、新闻翻译、旅游翻译、应用文翻译、论文标题与摘要翻译和中医中药翻译等。教师用书的内容包括每一章的教学重点、教学目的、教学方法等，教师可选取适量的材料，运用教学系统中的桌面多媒体系统或教学光盘进行教学；学生用书的内容，每一章后均附有推荐查阅书目录和同步训练练习，学生利用学习光盘可进行课外自学。其中最具特点的是通过练习学习某些技巧的，让学生先练后学，在翻译实践中总结出翻译技巧。把学生推到主动学习的位置上，在翻译中学习翻译。教材中的练习多采用多种译文，比较分析优劣，让学生知其然，亦知其所以然。

实训教材内容与理论教材内容同步，选取了大量的练习及其答案，配合各个章节的实训教学，以体现“在练中学，边练边学，在学中会”的教学理念。教师可利用实训教材所配有教学光盘进行教学。

自学辅导教材内容与理论教材同步，同时包含英汉语言对比、中西文化对比、比较翻译美学、翻译认知心理学等内容。自学辅导教材根据学生的生理、心理特点，为增强学生的学习效果，吸引学生自身的学习兴趣，教材中充满了人性化的考虑，一切从便于学生学习的目的出发。提供充分的空间和自由，让学生自主学习、自由学习，跟随学习光盘可快可慢，可反复学习，视自身实际情况和学习兴趣而定，选取感兴趣的内容，深入研读，以体现“以人为本”、“因人而异”的教学理念。重视学生自学能力和理解能力的培养，在教材中多采用大量的例证，内容复现。通过不断复现，可以使学生从不知到知之，从知之到熟知，从熟知到记忆。

4. 结语

教材，作为教学资源，是教学计划和教学大纲的产物和体现，是它们的“微缩版”，是教学法的体现（束定芳、张逸岗，2004）。教材是编写原则的产物，是教学理念的结晶。编写原则有别，教学理念有异，教材呈现出的表现形式亦不同，其所实现的教学效果便有优劣之分。教材建设是教育发展的至关重要的因素之一，要快速发展教育，必须优先大力开展教材建设。《英汉应用翻译立体化基础教程》的研发只是我们的尝试，在此不揣浅陋，以就教于译界的同行。

参考文献

[1] 陶友兰. 论中国翻译教材建设之理论重构[M]. 复旦大学出版社，2008.
[2] 张美芳. 中国英汉翻译教材研究(1949—1998)[M]. 上海外语教育出版社，2001.
[3] 曾剑平 林敏华. 论翻译教材的问题及编写体系[J]. 中国科技翻译，2010，
[4] 方梦之. 英汉翻译基础教程[M]. 中国对外翻译出版公司，2005.
[5] 方梦之，毛忠明. 英汉—汉英翻译教程[M]. 上海外语教育出版社，2005.
[6] 王墩田，肖建壮. 高职高专翻译实训教程[M]. 苏州大学出版社，2009.
[7] 王振国，李艳琳. 新英汉翻译教程[M]. 高等教育出版社，2008.
[8] 陈谊. 大学英语实用翻译教程[M]. 北京邮电大学出版社，2008.
[9] 冯庆华. 英汉互译实用翻译教程（第 3 版）[M]. 上海外语教育出版社，2010.
[10] 束定芳，张逸岗. 从一项调查看教材在外语教学过程中的地位与作用

[J].外语界,2004(2)

本文系广西教育科学"十一五"规划立项课题"广西民族地区高职高专应用翻译教材研发与教学理念研究"(课题编号为:2010C238)的阶段性研究成果。

作者简介: 裴剑波,南宁地区教育学院外语系副教授,大学外语部主任。研究方向:应用翻译教学与教材编写

双语新闻稿件翻译教学的意义、内涵和操作

唐耀彩

提　要：培养非英语专业本科生的翻译能力尤其是应用翻译能力受到重视。本文探讨双语新闻稿件翻译教学的意义、内涵和操作。这一教学方法的操作要点包括：选择高质量的双语新闻稿件；全面、准确理解原语稿件；深入分析译语稿件的翻译策略与技巧；运用翻译策略与技巧翻译英语稿件。

关键词：英汉新闻翻译；双语新闻稿件；翻译策略与技巧

1. 引言

近年来，面向非英语专业本科生的翻译教学受到重视（蔡基刚，2003；大学英语教学基本要求项目组，2004）。蔡基刚（2003：63—66）从时代发展对翻译人才的需求与大学英语翻译教学的现状两方面论述了面向非英语专业本科生的翻译教学的必要性和可行性。《大学英语课程教学要求（试行）》对非英语专业本科生应达到的翻译能力作了明确要求，还提供了翻译能力自评/互评方案（大学英语教学基本要求项目组，2004）。翻译能力也成了大学英语考试的测试内容（全国大学英语四六级考试委员会，2006、2007）。当然大学英语考试只测试考生汉译英的能力，没有测试他们英译汉的能力。

基于以上认识，现在全国不少高校已为非英语专业本科生开设了翻译课，培养他们的翻译技能。各个学校的大学英语教师也

各显其能,确定适合本校学生的翻译教学内容和教学方法。对于广大非英语专业本科生而言,学习应用翻译的技能是翻译学习的重点(何刚强,2010)。而应用翻译当中,新闻翻译可以说是重头戏。本文探讨双语新闻稿件翻译教学。学习双语读物以提高翻译技巧本身不是什么新思想,图书市场上已有大量的双语读物。但人们往往只告诉翻译学习者应该认真阅读双语读物特别是名著名译(如庄绎传,1999;苏福忠,2002;杨宪益,2002),却少有人深入探究使用双语读物是否真的算作一种翻译教学方法,如何有效地研习双语读物,如何将双语读物研习与翻译实践结合起来。本文试图在以上三个问题上有所突破。

2. 双语新闻稿件翻译教学的意义

非英语专业本科生对新闻稿件没有陌生感,比较容易接受新闻稿件。他们成为大学生后就开始更加关注国际时事。随着英语水平的提高,他们开始接触英语新闻报道,如《21 世纪报》和《中国日报》等报刊中的新闻稿件。这一阶段他们接触新闻稿件的目的主要是提高英语阅读技能,扩大词汇量,掌握一些重要单词和短语的用法。如果我们因势利道,学习翻译时也让他们接触英语新闻报道,特别是英语世界的主流报刊的新闻报道,他们对英语新闻报道的兴趣能保持下来。幸运的是,英美报刊如《金融时报》和《华尔街日报》都有了双语新闻栏目。我们可以合理使用这类报刊的双语新闻栏目,开展英汉新闻翻译教学。

双语新闻稿件是非英语专业本科生学习翻译技能的理想天地。这些学生修学翻译,他们在翻译界是新手,新手需要入门。入门时需要翻译教师的指引,也需要研习好的译本。翻译教师掌握全面的翻译史、翻译理论,拥有丰富的翻译实践经验、出色的翻译能力,是搞好翻译课堂教学的基础条件。但由于社会劳动分工的缘故,翻译教师在新闻翻译方面未必总是游刃有余。活跃在国际新闻翻译领域的优秀职业译者可以弥补翻译教师素质的某方面不足。此外,新闻稿件的时效性特点也使研习优秀新闻翻译稿成为必要。职业新闻译者每天都发表译稿,而翻译教师做不到。新闻翻译教学使用的材料不宜过于陈旧。如果不能做到使用当天的新闻稿件,至少不能使用几年前的新闻稿件。选用双语新闻稿件有一个最大的好处就是材料的真实性，不至于使新闻翻译教学脱离新闻翻译实际。英语稿件和汉语稿件都是地地道道的新闻报道或新闻评论。

3. 双语新闻稿件翻译教学的内涵

语言教学方法一般应有明确的语言观和语言学习观，教学目标和教学大纲，教师、学生和教材的作用，以及所采用的活动、技巧和步骤(Richards & Schmidt，2002)。翻译教学方法的界定也可以参照以上标准。双语新闻稿件翻译教学基于语言学派翻译理论。该派翻译理论以语言为核心，从语言的结构特征出发研究翻译的对等问题，强调对翻译行为本身的深层探究，通过微观分析来考察一系列语言层次的对等，揭示了翻译过程的种种问题(谢天振，2008)。双语新闻稿件翻译教学遵循社会构建主义的翻译学习观。社会构建主义学习理论强调学习者将自身经验带进学习过程，强调学习者作为积极的意义构建者和问题解决者，强调学习的社会环境，强调教师、学生、任务之间的相互作用和动态平衡(Williams & Burden，1997)。

双语新闻稿件翻译教学的教学目标是培养学生翻译消息类稿件和评论类稿件的能力，译文要求准确，翻译速度要快，要能翻译多领域(如政治、经济、军事、科技、文化、社会、宗教等)的新闻稿件(刘习良，2005)。双语新闻稿件翻译教学的教学大纲围绕消息类新闻稿件和评论类新闻稿件组织教学内容，其中消息类新闻稿件翻译教学的重点是标题翻译、导语翻译，评论类新闻稿件翻译教学的重点是如何译出新闻评论人的基调和语言风格。双语新闻稿件翻译教学活动中，教师是指路人，学生是探路者，教材是森林。森林里有宝藏，学生在教师的指引下去发现宝藏，收集宝藏，合理使用宝藏。双语新闻稿件翻译教学采用的活动包括单独学习与合作学习相结合，研究习作与翻译实践相结合，教师讲解与学生讨论相结合，学生发言与教师点评相结合等。双语新闻稿件翻译教学的技巧和步骤包括：① 选择高质量的双语新闻稿件；② 全面、准确理解原语稿件；③ 深入分析译语稿件中的翻译策略与技巧；④ 运用翻译策略与技巧翻译英语稿件。

4. 双语新闻稿件翻译教学的操作

接下来结合实例来谈双语新闻稿件翻译教学如何操作。

4.1 选择高质量的双语新闻稿件

选择双语新闻稿件需慎重。双语新闻稿件就是这一翻译教学方法的教材。选择双语新闻稿件应以教师为主,学生也可以适度参与。教师选材时既要看报刊的权威性和公信力,还要看原语稿件和译语稿件的质量。此外,还应考虑双语新闻稿件类别的均衡,应包括消息类稿件和评论类稿件两大类,还应使新闻稿件所涉及的领域(如政治、经济、军事、科技、文化、社会、宗教等)多样化。第三,也要考虑原语新闻稿件的语言难度和知识难度。太难的新闻稿件会使学生望而却步,打击他们学习翻译的热情;太易的新闻稿件学生会感觉没有挑战,没有成就感。语言难度可用生词多寡、句子结构简单还是复杂来衡量。知识难度主要指的是学生是否熟悉某一领域。

值得推荐的报刊有英国的《金融时报》、美国的《华尔街日报》和《财富》杂志、我国的《参考消息》等。《金融时报》、《华尔街日报》和《财富》杂志使用起来比较方便,原语稿件和译语稿件完全对应且很容易找到。使用《参考消息》则要费些周折,因为该刊物里的译语稿件大都根据原语稿件编译而成,原语稿件又往往不容易找到。值得推荐的新闻社是路透社。该新闻社提供美国英语版、英国英语版、加拿大英语版和中国汉语版,可以从中找到双语新闻稿件。

4.2 全面、准确理解原语稿件

选好教材不等于用好教材。教师和学生都要在用好教材方面下足功夫。翻译的过程通常分为理解、表达和校对三个步骤。理解原语是做好翻译的第一步。学生理解原语时教师可以给予适当的帮助,指引学生全面、深入地理解原语。学习翻译之前学生往往满足于对所读文本达到八成的理解。教师应帮助学生实现一个转变,即动手翻译之前的阅读理解程度要到达十成。对原文理解的任何偏差都会表现在译文的表达上。这是对阅读理解的重新认识,对阅读理解的更高要求。教师应强化学生的这种意识。头脑里有这根弦,学生为了翻译而阅读时就会时刻提醒自己，竭尽全力深入理解原文。

除了给学生强化全面、深入理解原文的意识，教师还应给学生其他一些指引。指引的内容包括使用工具书或网络工具，培养上下文意识和语篇语体意识，处理结构复杂的句子。翻译时不可避免会遇到生词或不熟悉的知识点。在这种情况下，译者应该会使用词典和百科全书或具有相同功能的网络工具。好的中小型词典有《朗文当代英语词典》和《牛津高阶英汉双解词典》，不错的大中型词典有《美国传统词典》和《韦氏大学词典》等，出色的百科全书有《大英百科全书》和《大美百科全书》等。优秀的网络工具有维基百科和谷歌等。具备上下文意识和语篇语体意识也很重要。具有这两方面意识，译者才能领会上下文的连贯性，把握全文的主旨和基调，才正确把握一个个词、短语、词组或句子的意思。驾驭结构复杂的句子同样重要，通常的做法是分析句子的句法构造，找出句子的层次。在教师的指引下，全面、准确理解原文时可以让学生单独完成，也可以让他们合作进行。

请看下面的例子：

The latest dismal news on the leadership front comes from the College Board, which tells us that the U. S., once the world's leader in the percentage of young people with college degrees, has fallen to 12th among 36 developed nations.

例句是《纽约时报》一位专栏作家评论中的一句话。非英语专业本科生全面、准确理解这句话有一定难度。学生可能不知道 the College Board 是一个什么机构，也不认识 dismal，教师应让学生去查阅工具书或网络工具。另外，leadership 和 front 虽然是眼熟的单词，但他们的词义并不好把握。对于这样的词，仅仅查阅工具书或网络工具是不够的，教师应提示学生从上下文的连贯性和篇章的主旨和基调入手，从整体上理解理解词义。由于例句的结构比较复杂，教师应指引学生分析这个句子的句法层次。

4.3　深入分析译语稿件中的翻译策略与技巧

由于英汉两种语言的差异，译者在翻译时需要用到一些翻译策略与技巧。翻译学习者在充分理解原文的基础上，仔细分析译文中所使用的翻译策略与技巧，判断这些翻译策略与技巧是否恰当。教师在翻译教学中应指引学生养成翻译策略与技巧意识，帮助他们发现并评判翻译策略与技巧。常见的翻译策略有直译与意译、归化与异化、形似与神似、形式对等与功能对等。常见的翻译技巧包括增益与省略，合句与拆句，动态与静态的转译，具体与抽象的转译，词类转换，逆向表达，顺序、逆序与重组、被动态转译为主动态等。这些翻译策略与技巧体现在新闻翻译的各个层面与领域，消息类新闻稿件的标题、导语、正文与结尾，评论类新闻稿件的标题与全文。分析译语稿件中的翻译策略与技巧时，学生在教师的指引下既可单独进行，也可以合作完成。

请看下面的例子：

(1) A. China sees gold imports surge as investors search for safe havens

B. 中国黄金进口量激增

例(1)为《金融时报》一篇消息类新闻稿件的标题。A 和 B 分别是原语标题和译语标题。面对这篇新闻稿件标题的原文和译文，教师可以提示学生去发现例(2)中的翻译策略与技巧，并让学生评判译文是否妥当。此外，教师还应提醒学生注意中英文新闻标题的差异。

再看另外一个例子：

(2) A. Gold imports into China have soared this year, turning the country, already the largest bullion miner, into a major overseas buyer for the first time in recent memory.

B. 中国今年黄金进口量激增，使这个全球最大的黄金开采国近年来首次成为一大海外买家。

例(2)是上文提到的那篇稿件的导语。A 和 B 分别是原语导语和译语导语。面对这篇新闻稿件导语的原文和译文，教师同样可以提问，指引学生去发现例(2)中的翻译策略与技巧，并让学生评判译文是否贴切。教师还可以作进一步的指引，让学生提出自己独到的译法。

4.4 运用翻译策略与技巧翻译英语稿件

全面理解原语稿件的意思，深入分析译语稿件的翻译策略与技巧都不是新闻翻译教学的最终目的。新闻翻译教学的最终目的是培养学生独立翻译新闻稿件的技能。独立的翻译技能离不开全面而准确地理解原文，更离不开运用恰当的翻译策略与技巧。可以这么说,第一、第二个步骤是翻译观摩,第三个步骤是翻译实战。翻译观摩时教师其实也有意识地培养了学生的翻译思维能力如比较、类推、分析、归纳和综合等。翻译思维能力连同翻译策略与技巧在翻译实战时要加以综合应用。

翻译实战时教师的指引同样重要。学生在翻译过程——理解、表达和校对的每个阶段都能加以指引。理解阶段的指引前文已经讲得比较详细,不再赘述。表达阶段的指引除了提示学生运用翻译策略和技巧外,还应重点提示学生加强翻译思维的训练,比较、类推、分析、归纳和综合等都很重要。翻译策略与技巧运用自如,翻译思维活跃,学生的译文才能避免硬译。校对阶段的指引重点在提醒学生不要漏译。

请下面的例子:

So instead of pursuing a carrot or a stick approach, schools want to entice kids to choose the carrot sticks, figuring children are more likely to eat something they select themselves.

例句选自美联社的一篇消息类新闻稿,主旨是美国政府资助相关饮食心理研究机构帮助全国中小学实施学生饮食健康计划。教师给学生的翻译过程——理解、表达和校对提供必要的指引,供参考译文,并让学生说出翻译心得。比如,教师提醒学生注意 pursuing a carrot or a stick approach 和 the carrot sticks 的意思。参考译文是:"有鉴于此,校方不再推行一味奖励或一味惩罚的政策,而是想办法让孩子乖乖地选择胡萝卜条之类的健康食品,理由是孩子们自愿选择的食品才更有可能吃到肚子里去。"

5. 结语

双语新闻稿件翻译教学既适合教师搞课堂翻译教学也适合学生在课外自学翻译。在当今网络信息时代,这种翻译教学尤其值得推广。上文提到的《金融时报》、《华尔街日报》、《财富》杂志、《参考消息》以及路透社都有各自的网站。广大教师和学生可以从中找到适合翻译教学的资源。值得一提的是,以上报刊或新闻社提供的稿件译文未必总是最恰当的,需要教师和学生加以鉴别。

参考文献

[1] Richards, J. C. and Schmidt, R. W. Longman Dictionary of Language Teaching and Applied Linguistics (3rd ed.) [M]. Essex: Pearson, 2002.

[2] Williams, M. and Burden, R. L. Psychology for Language Teachers: A Social Constructivist Approach [M]. Cambridge: Cambridge University Press, 1997.

[3] 蔡基刚. 重视大学英语翻译教学提高学生英语应用能力[J]. 中国翻译, 2003(1).

[4] 大学英语教学基本要求项目组. 大学英语课程教学要求(试行)[M]. 清华大学出版社, 2004.

[5] 何刚强. 切实聚焦应用,务实培育译才——应用翻译与应用翻译教学刍议[J]. 上海翻译, 2010(1)

[6] 刘习良. 重新认识翻译//刘洪潮. 怎样做新闻翻译[M]. 中国传媒大学出版社, 2005.

[7] 全国大学英语四、六级考试委员会. 大学英语四级考试大纲(2006 修订版)[M]. 上海外语教育出版社, 2006.

[8] 全国大学英语四、六级考试委员会. 大学英语六级考试大纲(2006 修订版)[M]. 上海外语教育出版社, 2007.

[9] 苏福忠. 前言//凯撒和克莉奥佩特拉[M]. 杨宪益, 译. 人民文学出版社, 2002.

[10] 谢天振. 当代国外翻译理论导读[M]. 南开大学出版社, 2008.

[11] 庄绎传. 英汉翻译教程(2 版)[M]. 外语教学与研究出版社, 1999.

作者简介：唐耀彩,北京第二外国语学院副教授、北京大学博士生。主要研究方向：翻译、语用学等。

利用预设理论解决口译中的文化缺省现象

吴咏倩

摘　要：本文将从语用层面，利用预设理论解决口译中的实际问题，即文化缺省的问题。预设是语用学研究的一个重要方面，近十年来国内学者对预设的研究呈上升趋势。本文将首先对预设理论做一个简单介绍。然而，虽然已经有相关学者将预设理论与翻译实践结合在一起，但用之专门指导口译实践的研究甚少。而口译实践本身具有的独特属性，如当下性、语境化特征等，决定了其不能和其他翻译实践等同而论。因此，本文将结合口译实践的特点，及口译中可能出现的文化缺省现象，利用预设理论，通过分析相关案例，力求为口译实践提供一些启发。

关键词：预设；口译；文化缺省

1　预设

预设是一种复杂的现象，目前学术界尚无统一的界定。但其大体意思可从下面这个例子体现出来。如果我问：你有孩子吗？很明显我的预设是有这个人来回答我（我不是一定说："另一个人"以为我当然也可以自言自语）。我也预设被问到的某人懂汉语。进一步讲，我还预设一些看起来还不算太明显的事情比如某人有这个能力来回答我（我不太可能问一个正俯躺在游泳池底的人这个问题），以及别人愿不愿意来回答这个问题（我不太可能会去问正有心事的人），我也预设他们愿意来回答有关隐私的问题。

翻译中,我们需要预设理论,因为这涉及到翻译中的重要问题。大多数操匈牙利语的人不用被特别告知 Mohacs 是一个军事失败点,正如大多数的法国人不用说就知道在 Alesia 遇到的一点小困难。用这些语言来写作,无需大费篇幅,就可以激起很强烈的复杂信息。然而,要把这些信息传达到另一文化中,原先所预设的信息可能就丢失掉了。那么问题就是评估可能的现状事实以及可采取的措施,并且每一步都会面临着困难。(Leo Hickey, 2001: 114)

2 口译的特点

口译实践本身具有的独特属性,如当下性、语境化等特征决定了其不能和其他翻译实践等同而论(刘宓庆,2003)。

2.1 口译"语言游戏"的"当下性"

口译都必须当场实现语言交流转换交流,不容延宕。"当下性"(instantaneity) 是对口译员很重要的要求。现在许多国际组织在考核和招聘口译员时都规定"当下性"为 2—3 秒钟,即在接续口译中,对话 A 方说完一句或一段以后,译员应在 2—3 秒钟内即作出反应,将 A 方的话译出来给 B 方听。而且,对口译员而言,心理压力可以大大减轻即时反应能力甚至影响语言整体质量。

2.2 口译传播本身的语境化特征

口译是特定语境下特定的翻译传播行为,语境是"语言使用"的现实化,语境对意义起相对固定作用。

3 口译中文化缺省现象的客观存在

口译,作为一种在两种语言中穿梭的行为,而语言是文化的载体,因此,口译行为不可避免的会面临跨文化交际的问题,口译中的文化缺省现象便随之而来(詹大好,2000)。

3.1 由文化差异所造成的文化缺省

"各民族文化有其产生的土壤,发展的历史和群体认同的现状。不同的地理环境,不同的历史背景决定了不同的文化现状。不同的文化现状意味着不同的风俗习惯,不同的行为准则。"林大津先生这里所说的即文化差异。文化差异的客观存在直接导致了翻译中文化缺省现象的不可避免。

3.2 由源语发出者有意省略所造成的文化缺省

众所周知,在交际过程中,交际双方只要有了共同的背景知识或共同的语用前提,交流时省去一些对双方来说都是不言而喻的内容,照样能达到预期的交际目的。对作者而言,他的话语也是一种交际活动,读者就是他的交际对象。因此,源语作者在写作时一般会对自己的意向读者 的知识结构或文化经验有一定的判断，在讲话时对一些他认为与听者共有的且无需赘言的文化信息，往往作有意省略。

3.3 由翻译者跨文化交际意识或能力的不足所造成的文化缺省

翻译是两级信息的传输系统。译者充当着原语接受者和作为译语作者的双重角色，要求他同时对原语作者和译语作品的读者负责。这样就严格要求了他对原语和译语都必须具备足够的语言文化能力和跨文化交际能力。只有这样，他才可能一方面明确地洞悉原语中可能存在的文化亏损，另一方面准确地对自己的意向读者的知识结构作出判断，然后合理地确定与读者共有的知识与语用前提，进而用译语表达原语的文化亏损，足量地传达出原语所蕴含的语义和文化信息。这样的要求对译者来说很高的，然而又是必须的。

4 解决方法

为了更好地解决口译中的文化缺省现象,译员不仅需要提高自己的语言能力,还要有能力意识到口译过程中所产生的文化缺省。联系上述口译所具有的独特特征,一个重要且有用的解决文化缺省现象的方法就是运用预设知识,提高对那些言者自身认为众所周知,因此无需申明,有意漏掉的信息的敏感性。而预设所具有的特征(何自然、冉永平,2009)可以给我们不少启发。

4.1 预设的合适性

预设的合适性是指预设与语境紧密结合,预设是言语行为的先决条件。使用中的任何话语存在这样的一个前提条件,即在语用上该话语的语境是合适的,恰当的。语用前提体现的就是话语及其语境之间的一种关系。其实,很多时候只有相关的语境条件得到满足之后,话语才能进入交际,其非字面意义才能被人们理解。前提的合适性有助于说话人正确的发出言语行为，并使听话人正确理解该行为。

为更好地说明这一点，下面将以记者招待会为例。总体上讲，在一个记者招待会上，话语所围绕的主题都会紧紧围绕着会议主题来展开。另外，在这一框架内，每个人的注意力都会不仅集中到话语当时情景的主题，而且会是自己本身所密切关注的事情。这样，由于关注那有限数量的问题，而不是漫无目的地去准备，译员的准备工作就会相对轻松得多、有效得多。每年的我国外交部记者招待会上，记者们对杨部长的提问都紧紧地围绕着中国的外交政策及外交关系来展开。并且所提问题与他们本身有密切关系，事关本民族、本文化的切身利益。所以尽管文化缺省不可避免，但仍可大体预测即将要讨论的问题并为之做好准备，将文化缺省的负面影响降到最低。中央电视台的记者所提问题是关于中国的外交关系和外交政策的，这是中国人民所最关心的问题。而美国的记者所提问题则是特别有关中美关系的。

4.2 预设的共知性

预设是交际双方没有必要明确讲出来的那部分信息，这体现了语言使用的经济原则。它必须是交际双方公知的，或能够推导出来的前涉条件。从语用的角度来说，前提可称为“语用语境前提”，因为它是一种语言结构以外的信息。随着交际的进行和深入，语境也随之深入与变化，也就是说，双方所共有的知识范围在不断扩大。交际中的已知命题或已表述的命题可以称为下一个命题的前提，且在一定条件下命题与前提可能发生交替与互换。需要口译人员对前提进行以语境为基础的动态分析。现实交际中说话人与听话人之间的话语存在着大量的信息空缺，这些空缺译员可以利用双方的共知前提进行弥补、充实，实现成功的交际。

参考文献

[1] Leo Hickey. The Pragmatics of Translation[M]. 上海外语教育出版社，2001.

[2] 陶友兰，鲍晓英. 高级英语口译：理论、技巧与实践[M]. 上海世纪出版股份有限公司译文出版社，2008.

[3] 何自然，冉永平. 新编语用学概论[M]. 北京大学出版社，2009.

[4] 刘宓庆.口笔译理论研究[M].中国对外翻译出版公司,2003.
[5] 林克难.翻译需要理论指导[J].上海科技翻译,2003(1).
[6] 林克难.语用——翻译理论下一个研究重点[J].福建外语,1996(4).
[7] 戈玲玲.预设及翻译技巧[J].中国翻译,2002(3).
[8] 王晓燕.口译特点与口译教学[J].中国翻译,2003(6).
[9] 陆卫萍.文化缺省与翻译[J].零陵学院学报,2003(1).
[10] 詹大好.以跨文化交际为目标处理翻译中文化亏损的问题[J].三明师专学报,2000(2).

作者简介：吴咏倩，中国海洋大学外国语学院外国语言学及应用语言学专业在读研究生。

译清概念，弘扬文化
——“千张包子”译后记

徐伟彬

摘　要：本文记述相关小吃译介以折射意义解释的概念定位重要性，并通过音译窥测译者文化道德态度与源语文化介绍这一现实关系处理的异化对策作用。

关键词：概念；音译；异化；文化

应用翻译贴近现实，联系经济，融通文化，推动生活，是当今经济社会打造软实力的重要因素之一。2010 年上海世博会之际，传承百年、闻名遐迩的浙北小吃丁莲芳千张包子走进世博园，味鲜香飘，促进经营，沁人心脾，传述文化。结合营销，相关文稿汇编成书，介绍该中华老字号创建自 1878 年的沧桑历程和如今昂扬的奋进新貌，旨在宣扬吴越民俗，弘扬区域文化。世博前夕，受托翻译后发现“千张包子”并无定译，汉英词典和主要英译菜肴名录中都没有，网上词典或译为 dried pieces of bean curd steamed stuffed bun，或竟然译为 thousands of a stuffed buns，均未译出原义，无法借用。应用翻译遵循翻译的一般规律，在忠实于原文意思的前提下，译文必须通顺易懂（郭建忠，2010），以便经由译入语显示原文概念来转达相应意义和衍生预期的交际效果以及文化影响，因而依据语境，把握对象特征，译清概念是搞好此类翻译的基础。

千张包子主要以精致猪肉为料，现今也有海鲜为馅的，裹于薄而韧的千张中，蒸制而成，大多配汤饮用，也可蒸后食之，其固有概念不仅仅在于交代千张数量，也不指称传统意义上的包子。这里，“千张”系豆腐干片（中国社会科学院语言研究所词典编辑室《现代汉语词典》，1998），我国北方俗称豆腐皮，质地纤薄，可凉拌，或清炒，也能煮食，如湖北名菜千张肉丝即以千张为料；所谓“包子”则呈线系块状，约5厘米见方，内包主料猪肉或海鲜。故千张包子乃以千张（皮/薄片）裹馅而成，为一个音义单位，系特定文化名片，译文不应以“千张”加“包子”来草率拼凑，误传别样意思，而要针对实物，厘清特征，锁定概念，择词译之，且需顺畅易解，方可让译入语读者于心目中呈现大致物象，自然明了地领悟原义。

因此，我们抓住千张包子的主要特征，将其译成：Qianzhang Baozi — Steamed Ground Pork or Seafood Wrapped in Tofu Sheets（郑天枝、曹勤，2010），用意译衬托音译和异化译介两个层面来分别转述原有概念，荐引我国江南烹饪文化中的这枝奇葩。上述译语的解释部分重在反映原物件主要特点，辅助音译，从技法角度解释对象重要特征，以便译清概念，产生合乎原义的言语交际效果。当然，随着实际应用，有如“馄饨”译为“won ton”（北京外国语大学英语系《汉英词典》组，1995）一样，Qianzhang Baozi基本概念明晰化之后，后接部分自会省略，而仅以该音译代之。音译带有自身社会文化语境给予的特定形式烙印和异质文化内涵，以新颖神韵传达相关异域概念，张扬己方民风俗尚、风土人情，反映译者的文化道德态度（郭建忠、Venuti，2010），譬如尽管东西方文化对于“龙”（dragon）有着截然不同的褒贬理解，但几年前上海东方卫视的英文台名便从Oriental TV切换为Dragon TV，以华夏文化之貌，彰显泱泱东方之义。但音译除了置身典型语境、具备明确参照或特定意图外，首次译介则有必要附上解释，突显概念意义。因为概念意义直接、明确地表示所指对象（方梦之，2005），径直产生相关概念联系思维和交际的本源性作用，易增强译后理解接受传播之效应。

译清概念常为语言路径和文化渠道彼此互动，殊途同归。前者系翻译技巧之运用，直译和意译兼而有之，于不同意义显现相关概念，既可直接现身于概念意义，也可间接隐现于诸如搭配或文化等意义之中，如：“museum”的概念意义是：a building where many valuable and important objects are kept so that people can go and see them(麦克米伦高阶英语词典,2003,简称英语词典)～“博物馆”:搜集、保管、研究、陈列、展览有关革命、历史、文化、艺术、自然科学、技术等方面的文物或标本的机构(词典编辑室,1998)。

同样,“老芹菜”的搭配意义在于“老”的如下概念:(蔬菜)长得过了适口的时期(《现代汉语词典》,1998)— “overgrown celery”: . . . beyond cooking state。

“as drunk as a boiled owl”的文化色彩离不开概念: unable to control your actions or behaviour because you have drunk too much alcohol(英语词典,2003)—“烂醉”: 表示(醉得)程度极深(《现代汉语词典》,1998)。

这些都反映了翻译的语言根基和文化交流性质所基于的言语本质。因而上述后者借助译语形态传递译者文化道德意向,映射相关文化效应,体现翻译的文化传播本性。其策略运用众所周知,或则入乡随俗,换形显义,文化相貌归化于己。如: Jack of both sides—骑墙派。

或者音依旧,间或形对应,以异化装束裹异乡概念经语境散播而融入译语生活天地,传达异邦文化影响,如:“今天你签到了吗?”正在成为时下最流行的“切客”问候语。“切客”一词源自英文 check in,指的是热衷于用 LBS(location based services)的手机移动互联网软件、即时记录生活轨迹的都市潮人。中国的“切客”用户越来越多,代表着互联网应用正从虚拟走向现实,影响并改变每个人的生活(南方人物周刊,2011)。

翻译经由语境联系认知,具有跨越时空的文化特质,集概念转述和文化译介于一体,匠心独运,快捷传译他山意义。而音貌不变,反映源语文化影响,音译加意译可谓双管齐下,开发一种异化的通顺策略(foreignizing fluency),求得译文一种新的可读性(郭建忠,2010)。从语言哲理角度看,翻译是译者基于理解的基础上,用目标语中的能指链,替代原文中的能指链的过程,因为能指链构成了外语文本的形式(郭建忠,Venuti,2010)。从实际应用角度看,翻译的目的是把另一种文化译得在接受语中能理解、熟悉、甚至一致(郭建忠,2010)。这反映了语言形式的意义嬗变性质和意义的当下性识解作用与跨文化交际间的相对关系。就应用而言,翻译主要在于意义的概念解释带来的文化交流作用。

就语言学来说,意义分析往往聚焦相关对象的某一层面特征,具有切片性质,呈单一外貌,而真实交际过程中的意义则必须具备语用的整体功能,以一定概念为识解内核,翻译概莫能外。余光中先生形象地说过,鸠摩罗什曾喻翻译为嚼饭喂人,这妙喻大可转化为译文的"生"与"烂"。译文太迁就原文,可谓之"生",俗称直译;若太迁就译文所属语言,可谓之"烂",俗称意译,而理想的译文,够"熟"就好(金圣华,2002)。这表明,无论如何译,对象特征的概念属性作为激活相关意义的认知要素,是翻译的意义解释基础。再现概念应该熟化到显现相关意义的语用程度。另一方面,语用的语境基质作为话语沃土时常客观地赋予意义以特定文化内涵,从而预设了翻译目的与译后效果间译入语形式和源语文化译介的调和比率。语言是文化的化身,其意义身后常有文化影子随形映义地产生或曰归化或曰异化的文化道德影响,体现译方的意识形态价值,但无论采用归化或异化策略,以反映译者文化观念,言语都为交际载体,所以参照语境,译清概念是文化传递的前提,而在一定语境,适度音译可谓表明译者文化道德态度与源语文化介绍这一现实关系的异化对策。

就理论和实际的关系而言,越是抽象的越不能脱离实际。抽象可以抽象到高空,但根在现实(任继愈,2007)。应用翻译的枝叶想在目的语彼岸开出意义之花,结出文化之果,译好概念是抓手。两者往往彼此包容,互相联系,相互制约,相得益彰,因而需要驾驭上述双方共生的张力作用,注重概念解释的意义显现形式与译本识解效果间的文化影响值。上述千张包子译事为服务地方经济尽了点绵薄之力,谨借此机会温习翻译和文化的表里关系。

参考文献

[1] 北京外国语大学英语系《汉英词典》组. 汉英词典[M]. 外语教学与研究出版社,1995.
[2] 方梦之. 译学辞典[M]. 上海外语教育出版社, 2005.
[3] 郭建忠. 翻译: 理论、实践与教学[M]. 浙江大学出版社,2010.

[4] 金圣华. 译道行[M]. 湖北教育出版社,2002.
[5] 麦克米伦高阶英语词典[M]. 外语教学与研究出版社,2003.
[6] 南方人物周刊. 新词"切客"[J]. 南方人物周刊杂志社,2010.
[7] 任继愈. "大家"栏目. 中央七台,2007—07—09.
[8] 郑天枝、曹勤. 丁莲芳——从历史深巷走向上海世博(汉英对照)[M]. 浙江科学技术出版社,2010.
[9] 中国社会科学院语言研究所词典编辑室. 现代汉语词典[M]. 商务印书馆,1998.

作者简介: 徐伟彬,浙江湖州师范学院外国语学院教授,浙江译协理事。研究方向:翻译理论与实践。

人地关系论在广告语翻译中的应用

许建忠　姬志明

摘　要：本文从人文地理学的基本理论——人地关系论视角对广告语翻译进行剖析研究，认为作为人类传播语言文化活动的翻译活动必将打上其地域的烙印。因此，从人地关系角度探求翻译活动，尤其是广告的翻译活动，具有重要意义。通过剖析研究，本文把广告语翻译原则确定为：入乡随俗，因地制宜。

关键词：人地关系；广告语翻译；入乡随俗，因地制宜

许建忠的《翻译地理学》，是翻译学和地理学交叉研究的结果，就是将翻译学与地理学的研究成果引入相关研究，将翻译及其地理因素相联系，并以其相互关系及其机理为研究对象进行探索，力求打破传统的"决定论"研究模式，从系统论角度审视翻译、研究翻译，对翻译中的种种现象进行地理剖析和阐释。它不但从理论上揭示翻译地理的客观规律，而且注意密切结合我国的实际，立足于阐明翻译实践中的种种问题（许建忠，2010）。

人文地理学中的三大理论，即人地关系理论、文化理论和可持续发展理论。本文只论及人地关系论在广告翻译中的应用，因为人地关系是人文地理学中最重要的理论。

1　人地关系论概说

人地关系论即有关人类及其各种社会活动与地理环境关系的理论，是指人文地理学发展过程中出现的各种有关人地关系的

思想和学说。人地关系论是人文地理学的基础理论,也是人文地理学研究的中心课题。人地关系理论、规律是不依人的意志为转移的客观规律。

人地关系是自人类起源以来就客观存在的关系。人类的生存和活动,都要受到一定的地理环境的影响。人地关系就是指在人类社会向前发展的过程中,人类为了生存的需要,不断地扩大和深化改造和利用地理环境,增强适应地理环境的能力,改变地理环境的面貌,同时地理环境影响人类活动,产生地域特征和地域差异。人地关系的地域性或地域组合,是人文地理学研究的特殊对象。

地理学着重研究地球表层人与自然的相互影响与反馈作用。对人地关系的认识,素来是地理学的研究核心,也是地理学理论研究的一项长期的任务,并始终贯彻在地理学的各个发展阶段。从 19 世纪末兴起的近代地理学发展到二次世界大战后的现代地理学,虽然其中心研究课题随着时代的发展而有所转化,但地理学的基础理论研究始终离不开人类和地理环境的相互关系这一宗旨。

人类活动和地理环境的关系并非一成不变,而是随着人类社会的进化而不断变化,向广度和深度发展。以往国内外对这一问题的研究多限于表态论述,不联系时代背景,因而提出的种种人地关系学说,或把自然摆在主宰地位,或强调人的主观能动性,大多失之偏颇。

地理学的理论研究,首先对人地关系要有全面的认识。人地之间的客观关系是:

第一,人对地具有依赖性,地是人赖以生存的物质基础和空间场所,地理环境经常影响人类活动的地域特性,制约着人类社会活动的深度、广度和速度。这种影响与制约作用随人对地的认识和利用能力而变化。一定的地理环境只能容纳一定数量的人及其一定形式的活动,而其人数和活动形式都是随人的质量而变化。

第二,在人地关系中,人居于主动地位,人具有能动功能,人是地的主人,地理环境是可被人类认识、利用、改变、保护的对象。人地关系是否协调抑或矛盾,不决定于地而取决于人。

总之，人必须依赖所处的地为生存活动的基础，要主动地认识并自觉地在地的规律下去利用和改变地，以达到使地更好为人类服务的目的，这就是人和地的客观关系。这种关系将随着人类文化科学技术和生产力发展水平的不断提高，而变得日益密切，同时也随着地理环境在人类作用下产生的变化而不断地改变，这是人地关系变化的客观规律。

应当认识到，人地关系是在一定的生产和社会关系下建立的，人同自然界的关系表现为人类社会同自然环境的关系，而不是指单个人同自然环境的关系。人类社会通过生产有意识地改变着自己生存的物质条件，从而改变着周围的外在自然界。在此过程中，为他自己和新的自然环境之间带来了新的关系，因此，动态的人地关系可以理解为一种具有社会和历史特性的辩证关系。(吴传钧，2008)

2 人地关系与翻译

“一方水土养一方人”是对人地关系的高度概括。“一方”，指的是某一块地域；“水土”，包括地理位置、物候环境；“一方人”，则是长期生活在这一地域的人。人类赖以生活的地理环境主要由四大因素组成：地理位置、地形、气候条件和自然资源。这四大因素互相影响、制约，形成以海洋地理环境为中心的渔业、草原地理环境为中心的牧业及大河地理环境为中心的农业三大文明。作为文明的重要成分，语言文化处处显示着地理环境的烙印。可以说，不同的地理环境塑造了不同的民族性格，同时也雕刻了各种独具特色的民族语言。

语言学家 Lado(1957)说：“我们把生活变成经验并赋予语言以意义，是受了文化的约束影响，而各种语言则由于文化不同而相互区别，有的语意存在于一种语言之中，而在另一语言中却不存在。”正如英语俗语所说：“Words do not have meanings; people have meanings for words.”(词本无义，义随人生。)但追根溯源，人们的语言和文化总是围绕特定的地理环境发展，而地理环境就如同土壤、水，创造、滋养并丰富着语言、文化，甚至人们的个性。

由此可见，地理因素对语言文化所产生的影响非同小可。人们的语言和文化总是围绕特定的地理环境发展，而地理环境就如同土壤、水，创造、滋养并丰富着语言和文化。人类要生存、求发展，就必须相互合作，取长补短。在这个过程中，彼此交流不可避免，翻译由此产生。因此，从地理学中的人地关系角度研究翻译，可谓真正抓住了其源头所在。

既然不同国家和地区地理环境的差异导致了语言、文化的不同，那么通过对比研究，了解两种语言和文化的显性和隐性的异同，消除交流中的语言文化障碍，以便达到更好的沟通目的。

我们知道，某一地方的特定的人地关系会造就一个特定的生态圈，因此，当一个特定生态圈里的语言文化传播到另一个特定的特定生态圈里的语言文化时，就要做好期间的协调工作。从历史角度看，这种语言文化间的协调都是力求获得一个“包容”及“妥协”的结果，即是在源语和译语之间架起译作和睦相处的桥梁，即既保留原作的风姿，又获得读者的认可。在这一过程中，作为中介的译者功不可没。

人地关系是否协调抑或矛盾，不决定于地而取决于人。因为虽然地是人赖以生存的物质基础和空间场所，地理环境经常影响人类活动的地域特性，但是人是地的主人，人具有能动功能，地理环境是可被人类认识、利用、改变、保护的对象。也就是说，在广告翻译这一人类活动的过程中，应充分发挥译者的能动作用，以达到原作和译作所要达到的效果的贴切对应。

3　广告翻译中的人地关系协调

我们现就广告翻译实践中的人地关系的协调问题加以讨论。既然不同的地理环境造就了不同的语言和文化，那么要做好跨语言文化的交流工作，就得对这些关系加以协调。通过合理的协调，各民族之间的语言文化交流才能得以实现。

3.1　广告翻译的原则

广告翻译会涉及两个或多个地域，即涉及两个或多个由人地关系构成的语言文化生态环境，因此，作为跨地域和跨语言文化的中介译者，就必须在两者之间作一权衡，既要使源语作者满意，又要使译语读者接受，即既能力求保留原作的风姿，又能使其译文获得译语读者的广泛认可，以达到译语读者和源语读者获得基本相同的效果。根据以上分析，从人地关系角度去研究广告翻译，可得出的广告翻译原则：入乡随俗，因地制宜。这一原则旨在强调广告翻译必须适切译语的语言环境因素，特别是适切译语的民族文化语境。简单地说，就是广告译文应既传递了源语生态环境下的有效信息，又要符合译语生态环境下的阅读和审美习惯。

3.2 广告翻译实例剖析

下面就根据广告翻译的原则运用于广告翻译实例，以确定这一原则的有效性和可行性。广告的翻译一般可分为两类：根据原文翻译和根据原文再创作。

3.2.1 根据原文翻译

根据原文翻译包括直接翻译和间接翻译。在不违背符合译语语言表达习惯和大众心理接受性的前提下，既保持原广告的内容，包括原文的比喻、形象和民族特色等，又保持其形式，这里指的是直接翻译，它主要用来处理一些原文意义较明确、句法结构较简单、完整，按字面意思直接翻译便能同时表达句子的表层意思和深层意思的广告语，例如：

(1) Buy one pair. Get one free. 买一送一。

(2) Winning the heart of the world. 赢取天下心。(Air France 法国航空公司)

(3) What can be imagined, can be realized. 只要有梦想，万事可成真。(香港电讯)

在直接翻译不能取得良好效果的情况下，可采取间接翻译策略。这是一个相对于"直接翻译"的概念，通常指取原文内容而舍弃其形式，是一种经过消化后的"语内翻译"，允许译者有一定的创造性，但原文的基本信息应该保存。此种翻译手法较为自由、灵活，翻译过程中通常考虑到了译文目标读者因文化而产生的阅读和理解上的差异，产出的译文从读者角度看比较地道，可读性较强，但对原文的忠实程度比起上一类一般会略逊一筹。例如：

(4) Ask for more! 渴望无限！(Pepsi-cola 百事可乐)

(5) Every time a good time 秒秒钟钟欢聚欢笑。(McDonald's 麦当劳)

在某种程度上，传意翻译虽然丧失了原文的句式结构，一些关键词的词义跟原文也有一些出入。但只要仔细琢磨，原广告词的精髓或深层意思仍然在译文得以保留。

(6) 选择唯一，生活维意。V-italia wine, your best choice.

这是一则国内葡萄酒的广告宣传语，为使消费者对"维意"这一品牌印象深刻，广告标语运用"唯一"和"维意"的谐音。中文读者对该词语的顺应意识程度高，不会因为其中谐音字产生的语境和语言结构之间的差异而影响对原文意义的理解。西方人非常重视逻辑思维，语言结构严谨，译者必须选择一种适切的翻译方式。如译成 The only choice, the life of V-talia. 句式结构单调，缺乏劝说功能，难以产生相应的语境效果，英语读者难以获得与中文读者同样的感受。现在的译文则具有呼唤功能，顺应英语读者的购买意识，语言形式紧凑，朗朗上口，容易为英语读者所接受和记住。

(7) OIC

这是一则眼镜广告，三个简洁的大写字母形状像眼镜，读音为"oh, I see"。该广告既利用视觉语言来吸引人们的注意力，又利用听觉语言表现此眼镜给视力不佳的顾客带来的欣喜之情。然而，该广告的翻译很难同时兼顾到视觉和听觉，只能从听觉上译为："哇！我看见了"。视觉上三个字母形成的眼镜形状却可以通过承载广告的媒体，利用图形这一视觉语言要素来弥补。对于依靠媒体而存在的广告来说，这不失为一种重要的选择手段。

3.2.2 根据原文再创作

当运用"直接翻译"和"间接翻译"两种手法都无法达到广告应用的效果时(即违背了译入语的大众消费心理)，即可采用另一种翻译手法：创造翻译法。这里之所以称之为创造翻译法，是因为这些广告都有众所周知的英中对照的两个文本。其中文版本，虽然与原英文文本在表层意思上很少有相似之处，但历来被认为是其英文文本的翻版，故此，我们仍称这类中文文本为翻译，即带有一定创造性的翻译，而不是纯粹的创作。例如：

(1) Connecting people. 科技以人为本。(Nokia)

在以上中译文中，已经很难找到原文的蛛丝马迹了。即使将英文广告作"释义"处理，也很难像上一类别那样，在译文中找出达到"灵活对等"的足够信息。就诺基亚著名的中文广告词"科技以人为本"而言，即使让 100 位翻译家分头重新把它译成英文，出产的译文都不会是"Connecting people"。但实践证明,这在创作的译文是一则成功的广告。

(2) When the sunset glow is fading away...

在美国也有一座看不见的长城…… (Metropolitan Life Insurance Co.)

美国大都会人寿保险公司(Metropolitan Life Insurance Co.)有一则为人称许的广告，与画面紧密相配的广告语写得很含蓄:"When the sunset glow is fading away..."(每当晚霞消逝的时候……)其真实含义却在不言之中：人生总会有黄昏，当人渐衰老之时不该为自己想个保身之策吗?还是这家保险公司，当它把广告移到中国来做的时候，它放弃了原来的画面和广告语。画面换用了中国人引以自豪的象征着保障和安全的万里长城，广告语也改为"在美国也有一座看不见的长城……"。可想而知，这一巧妙结合了中华民族的文化背景和心理特征的精美广告，会引发中国受众多少的共鸣和彻悟。

(3) A VOYAGE TO THE LABYRINTH THROUGHOUT CHINA'S CENTURIES.

使您分享历史荣耀的珍贵纪念品。

在美国发行的中国历史人物纪念币的广告，对美国人的广告题材是:"A VOYAGE TO THE LABYRINTH THROUGHOUT CHINA'S CENTURIES"(通往中国历史迷宫之旅),而对中国人的广告标题是:"使您分享历史荣耀的珍贵纪念品。"这两个广告分别针对不同的受众选择了不同的广告语言，前者迎合了美国人喜欢探索未知世界的文化心理，具有很强的吸引力，后者则深刻地触及了每一个漂泊海外的炎黄子孙的内心需要(即怀旧思想),同样能激起他们的兴趣。

4. 结语

地球是人类的家,人类与地球这种最古老的关系是我们一切活动的源泉。不同地域产生不同的语言文化,同时也产生了翻译中反映地域色彩的翻译策略。因此,从地理学角度探索翻译,可谓理所当然。本文尝试从地理学角度探讨翻译理论问题,试图就广告翻译方面的有关问题进行探求和剖析,得出一个较为合理的结论：广告翻译与人地之间具有不可分割的密切关系，既然语言文化因地而生，那当然要打上其地域色彩和烙印。这就要求人们在探求地域间的语言文化交流时，要特别注意处理好其间的协调和妥协关系，也就是说，译者既不能盲目照搬，也不能毫无根据地创作，一定要做到译文既取信于作者、取信于读者，也必须取信于译者自己，切实在两种语言文化之间架起一座有效地跨文化交流之桥。在这一具有意义的语言文化交流活动中，译者要切切实实地做好自己的桥墩工作，充分发挥自己桥梁的作用。

参考书目

[1] Lado, Robert. Linguistics Across Cultures[M]. Michigan: University of Michigan Press, 1957.
[2] 贾文波. 应用翻译功能论[M]. 中国对外翻译出版公司，2004.
[3] 李克兴. 论广告翻译的策略[J]. 中国翻译，2004(6).
[4] 吴传钧. 人地关系地域系统的理论研究及调控[J]. 云南师范大学学报(哲学社会科学版)，2008(2).
[5] 许建忠. 工商企业翻译实务[M]. 中国对外翻译出版公司，2002.
[6] 许建忠. 翻译地理学[M]. 黑龙江人民出版社，2010.
[7] 许建忠. 翻译生态学[M]. 中国三峡出版社，2009.
[8] 许建忠，李萧红. 涉外影像广告中的文化背景知识[J]. 外语电化教学，1996(4).

作者简介： 许建忠，天津理工大学外国语学院教授，研究方向：翻译学，跨文化交际。
姬志明，天津理工大学外国语学院研究生。

是可异化，孰不可异化？

——翻译作为跨文化交际行为的“信”与“顺”

阎佩衡　于亚丽　宋　娜

摘　要：归化和异化，是翻译及其教学中处理文化问题的两个基本对策。但是，是归化还是异化，或者是侧重于归化，还是侧重于异化，却不仅仅是一个“器”的问题，而且往往涉及到“道”的观念。本文拟就此作一个粗浅的探索。

关键词：归化；异化；妥协

归化和异化，是翻译及其教学中处理文化问题的两个基本对策，其规定性在于：宜归化者，归化之；不宜归化者，则异化之[①]。由是，几乎所有的内容都应该归化，而异化只是一个权宜之计而已。果真如是吗？未必[②]。这里，笔者姑且以“此岸”比为译语文化，将“彼岸”拟作原语文化，并以“交际”作为跨文化的结局，对翻译中的归化、异化及其二者的关系问题作如下的思考。

---

① 这是笔者以往的主张，自觉尚有欠妥之处，故为此文，原观点见阎佩衡著《英汉与汉英翻译教学论》(高等教育出版社，2005 年版，第 144—146 页)。

② 20 世纪末，受后殖民理论的影响，以美籍意大利裔学者韦努提(Lawrence Venuti)为代表的“以异化为主”的主张引起了国内学者们的关注，韦努提的思想基点在于反对民族中心主义文化价值观，防止目的语文化对原语文化的侵害，参见《中国翻译》(2005 年第 5 期)刘亚猛文章《韦努蒂的‘翻译伦理’及其自我解构》；另外，可参阅郭建中文章《归化与异化：道德态度与话语策略——韦努蒂〈译者的隐形〉第二版评述”以及“重新定义：直译、意译与异化归化》中的基本介绍和观点，两文均见于郭建中著《翻译：理论、实践与教学：郭建中翻译研究论文选集》(浙江大学出版社 2010 年版)。

1. 归化——此岸的误会

许国璋先生(1989)在谈到跨文化交际——“英汉人际对应”问题时,说:“谈到语言与文化,文史学家想到的是从异文化引进的文学作品给予本民族文化的影响:莎士比亚如果不接触到意大利文学,我们就不会有奥塞罗,也不会有罗密欧与朱丽叶,更不会有那个威尼斯市的银行家,这个受尽屈辱但又不甘屈辱的汉子。中国文学如果没有印度的赐予,我们就很难有李白的豪放和王维的飘逸,很难产生跳出内圣外王的诗人。这些诗人从异文化接触中自然地流露出他们的精神异化。”

“精神”的“异化”,是一种创造所赖以发生的思想源泉(晓言,2009)。我们虽不敢说翻译的初衷就是为了某种“精神”的“异化”,但是引进异域的文化却是翻译的社会历史责任所在,这是自不待言的。这种对异域文化的汲纳,如果能最终导致某种精神的异化,从而产生跃出内圣外王的“人”与“事”时,那却是翻译所求之不得的事。

足见,如果将所有的异域文化现象都“归化”为译语的东西——用译语的方式和内容替代了原语中不同于译语的方式和内容,从而让读者感觉不到“异域文化”东西,以为都是操持译语文化的作者所为,那么翻译就失去了它最重要的功能。

2. 异化——彼岸的光彩

20世纪七八十年代,语言研究完成了由微观语言学(microlinguistics)到宏观语言学(macrolinguistics)的过渡。在世纪之末的几年里,翻译研究便顺理成章地接受了“cultural turn”的挑战,突破传统美学和语言学乃至经验学的框架,开始从社会学、文化学的视角上讨论问题,并将注意力从语言形式的转换转向了文化内涵的转换。这一转向,在给翻译活动打上了交际印记的同时,也将翻译研究引入了一个跨文化的大语境。于是,传统的语言活动翻译观,随被界定为一种跨文化的交际行为。

译界的共识是:离开了语言,文化便无以存附;离开了文化,语言便没有意义。

文化是一个民族特有的气质,一旦归而化成了译语语文的形式,是否还有其民族文化的内涵可寻?换言之,当一种文化跨过了另一种文化的栅栏，却在有意无意中失去了自我文化意蕴的时候，是否还有跨文化的意味？留给翻译讨论的问题则是：舍弃对文化差异的反映，将诸多的不同归化为译语语文的方式，翻译还有没有太多的交际意义？

依据 J. L. Austin 的言语行为(speech act)理论①，在 I'm thirsty 一句的语用环境中，"渴"的生理需要是交际的"言内意义"(locutionary meang)，请人家给水喝的意图是说话人的"言外意义"(illocutionary meang)，而听话者给说话人水喝的效应则是交际的"言后意义"(perlocutionary meaning)。这，无疑是 pragmatic turn 的启示。

于是本文的做法是：先将翻译设定为一个通过言内意义，传达言外意义，实现言后意义的跨文化交际行为；其内涵是：离开了言内意义(形式)，言外意义(内容)便无所依附；离开了言外意义，言内意义就没有意义；进而：作为交际行为的翻译就会失去跨文化的效应——言后意义；其考察方式是：从言内意义、言外意义的综合斟酌中提出跨文化交际的原语文化效应问题，并从言后意义的层面上探讨跨文化交际的原语文化意蕴及其内涵；结论是：离开了对原语方式的模仿与原语文化的存异，翻译就会丧失跨文化交际的实际效用，从而背离翻译的初衷——使之失去彼岸的光彩。

容得"武装的牙齿"(armed to the teeth)和"鳄鱼的眼泪"(crocodile)"假"，何惧"蟋蟀一般地快活"(as merry as cricket)"多"？不过又一个异域文化的依然故我罢了。况且，将出自雪莱的诗句(Rise like lions after slumber)②的"醒狮"归化为"醒虎"，读者是不情愿的——此西"狮"，非彼中"虎"也。"信"(异化)乎？"顺"(归化)乎？不一而足了——是可异化，孰不可异化？

3. 交际——两岸的妥协

"跨文化交际"，指本族语者与非本族语者之间的交际，也指

① J. L. Austin 主要针对 20 世纪 30 年代逻辑实证主义关于语言意义"真值"观，认为语言的意义不在于能否被验证，而在于言语交际的结果是否达到了预期的目的，这是一个很有意义的观点。

② 据 Rise like a lion, a poem by Percy Bysshe Shelley(1792—1822) [DB\\OL].

所有在语言和文化上相互区别的人群之间的交流。显然，在不同文化背景的交流中发生故障是不奇怪的，学者们把这种交流中出现的故障叫做语用失误。

这种失误的原因归结起来无非是，或者不了解对方的文化、习惯和方式"规约"，或者将自己的文化、习惯和方式"规约"凌驾于对方——语言是行为的方式，而文化则是行为的原因，常常是不可以通过语言行为直观的，因此要做到行为的方式的恰当，必须潜心学习人家的文化——努力向对方妥协，才足以求得交流的和谐的局面，以便完成跨文化交际的流程。

其实，完成一个交际过程的本质，也是一个"信"与"顺"的问题——"信"是对彼岸文化的尊重；"顺"则是向彼岸(行为)方式的妥协，二者的合一才足以求得理想的交际结果。

不难设想：当一种语言方式所承载(承传)的文化，跨过了另一种语言方式的障碍——经由另一种语言(方式)传达，来到异域的领地便不能保留原有的风姿时，谁能说跨文化交际的实质还是一本初衷的？换言之，对于异域的文化，一旦经由言内的归化，而丢失了其对言外的关照，安可存留其言后的结局？

就这样，我们常常不得不离开对"器"的垂青，从而学会从"道"的层面上考虑和应对翻译中的文化问题了。

于是，正如国人对"醒狮"的青睐一般，诸如"该给你说再见了"一类的"异化"，既已成为人们所熟知的言语方式，便没有将它们再度"归化"为所谓地道汉语的必要了。不是吗？

4. 结　语

尽管在文化内涵的转换问题上，异化与归化——"信"与"顺"的关系一如本文所述："异(化)"则偏"信"，"归(化)"则偏"顺"，笔者仍然不必固执绝对意义上的异化——妥协，以便迎合后结构主义(post-structuralism)①的理念，因为绝对意义上的真理是不存

① 因为"后结构主义"(即"解构主义")，其思想不是主张"求同"，而是主张"存异"，它反对译文通顺而提倡异化，虽然为我们提供了向"归化""质疑"或者"解构"的足够理由，然而"建构"的问题仍然需要我们自己来解决，参见《中国翻译》2001年第6期中吕俊的《结构・解构・建构》。

在的。然而，翻译的追寻自然在于存异，而不在于求同，却是一个切中要害的命题，也是本文的主旨所在。

参考文献

[1] 陈国明. 跨文化交际学[M]. 华东师范大学出版社，2009.
[2] 蔡平. 翻译方应以归化为主[J]. 中国翻译. 2001(5).
[3] 邓炎昌，刘润清. 语言与文化[M]. 外语教学与研究出版社，1989.
[4] 方梦之. 中国译学大辞典[M]. 上海外语教育出版社，2011.
[5] 胡文中. 跨文化交际学概论[M]. 外语教学与研究出版社，2005.
[6] 胡文中. 跨文化交际概论[M]. 外语教学与研究出版社，1999.
[7] 郭建中. 翻译中的文化因素：异化与归化[J]. 外国语. 1998(2)。
[8] 郭建中. 翻译：理论、实践与教学：郭建中翻译研究论文选集[M]. 浙江大学出版社，2010.
[9] 葛校琴. 归化/异化策略讨论的后殖民视阈：对国内归化/异化论者的一个提醒[J]. 中国翻译，2002(5).
[10] 贾玉新，孙有中. 跨文化交际研究(第一辑)[M]. 高等教育出版社，2009.
[11] 刘亚猛. 韦努蒂的“翻译伦理”及其自我解构[J]. 中国翻译，2005(5).
[12] 孙致礼. 中国的文学翻译：从归化趋向异化[J]. 中国翻译，2002(1).
[13] 阎佩衡. 英汉与汉英翻译教学论[M]. 高等教育出版社，2005.
[14] Fillmore, C (1957). Form and meaning in language. Stanford, Calif. : CSLI. 2003.
[15] Venuti, L (1995). The Translator's invisibility: A history of translation. London: Routledge.

作者简介： 阎佩衡，西北民族大学外国语学院教授。研究方向：翻译及其教学论。
于亚丽，西北民族大学英语教学论硕士生。
宋　娜，西北民族大学英语教学论硕士生。

“选择”与“适应”的最佳诠释
——论严复《天演论》的翻译选择

叶　玲　章国英

摘　要：19世纪末严复翻译《天演论》时，中国正处于社会政治、经济、文化和学术思想发生重大变革的时期。作为一位维新思想家，严复顺应了时代的发展要求，宣传进化论（即演化论）。在进化论引入中国的一百年后，它为翻译学提供了一个崭新的视角。“翻译即适应与选择”的概念就是源自进化论的精髓——“物竞天择”与“适者生存”。严复翻译《天演论》的选择恰好是他宣扬的进化论思想——“选择”与“适应”的最佳写照。

关键词：适应与选择；翻译生态环境；翻译策略；翻译语言

1. 引言

严复（1854—1921）生活在1840年鸦片战争后的中国，当时社会的政治经济和文化都处于迅速变革的转型期。19世纪中期的英国已经率先完成了工业革命，引领西方国家的政治经济迅速崛起。而此时的清政府在国门被帝国主义的坚船利炮打开后，也兴起了“师夷长技以制夷”的洋务运动。然而，单纯学习西方在器物层面上的“长技”，而不在社会制度上进行革新，是不能实现“制夷”目的的。

译于1896年的《天演论》是严复的首部译著，也是其影响力最大的一部译著。《天演论》译自英国著名生物学家赫胥黎的《进化论与伦理学》（*Evolution and Ethics*）中的演讲和导论的一部分。严复省略了“伦理学”部分，保留了与进化论相关的内容，旨在宣传进化论思想，揭示人类社会和自然界一样受“物竞天择，适者生存”的规律支配，这点与赫胥黎的思想有着明显的不同。产生于该译著的新词，如“物竞”、“天择”、“优胜劣汰”、“适者生存”一直流传至今，被人们奉为经典。

严复是中国近代史上向西方寻求救国图强真理的先驱。他通过翻译《天演论》等一系列西方政治、经济、法律、逻辑学、伦理学和哲学等方面的作品，向有权有势的士大夫阶层和进步知识分子宣传进步思想，开启民智，建构一种具有自由和民主现代性的新文化。当《天演论》问世时，在清朝末年的知识界引发了一场大地震，客观上有力地推动了新文化的萌芽和形成。

2. “选择”与“适应”

清华大学胡庚申教授在“翻译适应选择论”中指出“翻译生态环境”是原文、原语和译语所呈现的“世界”，即语言、交际、文化、社会以及作者、读者、委托者等互联互动的整体。同时，该理论运用“适者生存”的自然法则，提出、并论证了翻译过程中译者的中心地位和译者主导作用，以及译者“自我适应”的适应机制和“事后追惩”的制约机制。同时，该理论还具体阐述了翻译适应选择论对翻译本体的解释：① 翻译过程——译者适应与译者选择的交替循环过程；② 翻译原则——多维度的选择性适应与适应性选择；③ 翻译方法——“三维”(语言维、交际维、文化维)转换；④ 译评标准——多维转换程度、读者反馈、以及译者素质，从而得出了最佳翻译是“整合适应选择度”最高的翻译这个结论(胡庚中，2009)。

翻译活动是选择的艺术，具有一定的创造性，正好可以满足译者追求完美、发挥创造力的目的。简而言之，译者所服务的社会(常常是目的语社会)的文化交流需要往往会变成译者本人的需要，两者会表现出高度的一致性。就目的语而言，它所承载的文化传统以种种规范直接限制着翻译行为，或者以读者(或听者)期待规范的方式对翻译过程施加影响，翻译便在目的语文化的各种规范的或紧或松的约束之下完成操作，达到沟通文化和促进交流的目的。由此可见，翻译由目的语文化环境的需要所引发并受该文化环境的制约(韩江洪,2006)。

翻译过程可以理解为翻译主体——译者进行适应性选择和选择性适应的过程。译者在选择拟译文本时,必定抱着某个明确的交际目的。基于文化维和交际维的考虑,他们通常从目的语读者的文化需要及文化接受能力出发,努力实现原文(有的时候,是译者自身)的交际意图,跨越两种文化的差异,实现沟通的目的。在翻译的过程中,由于原语和目的语之间语言和文化差异,或是因为译者个人的翻译目的,译者也会采用目的语读者容易接受的语言或者变通翻译方法,使得译作的语言和行文风格容易被目标群体接受。本文从"选择"与"适应"视角研究严复在翻译《天演论》过程中对翻译文本、翻译策略、翻译语言、目的语读者等方面进行的一系列选择,探寻严复对"选择"与"适应"思想的诠释和妙用以及在语言维、交际维和文化维之间灵活转换的实证。

严复的"选择"与"适应"行为

"适应"与"选择"	翻译文本	翻译策略	翻译语言	目的语读者
适应性"选择"	*Evolution and Ethics*(西方社会科学著作)	"非正法"的翻译方法(删节、增评、加按语、注评等)	古代汉语	士大夫阶层和进步知识分子
多维度"适应"	文化维、交际维	语言维、文化维、交际维	语言维	交际维

2.1　严复对翻译文本的选择

翻译是目的性很强的语言和文化的交流活动,为了满足某些人的需要或利益存在。译者的翻译行为始于在原语环境中对拟译文本的选择。严复之所以选择赫胥黎的 *Evolution and Ethics* 作为自己的第一部翻译文本是基于社会需要的考虑,而且完全出自个人的选择,不受其他人或机构的委托或摆布。1877—1879 年间,严复被派往英国留学。留学期间,他涉猎大量的西方社会科学著作,了解到中西不同社会风貌的根源是制度、思维和文化的差异。其中,严复最欣赏达尔文的进化论和斯宾塞("社会达尔文主义之父")的社会进化思想。

严复借用自然界生存竞争、适者生存的客观规律,阐发人类社会的生存斗争也是如此。严复在《天演论》"导言十五"的"复案"中这么说道:"人欲图存,必用其才力心思,以与是妨生者为斗。负者日退,而胜者日昌,胜者非他,智德力三者皆大是耳"。所以,他引入西方"进化论"的目的是"鼓民力、开民智、新民德",号召国人奋发图强,救国于危难之时,使中国走上独立、民主的现代强国之路。所以说严复对翻译文本的选择是出于文化维和交际维的考虑。

2.2 严复对翻译策略的选择及原因

严复在《天演论》的《译例言》中简述了他的翻译方法。他提出三条翻译标准——"信、达、雅",称之为"译事三难"。从严复译作的实际来看,多数采用意译而非直译的方法,他的理由是"译文取明深义,故词句之间,时有所颠倒附益,不斤斤于字比句次,而意义则不倍本文"。在翻译过程中他采用了删节、增评、加按语、注评等"非正法"的翻译方法,并表示"达旨"是其翻译的宗旨。以按语为例,《天演论》由"卷上导言十八篇"和"卷下论十七篇"构成,共有 28 篇在章节结尾处加了按语,其中"卷上导言十八篇"中有 16 篇,而"卷下论十七篇"中有 12 篇。《天演论》的全文共有 44 667字,按语就有 15 006 字,占其 1/3 强,有些按语的字数甚至超过了译文的字数。加按语是严复首创的翻译方法,用于说明和议论。按语大多位于译文章节的结尾或中间。在按语中,严复评论作者的观点,也大胆结合当前中国局势阐述自己的观点。从西方著作中的观点联系到中国的历史和现实,实现了"洋为中用"的目的,也使得士大夫们能更好地接受他的译文思想(叶玲、唐述宗,2008)。

严复的《天演论》在宣传达尔文进化论的同时,也在按语里批评了赫胥黎的某些观点,如"人心常德,皆本之能相感通而后有,于是是心之中,常有物焉以为之宰,字曰天良。天良者,保群之主,所以制自营之私,不使过用以败群者也"。赫胥黎认为,在人类社会中起作用的是伦理道德,而不是"物竞天择"的自然规律。严复在《导言十三 制私》的"复案"中这样驳斥道:"然则善相感通之德,乃天择以后之事,非其始之即如是也。其始岂无不善相感通者,经物竞之烈,亡矣,不可见矣。赫胥黎执其末以其本,此其言群理,所以不若斯宾塞氏之密也。"严复认为"物竞天择"的自然规律同样适用人类社会，强调落后就要挨打，落后就有灭亡的危险。严复在翻译中将进化论引入人类社会，宣扬“社会达尔文主义”。他译述《天演论》的第一出发点和最终目的，就是要用“物竞天择”的事实与道理，告诫国人亡国灭种的危机，同时又积极地给国人指出一条通向光明的路——通过自身努力，学习西方先进的制度、学术思想和科学技术，可以实现中国的强盛，在竞争中实现自我发展、自我强大。严复之所以没有直译 *Evolution and Ethics*，而是变通翻译策略，是为了适应目的语的交际维、文化维及语言维等多维度的翻译生态环境。

2.3　严复对翻译语言和目的语读者的选择

译者首先是为了目标文化(target language)的利益而进行翻译操作的。目标文化主要指译语社会的意识形态，以及与之相适应的制度和组织机构。……目标文化规范包括政治规范，法律规范、伦理规范、文学规范、宗教规范等等。译者的翻译行为要接受目标文化规范的制约，……目标文化规范就是读者期待规范的一部分，尤其当目标读者群是社会主流文化群体之时。译本若偏离体现了目标文化规范精神的期待规范，就会受到目标文化的排斥、拒绝，翻译也就变成无效行为(韩江洪，2006)。严复之所以采用古代汉语翻译西方的现代学术著作主要是由他的翻译对象决定的。他的读者是封建士大夫阶层，因此他的翻译语言应该是容易被士大夫接受的古文。严复也在《译例言》中明确给出了原因，“用汉以前字法、句法，则为达易；用近世利俗文字，则求达难”。为了“达旨”，不求字句一一对应，用意合的语言实现“意译”。此外，严复身处社会精英知识分子阶层，其深厚的古文造诣和语言观也决定了他选择古代汉语而非白话文作为自己的翻译语言。

严复的《天演论》让我们看到一个奇特的组合——宣传思想的进步性和译文语言的古代性。虽然两者看似相容性不高，但是我们能从中看到译者为适应目的语的语言维而进行的灵活选择，并做出的创新之举。在严复的译作中，读者能看到他发挥了极大的个人创造性，译者显身的程度非常高，以致许多后世读者把《天演论》视为他和赫胥黎共同的作品。深受严译名著影响的鲁迅说：“严又陵究竟是‘做’过赫胥黎的《天演论》的，的确与众不同：

是一个十九世纪末年中国感觉敏锐的人。”(《随感录》二十五》)尽管严译名著的原著现在都有最新汉语译本,但是严复的译作仍有存在的价值,并没有被它们所取代。

3. 最佳翻译是“整合适应选择度”最高的翻译

翻译过程实际上是译者“适应”与“选择”交替循环的过程。作为两种语言和文化沟通的中介——译者的一系列“选择”行为也验证了他在翻译活动所处的中心地位。翻译作品和现实生活中的消费品一样,有生产者、消费者,其存在的提前是有市场需求,而且它的成功的标准是是否被市场接受、能否受到消费者的认同。为了使翻译活动成功,译者必须从“翻译生态环境”出发,根据“适者生存”的自然法则,经过对语言维、文化维和交际维等多维度的选择性适应与适应性选择,才能创造出“整合适应选择度”最高的译作。

严复的《天演论》在中国近代历史上是一部里程碑式的作品。联系甲午战争后国家危亡的状况,严复向国人发出了与天争胜、图强保种的呐喊,指出再不变法将循优胜劣汰、适者生存之公例而亡国亡种!《天演论》揭示的这一思想,改变了以儒家为核心中国思想文化传统“天不变,道亦不变”和历史循环论世界观,开辟了中国思想史上堪称现代性质的进化论时代,这一思想领域的革命性变化,使当时中国知识界如获至宝,产生了振聋发聩的影响(王岗峰,2010)。严复的《天演论》既宣传了“选择”与“适应”的思想,而他对《天演论》的翻译选择也正是“适应”与“选择”的最佳诠释。

参考文献

[1] 胡庚申. 傅雷翻译思想的生态翻译学诠释[J]. 外国语,2009(2).
[2] 韩江洪. 严复话语系统与近代中国文化转型. 上海译文出版社,2006 年,第 30 页.
[3] 严复. 天演论[M]. 商务印书馆,1981 第 37 页.
[4] 叶玲,唐述宗. 从目的论角度解析严复和林纾的翻译策略[J]. 西北农林科技大学学报,2008(3).
[5] 鲁迅. 随感录二十五,鲁迅全集第 1 卷[M]. 人民文学出版社,1991。

[6] 王岗峰. 论严复在中国思想史上的定位[J]. 福建师范大学学报(哲社版),2010(3).

作者简介: 叶玲,第二军医大学外语教研室讲师,硕士,主要研究方向:翻译理论与实践,英语教学。

翻译课程建设在复合型翻译人才培养中的作用研究

尹　朝

摘　要：21世纪是一个国际化的知识经济时代，培养具有创新素质的英语人才是一种全新的教育理念，复合型翻译英语人才培养模式是发展和创新的根本出路。本文主要探讨翻译课程建设在培养复合型翻译人才中的重要作用，从而形成了以课程建设为重点的翻译人才培养模式。

关键词：翻译课程建设；复合型翻译人才；培养模式

教育部颁发的《高等学校英语专业英语教学大纲》(2000年修订版)指出21世纪我国高等学校英语专业人才培养的目标规格是："应具有扎实的基本功、宽广的知识面、一定的相关专业知识、较强的能力和素质，能熟练地运用英语在外事、教育、经济、文化、科技、军事等部门从事翻译、教学、管理、研究等工作的复合型英语人才。"随着经济社会的迅猛发展和科技文化的不断进步，社会对高层次专业翻译人才的需求量不断增加。而目前我国相关领域的专业翻译人才相对匮乏，翻译人才的培养与社会需求之间的脱节现象日益严重，供需矛盾越来越突出。为了培养更多高端人才，必须对现有的培养模式重新审视，以便探索出系统化、专业化的翻译人才培养模式。

1　翻译人才培养现状

国际译联第一副主席黄友义在2008年上海第18届世界翻

译大会接受专访时说,不久前有资料显示,全国目前职业翻译4万多人,相关从业人员超过50万人,专业翻译公司3 000多家,但能够胜任翻译工作的合格人才缺口高达90%。市场上高水平的翻译大约只占总数的5%(潘天翠,2008)。

目前,国际上大约有270多所高校设有翻译教学与研究项目(王飞,2009)。比较著名的有巴黎高等翻译学校、渥太华大学翻译学院和美国蒙特雷国际研究学院翻译学校等。欧美翻译人才的培养以市场需求为导向,以培养学生翻译技巧和实际能力为重点,使之毕业后就能从事各个领域的专业翻译工作。在我国香港,20世纪70年代初,香港中文大学成立了翻译系,目前香港8所政府拨款的大学中有7所(香港科技大学除外)设有翻译系或翻译课程,翻译专业毕业生极受市场的欢迎,就业率非常高。在我国台湾,20世纪80年代,台湾私立辅仁大学成立了第一个翻译研究所,90年代又有台湾师范大学和私立长荣管理学院等学校成立了翻译研究所和翻译系,培养专业翻译人员。

我国大陆地区到20世纪90年代才开始关注专业翻译人员培养问题,到目前为止,共有31所高校开设本科翻译专业,有158所高校开设翻译硕士专业。随着大学本科翻译专业、翻译学硕士学位教育的相继创立,培养学术型翻译与翻译研究人才和培养复合型翻译人才的完整翻译教育体系已在我国基本建立起来。但是,目前我国很多高等院校还不具备建立翻译专业或者翻译硕士学位教育的条件,尤其是地方工科院校,在不具备建立翻译专业的前提下进行复合型翻译人才培养模式的改革和翻译课程建设更显得重要和突出。

2 翻译课程建设在复合型翻译人才培养中的作用

培养翻译人才的终极目标应该符合社会期望、适应社会需求。这个工作应紧紧围绕如何培养高质量、高水平的翻译人才上做文章。而对于高校而言,翻译课程建设是实现翻译人才培养的最佳途径,同时,翻译课程建设的好坏直接影响到翻译人才培养质量。以下是翻译课程建设的主要内容:

2.1 调整人才培养目标

教学型高校多以教学为中心,培养适应地方社会经济发展的应用型人才。所以在人才培养目标上，就某些专业设置方面要考虑到紧贴地方经济发展的需要。依据地方发展需求、学校实际和生源条件，努力培养具有扎实的英语语言文学基础和相关学科的基本知识的复合型翻译人才，即能在多领域（土木建筑、商务贸易、科技外事等部门）从事跨文化跨语言的翻译人才，着重培养学生翻译实际操作能力。为此，构建“外语＋翻译方向”复合型翻译人才培养模式是十分必要的。

2.2　优化课程设置

培养目标的实现和培养模式的实施，归根到底要依赖于合理、完善的课程体系。所以改革不合理的课程结构、优化课程体系是人才培养的关键所在。总的来说，优化培养复合型翻译人才的课程设置就是要实现由单科向多科的转变。就“外语＋翻译方向”的培养模式来说，根据培养目标和规格，对基础课程、理论与实践、选修与必修等课程进行科学有机的优化组合，以外语为工具、以跨学科专业为方向，构建结构优化的课程体系或课程模块，使学生夯实语言基本功，掌握语言的综合技能，对语言结构和翻译规律有一个理性、科学的认识。

2.3　创新教学模式，更新教学内容

翻译教学要改变以往以教师为中心进而建立以学生为中心的教学模式，倡导合作学习和自主学习。建立模拟翻译工作室，把国际工程谈判、商务谈判、国际会议等场景引入课堂，为学生创造实践的机会。教学内容应覆盖从理论到实践，从笔译到口译，从文本翻译到工程翻译、外事翻译、商贸翻译、科技翻译等多学科内容，以真实的或模拟真实的材料来做教学案例，目标定位于满足社会对实用型翻译人才的需求。建立网络资源库，将课堂教学延伸至课外，解决翻译课堂教学练习量有限、输入不足等问题，同时锻炼和培养学生的自主学习能力。

2.4　师资队伍建设

通过开展学术交流，鼓励教师进修提高。实行青年导师负责制，通过传、帮、带，帮助青年教师提高翻译教学和科研能力。鼓励翻译教师之间的合作，共同开展翻译教学的课题研究及学术探索。通过鼓励教师国内外访问研修、参加学术会议或各类翻译培训班、短期脱产进修或外请高水平专家讲学等方式，拓展翻译教师的视野，为专业建设的可持续发展培养强大的后备力量。优化现有的师资队伍，形成覆盖多学科、知识结构合理的翻译教学的教师群体，特别突出工程翻译、经贸翻译、科技翻译等市场急需的翻译人才的培养。发展教师科研意识，提倡教师研究课堂教学。

2.5 与地方经济结合，拓展翻译实践渠道

翻译实践作为翻译教学的一部分具有举足轻重的作用。翻译实践不仅包含着课上和课下的翻译练习，而且更重要的是社会实践。将翻译的实践教学与地方经济相结合，加强与政府部门、行业协会以及会展企业的联系，拓展学生的实习渠道。高校可以选派志愿者为各种外事活动提供志愿服务，学生的翻译水平会得到极大的锻炼和提高。另外，校企签订翻译合作协议，组建学生翻译团队，为企业提供志愿翻译服务。学校为学生翻译团队配备校内专业导师，聘请合作企业的专职翻译担任校外导师，形成合力共同培养合格翻译人才。

3 结语

在对外交往和对外贸易需求量逐年增加的今天，国家对翻译人才的需求也越来越多，要求也越来越高。我们应当更加重视翻译课程建设，为实现复合型翻译人才培养目标探索行之有效的方法，以提高其教学质量，培养出更多更合格的翻译人才。在创建一流的教师队伍的基础上进行教学方法等的改革，培养具有扎实语言基础、广博专业知识、自主学习能力和知识应用能力的英语专业翻译人才。增加师生之间的相互交流，拓宽教学视野，增加学生课外实践途径。结合市场需求和国家翻译事业的长远目标，不断完善翻译专业人才的培养模式，才能为国家塑造出一批精英的复合型翻译人才。

参考文献

[1] 高等学校外语专业教学指导委员会. 高等学校英语专业英语教学大纲[M]. 北京：外语教学与研究出版社，2000. 25.
[2] 潘天翠. 中国翻译人才的现状与培养[J]. 特别策划，2008(8).
[3] 王飞. 试论加快培养翻译人才的意义与途径[J]. 南京理工大学学报，

2009(6).

本论文为吉林省教育科学规划重点资助课题(立项批准号：ZC11108)阶段性成果之一

作者简介：尹朝，吉林建筑工程学院外国语学院教授，硕士，研究方向：英汉翻译理论与实践。

机器和人工同声传译质量比较

曾传生

摘　要：在高科技日新月异的今天，智能翻译也悄然加入了我们的翻译行列。智能翻译究竟有哪些优势？它与普通译员的翻译在翻译质量上有何差异？这些问题一直困扰着广大英语翻译爱好者，特别是翻译初学者。在一项人工和机器翻译质量对比的实验中，研究人员分别对译员和智能机器用内容相同的发言稿进行了翻译实验，实验要求是将一篇英语发言译成西班牙语。实验结果表明，尽管智能机器在短时上记忆有较大优势，但就译出语质量而言，它与人工翻译相比仍存在较大差距，智能翻译只能保留50%以上的信息。

关键词：机器翻译；人工翻译；同传；质量比较

同声传译的挑战性众所周知。人们知道，译员在翻译过程中必须应对源语独有的特点，如术语、复合词、成语、方言、新词、缩写、缩略词、专有名词、风格以及标点差异停顿的长短等。不仅如此，译语并非而且也很难做到和源语一一对应。同传的挑战性在于，它要求译员把原文一句话或一个意思重新组织转换后再用目的语自然流畅地输出。时下，雇用职业译员较多的主要是联合国、欧盟和非洲联盟等大型国际性机构。这当中，聘用译员最多的非欧洲议会莫属。2006 年，欧洲议会花费多达 3 亿欧元用于会议翻译，占整个预算的 30%。仅翻译一项，欧盟每年要拿出多达 11 亿欧元，占欧盟预算的 1%。如此庞大巨额的开支使得欧盟财政不堪重负，于是有识之士便纷纷把目光转向具有人工智能的机器翻译，以寻求更为经济、高效的翻译。本文试图探讨机器翻译和人工翻译的优势以及对两者的翻译质量的比较。

1. 人工翻译

Al-Khanji 等指出,从事心理学、语言学及翻译学研究的学者无不认同同声传译是一门对认知极具挑战的学科,它涉及了诸多心理语言过程。同传是一种受制于时间、难度极高的语际转换活动,它要求译员在听辨源语发言的同时,借助已有的主题知识迅速完成对源语信息的预测、理解、记忆、转换和目的语的筹措、组织、表达、监听与纠正等,最后同步输出目的语译文。不仅如此,译员还饱受疲劳、紧张之苦,而过分疲劳或紧张又会导致译员同传译语质量的下降。

由于听众不可能事先知道发言稿中的具体内容,而只能通过形式来评价同传译语的好坏,因此,翻译的流畅性便显得格外重要。根据 Kopczynski 一项针对发言人和听众眼中质量要求的报告显示,除了内容、术语之外,接下来便是译语的流利与风格,在排序的重点上位居第三。按照 Yagi 对同传质量的定义,他认为翻译应力求自然、到位,这就是说译员不但要尽量避免人为的停顿、犹豫以及抢先说,还要再现发言人的语速,做到轻重缓急、游刃有余。

2. 机器同传翻译

与人工翻译相比较,在使用机器翻译之前人们需要考虑两个因素:翻译质量和翻译成本。较人工翻译而言,机器翻译的优势在于它能连续不断地工作,不知疲倦;但它的劣势在于其译语输出的质量难有保证。目前的高科技设备无论多么先进,然而,如若发言人语速太快智能机器同样是力不从心、爱莫能助。不过,机器翻译也有另一个优势那就是它的短期记忆。对于电脑系统而言,无论源语的句子多长,它存储起来都轻而易举。同样,不管源语语速多快它也无须考虑补偿机制。

人工翻译的特点对于终端用户而言是价格昂贵,尤其是同时需要两名译员的情况下。而且,译员需要提前熟悉材料内容,还需配备隔音室和必要的设备,这些都加大了成本。不过,同传翻译系统也需要时间来设置和启用目的语语言程序和域名。一旦调试完毕，它便可以随时随地方便使用。另外，源语和目的语文本可以免费共享。

3. 同传翻译系统

图1介绍了同传翻译系统的基本原理（Fügen等）。讲稿通过麦克风输送后录制，再经过语言辨认器（ASR）处理。语言辨认器先进行句子拆分，对语义边界进行必要整合、重组，而后再一次将句子划分为意群。划分后的意群传输到一个或者多个翻译系统中，每一组语言一个系统，再通过不同的技术输出译语。

人们知道，人为地评价译文难免存在片面性和主观性。机器翻译为人们提供了比较客观、公正的评价。学术界对译语质量的评价通常有两种通行的标准：首先衡量源语信息在译文中的保留程度，其次是确定翻译是否流畅、通顺，易于理解。近年来，一些国家先后推出了几款机器翻译机。目前在市场上比较流行的有JANUS、Verbmobil、TC-STAR等。图1中长方形表示系统的主体部分，椭圆为模型的部分，圆柱体表示不同的输出形式。

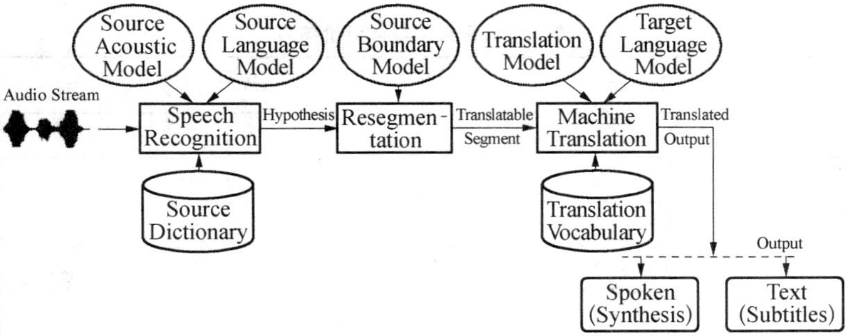

图1　同传翻译系统的基本原理

众所周知，只有对源语和目标语的译语进行比较，人们才能分辨出译员和机器翻译的差异。为此，实验人员借助TC-STAR系统来进行实验。刺激材料是发言用讲稿，发言内容涉及语言处理，要求译员将发言稿用英语译成西班牙语。

实验对整体和局部分别进行了客观、公正，系统的评价。

ASR部分是通过计算单词错误率 Word Error Rate(WER)来评价的。对 SLT(口译)评价是建立在 ASR 翻译输出后的译文与两份手工译文文本基础上进行的。对 ASR 评价主要采取 BLEU 与 mWER 两种公制。人工翻译采用了 White 的贴切性和流利性理论进行评价的。评审人员在评价贴切性时,分别把目标语中的每一句与译文参考中的每一句进行了一一对比。在评价流利性时,评审员主要侧重译语质量。

分两步对源语与译语句子一一对照评价。先通过问卷来计算信息保留度。问题全部来自原文,问题与答案事先由译员译成了西班牙语。后分析答案,评审员根据每一句译文的对错评判。同时,问卷采用了多种题型:一般性问题(70%),肯定否定回答(20%),列表(10%)。译语质量评分等级分为5级,5是最高分。

4. 结果分析

机器翻译的译文是通过人工译文来比较、评价的。评价结果表明,总的单词错误率占11.9%。表1显示了每一段单词的错误率。

表1 语言自动辨认评价结果

Excerpts	WER[%]
L043-1	14.5
L043-2	14.5
L043-3	9.6
T036-1	11.3
T036-2	11.7
T036-3	9.2
Overall	11.9

与 TO36 段相比 L043 段要相对容易,因为前者涉及的专业术语较少。

4.1 **人工评价**

每一个句子平均评判了四次,每一次由不同评审员评审。选用不同评审员有助于人们比较准确地获得评价的一致性。一致性是通过 Cohen 的 Kappa 系数来计算的。评价结果显示,流利性占 0.64,贴切性占 0.52。表 2 是评审员评价的总体结果。专业人士和非专业人士的评价结果十分接近，分别为 0.30 和 0.28。

表 2　人工评价平均率 [1<5]。

	All judges	Experts	Non xeperts
Fluency	3.13	2.84	3.42
Adequacy	3.26	3.21	3.31

从表 2 中人们不难发现,流利和贴切两项均超出了平均值。专家评审的分数要低于非专业评审员,这有可能源于专家评审员对该领域更加熟悉,因而,把握的尺度更严。从每个评审员的评价详情来看,非专业评审员的评价结果要低于专家评审员。

4.2　**机器评价**

评价得分是经过十进位计算出来的,表 3 是每段评价的结果。

表 3　SLT 的机器评价结果

Excerpts	BLEU[%]	mwer[%]
L043 - 1	25.62	58.46
L043 - 2	22.60	62.47
L043 - 3	28.73	62.64
T036 - 1	34.46	55.13
T036 - 2	29.41	59.91
T036 - 3	35.17	50.77
Overall	28.94	58.66

机器评价的平均分非常低,mWER 仅为 58.66%,这意味着只有一半以上的翻译达到要求。T036 段的翻译较 L043 容易,因为 L043 专业性更强。

4.3　**一致性评价**

实验中每段分别由 10 名评审人员评审。为了获得评审员评价的一致性,用 Kappa 计算了总的系数,该系数能显示各评审员评审总的一致性。人们知道,获得总的一致性便意味着结果大大超出了克恩(Kohen)的 Kappa 系数。然而,对于系数低的原因人们同样不能忽略,实验要求每一对评审员用 Kappa 系数再评审一次。Kappa 系数计算能使人们了解评审员评审的偏差。现在我们设 m 为评审员,设 n 为评价,设 r 为条件,那么 kappa 系数计算公式则为:

$$k = 1 - \frac{nm^2 - \sum_{i=1}^{n} \sum_{j=1}^{r} X_{ij}^2}{nm(m-1) \sum_{j=1}^{r} P_j (1 - P_j)}$$

其中

$$P_j = \frac{\sum_{i=1}^{n} X_{ij}}{nm}$$

X_{ij} 是在第 i 次评估中运用标准 j 的评审员人数。质量评价(n=6,m=10,r=5),译员(k=0.07)和机器翻译(k=0.01)的 Kappa 值均相对低,这说明评审员一致性非常低。这一点在部分评价过的段落中很明显,评价暴露了较强的主观任意性。当分析每一对评审员和 kappa 系数本身时,人们发现一致性较少,因为多数 Kappa 值为零。不过,有几对评审员表现出了较好的一致性,其他几对评审员的一致性相对适度。通过观察发现,评审员并没有采用所有的标准,这样得出的 Kappa 系数便缺乏足够的说服力。对理解部分的评价(n=60,m=10,r=2)有所不同,因为所给的标准不是对就是错。机器翻译的 Kappa 值的是 0.28,译员译文的 Kappa 值为 0.30。根据 Landis 和 Koch(1977)的评价标准,这些值显示评审员基本上趋于一致。

人们通过进一步观察还发现,在 120 对句子中,取得一致性的有 20 个(译员评价 16,机器翻译评价 4,不一致有 6 个(前者有 1 人,后者有 5 人)。这说明译员的翻译要比机器翻译的译文更容易理解。

4.4 **质量评价**

表 4 是译员翻译和机器翻译评价结果的比较。

表 4 译员翻译和机器翻译评价结果的比较[1<5]。

Samples	Interpreter	Automatic system
L043-1	3.1	1.6
L043-2	2.9	2.3
L043-3	2.4	2.1
T036-1	3.6	3.1
T036-2	2.7	2.5
T036-3	3.5	2.5
Mean	3.03	2.35

如表 4 所示,3.03 的平均分充分说明,即便是译员翻译这些段落仍感吃力。尤其是表中 L043 段,它比 T036 段更专业。L043-3段专业性最强,它涉及了公式的运算与人体发音各器官的描述。L043 段涉及的是一般性介绍,随后是进一步展开。从三段质量评价得分上人们可以看出,3.1 和 2.4 说明了难度在递增。T036 段的译文比较流畅原因是发言中所含专业术语较少。T036-2 和 T036-3 段得分较低主要是由于发言涉及了数据收集和机构名称,译员翻译起来有一定困难,加之读音也欠准确。

与译员翻译结果相比,机器翻译中的 T036 段得分要高于 L043 段。不过,L043-1 段得分最低。这在很大程度上与发言中的术语有关,发言是有关发音系统,而且涵盖了较多医学词汇,加之发言人还带有口音。

T036 段得分较高。诚然,这部分词汇重复率高,虽然有大量的专有名词,受过专门训练的译员一般都能应对。然而,在碰到外国人名时机器翻译却遇到了困难,翻译后不知所云。T036-1 和 T036 段的区别主要在于话题发生了变化。虽然前者普通词汇居多,但其余两段涉及了数据收集、评价指标等,这样无形增加了难度。

4.5 理解评价

表 5 和表 6 显示的是译员和机器翻译理解部分的评价结果。

人工翻译和机器翻译采用的是相同的数据，另外还分别进行了主、客观分析。先由评审员对译员翻译和机器翻译进行一对一的对照、检查后进行统计，最后再进行客观评价。客观评价要求评审员核对音频译文是否和译员翻译的译文相符。实验对人工翻译和机器翻译中的每一段译文采取了一对一对照检查。同时，为了证实哪些信息在自动系统翻译过程中被丢失，研究人员还核对了全部译文(ASR 译文，SLT 译文，“fair E2E”(客观一对一)栏中的 TTS 合成)。

表 5 译员理解评价结果[%]

Excerpts	subj. E2E	fair E2E
L043 - 1	69	90
L043 - 2	75	80
L043 - 3	72	60
T036 - 1	80	100
T036 - 2	73	80
T036 - 3	76	100
Mean	74	85

从表 5 中人们不难看出，译员翻译过程中遗漏了 15%信息。三段翻译正确率高出 80%，而评审员在其余六段中发现准确率只达 70%。而表 6 自动系统翻译结果显示只有 50%信息得到了保留，也就是说准确率在一半稍多一点。准确率最低的是 L043 - 1 段，只有 25%，准确率最高的是 T036 - 1 段，它占了 76%，这与质量评价的结果一致。分析表明，信息遗漏比较严重，特别是 SLT 部分，这部分中有 35%信息被丢失。不过，TTS 部分也有信息遗漏现象，对于遗漏部分评审员不能做出相应的评价。在 ASR 部分里有 17% 信息丢失。这些结果与本实验所用的专业术语有关。

表 6　自动系统理解评价结果[%]

Excerpts	subj. E2E	fair E2E	SLT	ASR
L043－1	25	30	30	70
L043－2	62	70	80	70
L043－3	43	40	60	100
T036－1	76	80	90	100
T036－2	61	70	60	80
T036－3	47	60	70	80
Mean	52	58	65	83

我们用译员翻译译文来对译员和自动翻译系统的结果进行主、客观比较，如表 5 中"subj. E2E"(主观一对一)，"fair E2E"(客观一对一)所示。将对应后的翻译总体质量与译员的翻译质量再进行比较。比较是基于译员翻译时只注重译出重要信息而忽略次要信息的假设。本次实验的目的是检验自动系统相对译员而言在多大程度上保留了这些信息。其余三部分也进行了类似的实验，结果参见表 7、表 8。

表 7　译员译文自动系统的评价结果[%]

Excerpts	subj. E2E	fair E2E	SLT	ASR
L043－1	27	33	33	78
L043－2	65	75	88	75
L043－3	37	67	83	100
T036－1	76	80	90	100
T036－2	69	88	75	100
T036－3	47	60	70	80
Mean	53	60	70	80

人们发现，通过自动系统和译员的翻译比较，在译员翻译正确之处自动系统只保留 40%的信息，这些结果证实 ASR 遗漏了 20%的信息，SLT 与 TTS 分别丢失 10%的信息，表明评审员对于

客观结果意见一致。

表 8　译员译文评价结果[%]

Excerpts	subj. E2E
L043 - 1	66
L043 - 2	90
L043 - 3	88
T036 - 1	80
T036 - 2	81
T036 - 3	76
Mean	80

主观评价结果与先前的结果一致(80% 对 74%)。这说明译员发挥良好,机器翻译中的 98%信息在译员的翻译中同样有所显示。结果表明,译员发挥优于自动系统,但是译员在主观评价中丢失的信息要多于自动系统。

5. 结语

研究结果显示,与人工翻译比较,智能机器翻译的翻译质量仍有较大差距。人工翻译可以不受条件的限制,可以做到即兴、即席、随时随地。而机器翻译受制于特定的条件限制。通过对机器翻译和人工翻译的译语一对一的比较,人们发现,如若要使机器翻译达到理想的翻译效果,至少事先必须使之"掌握"材料的内容。本实验证明,机器翻译对于缺乏源语知识的听众仍有一定帮助,具有进一步开发、利用、完善的前景。

参考文献

[1] Cohen J. A coefficient of agreement for nominal scales. InEducational and Psychological Measurement, 1960, (20): 37 - 46.

[2] Fügen C. Open Domain Speech Translation: From Seminars and Speeches to Lectures. In TC-Star Speech to Speech Translation Workshop, Barcelona, Spain, 2006b.

[3] Khanji Al. On the Use of Compensatory Strategies in Simultaneous Interpretation. Meta : Journal des traducteurs, 2000: 45.
[4] Kopczynski A. Bridging the Gap: Empirical Research in Simultaneous Interpretation, chapter Quality in Conference Interpreting: Some Pragmatic Problems, John Benjamins, Amsterdam/ Philadelphia, 1994: 87 - 100.
[5] Landis JR. and Koch G G. The Measurement of Observer Agreement for Categorical data. In Biometrics, 1977, (1): 159 - 174.
[6] Yagi Sane M. Studying Style in Simultaneous Interpretation. Meta : Journal des Traducteurs, 2000, (3): 520 - 547.

作者简介：曾传生，海南大学外国语学院英语系副教授，研究领域：英语同声传译。

论杨绛的翻译风格与翻译观

张 雯 胡 健

摘 要：杨绛先生的翻译作品如同她的文学创作，幽默隽永。她的翻译风格与众不同，行文流畅，语言诙谐，简洁雅致，纵横开阖。她的翻译观涵盖了她对翻译的定义，对翻译过程的厘清，"翻译度"的提出等等。

关键词：杨绛；翻译风格；翻译观

2011年是文学家、翻译家杨绛诞辰一百周年。杨先生虽已百岁高龄，但其精神风貌仍不减当年。她的作品包括散文、小说创作，及翻译文学作品。夏衍先生曾言：你们捧钱锺书，我捧杨绛。当然，这是对杨绛先生文学成就的褒扬。其实，杨绛先生的翻译水平也曾得到很多大家的赞扬。

她清丽简洁、幽默俏皮的译笔深得读者的喜爱。作为一名翻译家，她的作品似不丰硕，但她所翻译的《堂吉诃德》，是第一部直接从西班牙文翻译的中文译作，也是至今流传最广的《堂吉诃德》中译本。这奠定了她在翻译界的地位。

杨绛在自己的《杂忆与杂写》一书中，曾谦虚地回忆傅雷对自己的赞扬：

"有一次他称赞我的翻译。我不过偶尔翻译了一篇极短的散文，译得也并不好，所以我只当傅雷是照例敷衍，也照例谦逊一句。傅雷怫然忍耐了一分钟，然后沉着脸发作道：'杨绛，你知道吗？我的称赞是不容易的……'我实在很感激他对一个刚试笔翻译的人如此认真看待。而且只有自己虚怀若谷，才会过高地估计别人。”①

傅雷确实很少赞扬别人，他甚至这样评价那个年代的翻译作品：“破除了情面，百分之九十九点九的翻译书都要打入冷宫。”难怪人们在阅读《傅雷谈翻译》一书时，屡屡见到的是他对鲁迅、董秋斯等人译作的批评。

傅雷还曾在他的家书中写道：“这几日开始看服尔德②的作品，他的故事性不强，全靠文章的若有若无的讽喻。我看了真是栗栗危惧，觉得没能力表达出来。那种风格最好要必姨、钱伯母那一套。我的文字太死板，太“实”，不够俏皮，不够轻灵。”③

不仅傅雷曾对杨绛的译作高度评价，柯灵先生也曾这样评价杨绛：“钱氏和夫人杨绛，伉俪同负重名，索落自甘，如出一辙。她兼擅著译，珠玉纷陈……”④

杨绛先生至今仍笔耕不辍，她的译作如同她的文学作品，清新隽永，令人回味悠长。

1 杨绛的翻译作品

杨绛自幼喜欢读诗词小说，在国内外著名学校读书求学的生活为她的翻译提供了坚实的基础和丰厚的滋养。阅读古今中外的名篇佳作，更让她具备良好的文学修养和敏锐的文学鉴赏力。她在清华研究院外文系师从王文显，有着良好的汉语和英语基础，后来留学英国、法国，广泛阅读文学名著。这不仅使她对西方文学产生浓厚兴趣，也使她拥有良好的语言功底，为她后来的文学翻译工作奠定了坚实基础。从杨绛翻译作品可以看到，她翻译的原文包括英、法、西班牙多种语言。此外，她的父亲杨荫杭老先生也曾经对她说：“与其写空洞无物的文章，不如翻译些外国有价

---

① 杨绛：《杂忆与杂写》第205页。经查，得到傅雷夸奖的译文是杨绛在阅读哥尔密斯(Oliver Goldsmith)的散文《世界公民》时“随便翻译”的“其中一小段”。

② 多译为伏尔泰—本文作者注。

③ 傅雷家书，一九五四年二月十日(“必姨”即杨必，“钱伯母”即钱锺书的夫人杨绛)。

④ 柯灵：《促膝闲话钟书君》，《钱钟书研究》第1辑，第226页。

值的作品。"①这大概也促成了她日后对翻译的兴趣。

"兼擅著译"的杨绛,起初并不是一心一意作翻译的。当年在清华大学当研究生时,叶公超教授让她从英文翻译一篇论文《共产主义是不可避免的吗?》。她并不热心政治,那篇文章既沉闷又晦涩。她说:"我七翻八翻,总算翻出来了。"交了卷,却得到叶公超的好评,没有多久就在《新月》杂志上刊登出来了。这是她的第一篇译作。

1948 年,杨绛先生翻译了《1939 年以来的英国散文选作品》。这是一本小册子,是当时英国文化委员会策划发行的《英国文化丛书》十二本中的一本,对 1939—1945 年间英国散文作品的系统介绍,"包括传记、批评、历史、政治、宗教、哲学、科学、考据等等"②。

杨老到清华大学工作后,她读了英译本西班牙经典之作《小癞子》,很喜欢,就认真地把它译了出来。后来得到法译本,又重译了一遍。到了 50 年代,她发现转译中的错误,于是又从西班牙原文第三次译了这本小说。

1956 年,译作《吉尔·布拉斯》出版。这部小说从法文原本译出,是深受《小癞子》的影响而产生的作品,无情揭露讽刺了当时法国社会的种种现象。

1978 年,她出版了具有里程碑意义的译作《堂吉诃德》。这是第一部直接从西班牙文翻译的中文译作。《堂吉诃德》最早曾由林纾等人节译为《魔侠传》,1959 年傅雷先生由英文版转译出版。杨绛近五十岁时开始自学西班牙语,前后花了二十一年,才将这本书译出。译本一经出版,立即得到了热烈的欢迎和肯定,杨绛先生也因此获得了西班牙国王胡安·卡洛斯一世颁发的智者阿丰索十世大十字勋章。至今,这一版本也还是人们的首选。

在译坛沉寂了 20 年之后,2000 年,杨老 90 岁高龄时翻译了古希腊哲学名著《斐多:柏拉图对话录之一》。《斐多》是柏拉图在

---

① 《回忆我的父亲》,选自《杨绛文集》第三卷。
② 《听杨绛谈往事》,第 214 页。

其对话录中记述先师苏格拉底生命中最后的声音的文字，被世人誉为“通俗的天书”。她自己曾说：（翻译时）力求通达流畅，尽量避免哲学术语，“努力把这篇盛称有戏剧性的对话译成如实的对话”[①]。杨绛不愧是老将，译文老到、流畅，像舞台上的戏剧台词，连人物的嘀咕、动作，辩论中高潮起伏，全都活灵活现，丝毫没有哲学著作那种深奥艰涩之感。共有五种《斐多》的英译本被她当作了翻译时的参考书。

2 杨绛的翻译风格

杨绛的翻译作品一如她的文学创作，清丽简洁，幽默俏皮。

2.1 幽默诙谐的语言

她以幽默灵动的译笔将堂吉诃德的幻想、小癞子与吉尔·布拉斯的机敏活灵活现地呈现在中文读者的面前，杨绛的翻译幽默诙谐，对于人物性格把握得恰到好处。她甚至十分注重描摹小说中次要人物的口气。堂吉诃德在家乡挨了一顿打，神父觉得他对骑士小说入迷过深，决定把他家里的骑士小说都烧掉。当他看到其中一部最著名的骑士小说《阿马狄斯·台·咖乌拉》时，这么介绍这本书：“这本书的第二、第三、第四部都火气太旺，得吃些大黄清泻一下。……咱们不妨暂缓定案，瞧它悔改的情形，在酌定从宽发落还是依法裁判。”[②]这种生动幽默的语言使神父的形象栩栩如生。

2.2 简洁通俗的文字

《小癞子》一书，书名如果直译是《托美斯河上的小拉撒路》，“拉撒路”见于《圣经》，指赖皮或流氓混混，而在我国古代，元代就称“赖子”，杨绛便把书名定为《小癞子》，简洁顺口。文字洗练，惜墨如金，正是杨绛追求的译风。

以《堂吉诃德》来说，她不断“点烦”，一点就是几万字，却丝毫不损原意；其他三种译本，都比她多出八九万字。

杨绛先生翻译《吉尔·布拉斯》时，以女儿的接受为参照标

---

① 《斐多(译后记)》，第102—103页。
② 《堂吉诃德》，1987年第二版，第17页。

准，恨不能令精彩的段落使读者流出口水。同时，作为一名作家，她创作作品的经历让她在翻译作品时能够以更幽默、更贴近生活的表达方式翻译作品。

2.3 行云流水般的文体

杨绛的译文非常流畅通达，如行云流水，令人不忍释卷。董衡巽把杨绛翻译的《吉尔·布拉斯》当作翻译的典范。他回忆说，"为了提高翻译水平，我读了杨先生翻译的法国文学名著《吉尔·布拉斯》。读的时候很感到一种语言文体美。译文像行云，像流水，从容舒缓……流浪体小说有时枝蔓横生，但得力于译文的可读，我能一口气读完。"①法国文学专家郑永慧说："我在大学时看过《吉尔·布拉斯》的原文，对勒萨日的文章有一定的印象，50年代读杨绛的译本时，就惊异于行文之流畅，用词之丰富。"即使是如同《斐多》这样的哲学著作，杨绛的译文依然可以信手拈来，丝毫不露生硬的痕迹。

2.4 纵横开阖的翻译技巧

施蛰存称赞杨绛的《洗澡》是"半部《红楼梦》加上半部《儒林外史》"②，并说"（杨绛）运用对话，与曹雪芹有异曲同工之妙"。杨绛的写作风格无疑会影响到她的翻译风格。

《斐多》一书几乎从头至尾都是对话，而且充满了深刻的思辨。但是，几万字的对话体，在杨绛笔下，一气呵成，浑然一体，全无哲学作品的艰深之感。请看下例：

... Moreover, if there is time and an inclination toward philosophy, yet the body introduces a turmoil and confusion and fear into the course of speculation, and hinders us from seeing the truth: and all experience shows that if we would have pure knowledge of anything we must be quit of the body, and the soul in herself must behold all things in themselves: then I suppose that we shall attain that which we desire, and of which we say that we are lovers, and that is wisdom, not while we live, but

---

① 董衡巽：《记杨绛先生》，选自《文人旧话》，第121页。

② 施蛰存《施蛰存说杨绛小说〈洗澡〉》，《名作欣赏》2004年第6期，第1页。

after death, as the argument shows; for if while in company with the body the soul cannot have pure knowledge, one of two things seems to follow — either knowledge is not to be attained at all, or, if at all, after death. For then, and not till then, the soul will be in herself alone and without the body. In this present life, I reckon that we make the nearest approach to knowledge when we have the least possible concern or interest in the body, and are not saturated with the bodily nature, but remain pure until the hour when God himself is pleased to release us. And then the foolishness of the body will be cleared away and we shall be pure and hold converse with other pure souls, and know of ourselves the clear light everywhere; and this is surely the light of truth....

"还有更糟糕的呢。我们偶然有点时间来研究哲学,肉体就吵吵闹闹地打扰我们思考,阻碍我们见到真理。这都说明一个道理:要探求任何事物的真相,我们得甩掉肉体,全靠灵魂用心眼儿去观看。所以这番论证可以说明,我们要求的智慧,我们声称热爱的智慧,在我们活着的时候是得不到的,要等死了才可以得到。因为如果说灵魂和肉体结合的时候,灵魂不能求得纯粹的知识,那么,或是我们压根儿无法寻求纯粹的知识,或者呢,要等死了才能得到。人死了,非要到死了,灵魂不带着肉体了,灵魂才是单纯的灵魂。我们当前还活着呢,我想,我们要接近知识只有一个办法,我们除非万不得已,得尽量不和肉体交往,不沾染肉体的情欲,保持自身的纯洁,直等上天解脱我们。这样呢,自身是纯洁的了,就能和纯洁的东西在一起,体会一切纯洁的东西——也许,这就是求得真实了。"①

原文的措辞并不艰深难懂,杨绛的译文也绝无晦涩之感。她的译文显然达到了她的目的:尽量避免术语,力求通达流畅。杨绛先生的译文,字斟句酌,断句得当,上下亨通,生动畅达,如同日常对话,人物也因此丰满起来,栩栩如生。即使是对苏格拉底、对

① 《斐多:柏拉图对话录之一》,第27—28页。

古希腊哲学一无所知的读者，也可以一口气读完而不会感到诘屈聱牙，晦涩艰深。

3 杨绛的翻译观

杨先生曾在不同场合、不同文章中数次提及她的翻译观，梳理综合之后，可得如下几点：

3.1 何谓翻译

杨先生曾说："把原作换一种文字，照模照样地表达。原文说什么，译文也说什么；原文怎么说，译文也怎么说。"。杨绛把翻译比作"一仆二主"。"这(指翻译)是一件苦差事。因为一切得听从主人，不能自作主张。而且一仆二主，同时伺候着两个主人：一是原著，二是译文的读者"。她认为译者需要"用读者的语言，把原作的内容按原样表达；内容不可有所增删，语气声调也不可走样"。同时，译者必须细腻地体察到原作者的字句和字句间的含义，也需要让译文读者体会到原文。但是"译者只能在译文的字句上用功夫表达，不能插入自己的解释或擅用自己的说法。""如果译者把原著的意思用自己的话来说，那不是翻译，是解释，是译意。我认为翻译者没有这点自由。"①

3.2 "翻译度"的提出

杨绛提出了"翻译度"这个概念。她说："我仿照现在常用的'难度''甜度'等说法，试用个"翻译度"的辞儿来解释问题。"所谓"翻译度"是一种语言转化为另一种语言的差别度。她认为，同一种语系的语言从一种转化为另一种，"翻译度"不大，照着译过来就可以了。但西方语言与汉语差别很大，表达方式和行文顺逆都不同，"翻译度"也就较大，译成汉语时表达的句式、语序都要作很大改变才能把意思表达清楚，译时就要给足这个"度"。杨绛说：如果"翻译度"不足，文句就仿佛翻跟斗没有翻成而栽倒在地，或是两脚朝天，或是蹩了脚、拐了腿，站不平稳。

关于"翻译度"，杨绛在《失败的经验》一文中举例如下：

---

① 《失败的经验—试谈翻译》，选自金圣华《因难见巧》，第66～71页。

(一)	(二)	(三)
杜尔西内娅在这个世界上会更幸福更有名因为曾受到您的称赞比了世界上最雄辩者所能给她的一切称赞。	您对杜尔西内娅的称赞,盖过了旁人对她的称赞,能为她造福扬名。	杜尔西内娅有您称赞,就增添了幸福和名望;别人怎么样儿极口赞誉,也抵不过您这几句话的分量。

她说:"译文(一)是'翻译度'最小的,不达意。译文(二)读来好像缺少些什么,译文'缺了一块七巧板'。(三)补足了那些短缺。"[①]由此可见,"翻译度"越小,译出来的文句越突兀生硬;"翻译度"越大,译文也就越流畅。

3.3 原本、参考译本的选择

选择翻译对象时,杨绛每每选择流浪汉小说。这是因为,杨绛性格幽默,出于她自己的审美趣味和爱好,她多选择语言生动幽默的作品翻译。

在准备翻译《堂吉诃德》的过程中,开始她准备从英文本或法文本转译。她找到了英法等语言的各个译本,发现译本之间存在着很大的差异,于是她决定从原本出发,直接采取西班牙原文开始翻译。她认为"从原文翻译,少绕一个弯,不仅容易,也免了不必要的错误"。

对于需要从英译本转译的,杨先生则会反复遴选参考译本。翻译《斐多》一书时,杨绛在《译者前言》里说,她翻译时采用了一种英文译本作原本,同时参考了四种不同译本,翻译时将几个参考文本一一对比,疑难处字斟句酌,其治学之严谨可见一斑。

3.4 炼字造句

译者的语言风格很大程度上影响了他的译作。如果文字干瘪乏味,必然会使作品逊色不少。杨绛曾说:"译者需储有大量词汇:通俗的、典雅的、说理的、叙述的、形容的等等,供他随意运用。译者如果词汇贫乏,即使精通西方语言,也不能把原文的意思,如原作那样表达出来。"她翻译时,"一字一句,往往左改右改,七改

① 《失败的经验—试谈翻译》,选自金圣华《因难见巧》,第67页。

八改，总觉得难臻完善”[①]。这是她几十年翻译的甘苦之言。

她曾经在《失败的经验》一文中举例谈及炼字：

(一)	(二)	(三)
……触及他的本钱就触及他的灵魂……	……动用的他本钱就刺心彻骨似的痛……	……动了他的老本钱，就动了他的命根子……

她解释道："译文(一)'触及'钱并不花钱，所以不达意；译文(二)较达意，但和原文的说法不贴；译文(三)比(一)、(二)较信也较达。"[②]此例足可证明翻译时炼字的重要性。

3.5　**注释**

杨绛认为："译者应当为本国的读者着想，为他们做注。"为了表达清楚，杨绛在翻译实践中下了很多工夫。在翻译《吉尔·布拉斯》时为了给医家相争的一节作注，将希波克拉底的《古医学》全书一本小册子读完。

翻译当中，杨绛广查多种文字资料，认真考订，对所有异词、疑句和典故都做了详尽的注释。她自己弄不懂的，一定要请教别人，有时还请钱锺书为她作注。

例如，《堂吉诃德》书中有许多西班牙谚语，她在注释中不仅标明典出何处，对主人公没有讲完的谚语，往往还举一反三，举出类似的谚语，使读者对人物形象的感受更加丰富。她认为，即使读者体会不到译者为了作注而付出的艰辛，译者也可以增添些知识，有意外的收获。在《堂吉诃德》一书中，仅自第一章至第十章，译者就加了一百零八处注释。在仅有一百页的《斐多》中，也加入了三十一处注释。为读者着想，于此可见一斑。

3.6　**翻译步骤**

杨绛认为："翻译包括三件事：(一)选字；(二)造句；(三)成章。"并认为："当然得先有句子，才能连缀成章。所以造句是关键，牵涉到选字和成章。"[③]

① 《失败的经验—试谈翻译》，选自金圣华《因难见巧》，第66～75页。
② 同上，第76页。
③ 同上，第67～68页。

她说：西班牙文长句多，汉文如何处理这类长句，她进行了多方试译、探索与比较，最后确定既忠实原文又兼顾汉文表达习惯的方式。

(一)	(二)	(三)
我在看到全家人一片混乱时，我大胆跑出来，不顾被人看见与否，我带着决心如果被人看见，我就大干一场，叫全世界都了解我胸中理直义正的愤怒，在对奸诈的费南铎的惩罚中，甚至对那尚未苏醒的水性女人；	我瞧他们家一片混乱，就大着胆子跑了出来，不管人家看见不看见。我打定主意，如果给人看见，就大干一场，惩罚奸诈的堂费南铎、甚至那昏迷不醒的水性女人，让人知道我怀着理直义正的愤怒。	我瞧他们一家混乱，就大着胆子跑出来，不管人家看见不看见。我打定注意，如果给人看见，就大干一场，惩罚奸诈的堂费南铎，也不饶那昏迷不醒的水性女人，让人人知道我满怀气愤是合乎公道正义的。

第一种译法按照原文直译，语序和标点都严格遵循原文，但这样的译文不符合汉语表达习惯。第二种译法把长句断开，并且颠倒次序，但是也没有把原文的意思完整地表达出来。第三种译法弥补了前两种缺陷，更忠实于原文含义，更加通顺畅达。可见，杨绛字斟句酌，旨在使译文准确生动。

3.7　“点烦”

她对译文要求严格，要简洁易懂，主张“点烦”。有人抨击杨绛的《堂吉诃德》译文比别的译文少了八、九万字，怀疑是否杨绛先生漏译。杨先生解释说：这本书被“点烦”了十多万字。她说：“《文史通义》中讲到刘知几主张对文章要进行‘点烦’，要删繁就简，点掉多余繁琐的文字，翻译更应该注意‘点烦’。《堂吉诃德》的译文，起初我也译有八十多万字，后经我认真的‘点烦’，才减到七十多万字，这样文字‘明净’多了，但原义一点没有‘点掉’。我‘点烦’掉十多万字，就是想使读者读得明白省力些…”[①]杨先生为读者着想，又见一斑。

3.8　校对

杨绛曾说：“平心说，把西方文字译成中文，至少也是一项极

① 《齐向译道行之二十三：翻译中的“点烦”与“添烦”》，第123页。

烦琐的工作。译者尽管认真仔细,也不免挂一漏万;译文里的谬误,好比狗身上的跳蚤,很难捉拿净尽。"①所以她特别重视译后的校对。

译完《吉尔 · 布拉斯》后,杨绛请钱锺书为她校对一遍,钱老在译稿上划得满纸杠子,说:"我不懂。"杨绛从这句短短的评语中领悟到许多有关翻译的问题: 如何才能把原文译好。她开始重译,慢慢摸索。

杨老对自己的译文要求很严。"最近我为《堂吉诃德》第四版校订译文,发现毛病很多,有的文句欠妥,有的辞意欠醒。"②杨老到了晚年,还念念不忘这个译本,她不无深情地说:"我常想参照一个更新的原著版本。把旧译通体校订一遍。"③

4 结语

杨绛先生作为一名跨越两个世纪的文学家和翻译家,译作的数量并不多,但是篇篇堪称精品。如今杨先生已经百岁高龄,仍孜孜矻矻,伏案埋首,耕耘不止。她的译作是中国翻译史上不可或缺的一部分,为中外文化交流做出了巨大的贡献,她的翻译实践和理论也必将为我们提供良好的借鉴。

参考文献

[1] 柏拉图. 斐多[M]. 杨绛,译. 辽宁人民出版社,2000.
[2] 董衡巽. 记杨绛先生//倪文尖. 文人旧话[M]. 文汇出版社,1995.
[3] 傅雷. 傅雷家书[M]. 天津社会科学院出版社,2008
[4] 高莽. 青松老人——贺文学大师杨绛先生,人民政协报,2010 - 12 - 20
[5] 金圣华. 齐向译道行[M]. 商务印书馆,2011.
[6] 金圣华. 因难见巧[M]. 中国对外翻译出版公司,1998.
[7] 柯灵等. 钱钟书研究(第 1 辑)[M]. 文化艺术出版社,1989.
[8] 怒安. 傅雷谈翻译[M]. 辽宁教育出版社,2005.
[9] 塞万提斯. 堂吉诃德[M]. 杨绛,译. 人民文学出版社,1987.

① 《杂忆与杂写》第 205 页。
② 《失败的经验——试谈翻译》,选自金圣华《因难见巧》,第 78 页。
③ 《青松老人——贺文学大师杨绛先生》,《人民政协报》,2010 年 12 月 20 日。

[10] 施蛰存. 施蛰存说杨绛小说《洗澡》[J]. 名作欣赏,2004(6).
[11] 吴学昭,听杨绛谈往事[M]. 生活 · 读书 · 新知三联书店,2008.
[12] 杨绛. 记我的翻译//杨绛文集(第 3 卷)[M]. 人民文学出版社,2004.
[13] 杨绛. 杨绛文集[M]. 人民文学出版社,2004.
[14] 杨绛等. 一本书和一个世界[M]. 昆仑出版社,2005.
[15] 杨绛. 杨绛作品集[M]. 中国社会科学出版社,1993.
[16] 杨绛. 杨绛的答辞[J]. 中国翻译,1986(6)。
[17] 杨绛. 杂忆与杂写[M]. 生活 · 读书 · 新知三联书店. 1999.

本文系上海市教委重点课程《笔译》基金资助成果。

作者简介: 张雯,上海电力学院外国语学院。
胡健,安徽大学外语学院。

浅谈我国外宣翻译的问题与对策

张韵菲　吴　建

摘　要：随着我国在经济、文化等领域对外交流的日益扩大，外宣翻译也扮演着越来越重要的角色。但我国当前的外宣翻译（主要是英译）领域问题存在不少问题，亟须解决。本文从语言、信息、语篇、译名统一四个方面讨论我国外宣翻译存在的问题并探讨相应的对策。

关键词：外宣；外宣翻译；外宣英译

1. 引言

中国与世界各国、尤其是与英语国家的经济、文化交流越来越频繁，涉及面越来越广，因而对外宣传的重要性与日俱增。对外宣传的途径主要有两种：一是直接用外语书写；二是将原是中文的外宣材料译成外语，即外宣翻译。就宣传效果而言，直接用外语书写无疑是最直接、效果最好的对外宣传方式。比如，我们常会看到一些中国的旅游、餐饮机构直接用外语书写宣传性文稿刊登在国内甚至是国外的媒体（电视、报纸、网站等）上。但由于各种现实的因素，我国目前大多数对外宣传采用后一种、即翻译的方式。在某种程度上讲，这两者你中有我、我中有你，因为直接书写往往也带有某种程度上的翻译过程，只是因为其较少受原文束缚，常常能够做到语言更地道、行文更符合目的语相同类型文本的规范，因而也更容易被目的语读者接受。而外宣翻译则因原文的存在，更符合我们传统意义上翻译研究对象的特点，也是我们本文讨论的重点。由于各种因素，我国外宣翻译的质量总体来

讲，存在着诸多问题，需要我们去分析成因、提供改善的策略。本文讨论的主要是外宣英译。

2. 外宣翻译中存在的问题及成因分析

2.1 语言质量不高

语言质量低下是外宣翻译中最容易看出来、也是最遭人诟病的一个方面。语言质量欠佳主要表现在以下几个方面。

2.1.1 中式英语

我们所讨论的中式英语即在语义、结构上过度模仿原文而不符合英语表达习惯，甚至是与原文语用意义南辕北辙的英语表达，也即很多研究者所谓之语用失误。中式英语既会出现在初级英语学习者的语言使用里，也会出现在水平不高的翻译产品中。中式英语现象广泛存在于各种外宣场合，而在标识语方面尤甚。丁衡祁(2002)总结了共 12 种中式英语现象，值得我们反思。中式英语出现的主要原因是译者的目的语素养不高。讨论中式英语的文章汗牛充栋，本文不赘述。

2.1.2 语言贫乏

翻译的一个普遍特征(translation universal)是原文比译文意义更显化、逻辑更清晰一些。笔者认为，这里的原因主要有两种。首先，原作者在用自己熟悉的原文写作时常常会“想当然”，而原文读者在阅读时也会跟着“想当然”，看似理解，实则模糊。而译者在理解原作时需要厘清具体的意义和关系。这个理解是一个具体化的过程，因而表现到译文中一般也会出现相应的明朗化趋势。其二，译者的语言库存资源不足。

我们发现，翻译产品的明朗化常常也伴随着一种简单化，表现为用词和句式上的贫乏和单调，即数量较少的词汇与句式出现频率过高。冯庆华(2008)在其红楼梦译本研究著作《母语文化下的译者风格研究》中利用统计软件对霍克斯和杨宪益的译本进行词频统计，发现霍译本的用词数量和丰富度远超过杨译本。这一方面是因为霍克斯的母语为英语，因而语言库存较大；另一方面由于其较杨译更多使用意译，因而自由度更大，自己的发挥更多，涉及到的词汇也更多。

这种简单化倾向在实用翻译、尤其是外宣翻译方面表现尤为明显。其中一个很重要的原因是从事外宣翻译的译者多是以汉语为母语的人，目的语素养上的不足以及翻译方式较为受制于原文，因而更容易出现语言单调的现象。有心的读者如果注意对比各种宣传手册的中文原文和英文译本，即不难发现这一现象。

2.1.3 语言硬伤

外宣翻译中的硬伤包含拼写错误、词汇误用、语法错误等。这些现象大量存在，需要重视。出现这些硬伤的原因是多重的：其一，外宣翻译数量庞大，每一天都在进行大量的产出，而不少翻译，比如新闻翻译，有时间上的紧迫性。而正因为此，很多翻译是单兵在有限时间内完成的，没有经过翻译公司的译员——校对——返回译员——再校对——翻译主管审核的模式。因此，出现一些硬伤型错误常常是难免的。其二，从业人员庞杂、素质良莠不齐，因而语言能力欠缺也是难免的。一些旅游景点、超市等地的告示牌等之所以出现令人啼笑皆非的译文，是因为翻译这些告示牌的人往往就是单位内部的员工，或者是单位员工托一些英语能力欠缺的熟人代译。甚至有的直接使用网络上的机器翻译。

2.2 信息传递不当

外宣翻译的重点是宣传效果，而要收到良好的宣传效果，其中要做到的重要一点是“内外有别”和“外外有别”。要做到心中有读者，即以方便读者的理解为出发点，既要舍得删减，又要记得添加。删减的是不必要的特殊话语和冗余的修辞，而添加的一些背景知识信息，目的是方便不了解中国情况的读者理解信息所指所涵。但实际情况是，很多外宣的译文缺乏删和增的意识，影响了宣传效果。

2.2.1 特殊话语

语言使用具有很强的情境性，因而面对不同对象、实现不同功能的文本应选择不同的信息、使用不同的措辞与语气等。外宣翻译是十分重视译文效果的实用文体翻译类别，必须在内容信息上进行筛选，不仅要做到“内外有别”、甚至在某些场合要做到“外外有别”。著名作家韩素音(1992)曾说：“翻译要照顾到别国的国情，民心和价值标准。对外翻译要考虑到文化差异问题，要注意传达出原意的实质。”汉语的外宣文字常含有不少中国文化与审美所特有的表达。这些表达常常无法、也没有必要如实反映到译文中去。但遗憾的是，很多译者没有做到两个有别，译文信息完全是对原文的生搬硬套，严重损害了译文宣传效果。

2.2.2 修辞冗余

汉语外宣文字的修辞常常比较华丽，而英文中此类文体的文字较朴实，因而译成英文时需要"瘦身"。这尤其体现在旅游类外宣文字的英译方面。一些景点的介绍引经据典、措辞华丽、语气恢弘，如若照译，则会有繁琐之嫌，甚至会让人摸不着头脑。不少外宣英译文字在处理这些修辞元素时也缺乏目的语意识。

2.2.3 缺少辅助信息

虽然中国的国家形象在国际上日益提升，世界媒体越来越关注中国，来过中国的老外也越来越多，但总体而言，中西方之间的了解程度还是不对称的，大多数西方读者对中国的了解还是粗略的。因而，外宣翻译的译者应该有提供背景知识的意识，在条件允许的情况下在译文中添加一些简短的细节，以方便读者理解。比如，将中国人民银行译成"The People's Bank of China"时，不忘顺便加上"China's central bank"的背景信息。这也是英语国家的新闻媒体在其涉华报道中广泛采用的做法。作为外宣英译的主体，中国的译者更应该强调主动宣传的意识。

2.3 语篇不合规范

林克难(2003)提出的"看、易、写"三字原则非常符合外宣翻译的实际情况。"看"即阅读译语文化中类似文本的行文措辞模式，"易"即在"看"的基础上根据平行文本的格式、语气甚至用词对原文进行改写，以尽量满足译入语读者的欣赏习惯；最后，实用英语应该提倡"写"，也就是以事实为依据，直接用英语写作。"看、易、写"三字原则其实就是要求译者模仿译入语中某类特定语篇的语域参数，即语场、语式、基调来进行原文"重构"。事实上，外宣翻译本身即是一个多层次重构的过程。

而很多外宣材料的英译在语言质量方面过了关，却在语篇层面上未实现宣传效果最大化的目的。主要是因为译者没有充分认识到英汉语篇之间的巨大差异，而过度跟随原文语篇，未能进行适中的"看、易、写"处理。语篇不合规范主要体现在语篇结构和逻辑衔接上。

2.3.1 语篇结构不当

英汉语篇的行文方式有较大的不同,具体体现在结构布局、信息选择、语篇衔接等各个方面。而很多外宣资料的译文常常过于紧跟原文的各项语篇参数,而未能很好地“对号入座”,因而在语篇上“不地道”。

结构布局方面。汉语较迂回,英文较开门见山,汉语信息较松散,而英语信息安排较为块状化等。比如,一篇典型的英语应用文体由三个部分组成,即主旨(message)、主体(body)、结尾(closure)。主旨部分开门见山地说明目的;主体部分提供具体信息;结尾部分呼应开头、呼吁行动或邀请进一步联络等。而不少英译未能做到这一点,反而紧跟着汉语的结构松散、信息安排凌乱,影响译文效果。

信息选择方面。中文和英文对应语篇也有诸多不同。一些中文出现的信息,在英文的对应语篇里常常以其他信息代替;中文不忌讳重复提及相关信息,而英文则不然。比如,中文的新闻报道会逐一列出出席者及其诸多头衔,而英文的新闻报道则倾向于其他更为实用的信息;中文求职简历的个人信息里会有诸如民族、政治面貌、性别等信息,而英文的简历的信头(相当于个人信息)则一般只出现人名、电话、电子邮件、联系地址等。但很多英译照搬原文信息,反而忽视了西方读者希望了解的信息。

语篇衔接方面。汉英语篇的衔接方式有较大的差别。比如,中文经常重复使用语篇连接词,如人称代词,而英文则重简洁,需要替换。遗憾的是,很多英译跟着汉语重复使用连接词,显得非常单调、乏味。

2.3.2 逻辑衔接散乱

汉语的衔接逻辑是意合的、隐性的。因此,汉语行文中常会出现逻辑关系不明晰、信息关联弱、信息有冗余等现象(吴建、张韵菲,2011)。常有不同范畴的信息、不同结构的短语与小句、不同性质的短语或词汇杂陈在一起。如果按照原来的线性排列勉强译成英文,难度非常大。即便能够勉强完成翻译,译文也难逃逻辑牵强、信息杂乱冗余、语言拗口不地道的命运。因此,原文的逻辑常常需要进行重构,以便简洁明晰地传递实质信息。但遗憾的是,不少译文紧跟原文杂乱的逻辑衔接,没有适当的重构、调整，因而译文虽然语言质量没有问题，但句与句之间、小句与小句之间的连贯显得杂乱无章，逻辑可笑。

2.4　译名欠缺统一

译名缺乏统一是外宣翻译方面较常见的情况，也是早就得到研究者关注的一个话题。我国翻译历史上，有很多学者都就译名的统一做过讨论、呼吁①。究其原因，一方面，外宣翻译涉及的专名数量庞大，门类繁多，而新词汇也层出不穷，很多专名还没有形成约定俗成的说法。以机构名称举例，很多机构有了自己的官方英文网站，已经在使用相对固定的英文名称，但不少机构，尤其是非官方机构还没有做到这一点，为译名不统一留下后患。另一方面，众多从业人员缺乏统一组织，翻译素质也良莠不齐，常常想当然地翻译专名，而不是费心通过诸如网络等渠道去搜寻既定的译法。

3. 对策

笔者认为，若要改善现状，可从以下几个方面着手：

3.1　提高重视程度

对翻译难度认识上的不足是极为普遍的。很多不亲自从事翻译工作的人错误地以为只要懂双语就可以从事翻译，而没有意识到翻译是一门极其复杂的技术，既涉及双语书写能力，又涉及到对语言文化异同的认识、百科知识、翻译工具的使用以及翻译伦理等诸多因素。因而很多企事业单位将一些重要宣传资料交给一些没有受过良好翻译培训的人来做，效果常常难尽人意。笔者生活中便有这么一个例子。笔者执教的学校的英语系有一名大二学生，其舅舅开了一家外贸公司，公司简介需要翻译，便交给她来做。她翻完后托笔者润色。结果笔者发现，其译文在语言质量、语篇结构等方面都相当不过关。可以想象，如果直接把学生的译文放在这家贸易公司的网站上让外国客户浏览，效果会如何。

因而，只有提高社会各界人士对翻译的难度及其在对外宣传

① 详细介绍请参见由陈福康教授所著的《中国翻译理论史稿》一书。

中举足轻重的作用的认识，才能够促使需要外宣翻译服务的单位去寻找更高质量的翻译。

3.2 加强实用翻译培养力度

外宣翻译质量欠佳的一个重要原因是我国目前对外宣翻译不断扩大的需求和合格的译员及组织的匮乏之间的矛盾。这在客观上要求我国高等教育机构多培养一些合格的翻译人才。而我国目前高校在本科(BTI)、硕士(MTI)两个层面加强翻译学位教育是符合这一国情需要的。但这一努力的强度仍需要加大。而在本科、硕士层面的翻译人才培养应该在课程设置方面更加重视实用翻译，因为这是社会在这个教育层面上最需要人才的领域。毕竟，文学翻译只占翻译总量很小的比例，实用翻译才是社会各个领域最急需的。

3.3 加强组织协调作用

外宣翻译涉及庞大的工作量和从业人员，其质量的总体提高需要政府、企事业单位、学界各部门的积极引导。译名的统一问题便是一例。

译名统一问题的解决需要采用由上而下、由内而外的方式，即由专名使用的原单位，依据自身的专业知识首先提供较权威的译法，再通过相关渠道有组织地进行推广(如建立英文网站)；或者由较权威的翻译专家有组织地定期提供新词译法，比如《中国翻译》杂志每期都会在附录部分提供相当数量的新词翻译集锦。

4. 结论

综上所述，外宣翻译有着非常重要的社会意义，它直接参与我国社会经济、文化各方面的软实力的建设，应该得到政府、企事业单位以及翻译研究者的重视，并积极采取对策，提高质量。

参考文献

[1] 丁衡祁. 对外宣传中的英语质量亟待提高[J]. 中国翻译, 2002(4).
[2] 冯庆华. 母语文化下的译者风格研究[M]. 上海外语教育出版社, 2008.
[3] 林茂孙. 改进中译外工作,更好地向世界介绍中国//中译英技巧文集[M]. 中国对外翻译出版公司,1992.

[4] 林克难，籍明文. 应用英语翻译呼唤理论指导[J]. 上海科技翻译，2003(3).

[5] 吴建，张韵菲. 企业外宣英译——一个多层次重构的过程[J]. 上海翻译，2011(1).

[6] Holloway, Brain. Technical Writing Basics. New Jersey: Pearson Education, Inc, 2008.

[7] 吴建，张韵菲. 应用文体英译中的原文逻辑重构[J]. 南京邮电大学学报，2011(3).

作者简介： 张韵菲，解放军理工大学理学院外国语言文学系，讲师。研究方向：翻译学。

吴建，南京邮电大学外国语学院，讲师。研究方向：翻译学。

论高校英语专业本科生口译能力的培养

郑淑明　李龙兴

摘　要：本文通过两种口译模式——吉尔模式和厦门大学模式的分析，探讨了高校英语专业本科学生的口译教学和口译能力的培养问题。作者首先介绍了口译课的教学目标和教材选择，引入了两种口译模式；然后全面分析了其中包含的口译技能和专业素质要求；最后，在两种模式的框架下就具体的口译能力培养和教学方法进行了探讨，以期对高校英语专业学生口译能力培养有所帮助。

关键词：口译能力；吉尔模式；厦大模式

随着我国改革开放的不断深入，对外政治、经济、文化交流的日益增多，口译工作在国际合作与交流中的作用越来越大，社会对口译人员的需求也越来越大。然而，与巨大的翻译需求不相协调的是我国翻译人才的短缺，尤其是高级口译人才更是极度缺乏。高等院校作为培养人才的摇篮，如何培养出适应社会需要的人才是当务之急。如何正确指导学生学习口译，提高口译技能，培养合格的口译人才，也是当前高校外语专业一项重要而迫切的任务。

1　口译课教学目标和教材选择

高等教育外语专业教学指导委员会于 2000 年 5 月将口译课列为中国高校英语专业必修课，并在《高等学校英语专业英语教学大纲》中提出:“口译课是为高年级学生开设的英语基本技能课程。通过讲授口译基本理论、口译背景知识和训练口译的基本技巧,使学生掌握口译的基本理论和专题连续传译的技能,初步学会口译记忆方法、口头概述、口译笔记及公众演讲技巧,以求学生能准确流畅地进行汉英对译。”

根据这一大纲的指导,各高校英语专业可结合自身实际情况和周边市场需求,确定口译教学的目标和内容。外语外贸类的专业外语院校可利用自身外语优势培养语言基础扎实,精通政治、外交、文化、法律、经济和贸易等方向的口译人才;综合性大学可以充分利用校内的各项资源,通过提供选修第二学位等方式培养复合型口译人才;而理工科院校的英语专业可以利用本校理工学科优势,着重培养科技口译人才。

在确定口译教学目标之后,各高校英语院系还要根据不同的教学目标和教学重点选择不同的口译教材。目前国内市场上的口译教材品种繁多、内容各异,主要有两大类:一类以口译技能讲解为主线,以专题口译训练为辅助;一类以专题口译为主线,技能的训练穿插在各个专题材料的口译练习中。高校英语院系应结合自身情况、学生兴趣和市场需求,选择不同的教材或者自编教材。但是不管选择什么样的教材,口译教学都应以增强学生的口译技能意识、培养口译技能为主,这样才能授之以渔。此外,根据广东外语外贸大学提出的专业口译教学“八化”方针中教材多元化(仲伟合,2007),即口译文字材料和口译音像视频相结合的方针,口译的教学内容除了书本等纸质材料,还可以利用互联网及多媒体技术,建立电子教材资料库作为课堂口译教学的素材,对重大时事新闻、大型国际会议或新闻发布会的口译实况视频进行观摩和训练。多媒体教学资料形式多样,真实感强,有利于提高学生学习的主动性和积极性,会大大提高口译学习的效果。

2 口译的两种模式

口译模式主要有两种:一种是国外的吉尔口译模式;另一种是国内的厦门大学口译模式。

2.1 吉尔模式

著名口译研究学者吉尔教授提出了“同声传译的口译模式”

和“连续传译的口译模式”。因本科阶段英语专业口译课程主要是对交替传译的学习训练,所以在此主要分析吉尔模式中连续传译的口译模式。在这一模式中,交替传译所分为的两个阶段:Phase I: CI = L + N + M + C,Phase Ⅱ: CI = Rem + Read + P(Gile,1995: 179)。即:交替传译(第一阶段)=听力与分析(Listening and analysis)+笔记(Note-taking)+短期记忆(Short-term memory)+协调(Coordination);交替传译(第二阶段)=记忆(Remembering)+读笔记(Note-reading)+传达(Production)。

此外,为了强调理解在口译过程中的重要性,吉尔专门提出了口译的理解模式 (Gile,1995: 80): C = KL + ELK + A。即:理解(Comprehension)= 语言知识(Knowledge for the language) + 言外知识(Extra-linguistic knowledge)+ 分析(Analysis)。

2.2 厦门大学模式

厦门大学口译训练模式是由林郁如教授和英国西敏斯特大学(University of Westminster)的 Jack Lonergan 教授共同提出的,其图示如下(林郁如,1999: xxiv):

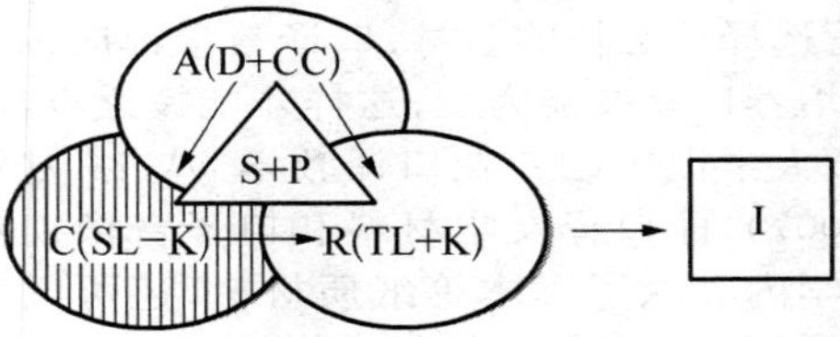

在厦门大学模式中,I 表示 Interpreting(口译结果);A(D+CC)即对语篇(Discourse)与跨文化交际成分(Cross-cultural communication)的分析;C(SL+K) (Comprehension in source language + knowledge) 即对原语及原语言外知识的理解;R(TL+K)(Reconstruction in target language + knowledge)是口译者在对原语的语言与知识进行理解、对跨文化交际的问题做了分析之后,应用口译技巧对原语的信息在目的语中进行重组,进而完成口译工作。位于中心位置的 S+P(Skills + Professionalism)表示在口译过程中,口译人员应用的口译技巧与遵守的职业

准则。

3 口译知识与能力的训练

由上述两种口译模式可以看出：口译是一项极具综合性的语言转换活动，要求译者既有较强的语言能力又有较高的非语言素质，既拥有熟练的口译技能，又拥有优秀的职业素养。因此在口译教学当中，应着力传授和培养口译人员以下四方面的知识和能力：口译技能、双语能力、言外知识和专业素养，其中口译技能训练应是口译教学中的重点。

3.1 交替口译技能训练

仲伟合在《口译训练：模式、内容、方法》一文中总结性地列举了交替传译的13种技能（仲伟合，2001）。笔者认为，其中的口译短期记忆、口译笔记和数字传译技巧等是口译教学中的重点，应采取相应的方法对学生进行技能训练。

3.1.1 口译短期记忆训练

在口译教学和实践中有“三分记录，七分记忆”的说法，可见记忆在口译练习中的重要地位。记忆分为长期记忆和短期记忆。长期记忆是一个学习的过程，在口译人员的知识积累中起着重要的作用，不可忽略。而从吉尔模式交替传译的两个阶段来看，短期记忆都起着重要的作用，好的短期记忆及记忆方法可以帮助译员更好地完成口译任务，所以是口译训练的重点，应在口译训练的初期进行。短期记忆训练包括对原语的复述、概括大意、形象记忆、逻辑记忆、连锁记忆、描述等（李学兵，2005）。训练应循序渐进，先进行原语跟读、复述VOC或BBC等简易熟悉的新闻内容的训练，再过渡到难度稍大的异语复述训练。训练过程中要让学生明确他们所听所记的应该是脱离语言外壳的意义，而非语言的形式，理解基础上的记忆才会持续时间更长。在这里要强调的是口译教师应该让学生明白课堂上的训练时间是远远不够的，应该鼓励学生在教师所授方法的指导下进行大量额外的训练。

3.1.2 口译笔记训练

由于人的短期记忆能力是有限的，所以在口译过程中需要借助笔记来减轻短期记忆的压力。记笔记的目的是帮助译员记忆讲话人所表达的内容和逻辑结构，所以所记信息要能提醒译员的短期记忆,看到记下的字、词或符号能联想起讲话的全部内容,所记内容应该尽量精简,以赢得更多宝贵时间用于接收和理解信息。口译记录是有重点的,需记录下那些难以清晰记忆或容易忘记的信息,如时间、地点、人名、数字等等。口译教师应告诉学生笔记是手段不是目的,不能因笔记而忽视了话语内容的理解。所以记录时应选择语句中能提示主要内容的实词以及一些关键性的或说话人强调的内容,不必面面俱到。

口译笔记没有完全通用的符号,但是可以参考一些教材上列举的常用符号和缩写,那都是经过有实践经验的口译员总结出来的,有较大的借鉴意义。一般的符号笔记包括使用数学符号、图形符号、标点符号等,此外还包括字母缩写和单词缩写。与此同时,还要让学生在平时的练习中建立一套适合自己的笔记记录体系,建立起符号与信息对应的条件反射,以便在真实口译环境中能够迅速解码笔记符号,做出翻译。

3.1.3　数字口译技能训练

因中文数字是以“十”为单位的,而英文数字则是在数字超过“千”以后以“千”为单位表达的,所以英文中没有汉语里直接对应的“万”、“十万”、“千万”、“亿”,这就要求在中英互译“万”以上数字时进行快速准确的转换。数字往往是笔记记录的重要信息,也是记录的难点,所以是口译教学的重点,应该对学生进行强化训练。通过大量课堂练习和搭档的互相听译的方式,数字口译的难关是可以攻克的。

3.2　双语能力的训练

“翻译教学的任务是在学生具备一定语言能力的基础上训练翻译技能,培养他们的双语交际能力”(吕国军,2001)。由此可见,良好的双语语言能力是学习口译的前提。学生的语言基本功对成功地理解原语和最终的语言再表达非常重要。口译学习中的语言能力训练主要包括听力理解训练,口头表达训练以及必要的包括词汇语法在内的语言知识。

3.2.1　听力理解能力训练

口译员在母语的听力理解上,除了一些特殊的专业术语、怪僻语以及误听等特殊情况,一般不会发生困难。但由于没有如母语一样的听力环境和由不同地域导致的英语发音的差异和多样化，译员在英语的听力理解上则会面临许多困难。这就要求在口译教学中应强化学生的英语听能训练。听能主要是培养听英语的能力和技巧。要使学生明确在口译课上的听力训练不同听力课上单一的听力训练，因口译人员不但要听懂，还要理解语言的内涵，同时构思表达，这一切都必须在瞬间完成。这就要求学生在接收信息的时候不必着眼于单个单词是否听清，而以语意群为单位理解，以便在听的同时重构信息。此外，为使学生适应日后各种真实场景的口译工作，适应各种口音的英语，教师除选择标准美语和标准英语作为口译听力训练素材外，还应该选择母语非英语或说话带有明显地方口音的讲话发言作为听力材料，以此提高学生对不同英语口音的接受能力。

3.2.2　口头表达能力训练

上面提到的吉尔模式第二阶段（Phase Ⅱ：CI ＝ Rem ＋ Read ＋ P）的最后的一个步骤就是 production（传达）。而传达是否有效，译入语听众能否顺利接收信息，在很大程度上取决于译员的表达能力。因此在口译教学过程中，教师一定要着重从语音、口语表达和公共演讲几方面培养学生的双语表达能力。

首先，译员的语音应该准确清晰，语调有抑扬顿挫，语速应该均匀流畅。这是一名优秀译员应有的基本素质。但是由于本科阶段口译课时的有限，教师不可能在课堂上利用大量时间对学生进行发音训练和纠正，所以这更多的是立志从事口译工作的学生应该在口译课外自己解决的问题。教师可以指导学生通过模仿标准语音，观看口译现场录像等方式学习有经验的口译员的语调和语速等。

其次，口译员应该具备良好的双语口语表达能力，这也是成为优秀译员的前提条件，但这并不等于英语口语好就能做好口译工作。因为口译受到原语的制约，个人口语发挥的自由度小，需要在准确听力理解的基础上迅速忠实地传达原语的信息内容。译员的译语表达必须符合英语表达的习惯，择词准确恰当，语句干净利落。此外，为了丰富表达方式，增强临场应变能力，还要训练学生“一句多译”的能力，即用不同的表现手法来表达与原话基本一致的思想内容。“一句多译”技巧的灵活掌握，对提高口译表达能力很有帮助。“一句多译”通常包括三种方法：即词汇的替换、句法的变通和逻辑的变化(杜云辉,1997)。这就要求学生平时掌握更多的同义词和近义词,更多的英语句型,了解英语与汉语之间表达上的差异,以便在主动被动,正说反说等不同逻辑思维之间灵活转换。

3.2.3 语言知识的训练

在前面提到的吉尔提出的口译理解模式:C = KL + ELK + A 中,KL 代表的是 Knowledge for the language(语言知识),可见语言相关的知识在口译理解过程中是十分重要的,是口译训练的前提,在口译教学中也应该得到强化。

语言知识指对原语信息词汇、语法、文体等相关成分的掌握(邹姗姗,2005)。在口译词汇教学中,要注意对高频词汇的深加工,挖掘其同义和近义词,掌握常见词汇的固定搭配和习惯用法。此外,口译教师还可以在专题口译课堂上进行译前类似"头脑风暴"的预热活动,即让学生通过联想的方法列举出与专题方向相关的高频词汇和专业词汇,这样既可以增加学生的词汇量,又能激活学生的被动词汇,提高词汇产出性能力。

至于语法,这是在大学本科基础阶段就应该解决的问题,需要在平时的练习中注意人称、时态等的正确使用,保证口译质量,以免在正式口译场合引起误解。除此之外,还要对中英语言文化之间的差异有较深入的了解。比如在英汉的句法层次,英语定语具有"右分叉"(right-branching)的特征,而汉语中定语往往前置,是典型的左分叉(left-branching)语言。了解这一点,可以帮助学生在口译过程中对信息的重组和传达。因此,了解有关两种语言的差异,有利于学生在双语之间灵活熟练地转换。

3.3 言外知识的训练

吉尔模式和厦大模式都强调言外知识(extra-linguistic knowledge),也称百科知识(encyclopedic knowledge)的重要性。言外知识主要包括各个领域的专业知识和不同的文化背景知识。著名的口译专家 Jean Herbert 曾经说过,做一个好的译员要"Know everything of something and something of anything"(杨晓华,2003)。这就要求教师在专题口译教学当中适当补充各个领域,如外贸、经济、法律、体育、科技等方面的专业知识,让学生了解不同国家的风俗习惯、政治历史等文化背景。鼓励学生养成看书看报和听新闻的习惯，关注时事，了解新事物的发展，扩大自己的知识面。

3.4 专业素质的训练

在厦门大学模式中心位置的S+P(Skills + Professionalism)表示口译人员应用的口译技巧与遵守的职业准则。Professionalism就是指，专业口译人员所应具备的专业素质，包括心理素质，职业道德素质等。

由于口译特殊的工作场合，如会场的严肃气氛，往往在心理上给译员造成很大的压力，从而对译员工作能力的发挥带来负面影响，所以学生的心理素质训练必不可少。可以在课堂教学中安排模拟现场口译的训练，给学生介绍公众演讲的技巧，创造公开演讲的机会，以锻炼他们的胆量，使他们在紧张的氛围中不至于紧张到影响口译质量。

此外，教师还应该在思想上教育学生。由于口译人员是我国对外交流的桥梁，在某种程度上代表着我国在对外交流中的形象，所以译员除了应具备高尚的品格和大方得体的仪表，还要有良好的个人修养和强烈的责任感。在涉及保密信息或国家利益的时候，应该坚守作为口译员的职业操守，维护国家利益。

4. 结语

由上文可知，口译是一项对综合能力要求极高的工作。要培养学生的口译能力，完成好口译课的教学任务，无论是教师还是学生都必须具有扎实的双语语言功底，优秀的双语表达能力，训练良好的分析理解能力、记忆储存能力、逻辑思维能力、灵活应变能力、广博的言外知识和良好的职业道德素质。口译教学应该以技能训练为核心，以语言训练、知识习得、跨文化交际能力培养等为辅助。在有限的本科阶段口译课时之外，还需要学生培养良好的自主学习能力，这样才能夯实口译基本功，为今后的口译实践打下基础。

参考文献

[1] Gile, D.. Basic Concepts and Models for Interpreter and Translator Training [M]. Amsterdam: John Benjamins Publishing

Company, 1995.
[2] 杜云辉. 现场口译实例分析[J]. 中国科技翻译,1997(2).
[3] 高等学校外语专业教学指导委员会英语组. 高等学校英语专业英语教学大纲. http: //www. bfsu. edu. cn/chinese/site/gxyyzyxxw/zywj/yyjxdg. htm＃3
[4] 李学兵. 英语口译教学的目标与内容选择[J]. 北京第二外国语学院学报,2005(2).
[5] 吕国军. 口译技能训练需要一个科学可行的大纲[J]. 中国翻译,2001(6).
[6] 林郁如等. 新编英语口译教程 · 教师用书[M]. 上海外语教育出版社,1999.
[7] 杨晓华. 即席口译的理解过程[J]. 西安外国语学院学报,2003(1).
[8] 仲伟合. 口译训练:模式、内容、方法[J]. 中国翻译,2001(2).
[9] 仲伟合. 专业口译教学的原则和方法[J]. 广东外语外贸大学学报,2007(3).
[10] 邹姗姗. 吉尔的口译理解公式对译员的启示[J]. 郑州航空工业管理学院学报(社科版),2005(1).

本论文为中央高校基本科研业务费专项资金资助项目(项目编号: HIT. HSS. 2009016)阶段性成果。

作者简介: 郑淑明,副教授,在读博士,研究方向: 翻译学、应用语言学。
李龙兴,原哈尔滨工业大学外国语学院在读硕士,现四川农业大学英语教师,研究方向: 翻译理论与实践、英汉对比研究。